JN421718

괴테사전

괴테 사전

한국괴테학회

GOETHE LEXIKON

HUEBOOKS

발간사

『젊은 베르테르의 슬픔』과 『파우스트』로 우리에게 널리 알려져 있는 독일의 대문호 괴테에 대한 일반 독자들의 여러 가지 궁금증을 풀어주기 위해 한국괴테학회에서는 『괴테사전』을 발간하게 되었다. 괴테(Johann Wolfgang Goethe, 1749~1832)는 젊은 시절 독일 문학에서 새로운 전기를 마련했던 '질풍노도' 시대를 열었고, 그 후에는 쉴러와 함께 독일 '고전주의' 문학을 화려하게 장식해 독일 문학이 세계 문학 수준으로 격상되는 전기를 마련했다. 또한 노년에도 끊임없이 집필하여 예술작품과도 같은 자서전 『시와 진실』과 위대한 드라마 『파우스트』 1, 2부 그리고 독일의 최고 소설 중 하나로 평가되는 『빌헬름 마이스터』를 내놓았다. 괴테는 83년이라는 긴 생애 동안 문학과 예술뿐만 아니라 철학, 신학, 자연과학에 대해서도 방대한 저술을 남겨 놓았다. 그가 내놓은 시, 소설, 드라마는 독일에서 여전히 최고의 작품의 하나로 평가받고 있다. 그의 삶과 작품에서 보여 주는 사상 또한 동시대인이 이해하거나 따라올 수 없는 한 시대 이상 앞선 것이었다. 그래서 괴테는 주변 사람들로부터 많은 비난을 받기도 했다. 지금으로부터 200년 전에 젊은 여성과 결혼하지 않고 20여 년을 동거하며 가정을 꾸리고 살았던 사실이나, 『로마비가』나 『파우스트』에 담긴 노골적인 성적 묘사, 소설 『친화력』에 당당하게 묘사되고 있는 불륜, 심지어 젊은이들의 자살을 부추긴다는 비난을 받았던 『젊은 베르테르의 슬픔』, 『파우스트』에 담긴 수많은 상징과 알레고리 등을 고려해 본다면, 괴테의 삶과 작품은 당시 사람들의 인식을 뛰어넘어 21세기에나 맞는 것일지도 모른다. 그래서 괴테는 항상 자신의 작품을 읽고 비난하는 사람들에게 한 번만 읽지 말고 다시 한 번 읽어 봐 달라고 부탁하곤 했다. 괴테 문학을 선과 악, 열정과 체념,

정의와 불의와 같은 이원론적인 관점으로 접근해서는 그의 문학이 지니고 있는 영원한 생명력을 발견하기 어렵기 때문이다. 오히려 '양극적'으로, 다시 말해서 서로 대립하는 감정과 사상이 나란히 존재하면서도 어떻게 서로 갈등과 조화를 이루어 가는지를 찾아보아야 할 것이다. 마치 파우스트가 고백하듯 상반된 "두 개의 영혼이 내 마음 안에 살고" 있듯이 말이다. 괴테의 문학은 이런 점에서 시간과 공간을 초월해 모든 인류에게 '인간과 삶'에 대해 성찰해 볼 수 있는 기회를 제공하고 있기 때문에 '세계 문학'이라는 평가를 받고 있는지도 모른다. 그렇기 때문에 독일에서는 괴테가 태어난 18세기 중반부터 세상을 떠난 19세기 중반까지의 100년 동안을 비록 독일에서 칸트와 헤겔, 모차르트와 베토벤과 같은 수많은 천재들이 태어나고 활동했지만, "괴테 시대(Goethezeit)"라고 부르는 것이다.

지금까지 독일에서 편찬된 『괴테사전』은 크게 두 가지 방향으로 진행되어왔다. 첫 번째 방향은 1998년에 게로 폰 빌페르트(Gero von Wilpert)에 의해 크뢰너(Kröner) 출판사에서 나온 『괴테사전 Goethe-Lexikon』으로 괴테와 관련된 인물, 장소, 개념, 주요 작품 등을 알파벳 순서에 따라 간략하고도 전문적으로 소개하고 있다. 이어 2004년에 메츨러(Metzler) 출판사에서 예슬링(Benedikt Jeßling), 루츠(Bernd Lutz), 빌트(Inge Wild) 세 사람이 편찬한 『메츨러 괴테 렉시콘(Metzler Goethe-Lexikon)』이 출판되었다. 이 사전은 괴테와 관련된 "인물 — 사건(작품) — 개념(Personen — Sachen — Begriffe)"을 150장의 사진과 그림을 삽입하여 간략하게 소개하고 있다. 두 번째 방향은 1996년에서 2012년까지 메츨러 출판사에서 8권으로 간행된 『괴테 편람(Goethe Handbuch)』으로 1권 시, 2권 드라마, 3권 소설과 산문, 4권 인물, 사건, 개념(Personen — Sachen — Begriffe), "추가 1권(Zusätzlich 1 Band)"에 연대기, 참고문헌, 지도, 색인을 담아 괴테에 대한 전문적이고도 학술적인 정보를 제공해주고 있다. 이 『괴테사전』에는 2008년에 보충판(Supplemente) 1권 "드라마에 들어 있는 음악과 춤(Musik und Tanz in den Bühnenwerken)"이, 2011년에 3권 "예술(Kunst)"이, 2012년 2권 "자연과학(Naturwissenschaft)"이 추가로 보충되었다.

그러나 이번에 한국괴테학회에서 발간하는 본 사전은 독일에서 출판된 『괴테사전』과는 약간 다른 목적을 갖고 있다. 우선 "괴테사전"의 독자를 '괴테와 괴테 문학에 관심있는 일반인 독자'로 잡았다. 왜냐하면 한국의 독어독문학자들은 원서를 통해 필요한 괴테 정보를 직접 얻을 수 있고, 또한 얻고자 하는 정보도 보다 전문적이고 학술적인 것이기 때문에 학회 차원에서 제공할 수 있는 괴테에 관한 사전의 수준을 훨씬 넘어선다고 판단하였다. 뿐만 아니라 앞에서 소개한 독일에서 출판된 『괴테사전』을 번역하는 것도 고려해 보았으나, 방대한 사전을 번역할 인력을 확보할 수 없을 뿐만 아니라, 한국의 일반 독자들과 독일 독자들이 갖는 괴테에 대한 관심이 다르기 때문에, 독일에서 출판된 괴테에 관한 사전을 그대로 번역해서 한국에 소개하는 것은 의의가 없다고 결론지었다. 따라서 한국괴테학회 『괴테사전』 발간위원회에서는 앞에서 소개한 독일에서 출판된 사전들을 참고할 뿐만 아니라, 지금까지 간행된 대표적인 괴테 전집인 함부르크 전집(Hamburger Ausgabe), 프랑크푸르트 전집(Frankfurter Ausgabe), 뮌헨 전집(Münchner Ausgabe) 등에 실린 해설 부분을 나름대로 참고하여 집필하되, 논문처럼 너무 전문적인 분석은 지양한다는 집필 지침을 확정했다. 그래서 한국괴테학회에서 발간하는 『괴테사전』은 괴테와 괴테문학에 관심이 있는 우리나라의 일반 독자들에게 괴테의 주요 <작품>과 괴테의 <주변인물들>, 괴테와 관련이 있는 <도시나 지역들>, 괴테 시대의 <문학과 예술에 관한 주요 개념>, <미학>과 <자연과학> 논문, 괴테의 <잠언과 성찰>을 알기 쉽고 간략하게 소개하기로 결정했다.

『괴테사전』 작업을 위한 1차 항목의 선정은 발간위원회에서 일반적으로 괴테와 관련된 가장 '유명하고', 일반인들에게 '널리 알려진' 인물과 작품, 그리고 괴테문학에서 중요하다고 생각되는 '개념과 장소(도시)들'을 1차적으로 선정했고, 특히 인물이나 개념 항목 중에는 학회 회원들이 중요하다고 생각되는 항목들도 추가되었다. 그 밖의 인물이나 작품 또는 개념들은 <함부르크 괴테전집>에 분류된 사항들을 바탕으로 하여 '2차 사전작업'의 항목으로 선정했다. 2차 사전작업이 완성되면 이번에 나온 『괴테사전』의 증보판 형태나, 경우에 따라서는 『괴테사전2』 출간을 고려하고 있다. 비록 1차로 소개되는 항목이 90여개에 불과하지만 각 항목들의 내용이 거미줄처럼 연결되어 있어 색인을 통해 다른 항목에서도 그 항목에 대한 더 자세한 내용을 확인해볼 수 있다.

이번 『괴테사전』을 발간하는데 가장 어려웠던 문제는 각 항목의 분량을 정하는 것과 집필 형식의 통일을 기하는 것이었다. 각 항목의 집필자는 경우에 따라 해당 작품을 번역했거나 인물 내지 개념에 대해 관련 논문을 쓴 경험이 있기 때문에 일정한 분량을 발간위원회에서 제시하기가 어려웠다. 단지 집필과정에서 시는 원문을 싣지 않고 <작품해설> 할 때 필요한 구절을 인용하는 것을 원칙으로 했고, 짧은 시의 경우는 독자들에게 시를 소개하는 차원에서 본문에 넣기도 했다. 따라서 각 항목의 분량은 필자의 의사를 존중하여 필자의 판단에 맡기기로 했다. 그러나 문학작품을 소개하는 틀로 괴테사전 발간위원회는 공통으로 1. 작품 탄생 배경과 과정 2. 줄거리 3. 작품해설 및 동시대 또는 후세대에 끼친 영향의 순서로 집필하도록 기준을 제시했다. 그리고 작품의 분류는 시대별(바이마르 시대 이전, 초기 바이마르 시대, 이탈리아 여행 전후, 괴테의 노년기)로 수록하였다. 그러나 <인물>과 <도시>, <개념>은 시대별로 구분하는 것이 의미가 없어 가나다 순으로 수록하였다. 그리고 <인물>과 <도시>에는 일반 독자들의 이해를 돕기 위해 사진이나 그림을 넣었다.

금번 한국괴테학회에서 발간하는 <괴테사전>은 무엇보다 여러 다른 분야에 종사하면서도 괴테문학 더 나아가 독일 문학에 관심이 있는 일반 독자들에게 1차 정보를 제공하여 보다 깊이 있는 자료로 유도하려는 목적을 가지고 있다. 왜냐하면 괴테는 작가였을 뿐만 아니라, 바이마르공국을 이끌어가던 정치가였으며, 빛과 식물과 광물을 연구하던 자연과학자였고, 법학박사로서 공국의 법조계를 이끌었으며, 수많은 가극을 썼고, 수십 년간 바이마르 궁정극장을 이끌어오던 연극인으로서 손을 대지 않은 분야가 없을 정도로 팔방미인이었기 때문이다. 이렇게 『괴테사전』을 통해 괴테에 대한 관심을 불러일으키고, 이러한 관심이 괴테 작품에 대한 관심으로 이끌게 하는 것이 이 발간사업의 주목적이기도 하다. 이번 1차 작업을 이어서 곧 2차 사전 발간 작업이 완결된다면 <괴테사전>은 괴테의 의미를 문학에만 한정하지 않고 다양한 분야에서도 조망해볼 수 있는 자료가 될 것으로 사료된다.

한국괴테학회는 1983년에 설립된 이래 우리나라에서 괴테를 연구하는 중심체이자 괴테문학 및 그 주변 시대의 문학, 사상, 철학, 역사. 미학을 연구하고 국내에 소개하는 주요한 역할을 수행해오고 있다. 연구와 교육에 여념이 없는 상황에도 불구하고 <괴테사전>에 들어갈 항목을 흔쾌히 맡아 집필해주신 분들에게 진심으로 감사드리며, 특히 수십 년간 괴테를 연구해 오신 많은 명예교수님들이 괴테사전 작업에 열정적으로 참여해주신데 심심한 감사를 드리는 바이다. 마지막으로 어려운 상황에서도 『괴테사전』 출판을 흔쾌히 수락해준 한국외국어대학교 지식출판원에 감사드린다.

2016년 늦가을

한국괴테학회 <괴테사전> 발간위원 일동
임우영, 조우호, 정원석, 김윤상, 이시내, 임석원, 김유동

목 차

일러두기

1. 작품명과 인명은 각 집필자마다 다르게 표기한 경우가 있음.
   예) 『젊은 베르테르의 슬픔』, 『젊은 베르테르의 고뇌』, 『젊은 베르테르의 슬픔』
2. 각 항목은 집필자가 각종 자료를 이용하여 평의하게 설명한 것으로, 특별한 출처나 참고문헌을 개별적으로 밝히지 않았음.
3. 개념이나 학술용어가 집필자에 따라 조금씩 다를 수 있으나, 읽고 이해하는 데 문제가 되지 않는 부분은 집필자의 의도를 존중해 통일시키지 않았음.
4. 작품은 가급적 창작 순서에 따라 수록했으나, 인물, 도시, 개념은 가나다 순으로 수록했음.

01. 인물(Personen)

GOETHE
LEXIKON

나폴레옹
(Bonaparte Napoleon, 1769~1821)

1. "나폴레옹, 나의 황제!"

1800년 괴테와 나폴레옹이 역사적인 만남을 가졌을 때, 두 사람은 모두 인생의 절정기를 맞이하고 있었다. 당년 59세(1749년생)였던 괴테는 작가로서 또 행정가로서 작센-바이마르 공국의 중추적인 인물이었고, 괴테보다 20세 연하인(39세, 1769년생) 나폴레옹은 4년 전인 1804년 프랑스 황제로 등극하여 유럽을 손아귀에 넣고 있었다. 당연한 이야기지만, 전(全)유럽적 차원에서의 영향력이나 지명도에 있어 두 사람은 서로 비교 대상이 되지 못했다. 우선 나폴레옹에게 괴테는 그리 중요한 인물이 아니었다. 아무리 괴테가 대작가의 반열에 들어 전유럽적 문명을 떨치고 있었다고 해도 황제 나폴레옹에게는 그저 특별한 재능이 있는 독일의 한 작가에 지나지 않았다. 또한 동시대 수많은 젊은 독자들과 마찬가지로 청년 시절 나폴레옹 역시 『젊은 베르테르의 슬픔』의 열렬한 애독자로서 이집트 원정 때도 이 소설을 지참하여 도합 일곱 번이나 읽었다는 설이 있을 정도였지만, 나중에 그가 유배지 세인트헬레나 섬에서 쓴 회고록에는 괴테가 단 한 번 등장할 뿐이다. 다음 절에 소개할 1808년 10월 2일 독일 에어푸르트에서 괴테가 나폴레옹을 만나게 된 것도 애초에 접견 일정이 잡혀 있었던 것이 아니라 의전상 우연히 마련된 것이었음을 고려한다면, 괴테에 대한 나폴레옹의 관심도는 그리 높지 않았음을 쉽게 짐작할 수 있다.

반면 괴테에게 나폴레옹이라는 인물이 지닌 의미는 전혀 달랐다. 나폴레옹과의 만남이 있은 뒤 괴테가 편지나 일기, 각종 대화 등을 통해 그와 직접 만나 대화를 나눈 사실을 자랑스럽게 이야기하면서 나폴레옹을 아예 "나의 황제(mein Kaiser)"라고 지칭하면서 그에 대한 숭배를 감추지 않았음이 이를 잘 말해준다. 사실 괴테는 나폴레옹에 대해 이미 그전부터 지속적인 호감과 관심을 보여 왔다. 동시대의 많은 독일인들이 그러했듯이 괴테 또한 프랑스 문화에 빠진 프랑코마니아(Frankomanie)였고, 그것이 시대의 아이콘 나폴레옹에 대한 심취로 발현된 것이다. 괴테가 나폴레옹을 특별히 주목하게 된 것은 1789년 프랑스 혁명에 대한 자신의 반감과 직접적인 관련이 있다. 1793년 괴테는 독일 마인츠 공화국의 전말을 기록한 「마인츠의 투항」이라는 글에서 "무질서를 내버려두느니 차라리 불의를 택하겠노라"고까지 언명하면서 사회체제를 단숨에 뒤엎으려는 혁명적 열기가 독일로 번져오는 것을 단호하게 거부한다. 위정자가 정의롭게 통치하고 시대에 맞게 상황을 개선해 나가면 아래로부터의 혁명은 있을 수 없다고 생각한 괴테에게 나폴레옹은 혁명의 혼란을 막고 국가의 질서를 회복한 '천재적인' 인물로 표상되었던 것이다. 괴테보다 2~3cm 작은 약 169cm 키의 이 '천재적인' 인물은 괴테가 보기에는 '천재적인 신체'의 소유자였다. 이 점을 괴테는 나중에 『에커만과의 대화』에서 다음과 같이 술회한다. "신체는 천재적인 생산성에 큰 영향력을 미치네. 나는 당당한 신체를 갖춘 천재를 찬미하고 싶네. 나폴레옹을 흔히 화강암으로 된 사나이라고 말하는데, 그 말은 그의 신체를 두고 한 말이네. 그의 신체는 온갖 일을 추진했고 또 그렇게 할 힘도 구비하고 있었다네. 뜨거운 시리아 사막과 모스크바의 얼음벌판은 수없이 많은 진격과 전투와 야영의 연속이었네. 그럴 때마다 숱한 고난과 신체적 고통을 견뎌야 하지 않았겠는가? 수면 부족과 영양 부족, 그럼에도 항상 최고의 정신활동을 유지하지 않았는가!" 괴테에게 이러한 나폴레옹은 천부적으로 타고난 데몬(Dämon)이기도 했다. "인간 본성의 어두운 면과 밝은 면이 우리의 운명을 만든다네. 그러므로 날마다 데몬으로 하여금 우리를 끈으로 묶어 인도하게 할 필요가 있는 것일세. 나폴레옹은 인물이었지. 그의 삶은 전투에서 전투로, 승리에서 승리로 이어지는 반신(半神)의 삶이었네. 인간은 결국 무로 돌아가게 되어 있지만 비범한 인간은 꼭 이루어야 할 소명을 타고나는 법, 그 소명을 이루고 나면 더 이상 사람의 모습으로 지상에 머물 필요가 없어지지. 그러니까 하느님의 섭리는 그를 또다시 다른 용도로 돌려쓰게 되는 걸세. 이 지상에서는 모든 일이 순리에 따라 이루어지며 데몬은 차례차례 사람의 다리를 걸어 쓰러뜨리는 거지. 나폴레옹도 그랬고 다른 많은 사람들도 그랬지." 예컨대 모차르트는 서른여섯에, 라파엘로도 비슷한 나이에 죽었고 바이런은 그보다 겨우 몇 년 더 살았지만, 모두 천명을 완벽하게 이룬 천재들이었다는 것이다. 그렇다면 괴테 자신은 어떠한가? 그의 나폴레옹 숭배는 급기야 자신을 나폴레옹과 동일한 반열에 놓는 지경에까지 이른다. "이 세상에서 획기적인 업적을 남기려면 두 가지가 요청되네. 우선 머리가 좋아야 하고, 다음으로는 위대한 유산을 물려받는 것이지. 나폴레옹은 프랑스 혁명을, 프리드리히 대왕은 슐레지엔 전쟁을, 루터는 사제들의 어리석음이라는 유산을 물려받았고, 나에게는 뉴턴 학설의 오류가 주어졌지." 여기서 괴테는 뉴턴 『광학』의 오류를 끌어들여 자신의 『색채론』을 옹호하는 식으로 자기 자신을 나폴레옹과 동렬에 놓으려는 속내를 솔직하게 내비치고 있다.

만년에 쓴 몇몇 주요 작품들에도 나폴레옹의 영웅적 면모가 부각되는 장면이 자주 등장하는데, 그 대표적인 예가 『파우스트 II』이다. 그의 이 필생의 대작 곳곳에는 국가를 전면적으로 개조하려 했던 나폴레옹의 웅지가 생생하게 잘 형상화되어 있다. 괴테 스스로 자기가 얼마나 나폴레옹을 생각하였는지는 이 작품을 보면 알 수 있다고 말한 적이 있는데, 제1막의 황제의 궁성과 옥좌 그리고 궁실 장면, 제4막의 황제의 등장과 박진감 넘치는 전투 장면들, 제5막의 해안 매립 작업과 대규모의 운하 건설 장면은 나폴레옹 황제 시기 파리의 건축물들의 위용과 거대한 토목사업을 떠올리게 하며, 특히 해안 풍경은 그의 마지막 거처였던 세인트헬레나 섬을 연상케 한다. 이와 관련하여 괴테는 1824년 초 나폴레옹의 의붓아들 외젠느 나폴레옹이 42세를 일기로 사망했을 때 나폴레옹의 영웅적 면모를 극찬한 적이 있다. 외젠느 나폴레옹은 생전에 바이에른의 로이히텐베르크 공작으로서 가히 파우스트적인 대역사(大役事)라고 할 만한 라인-도나우 운하 건설을 기획한 바 있는 인물이었다. 그의 부고를 접한 괴테는 다음과 같이 소회를 피력한다. "위대한 인물 중의 한 사람이었지. 마리엔바트에서 그는 웅장한 계획을 나에게 말해 주었는데, 다름 아닌 라인 강과 도나우 강을 운하로 연결하는 일이었지. 험난한 지리적 여건을 생각한다면 정말 엄청난 시도였어. 하지만 나폴레옹을 옆에서 받들면서 함께 세계를 진동시킨 사람에게 무엇이 불가능했겠나. 옛날 칼 대제도 같은 계획을 세우고 일을 시작한 적이 있지. 하지만 그 시도는 곧 좌절되고 말았어. 모래가 잘 견디지 못했고, 운하 양쪽 언덕에서 흙덩이들이 끊임없이 무너져 내렸으니까 말일세."

2. 나폴레옹, 괴테에게 묻다 — "선생은 왜 그것을 그렇게 처리했지요?"

1808년 초 프랑스 황제로서 전유럽을 호령하던 나폴레옹은 국제정치적으로 하나의 커다란 실책을 범한다. 대(對)영국 대륙봉쇄령의 서남부 측면을 장악하기 위해 스페인 부르봉 왕가를 교묘한 궁정음모로 전복시켜 버린 것이다. 이 일로 유럽의 거의 모든 전제군주들은 나폴레옹에 대한 불신과 스스로의 존립 위기를 강하게 느끼게 되었고, 프랑스는 프랑스대로 서쪽(피레네 산맥)과 동쪽(동유럽)에서 이중의 위기에 봉착한다. 오스트리아와 러시아, 특히 신흥강국 프로이센에 대한 견제와 회유 정책이 불가피한 상황에서 나폴레옹은 1808년 9월 27일부터 18일간 에어푸르트에서 유럽 각국의 주요 군주들과 제후들이 참석하는 제후회의를 개최한다. 에어푸르트는 예나·아우어슈테트 전투 이듬해인 1807년 '프랑스 황제 속령'이 된 프랑스의 전략적 요충지였다. 유럽 세력 재편을 위해 어떻게든 러시아의 협조를 구해야 했던 나폴레옹으로서는 러시아 황제 알렉산더와 처남·매부지간이었던 바이마르의 카를 아우구스트 공을 친히 방문할 필요도 있었으므로, 회의장소로 바이마르에서 그리 멀지 않은 에어푸르트가 선택되었다. 당시 나폴레옹은 유럽 대륙의 보편왕국을 설립하려는 장기적인 계획도 염두에 두고 있었기 때문에 회의기간 중 엄청난 규모의 진중 도서관을 설치하고 프랑스의 국민배우 탈마(Talma)와 국립극장 '테아트르 프랑세'로 하여금 매일 밤 정통 프랑스 고전극을 상연토록 하는 등 프랑스의 문화예술을 대대적으로 홍보하며 막강한 권력을 과시하였다.

이런 상황에서 황제 나폴레옹은 괴테를 접견한다. 그러나 접견은 미리 예정되어 있던 것은 아니었다. 당시 국제정치 역학상 매우 불안정한 위치에 있던 바이마르의 카를 아우구스트 공도 회의에 참석해 있었는데, 그는 며칠 뒤 바이마르를 방문할 나폴레옹의 접대 문제를 논의하기 위해 9월 29일 밤늦게 괴테를 급히 에어푸르트로 오게 한다. 괴테는 오래 전부터 바이마르에 와 있던 빌란트와 함께 '테아트르 프랑세'의 고전극을 감상하면서 지근거리에서 나폴레옹의 모습을 대하지만, 그때까지도 나폴레옹 황제 알현은 예정되어 있지 않았다. 나폴레옹이 괴테를 접견하게 된 경위에 대해서는 몇 가지 설이 있지만, 나폴레옹의 시종장이었던 탈레랑에 의하면, 에어푸르트에 와 있던 유명 인사들의 명단을 훑어보던 나폴레옹의 눈에 괴테의 이름이 눈에 띄었고 그것이 10월 2일 오전 단독 면담으로 이어졌다고 한다. (그로부터 며칠 뒤 괴테는 바이마르에서 다시 나폴레옹을 대한다. 그러나 이때는 나폴레옹과 러시아 황제로부터 훈장을 수여 받는 자리였으므로 특별한 대화는 없었다.)

이리하여 괴테는 마침내 1808년 10월 2일 오전 11시경에 나폴레옹을 독대한다. 에어푸르트 총독 관저에 마련된 황제 나폴레옹의 숙소 접견실은 회의실을 겸하고 있었기 때문에 다소 어수선한 분위기였다. 참모들과의 정책 숙의로 대화가 잠깐 중단된 시점을 기준으로 총 30분가량의 두 사람의 대화는 내용상 두 부분으로 나뉜다. 앞부분은 문학과 현실의 관계와 소설 『젊은 베르테르』에 관한 것이었고, 뒷부분은 괴테의 가족 관계와 바이마르 공국에 대한 괴테의 견해 등 주로 개인 신상에 관한 대화였다. 대화록에는 자세한 언급이 없지만 『젊은 베르테르』에 대한 나폴레옹의 소상한 설명이 있었음을 감안하면, 이 소설이 비교적 비중 있게 이야기되었음을 알 수 있다. 생전에 괴테는 나폴레옹과의 대화 사실을 자랑스럽게 이야기하곤 했다. 그러나 정작 구체적인 대화 내용에 관해서는 공개적으로 밝힌 것이 없다. 16년이 지난 1824년 2월 초 『1808년 연감』에 수록할 자료가 필요했을 때에야 비로소 그는 대화 내용을 정리하여 기록하는데, 그 기록도 생전에 공개되지 않았고 사후에 유고 형태로 출판되었다. 다음은 괴테가 기록해 놓은 공식 대화록이다. (대화록 중 괄호 부분은 전체 문맥을 다치지 않는 범위 내에서 필자가 임의로 생략한 부분임을 밝혀 둔다.) "10월 2일.

오전 11시, 나는 황제의 부름을 받아 (…) 접견실에 들어갔다. 황제는 넓은 둥근 탁자에 앉아 아침식사를 하고 있었고, (…) 오른쪽에는 탈레랑이, (…) 왼쪽에는 다루가 서 있었다. (…) 황제는 나를 찬찬히 살펴보더니 선생이 바로 그 분이군요라고 말했고, 나는 몸을 숙여 인사했다. 이어 올해 나이가 몇이냐고 물었고 내가 60세라고 대답하니, 몸을 참 잘 관리한 것 같다. 비극 작품들을 쓴 걸로 알고 있다고 말했다. 나는 꼭 필요한 대답만 했다. (…) 그리고 나서 그는 화제를 베르테르로 옮겼다. 그는 내 소설을 공부하듯 꼼꼼하게 읽은 것 같았다. 아주 정확한 몇 가지 코멘트를 한 뒤 그는 어느 한 곳을 지적하면서 왜 그것을 그렇게 처리했느냐, 그건 이치에 맞지 않지 않으냐고 말했다. 그리고는 그렇게 생각하는 이유를 소상하게 또 전적으로 옳게 설명했다. 나는 밝은 얼굴로 그의 말에 귀를 기울였다. 그러면서 나는 느긋한 미소로 그 누군가가 나에게 그와 똑같은 비판을 한 적이 있는지 어떤지 알지 못한다. 하지만 나는 그가 전적으로 옳다고 생각한다. 그러니까 나는 그가 지적한 그곳에 무언가 사실에 부합되지 않은 점이 있음을 인정하노라고 대답했다. 나는 또 그러나 만약 어떤 작가가 단순하고 자연스러운 방식으로는 불가능한 일정한 효과를 얻기 위해 아무나 쉽게 찾아낼 수 없는 하나의 기교를 사용하는 경우가 있다면, 그 작가의 입장은 이해되어야 할 것이라고 덧붙였다. 황제는 내 말에 흡족해하는 것 같았고, 화제는 다시 극문학으로 되돌아왔다. 황제는 매우 의미 있는 몇 가지 코멘트를 했는데, 형사재판관처럼 비극 무대를 고도의 집중력으로 관찰하는 품이 그는 프랑스 극문학이 자연과 진실에서 벗어나 있음을 아주 깊이 느끼고 있는 듯 했다. (…) 황제는 몸을 일으키더니 나에게 다가왔다. (…) 그는 내가 결혼했는지 자녀가 있는지 등 일반적인 나의 개인 신상에 대해, 또 영주가(家)에서의 나의 위치, 대공비 아말리아, 영주와 영부인 등에 대해 물었고, 나는 자연스러운 태도로 대답했다. (…) 내가 기회를 보아 시종장에게 이제 물러가도 좋으냐는 제스처를 보내자, 그렇게 하라는 시종장의 응답이 있어 바로 작별을 고했다."

3. 작가 괴테 vs. 군인 나폴레옹

위에서 보다시피 두 사람은 나폴레옹의 주된 관심사 중의 하나였던 문학과 현실의 관계에 대해, 또 『젊은 베르테르』에 대해 진지하게 대화를 나눈다. 여기서 후대에 이르기까지 계속 궁금증을 불러일으킨 부분은 『젊은 베르테르』 관련 대화 중 나폴레옹이 괴테에게 어느 지점을 가리키면서 "왜 그것을 그렇게 처리했지요? 그건 이치에 맞지(자연스럽지) 않은데요(Warum habt Ihr das getan? Es ist nicht naturgemäß)"라고 했다는 부분이다. 생전에 괴테가 유독 이 부분에 대해서 만큼은 함구했기 때문에, 나폴레옹이 지적한 '그것'이 소설의 어느 대목이었는지는 200여 년이 지난 지금까지 수수께끼로 남았다. 과연 나폴레옹에게 '이치에 맞지 않게' 또 '자연스럽지 않게' 여겨진 대목은 소설의 어느 부분이었으며, 왜 그렇게 여겨졌을까?

이 물음에 대해서는 에커만의 『괴테와의 대화』로부터 2008년 괴테-나폴레옹 만남 200주년을 기념하여 출간된 자이프트(G. Seibt)의 방대한 저서 및 그 이후 수편의 연구논문들에 이르기까지 나름대로 타당성이 있는 각양각색의 답이 제시되었다. 몇 가지만 소개하면, 극도로 불안한 예감에도 불구하고 알베르트와 아무런 상의도 하지 않고 베르테르에게 권총을 보내는 석연찮아 보일 수도 있는 로테의 행동, 손상된 명예와 열정적인 사랑이라는 서로 모순되는 두 개 모티브의 혼재, 작중 '편집자(Herausgeber)'의 3인칭 서술시점에 주인공의 극히 내밀한 1인칭 시점이 뒤섞여 있는 점, 베르테르의 권총 파지법 묘사의 오류 등 나폴레옹이 이의를 제기했을 만한 곳은 의외로 많다. 이 중 가장 설득력이 있는 것으로 여겨지는 답은 마지막 답, 곧 베르테르의 권총 파지법 묘사에 문제가 있다고 본 것이다. 나폴레옹이 보기에는 베르테르가 자살 시늉을 하려고 권총을 겨눈 장면의 묘사가 잘못되었다는 것이다. 문제의 장면은 1771년 8월 12일자 편지에 나오는데, 여기서 베르테르는 알베르트를 방문하여 여행 목적으로 권총을 빌려달라고 하며 벽에 걸린 권총 한 정을 끄집어 내린다. 알베르트가 권총은 위험하니 조심해야 한다고 하면서 그 이유를 장황하게 설명할 때, 베르테르의 반응은 이러하다. "알베르트는 자기 말에만 몰입했다네. 나는 결국 더 이상 그가 말하는 것을 듣지 않고 이런저런 생각에 빠지고 말았지. 그러다가 나는 발끈 화가 치밀어 권총의 총구를 내 오른쪽 눈 위 이마에다 갖다 대어 눌렀지 뭔가. 그러자 알베르트가 나에게서 권총을 재빨리 빼앗으며 말했지. 이런, 이게 무슨 짓인가!"

베르테르의 열정적인 성격을 가감 없이 보여주는 이 장면에서 나폴레옹이 주목한 부분은 "나는 발끈 화가 치밀어 권총의 총구를 오른쪽 눈 위 이마에다 갖다 대어 눌렀다(mit einer auffahrenden Gebärde drückte ich mir die Mündung der Pistole übers rechte Aug' an die Stirn)"는 표현이었다. 갑자기 화가 치민다는 것은 미리 그렇게 하기로 작정하고 준비하는 평상심의 발로가 아니다. 그것은 무의식적이라고 할 만큼 충동적인 감정의 급격한 움직임이다. 이렇게 순간적으로 화가 치민 순간 베르테르가 권총의 총구를 자기 머리에 대는 시늉을 했다면, 권총을 잡은 손아귀와 방아쇠에 건 손가락 그리고 총신이 자연스러운 방향과 각도가 되어야 한다. 자신도 모르게 권총을 자기 머리에 댔다면 — 베르테르는 오른손잡이였다 — 보통은 총구가 '오른쪽 눈 위 이마'가 아니라 오른쪽 관자놀이를 향하게 마련이다. 권총을 쥔 손목 관절은 순간적으로 이마를 향할 만큼 그리 유연하지 않기 때문이다. 그래도 굳이 총구가 관자놀이가 아닌 오른쪽 눈 위 이마를 향하게 하려면 권총 개머리판과 총신을 함께 왼쪽으로 90도 가까이 틀어야 하는데, 갑자기 그렇게 하는 것은 무리이다. 또 손으로 개머리판을 단단히 움켜잡은 상태에서 그런 각도와 방향으로 총신을 돌렸다면 방아쇠에는 집게손가락이 아니라 엄지손가락을 대야 했을 텐데, 지금으로부터 250여 년 전 부피뿐만 아니라 무게만 해도 상당했을 권총을 '발끈 화가 치민' 상태에서 곧바로 그렇게 잡는다는 것 역시 생각하기 어렵다. 다른 한편, 그런 동작을 취하기 위해 베르테르가 다른 한 손으로 총신을 감싸 잡았을 수도 있다. 그러나 만약 그랬다면 거기에 상응하는 알베르트의 즉각적인 반응이 조금이라도 묘사되었을 텐데, 관련되는 서술이 전혀 없을 뿐만 아니라 오히려 깜짝 놀란 알베르트가 베르테르의 손아귀에서 재빨리 총을 빼앗을 수 있었던 것을 보면 베르테르가 사전에 다른 한 손으로 총신을 감싸 안는 동작은 없었다고 보아야 한다. 결국 누구나 순간적으로 감정이 격앙된 상태에서 자기 머리에 권총을 겨냥한다면 총구가 관자놀이를 향하게 되어 있지 눈 위 이마를 향할 수가 없는데도 소설에서는 그렇게 묘사되어 있으니 나폴레옹에게는 그 점이 '자연스럽지 않게' 또는 '이치에 맞지 않게' 여겨졌던 것이다.

대화 중 괴테는 분명 이러한 권총 파지법에 대한 나폴레옹의 통속적이지만 명쾌한 해석에 동의할 수밖에 없었을 것이다. 대화록에 나와 있듯이 그가 나폴레옹의 비평에 '느긋한 미소'로 일관하는 여유를 부린 것은 비록 나폴레옹이 지적한 바가 문학외적인 것이기는 하지만 자기 생각에도 그러한 지적 자체는 '전적으로 옳기' 때문이라고 생각했기 때문이었다. 괴테는 문학작품을 그렇게 통속적인 관점에서 관찰할 수 있음에 묘한 재미를 느꼈던 것이고 그 재미를 혼자 즐기고자 했음에 틀림없다. 그가 어느 누구에게도 이 부분을 속 시원하게 이야기하지 않은 것도 같은 맥락이었던 것으로 짐작된다. 상대가 평범한 일반인이 아닌 '황제'였으니 대화 내용을 시시콜콜 발설하지 않는 것이 당연한 예의라고 생각했는지는 모르겠지만, 작가로서 괴테는 나폴레옹의 통속적인 독법에 지나친 의미가 부여되는 것은 바람직스럽지 않다고 본 것 같다. 만약 자기 혼자 알고 있는 사실을 입 밖에 낼 경우 독자들은 스토리에 몰입하다가도 시나브로 '황제 나폴레옹'이 비평한 바를 연상하게 될 것이고, 그렇게 되면 스토리의 극적 전개가 왜곡되어 받아들여질 위험이 다분히 있을 것이었다. 작가 괴테는 이러한 사태를 우려했던 것이다.

아무튼 이 수수께끼의 정답은 어처구니가 없다고 할 만큼 통속적인 것이었음에 분명하다. 그럼에도 사람들이 그런 통속적인 측면을 보지 못한 데에는 독자대중의 허위의식 같은 것도 한 몫 했다고 할 수 있다. 멀리 갈 것 없이 나폴레옹의 본령이 군인이었던 점이 간과되거나 무시되었던 것이다. 그가 이 소설을 무려 일곱 번이나 읽은 애독자 중의 애독자, 그것도 '황제 나폴레옹'이었으니 사람들이 그에게서 군인이 아니라 문학 분야에서도 무언가 고차원적이고 영웅적인 인식의 소유자를 발견하고 싶었던 것은 대중심리의 속성상 어쩌면 당연했을지도 모른다. 그러나 만약 나폴레옹이 전문적인 문학비평가가 아니라 타고난 군인이었다는 점, 대화 현장이 황제 나폴레옹이 탐독했던 독일의 유명 작가를 잠깐 면담하는 자리였다는 점, 문제의 책도 손에 쥐지 않은 채 느슨하게 이야기를 나누는 그런 자리에서는 문학외적인 가벼운 이야기가 화제로 더 어울렸을 것이라는 점 등에 논의의 초점이 맞춰졌더라면 나폴레옹의 『젊은 베르테르』의 수수께끼는 조기에, 그것도 아주 간단하게 풀렸을 것이다. (이덕형)

노발리스
(Novalis, 1772~1801)

독일의 철학자 딜타이(Wilhelm Dilthey)가 처음 사용한 용어인 "교양소설(Bildungsroman)"에서 교양(Bildung)이란 단어는 <형성하다(bilden)>라는 의미로 지식·기술·사회 규범을 익히는 것뿐만 아니라 스스로 인간성을 갖춰 가는 것도 뜻한다. 따라서 교양소설은 일반적으로 한 인간의 유년 시절부터 성숙된 장년기에 이르기까지의 영혼과 정신의 성장을 묘사한다. 주인공들은 학교와 양친의 보호 아래 청소년기를 보낸 후에 여러 계층의 사람들과 접촉을 하고 또 먼 거리의 모험적인 여행을 함으로써 점차 그에게 알맞는 세계와 자기 자신에 대한 인식을 얻게 된다. 이러한 교양소설은 18세기 독일의 시민사회 성립기에 계몽사상의 영향도 받았다. 괴테의 대작 『빌헬름 마이스터의 수업시대』를 필두로 노발리스(Novalis, 1772~1801, 본명은 Friedrich Freiherr von Hardenberg)의 『푸른 꽃』, 켈러의 『녹색의 하인리히』, 헤세의 『유리알 유희』등이 독일의 교양소설의 대표작으로 손꼽혀 괴테와 노발리스는 다 같이 교양소설의 작가로 여겨진다.

이렇게 노발리스와 괴테가 모두 교양소설의 작가로 규정되지만 괴테의 교양소설 『빌헬름 마이스터의 수업시대』에 대한 노발리스의 평가는 상반적이다. 다른 낭만주의자들처럼 노발리스도 처음에는 『빌헬름 마이스터의 수업시대』에 경탄했다. 그러나 작가적으로 점차 성숙하게 된 노발리스는 괴테가 이 소설에서 전개한 세계관에 동의할 수가 없었다. 노발리스가 볼 때 이 작품의 기본 테마는 실제적 사회에 기반하는 <삶>이어서 자신의 낭만주의 기저인 마적인 요소와 초인간적인 운명은 생에 지배되거나 생에 유익하게 전개되어서 이에 대한 모토는 <죽음을 생각하라!(memento mori!)>가 아니라 <삶을 생각하라!(Gedenke zu leben!)>였다. 노발리스의 근원적인 시의 세계는 『빌헬름 마이스터의 수업시대』의 사회에 기반하는 일상적인 삶에 역행되는 <낭만적인 시의 찬미>로 꿈의 세계가 된다. 낭만적인 개념에서 꿈은 현실에서 이탈이 아니라 현실을 보다 본질적으로 계시하는 영감의 근원이다. 이러한 계시는 논리적인 언어를 매개로 표현될 수 없고 마술적인 언어에 의해서만 전달될 뿐이다. 오직 낭만적인 시에 의한 환상적인 진리에 의해서 표현될 수 있는 것이다. 낭만적인 시작법이란 마치 꿈의 세계에서처럼 모든 대상을 낯설고 멀게 보이게 하면서 친숙하게 느끼게 하는 능력이다. 이러한 입장에서 노발리스는 시는 낭만주의의 본질인 동화(Märchen)의 환상적인 성격을 띠어야 한다고 주장하였다. 특히 현실의 구속에서 벗어나게 하는 예술동화(Kunstmärchen)의 대표작으로 꼽히는 『푸른 꽃(Blaue Blume)』에서 노발리스는 환상적인 동화의 성격을 마음껏 발휘하고서 "동화는 말하자면 시문학의 규범이다. 모든 시문학적인 것은 동화적이어야 한다"라고 작품의 동화화를 요구하였다. 이렇게 노발리스가 문학의 최고의 형식으로 평가하는 동화는 티없는 태고적 바람같이 오늘날까지 장구하게 이어오고 있다. 여기에 노발리스가 동화적인 요소를 작품에 가장 실감 있게 전개시켜 독일 낭만주의의 대표적인 작가로 여겨지고 있다. 그의 대표작인 「밤의 찬가(Die Hymnen an die Nacht)」에서 밤은 더 이상 자연 현상의 밤이 아니라 미래의 "낮"을 예시하는 "성스러운 밤"으로 당대에 대한 비유가 된다. 태초의 역사가 신화적 언어로 묘사된 이 작품에서 "고대"는 만물에 생기를 주는 "빛"의 시대로 신들과 인간이 "다채로운 축제"를 벌였던 시대였다. 이 축제는 죽음의 등장으로 중단되어 "현재"는 "차가운 북풍"만이 불고 있는 "밤"의 세계이다. 노발리스는 이러한 두 세계의 화합과 새로운 "기쁨의 밤"의 도래를 그리스도에게서 보고 있다. 시인 자신의 변용이기도 한 그리스 신화의 오르페우스와 그리스도의 제자인 사도 요한을 연상시키는 어느 가인(歌人)의 묘사에서 노발리스는 그리스도의 삶과 죽음을 통해 생명과 죽음, 이별과 재회, 이교도와 기독교를 화해시키고 있다.

이같이 환상적인 내용을 찬미하는 노발리스의 문학관은 예술을 교양의 수단으로 삼은 괴테의 『빌헬름 마이스터의 수업시대』와 상반될 수밖에 없었다. 괴테의 이 교양소설은 노발리스에게 "요구가 너무 많고 꾸며낸 티가 나서 비문학적"이어서 노발리스는 다음과 같이 심하게 비판하였다. "근본에 있어서 이 작품(『빌헬름 마이스터의 수업시대』)은 불쾌하고 어처구니없는 책이다. 비록 형식적으로는 잘 장식되어 있고, 서술은 시적이지만, 정신에서는 문학에서 벗어나 시와 종교 등에 대한 풍자일 뿐이어서 짚과 대패밥으로 만든 맛좋은 요리, 제신의 상일 뿐이다. 따라서 배후엔 모두가 소극(笑劇)이 된다. 경제적인 자연이 잔재하는 자연이 되는 것이다." 이렇게 시적인 성격이 없다고 본 『빌헬름 마이스터의 수업시대』를 노발리스는 모험자, 배우, 소매상인, 정부(情婦) 등의 비열한 것들이 뒤섞인 <낭만주의적인 반어(反語)(Die romantische Ironie)>로 비하하였다.

이후에도 노발리스는 "산문적이고 현대적인 작품인 『빌헬름 마이스터의 수업시대』에서 낭만주의는 몰락할 수 밖에 없다. 인간적인 사건들만 취급한 이 소설에서 자연과 신비는 완전히 망각되고 있다. 이 소설은 시화(詩化)된 시민적·가정적인 이야기다. 기적적인 것은 시와 몽상으로 취급되어 예술적인 무신론이 이 책의 정신이다"라고 『빌헬름 마이스터의 수업시대』에 담긴 비(非)시적인 성격에 비난을 더욱 높혔다. 노발리스가 동경하는 내면의 영원한 세계를 가리게 하는 외면의 세계가 이 작품에서 추구되고 있다는 것이다. 이 외면의 세계는 시의 계시를 위한 수단에 불과할 뿐이다. 노발리스는 『빌헬름 마이스터의 수업시대』에서처럼 대상의 즉물성을 추구하지 않는데, 이는 대상의 인식이 아니라 대상을 중재하는 역할에 불과하기 때문이다. 반시적(反詩的)인 성격의 "물자체(Ding an sich)"의 즉물성에서 벗어나 정신세계를 직관해야 한다고 본 노발리스는 『빌헬름 마이스터의 수업시대』도 <시의 찬미>를 추구했어야 했다고 보았다. 그의 대표적인 소설 『하인리히 폰 오프터딩겐(Heinrich von Ofterdingen)』에서 '천부적인 시인'인 주인공은 『빌헬름 마이스터의 수업시대』의 주인공인 빌헬름 마이스터와 상반되게 여행 등 외부적인 사건을 최대한으로 축소하면서 동화의 주류인 꿈, 시인, 사랑의 모티프를 반복하여 작품을 내

변화시키고 있다. 이런 배경에서 노발리스는 "세계는 낭만화 되어야 근원적인 의미를 되찾을 수 있다. 따라서 일반적인 것에 높은 의미를, 일상적인 것에 신비한 모습을, 기존의 알려진 것에 미지의 위엄을, 유한한 것에 무한한 외양을 부여해야 낭만화가 이루어진다"고 말하였다.

『빌헬름 마이스터의 수업시대』에 대한 노발리스의 비평을 괴테가 수용했는지 이 작품 다음에 발간된 『빌헬름 마이스터의 방랑시대』에는 노발리스가 동경한 환상적이며 동화적인 내용의 작품 <새로운 멜루지네(Die neue Melusine)>가 수록되어 있다. <새로운 멜루지네>같이 많은 동화에서 요정은 남성을 더 이상 속이거나 거부하고 싶지 않게 될 때 일반적으로 아름다운 신부나 공주로 변신하는데, 이에 관해서 노발리스는 다음과 같이 묘사하고 있다. "많은 동화에서 중요한 특징, 즉 불가능한 것이 가능하게 되고, 인간이 자신을 극복하고 자연도 극복하여 자기에 상반되게 발생한 불편함이 극복되어 편리하게 되는 순간에 자신에 역행되던 사건이 편안하게 되는 기적이 일어난다. (…) 곰이 사랑받게 되는 순간에 곰으로 변신되고, (…) 인간이 세상의 악도 좋아하게 될 때 이 같은 변신이 이뤄지며, (…) 모든 질병은 아마도 두 존재의 내적인 연결에 필요한 시발점인 사랑의 시작이 된다. (…) 도처에서 가장 최선의 것들이 질병에서 시작되지 않는가? (…) 따라서 절대적으로 악한 것과 절대적으로 나쁜 것은 없다. (…) 악의 선양으로 선이 실현·도입·확산되는 것이다." 이는 민중동화(Volksmärchen)에 대한 노발리스의 이론이다. 인간이 형성한 대부분의 형상은 야수의 형상처럼 이중의 얼굴이어서, 아름다운 공주도 악한 늑대처럼 위험스러울 수 있다는 것이다. 이러한 동화의 전형적인 요소가 『빌헬름 마이스터의 방랑시대』속의 작품 <새로운 멜루지네>에서 전개되고 있다.

(안진태)

라바터

(Johann Caspar Lavater, 1741~1801)

요한 카스파 라바터는 스위스 취리히에서 태어난 작가이자 목사였다. '질풍노도' 시대 때 라바터는 목사인 헤르더뿐만 아니라 괴테와 아주 가까운 관계를 유지했다. 그러나 라바터와 괴테의 관계는 긴장감이 넘쳤다. 라바터는 괴테의 종교관에 영향을 주었지만 결국에는 이 때문에 우정이 깨졌다. 괴테는 1772년 11월 3일 <프랑크푸르트 지식인 신보(Frankfurter Gelehrte Anzeige)>에 라바터가 쓴 『영원에 대한 소망(Aussichten in die Ewigkeit)』 3권에 대한 비평을 썼다. 그리고 다음해 자신의 드라마 『괴츠 폰 베를리힝엔』을 보냈다. 라바터가 이에 대한 감사의 편지를 보냄으로써 라바터와 괴테의 편지교환이 시작된다. 라바터는 1774년 6월에 프랑크푸르트로 괴테를 직접 방문해서 함께 라인강 여행을 다녀오기도 했다. [괴테의 시 「라바터와 바제도 사이에서(Zwischen Lavater und Basedow)」 참조] 라바터는 우리의 관상에 해당하는 골상학(Physiognomie)과 '일시적으로 신들린 상태'에 대해 관심이 많았는데, 인간 안에 있는 신성(神性)의 흔적을 찾으려 했기 때문이었다. 즉 인간의 정신과 육체가 서로 상호작용을 한다고 믿고 정신이 얼굴 생김새에 끼치는 영향을 찾으려고 했던 것이다. 얼굴과 두개골의 특징에 영혼이 나타난다는 학설을 라바터는 제네바의 자연연구가이자 기독교 변호자인 샤를 보네(Charles Bonnet)의 『자연의 명상

(Contemplation de la nature)』(1764)과 『재생(Palingenesie)』(1769)에서 영향을 받았다. 그래서 라바터는 1774년에 『인간의 인식과 인류애의 촉진을 위한 골상학 소고(Physiognomische Fragmente zur Beförderung der Menschenkenntnis und Menschenliebe)』(1775-1778)를 쓸 때 괴테가 그 원고를 읽어주고 각종 실루엣자료와 호메로스, 브루투스, 클롭슈토크, 그리고 라파엘로와 렘브란트의 초상화라고 여겨지는 그림에 대한 글도 쓰게 된다. 괴테는 1775년 7월 슈트라스부르크에서 라바터의 골상학을 후원하던 의사 침머만(Zimmermann)으로부터 자신이 한 번도 본 적 없는 바이마르의 슈타인 부인의 실루엣을 보고 얻은 인상을 라바터에게 다음과 같이 적어 보내기도 했다. "슈타인 / 의연함 (…) / 자기 자신 안에서의 편안함 / 사랑이 가득한 친절 / 순수성과 호의 / 물러설 줄도 아는 의연함 / 다정한 마음씨." 얼굴과 표정에서 그 사람의 성격을 추론하려는 이 책의 시도는 한편으로 성경에 '하느님이 자신의 모상대로 인간을 창조하셨다'는 대목과, 다른 한편으로 '영혼에서 일어나는 것은 얼굴에 표현 된다'는 기본원칙에 근거를 두고 있다. 즉, 도덕적으로 바른 품행과 육체의 아름다움은 아름다운 인간 안에 결합되어 있어 "도덕적으로 나을수록 더 아름다우며, 도덕적으로 나쁠수록 더 추하다"는 원칙이다. 『골상학 소고』 1권은 대부분 역사적으로 유명한 인물들의 골상학적 분석을 담고 있고, 2권은 동물의 골상학, 3권은 손과 귀 등의 신체부위에 대한 골상학에 대한 관찰이 들어 있다. 마지막 4권에서는 예수의 모습을 골상학적으로 비교하는 장이 들어 있는데, 라바터는 "완전한 인간 또는 예수 그리스도의" 완전한 모습을 제시할 수 있기를 기대했었지만 많은 비판에 직면하게 된다. 그밖에도 이 책은 국가별 골상학, 남녀의 골상학, 나이별 골상학, 부모와 자식 간의 유전적인 닮음 같은 부분도 연구했다. 1775년부터 1778년까지 이 책이 출판되지만 괴테는 나중에 이 책과 거리를 두게 된다. 그러나 10년 후 라바터가 가톨릭교로 개종하려는 움직임을 보였을 뿐만 아니라 종교적 심취가 지나쳐 자신이 예언자라고 주장하기에 이르게 되었다. 라바터의 이러한 오만함과 『메시아 예수(Jesus Messias)』(1780)에서 그리스도를 유혹하는 인물의 특징으로 괴테의 관상을 대입시킴으로써 두 사람의 관계는 악화되었다. 특히 라바터의 저서 『폰티우스 필라투스(Pontius Pilatus)』(1782)에 나타난 종교적으로 비관용적인 태도로 인해 괴테는 그를 "확

실한 그리스도의 적"이라고 부를 정도로 괴테와의 우정은 완전히 끊어지게 된다. 심지어 1797년 괴테의 세 번째 스위스 여행 때 취리히 거리에서 라바터를 만났지만 괴테가 외면해버릴 정도였다. 괴테는 『베니스 에피그램(Venezianische Epigrammen)』과 『크세니엔(Xenien)』에서 라바터를 조롱하고 있으며, 『파우스트』의 <발푸르기스 밤의 꿈>에서는 라바터를 "두루미"(4323행 이하)로 묘사하고 있는데, 1829년 2월 17일 에커만에게 이렇게 이야기한다. "내가 그를 취리히에서 마지막으로 봤을 때 그에게 들키지 않으려고 했네. 내가 변장을 하고 어느 가로수 길을 가고 있는데 그가 내 쪽으로 오고 있는 것을 보았지. 나는 길을 벗어나 걸어갔고, 그는 나를 지나갔는데 나를 알아보지 못했네. 그의 걸음걸이는 마치 두루미 같았는데, 그래서 (『파우스트』에서 마녀들의 축제가 열리는) 브로켄 산에서 두루미로 등장했던 것이네."

(임우영)

루소
(Jean Jacques Rousseau, 1712~1778)

독일에서 클롭슈토크(Friedrich G. Klopstock)에 의해서 종래에 보지 못하던 참신한 민족 문학이 발생하자 수많은 젊은 작가들이 그의 뒤를 따랐다. 그들은 주로 괴팅겐의 대학생들과 그 도시의 부근에 사는 시인들로 시사(詩社)를 결성하기에 이르렀다. 이들은 1772년에 클롭슈토크의 감성을 이어받는 시인 동맹을 결성하였으며, 클롭슈토크가 <숲(Hain)>이라는 말로 독일 문단을 상징하였기 때문에 <숲의 시사(詩社, Hainbund)>라고 자칭하여 <괴팅겐 숲의 시사(Göttingener Hainbund)>라고 알려지게 되었다. 이 <숲의 시사>의 강령과 이상인 도의(道義), 종교, 영원한 우정, 조국애, 프랑스에 대한 증오, 빌란트의 관능적인 문학에 대한 반감 등이 클롭슈토크에 대한 찬미 속에서 발전되어 갔다. 이러한 <괴팅겐 숲의 시사>의 일원이었던 슈톨베르크(Leopold von Stolberg)의 소설 『섬(Die Insel)』(1788)은 문명에서 벗어난 목가적인 유토피아를 다룬 대표작이 되고 있으며, 같은 내용이 같은 해에 발간된 피에르(Bernhardin de St.-Pierre)의 작품 『폴과 비르지니(Paul et Virginie)』와 샤토브리앙(François-René de Chateaubriand)의 소설 『아탈라(Atala)』와 『르네(René)』에도 담겨 있다. 이러한 문명의 비평에 대한 시대의 흐름에 문학과 철학적으로 영향을 미친 루소(Jean Jacques Rousseau, 1712~1778)가 돋보인다.

1. 자연과 문명

루소는 저서 『사회계약론』에서 "인간은 자유롭게 태어났지만 사회의 쇠사슬에 묶여 있다"고 언급하여 문명을 거부하지는 않았지만 자유롭고 평등하지 못한 문명사회를 비판하였다. 루소에게 사회란 근본적인 악이요, 진보는 저주받아야 할 가식이며, 재산은 계급 차이의 근원이어서 이에 대한 대안으로 자연을 내세워 "자연으로 돌아가라"고 외쳤다. 여기에서 자연(natura)은 본성을 의미하여 천부적·자연권적인 자유와 평등을 암시하여 야성이 아니라 평화롭고 자유로운 평등한 사회가 된다. 따라서 자연은 인간을 선량하고 자유롭고 행복하게 만드는데, 사회가 인간을 사악·노예·불행으로 몰아넣는다고 루소는 보았다. 이렇게 루소를 주축으로 문명의 부정이 유럽에 퍼져나가자 클롭슈토크도 일조를 한 '질풍노도'의 싹이 터져 나오면서 알프스의 자연을 노래한 계몽주의 시인 할러(Albrecht von Haller) 등 감상주의 작가들은 자연을 열정적으로 다루기도 했지만 루소의 자연은 조금의 장식도 없는 그대로였다. 이렇게 문명을 비판하는 문학이 증대되면서, 인간의 역사 발달과 함께 문명도 확산된다는 가치관에 대한 부정이 일깨워지기도 했다.

루소의 사상은 괴테에도 영향을 미쳤다. 『파우스트』에서 학문적으로 높은 경지에 도달했으나 서재(書齋)에만 갇혀 있어 사회와 절연되어 있던 파우스트는 산보 중에 농부들의 환호성에서 사회성을 알게 되어 "여기서 나도 하나의 인간이다"(940행)라면서 문명인이 되어간다. 따라서 이후의 파우스트는 사람들이 처한 시대성, 모순과 갈등을 반영·예견하게 된다. 특히 괴테의 <새로운> 시대에 해당되는 후기 부분은 루소의 영향을 많이 받고 있다. "자연은 인간을 선량하고 자유롭고 행복하게 만드는데, 사회가 인간을 사악·노예·불행으로 몰아넣는다"는 루소의 이념은 『파우스트』외에 『젊은 베르테르의 슬픔』에도 큰 영향을 미쳤다. 따라서 이 작품의 첫 장면은 루소의 주장대로 부정적인 사회와 문명에서 벗어나 순수한 자연에 귀의하려는 베르테르의 고백으로 시작한다. "그곳을 떠나오기를 얼마나 잘 했는지! (…) 현재를 있는 그대로 즐기겠어. 과거는 단지 과거일 뿐. (…) 어쨌든 이곳으로 온 후 나는 아주 건강하지. 마치 천국과 같은 이 고장에 있으면 고독은 오히려 내 마음을 진정시켜 주지. 청춘의 이 계절 또한 넘칠 정도로 넉넉하여 자칫 얼어붙을 것 같은 내 마음을 따뜻하게 해준다네. 나무나 생울타리마다 꽃도 만발하고, 향기로운 바다를 떠다니며 모든 영양을 찾아낼 수 있다면, 나는 한 마리 풍댕이라도 되고 싶을 정도일세. 거리 자체는 느낌이 좋지 않지만 주변의 자연은 비할 데 없이 아름답다네." 이 인용에서 "그곳을 떠나오다"라는 첫 구절은 탈문명을 의미하고, "과거는 단지 과거일 뿐"이라고 과거(의 문명)를 잊고 싶어 하는 베르테르에게 자연은 새롭기만 하다.

2. 자신의 다른 면

루소의 작품 『두 번째 산책(Der zweite Spaziergang)』에서 몽상적이고 외로운 산책가인 그가 한 사건을 언급하고 있다. 거대한 덴마크산 개 한 마리가 빠르게 달려와 부딪치자 그는 땅 바닥에 넘어져 의식을 잃고 만다. 다시 깨어난 그는 의식을 잃었던 동안의 느낌을 다음과 같이 언급한다. "밤이 다가오고 있었다. 하늘을 올려보니 몇몇 별들과 약간의 초록색을 띤 물체가 보였다. 나의 존재는 오직 이때의 느낌이라고 느껴질 정도로 이 첫 느낌의 순간은 매우 값졌다. 이때 나는 삶으로 태어나 주위의 모든 사물들에 가벼운 삶을 채워 넣는 것 같이 생각되었다. 오직 현재의 순간만 해당되기 때문에 아무 것도 기억할 수 없었으며, 나 자신도 명확하게 파악할 수 없고, 떠오르는 생각도 전혀 알 수 없게 되어 내가 누구이며 어디에 있는지도 알 수 없으며, 고통이나 두려움 및 불안도 느낄 수 없었다. 시냇물이 흐르듯이 흐르는 피가 나의 것이라고 생각되지도 않았다. 나의 생애의 기억을 더듬어 보니 어떤 즐거움에도 못지않은 행복스런 고요가 느껴졌다." 이후 루소는 몽상 속에서 명작을 집필하는 경우가 있었다. 어느 날 루소가 몽상 속에서 지난날 자신의 삶에 등장했던 여러 여성들에 대한 추억과 그리움이 몰려들자 도취 상태에서 정열과 그리움이 넘쳐나는 글을 편지 형식으로 써내려갔는데 이것이 소설 『신(新)엘로이즈(Die neue Heloise)』다. 이 작품이 대성공을 거두면서 루소는 질서, 이성, 형식의 고전적인 양식에서 벗어났다.

루소처럼 괴테도 1801년 1월 2일에 심한 병을 앓아 의식을 잃던 중에 축제적인 분위기를 느껴서 "어떤 완전한 존재가 된 것 같은 감정을 느꼈다"고 후에 슈타인(Charlotte von Stein) 부인에게 말하기도 하였다. 그런데 그가 다시 정신을 차리게 되자 불행한 느낌이 들었다. 이 체험으로 인해서 괴테는 기존의 생활방식에서 벗어난 새로운 자아를 발견하게 되었다. 의식 불명으로 자아가 존재하지 않는 곳에서 행복을 느낌으로써 현실의 경계를 넘어 헤겔 철학의 주요 용어인 "자신의 다른 면(das Andere seines Selbstes)"를 체험한 것이다. 이렇게 자신의 다른 면을 체험하여 새롭게 된 인간상이 그레트헨의 청순한 모습에 감명 받아 정욕의 인간에서 진실된 인간으로 변하는 파우스트로 나타난다. "여기 날 에워싼 것은 마법의 안개인가? / 향락의 충동이 그처럼 몰아쳐 왔는데, / 이제는 사랑의 꿈속으로 녹아 들어가는 느낌이구나."(2721~2723행) 자신의 다른 면에 대한 체험에서 새로운 철학도 생겨나 "이러한 철학이 주로 분리에 있다면 나는 그것을 붙잡을 수 없어서 "그것은 나의 자연스런 걸음을 방해하며 해를 끼쳤다고 말할 수 있다. 그러나 그것이 결합하거나 혹은 우리가 자연과 하나라는 근원적인 감정을 상승 및 확립시키거나 깊고 평온한 관조로 변형시킨다면 (···) 나에게 대환영이다"라고 괴테는 1801년 11월 23일에 친구 야코비(Friedrich H. Jakobi)에 보낸 서신에서 언급하고 있다.

루소가 몽상 속에서 과거의 여성들의 추억과 그리움에서 집필된 『신(新) 엘로이즈』의 이상은 "아름다운 영혼(belle ânne)"이다. 이 "아름다운 영혼"의 개념이 괴테의 마음을 사로잡아서 그는 헨리에테 폰 오버키르히에게 보낸 편지에서 루소의 이 프랑스어를 그대로 사용하고 있다. 슈타인 부인에게 보낸 편지에서도 "위대한 아름다운 영혼", "당신의 아름다운 영혼 속에", "하나의 아름다운 영혼"이라는 표현이 나온다. 『타우리스의 이피게니에』에서 아르카스는 이피게니에에게 "아름다운 영혼은 고귀한 분께서 보내시는 호의에도 마음이 움직이지 않나요?"(1493~1494행)라고 묻는다. 『빌헬름 마이스터의 수업시대』에서 제6장의 전체를 차지하여 하나의 독립된 작품이 될 수 있는 <아름다운 영혼의 고백>은 아름다운 영혼의 정점이 되고 있다.

루소의 『신 엘로이즈』가 '편지 형식'으로 전개될 정도로 당시에는 편지 소설이 유행하였다. 괴테의 편지 형식의 소설 『젊은 베르테르의 슬픔』은 당시 유행했던 편지 소설의 영향을 받긴 했지만 새로운 성격을 지니고 있다. 당시의 편지 소설들은 상호 교환되는 편지에 해설이 추가된 형식이었지만, 『젊은 베르테르의 슬픔』은 거의 일방적으로 주인공 베르테르 혼자서 쓴 편지 형태로 작품의 이야기는 완전히 주인공의 내면적인 시점에서 서술되어 독자는 그의 영적 경험을 수신하게 된다.

3. 참된 교육

"조물주의 손에서 나올 때, 모든 것은 선하였으나 인간의 손에 들어가면서 타락한다"는 타고난 본성은 선하지만, 성장하면서 환경에 의해 악해진다는 성선설을 내세우는 루소는 이러한 타락을 막기 위하여 교육을 강조하여 교육 소설 『에밀(Emil)』을 집필하였다. "어린이가 쓰러져 머리에 혹이 생기고, 코피를 흘리고, 손이 찔려도 나는 당황하여 그 애 곁으로 달려가지 않는다. 적어도 잠시 동안은 침착하도록 노력하고 몸을 움직이지 않는다. 일은 이미 저질러진 것이다. 어린이는 필연을 견뎌내야 한다. 내가 당황할수록 어린이에게 겁을 줄 뿐이고, 그의 감수성을 자극할 뿐이다. 어린이가 상처를 입었을 때 그에게 고통을 주는 것은 상처보다는 이에 대한 두려움이다. 하여간 나는 그러한 고통만은 덜어주고 싶다. 내가 그 상처를 어떻게 생각하고 있는가를 보고 어린이가 행하는 판단은 사실이기 때문이다. 내가 걱정하면서 달려가 위로하거나 슬퍼하면 그는 절망 상태라고 생각하게 될 것이다. 내가 냉정한 태도를 취하면 어린이는 곧 냉정한 태도를 되찾고, 고통이 사라지면 다 완치된 것으로 생각할 것이다. 이때 사람은 용기를 갖는 것을 처음으로 배우고 사소한 고통도 두려워하지 않고 견디어 나중에 보다 큰 고통을 참고 이겨내는 것을 배우게 된다." 이러한 『에밀』에서 교육관은 『빌헬름 마이스터의 수업시대』에서 "방황하지 않도록 하는 것이 교육자의 의무가 아니고, 방황하는 자의 인도, 그리고 더 나아가 그로 하여금 방황이 가득 찬 잔을 완전히 마시게 하는 것이야말로 교육의 지혜"라는 교육 내용 및 『파우스트』에서 "인간은 노력하는 한 방황하게 된다"(317행)는 내용과 일치한다. 『빌헬름 마이스터의 수업시대』에서 삶에서 가장 중요한 것이 무엇이냐는 물음에 빌헬름 마이스터는 "사고와 행동, 행동과 사고 이것이 지혜의 전부"라고 대답한다. 궁극적인 목표는 개인의 완성과 개인의 욕구를 만족시키는 것이 아니라, 일, 체념, 실제적인 업적을 통한 삶의 지배이며, 일반적이고 불확실한 교육이 아니라, 본질적인 것과 정해진 임무가 된다. 이에 대해 빌헬름 마이스터는 "너희들의 보편적인 교육과 그것을 위한 공공시설은 쓸데 없다. 어떤 인간은 결정된 어떤 것을 이해하고, 잘 성취시키는 데 반해, 다른 인간은 아주 비슷한 환경에서 그렇게 못한다는 것이 문제이다"라고 피력한다. 결국 『빌헬름 마이스터의 수업시대』에서 교육의 중점은 다방면의 인격의 함양에서 공동 사회에 대한 봉사로 옮겨진다. 이렇게 빌헬름 마이스터에서 참된 교육이 추구되지만 베르테르에서는 교육이 부정되고 있다.

유아독존성을 포함해서 주관성이 강한 베르테르는 독단적인 개성과 경건주의가 혼합된 인물이다. 독단적인 규정은 자아 해방의 전제가 되어 개인적인 욕구에 불을 붙여서 제도적·관습적인 기준에서 벗어나 문외한이나 이단자의 길을 가려하는 "천재"의 특징으로 사회의 통례에 역행되기 마련이다. 따라서 사회의 통례에서 벗어나는 이단적인 베르테르는 교육을 거부하면서 5월 26일자 서신에서 교육에서 채택되거나 응용되는 법칙이나 규칙을 비난한다. "법칙의 장점에 대해서 많은 이야기를 할 수 있겠는데, 이는 시민 사회에 대한 칭송과도 같다네. 법칙에 따라 교육받는 사람은 결코 멍청한 짓이나 나쁜 짓을 저지르지 않을 것인데, 이는 여러 법률과 복지를 통해 자라난 사람이 결코 견딜 수 없는 이웃이 된다거나 괴팍스런 악인이 될 수 없는 것과 마찬가지라네. 그러나 뭐라고 떠들어대도 할 수 없겠지만, 온갖 법칙이란 자연의 진정한 감정과 진정한 표현을 파괴해 버리고 말 걸세!"

이렇게 교육을 부정하는 베르테르는 교육의 장소인 학교까지 부정하는데, 자신의 감정을 짓눌렀던 학교에서 첫 번째 구속이 성인이 되어서까지도 불쾌하게 남아 있기 때문이다. 특히 어린이가 성인들의 법칙에 따라 교육되어 교화가 된다는 사실에 베르테르는 강한 거부감을 느낀다. "그런데 친구여! 우리와 같은 동등한 인간이요, 아니 오히려 우리의 본보기로 우러러보아야 할 어린이들을 우리는 마치 신하처럼 다루고 있지 않은가! 너희들은 의지를 가지면 안 된다는 따위의 말이나 하고 있단 말일세. 그러면 우리는 의지를 갖고 있지 않단 말인가? 그런 말을 할 특권이 도대체 어디 있단 말인가? 우리가 단지 그들보다 나이가 많고 보다 영리하기 때문이란 말인가?" 이렇게 아무 것도 몰라서 순수하고 모순이 없는 아이들이 성인에 의해 왜곡되는 내용은 괴테의 찬가 「프로메테우스」에 적나라하게 묘사된다.

> 내가 어릴 때,
> 철부지여서 아무것도 모르던 때,
> 나의 비탄을
> 들어줄 귀가 있고,
> 나처럼 괴로워하는 자를
> 불쌍히 여길 심정이 있겠지 해서
> 방황의 눈이 태양을 향했었노라.

베르테르는 결국 이성 등의 질서를 내세우는 교육에서 벗어나고자 루소가 중요시했던 "자연"의 질서에 몰입하게 된다. "인간은 교육이 필요하지 않으며, 신처럼 자신의 존재에서 창조되는 자신만으로도 충분하다"고 믿는 베르테르는 교실을 자기의 유년기를 몰아넣은 구멍으로 여기고, 지난 날 자신이 받았던 교육을 시간의 상실로 생각하는데, 이들이 자신에 아무 것도 가져다주지 못했기 때문이다. "내가 지금 초등학생과 더불어 지구는 둥글다고 말한 듯 무슨 소용이 있겠는가! 그 위에서 즐기기 위해서라면 약간의 땅만 있으면 충분할 것이고, 그 밑에서 영원히 잠들기 위해서는 그보다 더 적은 양이면 족할 것이다."

(안진태)

마리안네 폰 빌레머
(Marianne von Willemer, 1784~1860)

1809년의 마리안네

14세기경 이란의 시인 하피스의 시집이란 내용의 『디반(Divan)』에 들어 있는 시를 읽고서 괴테가 동방의 신비스런 자연과 관능에 자극 받아 쓰기 시작한 『서동시집』에는 괴테가 실제로 사랑했던 연인에 관련된 시들이 상당히 들어 있다. 이렇게 연인을 상대로 시집을 낼 정도로 괴테에 관련된 여성은 다양하다. 괴테는 연령을 초월하여 소녀, 처녀, 유부녀를 가리지 않고 인연을 맺은 것이다.

첫사랑 브리온(Friederike Brion)과 헤어진 뒤 괴테는 시 <제센하임의 노래들>을 지었고, 두 번째 찾아온 사랑인 부프(Charlotte Buff)가 자신의 친구와 결혼해 떠나자 유명한 『젊은 베르테르의 슬픔』을 썼다. 25세 때 16세인 쇠네만(Lili Schönemann)을 만나 약혼까지 했지만 양가의 반대로 결혼에 이르지 못했다. 마음의 상처가 매우 컸던 듯 괴테는 무려 56년 뒤인 1830년 한 회고담에서 "릴리와 사랑하던 시절만큼 진정으로 행복에 다가간 적은 없었다. 그녀는 나의 마지막 여성이었다"고 고백했다. 이후 괴테의 여성 편력은 계속되어 바이마르 체류 시절에 유부녀인 슈타인(Charlotte von Stein)과 사랑을 나누었고, 39세 때인 1788년에는 23세의 꽃집 처녀 불피우스(Christiane Vulpius)와 사랑에 빠져 동거 후 결혼했다. 1816년에 아내가 사망한 뒤 1823년 74세의 괴테는 19세의 레베초(Ulrike von Levetzow)와 사랑을 나누게 된다. 늙은 괴테는 레베초의 모친에게 딸을 달라고 부탁도 했지만 당사자가 망설이는 바람에 결혼은 성사되지 못하고 시 「마리엔바트의 비가(悲歌)」가 생성되었다. 1814년에 고향인 프랑크푸르트에 갔을 때 은행가 빌레머(Johann J. von Willemer)의 부인 마리아네(Marianne von Willemer, 1784~1860)에 정열이 불타서 하피스의 시집을 함께 읽으며 사랑을 속삭이던 시기에 「줄라이카(Suleika)」 같은 아름다운 시들이 『서동시집』에 수록되었다.

결코 당신을 잃지 않겠어요!
사랑은 사랑에 힘을 주지요.
당신은 내 젊음을 장식해 주지요.
세찬 열정으로

아! 어찌 내 충동을 부추기는지요.
사람들이 내 시인을 기리면
생명은 사랑이고
생명의 생명은 정신이니까요.

마리안네를 처음 알게 되었을 때 괴테는 65세였고 그녀는 30세였다. 마리안네는 그로부터 약 한 달 후에 결혼을 했지만 괴테와 편지를 계속 주고받으며 인연을 이어갔다. 두 사람은 시로 애정을 표시하고 때로는 남들이 알 수 없도록 암호로 편지를 교환하기도 했다. 이러한 마리안네와 괴테의 한 쌍이 『서동시집』속의 시 「전형(Musterbilder)」에서는 여섯 쌍의 연인으로 전개되고 있다.

들어라, 기억하라
여섯 쌍의 사랑의 연인들을.
얘기에 불 붙어, 불태운 사랑,
루스탄과 로다부.
가까우면서도 얼굴도 모르는 사람,
유스프와 줄라이카.

사랑하면서도 이루지 못한 사랑,
페르하드와 쉬린.
이 세상에는 오직 두 사람뿐:
메드슈눈과 라일라.
늙도록 갈구한 사랑,
제밀과 보타이나.
달콤한 사랑의 변덕,
잘로모와 밤색 머리 아가씨.
이 여섯 쌍의 이야기를 알면
사랑하는 데 힘을 얻으리.

<트리스탄과 이졸데> <로미오와 줄리엣> 같은 서양의 전설적인 사랑의 쌍에 버금가는 동방의 여섯 쌍의 연인들이 열거되고 있다. 줄라이카는 꿈에서만 본 유스프(Jussuph: 성서에서의 요셉)에게 마음을 준다. 이들은 야곱의 아들 요셉과 포티파르(Potiphar)의 아내 줄라이카로 파라오의 장관인 주의 깊은 요셉이 무서워 도망친 줄라이카이다. 이러한 유스프와 줄라이카를 선택한 괴테는 줄라이카를 애인이라고 부르고 있다. 따라서 이 시에서 도망을 치고 또 동시에 끌려가는 요셉은 바로 괴테 자신의 모습인 셈이다. 줄라이카로부터 도망치는 요셉처럼 괴테는 마리안네로부터 도피하기 때문이다. 이러한 괴테는 시 「하템(Hatem)」에서 우연한 순간이 그에게서 사랑의 불길을 빼앗아 갔다고 고백하고 있다.

기회가 도둑을 만든 것이 아니라오.
기회 그 자체가 큰 도둑이라오.
내 마음속에 아직 남아 있었던
나머지 사랑을 훔쳐간 게 바로 기회라오.

기회가 그대에게 그것을 넘겨주었지,
나의 삶의 전 재산을,

따라서 나는 이제 전락한 몸,
나의 생명을 그대에게서 얻으려고 원할 뿐.

하지만 반짝이는 당신의 시선에서
난 벌써 자비의 마음 읽으니,
당신의 팔에 안겨서
내 새로워진 운명을 향유한다오.

이 시는 하템과 그의 연인 줄라이카가 서로 주고받는 사랑의 시 형태로 바로 괴테와 마리안네 자신이다. 괴테는 이슬람 문학에서 아름답고 명민한 연인인 줄라이카를 자기의 연인의 이름으로 택하고, 하피스의 시에 자주 나타나는 도량 깊은 자선가로 유명한 아랍인 하템 타이(Hatem Thai)에서 하템을 자신의 이름으로 삼고 있다. 위의 괴테의 시에 대해 마리안네 역시 시 「줄라이카」로 답변하고 있다.

당신의 사랑 속에서 너무도 행복해
기회를 나무라지는 않겠어요.
기회가 당신에게서 훔쳐 갔을지언정
그 도둑질 더 없이 나를 즐겁게 해주네요!

그런데 뭐하자고 도둑질이에요?
스스로 당신 마음 내게 주세요.
난 정녕 기꺼이 믿고 싶어요.
내가 바로 당신을 훔쳤다고.

당신이 기꺼이 주심으로 해서
훌륭한 보답을 받으시리니,
나의 평안, 나의 풍부한 생명을
기꺼이 드리겠으니 받아 주세요!

농담은 하지 마세요, 전략이라니요!
사랑은 우리를 윤택하게 하잖아요?
당신을 내 팔에 껴안을 때
어떤 행복도 나의 행복에 비교될 수 없지요.

마리안네는 괴테와 사랑을 만들어가며 함께 시를 쓰면서 시인의 높은 수준까지 상승하였다. 『서동시집』에 자신의 시가 실리면서 여류 시인이 된 것 같았던 그녀는 인쇄된 『서동시집』을 받았을 때 다음과 같이 쓰고 있다. "당신에게 있어서 나의 마음, 나의 생각이, 나의 소망대로 — 내가 확신하고 있는 대로라고 말해도 좋을 것입니다. 왜냐하면 나의 마음이 당신 눈앞에 그대로 열려 있으니까요. 이처럼 확실해진 이상 더 이상 설명이 필요 없을 것 같군요. 그렇지 않아도 아주 불충분한 설명이 될 것입니다. 당신은 내 마음속에 생긴 일을 잘 느끼고 또 알고 있습니다. 나 자신에게는 나의 일이 수수께끼처럼 생각되지만 말입니다. 겸허하고 자부심이 강한, 부끄럽지만 또 동시에 황홀해지는 것 같은 기분으로 모든 것이 행복한 꿈과 같이 생각됩니다. 그 꿈속에서 자기의 모습이 미화되고, 아니 순화되어지는 것을 느끼고, 이 높여진 상태에서 이야기하고 또 행할 수 있는 모든 것을 사랑하고 칭찬할 것을 기꺼이 받아들였으면 하고 생각합니다."

이렇게 『서동시집』에 마리안네의 시가 실린 사실은 마리안네가 세상을 떠나고 10년이 지난 1869년에야 비로소 세상에 알려지게 되었다. 괴테는 이 사실을 비밀로 유지했는데 마리안네가 그 비밀을 그림(Hermann Grimm)에게 생전에 털어놓았기 때문이다. 문학성이 탁월했다고 전해지는 마리안네에 대한 괴테의 애정이 담겨 있는 줄라이카에 대한 시들의 일부는 슈베르트에 의해 작곡되어 가곡이 되기도 했는데, 이들 시에 대해 마리안네는 후에 이렇게 말하고 있다. "뭔가 높은 것을 느끼고, 뭔가 사랑스럽고 애정에 찬 것을 말할 수 있을 것이라고 일생에 한 번은 생각했습니다. 그러나 시간은 모든 것을 파괴하여 버렸다기보다는 지워버리고 말았습니다." 이 내용대로 서로 사랑하던 괴테와 마리안네 두 사람은 헤어진 후에 다시 만나는 일이 없었지만 용암이 흘러나오듯 『서동시집』의 심장부격인 시 「줄라이카에게(An Suleika)」가 생겨난다.

당신을 향기로 애무하기 위하여
당신의 기쁨을 높이기 위해서는
봉오리인 채 수천 송이 장미가
이글거리는 불 속에서 우선 죽어야 한다.

향기를 영원히 간직하는
작은 병, 당신 손끝처럼 날씬한
그 작은 병 하나를 소유하기 위하여
필요한 것은 하나의 세계.

싹트는 생명들로 찬 하나의 세계,
그 풍성한 충동 가운데
벌써 후투티의 사랑을,
심금을 울리는 노래를 예감하던 생명들.

우리의 즐거움을 늘리려하는
저 고통이 우리를 괴롭힐 수 있겠는가?
무수한 영혼을
티무르의 지배는 소모시키지 않았는가?

이 시에서는 장미유(油)의 획득으로 시작하여 사랑의 고통과 기쁨이 전개된다. 사랑에 빠진 한 남성이 연인에게 영원한 사랑의 징표로 장미유가 들어 있는 작은 병을 선사하려 한다. 그런데 "이 작은 병이 생기기 위해서는"(5행) "수천 송이의 장미는 봉오리인 채 이글거리는 불 속에서 죽어야 한다."(3~4행) "향기를 영원히 간직하는 작은 병"(5~6행)의 내용처럼 더 위대한 아름다움을 체험하기 위해서, 다시 말해서 장미유의 향기가 짧은 기간 동안이 아니라 영원히 간직되기 위해서 장미는 만개하여 아름다워지기도 전에 죽어야 하는 것이다. 이렇게 장미는 사라지지만 그의 아름다움과 향기는 영원히 마음속에 살아 있다. 이는 괴테의 시 「승천의 동경」에서 삶과 죽음의 역학적 관련을 나타내는

"죽어서 생성하라!(Stirb und werde!)"(18행)라는 시구의 구현이다. 죽음을 통한 영원한 생성은 괴테의 삶의 모토인 변형론(Metamorphose)이 되고 있다. 시 「승천의 동경」에서 불에 타죽어 고차적인 존재가 되는 나방처럼 「줄라이카에게」에서 장미는 소멸하여 영원한 사랑이 되는 것이다.

『서동시집』에서 중요한 요소로 새가 등장한다. 새는 날아서 공간적 고립을 벗어나고자 하는 인간의 욕망이다. 비행을 연상시키는 새는 자신을 넘어 세계를 넘는 능력을 암시한다. 마음대로 할 수 없는, 도달할 수 없는, 그러나 끝없는 희생과 체념을 통해서 성취되는 영역의 비유인 것이다. 『서동시집』에 등장하는 사랑의 사자(使者)의 새 후드후드(Hudhud)는 토란새의 아라비아 이름으로 "잘로모(Salomo)"와 사바(Saba)의 아름다운 여왕 발키스(Balkis)인 "밤색 머리의 아가씨(Die Braune)" 사이를 왕래한다. 『코란』에서 참된 신앙을 위해 더 넓은 나라를 획득하라는 사명이 주어진 이 새는 동화 속의 사랑의 사자가 되어 부리에 숨겨진 보물을 알 수 있는 마법의 약초를 물고 있다. 그 새의 깃털을 머리에 올려놓으면 두통이 낫는다고 하며, 그의 심장은 마음의 고통을 치료할 수 있다는 민간 신앙도 있다. 이러한 후드후드가 헤어진 괴테와 마리안네 사이를 날아다니면서 그들의 아픈 마음을 치료해 주었을 것이리라.

(안진태)

모차르트
(Wolfgang Amadeus Mozart, 1756~1791)

오스트리아의 음악 천재 모차르트는 괴테가 처음부터 높이 평가한 몇 안 되는 인물 중 하나이다. 자신보다 7년 늦게 태어났지만, 40년이나 먼저 세상을 떠난 모차르트에 대한 괴테의 경외심은 1763년 8월 25일 그가 14살이었을 때 당시 7살 난 음악 신동이 프랑크푸르트에 와서 연주했던 모습을 보고 감탄해마지 않았던 기억에서 출발한다. 그러한 존경심은 괴테가 노년에 접어들어서도 종종 입에 올릴 만큼 식지 않았는데, 그 이유는 모차르트의 음악이 신의 창조물인 자연, 심지어 자연을 창조한 신 앞에서도 위축되지 않을 만큼 놀라운 생명력과 영향력을 갖고 있다는 판단 때문이다. 1828년 괴테는 에커만과 대화를 나누면서 자신이 존경해마지 않았던 라파엘로, 뒤러나 홀바인 같은 화가들이 역사의 뒤안길로 사라지지 않은 것과 마찬가지로 모차르트 역시 몇 세대, 몇 세기에 걸쳐 살아남을 수 있을 만큼 놀라운 음악적 생산력을 갖추었다고 평가한다. 천재는 천재가 알아보는 것일까? 세상을 떠나기 1년 전인 1831년 괴테는 역시 에커만과 대화를 나누다가 인간이 가질 수 있는 재능 가운데에서도 음악적인 재능이 가장 어릴 때 나타나는 것이 신기할 따름이라는 에커만의 이야기를 듣고, 모차르트의 음악적 천재성을 새삼 다시 끄집어낸다. "음악적 재능이 가장 이른 나이에 나타날 수 있는 것은, 음악이 전적으로 타고난 것이면서 내면적인 어떤 것, 그러니까 외부로부터 어떤 대단한 영양분을 공급받을 필요도 없고, 살면서 무언가를 겪어볼 필요도 없기 때문이지. 물론 모차르트와 같은 사람이 이 세상에 태어난 것은 어떤 방법으로도 설명이 불가능한 기적으로 남아 있을 거야. 이보게, 신이 어떤 식으로 자신의 신성을 드러내는지 아는가? 신은 말이야, 가끔가다가 우리가 소스라치게 놀랄만한, 도대체 어디에서 솟아나왔는지 전혀 감도 잡히지 않는 그런 아주 특별한 인간들을 세상에 보내는 기적을 만든단 말이지. 그런 기적으로 자신의 신성을 드러낸단 말일세."

그러므로 괴테가 모차르트의 작품들을 꽤나 아끼고 무대에 올리기 위해 공을 들였다는 사실은 전혀 이상한 일이 아니다. 그가 바이마르 극장의 책임자로 재직하던 1791년부터 1817년까지 모차르트의 오페라가 무려 280여회나 공연되었던 것이다. <후궁으로부터의 유괴(Die Entführung aus dem Serail)>의 경우, 1785년 요셉 벨로모 극단이 바이마르에서 초연한 이후 49회, <돈 지오반니(Don Giovanni)> 68회, <코지 판 투테(Cosi fan tutte)> 28회, <피가로의 결혼(Die Hochzeit des Figaro)> 20회 그리고 모차르트의 마지막 오페라이자 그가 죽은 1791년에 비로소 완성된 <마술피리(Die Zauberflöte)> 82회 등 어느 한 작품에 편중되지 않고 비교적 다양하게 골고루 바이마르 극장을 수놓았다. 특히 괴테는 마술피리가 1794년 바이마르에서 초연된 이후 줄곧 그 작품에 매료되어 있었고 마술피리 2부의 대본을 집필하기까지 했다. 그는 재능이 뛰어나다고 생각했던 오스트리아 비인의 작곡가 파울 브라니츠키(Paul Wranitzky)에게 작곡을 의뢰하였지만 끝내 오페라의 옷을 입고 무대에 오르는 결실을 이루지는 못했다. 호사가들은 브라니츠키와 역시 비인에서 활동하던 오페라 가수이자, 극작가, 연출가인 쉬카네더와(Emanuel Schikaneder)와의 관계를 눈여겨보았다. 아마도 마술피리의 초연 이후 당대 최고의 인기를 얻고 있었던 쉬카네더가 괴테가 마찬가지로 마술피리 2부의 대본을 쓰고 공연을 계획하고 있었다는 사실을 이 비인의 작곡가가 간과하기는 어려웠을 것이다.

그래서인지 불꽃같은 삶을 살다 간 음악 천재에 대한 괴테의 그리움과 아쉬움은 유독 잔향을 일으킨다. 모차르트가 조금만 더 오래 살아 있었더라면 괴테의 추측대로, 아니면 그저 자기 위안에 그치는 것일 수도 있겠지만, 그의 『파우스트』에 곡을 입혔을 지도 모를 일이다. 모차르트 역시 자신이 가락을 붙인 노래 「제비꽃 Veilchen」의 노랫말 주인이 괴테라는 사실을 알았더라면, 그의 짧았던 생애동안 더 많은 괴테의 시를 찾아 아름다운 멜로디를 새겨 넣지 않았을까?

(서송석)

빌란트
(Christoph Martin Wieland, 1733~1813)

크리스토프 마르틴 빌란트는 계몽주의 시대를 대표하는 작가이자 번역가이며 문예지 『독일 메르쿠어(Der Teutsche Merkur)』의 편집자로서 18세기 독일문학의 발전에 큰 역할을 하였다. 괴테, 쉴러, 헤르더와 함께 바이마르 고전주의의 사인방 중 한 명이기도 한 그는 대표작 『아가톤의 이야기(Geschichte des Agathon)』를 통해 독일 교양소설(Bildungsroman)의 기초를 마련하였다. 슈바벤 지방의 작은 마을 오버홀츠하임(Oberholzheim)의 경건주의적 목사집안에서 태어난 그는 12세에 라틴어와 독일어로 시를 쓰기 시작하였으며, 16세가 되어서는 이미 거의 모든 로마의 고전작품들을 읽었다. 1747년에서 1749년까지 막데부르크 근교에 위치한 경건주의 수도원 기숙학교에 다니며 빌란트는 프리드리히 고트리프 클롭슈토크(Friedrich Gottlieb Klopstock)의 숭배자가 되었으며, 에어푸르트 대학에서 철학공부를 시작하였다. 이 당시 세르반테스의 『돈키호테』를 접하고 오늘날 가장 대표적인 세계문학 작품이라 할 수 있는 이 작품의 진가를 일찌감치 알아보았다. 1750년 가을에는 튀빙엔 대학에서 법학공부를 하였으나 얼마 안 가서 문학공부와 창작을 위해 학업은 게을리 하였다. 영웅시 「헤르만」을 취리히를 대표하는 문학계의 대부 요한 야콥 보드머(Johann Jakob Bodmer)에게 보내면서 그와 개인적 서신교환을 나누는 친밀한 관계를 맺었다. 이후 법학공부를 완전히 접고 문학 활동에만 매진하기로 한다. 그의 초기 작품들은 클롭슈토크풍의 열정적 기독교 문학의 색채가 강했다. 1752년 보드머의 초대로 취리히를 방문한 빌란트는 이후 8년 동안 스위스에 머물며 보드머의 영향 아래 폭넓은 세계관과 문학적 시각을 갖게 되고 여러 문인들과도 교류할 수 있었다. 루키아노스, 호라티우스, 세르반테스, 샤프스베리, 달랑베르트, 볼테르 등의 영향을 받은 그는 1754년 보드머와도 결별하며 자립적 문학의 길을 가게 된다.

괴테가 청년이었을 무렵 빌란트는 독일에서 가장 유명한 작가이자 문학계의 논란의 중심에 있던 인물이었다. 이유는 초기에 종교적 시인이자 보드머 추종자로서 명성을 얻은 그가, 10여 년 후 문학적 스타일이 완전히 바뀌어 세속적 주제와 언어적 기교를 과감히 작품 속에 나타냄으로써 프랑스 작가들에 버금가는 로코코 시인으로 탈바꿈하였기 때문이다. 그에 대한 세간의 평가는 시대의 가장 위대한 천재시인이라는 극찬과 독일국민들의 도덕성에 해를 가하는 위험인물이라는 상반된 입장으로 나뉘어졌다. 빌란트를 둘러싼 이와 같은 논쟁에 대해 괴테는 『문학과 진실(Dichtung und Wahrheit)』에 상세히 기록하였다. 라이프치히 대학생으로서 그는 교수들로부터 무엇이 문학비평의 올바른 방법론인지 답을 듣고자 했는데, 왜냐하면 자신과 같은 젊은이들의 마음을 사로잡는 글을 쓰는 빌란트와 같은 뛰어난 인물이 그토록 냉혹한 비난을 받는 것을 도저히 납득할 수 없었기 때문이다. 교수들로부터 어떤 답변도 듣지는 못했으나 그의 당시 글을 살펴보면 괴테가 얼마나 빌란트의 모든 작품들을 잘 알고 있었는지를 짐작할 수 있다.

1760년 고향 비버라흐(Biberach)로 돌아 온 빌란트는 사촌이자 첫사랑이었으며 훗날 소피 폰 라 로쉬로 잘 알려진 소피 구터만(Sophie Gutermann)이 다른 남성과 결혼을 한 후로, 크리스티네 하겔과 교제하였으나 결혼에 이르지 못하고 독신으로 살던 중 가족들의 강한 권유로 1765년 아우크스부르크 출신의 안나 도로테아 폰 힐렌브란트(Anna Dorothea von Hillenbrand)와 결혼하여 13명의 자녀를 얻었다. 소도시 비버라흐에서의 생활에 답답함을 느끼기도 하였으나, 슈타디온 백작의 바르트하우젠 성에서 여러 유명 인사들과 교류하고 특히 그곳의 뛰어난 도서관 시설을 이용할 수 있음에 만족하였다. 1761년 경 그는 이미 소설 『아가톤』 집필을 시작하였으며, 1764년에는 『돈 실비오 폰 로잘바(Don Silvio von Rosalva)』를 발표하였다. 두 작품은 세르반테스 및 로렌스 스턴(Laurence Sterne), 헨리 필딩(Henry Fielding)의 영향을 많이 받았다. 한편, 1762년 비버라흐의 극장에서 독일에서는 처음으로 셰익스피어의 작품 『템페스트(The Tempest)』가 독일어로 상연되었는데, 이 때 빌란트가 번역을 맡았으며, 1762년부터는 셰익스피어의 작품들을 체계적으로 번역하는 작업에 착수하여 1766년까지 8권으로 이루어진 번역집이 완성되었다. 이 번역작업으로 그는 후대 독일 연극계에 지대한 영향을 주었다. 이후 『무자리온(Musarion)』(1768), 『신(新)아마디스(Der neue Amadis)』(1771) 등 많은 작품들을 통해 감각적 유쾌함과 세속적 즐거움, 가벼운 우아함 등을 추구하는 새로운 문학 및 철학적 경향을 보임으로써 초기의 경건주의적 작품세계와는 대조되는 성격을 보여 줄 뿐만 아니라, 계몽주의를 극복하고 바이마르 고전주의가 꽃 필 수 있는 밑거름을 마련하였다.

1769년부터 에어푸르트 대학에서 교수직을 맡아 교육과 창작활동을 함께 하며 계속 명성을 이어 가던 중, 1772년 작센 바이마르의 안나 아말리아(Anna Amalia) 공작비가 두 아들의 교육을 맡아 줄 인물로 빌란트를 생각하게 되었고 그를 바이마르로 초청한다. 절대주의 궁정문화에 호감을 갖고 있지는 않았으나 미래의 제후에게 영향을 줄 수도 있다는 생각에 빌란트는 바이마르 행을 결심한다. 이곳에서 그는 당대의 많은 정신적 대가들을 만날 수 있었고, 특히 괴테, 헤르더 등과 함께 문학적 자극을 주고받았다. 궁정 고문관으로서 안정된 수입을 보장받은 그는 1798년까지 바이마르에 머물며 큰 역할을 하였다. 1802년 지금까지 발표된 작품들로 이루어진 전집이 완성되어 출간되었고, 1798년 이후 머물고 있던 바이마르 근교의 오스만슈테트(Oßmannstedt)에 자신의 영지를 마련하여 '평화와 행복의 섬'을 건설하고자 하였다. 그러나 1800년에 부인이 사망하였고 영지 경영에 따른 경제적 어려움도 점차 커지면서 1803년 다시 바이마르로 거처를 옮긴다. 1808년에는 나폴레옹 황제가 제후회의 일정에 맞춰 만년의 빌란트를 만나고자 그를 에어푸르트로 초대하기도 하였다. 많은 지인들과 가족을 먼저 하늘나라로 보냈지만 마지막까지 남달리 건강을 유지하며 삶의 즐거움을 누리던 빌란트는 1813년 1월 20일 감기증세가 악화되어 생을 마감하게 된다. 그의 바람에 따라 그는 오스만슈테트 성의 정원에 부인과 함께 안장되었다.

(이시내)

부프
(Charlotte Buff, 1753~1823)

여성들이 아름답고 숭고한 존재로 괴테와 그의 작품 속의 남성들을 구원하거나 인도하는 경우가 많다. 따라서 여성이 괴테에 동기를 미쳐 그의 역작이 생성되기도 한다. 그의 다양한 여성 편력은 천박하지 않고 이해관계도 깔지 않아 문학으로 승화된 것이다. 따라서 괴테는 프리데리케(Friederike Brion)와 첫사랑에 빠졌다가 헤어진 뒤 시집 <제센하임의 노래>를 짓는 등 그의 작품에는 여성이 본질로 작용하는 경향이 많다. 이렇게 여성이 끊임없이 남성에 영향을 미치거나 순화시키는 내용은 『파우스트』의 마지막 구절 "영원한 여성적인 것(Das Ewig-Weibliche)"(12110행)의 구현으로 괴테의 소설 『친화력』에서는 남성 주인공 에두아르트가 그의 영원한 여성상인 오틸리에에 의해서 순화되는 등 괴테의 작품에서 다양하게 전개되고 있다.

라이프치히와 슈트라스부르크에서 법학 공부를 마치고 고향 프랑크푸르트에 돌아온 괴테는 아버지의 권유로 베츨라에 있는 최고 법원에서 실습을 하게 되었다. 첫사랑 프리데리케와 헤어진 괴테는 이곳에서 부프(Charlotte Buff, 1753~1823)라는 여성과 두 번째 사랑에 빠지게 된다. 그 당시 그녀는 불과 15살의 처녀였고 케스트너(Johann C. Kestner)라는 외교관의 약혼자였다. 이러한 부프와의 사랑이 괴테의 자서전 『시와 진실』에 언급되어 있다. "신참자인 나는 모든 속박에서 벗어나 (…) 나를 반겨주는 한 여성 앞에서 근심 없는 나날을 조용히 보내다가 곧 그녀에게 이끌려 마음을 빼앗기게 되었다. 그리고 젊은 약혼자도 숨김없이 친하게 대해 주어서 나는 행복하여 내 자신을 잊어버릴 정도였다. 현실에서 충족되는 것은 하나도 없고, 하는 일 없이 몽상에 잠기고 있던 나는 1년간 생활하면서, 이 순간을 위해서 살고 있는 것같이 생각되는 이 여성에게서 나에게 부여되지 않은 모든 것을 발견할 수 있었다. 그녀는 기꺼이 나의 산책 친구가 되어 주었다. 나는 점점 그녀의 곁을 떠나기 어렵게 되었다. 그녀는 나의 일상생활의 벗이 되어주어서 넓은 농장에서 함께 일하고, 밭과 들과 정원에서도 함께 지내면서 점점 떨어지기 어려운 친구가 되어갔다. 약혼자도 자신의 일이 끝나면 우리들에 가담하여 셋이 서로 친근해져서 같이 어울리지 않으면 허전하게 느껴질 정도였다. 이렇게 우리들은 여름을 즐겁게 보냈다. 그것은 마치 독일적 목가와 같은 것이었다. 우리들에게 풍요한 풍토는 산문을, 맑은 애정은 시를 쓰도록 자극하였다. 이슬에 젖은 아침 보리밭을 산보하는 우리들은 다시 소생하는 기분이었다. 종달새의 노랫소리와 메추라기의 울음소리도 즐거웠다. 무더위가 계속되고 사나운 뇌우가 쏟아지면 우리들은 전보다 더 서로의 몸을 접촉했다. 여러 사소한 근심은 지속되는 애정 속에 가볍게 사라졌다. 이와 같이 지나가는 모든 날은 축제 같았다."

이러한 부프가 결혼해 떠나가고 그녀의 남편 케스트너가 아는 사람(예루살렘)이 실연을 하여 자살한 사건을 괴테에게 전해주게 된다. 그 사건에 대단한 흥미를 가진 괴테는 이를 작품의 대상으로 삼아 부프와 헤어져 가슴에 찬 고민을 발산하여 소설 『젊은 베르테르의 슬픔(Die Leiden des jungen Werther)』을 집필하였다. 결국 약혼자가 있는 로테를 사랑한 청년 베르테르가 그 사랑을 이룰 수가 없게 되자 자살한다는 내용은 괴테의 부프에 대한 연애 체험의 반영으로 베르테르는 괴테 자신에 해당되고, 여주인공 로테는 부프의 성격을 띠고 있으며, 로테의 약혼자 알베르트는 부프의 약혼자 케스트너의 모습을 담고 있다. 따라서 로테에 대해서 "내 마음을 바싹 끄는 한 여인을 알게 되었다네. (…) 하지만 나는 그녀가 얼마나 완전한지, 어째서 완전한지를 말할 수가 없네. 아무튼 그녀는 내 마음을 앗아 갔다네"라는 베르테르의 6월 16일자 편지의 내용은 부프에 대한 괴테의 열정이다.

60세의 부친의 둘째 딸로 모친이 일찍 세상을 떠나자 부프는 집안일을 꾸려가며 9명의 동생들을 돌보며 살고 있었다. 이러한 부프의 모습이 『젊은 베르테르의 슬픔』에서 로테로 그대로 전이된다. 따라서 로테는 마을에서 은퇴한 법관의 딸로 어린 동생들에게는 어머니이고, 상처한 아버지에게는 아내 같은 여성이 된다. 특히 동생들에 대한 부프의 배려는 극진하여서 동생들에게 빵을 잘라 버터를 발라 주는 모습이 동판화에 새겨지는 등 당대의 유명한 소설의 인물상이 되어서 로테의 가장 여성스런 모습으로 전개된다. 세상을 떠난 어머니를 대신해서 여덟 명의 동생들에게 빵을 나누어주는 로테는 베르테르가 말한 데로 "지금껏 본 적이 없는 가장 매혹적인 광경"으로 우아스럽고 성스런 부프의 전형인 것이다.

동생들에게 빵을 나눠주는 로테 (동판화)

"그런데 집 앞에 있는 계단을 올라가 현관문에 발을 들여놓자 여태까지 보지 못한 매혹적인 정경이 눈에 들어왔네. 그 현관에 달린 방에 열한 살에서 두 살까지의 어린이들이 한 처녀를 둘러싸고 있었지. 몸매가 아름다운 중간 정도 키의 처녀로서 팔과 가슴에 담홍색의 리본이 달린 청초한 흰 옷을 걸치고 있었네. 그 여자는 검은 빵을 손에 들고 삥 둘러 서 있는 아이들에게 나이와 식욕에 따라 한 조각씩 잘라서 정말 정겨운 모습으로 한 사람씩 나누어주었지. 그러면 어떤 아이건 정말 조금도 꾸밈새 없이 '고맙습니다!' 하고 소리를 내는 것이었어. 아직 빵을 자르기도 전에 아이들은 조그마한 두 손을 치켜들고 기다리고 있다가 이윽고 저녁 식사인 그 빵을 받아들고는 흐뭇해서 어떤 아이는 뛰어나가고, 어떤 아이는 침착하게 조용히 그 자리를 떠나 누나 로테가 타고 갈 마차와 손님들을 보려고 문 쪽으로 걸어가기도 했네."

날씬하고 명랑한 소녀 부프에 대한 정열을 이기지 못한 괴테는 케스트너의 부재중에 그녀에 강제로 키스를 한 적이 있었다. 그러나 그녀는 자기로부터 우정 이상의 것은 바라지 말라고 타이르고, 약혼자 케스트너도 역시 점잖은 신사여서 별 문제를 삼지 않았지만 괴테는 내심 타격이 컸는데, 이 내용은 로테에 대한 베르테르의 열정으로 전이된다. "모든 것이 공허하기만 하다. 그러나 어제 내가 당신의 입술에서 받은 타는 듯한 생명은 나의 마음속 깊이 스며들어 영원히 사라지지 않을 것이다. 로테는 나를 사랑하고 있다. 이 팔은 그녀를 껴안았다. 이 입술은 그녀의 입술 위에 떨었다. 이 입이 그녀의 입에 닿았을 때 말이 잘 나오지 않았다. 로테는 나의 것이다. 그대는 나의 것이다. 오, 로테여! 영원히. 알베르트가 그대의 남편이라 함은 무엇을 의미하는가? 이 세상에서 내가 당신을 사랑한다는 것은 죄악일지도 모른다. 그대를 사랑하고, 그대를 남편의 팔에서 나의 팔로 빼앗아오고 싶다는 것은 죄악일지도 모른다. 죄악이라도 좋다. 나는 스스로 나에게 벌을 줄 것이다. 나는 이 죄악을 하늘의 쾌락에서 맛보았다. 나는 생명의 향유와 힘을 내 마음속에 흡수했다. 나는 이 순간부터 나의 것이다."

"아아! 정신의 날개는 이렇게 가벼운데, 육체의 날개가 그에 어울려 주지 못한다"(1090~1091행)는 파우스트의 외침처럼, 육체적으로 가까이하고 싶은 욕망을 억제하려 할수록 부프와 로테에 대한 동경이 더욱 강렬하게 되어 베르테르와 괴테의 영혼은 몽롱해지며 동요된다. 그러나 정신적 사랑과 영혼적 사랑을 융화시키지 못하여 케스트너와 약혼한 부프에게 강제로 입을 맞추는 괴테의 육체적인 사랑은 점차로 초자연적이며 영적이 되어가면서 이 내용이 베르테르로 피력된다. 로테와 처음 만나기 전 그녀가 이미 약혼한 몸이라는 사실을 들었고, 로테 역시 자기가 알베르트와 약혼한 사이라고 말하여 넘어서는 안 될 경계선을 느낀 베르테르는 7월 30일자 편지에서 "나는 로테에게 어떤 요구도 해서는 안 된다는 것을 알고 있으며, 실제로 그렇게 하지 않았다. 물론 이렇게 사랑스러운 여성을 앞에 두고 욕망을 끊는다는 것이 가능한 한도 내에서이긴 했지만"이라고 언급하여 부프에 대한 괴테의 사랑을 대변하고 있다.

부프의 영향에서 생성되어 괴테를 일약 세계적으로 유명하게 만든 『젊은 베르테르의 슬픔』은 질풍노도의 작품으로 젊은 독서층을 감격의 소용돌이로 몰아넣었다. 그러나 당시의 계몽주의자들이나 정통파 교인들은 베르테르를 감정의 인간으로 몰아붙이는 한편, 그의 자살 행위를 비도덕적이고 비종교적이라고 비난하거나, 예술 작품보다는 부프와 그의 약혼자 케스트너와 괴테의 삼각 관계를 해결하고자 쓰여진 작품이라고 폄하하기도 했다. 실제로 이 작품에 비기독교적인 내용이 빈번하게 전개되어 괴테의 기독교에 대한 부정을 반영하고 있다. 괴테는 신·인간·자연을 하나로 보는 범신론자로 기독교를 거부했는데, 이에 대해 부프의 남편인 케스트너는 1772년에 다음과 같이 말했다. "괴테는 정통 신앙을 갖고 있지 않다. 거만하거나 고집 같은 것이 없는 그는 타인의 신앙생활을 방해하지 않는다. 교회나 성찬에도 가지 않으며 기도도 올리지 않는데, 그런 위선자가 되지 않겠다는 것이다. 기독교에 존경을 표명하지만 그가 생각하는 기독교는 신학자가 생각하는 기독교와 다르다. 그는 항상 진실을 찾으며 실감을 잡으려는 것이지 논증을 찾으려는 것이 아니었다."

24세 때 베르테르의 죽음을 실감 있게 묘사했던 괴테는 83세까지 살았고 『젊은 베르테르의 슬픔』에 의해 일약 유명해진 부프도 장수하여 자신을 사모했던 괴테가 독일뿐 아니라 유럽의 문화와 교양의 중심적인 인물이 되어가는 모습을 지켜보았다. 그토록 사랑했던 관계였지만 괴테와 부프는 44년간의 장구한 세월 동안 서로 만나지 못하다가 부프가 바이마르를 방문하게 되어 극적으로 재회하는 기회를 갖게 되었다. 이 내용을 토마스 만은 포착하여 지난날 그토록 세계를 감동시켰고, 지금도 그 감동이 생생하게 전해지는 베르테르의 사건을 소설 『바이마르의 로테(Lotte in Weimar)』에 재현시켰다. 1816년 9월 어느 날 바이마르의 호텔 "코끼리의 집"의 종업원인 마거(Mager)는 놀랍고도 기쁜 체험을 하게 된다. 이날 정기 우편 마차 편으로 어떤 노부인이 젊은 딸과 하녀를 거느리고 바이마르에 도착하여 방을 찾기에 여느 손님에게 그러듯이 숙박계를 적도록 청하자, 그녀는 "궁중 고문관 캐스트너의 미망인 샤를로테, 친정성(親庭性): 부프. (…) 1753년 1월 11일 베츨러에서 출생"이라고 적는 것이다. 꽤 교양이 있는 호텔 종업원인 마거는 베르테르의 연인 로테의 실제인물로 괴테가 사모한 부프를 직접 목격하고, 자기의 손님으로 모실 수 있게 된 뜻밖의 사실에 놀라움과 기쁨을 감추지 못하여 장광설을 늘어놓는다. 그는 어릴 때부터 시인 중의 시인인 괴테를 깊이 존경해 왔으며, 바이마르의 시민으로서 이 도시에 관련이 많은 괴테를 자랑스럽게 생각하여 그의 『젊은 베르테르의 슬픔』은 자신과 자기 아내가 밤마다 즐겨 읽는 작품이고, 바로 그 유명한 여주인공께서 친히 나타나셨으니 감동을 감출 수 없다는 것이다. '참된 인도성(引導性)'을 이해시키는데 괴테의 작품을 전범(典範)으로 삼은 토마스 만은 괴테의 연인 부프를 다시 구성하여 새로운 의미를 창조한 것이다.

(안진태)

빙켈만

(Johann Joachim Winckelmann, 1717~1768)

"고귀한 단순, 고요한 위대(edle Einfalt, stille Größe)". 서양미술사나 독일 고전주의 혹은 고대 그리스 조각 작품에 관심이 있는 사람들은 독일의 미술사학자이자 고고학자, 예술이론가인 요한 요하임 빙켈만(Johann Joachim Winckelmann, 1717~1768)의 이 표현을 그다지 낯설게 여기지는 않을 것 같다. 단순함과 위대함 그리고 이 각각의 말들을 꾸며 주는 고귀함과 고요함, 얼핏 보아 어울리지도 않는 단어들의 나열에 머무는, 서로 모순되어 보이는 수식구조, 그래서 도를 넘은 수사학적 실험 또는 말장난으로 밖에는 보이지 않는 것 같으면서도, 다른 한편으로는 그 간결한 댓구와 대조 속에는 무언가 응축된, 비밀스럽고도 근사한 내용이 함축되어 있을 것만 같은 기대감을 낳기도 한다. 독일 고전주의의 이론과 체계적인 미학연구를 위한 초석을 닦아 놓았다고 평가받는 빙켈만은 어떻게 해서 이 짤막한 문구를 생각하게 되었을까? 그리고 그의 "고귀한 단순, 고요한 위대"는 어떻게 해서 18세기를 특징짓는 예술이론적, 미학적 전회를 상징하는 표현으로 사람들의 기억 속에 남게 되었을까?

빙켈만은 1717년 겨울, 독일 동부 베를린 근처의 작은 도시 슈텐달(Stendal)에서 한 가난한 구두장이의 아들로 태어났다. 학자를 배출하거나 공부를 계속할만한 집안 분위기는 아니었지만, 총명했던 빙켈만은 고향의 라틴어학교 교장 선생님의 눈에 띄어 그의 후원아래 그의 집에서 먹고 자며 학교를 졸업하였고, 베를린에서 인문계 고등학교인 김나지움까지 다니게 된다. 그 이후 빙켈만은 역시 고향의 한 장학재단의 후원으로 할레 대학에 들어가 신학을 전공하지만, 3년 만인 1740년, 그의 나이 스물일곱 살에 졸업을 포기하고 중퇴한다. 그에게 가정교사라는 일자리가 주어졌기 때문이다. 빙켈만은 이렇게 가정교사 그리고 제하우젠(Seehausen)이라는 도시의 라틴어학교에서 교감선생님으로 활동하는 동안에도 자신의 관심 영역이었던 문헌학, 철학과 역사 등의 학업을 게을리 하지 않으면서 30대를 보냈다. 그러다가 서른한 살이던 1748년, 뷔나우 하인리히 백작의 개인도서관 관장으로 발탁되면서 그의 인생은 새로운 전환점을 맞게 된다. 뷔나우 백작의 도서관은 각종 희귀한 책들을 포함, 약 42,000권의 장서를 보유하고 있어 근방의 대도시인 드레스덴은 물론 여러 지역에 이미 그 명성이 자자했다. 때문에 신분이 높은 사람들의 방문도 끊이지 않았으며 대부분의 방문자들은 고대문헌과 고대예술작품에 대한 빙켈만의 탁월한 지식과 식견에 감탄하였다. 그들 중에는 오늘날의 쉬운 표현으로 그를 스카우트해 가려는 명사들도 있었는데, 알베리코 아르킨토 추기경도 그 중 한 명이었다. 덕분에 빙켈만은 로마로 가서 고대 그리스 로마의 예술작품들을 직접 경험할 수 있는 기회를 얻게 된다. 아르킨토 추기경의 사후에도 알레산드로 알바니 추기경 등 여러 고위 성직자, 귀족들과 제후들의 후원이 끊이지 않았으며, 이러한 기회를 통해 빙켈만은 로마와 이탈리아의 여러 도시와 독일을 오고 가면서 자신의 예술적 견해들을 학문적으로 공고히 다져 나갔다. 1763년에는 교황인 클레멘스 13세로부터 "고대예술의 보호자"라는 영예로운 칭호까지 얻게 된다.

빙켈만과 괴테는 거의 동시대를 살았지만 아쉽게도 서로 직접적인 인연의 끈을 맺지는 못했다. 1754년, 빙켈만은 아르킨토 추기경의 부름을 받아 로마로 진출하는 데 도움이 될 수 있다는 판단 하에, 당시 드레스덴에 있던 친구인 화가 아담 프리드리히 외저(Adam Friedrich Oeser, 1717~1799)를 찾아가서 스케치를 배웠다. 후에 라이프치히에서 화가로 활동하면서 동시에 회화아카데미를 설립하고 운영하기도 했던 외저는 괴테에게 빙켈만과 그의 이론을 소개하는 가교 역할을 했다. 1765년부터 1768년까지 라이프치히 대학에서 법학을 공부하던 괴테는, 빙켈만과 마찬가지로 외저로부터 스케치를 배우기도 하였으며,

외저를 통해 평소부터 마음속에 품고 있었던 그림과 미술에 대한 지적 욕구를 채우고는 했다. 아마도 분야를 가리지 않고 다양한 영역의 지식을 스펀지처럼 빨아들여 자기 것으로 소화하는데 어려움이 없었던 젊은 천재 시인의 감각을 일찍이 알아보았기 때문이었을까, 빙켈만과 동갑내기인 외저는 30년이 넘는 나이 차이에도 불구하고 괴테를 동학으로 대하며, 미술에 대한 이해의 반경을 넓히는 데 아낌없는 도움을 주었다. 그러한 과정에서, 1755년 『회화와 조각에 있어 그리스 작품들의 모방에 관한 생각(Gedanken über die Nachahmung der griechischen Werke in der Malerei und Bildhauerkunst)』이 출판된 이후, 진정한 아름다움에 대한 갑론을박의 장에서 서서히 명성을 쌓아가고 있었던 친구 빙켈만의 이론을 그의 어린 친구에게 자연스럽게 소개했을 것이라는 추측도 해볼 수 있다. 하지만 그렇게 고대하던 빙켈만과의 실제적인 만남은 결국 성사되지 못했다. 1768년, 네 번째 이탈리아 여행을 마치고 독일로 돌아와서 외저를 만나러 온다는 빙켈만의 소식을 듣고 감격적인 상봉을 손꼽아 기다리며 마음을 졸여 왔던 괴테는 뜻밖의 비보에 충격을 가누지 못한다. 빙켈만이 강도를 만나 살해당했다는 끔찍한 소식은 마치 그 사건의 또 다른 내막이 있는 듯 흉흉한 소문과 함께 급속도로 퍼져 나갔다.

어찌된 일인지 독일로의 귀향은 늦어졌고, 빙켈만은 트리에스트라는 조그마한 도시에 체류하면서 같은 호텔에 묵고 있던 프란체스코 아르칸젤리(Francesco Arcangeli)라는 사람을 만나 함께 시간을 보낸다. 그에게서 어떤 예술적인 식견을 기대했는지, 아니면 그저 단순히 자랑하고 싶었는지는 몰라도 빙켈만은 겨우 며칠 전부터 알고 지낸 그 낯선 이에게 마리아 테레지아에게서 선물로 받은 금화와 은화들을 꺼내 보인다. 아르칸젤리는 절도 행위로 이미 범죄 전력이 있었던 바, 그 값진 물건에 현혹되어 결국 빙켈만을 살해하고 교수형에 처해진다. 호사가들이 이 사건에 관심을 보였던 이유는, 이렇게 잘 알려진 독일 출신의 고미술전문가가 단지 물욕에 취한 한 범죄자에 의해 우발적인 살인을 당했다는 사실 때문만이 아니라, 그가 동성애자라는 소문 때문이다. 그는 젊었을 때 자기의 제자였던 페터 람프레히트(Peter Lamprecht)와 한 방을 쓰면서 이 열 네 살 소년에 대한 애정이 솟구치는 것을 느꼈고, 그 후에도 고대의 유적과 고서적들을 찾아 여행하면서 알게 된 몇몇 귀족들을 열렬히 짝사랑하며 은밀한 연애를 꿈꾸기도 했다. 트리에스트의 평범한 주민들은 아마도 만난 지 얼마 되지 않은 아르칸젤리와 다정하게 거리를 거닐거나 또는 카페에서 눈길을 주고받으며 커피를 마시는 빙켈만의 모습을 목격하면서 그의 성향을 짐작하고, 사건 후에 혀를 차거나 그에게 천벌이 내린 것이라고 수군거렸는지도 모른다.

그러나 빙켈만의 동성애적 성향을 관습적인 도덕의 잣대로 평가하기보다는 그가 그토록 공들여 쌓아올린 신고전주의적 사고의 범주에서 이해하려고 했던 사람도 없지 않았다. 다름 아닌 괴테가 바로 그 문제를 공개적으로 언급한 최초의 사람들 중 하나였는데, 1805년 괴테는 빙켈만의 편지들이 편찬되는 시점과 때를 맞추어 안타깝게 세상을 떠난 이 위대한 예술 이론가를 기리는 차원에서 『빙켈만과 그의 시대(Winckelmann und sein Jahrhundert)』를 세상에 내놓았다. 이 글에서 괴테는 빙켈만을 고대 그리스인들의 정신에 가장 근접한 사람으로 간주하며, 그의 열정적인 연구와 작업, 심지어는 그의 생애 자체가 곧 그 정신의 복원 또는 재현을 위한 여정이라고까지 평가한다. 그렇다면 고대인들은 어떤 천성을 타고 났을까? 그들은 외부 세계를 관찰하면서 자신들에게 주어진 본성을 발현시킬 수 있는 형상들을 찾아내고 이를 다시 자신의 내부 세계로 끌어들인다. 말하자면, 외부 세계와의 긴밀한 관계를 통해 내부의 본성이 고양되는 것을 감지하고, 이를 통해 어떤 보편적 욕망, 곧 외부의 풍부한 형상들과 내부에 잠재되어 있는, 다듬어지지 않은 기질들이 발휘되어 서로 조화를 이루는 세계를 경험하고자 한다. 이렇게 인간의 본성 안에 담겨져 있는 다양한 기질과 솜씨, 성품과 특성들이 고르게 발전하면서 조화로운 합일을 이루고 그렇게 함으로써 전체를 아우르는 통일된 힘이 생성되었을 때 비로소 위엄과 품위, 독창성과 탁월함이 살아 숨 쉬는 자아와 세계, 그리고 이 둘의 합일을 이루어 낼 수 있다는 것이다. 하지만 괴테시대는 이미 각 분야에서 다양한 지식을 추구하며 그 전문성을 더해가는 만큼이나 하나의 통일된 실체를 획득하기 어려운 상황에 처해 있었다. 왜냐하면 특정한 지식을 확보하기 위한 특정한 기질의 발휘는 결과적으로 다른 기질들이 함께 발휘되는 것을 약화시키며, 따라서 기질과 특성들은 저마다 서로 다른 방향으로 전개되고 분리되면서 총체적으로는 인간의 본성을 펼치는데 있어 오히려 어떤 불균형, 심지어는 파편화된 경향을 심화시킬 수밖에 없었기 때문이다. 이와 달리 고대인들은 외부 세계에서 경험할 수 있는 삶의 기복, 예컨대 행복과 불행, 기쁨과 슬픔, 노곤함과 여유, 성공과 좌절의 변화무쌍함을 어느 한쪽으로 편중되지 않게 자신의 내부로 끌어들이며 하나의 통일적인 인간성을 빚어내기 위한 요소들로 인정하고 소화해 내려는 의지를 보인다.

고대 그리스인들의 이러한 특성은 인간관계의 형성에도 반영된다. 왜냐하면 외부 세계의 경험을 통해 얻어진 깨달음을 각 사람들 사이에서, 특히 조화로운 본성과 인격을 추구하는 사람들 사이에서 공유하는 것, 그리고 이를 통해 전체 인간 세계의 모든 관계들을 섭렵하는 것 역시 총체적인 합일에 도달하기 위한 필연적인 요소이기 때문이다. 따라서 인간들 사이에 친밀감을 형성하고 자신의 인격을 완성시키는 모든 특성들을 서로 공유하는 것은 매우 의미 있는 일이며, 고대인들은 바로 우정이라는 이름으로 이를 실천해 왔던 것이다. 이러한 점에서 그리스인들의 우정은 믿음과 신뢰를 바탕으로 서로의 길을 동행하고 서로의 삶을 공유하기 위해 헌신과 애정을 다 쏟으며, 여기에 어떤 차별과 제한을 두지 않을 뿐만 아니라, 해야 할 것과 하고 싶은 것 사이의 경계를 무의미하게 만드는 총체성을 발휘하려고 했다는 점에서 단순한 사귐의 차원을 뛰어 넘는다. 괴테는 빙켈만이란 사람이 바로 이러한 고대인의 기질을 타고났으며, 빙켈만 스스로도 자신의 그러한 성향을 마음껏 발휘할 수 있기를 마음으로부터 소원했을 것이라고 판단한다. 왜냐하면 이 우정이라는 틀을 통해서 상대를 이해하고 인간관계를 들여다볼 수 있을 뿐만 아니라 자기 자신을 바라보며 자신의 내면이 형성되어 가는 모습을 확인할 수 있기 때문이다. 빙켈만의 동성애적 성향과 우정에 대한 깊은 신뢰가 어느 정도로 관련성이 있는지 판단하는 것은 괴테의 글을 읽는 독자들의 몫이겠지만, 사라진 고대를 다시 일으켜 세워 그 세계를 추체험하려는 빙켈만의 열정은 여기서 다시 한 번 확인이 된 셈이다.

하지만 우정으로도 해결할 수 없는 문제가 남아 있다. 인간은 아무리 총체적인 합일에 도달한다 할지라도 근본적으로는 유한한 존재이다. 모든 기질과 특성들을 발휘하여 완전한 인격에 이르는 것과는 별개로, 인간은 긴 역사의 관점에서 보면 순간적으로 소멸하는 존재에 불과한 것이다. 그러므로 육체의 소멸을 극복할 수 있는 인간정신의 창조물, 곧 인간의 아름다움을 투영시키되, 그 영향력을 오래도록 지속시킬 수 있는 예술에 주목하게 된다. 말하자면, 하나의 예술작품을 창조함으로써 내면에서 어우러진 조화로움과 질서, 균형과 화합이 가져다주는 아름다움을 영속화시킬 수 있는 것이다. 빙켈만은 특히 조각예술 영역에서 인간의 육체와 정신의 조화를 통해 완결된 아름다움의 이상을 발견했는데, 앞에서 소개한 "고귀한 단순, 고요한 위대"는 바로 그를 매료시킨 라오콘 군상(Laokoon Gruppe)에 대한 미학적 해명에서 나온 언급이다.

라오콘과 그의 두 아들이 가공할 힘을 가진 두 마리 뱀에 의해 휘감겨 있다. 겁에 질릴 사이도 없이 몸이 조여 오는 가운데 극한의 공포와 두려움이 엄습한다. 서서히 눈이 감기며 쓰러져 가는 한 아들과 한 줌의 도움이라도 닿았으면 하는 다른 아들 사이에서 아버지는 속수무책일 뿐이다. 라오콘은 의식이 깨어 있는 한 자신의 죽음뿐만 아니라 사랑하는 자식들의 임박한 죽음을 대면해야 하기에 그 공포와 두려움은 최고조에 이르고 그의 전인격은 압도당한다. 인간이 이러한 극단의 고통과 괴로움에서 헤어 나오지 못한다면 어떤 선택이 가능할까? 아마도 육체적인 죽음이 찾아오기도 전에 이미 자신의 전인격을 스스로 허물며 정신을 파멸로 이끌고 가지는 않을까? 육체와 정신은 분리되며 내면 형성의 자양분이었던 기질과 특성들은 통제할 수 없는 감정에 사로잡혀 무력해지고 산산이 흩어져 버리는 것은 아닐까? 하지만, 빙켈만은 라오콘 조각상의 표현에서 여전히 의식적으로 활동하는 정신의 집중력을 본다. 그의 정신은 끔찍한 공포와 괴로움이 엄습함에도 불구하고 자신을 허물지 않으며 극단적인 감정에 자신을 완전히 내맡기지도 않는다. 저항할 수 없는 강력한 힘에도 불구하고 정신의 상태를 침착하게 유지하며 이를 육체에 반영한다. 말하자면, 라오콘의 자세와 움직임, 근육의 긴장, 얼굴의 표정에서 절제하는 영혼의 모습, 과도한 저항과 무기력함, 감정의 분출과 체념 사이에서 자기 통제를 유지하는 영혼의 고귀함이 형상화된다. 외부 세계에 압도당하지 않으려는 침착함과 고요한 대응에서 내면의 고귀함과 위대함이 발현되는 것이다.

빙켈만은 1764년에 출판된 『고대미술사(Geschichte der Kunst des Alters)』에서도 라오콘에 대한 동일한 입장을 견지하며 고전주의 미학이 지향하는 근본 성격을 명확히 하였다. 괴테는 1798년 『라오콘에 대하여(Über Laokoon)』라는 글을 통해 빙켈만의 견해를 상당 부분 수용하면서 레싱, 헤르더, 히르트로 이어지는 소위 라오콘 논쟁에 적극적으로 참여하게 된다. 괴테는 예술과 고대에 관심을 갖고 있는 사람이라면 누구나 빙켈만을 떠올리게 된다면서 그의 저서를 읽고 자신의 교양이 확대되는 경험을 누렸다고 밝힌다. 만약, 괴테가 젊은 시절 빙켈만을 직접 만나보았다면 빙켈만을 주인공으로 삼은 또 다른 성격의 교양소설 혹은 예술가 소설을 집필하지는 않았을까 하는 상상을 해본다.

(서송석)

셰익스피어
(William Shakespeare, 1564~1616)

윌리엄 셰익스피어(William Shakespeare, 1564-1616)는 세계문학의 수많은 선배 작가들 가운데 괴테에게 가장 강렬한 인상을 준 작가이다. 독일에서의 셰익스피어 수용은 일련의 단계를 거치는데, 그것은 괴테의 청년기부터 만년기에 이르기까지 이른바 '괴테 시대'와 맞물려 있다. 우선 레싱, J. E. 슐레겔, 보드머, 게르스텐베르크, 헤르더 등이 천재 셰익스피어를 발견하고 보르크, 빌란트, 에셴부르크 등이 셰익스피어를 번역하며 그 번역에 의거하여 셰익스피어 드라마가 상연되고 질풍노도 시대의 작가들이 셰익스피어를 모방하여 자신들의 드라마를 창작하고 마침내 A. W. 슐레겔, L. 티크 등의 낭만주의자들이 오늘날까지 표준이 되는 독일어 번역을 내놓는다.

청년 괴테의 셰익스피어에 대한 열광은 라이프치히 대학시절인 1766년 도드가 편찬한 『셰익스피어의 아름다움(The beauties of Shakespeare)』(1752)을 읽으면서 시작된다. 이어서 빌란트가 산문으로 번역한 셰익스피어 드라마 22편(1762-66)과 에셴부르크의 번역본(1775-82)을 읽고, 라이프치히 시절에 이미 로미오와 줄리엣 소재를 이용한 새로운 드라마를 쓸 계획을 세우기도 한다. 1770년 2월 20일 라이프치히의 출판업자 라이히(P.E. Reich)에게 보내는 편지에서 이미 괴테는 자신의 "진정한 스승"으로 외저, 빌란트, 그리고 셰익스피어를 꼽는다. 1770/71년 스트라스부르에서 헤르더와의 만남을 통해 괴테는 셰익스피어를 프랑스 고전주의 비극과 다른 새로운 드라마를 위한 모범으로서 더욱 의미심장하게 받아들인다.

셰익스피어에 대한 젊은 괴테의 열광은 우선 1771년 10월 14일 윌리엄 성인의 날을 기념하여 프랑크푸르트 집에서 몇몇 지인들 앞에서 한 연설 『셰익스피어 축일을 기념하여(Zum Shakespeares Tag)』에 잘 나타난다. 이 연설은 규범과 무관한 천재의 창의성에 대한 열정적인 칭송이다. 이러한 열광은 드라마 『괴츠 폰 베를리힝엔(Götz von Berlichingen)』과 『초고 파우스트(Urfaust)』의 장면들로 구현된다. 1780년대 이후 괴테의 셰익스피어에 대한 이해는 더 성숙해진다. 『빌헬름 마이스터의 연극적 사명』과 『빌헬름 마이스터의 수업시대』에서 작중인물 빌헬름과 제를로는 셰익스피어의 『햄릿』 공연을 위해 토론한다. 여기에서 빌헬름은 젊은 괴테의 생각을 대변하여 셰익스피어 작품의 신성불가침을 주장하는데 반해, 제를로는 시대와 무대의 여건에 따라 부분적인 삭제와 가공이 필요함을 역설한다. 괴테는 1791년부터 1811년까지 바이마르 궁정극장의 총감독으로서 셰익스피어 드라마의 무대 공연가능성이라는 현실적 관점으로 셰익스피어의 드라마를 다시금 보게 된다. 괴테가 총감독으로 있는 동안 바이마르 궁정극장에서는 1791년 『존왕』, 1792년 『헨리 IV세』와 『햄릿』(무삭제), 1796년 『리어왕』, 1800년 『멕베스』(쉴러의 개작으로), 1805년 『오델로』가 공연되었고 셰익스피어 공연은 그 후에도 이어져 1812년에는 『베니스의 상인』, 그리고 A.W. 슐레겔의 번역을 토대로 괴테가 개작한 각본으로 『로미오와 줄리엣』이 공연된다. 괴테는 『셰익스피어는 끝이 없다(Shakespeare und kein Ende)』(1813/16)에서 바이마르 궁정극장에서의 무대화 경험에 입각하여 셰익스피어 원작 그대로의 공연가능성에 대해서는 회의적인 견해를 피력한다. 그럼에도 괴테의 셰익스피어 독서는 청년기부터 만년에 이르기까지 전생애에 걸쳐 있다. 괴테는 1799년 이후 슐레겔과 티크의 셰익스피어 번역을 관심을 가지고 지켜보았고 1822년부터 1830년 사이에도 셰익스피어 원본과 번역본을 다시금 체계적으로 읽었다. 괴테의 전생애에 걸친 셰익스피어 수용은 괴테의 전생애에 걸친 역작 『파우스트』 I부(1808)와 II부(1832)에 무수히 많은 흔적을 남겼다.

(김영옥)

쇠네만

(Lili Schönemann, 1758~1817)

괴테는 알아주는 바람둥이였으나 그의 사랑은 천박하지 않았고 이해관계도 깔지 않은데다 끊임없이 문학으로 승화되었다. 『젊은 베르테르의 슬픔』에서 베르테르는 로테 한 여성만을 만났다 헤어지지만 괴테의 여성들과 결합과 이별은 일생동안 전개되었다. 그러는 사이에 괴테가 26세에 열렬하게 사랑한 릴리 쇠네만(Lili Schönemann, 1758~1817)이라는 16세의 아름다운 처녀는 부유한 은행가의 딸로 본명은 엘리자베트 쇠네만(Elisabeth Schönemann)이었다. 여성 편력이 많았던 괴테는 쇠네만에서 비로소 여성적인 존재를 느끼고, 그 존재에 압도되어 그녀에게서 벗어날 수가 없었다. 쇠네만을 처음 만났을 때의 감정이 괴테의 자서전 『시와 진실』에 다음과 같이 서술되어 있다. "한 친구가 어느 날 저녁 개신교를 믿는 한 명망 있는 실업가의 집에서 열리는 작은 연주회에 가자고 청하였다. 이미 시간이 늦기는 했지만 나는 모든 일을 즉석에서 행하는 경향이 있으므로 보통 때처럼 단정하게 옷을 차려입고 그를 따라 나섰다. 우리는 넓은 거실로 쓰이는 아래층의 한 방으로 들어갔다. 사람들은 많이 모여 있었고 가운데에 피아노가 있었는데 곧 그집의 외동딸(쇠네만)이 피아노 앞에 앉아 완벽한 솜씨로 우아하게 연주했다. 나는 그녀의 모습과 태도를 잘 볼 수 있도록 피아노 끝에서 있었다. 그녀의 태도에는 조금 어린애 티가 보였지만 연주하는 몸짓은 자연스럽고 경쾌했다. 그녀는 소나타를 연주하고 나서 피아노 끝에 있는 내게로 와 서로 인사를 했다. 그러나 4중주가 곧바로 시작되기 때문에 대화를 나누지는 못했다. 연주가 끝났을 때 나는 그녀에게 좀 더 가까이 다가가 그녀를 알게 되고 내게 재능까지 보여주어 무척 기쁘다는 몇 마디 칭찬의 말을 하자 그녀는 점잖게 화답해주었다. 그녀는 자기 자리에 앉았고 나는 내 자리로 갔다. 나는 그녀가 나를 주의 깊게 바라보는 것과 사람들이 나를 관찰의 대상으로 삼고 있는 것을 알 수 있었다. 나는 그것이 싫지 않았는데, 사람들이 나를 아주 점잖게 바라보았기 때문이다. 그러는 동안 쇠네만과 나는 서로 쳐다보고, 나는 일종의 아주 감미로운 매력을 느꼈다는 것을 부인할 수 없다. 모인 사람들과 이리저리 어울리느라 그날 저녁 우리가 더 가까워지기는 어려웠다. 그러나 그녀의 어머니가 작별할 때 곧 다시 만나고 싶다고 말하고, 그녀의 딸도 친절한 태도로 동감을 표해주어 나의 흐뭇한 감정은 감출 수가 없었다. 나는 적당한 시기에 다시 방문하여 명랑하고 이성적인 대화를 나누었지만 앞으로 열정적인 관계는 상상할 수도 없었다."

함께 말을 타고 산책을 나가는 쇠네만을 "승마복을 입은 천사"라고 슈톨베르크(Friedrich Graf von Stolberg) 백작에게 보낸 편지에 서술할 정도로 매료된 괴테는 26세 때 16세의 쇠네만과 사귄 지 3개월 만에 약혼 하였다. 쇠네만으로 말하면 좋은 가정 출신으로 재주가 있고 아름다워서 괴테에게 어울리는 혼담이었고 괴테도 그녀를 열렬하게 사랑하였다. 이러한 괴테의 지극한 사랑에 쇠네만도 "만일 이 나라에서 결혼하기가 어렵거든 저를 미국이고 어디고 데려가 주세요"라고 말할 정도로 그를 열렬하게 사랑하여 둘은 약혼 한 것이다. "나는 릴리와 마주 서서 나의 손을 내밀었다. 릴리는 주저하는 것 같지는 않았지만 천천히 자기 손을 내 손에 놓았다. 깊이 심호흡을 한 후에 우리들은 감동에 겨워 서로 껴안았다"라고 괴테는 약혼식 장면을 『시와 진실』에 기록하였다. 그리고 후에 이 시기만큼 행복에 가까이 간 일이 없었다고 그는 고백하였다. 이렇게 약혼을 하고 한 달도 못 되어 괴테는 후회하게 되어 헤르더에게 보낸 편지에 "자유를 동경하는 마음의 소용돌이가 가정의 행복의 항구로 가까이 가려는 생활의 배를 다시금 먼 바다로 밀어냅니다"라고 언급하고 있다. 쇠네만의 더없는 사랑보다도 창조적인 정신이 괴테에게 더 중요하였던 것이다. 혼담이라는 기반에 얽매여 천재적인 시가 썩게 되는 것이 안타까웠다. 거기에 더해서 약혼에 대한 양가의 반대도 극심했다. 괴테의 아버지는 꿀릴 정도로 대부호인 집안과 혼인에 대해 주저하고, 게다가 쇠네만 집안의 종파는 칼뱅에 기반을 둔 개혁파이며 괴테 집안은 루터파였다. 이러한 배경에서 괴테의 자서전을 위한 메모에는 "결단을 잘못 내렸다는 의혹을 입 밖에는 내지 않고, 그럴 듯한 것만 서로 이야기한다. 마음속으로는 동요하면서도 겉으로는 강짜를 부린다. 그렇다고 정열이 사그라든 것은 아니다."라고 씌어져 있다.

약혼 후에 결혼의 최종적인 결단을 내리지 못하고 고민하던 괴테는 약혼녀 쇠네만에게서 얼마간 벗어나 있기 위해 1775년 5월 슈톨베르크 백작 형제 및 하우크비츠(Christian Graf von Haugwitz) 백작과 함께 스위스로 여행을 떠난다. 그러나 멀리 떠날수록 쇠네만에 대한 사랑은 더욱 불타올라서 스위스 여행 중에 괴테는 그곳의 산천을 보며 시 「산상에서(Vom Berge)」를 읊기도 했다.

> 그리운 릴리여, 그대를 사랑하지 않았던들,
> 아름다운 이 경치가 나에게 얼마나 큰 기쁨이었겠는가!
> 그러나 만약에 내가, 릴리여, 그대를 사랑하지 않았다면
> 내가 행복을 어디서 발견했을 것인가?

이제 괴테는 새로운 미래를 준비해야 하므로 우선 이탈리아로 갈 것을 심각하게 생각하였다. 그는 친구인 육군참사관 메르크(Heinrich Merck)에게 전에 『괴츠 폰 베를리힝엔』를 썼을 때와 같이 거치른 필치로 쓰고 있다. "제기랄, 나는 표착하고 말았어. 배가 떠나야 할 때 떠나가지 않은 것이 유감스러워. 나는 스스로를 때려주고 싶은 심정이야. 나는 새로운 기회를 잡으려고 엿보고 있는 것이다." 이는 쇠네만과의 정열에 대한 저항이다. 따라서 "나는 난파하였다. 나는 불쌍한 미아다. (…) 나는 스스로를 속이고 있을지도 모른다 — 그러나 모두 신의 뜻대로이다"라는 고백은 쇠네만과 자신을 얽어매는 비단실을 끊지 못하는 괴테의 갈등이다. 이렇게 비단실로 얽매여 쇠네만에게서 벗어나지 못하는 괴테가 그의 장시 「릴리의 공원(Lilis Park)」에서 전개되고 있다. 쇠네만은 동물

들을 마음대로 지배하는 여왕이며 괴테는 곰이 되어 비단실로 목이 메어져 그녀의 발 곁에 앉아 있다. 그녀는 마음이 내키는 대로 그를 채찍으로 때리고 이따금 그에게 벌꿀을 빨게 한다. 그녀가 아름다운 발로 곰을 쓰다듬어 주면 곰은 기쁨에 어쩔 줄 몰라서 그녀의 조그만 발바닥을 핥는다. 그러나 곰이 동물원에서 벗어나려고 하면 눈에 보이지 않는 가는 비단실에 의해서 그는 다시 그녀의 발 곁으로 끌려온다. 이러한 비단실의 속박에서 벗어나 자유를 찾고자 신음하는 괴테에 대해서 "그는 지금 유쾌하게 놀고 있습니다. 그는 무도회에 가서 미친 사람처럼 춤추고 있습니다! 여성들 사이에서 붙임성 좋게 행동하고 있지요. 이런 일은 전에는 없었던 일입니다"라고 한 편지에 언급되어 있다. 「릴리의 공원」에서 쇠네만의 발 곁은 다감하지 않고 역겨움을 일으켜 괴테의 참담함을 보여주지만, 괴테의 그 다음 시에서는 불행한 사랑을 겪은 그녀의 발 곁이 생명을 맺게 하는 등 우아하게 표현되고 있다.

귀여운 장미여, 그대는 시들어가는구나,
나의 사랑이 그대를 떠받쳐주지 못했구나.
아, 비통함에 영혼이 부서지는
절망한 자를 위해 피어나라!

지난날은 서글펐다고 생각된다.
천사여, 나는 그대에 매달려
첫 꽃봉오리를 열망하며
아침 일찍 정원으로 갔던 그날들을.

모든 꽃, 모든 열매가
아직 그대의 발밑에서 열매를 맺고
그대의 얼굴 앞에 서면
가슴속에 희망이 고동친다.

귀여운 장미여, 그대는 시들어가는구나,
나의 사랑이 그대를 떠받쳐주지 못했구나.
아, 비통함에 영혼이 부서지는
절망한 자를 위해 피어나라!

쇠네만과의 파혼으로 번민을 하고 있던 괴테는 그 체험을 소재로 희곡 『스텔라(Stella)』를 집필하였다. 방탕한 귀공자 페르난도는 부인 세실리아와의 사이에 딸 루치에까지 있지만 젊고 어여쁜 스텔라의 미모에 홀려 처자를 버리고 그녀와 동거생활을 한다. 그러나 그가 종군하기 위해서 외국으로 떠나게 되자 고독한 스텔라는 말 상대할 수 있는 여성을 구한다. 그녀의 정체를 모르는 루치에가 어머니를 따라 스텔라를 찾아간다. 세 여성이 모여 있는 자리에 페르난도가 나타나자 세실리아는 딸과 함께 그곳을 떠나자고 권하지만 페르난도는 스텔라를 잊지 못해서 일부다처주의 생활을 하게 된다. 형식과 내용이 분방(奔放)하기도 한 이 작품에서 자신을 고백하는 경향을 띤 주인공은 바로 쇠네만과 사랑에 빠졌던 괴테 자신으로 볼 수 있다.

쇠네만에 대한 사랑은 사그라들지 않아서 40년이 지난 후에도 괴테는 "나는 그저 황홀하여 그녀를 쳐다보고 있었지"라고 말한 적이 있다. 이렇게 나이가 들어서도 괴테는 쇠네만을 잊지 못해서 "그녀는 정말이지 내가 깊게 그리고 진실로 사랑한 최초의 사람이었다. 아니 마지막 사람이었다고 말할 수도 있지. 왜냐하면 후의 나의 인생에서 나를 사로잡은 애정들은 모두 저 처음의 것에 비교하면 표면적인 것에 지나지 않았다"라고 말하고 있다. 이렇게 행복하고도 불행하게 사랑했던 괴테는 무려 56년 뒤인 1830년에 한 회고담에서 "쇠네만과 사랑했던 시절만큼 가장 행복했던 나날은 없었다. 그녀는 나의 마지막 여자였다"고 고백했다. 여기에서 "가장 행복했던 나날"의 묘사를 괴테는 죽는 마지막 날까지 보류하고 있었다.

쇠네만에 대한 사랑은 「사냥꾼의 밤노래(Jägers Abendlied)」등 몇 편의 시로 여운을 남기고 있지만 25년 동안 잊혀져 있었다. 그러던 중에 27년이 지나고 쇠네만이 결혼하여 그녀의 이름이 릴리에서 엘리제가 되고, 슈트라스부르크의 은행가의 아내, 튀르크하임 남작 부인으로서 "존경하는 연인"이었고 지금은 장관인 괴테에게 편지를 쓰게 된다. 이 편지에서 그녀는 작센에서 공무원 생활을 시작하는 어느 지인의 후원을 부탁하면서 자신의 가족 상황도 약간 첨부하였다. 이렇게 오랜만에 출현한 과거의 여자 친구에게 괴테는 근엄하게 답장을 보냈다. 당신의 지인을 위해서 유감스럽게도 아무 것도 해줄 수가 없다고 말했다. 훗날의 또 다른 편지에서 괴테는 "내 인생의 가장 행복한 나날을 가질 수 있던 그 당시의 추억 속에서 당신의 손에 천 번의 키스를 한다고" 쓰기도 했다.

쇠네만의 가정은 괴테가 떠난 지 얼마 안 되어 파산했다. 장부를 위조한 큰 오빠는 자살했다. 세련된 가구와 괴테가 그녀를 처음 알게 될 때의 피아노도 경매에 부쳐졌다. 그러나 쇠네만은 파산 직전에 운이 좋게 신분에 상응한 결혼을 할 수 있었다. 그녀의 결혼생활은 행복하다고 말할 수 없었다. 그녀는 많은 사람들의 고해신부였던 라바터에게 자신의 영혼의 고통을 고백하기도 했다. 이러한 그녀는 남편의 생명을 빼앗아갈 뻔했던 혁명 시대에 미쳐 날뛰는 도시로부터 용감하게 자신의 자녀들을 구출해냈다. 스스로를 농부 부인으로 변장하고 막내아이를 등에 업고, 다른 아이들의 손을 끌고 도망했던 것이다. 이러한 쇠네만의 용기 있는 태도를 괴테도 알고 있었던 것 같다. 따라서 괴테는 "그처럼 많은 외적인 고난과 시련을 겪고 나서 행복하고 편안하게 지내시기를 기원합니다. 당신의 고난과 시련은 나중에 우리들에게도 찾아왔습니다. 나는 당신의 확고부동한 마음씨와 보기 드문 인내심을 이따금 생각하지 않을 수 없습니다. 다시 한 번 행복하게 지내시기를 빕니다. 그리고 나를 잊지 말아 주십시오"라고 1807년 12월 14일자 편지에 쓰고 있다. 10년 후 그녀는 죽었다. 그녀는 착한 어머니였고, 최선을 다하는 아내이고, 세상의 귀부인이고, 진지하고 세련된 여성으로 『파우스트』의 마지막 구절인 "영원한 여성적인 것(das Ewig-Weibliche)"의 또 다른 "아름다운 영혼"의 구현으로 괴테를 정화시킨 것이다.

(안진태)

프리드리히 쉴러
(Friedrich Schiller, 1759~1805)

괴테와 쉴러와의 관계는 평범한 문인간의 교류나 우정 이상의 관계이다. 이 두 사람의 만남은 독일문학사에, 나아가 세계문학사에 큰 영향을 미친 하나의 만남이라고 할 수 있다. 독일 고전주의 문학이란 이 두 사람이 만들어 낸 것이기 때문이다. 두 작가는 서로 다른 환경, 서로 다른 작품 경향, 서로 다른 세계관을 가졌으면서도 서로 격려하고 서로 작품 제작을 보완하면서 훌륭한 문학 작품을 생산하였다.

괴테와 쉴러와의 첫 만남은 괴테가 1779년 카알 군사학교 개교기념일에 바이마르의 카알 아우구스트 공(1757-1828)과 함께 참석하였을 때이다. 쉴러는 이 기념식에서 네 번이나 상을 받으러 나와 뷰텐베르크 군주의 옷깃에 키스를 하며 메달을 받았다. 그러나 당시 아무도 이 두 사람이 독일문학을 빛낼 절친한 친구가 될 줄은 몰랐다.

그 후 1787년, 괴테를 만나기 위하여 쉴러는 후원자인 쾨르너의 드레스덴을 떠나 함부르크로 가는 도중 바이마르에 도착하였을 때, 괴테는 이미 이태리 여행을 떠나 부재중이었다. 또한 2년 전에 쉴러가 『돈 카를로스』를 낭독하여 궁정고문관이라는 칭호를 준 카알 아우구스트공도 출타중 이었다. 그 대신 괴테와 함께 '바이마르의 세 거인'이라고 불리우던 빌란트, 헤르더를 만났다. 그리고 생각과는 달리 쉴러는 이곳에 영구히 머무르게 된다.

괴테가 이태리 여행에서 돌아온 후 쉴러의 지인들은 괴테와 쉴러의 만남을 주선하려고 노력하였다. 괴테의 연인인 슈타인 부인은 쉴러의 약혼자인 샤를로테 폰 렝에펠트를 어렸을 때부터 알고 있었고 샤를로테의 세례식때 대모로서, 렝에펠트가와는 절친한 사이였다. 렝에펠트 집 가까이에 슈타인 부인의 장원이 있어 괴테가 슈타인 부인의 장원을 방문하리라고 예상하고 있었다. 마침내 괴테가 귀국한 후 1788년 9월 어느 화창한 일요일 슈타인 부인은 괴테와 헤르더의 부인과 함께 왔다. 헤르더는 이때 이태리로 여행 중이었다. 쉴러는 괴테에 대한 첫 인상을 즉시 쾨르너에게 썼다. “마침내 (…) 지난 일요일 괴테가 슈타인 부인과 자네가 바트에서 만난 헤르더의 부인 샤르트 부인과 함께 우리를 방문하였네. 그의 첫 인상은 사람들이 나에게 매력적이고 아름다운 모습이라고 이야기하였던 것보다는 못하네. 그는 중키에다 곧은 자세이고 걸음걸이도 그랬네. 그의 얼굴은 좀 굳은 편이였으나 그의 눈은 아주 인상적으로 활기찼고 사람의 눈길을 끌었네. 진지한 그의 표정은 호의적이고 선량하였네. 머리는 갈색이고, 내가 생각한 것보다 더 나이 들어 보였네. (…) 목소리는 평온하였고 이야기를 유창하게 하더군. (…) 즉시 소개를 받았으나 그의 둘레에 사람들이 많아 개인적 이야기는 할 수 없었네. 그는 이태리 여행에 대하여 열을 내며 이야기 하였네. (…) 우리가 서로 가까이 할 수 있는지 의심스러웠네. 그의 세계는 처음부터 나와는 다른 세계일세. 우리의 상상의 세계도 본질적으로 서로 다르네.” 헤르더의 부인도 이태리에 있는 남편에게 “괴테는 그(쉴러)에 대해 친절하지 않았어요”하고 썼다. 쉴러의 신부인 로테의 언니 카롤리네 렝에펠트도 “이 만남에서 우리는 아주 긴장하였다. 우리는 두 사람의 접근을 바랐으나 전혀 이루어 지지 않았다. 괴테에게서 우리는 그의 명성에 (어울리는) 대응을 기대하였고 또 우리의 친구[쉴러]에게서도 겉으로나마 따뜻함을 기대하였다. 괴테는 이태리로 향한 그리움만 있는 것 같았다.”

이런 상이함은 쉴러와 카롤리네만 느낀 것은 아니었다. 괴테도 쉴러와 자신의 세계와는 다르다는 것을 느끼고 가까이 하지 않았다. 그 후에도 이 두 시인은 바이마르에서 서로 지나쳐도 다만 무언의 인사만 할 뿐이었다. 두 사람은 아주 가까이 살고 있어도 한마디의 인사도 하지 않고 지냈다. 불행한 환경에 살고 있던 쉴러는 이것을 고통스럽게 느꼈다. 괴테는 쉴러의 야심적인 시 「그리스 신들」이 너무 길다고 하였다. 주위 사람들이 두 사람을 가깝게 하려고 애썼지만, 쉴러가 괴테의 『에그몬트』 평을 썼을 때 괴테는 불쾌감을 나타냈다. 괴테는 평자가 도의적인 부분에 관해서는 잘 썼으나, 시적인 부분에는 유념하지 않았다고 하였다. 쉴러는 위트를 잘하는 사람이었다. 그는 숨기지 않고 괴테에 대한 위트를 하였고, 사람들은 이것은 대가를 무시하는 것이라고 그에게 말하여주곤 하였다. 쉴러와 괴테와의 서로 다른 세계는 이로부터 약 10년 후에 서로 이해하고 가까워 질 수 있었다.

괴테는 쉴러가 예나 대학 교수직을 받도록 많은 노력을 하였다. 그러나 쉴러의 편지나 다른 자료에는 괴테와 의논한 것은 나타나 있지 않다. 다만 궁정 비서인 크네벨을 통하여 그가 수고를 아끼지 않고 있다는 것을 알 수 있었다. 역사학 교수직을 수락하고 쉴러는 예나 신학자 그리스바하 교수집으로 1787년 5월에 이사하였다.

괴테가 의식적으로 쉴러를 피하고 있거나 무시하고 있다는 것을 알 수 있었다. 이미 괴테가 스스로 한 말과 같이 괴테는 10년 연하의 그에게서 『군도』의 작가로서 치기어린 문학정신을 갖고 있다고 생각하였다. 괴테는 쉴러를 젊은 작가로 인정은 하지만 이미 폭풍노도의 문학기를 벗어나 이태리의 경험으로 고전주의 문학관이 확고하게 자리 잡은 그에게 쉴러는 어린아이에 불과하다고 생각하였다. 괴테는 쉴러의 드라마 『군도』를 '역겹다'고 하였고 "싫어한다"고 하였다. 괴테의 정신세계를 아직 파악하지 못하였던 쉴러는 불만이 있을 수밖에 없었다. "그는(괴테) 아주 가까운 친구에게도 배려하는 것이 없네. (…) 내 생각에 정말 지나칠 정도로 에고이스트이네. 그는 사람들을 자신에게 크건 작건 주목하도록 하여 자신에게 끌리도록 하는 재능은 있으나, 스스로는 거기에 매이지 않는 법을 아네. 이런 존재는 주위의 어느 사람도 자라게 할 수 없네." 계속해서 그는 자신은 시저에 반대했던 브루투스처럼 미움과 사랑이 함께 있다고 하였다. "괴테가 자신의 온 힘을 다한다면, 나와 비교할 수 없을 것이네. 그는 나보다 더 많은 천재성이 있고, 거기다 풍부한 지식을 갖추고 있네.", "자네에게 괴테에게 대해 이러니저러니 썼던 것을 생각하니 웃음이 나네. (…) 이 인간, 이 괴테가 나에게는 방해가 되네. 운명이 나를 너무나 심하게 다루었다는 것을 기억하네. 그의 운명은 그의 천재성을 얼마나 편하게 해주었는지, 그리고 나는 지금 이 시간까지 얼마나 싸우고 있는지." 쉴러는 30세의 자신과 이미 불혹이 된 괴테와의 비교를, 여러 편의 긴 편지에서 말하고 있다. 그러나 나이 차로 볼 때 30세와 40세는 아주 다른 세계이다. 30대는 아직도 성장하는 세계이나, 40대는 이미 관조의 세계이다. 여기다 운명의 기구함도 거기에 큰 영향을 끼친 것은 사실이다. 이 운명의 영향은 두 사람의 작품 세계를 판이하게 다르도록 만들었다. 괴테는 자연을 있는 그대로, 쉴러는 자연 그대로 펼쳐지지 않은 인간 사회의 부조리를 그린다. 후에 두 사람은 서로 다른 성격을 보완하면서 독일문학을 세계문학으로 이끌게 된다.

괴테는 쉴러에게 조금씩 관심을 갖게 되었다. 쉴러가 로테 렝에펠트와 결혼을 한 직후 신혼부부를 축복하고 선물을 놓고 간 사람들 중에 괴테는 제일 처음으로 온 사람 중 한사람이었다. 이때의 대화도 두 사람은 아직 가까워 질 수는 없는 것이었다. 괴테는 우선 드레스덴에서 만난 쾨르너가 훌륭한 사람이었다고 말하고 이어서 곧 신간서적에 관한 이야기가 시작되었다. 특히 칸트의 『판단력 비판』이 화재였다. 쉴러는 쾨르너에게 이렇게 썼다. "어제 그가 우리에게 왔었네. 재미있는 것은 모든 것을 그의 고유한 방식으로 이해하는 것이었네. 그에게 모든 철학은 주관적이었네. 그래서 논쟁이 없었네. (…) 그의 상상의 방법이 너무나 감각적이어서 나를 곤란하게 하였네. (…) 그에게는 무엇인가를 고백할 수 있는 진실성이 부족하네. 그러나 그의 영혼은 모든 방향으로 작용하고 연구하여 하나의 전체를 세우려 하는데 이것이 그를 위대한 사람으로 보이게 하네." 아직도 이 두 사람은 다른 세계관을 지닌 것을 확인한 셈이었다.

그러나 결국 두 사람의 우정이 싹트는 '기적'이 일어났다. 괴테는 과학에도 흥미가 많았다. 아니 흥미가 아니라 그는 과학자라고 불리울 만큼 새로운 발견을 하였다. 색채론과 식물변태론, 광물의 수집도 보통 사람을 뛰어 넘는 것이었다. 괴테는 자연과학에 관한 흥미로 예나에 자주 왔었다. 그것은 당시 예나에서 '자연과학회'를 설립한 식물학자 바취 교수가 이끄는 '여성과 일반애호가를 위한 식물학'이라는, 요즘 말로 한다면 동호인 스터디 그룹을 이끌고 있었다. 괴테는 여기에 자주 참여하였고, 쉴러도 고향을 방문할 때 만났던 하일브론의 의사 그멜린의 소개로 이 그룹에 들어서, 역시 시간이 있을 때면 참석하였다. 여기서 "기적"과 같은 일이 일어난 것이다.

괴테는 우리에게 쉴러와 결정적으로 평생의 동반자가 된 계기를 알려주고 있다. 모임에서 잠간 쉬는 동안 "우연히 둘이 다 밖으로 나왔다. 그(쉴러)는 강연에 참석하고 잘 이해하는 것 같았다. (…) 우리는 자연히 이야기를 나누게 되었다. 그는 매우 이성적으로 통찰력 있게 말했고 그 방면에 대해서 문외한이기는 하나 그렇게 분석적 방법으로 자연을 다룬다는 것은 흥미가 없다고 했는데 이 말은 나를 기쁘게 했다. 나는 거기에 대해 다음과 같이 대답하였다. 자연은 전문가에게도 두려운 존재이다. 그러나 다른 방법이 있다. 그것은 자연을 분류하고 분석하려 하지 말고 활동적이고 생생하게, 어떻게 전체에서 부분으로 나아가려 하는가를 관찰하고 묘사해야 한다는 것이다. 쉴러는 여기에 대해 명백한 설명을 요구하면서 그의 의심하는 바를 솔직하게 나타냈다. 그 점은 내가 주장하는 것이 경험에서 우러나오는 것이라고 인정할 수 없다는 것에 있었다. 우리는 그의 집에 도착했고 이야기에 이끌려 나는 집안으로 들어갔다. 나는 식물의 변태론에 대해서 펜을 들고 온갖 특색을 그려가면서 하나의 상징적 식물을 보여주기도 하며 생생하게 설명하였다. 그는 크나큰 관심과 명석한 이해력으로 그것을 듣고 바라보았다. 그러나 내가 설명을 마쳤을 때 그는 머리를 흔들며 말했다. '이것은 경험이 아니라 이념입니다'하는 것이었다. 나는 약간 기분이 나빠서 말을 멈추었다. 이 말이야 말로 그와 나와를 서로 갈라놓는 점을 두드러지게 나타내는 것이었기 때문이었다. <우아와 품위>의 주장이 내게 다시 떠올랐고 화가 났으나 꾹 참으며, '그것 참 재미있소. 내가 알지도 못하는 사이 이념을 갖고 있고, 더구나 눈으로 이념을 보다니' 하고 돌려 말하였다. 나보다 삶의 지혜를 더 많이 갖고 있던 쉴러는, 잡지 『호렌』을 이제 막 시작하려는 때문이었는지 공격적이기 보다는 온순한 방법으로, 또 칸트 연구자로서 대답하였다. (…) 많은 논쟁이 있었으나 우리 둘 중 아무도 승자도 없었고 극복할 수도 없었다." 간단히 말하면 괴테는 식물은 자라면서 그 원형을 보면 진화의 변화를 보이며 원래의 근원적인 식물의 모습을 보인다는 것이었고 쉴러는 그 "원형 식물은 이념"이라고 한 것이었다.

그들의 견해는 서로 상이하였지만 서로가 인정하게 되었다. 괴테는 쉴러의 진지함에 좋은 인상을 받았고 쉴러가 "끄는 힘이 너무나 커서 그가 의도하고 있는, 막 시작하려고 하는 잡지 『호렌』에 대해 함께 하기로 약속하였다. 나는 그것에 대해서는 마음속에 숨기고 있었다. (…) 또 어렸을 때부터 귀여워하던 그의 부인도 우리들의 이해를 도왔다. (…) 결코 끝나지 않을 객관과 주관의 싸움이 끝나면서 우리들과 또 다른 사람들을 위해서 좋은 결과를 가져올 화해를 하게 되었다." 이 논쟁 후 쉴러는 괴테에게 대화의 인상에 대하여 편지를 썼고, 괴테도 답을 보냈다. 이런 서신 교환은 쉴러가 세상을 떠날 때가지 계속되었고, 이 서신 교환은 두 사람의 작품 성립사에 관한 것뿐만 아니라, 두 사람의 작품의 의미, 나아가 예술관에 이르기까지 그들의 의식세계와 당시의 문학과 예술 이해에 큰 보탬이 되었다. 쉴러도 일주일 후에 쾨르너에게 "해결되지 않는 대화는 길었네. 예술 및 예술이론에 대한 폭넓은 의견 교환은 관점의 큰 차이에도 불구하고 예기치 않는 일치가 생겼네"라고 말했다.

쉴러는 예나에서의 논쟁 후 괴테의 직관과 사물에 대한 종합적인 관찰력에 대한 것을 아첨 없이 썼다. 괴테도 생일을 맞은 이 주일에 귀하의 편지 보다 더 좋은 선물은 없을 것이라고 하면서 "우리는 상반된 입장에서 서로 끊임없이 협력하여 일할 수 있게 되었다"는 말로서 이제까지의 '서먹함'을 잊고 동료로 대하겠다는 것이었다. 쉴러도 쉴러다운 문장으로 긴 편지를 써서 대답하였다. "인간에게 현상을 종합하고 감정을 법칙화 하는 것이 이루어지면 이것은 참으로 인간이 만들어 낼 수 있는 최상의 것입니다." (이후 두 시인이 교환한 편지는 2천여 통으로 책으로 5권에 이른다.) 괴테는 쉴러를 곧 바이마르로 초대하였다. 마침 쉴러의 부인 로테가 유행하는 부스럼 병을 피하려고 아이를 친정집으로 데려가고 있는 동안 쉴러를 초대한 것이었다. 괴테는 쉴러가 바이마르에 머무는 동안 따듯한 우정을 보여주었고, 가끔 열병으로 고생할 때에도 그를 극진히 보살펴 주었다. 그는 쉴러가 편하게 지내도록 배려하였고 대부분의 시간을 두 사람이 대화로 보냈다. 어떤 때는 오전부터 밤 1시까지 끊임없이 대화를 한 적도 있었다. 괴테는 아직 발표하지 않은 <비가>를 보여주기도 하였다. 쉴러는 그의 계획을 물었고 괴테에게 드라마를 쓸 것을 제안하였다. 두 사람은 서로를 격려하고 서로 새로운 자극제가 되었다. 후에 괴테는 쉴러에 의해서 자신은 다시 젊어졌다고 회상하였다. 쉴러는 쾨르너에게 "완전하고 새로운 한 인간을 만났다"고 썼다. 이후 두 사람은 서로 초대하고 떨어져 있을 때는 편지를 교환하였다. 로테가 돌아온 후에는 아이들까지 초대하여 여러 아이들이 함께 괴테의 정원에서 놀도록 하였다. 이것은 나중에도 계속하였다. 괴테가 어린아이들과 너무나 시끄럽게 놀았기 때문에 작업을 하던 쉴러가 방해를 받을 정도였다.

괴테가 예나에 오는 경우 늘 신학교수 그리스바하의 집에 머물었다. 쉴러도 여기 살고 있었다. 성 바로 옆에 있는 집으로 높은 천정과 넓은 층계참은 그에게 좋은 인상을 주었던 것 같다. 그는 이 집에 대한 시를 몇 줄 썼는데 『파우스트』의 첫 장면이 바로 이곳이라는 것을 알 수 있다. "나즈막한 집들과 어두운 방에서 / 천정과 지붕이 누르는 곳에서 / 비좁은 골목에서" 라는 표현이다.

이곳에서 괴테와 쉴러 두 사람에 대한 공격에 반격을 하는 『크세니엔』에 게재할 시를 논의하고 썼다. 두 사람은 공동작업을 하였다. 서로가 하나하나 함께 쓰고 발표하되 무명으로 하였다. 그것은 문학의 적수들, 주로 낭만주의자들을, 괴테와 쉴러의 고전주의적 문학을 혹평하는 작가들을 비판하고, 비웃고, 평가절하 하기 위하여 작가적 스타일을 감추고 하였다. 『크세니엔』은 비록 무명으로 하였으나 아는 사람은 다 알뿐만 아니라 점잖은 빌란트도 책망하였다. 실제로 독일 낭만주의와 고전주의의 차이는 좁힐 수 없는 간극이 있다. 낭만주의는 무한을 추구하고, 고전주의는 절제와 조화를 추구한다. 낭만주의는 중세 가톨릭을 이상으로 삼고, 고전주의는 그리스 고전을 이상으로 삼는다. 낭만주의는 신비주의를 선호하고, 고전주의는 밝은 광명을 선호한다. 이 두 문학자들의 차이는 오히려 각각 자신들의 변호와 공격으로 당시의 문학계에 큰 보탬이 되었다.

발라드도 여기서 주로 논의한 후에 각자가 썼는데 『크세니에』 때는 서로 같은 생각을 묶었으나 발라드의 경우는 각자 자신의 스타일에 따른 작품을 생산해 냈다. 토론과 용기를 북돋은 것도 전에 함께 하였던 『크세니엔』과는 달리 시작품으로 생각하고 만들었다. 그 때는 서로 같은 생각을 묶었으나 발라드의 경우는 각자 자신의 스타일에 따른 작품을 생산해 냈다. 1797년을 독일문학사에서는 '발라드의 해'라고도 하는데 이것은 괴테와 쉴러가 서로 의논하며 각자의 문학세계에 맞는, 개성에 따른 아주 많은 발라드를 썼으며 이 해를 괴테가 '발라드의 해'라고 부른 후 이렇게 명명하기 시작하였다. 괴테는 「코린트의 신부」 등과 쉴러는 「잠수부」 등을 썼다.

1797년 괴테는 스위스 여행 후 예나에 들려 오래 머무르며 쉴러와 만나 이야기를 나누었다. 그들은 거의 함께 기거하면서 의논하였다. 괴테는 쉴러가 죽기 전 『빌헤름 텔』을 계획할 때 스위스에 대한 참고서를 주며 '너무 정치적으로 쓰지 말라'는 주문을 하기도 하였다. 괴테와 오래 이야기를 나누면 나눌수록 쉴러는 괴테의 영향이 점점 커지는 것을 느꼈다. 쉴러는 괴테에게 준 편지에 "저는 내 안에 무엇인가를 심지 않고는 결코 귀하에게서 떠날 수 없을 것입니다. 그리고 귀하가 저에게 준 많은 것과 귀하의 내적 풍부함이 저에게 준 감동에 대하여 기뻐하는 바입니다. 이런 상호간의 완벽함 위에 세워진 새로운 것이 항상 있을 것이며, 또한 바로 이러한 다양성을 얻으면 얻을수록 점점 화합하게 되고, 반대의 성향은 점점 없어집니다. 우리가 서로 모든 점에서 점차 이해하게 되기를 바랍니다. (…) 이것은 동시에 서로의 일에 생산적인 것이 될 것입니다." 또 쉴러는 쾨르너에게 "내가 시를 완성하는 것에는 괴테의 영향이 아주 컸네"라고 썼다. 지금도 많이 인용되는 서사시와 극시의 차이점에 대한 정의도 이 해에 두 사람이 공동이름으로 발표하였다[<서사시아 극시에 대하여(Über epische und dramatische Dichtung)](1797).

괴테는 쉴러가 자신의 『빌헬름 마이스터』에 대한 평을 쓴 것을 읽고 "계속 나를 새롭게 하고 용기를 북돋우시오"하고 썼다. 쉴러의 조언에 고마워는 하였으나 괴테가 쉴러의 충고를 항상 따른 것은 아니었다. 그는 본성적으로 자신의 일에 대하여 긴 대화를 듣고 따르는 성격이 아니었다. 괴테는 변증법적 발전형의 성격이 아니었다. 쉴러는 그와는 반대로 사물에 대하여 반성적이고 여러 면으로 사물을 관조하면서 발전하는 인물이었다. 그러나 괴테는 결국 이런 편지를 썼다. "우리 두 사람의 행복한 만남은 많은 장점을 만들었습니다. 그리고 저는 이런 관계가 계속되기를 바랍니다. (…) 귀하는 저에게 두 번째의 청춘을 주었으며 내가 거의 포기하였던 시인으로 다시 만들었습니다."

괴테에 더욱 가까이 가고자 쉴러는 예나에서 바이마르로 이사하였다(1800년). 이후 5년간 두 사람은 매주 평균 두세 번 만났다. 두 사람은 가까이 살면서 서로 노력하고 서로 작품에 대한 구상을 하였다. 토마스 만은 쉴러 말년의 바이마르의 삶을 그의 작품 「고난의 시절」에서 심한 병을 앓고 있으면서도, 쉴러는 괴테의 창문에 불이 꺼지지 않으면 먼저 불을 끄지 않는 노력하는 작가로 그리고 있다.

괴테는 1804년 12월말 신년(1805년 쉴러가 사망한 해)을 맞아 쉴러에게 연하장을 쓰면서 두 번이나 찢어버려야만 했다. 그는 '신년을 맞아(zum neuen Jahr)'라고 써야 할 것을 '마지막 해를 맞아(zum letzten Jahr)'라고 두 번이나 잘못 썼던 것이다. 1805년 5월 1일 저녁 괴테는 마지막으로 그의 친구를 볼 수 있었다. 괴테는 친구의 집을 몸소 방문한다. 그러나 바로 그때 쉴러는 연극을 관람하려 집을 나오고 있었다. "나는 그(쉴러)가 연극을 보러가는 순간에 만났지. 나는 그를 잡아두지 않으려고 그를 동반하지 않았소. 우리는 그의 집 앞에서 헤어졌는데 그것이 우리를 영원히 갈라놓은 것이요"

쉴러의 죽음은 바이마르에 삽시간에 퍼졌다. 괴테도 앓고 있었다. 아무도 그에게 그가 죽었다는 말을 하지 않았기 때문에 그는 모르고 있었다. 그러나 집이 불안하다는 것을 느끼었는지 5월 10일 괴테는 부인 크리스티아네에게 "안 그래? 쉴러가 어제 심하게 아팠지?" 그는 "심하게"를 힘주어 말하였다. 부인은 더 이상 말하지 않을 수 없다고 여기었으나 말하는 대신 훌쩍이며 울었다. "그가 죽었어?"하고 괴테는 확실한 듯이 물었다. "당신이 지금 말했잖아요.", "그가 죽었다고!" 그는 반복하였다. 그는 옆으로 비켜서더니 손으로 눈을 가리고 한마디도 하지 않고 울었다. 쉴러가 죽은 지 20여일이 지난 후 괴테는 "나 자신을 잃은 것이고 나의 친구를 잃은 것이며, 내 존재의 절반을 잃은 것"이라고 하였다.

괴테는 쉴러의 장례식에서 여배우가 쉴러의 시 「종의 노래」를 낭독할 때, 중간에서 잠깐 중지하라고 하면서 "난, 난 이 사람을 결코 잊을 수가 없어요"하면서 눈물을 흘렸다. 쉴러가 죽은 1년 후인 1806년 괴테는 쉴러가 그렇게 재촉하였던 『파우스트』 비극 제1부를 완성하였다. 괴테와 쉴러는 함께 군주를 모시는 바이마르 '군주묘지'에 묻혔다. 그들은 아마도 지금 지하에서 우의를 나누고 있을 것이다. 그리고 우리는 바이마르를 방문할 때마다 함께 있는 두 시인을 만날 수 있다. 괴테는 쉴러 서거이후 혼자 남아 있는 동안 쉴러를 수시로 언급하였다.

불멸의 괴테와 가까이하면 자신도 불멸하리라고 생각하며 썼다는, 아르님의 여동생 베티나 아르님은 괴테와의 교류를 다룬 『한 소녀와의 서신 교환』에서 괴테와의 해후를 회상하며, "나는 지금 귀하(괴테)와 쉴러를 생각하고 있습니다. 세상은 두 분을 한 보좌 위에 두 형제라고 봅니다. 그 분도 귀하처럼 많은 사람들이 존경하고 있습니다. 사람들은 한 분이 서로 다른 분을 감동시켜 변화시켰다는 것을 모릅니다. 그러나 전 알고 있습니다."

두 사람은 10년간의 형제와 같은 우정으로 작품을 생산하여 독일문학 뿐만 아니라 세계문학에 빛나는 유산을 남겼다.

(김승옥)

슈타인 부인
(Charlotte von Stein, 1742~1827)

괴테와 샤를로테 폰 슈타인 남작부인의 첫 만남은 실루엣을 통해서였다. 실루엣은 18세기 사사분기에 대유행이었다. 당시 괴테는 1774년 9월 라이프치히 서적박람회에 선을 보인 그의 첫 소설 『젊은 베르테르의 슬픔』으로 하룻밤 사이에 유명해진 베스트셀러 작가였고 그보다 7년 연상인 슈타인 남작부인은 결혼 생활 10년 동안 일곱 아이를 출산하고 다소 지친 상태였으나 "바이마르 궁정의 퍼스트 레이디 지위"를 주장한다 해도 아무도 반대할 사람이 없을 정도였다. 슈타인 남작부인은 괴테의 실루엣을 보기 전에 이미 괴테의 드라마 『괴츠 폰 베를리힝엔』과 『클라비고』, 그리고 『젊은 베르테르의 슬픔』를 읽었다.

실루엣을 통해 이 두 사람을 만나게 한, 두 사람의 메신저는 스위스의 작가이자 의사인 라바터(1741-1801)와 그와 어릴 적부터 친구인 스위스 출신의 의사이자 작가이며 1768년부터 하노버 궁정의 주치의가 된 침머만(1728-1795)이다. 침머만은 라바터의 골상학(Physiognomie) 연구를 지지하고 있었다. 1774년 라바터는 골상학 자료를 수집하러 여행하던 중 프랑크푸르트에서 괴테와 만나고 두 사람은 편지를 교환하는 친구 사이가 된다. 피르몬트(Pyrmont)에서 요양의사와 환자의 신분으로 만난 침머만과 슈타인 남작부인도 편지를 교환하는 친구 사이가 된다. 두 사람은 괴테와 그의 소설 『베르터』에 대해서도 편지를 교환하고 1774년 12월에는 침머만이 남작부인으로부터 받은 그녀의 실루엣을 라바터에게 보낸다. 라바터에게 보낸 편지에서 침머만은 남작부인을 "단순함을 지닌 우아함"으로 소개한다. 곧 이어 라바터는 침머만에게 괴테의 실루엣을 보내고 침머만은 괴테의 실루엣을 슈타인 부인에게 보내면서 다음과 같이 쓴다. "제가 당신께 괴테에 대해 말해주길 바라시죠? 그를 보고 싶으신가요? 제가 당장 그에 대해 보고해 드릴게요. 하지만 당신이 생각하지 않는 것이 있습니다. 그를 보고 싶어 하면서 당신은 이 사랑스럽고 매혹적인 남자가 당신께 얼마나 위험할 수 있는지 모르십니다. 라바터의 골상학 체계에서 동판화 하나를 오려 보냅니다. 이 독수리 골상을 한번 음미해보십시오" 한편 괴테는 1775년 슈트라스부르크에서 침머만과 만나고 그를 통해 슈타인 남작부인의 실루엣을 보게 된다. 괴테는 슈타인 남작부인의 실루엣에 대한 자신의 인상을 다음과 같이 라바터에게 써 보낸다 (1775년 7월).

> 의연함
> (…)
> 자족적인 편안함
> 사랑이 가득한 친절
> 순수함과 선함. 저절로 흘러나오는 말
> 물러설 줄 아는 의연함
> 호의

1775년 11월 7일 괴테가 바이마르의 카를 아우구스트 공작의 초청으로 바이마르에 도착한다. 처음에는 그곳에 잠시 머무를 예정이었으나 곧 괴테는 바이마르에서 공직을 맡고 1832년 죽을 때까지 그곳에서 살게 된다. 바이마르에서 괴테는 바이마르 공국의 교통부장관인 요시아스 폰 슈타인 남작의 가족을 소개받는다. 12월 초에 벌써 괴테는 슈타인 남작의 영지인 그로스코흐베르크 성으로 슈타인 남작부인을 방문한다. 두 사람의 열정적인 관계는 그렇게 시작되었다.

슈타인 남작부인의 친정, 샤르트 가문은 대대로 바이마르-아이제나흐 궁정에서 봉직한 귀족가문이었다. 그러나 샤르트 가문처럼 따로 영지가 없는 귀족의 경우에는 어떤 제후를 만나느냐에 따라, 그리고 제후가 그 사람을 얼마나 쓸모 있다고 생각하느냐에 따라 가문의 흥망이 결정되기 마련이었다. 샤를로테의 아버지는 전제군주의 궁내대신으로 봉직하면서 오히려 자기 부인의 상당히 많은 재산까지도 탕진했다. 그런 탓에 샤르트 가문은 귀족다운 생활양식과 부족한 재원 사이의 부조화로 어려움을 겪었다. 어린 샤를로테는 자신이 처한 상황을 날카롭게 파악하고 인간과 세상에 대해 냉철하고도 회의적인 시선을 갖게 된다. 바이마르 공국의 안나 아말리아 공작부인이 1759년 19살에 남편을 잃고 아들을 대신하여 바이마르의 섭정을 맡게 되자, 공작부인은 선대의 제후들이 샤를로테의 아버지 샤르트에게 진 빚과 그로 인한 그 가문의 재정적 손해를 잘 알고 있으면서도 아직 오십이 채 안 된 궁내대신을 은퇴시키고 그 대신에 16살인 그의 딸 샤를로테를 여관(女官 Hofdame, lady-in-waiting)으로 등용한다. 여관이란 직책은 조선의 상궁과 정부인에 비교할 만하다. 유럽의 여관은 상궁처럼 대체로 내명부과 관련된 직책이나 상궁과는 달리 결혼을 할 수 있었

괴테가 그린 코흐베르크 성

슈타인 남작의 실루엣

고, 정부인처럼 귀족부인의 신분으로서 주로 궁정의 사교와 여왕이나 공주의 말벗 역할을 담당했으며, 명예직인 경우도 있으나 보수를 받기도 했다. 샤를로테 폰 슈타인은 유럽 역사에서 가장 유명한 여관 가운데 한 사람이라고 할 수 있다.

샤를로테는 안나 아말리아의 여관이 됨으로써 경제적으로 독립할 수 있었다. 그리고 1764년 요시아스 폰 슈타인 남작(1735-1793)과 결혼함으로써 제후의 변덕으로부터도 독립할 수 있었다. 슈타인 남작은 바이마르에서 멀지 않은 곳에 영지를 갖고 있었다. 바이마르에서 코흐베르크 성까지는 남쪽으로 28km 떨어져 있었다.

바이마르 공국의 교통부 장관 슈타인 남작은 흔히 오해되듯이 말 이외에 다른 것에는 아무 관심이 없었던 사람은 아니었다. 교통부 장관으로서 그는 말과 관련된 모든 것에 책임이 있었고 바이마르 제후의 말에 대한 남다른 애정 때문에 그가 책임져야 하는 말이 많았던 것은 사실이다. 당시 바이마르 궁정은 말을 키우는데 한 해에 2만 탈러의 예산을 책정했는데 그것은 궁정의 규모에 비해 대단히 큰 액수였다. 슈타인 남작은 아우구스트 공작의 모든 행차, 여행과 사냥 등을 수행해야 했고 집에서 식사하는 일도 드물었다. 그런 점에서 슈타인 남작부인은 남편의 방해 없이 독서와 음악, 그림 그리기, 그리고 글쓰기에 몰두할 수 있었다. 그러나 남작은 바이마르에서 기사의 모범으로 간주되었고 자기 부인의 인문적인 소양을 인정하고 있었다. 슈타인 남작부인의 일곱 아이들 가운데 딸 넷은 모두 어려서 죽고 아들 셋이 있었는데 두 아들은 일찌감치 집을 떠나 교육을 받고 궁정에 봉직하게 된다. 참고로, 슈타인 남작의 연봉은 2000 탈러, 외교 업무에 관한 추밀고문관으로서 괴테가 곧 받게 되는 연봉은 1200 탈러, 슈타인 남작부인의 아버지가 연금으로 받은 연봉은 1800 탈러였다.

괴테보다 7년 연상인 슈타인 남작부인은 조언자이자 정신적 친구로서, 공직 때문에 문학 활동을 포기한 시민 계급 출신의 작가가 바이마르 궁정이라는 새로운 세계에 적응할 수 있도록 도와주었다. 1776년부터 1786년까지 바이마르에서의 첫 십년 동안 괴테는 슈타인 부인에게 1650통의 편지와 쪽지를 보낸다. 편지에는 사랑, 공무 여행, 문학작품에 대한 계획, 자연과학 연구, 궁정 사람들에 대한 불만, 특히 다른 사람들에게 말할 수 없는 카를 아우구스트 공작에 대한 불만 등이 들어 있다. 슈타인 남작부인은 괴테의 생각과 관심과 걱정과 연구를 함께 했고, 자연과학 연구와 스피노자 읽기를 함께 했고, 괴테 문학의 첫 독자이자 뮤즈로서 창작에 영감을 주었다.

1776년 4월 14일 괴테가 슈타인 남작부인에게 보낸 시는 운명에게 "그대는 왜 우리에게 깊은 시선을 보내주었나" 하고 묻는 말로 시작된다.

> 그대는 왜 우리에게 깊은 시선을 보내주었나
> 우리의 미래를 예감에 가득 차 바라보는 시선을,
> 우리의 사랑과 우리의 지상의 행복을
> 즐겨 망상하게 하면서도 결코 믿지 않는 시선을,
> 운명이여, 그대는 왜 우리에게
> 서로가 서로의 마음을 들여다본다는 느낌을 주었나,
> 이 모든 흔치 않은 혼란을 통해
> 우리의 진정한 관계를 내다보게 하였나?
>
> 아, 그토록 많은 수천의 사람들은 둔감하게 행동하면서
> 자기 자신의 마음도 알지 못한 채,
> 목적 없이 이리저리 떠다니며 희망도 없이
> 뜻밖의 고통 속에서 뛰어다니다가,
> 기대하지 않던 아침노을과 함께 기쁨의 날이
> 밝아오면 다시 환호하는데,
> 사랑으로 가득한 가련한 우리 두 사람만은
> 서로 함께 행복을 나누는 것이 허락되지 않는다.
> 우리에게는 서로를 이해함이 없이 서로를 사랑하고
> 그가 한 번도 그런 적이 없는 것을 다른 사람에게서 보고
> 언제나 새롭게 꿈의 행복을 좇아가면서
> 꿈속의 위험에 흔들리기도 하는 것이 허락되지 않는다.
> 행복하여라, 허황된 꿈에 사로잡힌 이여!
> 행복하여라, 그 예감 헛된 것이라는 말을 듣는 이여!

하지만 매 순간 순간마다 우리를 위한
꿈과 예감이 더욱 더 확고해진다.
말해 보라, 운명이 우리에게 무엇을 마련해 주려 하는지
말해 보라, 운명은 어째서 그토록 순수하고 세심하게 우리를 묶어놓았는지?
아, 그대는 머나먼 옛날에
나의 누이였거나 나의 신부였다. (…)

그대는 뜨거운 피에 절제를 떨어뜨려주고
헤매는 거친 질주에 방향을 잡아주고
그대 천사의 품안에서 안식을 얻어
지친 가슴이 다시 일어나게 해주었다. (…)

그러나 1776년 3월 침머만에게 보낸 편지에서 슈타인 부인은 괴테와 절대 친구가 될 수 없을 것 같다고 썼다. 한 마디로 괴테는 '자연아'라는 것이다. 괴테의 "자기중심적이고 예의 없음"에 대한 이런 반응은 몇 년 후 실러가 괴테를 사적으로 처음 만났을 때도 마찬가지였다. (실러가 괴테와 사적으로 처음 만난 것은 1788년 9월 7일 렝에펠트 부인 집에서였다. 렝에펠트 부인은 슈타인 부인의 친구로 나중에 실러의 장모가 된다. 실러는 1790년 샤를로테 폰 렝에펠트와 결혼한다. 괴테와 실러가 가까워지고 서로를 인정하면서 공동 작업을 하기 시작할 때까지 6년이 걸린다.) 1776년 가을 슈타인 부인은 바이마르 시내의 저택을 떠나 코흐베르크에서 지내면서 괴테의 방문을 거절한다. 괴테와 거리를 유지할 필요가 있다고 생각했기 때문일 것이다. 그러나 1776년 10월 괴테가 보낸 편지의 뒷면에 슈타인 부인이 쓴 시는 당시 슈타인 부인의 괴테에 대해 품고 있던 감정을 짐작하게 한다.

내가 느끼는 것이 옳지 않은 것인지
내게는 그토록 사랑스러운 죄를 내가 부끄러워해야 하는지
내 양심은 내게 말하려 하지 않는다.
언젠가 양심이 나를 고발할 수도 있다면, 그대 하늘이여, 그 양심을 없애주세요!

1780년 6월 23일 안나 아말리아 공작부인의 프리메이슨 모임에 회원으로 받아들여진 괴테는 관례에 따라 장갑 두 켤레를 받게 된다. 한 켤레는 회원 자신을 위한 것이고 다른 한 켤레는 그가 가장 존경하는 여성을 위한 것이었다. 괴테는 그것을 슈타인 부인에게 준다. 1780년 10월 괴테는 16세기 이탈리아의 시인 토르콰토 타소(1544–1595)를 주인공으로 하는 드라마 『토르콰토 타소』를 집필하기 시작한다. 궁정 사회에서의 시인의 역할을 문제 삼고 있는 이 드라마는 다른 한편 공작의 누이동생 레오노레 공주에 대한 타소의 사랑도 다루고 있는데 레오노레 공주의 모습에 슈타인 부인이 투영되어 있다.

1781년의 편지는 두 사람의 관계에 변화가 있음을 보여준다. 그동안 존칭 Sie로 부르던 호칭이 친근한 사이에서 사용하는 Du로 바뀌었다. 1781년 3월 12일 편지에서 괴테는 수도원에 입회한 사람의 수련기간과 수도자의 종신서원에 비유하여 다음과 같이 쓴다. “나를 분명하게 그리고 법적으로 당신에게 속하는 것으로 만드는 어떤 종신서원이나 성사가 있었으면 하고 바랍니다, (…) 나의 수련기간은 충분히 길었어요.”

1782년 6월 괴테는 프라우엔 플란의 저택을 임대한다. (오늘날 바이마르 괴테 박물관이 된 바로크 양식의 이 대저택을 1792년 카를 아우구스트 공작이 사들여 1794년 괴테에게 선물한다. 그 후 괴테는 자신의 고전주의 이상에 따라 이 저택을 개조한다.) 그 집의 뒤뜰로 나가면 1-2분 안에 슈타인 부인의 바이마르 저택에 닿을 수 있다. 1783년 5월부터는 슈타인 부인의 막내아들 프리츠가 괴테의 집에서 함께 살면서 교육을 받는다. 프리츠는 괴테의 소설 『빌헬름 마이스터의 수업시대』에서 빌헬름의 아들 펠릭스의 모습으로 나타난다.

1785년 5월에도 괴테는 슈타인 부인에게 “나의 존재가 온전한 것이 되기 위해 당신의 존재가 꼭 필요하다는 것을 알고 있습니다”라고 고백한다. 괴테와 슈타인 부인은 바이마르에서 한 쌍으로 간주되고 사람들은 그들의 우정을 자연스럽게 받아들였다. 그것은 괴테가 이탈리아에 있는 동안 바이마르에 온 실러가 1787년 8월 12일 자신의 친구 쾨르너에게 보낸 편지를 통해서도 알 수 있다. “그들의 사귐은 전적으로 순수하고 흠 잡을 데 없다고들 한다네.” 그러나 괴테에게는 바이마르에서의 자신의 상황이 점점 더 불만족스러웠다. 그리하여 괴테는 1786년 9월 이탈리아로 여행을 떠나고 2년 가까이 바이마르를 떠나 있게 된다.

슈타인부인의 세째아들 프리츠와 괴테의 실루엣

괴테의 이탈리아 여행은 슈타인 부인에게는 마음의 상처가 되었다. 괴테는 슈타인 부인과의 정신적인 우정관계만으로는 만족할 수 없었고 그런 점에서 이 여행은 바이마르 궁정의 공무로부터의 도피이자 슈타인 부인과의 불만족한 관계로부터의 도피라고 할 수 있다.

1787년 슈타인 부인은 자신이 괴테에게 보낸 편지를 돌려달라고 부탁하여 불태워버렸다. 슈타인 부인이 괴테에게 보낸 것은 1794년부터 1826년까지의 편지만이 남아 있다. 그러므로 후세 사람들은 1789년 괴테와의 단교 이전까지의 슈타인 부인의 관점은 짐작만 할 수 있을 뿐이다. 그러나 슈타인 부인은 괴테가 자신에게 보낸 편지는 간직하고 있었다. 그 편지들은 슈타인 부인의 아들 프리츠가 물려받아 1848년 첫 출판된 이래 여러 차례 출판되었고 2014년에도 다시금 출판되었다. (2010년 12월부터 괴테가 1776년부터 1826년까지 슈타인 부인에게 보낸 1770여 통의 편지원본을 디지털 자료로서 인터넷에서도 볼 수 있다.) 괴테가 이탈리아에서 슈타인 부인에게 보낸 일기 형식의 편지들만은 예외적으로 1816년 괴테가 『이탈리아 기행』을 쓰기 위한 자료로서 되돌려 주길 청하여 괴테에게로 돌아갔다.

1788년 6월 18일 괴테가 바이마르로 돌아오고 7월 12일 크리스티아네 불피우스가 자신의 아버지의 일과 관련하여 오빠가 쓴 청원서를 들고 괴테 앞에 나타난다. 이듬해 3월 괴테가 크리스티아네와 같이 산다는 소식을 슈타인 부인이 듣고 그해 12월 25일 슈타인부인의 47번째 생일날 괴테의 아들 아우구스트가 태어난다. 절교 후에도 공동의 친구들, 특히 공작 가족에 대한 공동의 의무 때문에 공식적인 만남을 피할 수는 없었고 예의상 서로를 용인하게 된다. 1793년 슈타인 남작이 뇌졸중으로 죽고, 슈타인 부인은 괴테와 자신의 관계를 빗댄 드라마 『디도』를 썼다. 여기에는 "탁월한 생각은 줄어든 위에서 나온다"는 슈타인 부인의 생각과 점점 더 뚱뚱해지는 괴테에 대한 조소가 들어 있고,

1789년 6월 1일 괴테의 편지 내용도 반영되어 있다. 그 편지에서 괴테는 슈타인 부인에게 자신이 크리스티아네에게 주는 감정에 대해 누구 왈가왈부할 수 있느냐고 따지면서 슈타인 부인이 자신의 충고를 오래 전부터 무시하면서 커피를 너무 많이 마시고 건강을 해치는 다이어트를 한다고 쓴 소리를 한다. 이 편지에 대해 슈타인 부인은 답을 하지 않은 듯하다. 천천히 1790년대 말에 다시 두 사람의 관계가 따뜻해졌다. 특히 1801년 괴테가 중병에 걸린 것 같았을 때에 더욱 따뜻해졌다. 이후 만나면 서로 이야기를 나누고 편지도 교환했다. 그러나 다시 존칭은 Sie로 불렀다.

슈타인 부인의 생일날 태어난 아우구스트 폰 괴테가 이제 두 사람 사이의 메신저가 되었다. 슈타인 부인은 괴테와는 거리를 두면서도 어린 아우구스트는 받아들였다. 1796년 아우구스트가 슈타인 부인에게 아버지를 이끌고 갔다. 괴테도 기꺼이 아들을 슈타인 부인에게 보내 교육을 받게 하였다. 괴테는 예전처럼 슈타인 부인에게 잡지, 그림, 새로 나온 책, 꽃, 군만두나 순무요리를 보냈고 그 대신에 괴테는 다시 슈타인 부인의 손님이 되어 슈타인 부인표 따뜻한 맥주를 대접받았다. 괴테가 돌아갈 때면 아들 프리츠가 보낸 브레슬라우산 리큐어를 괴테의 호주머니에 넣어주었다. 1826년 8월 28일 괴테 생일에 슈타인 부인이 보낸 선물에 대해 괴테가 답한 쪽지는 1827년 1월 6일 슈타인 남작부인이 죽기 전 마지막으로 받은 괴테의 글이다. "바로 이웃에 사는 사람의 관심과 사랑이 이토록 오랜 시간 지속됨을 보는 것은 영원히 인간에게 허락될 수 있는 최상의 것입니다."

1784년 괴테는 슈타인 남작부인과 셰익스피어를 나란히 놓은 시, 「두 세계 사이에서」를 쓴다.

> 단 한 사람에게 속하고,
> 단 한사람을 숭배하고,
> 그것이 마음과 뜻을 하나로 결합시킨다.
> 리다, 가장 가까운 행복이여!
> 윌리엄, 가장 아름답고 드높은 곳의 별이여!

그대들 덕분에 지금의 내가 있다.

그리고 1820년 이 시에 다음 구절을 덧붙여 쓴다.

많은 세월이 지났다.
그러나 그 시절에 나는
나의 가치를 온전히 얻었다.

(김영옥)

스피노자
(Baruch Spinoza, 1632~1677)

서양 철학에서 플라톤, 라이프니츠, 스피노자, 헤겔, 베르그송 같은 사람들은 각기 나름대로의 실체에 대한 학설을 세웠다. 이들 중에서 스피노자(Baruch Spinoza, 1632~1677)는 현실과 가상, 정신과 물질 세계의 구별을 부정하고 모든 현상은 단 하나의 실체의 가면에 불과하다고 보았다. 이런 분위기에서 모든 종교도 각자 자신만의 실체에 대해 설파하였다. 따라서 독일 문학의 사상적인 배경에서 볼 때 레싱의 작품 세계는 계몽주의 철학에 근거를 두고 있으며, 쉴러는 "의 도덕철학, 노발리스는 피히테의 자아철학, 괴테는 스피노자의 범신론(Pantheismus)에서 영향을 받아 작품에 이념으로 전개시켰다.

스피노자는 네덜란드에서 유대인 상인의 아들로 태어나 인간의 완전성과 최고선을 철학의 목표로 삼으면서 17세기 합리론의 주요 이론가가 되었다. 네덜란드가 봉건적 스페인 왕국으로부터 독립하여 자본주의 사회 형성의 선두를 달리던 시대에 살았던 스피노자는 영국의 베이컨, 프랑스의 데카르트와 마찬가지로 신(新)시대의 사상을 표명하여 자연 지배와 인간 개조를 그의 사상의 중심으로 삼았다. 이렇게 자유주의 사상을 표명하는 등으로 스피노자는 유대 교회에서 파문을 당하였다. 스피노자가 산 17세기는 뉴턴의 <만유인력>

의 발견 등으로 자연의 연구가 비약적으로 발달한 시대였지만, 종교에서는 전통적인 계시, 낡은 그리스도교의 틀을 벗어나지 못하고 있었다. 이러한 시대에 스피노자는 범신론을 태동시켜 18세기 유럽의 종교사에 획기적인 전기를 야기시켰다.

기원전 98년에 로마의 역사가인 타키투스(Cornelius Tacitus)가 집필한 저서 『게르마니아(Germania)』에는 독일 민족의 조상으로 알려진 게르만 민족의 여러 가지 특징이 언급되어 있다. 이 책에서 흥미를 끄는 것은 유목민으로서 윤리 의식이 강하고 호전적이며 목가적인 민족으로 묘사된 게르만인은 그리스인과는 달리 눈에 보이지 않는 신, 즉 신전이나 신상을 마련하지 않고 자연 자체를 숭배하며, 그 자연 속에 깃들어 있는 초자연적인 힘을 외경시하고 받들었다는 내용이다. 이러한 자연관에서 나온 신의 개념이 범신론의 모태가 된다. 신을 별개의 존재로 보는 것이 아니라 우주와 세계 모두에 신이 내재되어 있다는 철학·종교관이자 예술적 세계관이 만유신교(萬有神敎) 또는 만유신론(萬有神論)이라고도 불리는 범신론이다. 스피노자의 이성을 바탕으로 한 범신론은 그의 동시대인들로부터는 정당한 평가를 받지 못하고 오히려 무신론이나 이단으로 비판되다가 그가 사망한 뒤 1세기가 지난 후인 1770~1780년대에 그는 경건한 그리스도 신자로 인정받고 그의 범신론도 높이 평가되어 자리를 잡게 되었다. 이러한 스피노자의 범신론은 신앙에서 이성 혹은 철학의 확립으로 시작되었다. 신앙 때문에 지식의 탐구가 제한되어서는 안 된다고 생각하여 세속화시킨 자신의 종교 철학이 그리스도교에 어긋나지 않는다고 생각한 스피노자가 의미하는 신은 신앙과 분리되어 순수한 이성으로 사유되어야 했다.

창조주인 하느님과 그의 피조물인 인간과 자연을 완전히 분리하는 기독교의 교리에서 볼 때 자연의 모든 존재에 신이 존재한다는 스피노자의 범신론은 기독교 세계관을 완전히 뒤흔들어 놓아서 기독교의 완강한 저항을 받았다. 그럼에도 불구하고 계몽주의 이후 관용이 중심 사상이 되면서 기독교가 세속화되자 스피노자가 주도한 범신론은 질풍노도(Sturm und Drang)의 작가들에 많은 영향을 미치면서 18세기 후반 유럽의 사상계에 유행하자 괴테도 큰 영향을 받았다. 『젊은 베르테르의 슬픔』의 평판이 널리 퍼져 소년 소녀들이 소위 베르테르병에 걸려 있을 무렵 괴테 자신은 창작을 탈피하여 위기를 극복하고 새로운 인간이 되고자 했다. 따라서 괴테는 주위에 많은 질풍노도의 작가들과 점차로 멀어져 가면서 스피노자가 범신론을 전개한 책 『윤리학(Ethica)』을 숙독하면서 자아를 초월한 예지의 세계를 접하며 자신의 세계를 넓혀갔다. 특히 『윤리학』에서 "신을 사랑하는 사람은 신이 자기에게 사랑을 되돌려 주기를 바라서는 안 된다"는 스피노자의 말이 괴테에게 감명을 주어 "모든 것에 있어서 사심(私心)이 없고, 특히 사랑과 우정에서 사심이 없을 것을 나의 최고 즐거움으로, 주의로, 실천으로 삼고 있다"고 그는 말했다. 그리하여 훗날의 "내가 너를 사랑해도 그것이 내게 무슨 관계가 있는가"라는 괴테의 대담한 말은 스피노자의 영향을 받은 진심에서 우러난 언급이었다. 이렇게 『윤리학』에서 질풍노도의 정열의 진정제를 발견하여 자아를 초월한 괴테는 자서전 『시와 진실』에서 다음과 같이 피력하고 있다. "나의 정열을 진정시키는 것을 발견했다. 나는 감성적이며 윤리적인 세계에 대해서 광활하고도 자유로운 조망이 펼쳐지는 것을 느꼈다. 특히 나를 사로잡은 것은 모든 구절에서 빛을 내며 들어나는 사심 없는 정신이다. (…) 또 한 가지 간과할 수 없는 것은 가장 긴밀한 결합은 대립의 결과로 이루어진다는 사실이다. 모든 것을 조정하는 스피노자의 평온은 모든 것을 자극하는 나의 노력과 대립되었으며, 그의 수학적 방법은 나의 시적인 사고 및 표현의 방식과 상반되었다. 또 도덕적으로는 적합하다고 볼 수 없는 그의 규칙적인 취급 방식도 나를 그의 열렬한 제자 및 절대적인 숭배자로 만들었다. 정신과 감정, 오성과 감각은 필연적인 친화력으로 서로를 찾으며, 이 친화력에 의해 다양한 성향들이 결합되는 것이다." 이렇게 괴테는 인간 차원의 지성과 이성 및 자의(恣意)에 좌우되지 않는 영원한 신의 법칙을 스피노자에서 배웠다고 고백하면서 스피노자의 직관지(直觀知)에 의한 사물의 인식은 "전 생애를 통해 고찰해 볼만한 용기"를 줄 정도라고 찬양까지 하였다. 『스피노자 학설에 대한 서한』(1785)에서 그때까지 파묻혀 있던 스피노자 철학을 발굴하여 철학 체계로서 일관성을 평가하는 동시에 자유로운 신을 단서로 도출된 체계에서 모순을 발견한 친우이자 철학자인 야코비(Friedrich H. Jacobi, 1743~1819)에게 괴테는 "스피노자는 신의 실재를 증명하지 않는다. 실재는 신이다. 비록 다른 사람들이 그 때문에 스피노자를 무신론자라고 비난해도 나는 그를 최고의 유신론자, 그리스도 신자라고 말하고 칭송하고자 한다"는 내용의 편지를 보내기도 하였다. 이렇게 스피노자의 범신론에 경도되던 시기에 탄생된 괴테의 미완성 작품인 『초고 파우스트(Urfaust)』와 후에 완성된 『파우스트(Faust)』 모두에 범신론 사상이 언급되고 있다.

마가르테　(…)
미사에도 참가하시지 않고, 고해도 하시지 않은지 오래 되었어요.
하느님을 믿으세요?
파우스트　이것 봐요, 누가 감히 말할 수 있겠어?
하느님을 믿는다고,
성직자나 현인에게 물어 보기라도 한다면,
그들의 대답은 마치 묻는 사람을
조롱하는 것처럼 들릴 것이오.
마가르테　그럼 믿지 않으세요?
파우스트　내 말을 오해하지 말아요. 이 사랑스런 사람아!
누가 감히 하느님, 그 이름을 부를 수 있을까?
하느님을 믿는다고
누가 감히 고백할 수 있을까?
마음으로 느낀다고 해서
또 누가 감히 그를 믿지 않는다고
잘라서 말할 수가 있을까?
만물을 포괄하는 자,
만물을 보존하는 자,
그는 너를, 나를 그리고 자기 자신을
포괄하며 보존하고 있지 않은가? (3425~3442행)

여기에서 신을 "만물을 포괄하는 자, 만물을 보존하는 자, 너를, 나를 그리고 자기 자신을 포괄하며 보존하고 있는 자"(3439~3442행)로 여기는 파우스트의 언급은 범신론의 전형을 이룬다. 18세기에 유럽의 기독교를 전통적인 교리와 교회 중심의 종교관에서 벗어나게 하면서 자연에 신이 있다고 믿는 범신론에 영향을 받은 괴테의 자연관도 변하기 시작했다. 계몽주의에서 자연은 이성적으로 질서 잡힌 것, 규칙을 지닌 체계이므로 인간이 그 법칙을 이성적으로 파악하면 자연을 지배, 이용할 수 있었다. 그러나 자연은 근원에서 살아 있는 것, 즉 유기적인 형상으로서 제1원인자라는 형상학적 가설이 없어도 영원한 순환 속에서 끊임없이 새로이 시작되는 존재로 여기는 스피노자의 범신론이 괴테의 자연관에 영향을 미쳤다. 이러한 자연은 죽어 있는 소산적(所産的)인 자연이 아니고 살아있는 능산적(能産的)인 자연으로 창조하고 작용하는 생명력 자체이다. 이러한 관점에서 보면 정체되어 있는 것이나 변하지 않는 것 또는 생성이 불가능한 것을 의미하는 안정, 휴식, 완성, 만족 등은 신성을 부정하는 행위가 되었다. 범신론의 자연관의 영향을 받은 괴테에게 자연은 이제 "활동하는 우주"로 정적이 아니라 동적으로 생명력이 있어서 <자연=신(natura sive deus)>이라는 스피노자의 이론으로까지 확대되어 "자연은 영원하고 필연적인 신성한 법칙에 따라서 활동한다. 따라서 신조차도 그것을 조금도 바꾸지 못할 것이다"라고 괴테는 말했다. 작은 것에서 큰 것에 이르기까지 자연의 근원적인 창조력에 의해 생명을 얻는 살아 있는 자연이 곧 신이다. 따라서 자연의 창조는 종결되지 않고 무한하게 진행되어서 괴테의 『파우스트』에서 자연은 "영원한 작용과 생동으로 생성되는 것"(346행)으로 신, 창조, 영원한 생성(Werden)은 하나가 된다. 따라서 괴테는 1823년 2월 13일에 에커만에게 "신성은 죽어 있는 것이 아니라 살아 있는 것에서 활동한다. 신성은 되어진 것과 굳어진 것이 아니라 되어가는 것, 변해가는 것에 내재한다"라고 역설하고, 『파우스트』의 <무대의 서언(Vorspiel auf dem Theater)>에서도 "완성된 사람에게는 더 이상 해줄 것이 없지요. 되어가는 사람은 항상 감사해 할 것입니다"(182~183행)라고 피력되고 있다.

(안진태)

카를 프리드리히 첼터
(Carl Friedrich Zelter, 1758~1832)

카를 프리드리히 첼터(Carl Friedrich Zelter, 1758-1832)는 괴테의 음악 조언자이자 친구였으며, 실러와 비슷한 연배로 괴테보다는 아홉 살 아래였다. 1799년 시작된 첼터와 괴테의 서신교류와 우정은 그들이 사망할 때 까지 30년 이상 지속되었고, 그 사이 850통 이상의 서신이 교환되었다. 이 서신교류를 통해서 첼터는 괴테로부터 많은 음악적 영감을 받았고, 반대로 괴테는 첼터로부터 문학적 영감 및 음악적 경험과 조언을 얻게 된다. 이 교류는 이들 두 사람의 삶에 지속적으로 큰 영향을 주었지만 후대에서는 괴테와 실러의 정신적 교류와 편지교환은 대등한 관계에서 같은 의미를 두고 평가하는데 비해서, 첼터와 괴테 사이의 수십 년의 교류는 예술 또는 문화사에서 별로 주목을 끌지 못한 측면이 있다. 그리고 첼터와 괴테, 두 사람 사이의 우정은 종종 언급되는데 비해서 첼터의 작곡이나 음악교육 업적은 오히려 위대한 시인의 그늘에 가려 버린 측면도 있다.

괴테는 뛰어난 문학 능력만이 아니라 자연과학이나 더욱이 음악분야에서도 남다른 관심을 보였다. 그의 삶의 많은 부분에는 음악으로부터 받은 영향과 영감이 깊게 반영되어 있다고 첼터에게 1820년 5월 2일 보낸 편지에서 고백하고 있듯이, 괴테는 그 어느 문인보다도 음악과 관계가 깊었다. 특히 하이네와 더불어 그의 서정시에 유럽 및 독일어권 작곡가들이 가장 많은 곡을 붙였고, 오늘날도 그 가곡들이 노래됨으로써 음악사에서도 불멸의 이름을 지닌 시인이 되었다. 괴테의 시는 베를린 가곡악파 리더이자 프로이센 궁정 악장이었던 요한 프리드리히 라이하르트를 시작으로 19세기 및 20세기의 여러 작곡가들에 의해서 곡이 붙여졌다. 예를 들면 춤스텍, 베토벤, 뢰베, 슈베르트, 슈포어, 파니 헨젤, 슈만, 리스트, 바그너, 루빈슈타인, 브람스, 볼프, 슈트라우스, 쇤베르크, 안톤 베베른, 알반 베르크, 볼프강 림은 다수의 괴테 시에 곡을 썼다. 소수의 괴테 시에 곡을 붙인 작곡가로는 모차르트, 루이제 라이하르트, 클라라 슈만, 파울 힌데미트, 한스 아이슬러, 오트마 쇠크 등이 있다. 이들은 괴테의 서정시뿐만 아니라 장편소설 『빌헬름 마이스터의 수업시대』, 희곡 『파우스트』, 『에그몬트』, 『타소』, 『타우리스스의 이피게니에』에서도 시 텍스트를 골라 곡을 붙였다. 라이하르트는 약 110편의 괴테 시에 곡을 붙임으로써 가장 많은 곡을 그리고 최초로 곡을 썼다. 이 점에서 라이하르트는 동시대와 후대의 가곡작곡가들에게 괴테 시 선정을 할 때 중요한 안내자가 되었으며, 첼터는 약 75편 괴테 시에 곡을 붙였다. 이들이 괴테의 시를 음악적으로 해석한 시도들은 괴테가 음악에 끼친 영향에서 비롯된 것이었다. 괴테는 가곡에 시를 제공한 것뿐만 아니라 그의 위대한 작품과 사상에 자극을 받은 18세기 말 예술적, 문화사적 시대운동이 독일가곡의 정착에 기여함으로써 더 큰 의미를 지니게 되었다. 무엇보다도 괴테가 1770년 슈트라스부르크에서 법학 공부를 하던 시절 헤르더를 알게 되고 그를 통해서 순수 문학의 본질을 이해하게 되면서, 진정한

요한 볼프강 폰 괴테

카를 프리드리히 첼터

서정시는 개인의 깊은 삶의 체험에서 나오는 것이라는 것을 알게 된다. 더욱이 그런 서정시에는 자연스럽고 단순한 민요의 아름다움과 본질도 함께 녹아 있다는 것을 경험하게 된다. 그래서 "유연하고 서정적 아름다움이 깃들어 있는 괴테 시의 주관적 천성은 예술가곡의 정신이 되었다"고 평가되며, 음악과 서정시의 결합은 독일가곡과 더불어 새로운 역동성을 발견하게 된다.

첼터는 당대에 여러 분야에 걸쳐 나타난 괴테의 위대함을 누구보다도 잘 알고 존경심을 가지고 있었다. 괴테는 유복한 가정에서 인문주의 교육과 대학에서 법학 공부를 한 후 바이마르에서 가장 영향력이 큰 인물 가운데 한 사람이 되었다. 이에 비해서 첼터는 아버지의 권유로 미장이 일을 배웠으며 1783년 미장이 장인이 되었다. 그러나 유년시절부터 그의 음악적 관심은 기술 직업에 대한 관심보다 훨씬 컸으며, 열여섯 살 이후에는 그의 관심이 주로 음악에 쏠렸다. 1784년부터 2년 동안 그는 왕실 실내악 연주자 카를 프리드리히 파쉬에게 음악수업을 받았고 이미 작곡한 몇 개의 피아노 작품을 출판하기도 하였다. 1786년 프리드리히 2세 서거 때 추도 칸타타를 작곡 연주함으로써 대중의 주목도 끌었다. 그러나 이듬해 그의 아버지가 사망하자 그의 건축업을 물려받아야 했고, 생계를 위해서 미장이 장인 일을 이었다. 그런 가운데도 틈틈이 괴테, 헤르더, 실러의 시들에 곡을 붙였고, 1800년 그의 스승 파쉬의 후계자로서 1791년 창설된 세계 최초의 혼성합창단 베를린 '징아카데미(Singakademie)'의 단장이 되었다. 첼터가 30년 동안 이 합창단을 이끄는 동안 '징아카데미'는 베를린 음악계에서 크게 인정받는 단체가 되었다.

1809년 프리드리히 빌헬름 3세가 그의 음악분야 공로를 인정해서 첼터를 궁정 예술아카데미 음악교수로 임명했고 이후 그는 모든 교회음악 및 학교의 음악을 맡게 되었다. 같은 해 첼터는 이번에는 남성합창단을 창설하여 이끌었으며, 1815년부터 미장이 장인 직업은 포기하고 음악에만 몰두하게 된다. 1825년부터는 '징아카데미'의 자체 건물을 짓는 데 박차를 가해서 건물을 완성하고, 1830년 대학생 합창단도 만들었다. 첼터의 제자 가운데 가장 뛰어난 음악가는 펠릭스 멘델스존, 그의 누나 파니 헨젤, 오토 니콜라이, 지아코모 마이어베어였다. 이 중에서도 멘델스존에게는 첼터가 그냥 스승이 아니었다. 그는 1821년 열두 살의 멘델스존을 괴테에게 소개했고, 이후 두 사람은 멘델스존의 든든한 정신적 후원자가 된다. 괴테는 멘델스존의 우아함과 천재성에 탄복했으며 그가 바흐의 푸가나 여러 고전주의 음악과 새로운 음악들을 몇 시간이고 피아노로 연주하는 것을 즐겼다. 멘델스존의 연주뿐만 아니라 인간적으로도 그에 대한 호감이 무척 컸다는 점은 첼터에게 보낸 1831년 3월 31일 편지에서 잘 엿볼 수 있다. "무엇보다도 난 펠릭스의 친절하고 상세한 편지, 그것은 뛰어난 젊은이의 가장 순수한 마음을 묘사한 것이라는 점을 말하고 싶네."

괴테와 멘델스존, 두 사람은 할아버지와 손자 정도의 나이 차이가 있었고, 멘델스존은 괴테 가족 구성원의 한 사람과 같았다. 한번은 멘델스존이 괴테 집에 여러 날 머물면서 음악에 관해 많은 이야기를 나누었고 여러 연주도 들려주었다. 그래서 괴테는 첼터에게 보낸 1830년 6월 3일 편지에서 "멘델스존이 온 것이 나에게 좋았지. 음악에 대한 내 관계는 늘 항상 같은 것이라는 것을 발견하게 되네. 난 음악을 즐기면서 동감하고 사색하면서 듣지"라고 쓰고 있다. 또 바흐의 작품을 좋아했던 괴테의 조언으로 '징아카데미'와 함께 1829년 3월 11일 당시 20세의 멘델스존이 요한 세바스찬 바흐의 『마태수난곡(Matthäus-Passion)』을 지휘하였다. 이 곡은 바흐 사망 이후 처음으로 연주되었고, 이후 바흐 르네상스를 가져올 만큼 큰 갈채와 호응을 일으켰다. 그리고 연주의 성공소식을 들은 괴테는 첼터에게 보낸 1829년 3월 28일 편지에서 다음과 같이 쓰고 있다. "위대하고 조금 오래된 음악작품의 성공적 연주소식이 내포하고 있

펠릭스 멘델스존

요한 프리드리히 라이하르트

는, 가장 새로운 것이 나로 하여금 사색하게끔 만드네. 그것은 마치 내가 멀리서 바다의 소리를 듣는 것 같네." 뿐만 아니라 괴테는 멘델스존에 관한 것을 늘 첼터와 공유하곤 했는데 이것은 멘델스존의 연주와 성품에 감동받은 것에서만 비롯한 것이 아니라 첼터와의 인간적 우정이 깊어가는 것에 비례해서 멘델스존에 대한 호감도 함께 커져 갔다는 것을 뜻한다. 그런데 멘델스존을 제외하고는 실제로 불혹의 나이에 접어든 괴테가 새로운 음악 또는 새로운 세대의 음악가(베토벤, 슈베르트 등)에 대해서 진지하게 접근하기에는 물리적으로나 정신적으로 쇠약해져 있었다. 예를 들면, 슈베르트는 그의 가곡 약 660편 가운데 괴테 시에 가장 많이 곡(약 57편)을 썼고, 한번은 괴테에게 그가 작곡한 가곡을 헌정하고자 해서 편지를 보냈으나 회신을 받지 못함으로써 시인과 만나거나 교류할 기회가 없었다.

괴테는 1823년 이후 자주 음악에 대해서, 더욱이 첼터와의 교류를 통해서 가곡에 대해서 많은 관심을 보이게 된다. 첼터에 앞서 괴테에게는 자신의 고향 친구이자 음악가였던 필립 크리스토프 카이저가 있었고, 그와 함께 독일에서 음악무대를 새롭게 구성하고자 했으며, 이탈리아와 독일 오페라 및 크리스토프 글룩의 오페라를 연구하기도 했다. 1789년에는 라이하르트가 베를린에 살고 있어서 그와 음악에 대한 조언과 의견을 나눌 수 있었다. 그러나 카이저는 스위스에 살았고, 라이하르트와는 정치적 견해 차이로 그 관계가 멀어졌다. 그 이후 첼터가 괴테의 음악친구가 되면서 음악에 대한 괴테의 모든 물음들에 대해서 조언을 주게 된다. 두 사람은 가곡으로 음악에서 완성되는 시의 세계를 경험하게 되는데, 괴테는 자신의 서정시의 표현 가능성이 첼터에 의해서 음악적으로 해석되는 것을 반겼다. 시와 음의 결합체인 가곡은 평생 괴테에게 있어서 그리고 그의 삶에서 중요한 예술 가운데 하나가 되었다. 괴테는 음악은 말을 대신할 수 없으나 말을 생생하게 고양시킬 수 있다고 보았다. 이 점에서 본다면 말과 음의 상관성을 지닌 가곡, 오페라, 오페레타만이 괴테의 주요한 관심 대상이었다고 볼 수 있다.

그런데 첼터가 괴테와의 서신교류를 하기 전 괴테는 예나에서 법률고문관 고트립 후페란드의 집에서 첼터가 작곡한 작품들을 처음 접했다. 괴테는 첼터에 대해서 그리고 그의 음악에 대해서 알고 있었고 기회가 되면 그를 만나고 싶었다. 그래서 베를린 아카데미 교수이자 출판업자였던 요한 프리드리히 웅어에게 첼터를 소개해 달라고 편지를 보냈다. 그 당시 첼터는 『빌헬름 마이스터의 수업시대』에서 발췌한 「동경을 아는 자만이(Nur wer die Sehnsucht kennt)」, 「눈물에 젖어 빵을 먹어 보지 않은 사람은(Wer nie sein Brot mit Tränen aß)」, 「고독에 처한 사람은(Wer sich der Einsamkeit ergibt)」, 「문가로 슬며시 들어 갈거야(An die Türen will ich schleichen)」, 「나로 하여금 말하지 말게 하라(Heiß mich nicht reden)」에 곡을 붙였다. 그런데 첼터가 웅어의 편지에서 괴테가 자신을 소개받고자 하는 것을 알고, 1799년 8월 11일 그에게 편지를 보내면서 음악가와 시인의 정신적 교류와 예술적 교감은 시작된다. 이 편지에서 그는 실러의 작품에 곡을 붙였으며, 괴테의 시 6편 「마술사 도제(Der Zauberlehrling)」, 「코린트의 신부(Die Braut von Korinth)」, 「추억(Erinnerung)」, 「아름다운 꽃(Blümlein Wunderschön)」, 「총각과 물레방아 개울(Der Junggesell und der Mühlbach)」, 「연방가(Bundeslied)」에도 곡을 붙였음을 알린다.

첼터는 괴테의 시에 바로바로 곡을 붙여서 그에게 보냈는데 1800년 1월 30일 괴테에게 보낸 편지에서 더욱이 짧은 시들에 곡을 붙이는 일은 가장 어려운 일이라고 고백한다. 그러면서 「연방가」는 뭔가 생기 있는 역동성이 필요했고, 「총각과 물레방아 개울」에서 두 인물이 번갈아 가면서 노래할 때는 행운이었다고 작곡의 소회를 언급하기도 한다. 그러면서 첼터는 괴테 시에 곡을 붙이는 것으로 시인에게 봉사하는 것이 좋겠다는 겸손을 다음과 같이 표현하였다. “제가 당신의 요리들을 내놓는 것 이외에 당신에게 더 훌륭하게 봉사하는 것을 알지 못하기 때문에 난 내 가곡들로 저 자신을 추천하는 것이 가장 좋겠습니다.” 첼터의 이런 자세는 평생 지속되었고, 괴테의 시 수십 편에 곡을 붙이게 될 것을 예고하는 동시에 시인의 말을 존중하고 음악으로 시의 뜻을 고양시키겠지만 시를 압도하지는 않을 것임을 뜻하는 말이기도 했다. 한편, 괴테는 첼터의 가곡들을 “시적 의도를 그대로 재생산”해낸 작품이라고 빌헬름 슐레겔에게 보낸 1798년 6월 18일 편지에서 밝혔다.

한편 첼터의 작곡 소식을 처음 직접 접한 괴테는 1799년 8월 26일 첼터에게 보낸 답신에서 다음과 같이 쓰고 있다. “당신의 작곡들은 이미 오래 전부터 나를 감동시켰다는 말을 함으로써 당신의 친절한 편지에 깊은 감사로 답하고자 합니다. 그 곡들은 내 작품에 활기를 불어 넣었고 많은 부분이 시의 경향에도 잘 부합했습니다. 그 곡들이 다시 표현해낸 것은 적극적 동감의 아름다움인 것입니다. 내 노래들이 당신으로 하여금 곡을 붙이게 하였기 때문에 당신의 멜로디들이 나로 하여금 많은 노래들에 대한 관심을 일깨웠다고 말할 수 있습니다. 아마도 우리가 좀 더 가까이 함께 지낸다면 내가 지금보다도 더 자주 서정시의 분위기로 고양됨을 느끼게 될 것이 분명합니다." 괴테가 첼터의 서신에 이렇게 따뜻하고 진심어린 마음을 보인 것은 괴테가 음악에 대해서 가지고 있는 관심을 표현한 것이다. 웅어에게 보낸 같은 편지에서 괴테는 "난 음악을 판단할 수는 없습니다. 왜냐하면 나에겐 그 목적에 맞는 수단에 대한 지식이 부족하기 때문입니다. 그러나 난 음악이 나에게 미친 효과에 대해서는 말할 수 있습니다"라고 고백한다. 괴테에게는 음악에서 부족한 면을 첼터의 도움으로 보충하고자 하는 마음이 있었고 첼터로서는 당대의 최고 지성인이자, 행정가, 시인과의 교류는 무한한 영광이었다. 첼터와 괴테의 초기 편지들은 주로 작곡과 시에 대한 의견 교환이었다. 그러다가 1803년 이후 이들은 음악, 연극, 성악가들, 배우들, 작곡가들에 대해서 지속적이고 상세한 글들을 교환한다. 첼터는 한 평생 베를린에 살았기 때문에 당시 바이마르에 사는 괴테에게 더욱이 베를린 연극에 관한 정보는 아주 유익하고 흥미로운 일이었다. 첼터는 이 분야의 사정을 잘 알고 있어서 독창적이면서도 아주 적절한 언어표현으로 괴테에게 연극에 대한 정보를 전해 주었고, 그의 연극이나 예술세계에 대한 의견은 괴테에게 늘 유익한 일이었다. 이 점에서 "첼터는 베를린 사정을 알기 위한 괴테의 사절이었다"라고 평가될 정도다.

첼터와 괴테, 두 사람의 관계는 처음에는 서로 존경의 표시로서 존칭 '당신'을 사용하였다. 그리고 이 교류는 평생 동안의 우정으로 지속되었다. 말할 것 없이 그들의 직위와 명예에서는 차이가 늘 있었지만 그것이 두 사람 사이의 인간적 교류에 방해가 되지는 않았다. 두 사람은 30년 이상 교류하는 동안 열네 번 직접 만났는데, 첼터가 바이마르로 괴테를 방문하거나 그가 쉬고 있던 여러 온천장에서 만났다. 반면 베를린을 방문해 달라는 첼터의 요청은 괴테의 사정으로 인해서 한 번도 이뤄지지 못했다. 그들 우정의 깊이에 비례해서 볼 때, 그들이 직접 자주 만난 것은 아니었지만 서신으로 음악적인 것, 시적인 것, 개인적인 것, 공적인 것, 정치와 삶의 상황들에 대해서 허심탄회하게 의견을 나눌 수 있었다. 서신교류를 통한 괴테와의 우정은 더욱이 첼터의 개인적 운명의 충격들을 극복할 힘이 되기도 하였다. 예를 들면 첼터가 가장 아끼던 사위의 자살 소식을 접했을 때 괴테는 1812년 12월 3일 첼터에게 보낸 편지에서 가까움을 표시하는 '너'라는 표현으로 그의 상심과 슬픔에 공감하고 위로한다. 이후 두 사람의 칭호는 '당신 Sie'에서 친구 사이 호칭 '너 du'로 바뀌게 된다.

또한 첼터는 괴테의 작품들을 부지런히 읽고 열광한 독자이기도 했는데 그 점은 첼터의 1810년 4월 30일 괴테에게 보낸 편지에서도 드러나고 있다. "난 당신의 다음 번 편지와 색채론을 고대하고 있습니다. (…) 지금까지 난 통주저음(通奏低音)을 찾아내기 위해서 『친화력』을 읽고 있습니다." 이러한 첼터의 괴테 작품 수용 자세는 거꾸로 괴테의 창작과정에도 큰 영향을 주었고 괴테는 그에게 『시와 진실』을 보내면서 "이 작품에서 얼마나 많은 부분이 당신을 직접 염두에 둔 것인가! 내가 곁에 없는 친구를 생각하지 않았다면 그것을 쓰기 위해서 어디서 유머를 끌어낼 수 있었을까?"라고 괴테는 1812년 11월 3일 첼터에게 보낸 편지에서 쓰고 있다. 이밖에도 첼터는 괴테의 새로 출판된 작품들에 대해서 베를린에 살고 있던 빌헬름 훔볼트, 아브라함 멘델스존(펠릭스 멘델스존의 아버지), 헤겔, 슐라이어마허, 슐츠 등과도 얘기를 나누곤 하였다. 서로 아주 다른 외적 환경에도 아랑곳하지 않고 두 사람의 돈독한 우정이 가능했던 것은 근본적으로 첼터의 겸손하고 밝고 개방적인 성품에서 비롯되었다고 볼 수 있다. 같은 맥락에서 요한 페터 에커만은 1823년 12월 1일 첼터를 괴테 집에서 만나고 난 후 그 인상을 다음과 같이 쓰고 있다. "훌륭한 인격을 갖춘 첼터와 이렇게 함께 어울린다는 것은 나에게 있어서 아주 기분 좋은 일이었다. 그는 행복하고 건전한 사람이 흔히 그러하듯, 언제나 순간순간의 감흥에 몸을 맡기고 또한 이것을 표현하는 적절한 말도 잊지 않았다. 동시에 그는 마음씨 좋고 느긋했으며, 거침없이 생각하는 것은 무엇이든 말했고, 때로는 난폭한 말까지 입에 담았다. 하지만 그는 구김살 없이 자유로웠기 때문에 옆에 있어도 거북하다는 생각은 조금도 들지 않았다." 그의 왜곡되지 않은 개방성, 독창성, 쾌활한 유머와 빛나는 위트에 대해서 괴테는 항상 깊은 인상을 받았고 1827년 6월 20일 에커만과의 대화에서 첼터는 언제나 당당하고 믿음직스럽다고 평가하기도 했다. 그러니까 괴테의 관점에서는 첼터가 언제나 믿음직스러운 음악 조언자였고 첼터는 괴테로부터 무한한 영감과 영향을 받게 된다. "첼터는 괴테와의 우정이 그의 삶과 의식에 얼마나 강하게 각인되었는지를 알았다. 왜냐하면 그는 괴테를 알게 되면서 삶의 여정을 비로써 열정적으로 헤아리기 시작했기 때문이다."

반면 첼터의 가곡은 괴테에게 천상의 즐거움을 주었고, 그런 천상의 즐거움과 떨어져 있는 것을 아쉬워하는 심경이 첼터에게 보낸 1804년 3월 28일 편지에서 잘 드러나고 있다. 그리고 가곡은 괴테가 결코 도달할 수 없는 천국에서 온 울림이며, 음악은 괴테에게 있어서 이를 수 없는 천국과 같은 것이고, 첼터는 음악으로 그 세계에 도달했다고 여긴다. 또한 괴테의 가곡에 대한 의견은 첼터에게 보낸 1809년 12월 21일 편지에서 잘 드러나고 있다. "작곡은 어떻게 가곡이 작곡으로 완전하게 되어야만 하는지 (보여주기 위해서) 시를 보충하는 것입니다. 여기에는 뭔가 독자적인 것이 있습니다. 상상하거나 이미 상상했던 감격이 이제야 비로소 감각의 자유롭고 사랑스러운 요소로 고양되거나 녹아들게 됩니다. 그래서 사유하고 느끼고 함께 감동하게 됩니다." 뿐만 아니라 첼터의 가곡들을 자신의 분신을 대하듯 큰 기쁨과 기대감으로 기다리는 괴테의 의견이 첼터에게 보낸 1804년 7월 13일 편지에서도 잘 표현되고 있다. "당신이 내 작품이나 어느 친구의 텍스트에 곡을 썼다면 나에게 보내주시기를 부탁합니다. 요즈음 노래와 멜로디가 없는 모든 것이 내 주위를 감싸고 있습니다. 하지만 당신에게서 온 것은 무엇이든지 난 듣고 그리고 다시 시간 전체가 신선해짐을 느끼게 됩니다." 그런데 괴테는 생전에 음악보다도 조형예술에 관해서 훨씬 더 많은 글을 썼으며, 대학시절 빙켈만으로부터 일찍이 그 분야에 대한 관심과 조예가 일깨워져 있었다. 괴테는 "음악은 현재에만 그리고 직접적으로 작용"하는데 비해서 조형예술은 "눈에 오랫동안 지속되는 즐거움을" 준다는 점에서 음악보다 더 큰 장점들을 지니고 있다고 보았다. 그러다가 첼터를 통해서 음악에 대한 인식과 관심이 더욱 증대하게 된 것이다.

그래서 첼터는 예술사에서 음악적 공로 이외에 괴테의 친구이자 음악적 조언자로서의 역할이 추가된다. 이러한 역할에 걸맞게 첼터는 가곡사에서 괴테 시의 작곡가로서 독특한 자리매김을 하고 있으며, 이 점에서 라이하르트와 비교된다. 두 사람은 여섯 살 나이 차이를 둔 동시대인 작곡가이자 괴테의 많은 시에 곡을 붙였는데, 괴테는 라이하르트의 예술적 업적과는 상관없이 정치적 이유 때문에 그를 멀리하였고 그 대신 첼터와 음악적 교류 및 인간적 교감을 깊게 가졌다. 그런데 첼터는 젊은 시절에는 가곡을 작곡하지 않았다. 그러다가 35세에 이르러 아내와 사별한 후 율리 파프리츠와 재혼하게 되었다. 그녀는 노래에 재능이 있었으며, 그로 인해서 첼터가 가곡작곡에 관심을 기울이게 되었다. 더욱이 괴테의 시에 곡을 쓰고 그와의 교류가 시작된 이후부터는 가곡작곡을 집중적으로 하게 된다. 그래서 약 400편에 이르는 피아노 가곡을 작곡하였다.

첼터는 베를린 가곡악파의 한 사람으로 분류되며 유절가곡(有節歌曲, Strophenlied)을 선호하였고, 단순성의 원칙을 지키면서도 모차르트의 우아한 형식과 이탈리아식 멜로디를 선호하였다. 또 첼터는 바흐를 공부했고 작은 형식에도 노력과 철저함을 보이는 단련된 수공업자처럼 작곡을 하였다. 베를린 가곡악파라는 명칭은 1909년 베른하르트 엥엘케가 1750년에서 1825년경까지 베를린에서 특징적으로 나타났던 가곡의 경향을 뜻하는 말로 맨 처음 사용한 이후 지금은 음악사에서 그대로 통용되고 있다. 그리고 베를린 가곡악파는 크게 세 시기로 나뉘는데, 첫 번째 가곡악파는 1753년에서 1768년 사이이며, 대표 음악가로는 크리스티안 크라우제, 요한 키른베르거, 프로이센 프리드리히 2세의 궁정음악가들인 요한 크반츠, 칼 임마누엘 바흐를 비롯한 여러 음악가들이 있었다. 이들이 즐겨 다룬 문학가들은 레싱을 비롯해서 그들 시대의 작가들이었고, 단순한 유절가곡을 선호했다. 이들 작곡가들은 민네장에서 그 전형이 나타났던 말과 음의 일치를 강조했으며, 이들의 이상적 가곡은 쉽게 노래할 수 있어야 하고, 간단하고, 편안하며, 자연스럽고, 이해가 쉬운 특징을 지니고 있다. 그러나 가곡은 아리아와는 다르지만 송가와는 같은 뜻으로 사용되었다.

두 번째 베를린 가곡악파는 키른베르거의 제자 요한 페터 슐츠, 라이하르트, 첼터 등을 중심으로 전개되는데, 이들은 새로운 시들의 텍스트에 바탕을 둔 가곡을 작곡하였다. 클롭슈톡, 루드비히 휠티, 크리스티안 오버벡, 요한 마르틴 밀러 등의 텍스트가 새로운 시들의 작가에 속했다. 이 시기의 많은 가곡에서 슐츠가 『민요조의 가곡들(Lieder im Volkston)』 서문에서 강조한 것처럼

"민요조의 음"은 가장 모범적인 것이 되었다. 괴테와 헤르더의 민요에 대한 관심이 당대의 작곡가들에게 크게 자극이 되었고 이들은 분명하게 민요적 가곡을 표방하게 된 것이다. 그래서 이 시기에는 '민요조의 음'이 가장 모범적인 것이었으며, 이들은 여전히 유절가곡을 선호했고 시가 음악보다 우위에 있다고 보았다. 예를 들면 라이하르트와 첼터의 가곡에서는 음악이 시를 돋보이는 보조적 기능에 불과하였다. 첼터, 라이하르트와 다른 작곡가들의 경우 가곡의 기능이 괴테 시와 일치함으로써 음악적으로 텍스트를 소개하는 차원으로 제한되어 버렸다. 첼터와 라이하르트를 비롯해서 이 당시 가곡 작곡가들은 가곡이란 누구나 쉽게 노래할 수 있는 단순하면서도 자연스럽고 민요적 특성을 지녀야 한다고 생각하였다. 그러니까 가곡은 가장 단순한 성악 형식이며, 시의 뜻을 음악적으로 재현하는 것이라고 여겼다. 세 번째 베를린 가곡악파는 첼터의 제자들을 중심으로 형성되었고, 펠릭스 멘델스존, 루드비히 베르거, 멘델스존의 누나 파니 헨젤, 칼 룽엔하겐, 프리드리히 힘멜, 라이하르트의 딸 루이제 등이 여기에 속한다.

그런데 같은 베를린 가곡악파라 하더라도 첼터의 가곡은 라이하르트의 가곡보다 "더 현대적"으로 작용했다는 점은 놀라운 일이 아니다. 왜냐하면 두 사람의 나이 차이는 크지 않았으나, 이 시기 초기 고전주의에서 후기 고전주의로 변화되는 과정에서 낭만적 경향들이 나타났기 때문에 이들은 거의 다른 세대를 대표하였다. 첼터의 괴테-가곡들 가운데 두 편을 통해서 그의 가곡 특징을 간단히 살펴보면 다음과 같다. 첼터의 「고독」(고독에 처한 사람)은 그의 초기 가곡으로 1795년 괴테의 『빌헬름 마이스터』 2편 13장에서 하프 타는 노인이 고요히 전주곡을 타고 난 뒤 부른 2연 8행시 노래에 붙인 곡이다. 첼터의 곡은 유절가곡이며 우수에 찬 피아노의 긴 서주와 함께 곡이 시작된다. 아울러 1연이 끝나면 피아노의 간주가 들어가 있고 2연이 끝나면 피아노의 후주와 함께 곡이 끝나고 있다. 라이하르트의 같은 곡과 확연히 다른 점은 첼터의 곡에서는 피아노의 서주, 간주, 후주를 통해서 피아노의 연주가 곡을 흥미롭고 지루하지 않게 만들면서도 적절하게 노랫말을 뒷받침하는 것이다. 슈베르트를 비롯한 슈만, 볼프처럼 노랫말과 대등한 피아노의 연주 기능이라고 할 수는 없다 할지라도 이미 첼터의 가곡에서도 실제는 음악이 텍스트의 하위에 놓여 시를 돋보이게 하는 구실만 하지 않고 있음을 알 수 있다. 말할 것 없이 작곡가 자신은 늘 겸손하게 시의 우위를 인정했고, 더욱이 괴테와의 교류에서 그런 자세는 꾸준히 유지되었다. 그러나 그의 가곡에서는 자연스럽게 음악과 시가 어우러져 새로운 장르가 되고 있음을 알 수 있다.

첼터의 가곡에서는 리스트처럼 더욱이 피아노의 긴 서주가 돋보이는데, 우수에 찬 피아노의 긴 서주 다음 1연에서 고독한 사람은 혼자 남게 되고, 모두 다 각자 살아가면서 사랑하는데 하프주자는 번민과 고통에 빠져 있을 뿐이고 그대로 자신을 내버려 두라고 하면서 단 한번이라도 정말 외로워본 적이 있는 사람은 혼자가 아니라고 노래한다. 왜냐하면 고통이나 번민이 함께 하는 것은 완전히 혼자가 되는 것은 아니기 때문이다. 이어 피아노의 간주가 1연 8행 "그러면 난 혼자가 아니다"의 뜻을 강조하고 있다. 2연에서는 사랑에 빠진 사람이 슬며시 그의 연인이 혼자인지 아닌지를 늘 살피는 것처럼, 외로운 하프주자에게는 밤낮으로 번민과 고통이 찾아들고, 언젠가 홀로 되어 무덤에 누워 있게 되면 고통도 그를 떠나서 완전히 혼자 남게 된다. 더욱이 2연의 6행에서 8행까지 "아, 난 비로서 / 외롭게 무덤에 누워 있게 될 것이다 / 거기에선 고통이 날 혼자 내버려 둔다"에서는 노랫말이 전체적으로 외롭고 애절함을 그대로 드러내고 있다. 반면 피아노의 후주는 노랫말과는 달리 담담하게 중립적인 분위기로 곡을 마무리하고 있다.

또 다른 첼터의 괴테-가곡 「마가레테」(내 마음의 고요는 사라졌네)는 괴테의 『파우스트』에서 그레첸이 자신의 방에서 혼자 물레를 돌리면서 부르는 10연 4행의 사랑 노래에 붙인 곡이다. 이 시의 1연, 4연, 8연은 같은 내용으로 마음의 고요는 사라지고, 그 고요한 마음을 결코 다시는 찾을 수 없다는 뜻을 담고 있다. 첼터의 「마가레테」는 피아노의 서주를 시작으로 1연에서는 그레첸이 마음의 평정이 사라져서 마음이 무거우며 다시는 마음의 평화가 오지 않는다고 물레를 감으면서 노래한다. 2연에서는 연인 파우스트가 없는 세상은 차디찬 무덤 같고, 온 세상은 그녀에겐 그저 고통스럽고 괴로울 뿐이다. 이어 서주와 같은 멜로디의 간주가 들어가서 그레첸의 불안한 마음과 흔들림을 강조하고 있다. 3연에서는 머리는 터질 것 같고 마음은 갈가리 찢어진다고 그레첸은 느낀다. 4연은 1연의 노랫말과 멜로디가 후렴처럼 반복되고, 이어 피아노의 간주가 들어가서 고요한 마음이 사라졌음을 강조하고 있다.

5연에서 7연은 그레첸이 파우스트의 모습을 연상하는 장면인데, 5연에서는 그레첸이 행여나 올 그를 기다리면서 창밖으로 내다보기도 하고 드디어 그가 오는지 알아보기 위해서 집밖으로 나간다. 6연에서 그레첸은 그의 고상한 걸음걸이, 우아한 모습, 미소, 눈에 비치는 광채를 기억해내며 파우스트에 대한 동경의 마음을 감각적으로 드러내고 있다. 7연에선 그레첸이 파우스트의 마력적인 힘을 지닌 말, 그녀의 손을 꼭 잡아주었던 그의 손, 그리고 그의 달콤한 입맞춤을 상기하면서 사랑의 흔들림을 더욱 깊이 느끼고 있다. 그리고 8연은 1연의 노랫말과 멜로디를 반복하면서 후렴처럼 노래한다. 이어 2연을 반복하고, 피아노의 간주가 그녀의 한탄과 애절한 마음을 더욱 강조하고 있다.

9연에서는 그레첸의 마음이 그에게로 향해 있고, 만져보고 붙잡아서 놓지 않고 싶은 마음을 직접적으로 드러내고 있다. 이 때 2행 "그를 향해서"라는 노랫말 다음의 피아노 간주가 그녀의 간절한 사랑을, 4행 "그를 붙잡고 있으리라" 다음의 피아노 간주는 그레첸이 연인 파우스트를 정말 놓치지 않으려 하는 마음을 읽게 해준다. 이어 9연의 4행 "그를 붙잡고 있으리라"를 반복한 후 10연으로 넘어간다. 10연에서는 그레첸이 파우스트를 다시 만나면, 그녀가 하고 싶은 만큼 그와 입맞춤을 하고, 그로 인해 그녀가 파멸한다 하더라도 개의치 않겠다는 각오를 보여주고 있다. 여기서 괴테의 시는 끝나고 있으나 첼터는 9연과 10연의 일부를 조합하여 새롭게 연을 추가하고 있다. 무엇보다도 첼터의 그레첸에는 마지막 9연과 10연의 교차 반복으로 젊은 처녀의 에로틱한 마음이 강조되고 있는 점이 여느 다른 가곡들과는 확연히 구분된다. 또한 9연과 10연의 내용을 서로 교차하여 반복한 것은 그레첸의 사랑이 비록 파멸을 예고하는 것이라 하더라도 그녀의 사랑은 변함이 없으며, 위험을 느낄수록 오히려 사랑에 대한 기대감이 커지고 있고 또한 그에 비례해서 그 파멸도 커질 수밖에 없음이 강조되어 있다.

그런데 첼터는 많은 가곡을 짓는데 수년 동안 노력하면서 때로는 같은 텍스트에 여러 편의 다른 버전의 곡을 쓰기도 하였다. 괴테는 첼터의 음악적 자세와 재능을 높게 평가했을 뿐만 아니라 그의 분명하고 책임감에 찬 대가다운 노력을 좋아했다. 그래서 두 사람의 이해는 일치될 수 있었는데 음악가는 "시인에게서 아른거리는 멜로디를 찾으려"했고, 그 점이 1822년 첼터의 괴테-가곡집에 잘 나타나 있다. "이 작품들은 수년 전부터 서로 비밀이 없는 두 친구의 상호작용에서 탄생한 것이다. 그래서 작곡가에게는 시인과 동일시되는 것이 자연스러운 일이었다"(Reclams Liedführer).

1795년과 1796년 사이 『빌헬름 마이스터의 수업시대』에서 발췌한 텍스트에 곡을 붙인 첼터의 초기 가곡들은 그 시적 형상들이 작곡가에게 친숙했다. 「미뇽(Mignon)」(너는 레몬꽃이 만발한 나라를 아니)는 여러 차례 작곡되었는데 첼터는 1818년 3월 24일 괴테에게 보낸 편지에서 그 점을 언급하고 있다. "자네의 텍스트 '그 나라를 아십니까'를 단 한번이라도 스스로 만족하고자 여섯 번이나 음악으로 옮겼네. 그리고 가장 좋은 작품이 바이마르로 가게 되겠지." 첼터는「나그네의 밤노래(Wandrers Nachtlied)」[모든 산봉우리에는 정적이 깃들었네(Über allen Gipfeln ist Ruh)]를 1814년 작곡했는데, 괴테는 그들이 사망하기 1년 전 첼터에게 보낸 편지에서 이 곡과 관련해서 다음과 같이 쓰고 있다. "전나무 숲들의 가장 높은 봉우리의 외로운 산장에서 난 자네가 나의 시 모든 산봉우리에는 정적이 깃들었네에 곡을 붙여서 음악의 날개로 아주 편안하게 모든 세계로 실어다 준 그 가곡의 1783년 9월 7일의 제명을 음미하였네." 자신의 시에 표현된 절대적인 고요와 첼터의 곡을 새삼 음미하게 된 것은 어쩌면 괴테가 직관적으로 이듬해 찾아오는 자신과 첼터의 죽음을 예감한 것이라고도 볼 수 있다. 그밖에 괴테를 아주 감동시킨 첼터의 곡으로 「한밤중에(Um Mitternacht)」가 있다. 실제로 괴테는 이 시를 1818년 자정을 알리는 종소리가 울린 밤에 썼으며, 첼터 또한 그로부터 얼마 후 밤에 이 시를 작곡했다. 첼터는 괴테의 의도와 뜻을 누구보다도 공감하고 멜로디를 그의 시 정신에 일치시키려고 부단한 노력을 하였으며, 이러한 첼터의 음악가적 자세에 가장 만족한 사람이 바로 괴테였다. 그러니까 "시인의 언어에 음악적인 것이 엄격하게 종속되는 그의 작곡원칙이 서정시인의 의도"에 부합했던 것이다. 이 점에서 첼터는 괴테의 시에 곡을 붙이기 위해서 태어난 음악가와 같다는 인상을 주고 있다.

첼터는 종종 괴테 시를 읽게 되면 곧 그 자리에서 곡을 붙였고, 그의 시에 좋은 멜로디가 붙여진다면 그것은 바로 시가 지닌 힘이라는 뜻을 괴테에게 보낸 1807년 4월 23일 편지에서 드러내고 있다. "여기 동봉하는 작곡은 시가 낭송되는 동안 그 자리에서 제가 작곡한 것입니다. 읽으면서 마음 속 돌 같은 근심은 나에게서 떨어져 나갔고 멜로디가 적중하더라도 놀라운 일이 아니며 내 덕이 아니지요." 시를 읽고 바로 곡을 붙이는 첼터의 작곡 자세는 슈베르트가 즉흥적으로 곡을 작곡하는 점과 흡사하다. 슈베르트는 많은 경우 순간적 착상과 영감에 따라서 가곡을 창작했는데, 창조적 순간은 작곡가의 의식에서 시와 음이 만났다는 뜻이며 시어에서 나온 영감이 음악적 선율로 전이된 것을 뜻한다. 이렇게 읽은 글을 음악적 영감으로 옮기는 순간적 능력은 평소 훈련된 연습을 거친 뒤에 나오는 것이며, 창작과정의 즉흥성은 창조적인 힘들이 초자연적 성과로 옮겨지는 황홀한 느낌이자 번뜩이는 감동이라 할 수 있다. 바로 이런 작곡 자세는 첼터가 괴테의 시에 곡을 붙일 때 보여주는 자세와 아주 유사하다.

특히 괴테에게는 연극이나 오페라 또는 오페레타, 음악적 낭송시에 가까운 단순한 멜로디의 가곡 정도는 일상화되어 있었고, 고전주의 기악곡들에 대해서도 관심이 있었다. 그러나 바이마르에 거주함으로써 다양한 음악적 경험에는 제약이 있었다. 이 점과 관련해서 첼터에게 보낸 1829년 11월 9일 편지에서 괴테는 다음과 같이 쓰고 있다. "내가 베를린에 있다면 모저 집에서 열리는 4중주 연주의 저녁들을 놓치지 않고, 이런 식의 상연들은 기악곡을 가장 잘 이해할 수 있게 할텐데." 괴테 또한 1808년부터 바이마르에 있는 자신의 집에서 일요음악회를 열었으나 1829년, 이즈음에는 음악회가 중지된 상태였다. 당시 교양 있는 중산층 가정에서 음악회가 열렸던 점에 비추어 볼 때 괴테의 집에서도 가정음악회가 열렸다는 것은 특별한 일이 아니었다. 괴테의 가정 일요음악회는 프란츠 칼 에버바인이 맡아서 진행하였고, 에커만은 1827년 1월 12일에는 첼터의 가곡과 막스 에버바인(프란츠 칼 에버바인의 형)의 곡들이 노래되었다고 전하고 있다. 한편 1816년 그의 아내 크리스티아네가 사망한 이후 규칙적으로 열리던 음악회 대신 불규칙적으로 음악회가 열렸다. 괴테는 첼터에게 보낸 1822년 2월 5일 편지에서 이제 자신의 집에서 꾸준하게 음악회를 열 수 없는 점에 대해서 아쉬움을 드러내고 있다. "자네들이 떠나고 난 후 내 피아노는 침묵하고 있네. 그를 다시 깨우기 위한 유일한 시도가 거의 실패한 것 같네." 그럼에도 첼터가 자신의 시에 지속적으로 곡을 붙여 발표하는 점에 대해서 진심으로 기뻐한다. 이 점을 첼터에게 보낸 1823년 1월 18일 편지에서 괴테는 "그 노래에 깊은 감사를 드리네. 난 먼저 그 곡을 눈으로 들었고 자네의 사랑스럽고 개성적인 결과들은 항상 날 기쁘게 하네." 그러면서 대가만이 상상 속에 낯설게 남아 있는 것을 음악으로 형상화시킬 수 있으며, 바로 그런 대가에 첼터가 속한다고 극찬한다. 그러면서 첼터에게 보낸 1823년 8월 24일 편지에서 괴테는 안나 밀더-하우프트만이 소곡 4편을 노래하는 것을 들었는데 "그녀는 정말 가곡을 위대하게 만들 줄 아는 사람이며 그것을 기억할 때마다 감격의 눈물이 난다"라고 쓰고 있다. 또한 마찬가지의 감동의 효과를 폴란드 피아니스트 마리아 스키마노브스카의 독주에서도 느낄 수 있었다고 괴테는 언급하면서 "정말 가장 놀라운 것! 음악의 엄청난 힘이 요즈음 나에게 엄습하네"라고 쓰고 있다. 여기서 더 나아가 음악의 감동에 대해서 첼터에게 1829년 10월 19일 편지에서 다음과 같이 쓰고 있다. "항상 음악은 순간을 가장 결정적으로 채우지. 음악은 고요한 영혼에 경외심과 숭배의 감정을 일으키거나 흔들리는 감각을 춤추게 할 만큼 최고의 즐거움이 생겨나게 하네."

또한 괴테는 첼터에게 보낸 1831년 9월 4일 편지에서 첼터는 시에 곡을 붙일 수 있는 훌륭한 능력이 있고, "순간을 이용할 줄 아는 타고 난 재능이 있다"고 쓰고 있다. 에커만은 첼터가 어떤 자세와 태도에서 괴테의 시에 곡을 붙였는지를 1823년 12월 4일에서 다음과 같이 기록하고 있다. "첼터는 작곡에 대해 이야기를 하면서 괴테의 많은 가곡을 읊조렸다. "나는 어떤 시를 위해 작곡하려고 할 때, 우선 그 언어가 가지고 있는 뜻 속으로 깊이 파고 들어가 그 심상을 뚜렷이 마음속에 떠올리려고 노력합니다. 그러고는 그 시를 큰 소리로 여러 번 외울 때까지 낭송하면, 되풀이하여 읊조리는 사이에 자연적으로 멜로디가 새로 생기는 것입니다." 이렇게 내밀한 정신적 교감을 나누던 두 사람이 같은 해 세상을 떠났다. 괴테가 첼터보다 한 달 반 정도 먼저 세상을 뜨자 첼터는 그의 죽음으로 인해서 급격하게 정신적 연대가 해체되는 것을 느꼈고, 그 상실감에서 비롯한 충격으로 괴테의 뒤를 바로 이어서 사망한 것이었다고도 볼 수 있다. 그럴 정도로 음악가 첼터와 시인 괴테의 교류는 인간적인 면에서나 예술적인 면에서나 내밀한 교감이자 그 유례가 없는 독특한 경우라고 할 수 있다.

(김희열)

카를 아우구스트
(Karl August, 1757-1828)

작센-바이마르-아이제나흐 공국의 대공(大公). 에른스트 아우구스트 2세(Ernst August II Constantin)와 부인 안나 아말리아(Anna Amalia)의 아들로 아버지가 일찍 사망한 후 1758~75년 동안 어머니의 후견 하에 빌란트(Wieland)에 의해 교육을 받았다. 아우구스트는 외모적으로 볼품은 없었으나 섬세한 취향을 지녔다고 한다. 열혈청년이던 때, 그는 과도하고 고지식한 궁정교육의 억압으로부터 해방되어 규칙과 형식에 저항하곤 하였다.

공작은 파리로 향하는 여행 중인 1774년 12월 11일, 프랑크푸르트에서 괴테를 처음 만나게 되었는데, 괴테는 아우구스트의 초대로 12월 13일에서 15일까지 마인츠에 있는 그의 집에 머무르게 된다. 이때의 만남에서 괴테는 자신을 단순히 『젊은 베르테르의 슬픔』의 작가가 아닌 정치적 비전을 겸비한 현자로 공작이 알아봐주길 기대했다. 괴테는 유스투스 뫼저(Justus Möser)의 저서 『애국적 환상(Patriotische Phantasien)』을 예로 들며, 독일은 중앙집권적 통치 구조를 가진 프랑스와는 달리 각 지역이 역사적, 문화적 상대성과 자치권을 가진 공동체이지 정치적 단일국가가 아님을 지적하였는데, 이런 비전은 독일의 다양한 군소 공국에도 유익함을 강조하였던 것이다. 이런 토론을 통해 아우구스트는 이 시인이 제후의 의무영역에 속하는 문제 등에도 관심이 있음을 알게 된다. 정치·경제적 문제들, 예컨대 중산주의 혹은 교역을 높이기 위한 중농주의에 대한 현대적 고찰 등에 괴테가 관심이 있음을 알게 됐던 것이다. 아우구스트는 이후 협력자를 얻었다는 마음에서 시인을 점차 곁에 두게 된다. 두 남성 사이에 어느덧 신뢰가 쌓이게 되자 개방적이고 활달하면서도 18세의 연령치고는 분명한 판단과 결단을 내릴 줄 아는 명민한 두뇌의 소유자인 이 왕자는, 이미 유명세를 떨치던 능력자인 괴테를 친구이자 협력자로 곁에 두기를 원했다.

파리에서 귀환한 지 반년만인 1775년 9월 3일, 아우구스트는 빈곤한 세습 공작령인 자그마한 공국의 통치권을 부여받는다. 그는 4주 후 헤센-다름슈타트 공국의 루이제와 결혼하였고, 다시 4주 뒤 괴테가 공국의 젊은 공작의 초청으로 1775년 11월 7일에 튀링엔 지역의 관저로 입주하게 된다. 이후 괴테에게는 바이마르가 제2의 고향이 된다. 공작의 괴테 초빙은 그의 통치기간에 있어 훗날 가장 큰 결실을 맺게 되는 결정이 된다. 그럼으로써 아우구스트는 반세기에 걸쳐 바이마르의 정치계뿐만 아니라 문학을 포함한 예술 및 문화계에서도 주요인물로 족적을 남기게 된다. 그와 괴테는 신뢰와 정신적 교감을 나누는 가운데 첫 십여 년간 협력 속에 일을 같이 하였는데, "위대한 남성들에 대한 일종의 욕심"을 지녔던 대공은 바이마르라고 하는 제한된 지역 내에서 다른 지역의 왕들이 했던 것보다 더 많은 일들을 하였다. 이 젊은 제후는 자주 괴테의 집을 방문하여 저녁 내내 머물렀으며 예술과 자연에 관해 심오한 대화를 나누곤 하였다. 대화는 간혹 밤늦게까지 지속되어 괴테의 소파에 나란히 잠든 적도 드물지 않았다고 한다. 대공은 후일 어려운 상황에서도 유연하고 강인한 정치적 업무의 타고난 실천가로 입증되는데, 그는 괴테와의 교류를 통해 급진적인 정책을 취하는 데에 반대하는 입장을 취하였다.

아우구스트 공작은 공국의 정치와 행정의 최고 심의 및 의결기구인 추밀원의 추밀고문관 세 명 중 한 사람으로 일부 반대에도 불구하고 괴테를 임명하였다. 괴테는 추밀고문관의 직책 외에도 도로 및 수로 건설위원회, 일메나우 세금위원회와 광산위원회 등의 책임자로 일하기도 했는데, 당시 궁정의 중상주의 정책과 중농주의 정책을 실용주의적 관점을 고려하여 상호 조화시키는 정책결정을 하였다. 반면 그의 행정 활동 중 크게 실패한 것도 있었는데, 그 예가 바로 일메나우 광산의 재건이었다. 그 사업은 당시의 기술력으로는 무리가 있어 공작이 적지 않은 자금을 들였음에도 불구하고 실패하고 만다. 그럼에도 괴테에게 이 사건에 대한 책임을 묻지 않고 신뢰 관계를 지속하였다. 둘의 관계가 이후에도 평생 지속된 것은 단순히 괴테의 능력과 노력에도 기인하지만, 아우구스트 역시 계몽군주의 자질을 갖춘 인물이기에 가능했다. 에커만과 함께 나눈 다음의 회고에서도 이런 점이 잘 나타난다. "'그는 여행 자체를 좋아했지'라고 괴테는 대답했다. 하지만 그건 즐기려거나 기분전환을 위해서나 아니라 어디에 가든지 눈과 귀를 열어 놓기 위해서였네. 그리고 자신의 나라에 들어올 수 있는 모든 종류의 훌륭하고 유익한 것에 주목하고자 한 것이지. 농업과 축산, 산업은 이런 방식으로 그에게 무한히 많은 빚을 졌네. 그의 성향은 요컨대 개인적이고 이기적이기 않으며 전적으로 생산적인 유형이었고, 그것도 공공의 최선을 위해 생산적이었지."(에커만과의 대화, 1828년 10월 23일)

(정원석)

크리스티아네 불피우스
(Christiane Vulpius, 1765~1816)

1788/89년 경 괴테가 그린 크리스티아네 불피우스

크리스티아네 폰 괴테(Christiane Vulpius, 1765-1816)는 처음에는 괴테의 애인이었고 나중에는 괴테의 부인이 된다. 크리스티아네의 친정은 명망 있는 목사와 법률가를 배출한 집안으로 아버지 요한 프리드리히 불피우스는 관청의 문서관리인이었다. 1786년 아버지가 돌아가신 뒤에 세 아이들은 가난한 생활을 해야 했고 크리스티아네는 1782년부터 헝겊으로 꽃을 만드는 공장에서 일했다.

괴테가 이탈리아 여행에서 돌아온 지 채 한 달도 안 된 때인 1788년 7월 12일에 오빠 크리스티안 아우구스트 불피우스가 써준 청원서를 가지고 크리스티아네는 일름 공원을 지나가고 있던 괴테의 앞에 나타났다. 괴테는 23살의 이 매력적인 아가씨를 일름 강변의 정원이 딸린 자신의 집으로 데려가 애인으로 삼았다. 결혼예식은 없었으나 사실상 혼인관계를 맺은 셈이었다. 이 연애 사건은 바이마르에서 이내 스캔들이 되었고 숱한 험담과 분노를 불러일으켰다. 그리하여 샤를로테 폰 슈타인 남작부인과 괴테는 한동안 절교하게 된다.

크리스티아네가 임신하자 괴테는 1789년 11월 카를 아우구스트 공작이 마련해준 마리엔슈트라세의 수렵관으로 이사한다. 이 집에서 괴테 자신은 2층에, 그리고 크리스티아네와 크리스티아네의 고모, 그리고 크리스티아네의 이복 여동생이 3층에서 함께 산다. 크리스티아네는 괴테의 일상적인 살림 걱정을 덜어주면서 괴테에게 꼭 필요한 사려 깊은 살림꾼이 된다. 괴테의 진실한 연인으로서 크리스티아네는 자신을 비웃고 경멸하고 적대시하는 바이마르 사람들을 명랑하고도 낙천적으로 견뎌낸다. 그러나 포도주를 즐기고 춤추기를 좋아하는 그녀에 대한 바이마르 사람들의 거부감은 오래도록 지속된다.

1789년 12월 25일 괴테와 크리스티아네의 맏아들 아우구스트(1789-1830)가 태어나고 이어서 네 아이들이 더 태어나지만 1791년의 둘째 아이는 사산이었고, 각각 1793년, 1795년, 1802년에 태어난 아이들인 카롤리나, 카를, 카틸카는 모두 태어난 지 며칠 만에 세상을 떠났다. 1792년 6월에 괴테 가족은 카를 아우구스트 공작이 괴테를 위해 마련해준 프라우엔플란의 집으로 다시 이사를 한다. 이 집은 괴테의 손자대에 이르기까지 괴테 가족의 소유였다가 괴테의 맏손자이자 마지막까지 생존한 후손인 발터(1818-1885)의 유언에 따라 바이마르 대공에게 맡겨지고 괴테가 살던 때의 모습으로 복원되어 1886년부터 괴테 박물관으로 일반에 공개되며 오늘날에도 전세계에서 찾아오는 순례객을 맞이한다.

1806년 10월 14일 나폴레옹이 이끄는 프랑스 군대와 벌어진 예나에서의 전투에서 프로이센-작센 연합군이 패배한 후 작센-바이마르-아이제나흐 공작령은 프랑스 군대의 약탈 대상이 된다. 예나에서 20km 남짓 떨어진 바이마르의 괴테 집도 예외가 아니었다. 이때 크리스티아네는 용감하고도 사려 깊게 괴테와 괴테가의 재산을 지켰다. 괴테는 예전부터 품고 있었던 오래된 계획을 실행에 옮기기로 결심했다. 그리하여 10월 19일 괴테는 바이마르 시내에 있는 야콥 교회 성물보관실에서 조용하고도 소박하게 크리스티아네와 결혼식을 올렸다. 결혼 증인으로서 괴테의 아들 아우구스트와 아우구스트의 선생으로 당시 괴테 집에 머물고 있던 고문헌학자 리머(Riemer, 1774-1845)만이 그 예식에 참석했다. 1797년 괴테가 크리스티아네와 함께 프랑크푸르트의 어머니께 다녀온 이후 크리스티아네에 대해 차츰 호의적인 태도를 갖기 시작하던 바이마르 사람들은 이제 결혼식 이후 크리스티아네의 존재를 인정하게 된다.

크리스티아네는 나중에 리머의 부인이 되는 카롤리네 울리히를 말벗으로

"추밀고문관 부인"으로서 살면서 인생을 즐겼다. 때때로 크리스티아네의 살림살이가 사치스럽고 시끌벅적하기도 했는데, 괴테는 집중해서 작업하기 위해 바이마르에서 20km 떨어진 대학도시 예나로 몇 주 혹은 몇 달 동안 떠나 있곤 했다(1794년, 1795년, 1799년, 1803년, 1806년, 1809년).

괴테와 크리스티아네의 관계에 대하여 이해심이 많은 사람들은 단순하고 낙천적이며 괴테를 존경하고 마음이 따뜻한 크리스티아네를 괴테에게 알맞은 배필이라고 본 반면, 또 다른 사람들은 가문이나 신분, 재산과 교양으로 볼 때 그들을 어울리지 않는 관계라고 보았다. 그러나 두 사람이 나눈 편지글과 괴테가 크리스티아네에게 보낸 시들은 두 사람의 무구한 사랑을 증언해준다. 크리스티아네와 관련되는 시들로는 『로마비가』(1788-90), 「방문(Der Besuch)」(1788), 「아침하소연(Morgenklagen)」(1788), 『베네치아 경구시』(1790), 「새로운 파우지아스와 꽃 만드는 처녀(Der neue Pausias und sein Blumenmächen)(1796), 「여름」(1797), 「아민타스(Amyntas)」(1797), 「식물의 변형」(비가, 1798), 「찾았네(Gefunden)」(1813), 「한 해 내내 봄(Frühling übers Jahr)」(1817) 등이 있다.

(김영옥)

하인리히 폰 클라이스트
(Heinrich von Kleist, 1777~1811)

하인리히 폰 클라이스트(Heinrich von Kleist, 1777-1811)는 1777년 프로이센의 유서 깊은 군인 집안에서 태어났다. 괴테와는 약 30여 년의 시간적인 거리가 있으며, 동시대의 낭만주의자들 즉, 슐레겔(Schlegel) 형제, 노발리스(Novalis), 아르님(Arnim), 브렌타노(Brentano), 아이헨도르프(Eichendorff), 푸케 (Fouqué) 등과는 활발히 교류했다. 8편의 드라마와 같은 수의 단편과 짧은 글들을 남겼으며, 그의 드라마는 지금도 독일의 무대에서 재해석되고 있으며, 단편은 학교의 교재에 실려 있으며, 고전 작품 중 필독 리스트에 올라 있다. 오늘날 독일문학 뿐만 아니라 세계문학에서도 중요한 위치를 차지하고 있지만, 그에 대한 문학적인 평가는 사후 100여 년이 지난 20세기에 들어서서야 비로소 이루어졌다. 클라이스트의 문학세계에 대해서는 다양한 평가와 해석이 있으며, 특히 동시대의 예술 사조인 낭만주의로 분류하는데 있어서는 연구자들 간에 의견이 엇갈린다. 노회한 괴테는 젊은 클라이스트를 낭만주의자로 이해했지만, 클라이스트의 독특한 작품 세계는 낭만주의를 폭넓게 해석하더라도 그 변방에 있음을 보여준다.

21살의 젊은 클라이스트는 프로이센의 경직된 군국주의와 군인으로서의 삶에 대해 회의를 품고 문학에 일생을 바치겠다고 결심한다. 그러나 34살로 스스로 생을 마감하기까지 작가로서의 그의 길은 그다지 평탄하지 못했다. 클라이스트가 작가로 활동을 시작하던 시기는 바이마르 공국에서 괴테가 문학계의 멘토이자 제왕으로 입지를 굳힌 때였다. 작가로 성공하고자 했던 클라이스트는 글을 쓰기 시작하면서부터 괴테의 인정을 받기 위해 노력했다. 괴테가 클라이스트의 글을 접한 시기는 1807년과 1808년 사이로, 클라이스트의 친구이자 발행인이었던 아담 뮐러(Adam Müller)를 통해서였다. 아담 뮐러는 클라이스트의 드라마 『암피트리온(Amphitryon)』 출판본을 괴테에게 보냈고, 이후 네덜란드의 작은 마을에서 『깨진 항아리(Der zerbrochene Krug)』 때문에 벌어지는 소극笑劇의 자필 원고를 보내기도 한다. 그리스 신화와 프랑스 몰리에르의 소극에서 소재를 가져온 『암피트리온』 대해 괴테는 일기에 부정적인 견해를 남기고 있으며(1807년 7월 13일자 일기), 『깨진 항아리』에 대해서는 젊은 작가의 재능에 주목하면서 이 드라마를 무대에 올릴 수 있을지 생각해 보겠다는 긍정적인 답변을 보내기도 한다. 여기에 고무된 클라이스트는 1808년 괴테에게 자신이 발행한 문예지 <푀부스(Phöbus. Ein Journal für die Kunst)>를 보내어 잡지 간행에 함께 참여해 주기를 청한다. 이 잡지에는 아마존 왕국의 여왕 『펜테질레아(Penthesilea)』의 비극적인 이야기의 일부가 실려 있었다. 괴테는 잡지 간행에 대해서도 부정적이었고, 무엇보다 비극이라는 장르에 대한 클라이스트의 입장에 동의할 수 없으며, 여왕으로서 모계사회의 규율과 운명적인 사랑 사이에서 결국 죽음을 통해 격정적인 사랑을 실현하는 『펜테질레아』에 대해서도 "아직 가까워질 수 없다"고 말한다. 이런 언급이 있은 후 4주 후에 바이마르에서 『깨진 항아리』의 초연이 이루어진다. 그렇지만 바이마르에서의 공연은 실패로 돌아갔고, 실망한 클라이스트는 이것을 극의 구성을 바꾼 괴테의 책임으로 돌렸다고 한다. 이후에도 괴테는 클라이스트의 "범상치 않은 재능"에 대해 언급하고 있으며, 자신의 권리를 찾기 위해 목숨을 걸고 국가를 대상으로 무력투쟁을 벌이는 말 장수 『미하엘 콜하스』의 편집증적인 철저함에 주목하기도 한다. 클라이스트의 재능은 주목할 만한 것이긴 했지만, 이미 노회한 고전주의자 괴테에게 젊은 작가 클라이스트의 문학 세계는 공감할 수 없는 '병적인' 낭만주의에 가까웠다.

클라이스트는 군인귀족으로서의 평탄한 삶을 포기하고 대학에서 철학을 공부하면서 자기완성(Bildung)의 길에 들어서지만 소위 <칸트 위기(Kantkrise)>를 겪게 되면서 인간의 절대이성에 대한 회의를 품게 된다. 그는 편지에서 이성을 색안경에 비유하면서 불확실한 이성보다는 감성을 따르겠노라고 말하고 있으며, 이러한 생각이 클라이스트의 문학에 기저가 된다. 클라이스트의 작품 속 주인공들은 대부분 일련의 필연적인 인과관계에 의해 지배되는 우연적인 사건에 휩쓸려 파국적인 결말을 맞게 된다. 이해할 수 없는 운명 앞에서 계몽주의가 신봉하던 인간의 이성은 더 이상 끼어들 자리가 없다. 바로 여기에 『미하엘 콜하스(Michael Kohlhaas)』, 『O 후작부인(Die Marquise von O.)』, 『칠레의 지진(Das Erdbeben in Chili)』, 『버려진 아이(Der Findling)』를 포함한 총 8편의 단편과 『펜테질레아』, 『깨어진 항아리』, 『홈부르크 왕자(Der Prinz Friedrich von Homburg)』 등 총 8편의 드라마에서 당시 주류적인 흐름과는 구별되는 현대성이 드러난다. 클라이스트는 작가로서 뿐만 아니라, 문예지 <푀부스(Phöbus)>를 발간하고, 1810년에는 시사적인 성격의 일간지 <베를린 석간(Berlinische Abendblätter)>의 발행인으로도 활동한다. 그러나 이 또한 프로이센의 검열과 재정적인 문제로 인해 실패하게 된다. 글을 쓰기로 결심하고 나서 괴테에게서 "월계관을 빼앗아 오겠다."며 야망에 들떠 있던 클라이스트는 작가, 저널리스트로서 세상으로부터 인정을 얻지 못했고 좌절하고 결국 시한부 선고를 받은 헨리에테 포겔(Vogel)이라는 여인과 동반자살로 생을 마감한다. 이러한 극단적이고 충격적인 선택은 오랫동안 그의 작품에 대한 평가뿐만 아니라 수용에 짙은 그늘을 드리웠다. 클라이스트의 문학은 사후 100여 년이 지나서 1950년대 이후 내재적인 연구방법을 통해 비로소 재평가 받게 되었다. 독특한 문학적 소재, 긴박감 넘치는 서사 전개, 격정적인 언어는 오늘날에도 여전히 독일문학의 정수로 꼽히고 있으며, 폭넓은 독자층을 확보하고 있다. 또한 독문학 분야에서도 문학사회학, 매체사적인 연구 등을 통해서 끊임없이 재해석되고 있다.

(진일상)

티쉬바인
(Johann Heinrich Wilhelm Tischbein, 1751~1829)

티쉬바인 자화상(1785년)

흔히 괴테-티쉬바인이라고도 불리는 요한 하인리히 빌헬름 티쉬바인은 1751년 2월 15일, 헤센 주에 있는 하이나 수도원 소속의 병원 소목장(小木匠)이었던 요한 콘라드 티쉬바인의 아들로 태어났다. 티쉬바인 집안은 당대의 이름난 화가집안이었다. 훗날 괴테 초상화로 인해 가장 널리 알려진 티쉬바인은 어린 시절부터 함부르크에서 숙부 요한 야콥 티쉬바인의 가르침을 받으며 화가의 길을 걷게 되었다. 1772년, 네덜란드로 그림공부를 하러 떠났던 그는 1777년부터 베를린에서 초상화가로서 성공을 거두었다. 그러나 당시 많은 화가들과 마찬가지로 그의 간절한 바람은 이탈리아로 그림공부를 하러 가는 것이었다. 이러한 바람은 그가 1779년에 카셀 아카데미의 장학금을 받음으로써 이루어졌으며, 로마에 도착한 그는 고대 예술품들에 대한 집중적인 작업을 통해 기존의 로코코 스타일에서 벗어나 신고전주의적 화풍을 보여주게 되었다. 또한 인물화 외에도 풍경화, 정물화, 특히 역사화 등으로 작업영역을 넓혀 나갔다. 그러나 1781년에는 더 이상의 체재비를 마련할 수 없어 로마에서의 공부를 중단하였고, 독일로 돌아가는 길에 그는 취리히에서 골상학자로 유명하여 늘 관심을 갖고 있던 요한 카스파 라바터와 요한 야콥 보드머의 초상화를 그렸다. 괴테에게 티쉬바인을 처음 소개한 인물도 바로 라바터이다. 뿐만 아니라 당시 취리히를 방문 중이던 작센 바이마르의 콘스탄틴 공의 초상화를 그려 바이마르에서 일약 유명인사가 되었다. 이에 용기를 얻은 티쉬바인은 괴테의 희곡 『괴츠 폰 베를리힝엔』의 삽화를 그리게 되었고, 삽화의 한 장면을 본 카를 아우구스트 공작과 괴테는 그의 작업을 전적으로 만족해하지는 않았지만, 이후 괴테는 티쉬바인이 작센 고타의 에른스트 2세 공작으로부터 이탈리아 유학자금을 받을 수 있도록 도왔으며, 이로써 티쉬바인은 1783년부터 1787년까지 제2차 로마체류를 할 수 있게 되었다.

로마의 숙소에서 창밖을 내다보는 괴테 (티쉬바인, 1787)

1786년 10월 29일, 로마에 도착한 괴테는 처음으로 티쉬바인과 직접 만나게 되었고, 다음 날 바로 티쉬바인과 여러 예술가들이 함께 생활하고 있는 팔라초 론다니니 맞은 편 코르소 가의 숙소 카사 모스카텔리(Casa Moscatelli)에 묶으며 예술가들과 공동생활을 하게 되었다. 괴테가 바이마르의 공무를 잠시 접고 이탈리아로의 여행을 결심한 가장 큰 이유가 무엇보다 자신의 예술가로서의 역량을 마음껏 펼쳐보기 위함이었다고 한다면, 이처럼 그가 로마의 예술가들과 적극적으로 교류하고자 한 것은 충분히 납득할 만하다. 그런데 괴테가 빠른 시간 내에 현지의 예술가들과 친분을 쌓고 로마생활에 익숙해질 수 있었던 것은 무엇보다 티쉬바인의 사려 깊은 도움 덕분이었다. 로마에 머무는 동안 괴테에게 있어 티쉬바인은 충실한 여행 안내자 역할을 하였을 뿐만 아니라, 로마에 머물고 있던 여러 예술가들에게 괴테를 소개하였으며 괴테의 회화작업에도 조언을 아끼지 않았다. 두 사람은 나이도 비슷할 뿐 아니라, 헤센 주 출신이라는 공통점과 함께 문학과 예술 두 영역에 걸쳐 뛰어난 재능을 가지고 있었고, 고전적 예술에 지대한 관심을 가지고 있었기 때문에 서로가 좋은 동료로서 많은 시간을 함께 할 수 있었다. 당시에 그려진 티쉬바인의 수많은 스케치 속에는 자유롭고 편안한 모습의 괴테가 잘 묘사되어 있다.

로마 캄파냐의 괴테 (티쉬바인, 1787)

1786년 말경 티쉬바인은 로마근교 캄파냐의 유적에 앉아 휴식을 취하는 여행자 차림의 괴테를 그린다. 이 그림이 바로 유명한 <로마 캄파냐의 괴테(Goethe in der römischen Campagna)>(1787)이다. 그림이 완성되기 전인 1786년 12월 9일 티쉬바인은 라바터에게 다음과 같은 편지를 썼다. "제가 생각 속에서 그를 상상한 바대로 괴테는 진실한 사람입니다. 저는 그의 초상화를 그리기 시작하였습니다. 실물크기로 완성할 예정인데, 그림 속의 그는 유적 위에 앉아 인간이 이룩한 업적의 운명에 대해 생각하고 있습니다. 저는 그의 얼굴을 정확하고 진실 되게 있는 그대로 그리려고 합니다. 왜냐하면 그보다 더 행복하고 풍부한 표정을 한 얼굴을 보지 못했기 때문입니다." 티쉬바인과 괴테는 그림의 완성을 잠시 미뤄둔 채 1787년 2월 22일, 나폴리로 함께 여행을 떠났다. 그곳에서 그들은 야콥 필립 하케르트 및 윌리암 헤밀턴 경과 그의 부인 엠마 헤밀턴을 만났다. 그들과 함께 화산재에 뒤덮힌 폼페이와 헤르쿨라네움의 발굴현장을 방문하기도 하고 베수비오산으로 간단한 소풍을 가기도 하였다. 그러나 티쉬바인은 당시 공석이었던 나폴리 아카데미의 원장 직에 오르고자 하였으며, 이 때문에 점차 개인적인 시간을 갖기 위해 일행들, 특히 괴테와 많은 시간을 함께 할 수 없었다. 이로써 친밀했던 두 사람 사이의 우정관계는 서서히 멀어지기 시작하였다. 함께 계획했던 시칠리아 여행은 결국 이루어지지 않았고, 괴테는 티쉬바인이 소개한 화가 크리스토프 하인리히 크니프와 시칠리아를 방문하였다. 1787년 5월에 티쉬바인은 발덱의 크리스티안 아우구스트 공과 함께 로마로 돌아온다. 그해 여름에 티쉬바인과 괴테는 다시 코르소 가의 숙소에서 한 달을 함께 지냈으며, 1787년 7월에 티쉬바인은 나폴리로 이주하였다. 괴테가 시칠리아로 떠난 후 티쉬바인은 집중적으로 괴테의 초상화를 완성시켰고, 1788년 봄 『독일 메르쿠어(Der Teutsche Merkur)』지에 그에 대한 소식이 실렸다.

그림 속의 괴테는 붉은 자켓과 황토색 바지를 입고 있으며 푸른빛이 도는 밝은 실크양말을 신고 있다. 검푸른 색의 창이 넓은 모자와 여행용 흰색 외투가 특히 인상적인 주인공은 들판 위에 무너져 흩어진 오벨리스크 위에 앉아 생각에 잠긴 채 먼 곳을 응시한다. 멀리 인물 뒤로는 로마 캄파냐의 폐허가 보인다. 해부학적으로는 비사실적인 측면이 많은데, 예컨대 왼쪽다리가 매우 길게 묘사되어 있다거나, 양쪽 신발이 모두 왼쪽 신발인 것처럼 보이기도 하고 몸을 지탱하고 있는 오른쪽 팔에 무게가 전혀 실려 있지 않은 듯하다. 괴테가 앉아 있는 자리 뒤로는 담쟁이 덩굴에 뒤덮인 그리스의 대리석 부조가 보이는데, 조각 속 그림은 이피게니에와 오레스트, 필라데스가 타우리스에서 만나는 장면이 묘사되어 있다. 결국 티쉬바인이 보여주고자 한 것은 사실적인 풍경화가 아니라 다양한 요소로 구성된 로마 캄파냐와 그곳에서 사색에 잠긴 위대한 시인의 모습이었다. 고대 로마인들이 이룬 업적의 산물인 수로가 폐허로 된 모습과 함께 세실리아 메텔라(Caecilia Metella)의 거대한 묘비가 부분적으로 파손된 채 서 있고 오른쪽으로는 작은 시골집이 보인다. 멀리 보이는 산등성이들은 평화로운 자연을 재현하지만 하늘은 전체적으로 어두운 구름에 덮여 있고 괴테의 머리 위에만 밝은 푸른 색 하늘이 보인다.

그러나 괴테가 1788년 6월 18일, 바이마르로 돌아왔을 때 티쉬바인에 대해 처음에 가졌던 호감은 강한 거부감으로 변하였다. 1789년 3월 2일, 괴테는 헤르더에게 다음과 같은 편지를 보냈다. "티쉬바인은 모든 면에서 뛰어난 예술가이지만 소심한 측면이 있으며 게으를 뿐만 아니라 그가 이탈리아인들로부터 위선을 배운 이후로는 믿을 만하지 못할 때가 많습니다." 1789년 가을부터 1799년 프랑스의 점령군이 들어오기까지 티쉬바인은 나폴리 쿤스트 아카데미의 학장으로 재임하였으며, 이후 이탈리아를 떠나 1801년부터는 함부르크에서 지내며 그 곳에 아카데미를 세우고자 노력했으며, 올덴부르크의 공작과 친분을 맺고 자신이 수집한 이탈리아의 값진 미술품들을 판매하여 이를 기반으로 올덴부르크의 미술관 설립에도 큰 역할을 하였다. 1808년부터는 본격적으로 올덴부르크의 궁정화가로 활동하였다. 1829년에 올덴부르크 공작의 여름별궁이 있는 오이틴에서 사망할 때까지 티쉬바인은 당대의 많은 예술가, 철학자, 문인들과 교류하였다. 티쉬바인의 회화작업에 비해 그의 문학적 활동, 예컨대 그의 자서전 『나의 삶(Aus meinem Leben)』(1810년 이후 집필)과 괴테로부터 높이 평가된 바 있는 서간문들은 잘 알려져 있지 않다.

(이시내)

클레텐베르크
(Susanna Katharina von Klettenberg, 1723~1774)

계몽주의 이후 관용 사상이 중심이 되어 기독교가 세속화 되면서 자연의 모든 존재에 신이 존재한다는 스피노자의 범신론이 질풍노도의 작가들에 영향을 미쳤다. 이러한 상황에서 유럽의 기독교는 점차로 전통적인 교리와 교회 중심의 종교관에서 벗어나 철학적인 성격으로 변하였다. 이렇게 기독교가 변질되어가던 질풍노도의 시기에 괴테는 『시와 진실』에서 "내게 무척 주목할 만하고 수확이 많았던 것은 라바터와 클레텐베르크 부인과의 대화였다"라고 언급하듯이 라바터(Johann C. Lavater, 1741~1801)와 클레텐베르크(Susanna K. von Klettenberg, 1723-1774) 같이 신앙심이 깊은 사람들에 경도되어 갔다. 라바터에게 신은 자연의 창조를 통해 영감을 주어 "자연의 서(Buch der Natur)"로 불렸다. 성령이 창조를 통해서 계속 활동한다고 본 라바터의 경건주의(Pietismus)는 클레텐베르크에 큰 영향을 미쳤다. 괴테의 숙모뻘로 어머니의 친구였으며 신앙심이 깊어 평생을 독신으로 청순하게 보낸 클레텐베르크 부인은 젊은 괴테가 육체적·정신적으로 쇠약할 때 경건주의와 헤른후트파(Herrnhuter: <주님의 수호>라는 뜻) 및 신비주의(Mystik)로 감화를 주었다. 부친의 권고로 법학을 공부하기 위해 라이프치히로 간 괴테는 자유분방한 생활로 쇠약해져 라이프치히 대학 3학년 때 고향에 돌아와 휴양을 취하던 중에 특히 클레텐베르크 부인의 종교관에 많은 감화를 받았다. 매개자 없이 스스로의 종교 체험으로 직접 신과 합쳐진다고 그녀가 전파한 신비주의는 질풍노도 시대에 괴테의 정신적인 지주였다. 역시 클레텐베르크에 의해서 괴테에 전파된 헤른후트파는 독일의 대표적인 경건주의자 친첸도르프(Nikolaus L. R. von Zinzendorf) 백작이 종교적 박해를 받아 체코의 보헤미아에서 망명해 온 <보헤미안 형제단(Böhmische Brüder)>을 자신의 영지에 있는 신앙적 공동체의 마을인 헤른후트에 맞아들여 1722년에 조직한 신도 단체다.

연금술에 입문하고 헤른후트파의 경향과 더불어 경건주의에 은밀하게 몰두하는 등 기독교에 이단적이며 괴테에게 영향을 미친 클레텐베르크는 괴테에게 세례를 행한 목사 프레제니우스의 격렬한 질책을 받았다. 하지만 "그녀가 쾌활하고 경건한 시선을 지상의 사물에 던지면 우리 같은 세속의 자식들을 혼란스럽게 하는 모든 것은 쉽게 풀어졌다. 또한 미로를 위에서 내려다보면서도 그 미로 속에 빠져들지 않는 그녀는 올바른 길을 가르쳐주었다"라고 말할 정도로 괴테는 클레텐베르크의 영향을 많이 받아 연금술을 연구하는 등 기독교의 교리에서 벗어나 자신의 독특한 범신론적인 신관을 형성하면서 그녀를 한 편의 시로 찬양하기도 하였다.

보라, 요술 거울 속에 있는
하나의 꿈을, 얼마나 사랑스럽고 곱게
신의 날개 아래서
우리의 여인은 번뇌 속에서 평온을 갖는지.

느껴보라, 삶의 물결에서
헤쳐 나오는 그녀를.
그대의 모습을 그녀와 견주어 보고,
그대를 위해 번뇌하는 신을 보라.

내가 초조하게 온 힘으로
그림에 몰두할 때

그녀의 신적인 여명에

떠있는 나의 모습을 보라.

클레텐베르크의 연금술적, 신비적, 밀교(密敎)적인 영향은 괴테로 하여금 그의 대표작 『빌헬름 마이스터의 수업시대』의 제6장 <아름다운 영혼의 고백>을 쓰는 영감을 주었다. 이 소설 전체에서 가장 아름다운 부분으로 제6장의 전체를 차지하여 하나의 독립된 작품으로도 볼 수 있는 <아름다운 영혼의 고백>에서는 어느 귀족의 딸이 8세에 객혈(喀血)하고 병상에 누운 이래 공상에 빠져들어 잡다한 인간사에서 벗어나 신과 함께 생활하고 아름다운 영혼의 청순함을 간직하며 죽는다. 이 <아름다운 영혼의 고백>은 괴테 자신이 프랑크푸르트 시대(1769-1775)에 경건주의와 헤른후트파에 몰두하던 클레텐베르크의 청순한 모습에서 연유한다. 여기에 언급된 "아름다운 영혼"은 내면 세계와 외부 세계의 갈등이 없이 우러나오는 영혼으로 경건주의에 근거한다. 이 말은 이성(理性)이나 오성(悟性)이 아니라 영혼에 의해 배양되며 18세기에 널리 사용된 말로서, 그 당시 친첸도르프 백작이 사용한 후 경건주의에서 애용되어 괴테에 영향을 미쳤다. 루소의 『신 엘로이즈』는 "아름다운 영혼(belle ânne)"을 이상으로 하는 소설이다. 괴테 자신은 헨리에테 폰 오버키르히에게 보낸 편지에 루소의 이 프랑스어를 그대로 사용하고 있다. 슈타인 부인에게 보낸 편지에는 "위대한 아름다운 영혼", "당신의 아름다운 영혼 속에", "하나의 아름다운 영혼"이라는 표현이 나오고, 『타우리스의 이피게니에』에서 아르카스는 이피게니에에게 "아름다운 영혼은 고귀한 분께서 보내시는 호의에도 마음이 움직이지 않는다는 말씀입니까?"(1493-1494행)라고 묻고 있다.

이러한 "아름다운 영혼"이 괴테의 『친화력』에서도 전개되고 있다. 의무와 질서에 대한 신념이 강한 오틸리에는 에두아르트를 만나자 정열을 극복하지 못하고 파멸의 갈등을 겪게 된다. 자신도 모르게 간음을 하고 나서 이에 대한 죄를 인식한 그녀는 속죄를 위해 에두아르트를 포기하고 이성의 순교자가 된다. 이렇게 신앙에 헌신하여 성녀가 된 오틸리에는 경건주의의 감화를 받은 클레텐베르크의 구현이다. 이렇게 클레텐베르크의 흔적이 괴테의 여러 작품에 담겨 있다. 『젊은 베르테르의 슬픔』의 1771년 5월 17일자 서신에서는 사후의 클레텐베르크가 추억되고 있다. “아아, 소년 시절의 친구였던 그녀(클레텐베르크)는 지금은 죽고 없네. 차라리 그녀를 만나지 않았더라면 - 너는 바보다! 이 세상에서 구할 수 없는 것을 찾고 있다고 말할지도 몰라. 그러나 한때 내게는 그녀라는 존재가 있었지. 그 마음, 그 위대한 영혼을 나는 느끼고 있었네. 그녀 앞에 있노라면 내가 실제보다 더 위대한 것처럼 느껴졌었지. 나는 가능한 모든 것이 될 수 있었기 때문이야. 내 영혼의 힘을 사용하지 않고 내버려두는 것은 아무것도 없었어. 그녀 앞에서 자신의 마음이 자연을 포옹하는 그 불가사의한 감정의 일체를 표현할 수 있지 않았던가? 우리의 사귐은 아주 섬세한 감각과 날카로운 이지가 빚어내는 영원한 직물과도 같았지. 그 직물 무늬의 변화무쌍함은 부자연스런 것까지도 모두 천재의 각인이 찍혀 있지 않았던가? 그러나 지금은! 나보다 나이가 많았던 그녀는 나보다 먼저 앞서가고 말았네. 결코 나는 그 사람을 잊을 수가 없다네. 그 사람의 확고한 뜻과 거룩한 인내심을 정말 잊을 수 없다네.”

(안진태)

프리데리케 브리온
(Friederike Brion, 1752~1813)

괴테에게 여성들은 『파우스트』의 마지막 구절인 "영원한 여성적인 것"(12110행)을 구현하듯이 아름답고 숭고한 대상이 되고 있다. 따라서 괴테의 여성 체험은 『파우스트』에서 파우스트가 "지고의 순간"(11586행)으로 표현한 진정한 행복으로 "여기 날 에워싼 것은 마법의 안개인가? 향락의 충동이 그처럼 몰아쳐 왔는데, 이제는 사랑의 꿈속으로 녹아들어가는 느낌이구나"(2721~2723행)라고 그레트헨의 청순한 모습에 감명 받아 정욕의 인간에서 순수한 인간으로 변하는 파우스트로 묘사될 수 있다.

라이프치히 대학 시절에 케트헨(Käthen Schönkopf)을 처음으로 사랑한 괴테는 처녀시집 『라이프치히 가곡집(Das Leipziger Liederbuch)』을 내 그녀에게 사랑의 시들을 자주 바치고 『연인의 변덕(Die Laune des Verliebten)』(1767)과 『공범자(Die Mitschuldigen)』(1768) 두 편의 희곡을 남겼다. 케트헨 다음에 괴테가 두 번째로 사랑한 여성은 프리데리케(Friederike Brion, 1752-1813)이다. 괴테가 슈트라스부르크의 교외인 제센하임(Sesenheim)에 소풍을 갔을 때, 그 마을 목사의 딸인 프리데리케의 청순하고 목가적인 아름다움에 첫눈에 반했는데, 이때 그녀의 모습이 자서전 『시와 진실』(10장)에 언급되어 있다. "이 순간 프리데리케가 문을 열고 들어왔다. 이 시골 하늘에 정말로 가장 아름다운 별 하나가 나타난 것이다. 프리데리케는 거의 사라지다시피한 국민 의상을 잘 차려입고 있었다. 아주 귀여운 다리를 무릎까지 보일 정도로 옷단주름이 있는 짧고 흰 둥근 치마, 꼭 끼는 하얀 코르셋, 검정색 명주 앞치마를 한 그녀는 농촌 처녀와 도시 처녀의 중간 모습이었다. 그녀는 아무 것도 몸에 걸치지 않은 것처럼 날씬하고 경쾌하게 걸었고, 작고 귀여운 머리를 덮은 탐스런 금발에 비해 목이 너무 가냘퍼 보였다. 그녀는 밝고 파란 눈으로 주변을 매우 또렷하게 둘러보았고, 동그랗고 예쁜 코는 이 세상에 아무 걱정도 없는 듯 마음껏 공기를 들이마셨다. 그녀의 팔에는 밀짚모자가 걸려 있어서 나는 그녀의 온통 우아하고 아름다운 모습을 보고 첫눈에 곧장 그녀임을 알아보는 즐거움을 누렸다."

프리데리케도 괴테에 첫사랑을 느껴서 어느 날 괴테가 그녀의 집을 방문하게 되자 그녀는 자매 올리비에에게 "내 말이 맞지? 오셨잖아?"라고 그를 다시 만나는 기쁨을 예언하는 내용이 역시 『시와 진실』(11장)에 기록되어 있다. 이러한 여성의 체험에 의한 행복감을 괴테는 시로 다양하게 묘출하여서 그의 시는 서정적일 뿐만 아니라 체험시적인 성격을 나타내준다. 여성의 체험으로 새롭게 탄생하여 새로운 삶을 살게 되는 괴테는 현실의 경계를 넘어 헤겔 철학의 주요 용어인 <자신의 다른 면(das Andere seines Selbstes)>에 도달하여 다양한 체험시를 양산한 것이다. 따라서 삶과의 일치를 고백하는 측면이 강한 괴테는 "시는 감정의 자유스러운 분출"이라는 동시대의 낭만주의 이론가 슐레겔(Friedrich Schlegel)의 이론에 부응하고 있다. 말하자면 '경험적 자아'와 '시적 자아'가 혼합되는 것이다. 프리데리케에 첫눈에 반한 괴테는 젊음과 행복을 만끽하며 <프리데리케 브리온에 바치는 시(Gedichte für Friederike Brion)>에 그녀를 위해 지은 시들을 수록하여 연속적으로 그녀에게 보냈다. 그 중 현재까지 남아 있는 것은 11편뿐이지만 모두가 아름다워서 서정시인으로서 괴테는 그때 이루어졌다고 볼 수 있다. 이때의 시는 라이프치히에서 첫사랑을 바쳤던 케트헨에 대한 장식적인 아나크레온 류의 시와는 달리 지극히 소박하다. 괴테는 프리데리케와의 체험에서 나온 시들을 한 데 묶어 <제센하임의 노래(Die Sesenheimer Lieder)>란 제목의 시집을 냈는데, 여기에 시 「작은 꽃, 작은 잎(Kleine Blumen, kleine Blätter)」(1771)이 수록되어 있다.

작은 꽃, 작은 잎을
부드러운 손으로
선하고 젊은 봄의 신들이
장난하듯 내 엷은 리본에 뿌려주네.
미풍아, 그 리본을 네 날개에 싣고 가서
가장 사랑하는 연인의 옷에 감아주렴!
그러면 그녀는 더없이 명랑해져
거울 앞에 서리라.

장미로 둘러싸인 제 모습을 보겠지.
한 송이 장미처럼 신선한 모습을.
우리 사랑의 생명이여, 한 번만 눈길을 주면
나에게 충분한 보답이 되리라.

운명이여, 나의 이 충동을 축복해주오.
내가 그녀의 것이, 그녀가 나의 것이 되게 해주오.
그러면 우리의 사랑의 삶이
결코 약한 장미 같은 삶이 되지 않으리라!

내 마음이 향하는 소녀여,
그대의 사랑스런 손을 내게 내밀어주오!
그리고 우리를 맺어주는 리본이
결코 약한 장미 리본이 되지 않기를!

1771년에 실제로 괴테가 꽃과 잎을 그려 넣은 리본을 프리데리케에게 보내는 내용을 담은 이 시는 편지시가 된다. 『시와 진실』(11장)에 의하면 그 당시에는 그림이 그려진 리본이 유행하였다. 괴테는 오래 프리데리케와 떨어져 있게 될 처지가 되자 한 쌍의 그림 리본을 만들어 위의 시와 함께 그녀에 보냈다. 트룬츠(Erich Trunz)는 이 시를 독일 아나크레온 문학의 정점이자 동시에 그 극복이라 하였다. "우리의 사랑의 삶(das Leben unserer Liebe)"(15행)의 내용처럼 사랑이 삶이요 삶이 사랑이 되는 질풍노도의 감정이 표현되고 있다.

프리데리케와의 사랑은 열광적이 아니어서 약 1년간의 교제 끝에 괴테는 그녀를 버리고 슈트라스부르크를 떠났다. 이때의 감정이 자서전 『시와 진실』(12장)에 생생하게 언급되어 있다. "작별 편지에 대한 프리데리케의 회답은 내 마음을 산산조각 냈다. 그것은 나를 향해, 내게서 키워진 바로 그 필적이며, 그 감각이며, 그 감정이었다. 나는 이제야 비로소 그녀가 겪고 있는 상실을 느꼈지만 그것을 대체해줄 수도, 아니 완화만이라도 해줄 수가 없었다. 그녀는 내게 아주 생생하게 떠올랐다. 내가 없어 쓸쓸해하고 있을 그녀가 늘 연상되었으며, 최악의 상황은 내가 나 자신의 불행을 용서할 수 없다는 것이었다. 그레트헨은 빼앗겼고, 아테네는 나를 버렸지만 이번에는 처음으로 나에게 책임이 있었다. 나는 가장 아름다운 마음에 가장 깊은 상처를 입혀서 침울한 후회의 시기는 늘 받아온 상큼한 사랑이 없는 가운데 매우 고통스럽고 참을 수 없었다. 그러나 인간은 살아나가려고 하는 법이다. 그래서 나는 성실하게 다른 사람들의 일에 관여했다."

이렇게 프리데리케에 대한 강렬한 사랑에도 불구하고 괴테는 그녀를 떠나게 되어 <제센하임의 노래>에는 그가 그녀를 '만났다(willkommen)' '헤어지는(verabschieden)' 내용이 합쳐진 시「환영과 이별(Willkommen und Abschied)」이 수록된다.

가슴이 두근거린다, 어서 말에 올라타야지!
생각하기도 전에 벌써 말에 올라 있구나.
저녁이 벌써 대지를 잠재우고,
산록엔 어둠이 드리워져 있네.
떡갈나무는 안개옷을 입고
거인처럼 우뚝 솟아 있는
거기에 어둠이 수백의 검은 눈동자로
덤불 속에서 내다보고 있네.

달은 구름 덮인 언덕에서 솟아올라
안개 속에서 애처롭게 내다보고 있네.
바람은 고요히 날개를 펼쳐
무섭게 귓가를 울리네.
밤이 수천의 괴물을 만들어내지만,
내 마음은 상쾌하고 즐겁기만 하다:
내 혈관 속에는 얼마나 불길이 타올랐으며!
내 가슴 속에는 얼마나 열기가 작열하였던가!

그대가 나를 보니, 달콤한 시선이
다감한 기쁨을 나에게 붙는구나.
내 마음 모두가 당신 곁에 있고
모든 호흡은 그대를 위한 것이지.
장미 빛 봄의 날씨가
사랑스런 얼굴과,
나에 대한 사랑을 감싸네 — 그대 신들이여!
내 이러한 것을 염원하지만, 받을 자격이 없다오!

아, 그러나 벌써 아침해가 솟아오르면서
이별의 고통이 내 가슴을 조이고
그대 입맞춤에는 기쁨이 넘치지만
그대 눈 속에는 고통의 빛이 담겨 있구나!
내가 떠날 때 그대는 서서 고개를 떨구고
눈물어린 눈초리는 나의 뒤를 따라오네:
그러나 사랑받는 것은 얼마나 큰 행복인가!
사랑하는 것 역시 얼마나 큰 행복인가, 신들이여!

이 시의 내용은 괴테가 프리데리케 가족의 초대를 받아 그녀의 집에 가는 실제의 모습으로 그의 자서전 『시와 진실』(11장)에도 기록되어 있다. "나는 유감스럽게도 준비가 늦어져 바란 만큼 일찍 출발하지 못했다. 나는 힘차게 말을 달렸지만 어둠이 찾아들었다. 나는 길을 잘못 들지는 않았으며, 달이 내 열정적인 계획을 비춰주었다. 밤바람이 불고 소나기가 내렸지만 나는 그녀를 만나기 위해 내일 아침까지 기다리지 않도록 계속 말을 몰았다."

프리데리케와의 이별은 케트헨 다음으로 두 번째 사랑의 도피인데, 이렇게 자신의 보다 높은 비상을 위해서 여성을 버리고 떠나는 것이 천재 시인이 되기 위해서는 불가피하지만, 도덕적으로 비난을 피할 수 없었으며, 거기에 대한 괴테의 가책을 그의 작품에서 종종 느낄 수 있고, 자서전 『시와 진실』(11장)에도 다음과 같이 언급되고 있다. "그때 프리데리케와의 정열적인 관계가 나를 괴롭히기 시작했다. 생각 없이 마음대로 품은 젊은이의 애정은 밤하늘에 던져진 폭탄과 비교될 수 있다. 부드럽게 빛나는 선을 그리며 솟아올라 잠시 동안은 별들 사이에 머무는 것처럼 보이지만 곧 똑같은 길로 거꾸로 선을 그리며 내려와 마지막에 땅에 떨어져 파멸을 가져온다. 프리데리케는 여전히 똑같았다. 그녀는 나와의 관계가 그렇게 쉽게 끝날 수 있으리라고 생각지도 않았던 것 같았다." 프리데리케와의 이별은 괴테의 꿈에서까지 나타나 『시와 진실』(11장)에 언급되고 있다. "내가 말 위에서 그녀에게 악수를 청하자 그녀의 눈에는 눈물이 고여 있어서 나의 마음은 매우 아팠다. 이윽고 내가 샛길로 드루젠하임을 향해 말을 달릴 때 아주 기묘한 예감이 엄습했다. 나는 내가 입어본 적이 없는 약간의 금빛이 들어간 엷은 회색 옷을 입고 같은 길에서 나를 향해 말을 타고 오는 나 자신을 실제의 눈이 아니라 마음의 눈으로 보았던 것이다. 내가 몸을 흔들어서 이 꿈에서 깨어나자 그 모습은 곧 사라졌다. 그러나 8년 후 내가 우연한 일로 꿈속에서와 똑같은 옷을 입고 프리데리케를 다시 방문하기 위해 똑같은 길을 갔던 것은 신기하기만 하다."

첫사랑을 바친 괴테에게서 버림을 받은 후에 결혼도 하지 않고 시골에 파묻혀 60년의 고독한 삶을 보낸 프리데리케에 대해서 『파우스트』를 비롯하여 『괴츠 폰 베를리힝엔』 또는 『클라비고』 등은 진실한 처녀를 버린 죄의식을 담고 있고, 『시와 진실』(12장)에서도 "프리데리케의 처지로 인한 고통이 나를 괴롭힐 때면 나는 내 오랜 방식대로 시 쓰기에서 도움을 받으려 했다. 나는 이런 자책적인 참회를 통해 내적인 면죄를 받도록 관례적으로 시적 고백을 다시 행하였다. 『괴츠 폰 베를리힝엔』와 『클라비고』에 나오는 두 사람의 마리(아)라는 여인과 그들의 애인 역을 하는 두 사람의 나쁜 인물은 이런 참회적 관찰의 결과라고 할 수 있다"고 괴테는 고백하고 있다. 따라서 개인의 권리를 구속하는 특권계급에 항거하다가 몰락하는 인물을 다뤄 자연과 위선적인 문화가 대립되는 내용을 담은 『괴츠 폰 베를리힝엔』에서 마리아를 차버린 바이슬링겐은 프리데리케를 버린 괴테 자신의 암시가 되고 있다.

동화에 관심이 많았던 괴테는 <동화(Märchen)>(1795)와 <새로운 파리스(Der neue Paris)>(1811) 및 <새로운 멜루지네(Die neue Melusine)>(1819) 세 편의 동화를 발표하였다. 이 중 『빌헬름 마이스터의 방랑시대』 속에 실린 <새로운 멜루지네>에서 여주인공 멜루지네는 소인국의 작고 아름다운 요정이다. 이러한 멜루지네가 프리데리케의 연상에서 창조되었을 가능성도 있다. 실제로 괴테는 멜루지네에 대한 이야기를 1770년 5월 1일에 제센하임에서 프리데리케가 동석한 자리에서 언급한 적이 있다. 이 동화적인 작품이 프리데리케의 사랑의 변형인지 확인할 수는 없지만 개연성은 농후하다.

『젊은 베르테르의 슬픔』에서 베르테르의 유토피아적인 자유는 세속 사회(문명)에 벗어나 자연에 귀의하는 것이다. 독립적이며 스스로 만족하고 스스로 완성하는 무한한 삶을 제공하는 자연에서 베르테르는 세속적인 이성과 계산, 차가운 평가의 오성에서 벗어날 수 있는 것이다. 따라서 베르테르는 자연에 귀의하려 하여서 『젊은 베르테르의 슬픔』의 첫 장면은 "그곳(문명 사회)을 떠나오기를 얼마나 잘 했는지!"라는 그의 독백으로 시작한다. 문명에서 벗어난 베르테르에게 자연은 새롭기만 하다. 이러한 아름다운 자연도 사랑과 연결되어야 진정한 행복이 될 수 있다. 따라서 자연은 만끽하지만 사랑의 대상인 로테를 소유할 수 없는 베르테르는 결국 자살을 하게 된다. 이런 배경에서 괴테는 시 「오월의 축제(Maifest)」에서 화창한 봄의 자연과 사랑을 겸비한 지복한 행복을 프리데리케에게 연결시켜 찬양하고 있다.

> 자연은 얼마나 저렇게도 화려하게
> 나에게 빛날까!
> 태양은 저렇게 반짝이고,

들은 저렇게 웃음을 띠는가!

나뭇가지마다
꽃봉오리가 터져 나오고
숲 속에서는
천만 가지 소리가 들려오네.

그리고 사랑의 가슴마다
기쁨이 넘쳐흐르니
오 대지여, 태양이여!
오 행복이여, 환희여!

1771년에 쓰여진 이 시는 질풍노도기의 대표적인 시로 제센하임에서 프리데리케에 대한 괴테의 사랑이 집필 동기이다. 슈트라스부르크에서 공부하던 1770년부터 1771년 사이에 엘사스 지방을 두루 여행하며 자연을 접하면서 괴테는 많은 시를 썼는데 「오월의 축제」도 그 중의 하나이다. 이 시는 아름다운 소녀 프리데리케와 오월의 자연이 하나의 인상으로 괴테의 영혼을 울려 주는 체험시다. 소박하게 대지와 태양, 나무 가지에 달린 꽃, 아침 구름과 같은 사랑, 그리고 꽃에 아지랑이가 낀 푸른 들판이 찬미되고, 각 시절(詩節)은 서로 교류하면서 마지막 절로 유입되어 새로운 노래와 청춘과 용기와 기쁨이 찬미되고 있다.

오월을 가사로 하는 작곡은 수없이 많은데, 거의 모두가 고뇌하는 인상을 암시하고 있다. 그런데 이 시에서는 행이 발전함에 따라 봄과 사랑에 대한 감탄이 점층되고 있다. 주위의 자연이 봄을 맞아 즐거움의 빛을 발하고 노래와 웃음으로 빛나자 연인의 가슴도 온통 행복에 가득 찬다. 시인의 마음은 너무나도 행복에 들뜬 나머지 사랑과 봄의 즐거움을 조리 있게 노래하지 못할 정도다. 따라서 문장과 구조의 결함이 발견되기도 하는데, 이는 바로 프리데리케에 대한 사랑에 괴테가 너무도 들떠 있기 때문이다.

(안진태)

하만
(Johann Georg Hamann, 1730~1788)

독일 문학의 고유한 성격은 암담하여 파악하기 어렵고 비합리적인 것 등을 형상화했다는 점에 있다. 바하와 베토벤의 음악, 괴테와 쉴러의 문학, 낭만주의, 생 또는 실존철학 등도 모두 그러한 성격을 지니고 있다. 이렇게 오성이나 규범에서 벗어난 비합리적인 것의 가치를 최초로 주장한 인물은 하만(Johann Georg Hamann, 1730-1788)이다. 난삽한 문체와 신비적인 사상 때문에 <북방의 마법사(Magnus im Norden)>라고 불린 하만은 주저(主著) 『소크라테스 회상록(Sokratische Denkwürdigkeit)』에서 주인공을 소크라테스에 투영하여 현실 세계와 문학에 정통하면서 아울러 신비적인 것도 인정하여 독자적인 견해를 표명하는 사려 깊은 인물로 전개시키고 있다. 그는 오성적인 법칙이나 명제에서 벗어나 감성에 따르는 천재의 본보기가 되어 계몽주의의 이성과 합리적 사고와 칸트의 체계적 관념론을 부정하고, 자연과 정신이 보이지 않게 만나는 심오하고 은밀한 직관, 이 같은 만남에서 솟아나와 빛을 내는 오성의 섬광, 이런 영역 속에서 떠도는 의미 있는 형상, 성직자나 속인의 신랄한 경구 및 익살스러운 것 등을 기이하게 나타내고 있다. 이 저서는 특히 현란한 시대정신을 소화하지 못하는 사람들에게 각광받았다.

하만의 또 다른 저서 『문헌학자의 십자군 원정(Kreuzzüge des Philologen)』의 표지에는 뿔 달린 판(Pan) 신의 염소가 있고 작품의 앞부분에는 발가락에 악보를 낀 병아리들 앞에서 큰 수탉이 박자를 맞추는 우스꽝스런 모습의 목판화를 수록하여 하만은 자신이 인정하지 않는 어느 교회 음악에 대한 조소를 나타내기도 했다. 하만은 "인간이 이루려는 모든 것은 행동이나 말, 그 밖의 것이 총체적으로 결합되어 생겨나야 하므로 이것들의 분리는 배척되어야 한다"는 원칙을 고수하였다. 이 원칙은 삶과 예술에서는 합당하지만 언어를 매개로 하는 문학에서 벗어나면 어려움을 겪는다. 무언가를 말하고 의미하려면 언어는 해체되고 개별화되지 않을 수 없기 때문이다. 인간은 말하는 순간에 일방적이 되어서 개별적인 분리가 작용하여 전달과 가르침이 가능하다. 그러나 하만은 이러한 분리를 단호히 반대하여 통일 속에서 느끼고 상상하고 생각한 것을 말해야 한다고 주장하였다. 그의 저서 『미학의 본질(Aesthetica in nuce)』에 의하면 인간과 자연의 관계는 인간과 신의 관계와 유사하여 신앙에 인도된 창조 활동만이 맹목적인 자연에 빛나는 색채를 부여할 수 있다.

이러한 하만의 영향력은 대단하여 많은 사람들의 애정을 받고 특히 탐구열에 불타는 젊은이들의 각광을 받았다. 심지어 자신의 교리만 고집하고 어떤 종교도 인정하지 않는 종교적인 은자들에게도 하만은 수용되었고, 연금술에 입문하고 헤른후트파의 경향과 더불어 경건주의에 몰두하는 등 기독교에 이단적이면서 괴테에게 영혼적인 영향을 미친 클레텐베르크(Susanna K. von Klettenberg) 여사까지도 하만을 환영하였다.

하만은 "시가 인류의 모국어"라는 유명한 말을 남기며 새로운 언어관을 전개시키는 등 문학에서도 큰 기여를 하였다. 그는 문학은 지성이나 규범, 다시 말해서 교육의 소산이 아니라 인간 본연의 표현이라고 여겨 신앙과 감정을 내세웠다. 이러한 하만의 문학관을 계승하여 문학과 여러 학문에 자극을 주고, 독자적인 연구의 길을 개척한 인물이 헤르더(Johann G. Herder, 1744~1803)이다. 문학 작품을 쓰지는 않았으나 비상하게 섬세한 감성과 시적 능력을 지닌 헤르더에게 하만은 셰익스피어와 루소, 특히 3세기경 스코틀랜드에 살았던 켈트족의 음창 시인으로 자연에 가까운 독특하고 우울한 감정을 발산하는 오시언(Ossian)의 노래의 가치를 주지시키는 등 문학의 영향을 상당히 미쳤다. 하만의 영향을 받은 헤르더는 오성의 일방적인 지배는 현실과 직접적인 관계를 저해하는 반면에, 자연과 관계를 맺은 언어는 직접적으로 표현된다고 하며 고트쉐트식의 냉정한 오성과 형식 일변도의 시학에 반대하고 문학과 민중 사이의 벽을 제거하여 <기교 문학(Kunstdichtung)> 대신에 <민중 문학(Volksdichtung)>을 내세웠다. 민족성과 기후 그리고 자연 환경 속에서 자라나는 민중 문학은 민요를 양산하는데, 이러한 민요는 민중에서 자연적으로 발생하여 민중의 생활을 지배하여 모든 국가와 민족의 고유적인 성격을 지닌다.

괴테가 1770년 공부를 위해서 슈트라스부르크에서 체류한 1년 반 동안의 가장 큰 성과는 헤르더와의 만남이다. 괴테는 직접 본 적이나 편지 교류도 해본 적이 없는 하만의 비합리적이며 신비적인 사상 등을 헤르더를 통해서 알게 된 것이다. 헤르더를 통해 알게 된 하만이 선호한 민중 문학과 민요에 지대한 관심을 갖게 된 괴테는 스스로 엘사스 지역을 순회하며 민요들을 수집하기도 하였다. 특히 하만이 헤르더에게 가치를 전수시킨 자연에 가깝고 독특하고 우울한 음조의 오시언의 노래에 매료된 괴테는 이들을 번역해서 1779년 헤르더가 펴낸 『민요집(Volkslieder)』에 발표하기도 했다. 오성이나 규범을 타파하는 하만의 신앙과 감성은 결국 질풍노도의 성격이 되어 청년 괴테를 자극하여 희곡 『괴츠 폰 베를리힝엔(Götz von Berlichingen)』을 탄생시켰다. 이 작품은 계몽주의에 저항하는 질풍노도의 자유분방한 시대상을 담아서 종래의 희곡들보다 생명력이 훨씬 넘쳐흐른다. 이러한 저항은 내용에서 뿐만 아니라 형태면에서도 전개된다.

아리스토텔레스는 『시학(詩學)』에서 ① 시간(Zeit)의 통일(모든 사건은 하루(24시간)를 넘지 않을 것) ② 장소(Ort)의 통일(모든 사건은 한 장소에서 이루어질 것) ③ 사건(Handlung)의 통일(완결되고 일정한 길이의 행동의 모방일 것)이란 시간, 장소, 사건에 대한 <연극의 삼일치(三一致)>의 법칙을 수립하였다. 오랫동안 연극의 정설로 내려온 아리스토텔레스의 연극의 법칙은 셰익스피어에 의해 타파되었는데 그의 이름을 딴 헤르더의 저서 『셰익스피어』도 프랑스 작가들의 의고주의적 드라마를 조롱하고 궁중과 사교계의 호화로운 사회를 비방하며 <줄거리와 시간과 장소의 통일의 원칙>을 비판했다. 이러한 헤르더의 영향을 받은 괴테도 질풍노도의 성격의 『타소』와 『괴츠 폰 베를리힝엔』에서 연극의 3일치 법칙을 타파하였다. 이렇게 도전적인 괴테는 더 나아가 아리스토텔레스의 연극 법칙보다도 더 복잡한 연극 규칙을 정립하여 역설적인 면까지 보인다. 그에 의하면 배우에게는 이상적인 예절이 중요시 되어서 격정적인 장면에서도 서툴게 이쪽저쪽으로 설치지 않고 아름다움을 표현에 구비시켜야만 했다. 자세에 있어서도 아주 면밀하게 규정되어서 어떤 경우에도 사투리는 피하고 발음은 분명해야 했다. 시구의 첫머리에서 언제나 짧은 휴식을 취해야 하고, 문자 그대로 4중주와 같은 리허설이 행해지지 않으면 안 되었다. 시구의 억양은 팔을 아래위로 흔들어서 배우게 한다든지 또는 지휘봉을 사용하여 익히게 한다. 이런 모든 것은 물론 바이마르에서만 적용되는 것이고, 그곳에서도 일정 기간에 한정되어 있었다. 아직 익숙하지 않는 시극을 괴테가 공연하려 하자 배우들은 질색하고 증오할 정도였다. 그는 궁정 극장의 감독을 맡으면서 사생활에서도 점잖은 몸가짐, 예절 있는 행동을 요구했다. 손수건과 지팡이를 사용하는 것도 금지되었고, 긴 바지를 입고 손을 호주머니에 넣는 당시의 최신 유행도 금지되었다.

기존의 지배적이던 아리스토텔레스의 연극의 3일치의 법칙까지 타파하면서 이보다 더 복잡한 연극 규칙을 정립하고 용어도 간결하게 하는 등의 괴테의 도전적인 행동은 하만과 헤르더의 질풍노도 사조의 영향을 받은 결과이다. 사회적·예술적 전통에 따라 개인을 제한하는 사회적 인습을 타파하려는 질풍노도의 궁극적인 목표는 자유였다. 따라서 자연 → 심장 → 자유의 결합이 내재된 『괴츠 폰 베를리힝엔』의 마지막에 괴츠는 “물을 한 모금 다오 - 천국의 신선한 공기 - 자유! 자유!”라고 자유를 외친다.

제센하임의 목사의 딸 프리데리케(Friederike Brion)와의 사랑에서 생성된 시 「환영과 이별」과 「5월의 노래」같은 서정시도 질풍노도의 계기가 되었다. 따라서 『괴츠 폰 베를리힝엔』에서 마리아를 차버린 인물 바이슬링겐은 프리데리케를 차버린 괴테 자신의 암시로 이러한 비윤리적 행위에 대한 가책에서 이 희곡을 썼을 가능성도 생긴다. 이렇게 자신을 암시하는 괴테의 질풍노도 성격의 또 다른 작품인 『젊은 베르테르의 슬픔』은 괴테 자신의 절망적인 사랑의 체험으로 사랑으로 억눌렸던 자들의 불만을 폭발시켜서 인습의 굴레에 갇힌 사회에 항거하고, 억눌린 사회로부터 배출구를 찾던 젊은이들에게 심리적 탈출의 돌파구를 마련해주었다.

괴테의 단편소설 『노벨레(Novelle)』에서 전개되는 물건을 사고파는 시장은 개별적 존재를 '공동체'로 묶어주는 '사회적 통합의 장'이 되고 있다. 이러한 시장에서는 '교환(Tausch)'이나 '교환 가치(Tauschwert)'란 용어가 홍행한다. 상업에서 교환은 진정한 가치를 속이는 대가(代價)로 '교환 가치'는 주로 말수단에 의해서 성사된다. 이러한 '말과 돈의 관계'에 대해서 하만은 "돈과 언어는 깊고 추상적인 내용을 담고 있다. 이들 둘은 일반적으로 생각되는 것보다 더 동질적으로 통용되는데, 지식은 언어의 교환에 근거하고, 재산은 돈의 교환에 근거하기 때문이다"라고 언급하고 있다. 언어와 돈이 동질적인 자본주의 사회에서는 귀족과 민중 간의 계급의 불평등이 없을 수 없는데 이러한 계급의 불평등을 괴테는 『파우스트』에서 합창단의 푸념으로 드러내고 있다.

> 왕비들이라면 물론 어디에나 기꺼이 가시지요.
> 하계에 가셔도 높은 자리에 앉아 계시고,
> 오만스럽게 자기와 같은 분들과 어울리시며,
> 페르세포네 여왕님과도 정답게 지내시지요.
> 그러나 우리 따위는 수선화와 무성한
> 깊숙한 초원 저 뒷구석에 앉아서,
> 길게 뻗은 백양나무나
> 열매도 맺지 못하는 수양버들과 어울리게 되니,
> 무슨 재미있는 소일거리나 있겠어요?
> 박쥐들처럼 찍찍 소리를 내며 울어대거나
> 유령들처럼 재미도 없이 속삭이기나 할 따름이죠. (9970~9980행)

합창단은 계급도 없어 대화의 대상도 되지 못하고 무대 장식용에 불과하여 그들의 말과 역할은 망각되어 상실되는 반면, 그레트헨이나 헬레나는 하계까지 역할을 하는 계급의 불평등이 푸념되고 있다. 이러한 계급의 불평등이 괴테 문학의 본질이 아닌가도 생각해보게 한다. 앞에서 언급된 대로 하만의 영향을 받은 헤르더를 통해 알게 된 민중 문학과 민요를 지대하게 선호한 괴테가 자신의 문학에서는 귀족만 다루며 민중을 등한시하는 모순적인 면을 보이는 것이다. 이렇게 귀족을 옹호하며 민중을 등한시하는 이념은 『빌헬름 마이스터의 수업시대』에서 적나라하게 피력되고 있다. 이 작품에서 귀족의 생활 방식이 인격의 자유롭고 완전한 도야가 되며, 여기에 방해가 되는 민중적인 사회는 척결되어야 한다고 빌헬름은 친구 베르너에게 보낸 편지에서 내세우고 있다. "다른 나라의 경우는 모르겠지만 독일에서는 귀족만이 그러한 용어를 사용하여 품성을 계발할 수 있어요. 중산 계급의 사람들은 숙달에 이를 수 있고, 어떤 경우에는 지적 기능을 연마할 수도 있지요. (…) 귀족의 평상 생활에는 어떠한 장벽도 없어서 그는 왕이 되거나 또는 왕에 비슷한 사람이 될 수 있습니다. 그리하여 어디를 가나 그는 자신에 대등한 사람들 앞에 태연자약한 마음으로 행동할 수 있지요. 어느 분야에서도 그는 활발하게 밀고 나갈 수 있습니다. 여기에 비하여 중산 계급인에게는 자신에 부과된 계약을 곧이곧대로 의식하고 앉아 있는 것 이상으로 어울리는 것이 없습니다. 그는 스스로에 대해서 '당신은 어떤 사람인가'라고 물을 수 없고 오로지 '당신은 무엇을 가지고 있는가? 어떤 머리, 어떤 지식, 어떤 기술, 어떤 재산을 가지고 있는가?' 하고 물을 수 있을 뿐입니다. 귀족은 자신의 품성으로 모든 것을 주는 데 반해, 부르주아는 품성을 통하여 아무것도 주지 못하고 주어서는 안 됩니다. (…) 이러한 차이는 귀족의 오만이나 부르주아의 순응성에 기인하는 것이 아니라 사회 구조에서 일어납니다."

이러한 민중의 등한시를 옳지 않게 여긴 교육자 페스탈로치(Johann H. Pestalozzi)는 『은자의 황혼』에서 괴테를 신랄하게 비꼬고 있다.

> 오오, 높은 지위에 있는 군주여!
> 오오, 힘을 가진 괴테여!
> 어버이 마음이 그대의 의무가 아닌가?
> 오오, 괴테여, 그대의 길은 모두 자연이 아님을
> 나는 유감스럽게 생각한다.
> 약한 자를 소중하게 하고, 자기 힘을 사용하는데
> 있어서 어버이의 마음, 어버이의 목적,
> 그리고 어버이의 희생,

이것이 인간의 순수한 고귀성이다.
오오, 높은 지위에 있는 괴테여!
나는 그대를 내 낮은 지위에서 우러러보고,
무서워 떨며, 침묵하며 탄식한다.
그대의 힘은 나라의 영광을 위해서
몇 백만의 국민의 행복을 희생시키는
대군주의 압박과도 같다.

부르주아 문학에서 즐겨 전개하는 '귀족'만 다뤄지며 민중은 배제되는 괴테의 작품들이 페스탈로치의 신랄한 비난을 받는 것이다.

(안진태)

헤겔

(Georg Wilhelm Friedrich Hegel, 1770~1831)

괴테의 작품에는 다양한 역사관이 배경을 이루고 있다. 그의 단편 『노벨레(Novelle)』에서 "모든 국가 구성원들은 똑같은 근면으로 나날을 보내고, 또한 자신에 알맞는 똑같은 활동과 생산으로 이익을 얻고 나서 역시 똑같이 즐기는 시대를 경험하고 이용했다"는 영주(Fürst)의 부친의 언급은 프랑스의 생-시몽(Saint-Simon)의 공상적 사회주의 사상과 일치한다. 마찬가지로 개간된 농토에 거주지를 건설하고 생산된 농산물을 민중에 나누어 주면서 "아이고 어른이고 노인이고 유용한 세월을 보내게 되리라. / 나는 이런 인간의 무리들을 보고 싶고, / 자유로운 땅에서 자유로운 백성들과 더불어 살고 싶다"(11578-11580행)는 파우스트의 언급도 생-시몽의 공상적 사회주의와 유사하다. 이러한 생-시몽의 공상적 사회주의에서처럼 귀족이나 시민 모두가 함께 평등하게 어울리는 대중적인 행사가 '가면무도회'다. 가면무도회에서 귀족과 평민은 신분을 감추고 각자의 평등한 사회를 발휘할 수 있는 것이다. 『노벨레』에서 영주 부인이 들르는 북적대는 시장도 가면무도회의 생리로 개별적인 존재를 '공동체'로 묶어주는 '사회적 통합의 장'이 되고 있다. 『파우스트』의 <가면무도회(Mummenschanz)>에서 사람들은 정원사, 어부, 나뭇꾼 등 생산품을 파는 상인으로 변장하여 직업을 초월하고 화환, 올리브 같은 상품으로 가장하고 있다. 이러한 사회적인 통합의 장에서는 이윤의 추구라는 개인적인 목적이 추구되어서 개인과 단체의 관계가 성립된다. 따라서 가면무도회 장면은 "각자 오로지 자신만이 목적이며 그 외의 것은 염두에 두지 않는 시민사회"에 대한 알레고리라고 헤겔(Georg W. F. Hegel, 1770~1831)은 정의하고 있다. 이렇게 헤겔의 역사관이 괴테의 작품에서 다양하게 전개되고 있다.

1. 개인과 집단의 알력

헤겔의 역사철학에 의하면 "세계정신(Zeitgeist)"은 부단히 역사적인 사건으로 드러난다. 헤겔은 역사의 모든 것은 세계정신이 그렇게 되기를 요구하기 때문에 그같이 발생하지 않으면 안 된다고 보았다. 이러한 의미에서 인간의 역사는 본성적으로 필요한 본능의 반복으로 발생하지 발전적 오성에 의해 이뤄지지 않는다. 따라서 역사는 전체가 하느님의 신현(神顯)에 의거하여 정신 자체에 하나의 전형을 이룬다. 이러한 전형 속에서 개인적인 존재인 자아는 소멸될 뿐이다. 결국 계몽된 자아란 주관적 자유는 제한되고 강요된 자신일 뿐이다. 따라서 현대 시민 사회에서 개인은 국가의 법질서 속에서 단순한 기능으로 축소되어 개인의 행동은 그가 맡은 업무 분야내지는 사생활의 영역에서만 영향을 미칠 수 있다. 아킬레우스와 같은 고대의 영웅이 오늘날 행정 업무를 수행하는 관료로 전락하는 것이다. 이러한 헤겔의 역사철학의 영향을 받아 헵벨(Friedrich Hebbel)은 범비극(汎悲劇 Pantragismus)적 역사관을 세우기도 했다. "자아" 즉 "개인"의 활동을 중요시한 헵벨에 의하면 "개인"의 존재와 활동은 항상 "전체"의 의지에 반항이 되기 때문에 도덕적으로나 종교적으로 잘못이 없으면서도 비극의 죄가 된다. 결국 단체는 자기들의 의지를 달성하려 하는 개인을 단체의 일부로 보아서 굴복시키고 통례적인 길을 가게 하는 데서 범비극론의 단초가 되며, 시인은 이와 같은 범진리적인 사실을 "개인정신의 대표자"로서 폭로시키는 사명을 띠고 있다. 이렇게 범비극론 같이 개인이 관리된 사회를 헤겔은 "산문화된 상황(prosaische Zustände)"이라고 규정하였다. 여기서는 더 이상 과거의 책임 있는 행동을 하는 영웅도 없으며 중심축도 없다. 이러한 산문화된 상황에서 작가가 고대 서사시 같은 세계를 묘사하려 한다면 돈키호테 같은 시대착오적인 인물을 낳을 수밖에 없다. 이에 대한 증거로 헤겔은 괴테의 드라마 『괴츠 폰 베를리힝엔(Götz von Berlichingen)』과 쉴러의 『군도(Die Räuber)』를 들고 있다. 쉴러의 『군도』에서 카알은 시민 사회의 산문화된 상황에 저항하는 효과적인 수단을 발견하지 못하여 파멸한다. 『괴츠 폰 베를리힝엔』에서 질풍노도 성격의 동적인 인물 괴츠는 정치의 권모술수에 능숙하지 못하고 솔직하고 고상하여 기존의 법규를 따른다. 주교나 황제 같이 어떤 기관이나 지위에도 속하지 못하고 자신에 의지하고 책임을 지기 때문에 그는 더욱 더 고귀하고 위대하다. 이러한 괴츠는 마지막 죽기 직전에 자신의 패배를 인식한다. 이렇게 이상주의적인 괴츠는 산문화된 현실에서 파멸할 수밖에 없다고 헤겔은 단정한다.

괴테의 작품에서 질풍노도적인 인물들은 헤겔이 규정한 산문화된 상황에서 벗어나려 투쟁한다. 학문적으로 높은 경지에 도달했지만 서재에만 갇혀 있어 사회와 절연되어 있던 파우스트는 산보 중에 농부들의 환호성에서 사회성을 알게 되면서 점차로 발전을 지향하는 질풍노도적인 인물이 되어 "그의 영원한 배고픔, 그의 탐욕의 입술 앞에 진수성찬과 술이 어른거리게 하리라"(1863~1864행)고 피력되는 헤겔주의자가 되어간다.

2. 발전에 대한 집념

헤겔에게 있어서 역사는 항상 '자유롭고' '새로워서' 결코 자체적으로 반복되는 일이 없다. 이렇게 자체로 반복하지 않는 역사를 헤겔은 자연의 반대로 보았다. 역사와 달리 자연에서는 대상이 무한히 재생되어 반복되기 때문에 새로운 것이 발생하지 않기 때문이다. 이러한 자연을 괴테는 극복·통치하고 변화시켜 역사적인 대상으로 만들고자 한다. 1824~1825년 겨울의 폭풍으로 인한 해일로 1826년에 발생하여 많은 황폐를 가져온 홍수에 자극받아 집필된 괴테의 <기상학의 시도(Versuch einer Witterungslehre)>에서 인간은 법칙과 규칙에 따라 작용하는 자연을 통치하거나 극복할 수 있어서 인간과 자연의 투쟁은 필연적이라고 언급되고 있다. "자연의 원소들은 우리가 영원히 싸워야 하는 거대한 적으로 간주되어야 한다. 이 적들은 개개의 경우 정신의 지고한 힘, 용기와 책략을 통해서 제압될 수 있다. 자연의 원소들은 제멋대로의 횡포 그 자체라고 불릴 수 있다." 따라서 괴테의 분신인 파우스트는 바다의 파도도 거대한 횡포를 부려 제압되어야 하는 대상으로 보아서 바다의 흐름을 바꾸는 운하를 건설하려 한다. "내 눈은 저 아득한 바다로 끌렸다. / 부풀어 오르고, 저절로 솟구쳐 올랐다가는 / 잠잠해지는가 싶더니 다시 파도를 퍼부어 / 드넓은 평평한 해변을 덮치는 것이다. / 나는 그것이 화가 났다"(10198~10202행)의 내용처럼 밀물 때면 몰려들고 썰물 때는 빠져나가며 영원히 반복되기만 하지 새로운 것을 발생하지 못하는 자연은 파우스트를 화나게 할 뿐이다. 따라서 자연의 반복 같은 "얽매이지 않은 원소의 목적 없는 힘"(10219행)에 격분하여 "여기서 나는 싸우고 싶다. 이것을 나는 이겨내고 싶다"(10221행)고 외치는 파우스트는 헤겔주의자가 된다. 마찬가지로 니체는 "우리 독일인들은 모두 헤겔주의자들이다. 우리는 (라틴 민족과 반대로) 지금 존재하는 것보다 앞으로의 발전에 본능적으로 더 깊은 의미와 가치를 부여한다"고 독일정신의 화신을 파우스트 같은 헤겔주의자로 규정한다. 헤겔에 따르면 "역사에서는 업적을 이룰 수 있는 힘만이 우월한 것으로 존재의 정당성을 획득할 수 있으며, 이 힘과 업적이 도덕적으로 정당화될 수 있는지 여부는 전혀 문제가 되지 않는다." 이러한 헤겔의 역사관에 부합하여 파우스트도 "힘이 있으면 권리도 있는 법, 무엇을 했느냐고 묻지, 어떻게 했느냐고 묻지는 않는다"(11184~11185행)고 외치고 아울러 "인간 지혜의 마지막 결론은 이것이다. 자유도 생명도 날마다 싸워서 얻는 자만이 그것을 누릴 자격이 있다"(22574~11576행)며 사업확장에 장애가 되는 것을 무자비하게 탄압한다. 이렇게 헤겔의 역사철학에 따른 발전지향적인 파우스트는 일종의 역사의 다위니즘의 화신이 되고 있다.

발전을 향한 무한한 욕망을 지닌 파우스트는 "신을 닮은 나"(614행)라고 독백하듯이 신적인 경지까지 오르려 한다. 따라서 "지고의 존재를 향해 쉬지 않고 노력하겠다고 힘차게 결단하는"(4684~4685행) 파우스트는 자신이 더 이상 신에 좌우되는 존재가 아니라 자기 스스로가 주인이라고 여긴다. 괴테의 찬가 「프로메테우스」에서도 프로메테우스는 "제우스여, 그대의 하늘을 / 구름의 안개로 덮어라! / 그리고 엉겅퀴를 꺾는 / 어린이와 같이 / 떡갈나무에, 산봉우리에 힘을 발휘해 보아라! / 하지만 나의 대지만은 / 손끝 하나 안 되니, / 네 힘을 빌리지 않고 세운 / 내 오두막에, / 그리고 네가 시샘하고 있는 / 내 가마의 불은 / 손대지 말지어다"라고 자신이 이제부터 제우스 신과 동일하다고 주장한다. 괴테의 교양소설 『빌헬름 마이스터의 수업시대』에서도 인간과 신의 동일시가 언급되고 있다. "만일 이 세상을 창조한 창조자 스스로가 그의 피조물의 모습으로 변신하여 한동안 이 세상에 살았다고 생각한다면 피조물은 창조자와 내면적으로 일치되기 때문에 우리들 피조물은 창조자와 같이 완전무결하다. 따라서 인간이란 신과 모순되지 않는다."

이렇게 인간이 신과 동등하려는 의지가 괴테의 작품에서 자주 전개되는 배경에서 신과 동등하려는 파우스트는 19세기에 발전이 중요시되던 유럽의 산업사회의 주역이 되어서, 새로운 경작지를 만들고, 이 경작의 극대화로 생겨난 이익을 세계 각처에서 교역하여 신화 속의 교역의 신 헤르메스(Hermes)가 되어가고 있다.

3. 영원한 현재

헤겔은 실질적인 현재는 과거의 결과이며 또 미래를 잉태하기 때문에 "진정한 현재는 영원하다"고 정의하여 과거나 미래, 특히 영원한 미래인 죽음까지도 부정하였다. 헤겔에게는 죽음을 참아 견디고 그 속에서 자신을 유지하는 것이 정신의 생명인 것이다. 죽음 이후에 영혼의 구원에 관심을 갖지 않을 때 신은 사실상 존재 가치가 없고, 신앙은 인간의 낮은 수준이 된다는 견해는 칸트에서 니체에 이르기까지 계몽주의 철학자들의 주장이었다. 특히 "신은 우매하여 그를 믿는 어리석은 인간들이 없다면 존재할 수 없다"는 니체의 주장은 괴테의 찬가 「프로메테우스」에서 "너희들 신들이여, 태양 아래서 / 너희보다 더 불쌍한 자 어디 있으랴! / 너희들은 기껏해야 / 희생으로 바쳐진 제물이나 / 기도의 한숨으로 / 위엄을 지탱할 뿐이니, / 철없는 애들이나 거지같은 희망에 찬 바보들이 / 어리석은 기원을 드리지 않을 때는 / 너희는 망하게 되리라"는 외침으로 답습된다. 이승의 삶에 집착하는 파우스트도 죽음 이후의 신이 다스리는 세상을 냉소한다. "나는 내세 때문에 괴로워하지 않는다. / 네가 이 세상을 산산조각 내도 / 이어서 다른 세계가 생길 것이다. / 이 새로운 땅에서 나의 기쁨이 샘솟고, / 이 태양이 나의 고뇌를 비춰준다. / 내가 이것들과 헤어진 다음에는 / 무슨 일이 일어나도 상관없다. / 미래에도 사람들이 서로 증오하고 사랑하는지, / 또한 저 세상 안에도 / 위와 아래의 구별이 있는지, / 그런 것을 나는 더 이상 듣고 싶지 않다."(1660~1670행) 따라서 "오직 현재만이 존재하고 이전과 이후는 존재하지 않는다. 실질적인 현재는 과거의 결과이며 또 미래를 잉태하여서 진정한 현재는 영원하다"는 헤겔의 '진정한 현재론'이 이승의 "지고의 순간"(11586행)을 열망하는 파우스트에 적용되고 있다. 헤겔처럼 파우스트도 "이제 앞을 내다보지도 않고 뒤도 돌아보지 않는 지금의 현재"(9381행)를 옹호하는 것이다.

이렇게 내세를 등한시하고 현세에만 집착하는 파우스트는 기독교에 역행이 된다. 이러한 비기독교적인 내용은 괴테 당시의 현실로 그 당시에 헤겔을 포함하여 많은 역사철학자들은 그리스·로마의 낡은 세계에서 기독교의 승리를 역사에서 우월론의 대표적인 예로 들었다. 이들은 기독교의 광범위한 전파, 장구한 세월에 걸친 존립 등을 역사에서 우월성으로 여겨서 헤겔은 기독교를 자신의 보편적인 역사에 적응시키기도 하였다. 세계정신은 부단히 역사적인 사건으로 드러나기 때문에 하느님의 신현(神顯)도 역사가 될 수 있다는 것이다. 괴테에게도 "신적"이라는 형용사로 수식되는 인간 예수는 도덕성의 지고한 원칙의 육체적인 담지자일 뿐이다. 메피스토펠레스와 내기 계약을 체결하기 전 자신과 세계에 대한 불만이 극에 달했던 파우스트가 자신의 자유로운 의지나 자아의 실현을 구속하거나 가로막는 것에 대해 가장 격정적으로 부정한 것은 '믿음' '사랑' '소망'의 기독교의 근본적인 덕성이었다. "저주하노라, 저 지고한 사랑의 은총을 저주하노라, 희망을! 저주하노라, 믿음을! 그리고 저주하노라, 무엇보다도 인내를!"(1604~1606행) 신과 동일하게 되려는 파우스트가 우선적으로 행하는 것은 기독교 신앙의 파괴인데 단일신을 섬기는 기독교의 세계에서 그는 주인이 될 수 없고 신의 머슴에 불과하기 때문이다.

이러한 기독교에서 인간창조에 관해서는 하느님이 인간을 창조했다는 성경의 창세기 내용이 유일한 정설이며 이와 다른 내용은 이단으로 부정시 된다.

그런데 괴테의 찬가 「프로메테우스」에서는 하느님이 아닌 프로메테우스가 인간을 창조하여 기독교 사상에 저항하고 있다. "나는 여기 앉아서 / 내 모습의 인간을 만드노라, / 나를 닮은 종족으로,/ 괴로워하고 울고 / 즐거워하고 기뻐하지만 / 너 따위를 숭배하지 않는 / 나와 같은 인간을 창조하리라." 여기에서 괴테는 (탄압에서 벗어나는) 역사에 투쟁하는 신적인 인물 프로메테우스를 적응시켜 헤겔이 하느님의 신현을 역사에 적응시킨 예를 답습하고 있다. 세계를 뒤흔든 프랑스 혁명을 겪은 괴테는 프로메테우스의 신화적 본성을 탈바꿈시켜 그를 인간의 역사로 전개시킨 것이다.

(안진태)

헤르더

(Johann Gottfried Herder, 1744~1803)

헤르더가 시무했던 성 베드로·바울 교회 앞에 세워진 헤르더 동상

헤르더는 목사, 신학자, 철학자, 미학자, 문학평론가였다. 괴테와 헤르더의 만남은 독일문학 발전에 지대한 영향을 끼쳤던 만남들 가운데 하나이다. 괴테는 노년에 쓴 자서전인 『시와 진실』에서 헤르더와의 만남을 가리켜 "나 자신에게 아주 중요한 결과를 가져다 준 가장 의미 있는 사건"이라고 회고하며 그 만남의 중요성을 강조했다. 여기에서 말하는 '사건'이란 괴테가 겪었던 단순한 일회적인 현상이 아니라, 그의 삶에 획기적인 전환점을 가져다 준 것을 의미한다.

1. 슈트라스부르크에서의 만남과 교제(1770년 9월~1771년 4월)

1770년 가을 헤르더는 뤼베크 세속 후작 주교 자제의 교양여행에 동행했다가 이를 중도에 그만두고 눈병 치료차 슈트라스부르크에 머문다. 헤르더의 도착 소식을 듣자 괴테를 비롯한 젊은이들은 이미 『최근 독일문학에 대해(Über die neuere deutsche Literatur)』(1766-67)와 『비평의 숲(Kritische Wälder)』(1769)을 통해 필명을 떨친 문학평론가이자 미학자를 만나보고 싶어 한다. 그런데 괴테는 누구보다 먼저 헤르더를 만나는 "행운"을 누린다. 헤르더가 묵게 될 여관의 층계를 올라갈 때, 괴테는 우연히 그를 보고 잠시 인사를 나누며 방문허락까지 받는다. 이때 괴테의 나이는 21세로 헤르더보다 다섯 살 아래였다.

헤르더가 힘겨운 눈 수술 후 수개월 간 고통스럽고 지루한 치료를 받는 와중에 괴테는 하루도 빠짐없이 그를 병문안하고 옆에서 그를 돌봐주며 말벗이 되어준다. 괴테는 헤르더가 자신을 "날마다, 실로 시간마다 새로운 견해에 이르도록 촉진"했으며, "사실 하루라도 대단히 유익한 배움을 받지 않는 날이 없었다."라고 고백한다. 헤르더는 괴테로 하여금 변변치 못한 독일 근대문학의 실상을 목도하게 하고, 특히 자랑과 허영과 오만으로 가득 찬 괴테의 자아도취 성향을 여지없이 깨뜨린다. 이로 인해 괴테는 자신의 능력을 불신하고 회의하는 지경에까지 이른다.

괴테는 헤르더에게 사람의 마음을 끌어당기는 매력과 더불어 "사람을 물리치는 성향"이 있음을 알게 된다. 무엇보다 괴테가 참기 어려웠던 것은 헤르더의 질책과 꾸지람과 욕설과 조롱이었다. 헤르더는 한 번은 괴테에게 책을 빌리면서 그의 이름을 '똥'과 연관시키는 장난을 치기도 한다. "그대 신의 후예여, 고트 족 혹은 코트(똥)의 후예인, / 괴테여, 나(헤르더)에게 그걸(키케로 서간집) 보내다오." 그리고 괴테가 취미인 인장수집에 대해 의기양양하게 이야기 하자, 헤르더는 괴테의 취향을 조소하며 이에 대한 흥미를 잃게까지 한다. 헤르더의 비난과 꾸지람이 계속되자, 이전에는 헤르더에게 속내를 다 드러냈던 괴테는 『괴츠 폰 베를리힝엔』과 『파우스트』 작품에 대한 구상, 그리고 유대교 신비주의인 카발라에 대한 관심은 그에게 말하지 않는다. 괴테는 나름 헤르더의 신경질적이고 반항적이며 신랄한 기질의 원인을 그의 눈병에서 찾기도 한다.

괴테가 헤르더의 꾸지람과 조롱을 끝까지 감내했던 것은 그의 "폭넓은 식견과 깊은 통찰"에 매료되었기 때문이다. 헤르더는 괴테와 교제하는 가운데 그에게 많은 문학적 자극을 준다. 괴테가 오비디우스의 『변신』을 좋아한다고 말하자, 헤르더는 이를 조롱하며 성서, 핀다로스, 호메로스, 오시안, 셰익스피어, 하만, 뫼저, 스위프트, 골드스미스 등을 소개하며 괴테를 새로운 문학세계로 인도한다. 괴테는 헤르더를 통해 이전과는 다른 관점에서 문학을 바라보게 된다. 이제는 규칙의 준수나 모방이 아니라 독창성, 개성, 생생한 감정을 문학의 가치

척도로 간주한다. 그리고 시를 비롯한 문학이 배웠거나 교양 있는 특정 인물들 혹은 문명화된 세계의 전유물이 아님을 깨닫게 된다. "시문학 일반은 세계에, 제 민족에게 주어진 선물이지, 몇몇 세련된 배운 자들이 물려받은 개인적 분깃이 아니다."

무엇보다도 괴테는 헤르더를 통해 민초들의 진솔한 감정이 배어 있는 민요의 의미를 재인식하게 된다. 이를 계기로 그는 알자스 지방을 돌아다니며 12편의 민요를 수집한다. 괴테가 수집한 민요 일부는 이후 헤르더의 『민요집(Volkslieder)』(1778-1779)에 수록된다. 그리고 탁월한 어학적 재능을 지닌 괴테는 헤르더로부터 전설적인 켈트족 시인인 오시안을 알게 되자, 이 시인의 시를 원전에서 혹은 영역본에서 독일어로 번역하고(『젊은 베르테르의 고뇌』에서 베르터가 로테에게 오시안의 시를 읽어주는 장면 참조) 이를 스승인 헤르더에게 전달한다. 이로 인해 스승으로 하여금 오시안의 시를 원어로 읽고자 하는 욕구를 불러일으킨다. 또한 괴테는 스승의 정신에 입각하여 1771년에 「독일의 건축술에 관하여(Von Deutscher Baukunst)」와 「셰익스피어 기념일에 즈음하여(Zum Schäkespeares Tag)」를 집필하기도 한다.

헤르더는 슈트라스부르크에 머무는 가운데 베를린 학술원의 현상문제에 응모하고자 『언어기원에 관한 논문(Abhandlung über den Ursprung der Sprache)』(1772)을 쓰게 되는데, 이 육필원고를 직접 괴테에게 전해준다. 괴테는 그 원고를 "아주 재미있게" 읽었지만, "나는 지식이나 생각에 있어 그것(헤르더의 논문)에 대한 판단의 근거를 밝힐 정도의 수준에 충분히 이르지 못했다."라고 고백한다. 그밖에 괴테는 헤르더와의 교제가 가져다 준 유익함에 대해 이렇게 소회를 밝힌다. "헤르더가 이후에 차츰 수행해 나간 모든 것의 싹이 암시되었으며, 나는 그로 인해 내가 지금까지 생각하고 배우고 내 것으로 만들었던 모든 것에 완벽을 기하고 보다 높은 것과 연결시키고 확대시키는 운 좋은 상황에 빠져들었다."

2. 헤르더의 뷔케부르크 시절과 바이마르 초기 생활(1771년-1782년)

1771년 4월에 헤르더는 슈트라스부르크를 떠나 토마스 압트의 후임으로 뷔케부르크 궁정설교사에 임명된다. 그 이후로도 괴테와 헤르더는 산발적으로 편지를 주고받는다. 그러는 와중에 괴테는 헤르더가 뷔케부르크를 떠나고 싶다는 소식을 접하자 그를 바이마르로 초빙하려고 한다. 하지만 헤르더의 저술에서 풍기는 자유주의적이고 계몽적인 성향을 우려한 성직자들의 반대에 부딪힌다. 그럼에도 불구하고 괴테는 헤르더를 작센-바이마르-아이제나흐 공국의 궁정설교사 겸 교구총감독직에 앉히는 데 성공한다. 게다가 헤르더가 기거할 관사를 수리하도록 지시까지 한다.

마침내 1776년 10월 1일에 헤르더는 바이마르에 도착하여 궁정과 여러 문학 친구들의 환대를 받는다. 바이마르에서 예기치 않은 환영에 고무된 헤르더는 라바터에게 보낸 한 편지에서 "괴테 그 친구는 예전에 내가 생각했던 것보다 훨씬 선량하고 깊고 고결한 사람이었네."라고 쓴다. 이로써 전에는 스승으로부터 질책과 꾸지람과 비난을 듣던 '철없던' 제자가 이제는 스승을 돕는 '의젓한' 친구로 변모하게 된다.

헤르더는 관직을 맡을 때 약간 궁정과 알력을 빚기는 했지만 이후 교구 행정 업무와 학교제도 감독을 충실하게 수행한다. 하지만 바이마르에서 학교제도와 교회제도를 개혁하려고 노력하는 가운데 궁정의 비협조와 성직자들의 반대에 부딪혀 좌절을 맛본다. 부임 초기에 헤르더가 괴테에게 느꼈던 감사와 친근함도 그리 오래 가지 못한다. 여기에는 아우구스트 공의 신뢰를 바탕으로 광범위한 영향력을 행사하며, 게다가 황제 요제프 2세로부터 귀족 칭호까지 받은 괴테에 비해 자신은 바이마르에서 무시당하고 무관심을 받고 있다는 질투 섞인 서운함이 작용했던 것이다. 이로 인해 헤르더와 괴테의 관계는 이후 6-7년간 소원해진다. 이런 감정을 그는 하만에게 다음과 같이 쏟아놓는다. "저에겐 이곳에서 더 이상 기쁨과 행복이 없습니다. 마지막 남은 영주에 대한 저의 신뢰도 이젠 사라지고 없습니다."

3. 괴테와 헤르더의 협력기(1783년-1795년)

1783년에 괴테가 헤르더 부부를 자기 생일에 초대한 것을 계기로 두 사람의 관계는 다시 긴밀해진다. 이는 괴테가 1783년 12월 말에 라바터에게 보낸 편지에 잘 나타난다. "제 인생의 가장 큰 행복 가운데 하나는 저와 헤르더 사이에 저희들을 갈라놓았던 것이 더 이상 없다는 것입니다." 그러면서 헤르더에 대해서는 "그만큼 고결한 가슴과 폭넓은 정신을 지닌 사람은 없습니다."라고 덧붙인다. 이렇게 해서 괴테는 헤르더에게 '고통을 함께 하는 동지'가 된다.

이후 10여 년 넘게 괴테와 헤르더는 대화, 독회, 공동 작업을 통해 자연사와 역사철학 분야에서 생산적인 자극을 주고받는다. 한 예로 헤르더는 『인류의 교육을 위한 또 하나의 역사철학(Auch eine Philosophie der Geschichte zur Bildung der Menschheit)』(1774)의 후속편 내지 개정판인 『인류 역사철학에 관한 이념(Ideen zur Philosophie der Geschichte der Menschheit)』(1784-1791, 이하 『이념』)을 집필하는 데 동력을 받게 된다. 괴테는 에커만과의 대화에서 헤르더의 『이념』을 가리켜 그의 저서 가운데 "가장 탁월하다"고 말한다. 헤르더와 협력하는 가운데 괴테는 원숭이와 인간을 구분하는 표지로서 간주되었던 악간골을 인간에게서 발견한다.

서로 의지하고 협력하는 가운데 1786년 9월에 괴테가 갑자기 사전에 아무런 기별도 없이 이탈리아로 도피성 여행을 떠나게 된다. 이에 헤르더는 괴테의 부재를 크게 느낀다. 그는 하만에게 보낸 편지에서 "저의 유일한 벗 괴테가 작년(1787년) 10월부터 로마에 가 있습니다. 전 이제 교회 뒤편에 완전히 홀로 내버려져 있습니다."라고 적적하고 쓸쓸한 심경을 토로한다.

이탈리아 여행 중에 괴테가 가장 긴밀하게 서신을 주고받은 사람은 바로 헤르더이다. 괴테는 이탈리아의 자연과 고대 문화유적을 보고 느낀 소감을 헤르더에게 전하며 그에게 이탈리아 여행에 대한 열망을 불어넣는다. 헤르더는 괴테의 편지에 보답이라도 하듯, 바이마르에서 괴테의 최초 전집 발간 작업을 도와 원고 교열과 교정 작업을 하고, 특히 괴테의 작품 『타우리스의 이피게니에』의 마지막 교정을 보기도 한다. 괴테와 헤르더는 스피노자의 범신론적 철학을 공유하였는데, 괴테는 이탈리아 여행 중에 헤르더가 보낸 스피노자 철학에 대한 대화록인 『신에 대한 몇 차례의 대화(Gott. Einige Gespräche)』(1787)를 받자, "내가 뛰어난 친구(헤르더) 곁에서 그러한 문제에 관해 자주 담소를 나누는 기회를 가졌던 예전의 시간 속으로 나를 데려다 주었다."라는 소감을 피력한다. 그리고 괴테는 자신의 최초의 전집에 수록될 시들을 정리할 때 헤르더의 시집인 『흩어진 잎(Zerstreute Blätter)』(1785-1797)을 모범으로 삼기도 한다.

괴테가 이탈리아 여행을 마치고 돌아온 지 얼마 되지 않아 이번에는 헤르더가 괴테의 자극을 받아 1788년 8월 6일부터 1789년 7월 9일까지 약 11개월간 이탈리아 여행을 한다. 괴테는 로마와 이탈리아의 아름다운 자연과 고대문화의 자취를 체험하면서 진정한 자아를 찾았던 반면, 헤르더는 그곳에서 그리 큰 감흥을 얻지 못한다. 그는 오히려 이탈리아 여행에 대해 여러 조언을 해준 괴테와 대립각을 세운다. "괴테의 입에서 나온 규칙들은 내 입맛에 맞지 않는다.", "나는 괴테가 아니다.", "괴테가 여기(로마)에서 살았던 것처럼 나는 살 수 없고 살고 싶지 않으며 살려고 하지 않는다." 미혼인 괴테가 바이마르의 복잡한 상황에서 벗어나 물질의 구속을 받지 않은 채 자유를 구가할 수 있었던 반면, 헤르더는 많은 식솔(당시 6명의 자식)을 거느린 가장으로서, 게다가 재정적으로 변변치 않은 상황(당시 헤르더는 상당한 부채에 시달리고 있었다)에서 전적으로 여행에 몰입할 수 없었다. 특이한 것은 괴테가 이탈리아를 여행하는 중에 헤르더가 그의 전집 발간을 도와주었다면, 역으로 헤르더가 여행하는 중에는 괴테가 바이마르에 있는 헤르더의 가족을 돌봐주었다는 점이다.

4. 괴테와 헤르더의 관계 단절(1795년-1803년)

헤르더는 이전에 뷔케부르크를 벗어나고 싶어 했던 것처럼 이제는 바이마르를 떠나고 싶어 한다. 그러던 차에 1789년에 괴팅겐 대학 신학부 교수에 임용될 수 있는 길이 열린다. 이 소식을 접한 괴테는 아우구스트 공을 설득하여 재정적인 후원을 약속하며 헤르더를 붙잡는다. 하지만 1795년을 기점으로 헤르더와 괴테의 관계는 점점 소원해진다. 여기에는 프랑스혁명에 대한 헤르더의 공감 표명, 실러와 괴테의 긴밀한 관계와 헤르더의 어려운 경제사정이 일조한다.

괴테는 에커만과의 대화에서 "나는 프랑스 혁명의 친구가 될 수 없었네."라고 밝힌다. 그 이유로 살인과 방화와 약탈로 얼룩지는 '부자연스런 폭력적 혁명'보다는 점차적인 '자연스런 개혁'을 원했기 때문이라고 말한다. 여기에는 바이마르에서 고위공직자라는 괴테 자신의 신분도 한 몫 했다. 이에 반해 헤르더에게 프랑스 혁명은 캄캄한 어둠 속을 뚫고 나오는 '새벽의 여명'과도 같았다. 비록 그는 공포정치와 테러에 경악하기는 했지만 프랑스 혁명에 대한 지지는 철회하지 않는다. 결국 공화주의적 정치성향으로 인해 바이마르에서 헤르더의 입지는 점점 좁아진다. 특히 이로 인해 공직자이자 아우구스트 공의 친구인 괴테와의 관계는 멀어진다. 그리고 평소 헤르더가 공국에 보인 불평과 불만 때문에 아우구스트 공도 헤르더가 1801년 바이에른 공국의 공작으로부터 귀족 칭호를 받았지만, 그 작위를 인정하지 않으려 했다.

헤르더가 1794년부터 급속도로 가까워진 괴테와 실러의 관계를 질투한 것은 사실이지만 그 이면에는 이들 간의 문학관의 차이도 존재한다. 실러가 발행했던 『호렌(Die Horen)』(1795-97)의 발간사를 보면, 이 잡지는 현실 세계의 문제는 다루지 않고 "예술 및 우미의 여신과 깊은 유대를 지닌 동아리"를 결성하여 "고결한 인간성의 이상"의 실현에 목표를 두고 있다. 『호렌』에서도 드러나듯이, 괴테와 실러가 추구하는 예술의 자율성을 근간으로 하는 이상주의 미학은 문학과 현실간의 긴밀한 관계를 강조하는 헤르더의 문학관과는 대조된다. 이미 헤르더는 1777년에 탐미주의 문학을 가리켜 "고전적 거품"이라고 비판한 적이 있다. 헤르더는 괴테의 『빌헬름 마이스터의 수업시대』의 일부가 출판되자 이 작품에 대해 강한 불만을 표시한다. 왜냐하면 그에 따르면 그 작품에서는 예술적 세계를 부각시키기 위해 "현실의 도덕적 실존"이 무시되고 있기 때문이다. 이에 반해 헤르더의 『인간성 촉진에 관한 서한(Briefe zu Beförderung der Humanität)』의 여덟 번째 선집(1796)을 읽은 괴테는 예술이 도덕률에 복종해야 한다는 헤르더의 주장은 "터무니없는 것"이라고 비판을 가한다.

이런 요인들과 더불어 헤르더의 어려운 가정형편은 괴테와의 관계를 악화시킨다. 대가족(7명의 자식)으로 인해 살림이 어려워지자 헤르더의 부인 카롤리네는 1789년에 괴팅겐 대학교로 가려던 헤르더를 붙들면서 자녀들의 교육비를 책임지겠다고 했던 약속을 상기시키며 아우구스트 공과 괴테에게 계속해서 불만을 표출한다. 이러는 가운데 카롤리네와 괴테가 주고받았던 편지에서는 인신공격성 말들이 오고가고 이로 인해 이후로 헤르더와 괴테의 관계는 돌이킬 수 없게 된다. 물론 1801년 1월 헤르더가 괴테를 병문안 하고, 1802년에는 헤르더가 괴테의 아들 아우구스트의 견진성사를 담당한 것은 사실이지만, 이는 그 때 뿐이었다. 그러다가 1803년에 헤르더가 죽자, 괴테는 이제까지의 소원한 관계를 떨쳐버리며 "가장 같이 묻히고 싶은 인물은 헤르더"라고 말할 정도로 그의 죽음에 깊은 충격을 받는다.

괴테와 헤르더의 관계는 개인적인 성장배경과 성격, 문학관 차이, 프랑스 혁명이라는 시대상황, 일상사에서 벌어지는 오해와 알력 등으로 인해 순탄치는 않았다. 그렇다고 해서 독일문학사에서 이 만남이 지니는 의미가 감해지는 것은 아니다. 괴테는 『시와 진실』에서 헤르더의 괴팍한 성격으로 인해 자신이 겪은 어려움을 언급하면서도 궁극적으로는 자신의 정신적 발전에 지대한 영향을 끼친 헤르더에 대한 존경과 감사를 표한다. 괴테는 헤르더 사후 15주기이자 러시아 황제의 친모인 마리아 표도로브나가 바이마르를 방문하는 1818년 12월 18일을 기해 실시할 예정이었던 가장무도회에서 빌란트와 실러의 형상과 더불어 헤르더의 형상을 가장무도회 행렬에 포함시킬 정도로 이전의 "형제"였던 헤르더에 대해 각별한 애정을 보인다. 1819년에 출판된 『서동시집』에 실린 <『서동시집』의 더 나은 이해를 위한 메모와 논고>에서는 구약성서를 이해하는 데 많은 도움을 준 헤르더의 공적을 회고하고, 그 이후 자신이 발간한 잡지 『예술과 고대문화』에 실린 논문들에서는 민요를 수집하고 발간한 헤르더의 업적을 기린다.

5. 에필로그: 헤르더와 파우스트

괴테의 『파우스트』와 헤르더와의 관계는 언급할 만한 가치가 있다. 이 관계를 보면 헤르더가 예감하고 인식한 것을 괴테는 작품 창작을 통해 구체화하고 형상화했음을 엿볼 수 있다. 헤르더는 『1769년 여행일지(Journal meiner Reise im Jahr 1769)』에서 약 4년 6개월 간 머문 리가를 떠나 바다여행을 하면서 자신의 삶을 반성한다. 이 여행기에서 그는 자신을 "현학적인 저술활동에 쓰였던 잉크병"과 "서류와 책으로 가득찬 서가"에 비유하며 그동안 정적인 서적의 영역에 파묻혀 산 자신의 삶을 후회한다. 헤르더가 리가라는 좁은 도시에서 느꼈던 감회는 파우스트가 책 더미와 실험도구로 가득 찬 비좁은 고딕식 서재에서 느꼈던 절망감에 투영되어 나타난다. "슬프다! 아직도 난 이 감옥에 처박혀 있단 말인가? / (…) / 이것이 너의 세계이다! 이것도 세계라고 할 수 있을까!" 헤르더가 리가라는 협소하고 제약받는 영역에서 "이제 단번에 나서자"라고 말하며 "행동하는 정신"을 표방했듯이, 파우스트는 비좁은 서재로부터 "도망치자! 일어나자! 저 바깥 넓은 세계로 나가자!"라고 외치며 "끊임없이 활동하는 자"가 되겠다고 결심한다. 또한 "제2의 츠빙글리와 칼뱅, 그리고 루터"가 되겠다는 헤르더의 포부와 러시아의 카타리나 여제를 도와 러시아 개혁을 돕고자 하는 그의 기획은 황제로부터 하사받은 해안지대를 간척하여 이상 국가를 세우고자 하는 파우스트의 야망으로 표현되기도 한다. 이를 통해 헤르더의 생각이 파우스트라는 인물 속에 녹아들어가 있음을 알 수 있다.

(김대권)

프리드리히 횔덜린
(Friedrich Hölderlin, 1770~1843)

독일 시인 프리드리히 횔덜린과 괴테의 관계는 서로 다른 문학적 견해와 기질에서 비롯된 서로간의 낯설음으로 특징지어질 수 있다. 튀빙엔 신학교 학생이었던 횔덜린은 혁명적 파토스에 사로잡혀 1791년 2월 12일 헤겔의 방명록에 괴테의 『타우리스의 이피게이네』에서 인용한 "욕망과 사랑은 위대한 행동을 위한 날개이다"라고 적은 바가 있다. 샤를롯테 폰 칼프(Charotte von Kalb) 집안에서 가정교사로 일하고 있었던 횔덜린이 괴테와 처음으로 마주친 것은 쉴러를 방문했던 1794년 11월 3일 예나에서였다. 쉴러는 괴테와 횔덜린에게 각각 서로를 소개했으나 횔덜린은 괴테의 "이름을" 미처 알아듣지 못한 "어리석은 행동" 탓에 이 "낯선" 손님을 유감스럽게도 알아보지 못했다. 괴테 또한 쉴러가 횔덜린을 응대하는 동안 횔덜린의 『휘페리온 단편(Fragment von Hyperion)』이 실린 1793년호 잡지 <신 탈리아(Neue Thalia)>를 무심한 태도로 들춰보고 있었다고 한다. 횔덜린이 "불행"이라고 표현했던 첫 만남 이후 1794년 12월 샤를로테 폰 칼프와 함께 바이마르로 여행을 떠난 횔덜린은 보다 우호적인 분위기에서 괴테를 다시 만날 수 있었다. 가정교사직을 그만두고 횔덜린은 다시 예나로 가서 1795년 1월 18일 교수클럽에서 괴테와 이야기를 나눌 기회를 가졌는데, 괴테의 풍모를 "침착하고 눈빛에는 위엄과 사랑이 깃들어 있다"고 묘사하고 있다. 『빌헬름 마이스터의 수업시대』의 첫 두 권이 출간되자마자 횔덜린은 이를 쉴러에게 빌려 단숨에 읽은 후 "그렇게 많은 위대함 속에서 그렇게 많은 인간성을 발견하는 것은 우리 삶의 가장 아름다운 즐거움"이라고 자신의 소감을 친구 헤겔에게 피력하기도 하였다.

횔덜린은 "위대한 괴테"에게 조심스럽고 신중하게 접근하고자 했지만 두 사람의 관계는 횔덜린이 프랑크푸르트의 공타르(Gontard) 집안에서 가정교사로 있었던 1797년에 결국 깨지고 말았다. 1797년 6월 27일 쉴러는 괴테에게 자신의 잡지에 실릴 횔덜린의 시 「천공(天空)에 부쳐(An den Aether)」와 「방랑자(Der Wanderer)」를 저자의 이름을 밝히지 않고 보내주었는데, 이 두 작품에 대해서 괴테는 지극히 유보적인 견해를 피력했다. 이에 쉴러는 횔덜린에게 앞으로의 시작(詩作)에서는 "소박하고 목가적인" 제재를 선택하라고 충고하였다. 나중에서야 쉴러는 괴테에게 그 두 편의 시의 저자의 이름을 밝히면서 횔덜린의 "철학적인 정신적 기질"에 관해서 이야기를 했으나 괴테는 여전히 횔덜린에 대해서 미심쩍은 태도를 거두지 않았다. 요컨대 괴테는 횔덜린의 시적 세계의 본질적 특성을 제대로 파악하지 못했던 것이다. 1797년 8월 프랑크푸르트에 잠시 머물렀던 괴테는 가정교사 생활로 인해 심신이 피폐해진 횔덜린을 쉴러의 주선으로 만났으나 여전히 "규모가 작은 작품"을 쓰거나 "인간적으로 흥미로운 대상"을 선택하라는 충고를 해주었다. 고전주의 거장의 이러한 충고는 횔덜린이 후기에 남긴 장편의 비가나 찬가를 생각해보면 독일문학사에 찾아볼 수 있는 커다란 오해들 중에 하나라고 할 수 있을 것이다. 특히 괴테가 횔덜린에게서 "중세에 대한 애착"을 보았다고 잘못 생각한 것은 낭만주의에 대한 괴테의 의심에서 비롯된 것이라고도 할 수 있다. 이후 1799년에 횔덜린은 자신이 계획한 미학적·인문주의적 저널에 참여해달라고 괴테에게 부탁했으나 거절당하고 말았다. 이로써 두 사람간의 관계는 공식적으로 끝난 셈이라고 할 수 있다.

(이영기)

02. 도시(Städte)

GOETHE
LEXIKON

라이프치히
(Leipzig)

1765년 10월 3일 괴테는 열여섯의 나이로 법대에 진학하기 위해 라이프치히에 발을 들여 놓는다. 애초에 그는 괴팅엔으로 가고 싶어 했지만, 한 세대 전에 이 곳 작센의 대도시에서 법학을 공부한 적이 있었던 아버지의 강력한 권유를 뿌리칠 수는 없었다. 6일 간의 고된 마차 여행을 거쳐 도착한 라이프치히는 당시 약 2만 8천 명의 인구를 자랑하는 활기찬 도시로, 시민사회의 보수적인 풍모를 담고 있었던 프랑크푸르트와는 여러 모로 달랐다. 독일 계몽주의의 중심지이자 로코코 문학을 선도했던 라이프치히는 인쇄소와 출판사가 왕성한 활동을 하던 대학도시일 뿐만 아니라, "작은 파리(Klein-Paris)"라는 별칭에 걸맞게 무역과 상업을 장려하고 박람회를 개최하면서 외국인들의 왕래가 잦은 국제도시의 면모도 갖추고 있었다. 구불구불한 골목들이 즐비한 고향 마을의 전통적인 풍경과는 대조적으로, 잘 정비된 널찍한 도로와 도로를 비추는 가로등, 수많은 사람들이 운집할 수 있는 드넓은 광장, 운하 시설 그리고 보리수나

무가 심겨진 성벽을 에워싸고 있는 산책길 등의 풍경은 젊은 괴테에게 이 낯선 도시에 대한 신선한 호감을 불러일으키기에 충분했다.

한편, 문화적 자부심이 남달랐던 라이프치히 사람들에게 괴테는 머나먼 타지에서 온 어린 촌뜨기에 불과했다. 옷차림, 말투와 억양, 사람들을 대할 때의 태도와 몸에 밴 습관들은 사람들의 입방아에 오르내렸다. 벌써부터 시인으로서의 천재적 기질을 발휘하고 있었던 괴테는 자존심이 상했고, 이를 극복하기 위해 집에서 보내 준 돈을 아끼지 않고 써 버렸다. 그도 그럴 것이 머리부터 발끝까지 라이프치히의 최신 유행 스타일로 외모를 바꾸는 데에 재정적인 고민을 할 필요는 없었다. 왜냐하면 그의 주머니 사정은, 음식점에서 최고급 요리를 주문하거나 연극을 보려고 거의 매일 같이 극장을 출입해도 생활에 지장을 받지 않을 만큼 넉넉했기 때문이다. 돈으로 해결할 수 없는 촌스러운 매너의 문제는 라이프치히 대학에서 헌법학과 역사학을 가르치던 뵈메(Johann Gottlob Böhme) 교수 부인의 도움을 받았다. 따뜻한 성품의 뵈메 부인은 부유하지만 철이 덜든 이 젊은 천재에게 품위 있게 옷을 입는 방법, 사람들과 친해지는 방식, 사교모임에서 우아하고 세련된 태도를 취하는 방법, 무엇보다도 수업 시간에 다른 사람의 말을 경청하고 도가 지나치지 않게 자신의 생각을 전하는 방법 등을 가르쳐 주었다. 하지만 뵈메 부인의 이러한 따뜻한 가르침도 그가 전념해야 할 본연의 학문에 충실하도록 이끌지는 못했다.

1765년 10월 19일 괴테는 라이프치히 대학에서 정식으로 입학허가를 받았지만, 법학 공부는 처음부터 뒷전으로 밀려 났다. 지루하기 짝이 없는 법학사 수업을 듣는 대신 그는 마음에 이끌리는 대로 강의실을 찾아 다녔다. 철학, 신학, 고대문헌학은 말할 것도 없고 물리학과 자연과학, 심지어는 의학까지 그의 관심 영역은 제한이 없을 정도였다. 어릴 때부터 시에 대한 남다른 열정을 가지고 있었던 괴테에게 시학과 드라마를 주제로 한 강의는 단연 선택 1순위였다. 하지만 당대 시문학 이론의 최고봉이었던 겔러르트와 고트쉐트는, 그들을 존경하는 마음이 없지 않았음에도 불구하고 괴테의 눈에는 단지 저물어가는 태양으로만 비쳐졌다. 전통적인 규범을 중시하는 그들의 문학이론은 시대에 어울리지 않아 더 이상 의미 있는 가치를 생산하기 어렵다는 판단을 하고 있었기 때문이다.

이렇게 대학에서 다양한 학문들을 소화하면서 시 쓰기 연습에도 게을리 하지 않았던 괴테는 미술에도 상당한 관심을 갖고 있었다. 그는 라이프치히 미술아카데미 관장 외저(Adam Friedrich Oeser)와 교분을 쌓으며 스케치와 회화를 공부했고 빙켈만의 예술이론을 접했을 뿐만 아니라, 슈톡(Johann Michael Stock)에게서는 동판 조각술과 에칭 작업을 배웠다. 앞서 짧게 언급한 극장 출입도 그에게는 중요한 일과 중의 하나였다. 레싱, 볼테르, 몰리에르의 연극과 힐러(Johann Adam Hiller)의 징슈필(가극 Singspiel)을 즐겼으며 몇 년 후 슈트라스부르크에서 만난 헤르더의 자극으로 흠모와 숭배의 대상이 된 셰익스피어도 사실 이 시기에 이미 알게 된 작가였다.

괴테의 라이프치히 시절을 특징짓는다면, 법조인으로 살게 될 미래를 구체적으로 설계하기보다는 학문에 대한 순수한 호기심과 예술가적인 욕망을 채우려는 내면의 부름에 우선적으로 달려갔던 시기라고 할 수 있을 것이다. 배우고 깨닫는 즐거움과 더불어 그의 질풍노도적인 감성을 헤아려 주는 친구들과 지인들이 가까이 있었기 때문에 라이프치히 체류는 보다 안정적으로 이어갈 수 있었다. 그들은 대부분 괴테보다 나이가 많았지만 그를 친동생 또는 친자식처럼 아끼고 보듬어 주었으며, 시적 감수성에 휘둘리는 열정으로 고통을 겪었을 때, 그리고 그가 아네테(Annete)라고 부른 쇤코프(Anna Katharina Schönkopf)라는 아가씨와 결별하고 그 아픔을 홀로 감내해야만 했을 때 따뜻한 위로와 공감을 표했으며, 특히 몸이 아프고 쇠약해져 병상에 누워 있을 수밖에 없을 때에도 성심성의껏 그를 간호해 주었다. 하지만 사려 깊은 친구들의 도움에도 불구하고 그의 병은 점점 더 악화되었고, 더 이상 학업을 지속할 수 없다고 생각한 프랑크푸르트의 젊은 천재 시인은 결국 1768년 8월 28일 고향으로 향하는 마차에 오른다.

(서송석)

바이마르
(Weimar)

일름 강과 에터스베르크 산기슭에 위치한 바이마르는 작센-바이마르와 아이제나흐 공작령의 관저가 위치한 수도였다. 1775년경 바이마르에는 6,000명이 약간 넘는 거주자가 있었고, 중세의 원형성곽으로 둘러싸인 채 그 이후로 크게 확장되지 않은 비교적 영세한 도시의 모습을 하고 있었다. 산업적으로 볼 때 바이마르에서 가장 중요한 역할을 담당했던 것은 성 건축과 베르투흐라는 기업가의 기업체였다. 1774년 화재로 소실된 바이마르 성은 1789년 신축되기 시작해 1803년경 마무리되었는데, 성을 예술적으로 구성하는 일에 괴테가 적극적으로 참여했다. 기업가인 베르투흐는 1780년대에 공장식 건물을 짓고 조화를 생산하기도 했는데, 이 공장에서는 장차 괴테의 아내가 될 크리스티아네 불피우스가 일하기도 했다. 바이마르의 도시규모나 인구는 1820년대부터 지속적으로 증가하여, 1900년도 초반에 이르면 인구가 3만여 명에 달했고, 현재는 그 두 배 수준에 이른다.

스물여섯 살의 괴테가 바이마르에 처음 도착한 것은 1775년 11월 7일 아침 5시경이었다. 그는 이제 막 통치를 시작한 카를 아우구스트 공작의 초청을 받아들여 바이마르에 왔다. 괴테가 바이마르 시민권을 획득한 것은 1776년 4월 26일이었다. 이후 십여 년에 걸쳐 그는 바이마르 궁정에서 다양한 공직생활을 했다. 하지만 실제로 그가 바이마르에 계속 정착하기로 굳게 결심한 것은 이탈리아 여행기간의 마지막 시기였다. 이러한 결정은 그가 가정을 이루고 프라우엔플란에 집을 소유하게 되면서 최종적으로 결정된다.

경제적으로나 정치적으로 보잘 것 없던 이 도시가 18세기 말에 독일의 문화적 중심지라는 명성을 갖게 된 것은, 군주의 계몽적 사고와 문화와 예술에 대한 관심 때문이었다. 1775년까지 섭정을 하고 있던 공작부인 안나 아말리아가 바로 그러한 방향의 중심에 있었다고 할 수 있다. 그녀는 1772년 시인이자 철학자인 크리스토프 마르틴 빌란트를 두 아들의 교사로 바이마르로 초청함으로써, 전제군주적인 방식이 아니라 개혁친화적인 사고방식으로 통치할 것임을 암시했다. 이러한 환경에서 자라난 카를 아우구스트는, 1774년 말 프랑크푸르트에서 괴테를 처음 만났을 때 그와 정치적, 문화적 공감대를 형성할 수 있었다. 그리고 괴테가 아우구스트의 초청으로 바이마르로 옮겨옴으로써 이 소도시는 일종의 문화적 흡인력을 가질 수 있게 된다. 괴테는 자신의 영향력을 발휘하여 당대의 정신적 지주인 헤르더와, 질풍노도기의 가장 유명한 작가 야콥 미하엘 라인홀트 렌츠와 프리드리히 막시밀리안 클링어를 바이마르로 불러들이는 데 성공했던 것이다.

이외에도 궁정과 직접적으로 연결되지 않은 지식인과 예술가들이 바이마르의 명성에 힘입어 자발적으로 이 도시를 찾게 되는데, 그 가운데 가장 유명한 인물로는 쉴러를 들 수 있을 것이다. 하지만 이외에도 요한네스 팔크나 카를 아우구스트 뵈티거, 카를 루트비히 페르노우, 가를립 메르켈, 아우구스트 폰 코체부, 장 파울, 요아힘 크리스토프 프리드리히 슐츠와 같은 당대의 유명인사들이 바이마르에서 입지를 차지하기 위해 찾아들었다. 이로 인해 바이마르는 1790년대 이후로 '독일의 아테네'라는 별명을 갖게 된다.

1919년 바이마르에 있는 독일 국립극장에서 제정된 바이마르 헌법에 의해 구성된 바이마르 공화국은, 바로 이러한 문화적 전통 때문에 가능한 것이었다. 하지만 이런 전통에도 불구하고 튀링엔 주의 수도였던 이 도시는 1930년 히틀러 정당이 주정부의 통치에 참여한 첫 번째 도시란 불명예를 안았으며, 이후 바이마르 근교의 부헨발트 집단수용소에서 5만 6천 명이 목숨을 잃는 비극적인 역사를 경험하게 된다.

(정현규)

베니스
(Venedig)

베니스! 셰익스피어의 <베니스의 상인>, <오델로>의 배경으로 널리 알려진 이탈리아의 이 항구도시는 훈족을 피하여 바닷가로 내려온 사람들이 참나무 말뚝을 박아 매축지를 만들고 수백 개의 다리와 운하로 연결시켜 놓은, 물 위에 떠 있는 도시다. 물과 안개, 유리공예과 금은세공의 오묘한 색과 반짝거림이 환상적인 풍경과 함께, 몇 세기 동안 프랑스와 스페인과 알렉산드리아와 경쟁하고 협상하던 도시국가의 기억을 가지고 있다. 오늘날에는 더없이 독특한 수상도시의 면모와 전통 깊은 사육제 가면축제, 그리고 영화제, 미술제로 일 년 내내 관광객으로 붐비는 도시다.

괴테는 이 베니스를 두 번 여행했다. 첫 번째는 갑갑한 행정업무로 가득 찬 바이마르궁정을 도망치듯 벗어나 이탈리아로 떠나왔던 여행길에서였는데, 1786년 9월 28일에서 10월 14일까지의 보름 동안 베니스에서 머문 뒤, 로마와 나폴리로 향했던 것이다. 상당한 시간이 흐른 뒤인 1813년과 1817년 출간한 『이탈리아 여행기』에서 밝힌 첫 베니스 방문 체험에서 우리는 괴테가 여러 가지 신선한 충격을 받았고, 이 도시의 매력을 다양하고도 깊이 있게 음미했다는 것을 알 수 있다. 두 번째 여행은 그로부터 3년 반 뒤인 1790년 3월 31일에서 5월 22일까지의 한달 반이라는 제법 오랜 기간이었고, 첫 번째의 인상과는 꽤 차이가 있었다.

18세기 말 당시의 베니스는 인구 14만 명으로, 유럽의 대도시였다. 주민수 6,000명을 헤아리던, 북부 작은 내륙도시 바이마르에서 온 괴테는 가이드 없이 혼자 미로처럼 어지러운 베니스의 운하와 골목을 누비며 분주하고 활기찬 베니스 대도시민의 생활을 목격했다. 괴테가 만난 베니스는 르네상스기 베네치아공국의 정치적, 경제적 위용은 이미 한 페이지 넘어간 과거사였다. 10년 뒤 1797년 나폴레옹이 침공하여 베니스공국은 사라지게 된다. 괴테는 대운하에 접해있는 베니스공국 최고 수령인 도제의 궁전을 흔들리는 곤돌라에 기대어 바라보았다. 베니스는 여전히 국제적 명성과 도회적 세련됨의 매력을 가득히 뿜어내며, 움직이고 있는 도시로 다가왔다.

괴테는 이곳에서 6개의 연극공연을 방문했는데, 오페라와 비극 보다 무대와 관객이 혼연일치되는 모습, 특히 현실의 민중에게 다가가는 코미디아 델라르테(Commedia dell'arte)를 즐겼다. 이탈리아여행에서 돌아온 뒤 한 잡지에서 베네치아음악으로 언급했던 민중가요로서 멀리 떨어져 배를 젓는 두 뱃사공이 번갈아 가며 아리오스트, 탓소의 유명한 가사를 부르는 곤돌라뱃사공(Gondolierie)의 노래는 대단히 감명적이었다.

비잔틴, 고딕, 이슬람양식이 뒤섞인 베니스 특유의 건축에 대해서 괴테는 그리 관심을 던지지 않는다. 도제의 화려한 궁전에 대해서도 별 언급이 없고, 마르코성당에 대해서는 주로 탑 위에서의 도시의 원경과 구조와 관련된 이야기만을 기술했다. 그러나 괴테는 자신을 로마의 건축가 비트루비우스와 고대 건축술의 세계로 이끈 안드레아 팔라디오(Andrea Palladio)의 건축물에 대해서는 깊은 관심과 찬탄을 쏟아냈는데, 특히 팔라디오의 원래 설계도의 극히 일부분만 완성된 카리타 수도원을 보고, 만약 완성된다면 이 세상에서 가장 완벽한 건축물일 것이라고 극찬했다.

전체적으로 볼 때, 베니스에서 괴테는 한편으로는 민중, 시민의 정서와 역동적 모습, 또한 그들의 대한 예술적 표현에 대하여 보다 귀를 기울였고, 다른 한편으로는 고대 고전 예술미에 대한 탐색에 열중했다. 행정가, 자연과학자로서 괴테의 면모는 수상도시의 지형학적 특징인 조수간만과 간척지, 그리고 운하와 오폐수 처리 문제에 대해, 방파제 대공사가 있는 리도 섬으로 배를 타고 나가, 삿갓조개, 달팽이 등 갯벌의 생태계에 대해서도 꼼꼼하게 관찰하는 데에서 잘 드러난다.

그렇다면 두 번째로 찾은 베니스는 괴테에게 어떤 모습으로 다가왔을까?

우선, 첫 번째 베니스 방문과는 그 계기부터 상당히 달랐다. 괴테는 안나 아말리아 공작부인의 어머니로서 당시 이탈리아를 여행 중이던 노부인을 베니스에서 마중하기로 했고, 안나의 어머니가 늦게 도착하여 자신의 베니스 체류도 예상보다 길어지게 되었다. 첫 번째 방문과의 무엇보다 큰 차이점이라면, 몇 년 전의 그 감탄과 열광은 없다는 점이다. 이전에는 일상을 탈출하여 낯선 곳에서 새로운 자신을 찾고자하는 즉흥적인 나그네의 풋풋한 감성으로 거리를 누볐다면, 이제는 보다 체계적이고 학문적으로 베니스를 탐구했다. 괴테는 동행과 함께 베니스와 뮤라노섬의 교회를 방문하여 베니스 회화를 조망하게 되는데, 이 경험이 바탕이 되어 1825년 <옛 그림들, 베니스 1790>라는 에세이를 발표했다. 회화 뿐 아니라, 형태학(Morphologie)이라는 자연과학 연구에서도 괴테는 리도섬에서 보게된 양의 해골에서 자신의 해골뼈 이론을 확인했다. 물론 학예활동만 아니라 멋진 볼거리도 빠지지 않았다. 베니스 해상공국의 위용을 뽐내는 성령강림절 행사로서 도제와 아드리아 바다의 상징적 결혼행렬을 직접 구경할 수 있었던 것이다. 괴테는 이번에는 베니스에서 파두아, 비센차, 만투아를 거쳐 바이마르로 귀향했다.

(배정희)

슈트라스부르크
(Straßburg)

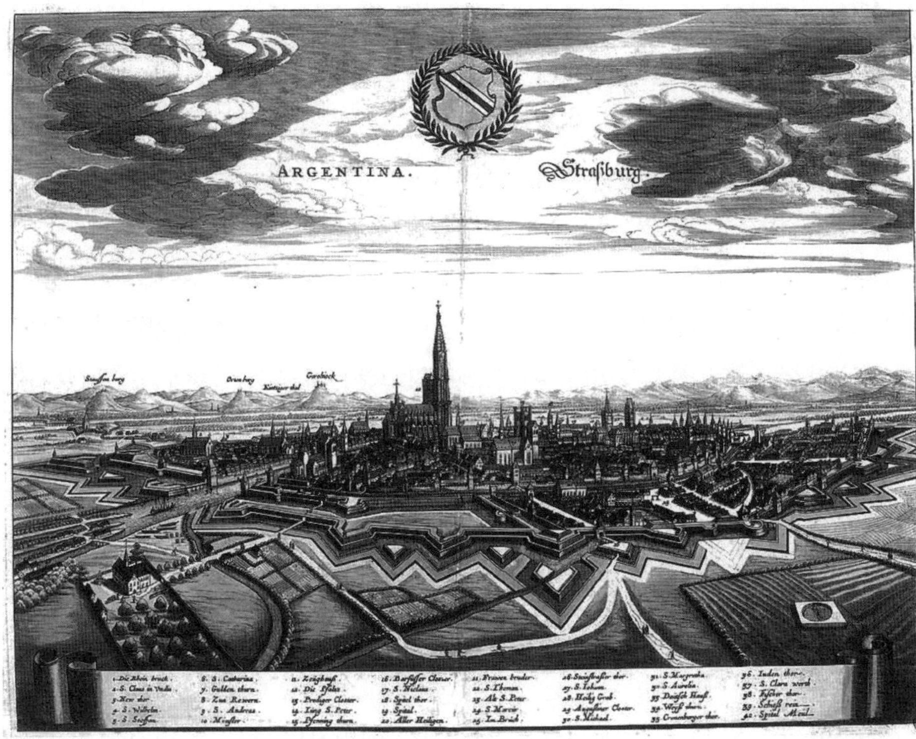

오늘날 유럽의 수도라고 불릴 만큼 유럽의회와 유럽인권재판소 등 유럽연합의 주요 기관들이 자리하고 있는 슈트라스부르크는 오래전부터 독일과 프랑스가 번갈아 점령했던 역사적 부침을 안고 있는 도시이다. 중세 시대부터 신성로마제국 내 독일 민족의 관할권에 있었던 슈트라스부르크는, 30년 전쟁을 거쳐 베스트팔렌 조약이 체결된 이후 급변하는 세계정세의 흐름 속에서, 독일의 군사적 경계가 느슨한 틈을 예의주시하고 있었던 루이 14세에 의해 1681년 마

침내 프랑스에 복속된다. 서쪽으로 라인강이 흐르는 이 알자스 지방의 접경도시는 괴테가 머물렀던 1770년대까지도 줄곧 프랑스령이었다가 1871년 비스마르크가 주도한 독불전쟁으로 다시 독일제국에 편입되었고, 1919년 제1차 세계대전의 결과물인 베르사이유 조약으로 또다시 프랑스의 품으로 돌아와 오늘에 이른다.

이처럼 다국적인 문화적 특성을 드러낼 수밖에 없는 역사적 지리적 배경을 안고 있는 슈트라스부르크는 괴테가 체류할 당시에 이미 500여 명의 대학생들이 거주하고 있는 대학도시로 알려졌으며 대략 4만 3천여 명의 인구를 보유한 활기 있는 도시였다. 특히 독일의 젊은이들은 독일과 프랑스의 언어와 문화, 종교개혁 이후의 프로테스탄트적인 기운과 프랑스령이 된 이후 가톨릭의 보수적인 기운이 혼재하는 도시의 자유롭고 관용적인 분위기에 이끌렸다. 어렸을 때부터 배워 막힘이 없을 정도로 프랑스어를 구사할 줄 알았던 괴테 역시 양국의 문화가 뒤섞여 있는 이 도시에 대해 호감을 갖고 있었다. 물론 슈트라스부르크의 이러한 매력이, 라이프치히에서 돌아와 1년 반 정도 병간호를 받고 건강을 회복한 젊은 천재가 다시 고향집을 떠나서 새로운 곳에 정착하기로 결심한 이유의 전부는 아닐 것이다. 아마도 프랑크푸르트에서 마차로 반나절 거리밖에 안 되는 이곳에서 학업을 지속하라는 아버지의 권유와 하루라도 빨리 학위를 취득하려는 괴테 자신의 의욕이 운 좋게 맞물린 것이 중요한 계기로 작용했을 것이다. 더구나 사사건건 부딪히는 아버지와 어느 정도 거리를 두어 보다 자유롭게 살고 싶다는 욕구 또한 하나의 요인으로 지목될 수 있을 듯하다. 어쨌든 괴테는 못다 한 법학 공부를 마무리하기 위해 1770년 4월 4일 슈트라스부르크에 도착한다.

하지만 숙소 앞에 도착한 괴테가 마차에서 내리자마자 가장 먼저 달려간 곳은 슈트라스부르크 대학의 법학과 강의실이 아닌 슈트라스부르크 대성당이었다. 괴테는 『시와 진실』에서 넋을 놓고 그 웅장한 대성당을 올려다보았던 그 때의 감회를 술회하고 있다. "나는 대성당의 꼭대기에서 내려와 이 장엄한 건물의 정면을 한동안 바라보고 서 있었다. 그러나 내가 처음으로, 그리고 그 다음번에 보았을 때에도 여전히 분명치 않았던 점은, 이 경이로운 작품은, 내 눈에 어떤 규칙에 따라 지어진 것으로 파악되지 않았더라면, 또한 완성된 형태로서 유쾌한 기분을 자아내는 모습으로 나타나지만 않았더라면 분명 나를 소스라치게 놀라게 할 괴물로 보였을 것이라는 점이다. 하지만 나는 이런 모순점에 대해 깊이 몰두해보기는커녕 현재 내 눈 앞에 있는 이 놀라운 기념비적 건물이 가만히 계속해서 내게 영향을 주는 대로 내버려 두었다."

그에게 있어 법이란 학문은 라이프치히에서와 마찬가지로 그다지 새로울 것도 흥미로울 것도 없는 분야였다. 그럼에도 불구하고 괴테는 박사논문을 쓰겠다는 아버지, 그리고 자신과의 약속을 상기하며 4월 18일 입학허가를 받음과 동시에 일사천리로 학위 취득을 위한 준비를 해나간다. 반 학기 만에 박사논문을 쓸 수 있는 자격시험에 합격하였고, 그 다음 해 봄에는 학위논문을 완성해 학부에 제출한다. 교회사에 관심이 많았던 괴테는 교회가 국가와 개인을 상대로 우위를 점하려는 시도와 그러한 교회의 통제에서 벗어나려는 국가와 개인의 저항 사이에서 나타날 수 있는 갈등 문제에 주목하면서, 이러한 갈등을 해소하기 위해서는 관습적인 교회법의 효력이 미치는 영역을 제한하고 오히려 국가의 입법권이 개인뿐만 아니라 교회의 성직자들에게까지도 적용되어야 한다는 주제를 다룬다. 어떻게 보면 반교회적이라고 할 수 있는 정서가 눈에 띄는 그의 주장들, 그 중에서도 십계명의 도그마적 지위에 대한 괴테의 회의적인 시각을 대학당국이 눈여겨보았다면, 그의 학위논문이 정식 출판될 수 없었다는 것은 그렇게 놀랄만한 일은 아니다. 괴테는 아버지가 아쉬워하는 모습을 상상하며 논문의 출판을 포기하고 담담하게 구두시험을 준비한다. 그는 1771년 8월 6일 마침내 박사학위(Lizentiat)를 취득하고, 8월 9일 정들었던 대성당을 뒤로하고 슈트라스부르크를 떠난다.

불과 1년 4개월 만에 소기의 목적을 달성한 괴테지만, 그렇다고 그가 오로지 학위에만 매달려 있었다면 그 다운 모습은 아니었을 것이다. 괴테의 독자들은 독일의 질풍노도문학을 여는 젊은 천재 괴테의 모습이 슈트라스부르크에서 서서히 무르익어 가고 있는 과정에 주목한다. 이 과정에서 융 슈틸링(Johann Heinrich Jung Stilling)이나 렌츠(Jakob Michael Reinhold Lenz)와 같이 독특한 생각을 품고 있던 젊은 친구들과의 교류, 당대 독일문학의 열악한 현주소를 파악하는데 호메로스, 오시안, 셰익스피어와 같은 거장의 깊이를 헤아릴 수 있게 도와 준 헤르더와의 만남, 그리고 제젠하임으로 소풍을 떠났다가 알게 된 프리데리케라는 아가씨와의 연애 경험이 포함되어야 한다. 괴테의 슈트라스부르크 시절을 기억하는 데 있어 이러한 사건들을 빼놓는다면, 주옥같은 괴테의 초기 시작품들이 이 세상에 어떻게 태어났는지 이해하기 어려울 수도 있기 때문이다.

(서송석)

예나
(Jena)

괴테는 1775년 12월 23일에 처음 예나에 가게 되었고, 1830년 6월 19일 예나의 식물원에 찾아간 것이 예나에서의 마지막 체류였다. 예나는 괴테가 특히 좋아하는 도시였다. 온화한 기후, 언덕과 계곡, 숲으로 이루어진 매력적인 경치가 있는 곳이자 학술과 예술에 관계하는 많은 친구, 지인들이 있는 도시였기 때문이다. 특히 예나는 괴테가 처음부터 많은 공적 직무와 관련해서 찾아야만 되는 도시였다. 예나대학교 역시 그가 관계해야 하는 영역이었다. 예나대학교와 관련 인물들은 괴테에게는 학술적, 특히 자연과학의 관심을 일깨우고 지원해주었던 역할을 했다. 괴테에게 예나는 학술의 이탈리아라고 할 수 있다. 예나 의과대학 건물 옆에 있는 이른바 '해부탑(Anatomieturm)'에서 의대 교수 로더(Justus Christian Loder)의 지휘 하에 해부 실습을 체험하기도 했다.

초창기 괴테는 공적 업무를 수행하기 위해 예나에 오면 시내에 있는 관저로 쓰이는 성인 레지덴츠성(Residenzschloß)에 주로 머물렀다. 현재 이 건물은 예나대학교 본관으로 사용된다. 공식적인 업무 외에는 지인들을 만나거나 주변 지역을 관찰하기 위해 소풍을 나가는 일을 했다. 지금은 모두 주택지로 예나에 속해있는 로베다, 드라켄도르프, 치겐하인 마을로 갔으며, 때로 푹스투름(Fuchsturm)으로 갔는데 이곳은 예나 주변 언덕에 위치에 있는 탑으로 예나 시내와 그 주변을 살펴볼 수 있는 아름다운 전망을 제공하는 장소다. 로베다로 갈 때는 잘레강을 따라 아름다운 자연 경치를 볼 수 있는 작은 예나 계곡을 지나갔을 것이고, 예나 계곡의 초입에서는 잘레 강변의 파라디스 지역을 통과했을 것이다. 파라디스는 시내와 연결되어 있어 사람들이 쉽게 찾을 수 있는 잘레강변의 아름다운 평지인데, 그 곳에 가면 사람들이 그 곳을 왜 파라디스(낙원)로 불렀는지 짐작할 수 있다. 괴테가 만년 (주로 1801년 이후)에 예나에 가면 종종 '파라디스'에 갔다거나 '파라디스'에 있는 크네벨 집으로 갔다고 했는데 그것은 은유가 아닌 실제 지명인 파라디스를 말한다.

괴테가 예나를 공무로 찾을 때는 공식적으로 추밀고문관 혹은 그 후 공국 장관의 자격으로서다. 주로 예나대학의 행정과 인사 관련 일이나 자연과학과 학술 분야의 일을 처리했다. 학술과 자연과학 관련사항이라도 정치적 결정 사안과 연결되고, 예나대학의 행정과 인사 문제도 대부분 정치적 문제와 연관되어 있어 예나에서도 정치인 괴테의 역할을 볼 수 있다. 잘 알려진 예로는 예나대학의 빈약한 도서를 확충하고 자연과학 연구의 지원을 위해 예나대학 교수였던 뷔트너의 도서를 사들이고, 발히(Johann Ernst Immanuel Walch)의 자연사 박물자료를 구매하는 일 등을 들 수 있다. 그 외 도로 및 수로 건축위원회의 일이나, 예나를 관통하는 잘레강의 홍수 방지를 위한 일, 전쟁위원회 관련 일 등으로 해서도 괴테는 예나를 찾곤 했다. 쉴러가 예나대학의 교수로 온 이후에는 쉴러와의 교류가 예나 방문의 부차적 목적이기도 했다.

예나대학 교수 인사 문제는 괴테가 관여했던 중요한 정치적 업무에 속했다. 바이마르 공국의 인사는 공작의 뜻이 어렵지 않게 반영되는 비교적 쉬운 문제였다. 보통 공작은 추밀고문관 회의(Geheimes Consilium)를 통해 주요 인사를 단행할 수 있었다. 괴테 역시 추밀고문관으로 공작의 뜻을 받들거나 공작의 자문에 응하는 형식으로 인사에 참여했다.

하지만 예나대학의 경우는 달랐다. 예나는 바이마르 공국에 속한 도시였으나 법적으로 예나대학교만은 바이마르 공국의 단독 소유가 아니었다. 바이마르 공작이 나온 작센가문의 에르네스틴 계열의 몇몇 공국들과 공동 소유로 상속을 받은 것이다. 작센 선제후 가문의 영역에서 대학이 귀했을 때 대학은 지리적 위치와 상관없이 가문 출신의 공작들이 다스리는 공국들에 공동 상속을 할 수 있었다. 예나대학이 그런 경우였다. 예나대학의 공동 소유권은 바이마르, 고타, 코부르크, 마이닝엔 등 4공국에 있었다. 다만 대학이 바이마르 공국의 영토에 있었기 때문에 바이마르 공국이 그 운영비의 반을 훨씬 넘게 대는 대학의 최대지분국가였다. 따라서 대학의 행정은 대부분 바이마르 공국의 지휘를 받았지만 어떤 문제는 지분국가들의 합의가 필요했다. 대표적으로 대학의 교수 인사 문제가 그랬다. 그만큼 어려운 문제였다.

괴테는 추밀고문관의 자격으로 공작과의 긴밀한 협의를 거쳐 각지에서 예나대학의 교수들을 초빙했다. 괴테의 이탈리아 여행 이후에는 동료 추밀고문관 폭트(Christian Gottlob von Voigt)가 대부분 괴테의 임무를 떠맡았지만, 폭트는 교수 인사의 문제는 많은 경우 괴테와 협의하고 나서 바이마르 공작에게 보고했다. 사안에 따라서는 괴테가 단독으로 공작과 협의하거나 자문에 응하는 경우도 있었다.

예나대학은 철학 교수로 있던 피히테가 무신논쟁에 휘말려 바이마르 당국과 갈등을 겪고 해직되어 1798년 베를린으로 떠나고, 이후 1803년 무렵에 적지 않은 교수들이 대학을 떠나는 위기를 겪을 때까지는 독일 전역에 알려져 국제적 명성을 누리는 대학이었다. 그 때문에 특히 전도유망한 젊은 학자들이 예나대학에 관심을 가지고 교수가 되고자 찾았다. 그들은 보통 대학의 정식 교수단과 그들 예산에 편성되지 않은 원외교수(Außerordentlicher Professor)로 초빙되었다. 이렇게 저렴한 비용으로 유능한 젊은 학자들을 확보하는 것이 바이마르 공국의 교수 인사정책이었다. 젊은 학자들은 이렇게 교수직을 얻게 되면 차후에 정식 교수(Ordinarius)가 되거나 예나대학의 교수 경력으로 다른 대학에 갈 수 있다는 계산으로 예나대학에 관심을 가졌다.

때로는 예나대학의 교수 초빙에 대한 결정이 상당히 어려운 경우가 있었다. 대체로 지분을 가진 다른 공국들도 바이마르 공국의 의견을 존중했지만, 만약 특정 교수의 초빙이 정치적으로 민감한 문제를 야기하거나 자신들이 원하는 인물이 따로 있을 경우에는 합의가 쉽지 않았다. 따라서 예나대학 교수의 초빙과 관련된 문제에서는 항상 관련 4공국 간의 외교적 합의 과정이 수반되었다.

쉴러가 예나대학의 무급의 역사학 원외교수로 초빙된 것은 괴테가 참여한 중요한 사례로 들 수 있다. 기록상으로 보면 괴테는 1788년 12월 9일에 공작에 보고하는 건의서 형태로 쉴러의 초빙 과정에 참여하는데, 그의 초빙은 성공적 이루어져 1789년 5월 26일 쉴러는 저 유명한 예나대학 취임연설을 하게 된다. 물론 쉴러의 교수 초빙의 경우 현재까지 밝혀진 것보다 아마 더 복잡한 맥락에서 계획되고 실행되었으며, 괴테 역시 다양하게 그것에 참여했을 것으로 추측할 수 있다. 괴테와 쉴러의 사적인 만남과 친교는 그 후 1794년 6월 예나에서 열린 자연연구협회(Naturforschende Gesellschaft)의 모임을 마치고 나서 우연한 만남을 통해서다. 둘은 그 만남에서 자연의 원형상과 이념에 관한 유명한 대화를 나눈다.

쉴러 이후에도 괴테가 참여해서 초빙된 주요 예나 대학 교수들은 적지 않다. 몇 사람만 언급하자면 철학자 피히테(Johann Gottlieb Fichte), 라인홀트(Karl Leonhard Reinhold), 쉘링(Friedrich Wilhelm Joseph Schelling), 신학자 그리스바흐(Johann Jakob Griesbach), 니트함머(Friedrich Immanuel Niethammer) 등이 그들이다. 또한 바이마르 공작은 예나대학 내 바이마르 공국이 단독으로 돈을 출연해서 연구소들을 건립하거나 확충했는데, 그 연구소들을 중심으로 초빙된 교수들도 있고, 이들의 경우 다른 공국과의 합의를 거치지 않고 바이마르 공국이 인사를 결정할 수 있었다. 이런 경우 괴테의 영향력은 강력했다고 평가된다. 괴테가 직·간접으로 개입한 인사로는 식물학자 바취(August Johann Georg Karl Batsch), 쉘버(Franz Joseph Schelver), 화학자 괴틀링(Johann Friedrich August Göttling) 등을 들 수 있다.

예나는 독일 낭만주의의 산실이기도 하다. 슐레겔 형제(아우구스트 빌헬름, 프리드리히)와 자연철학자 쉘링을 중심으로 일단의 작가와 학자들이 예나의 뢰브

더그라벤 지역에 있는 아우구스트 빌헬름 슐레겔의 집에 모여들었다. 그 모임에서는 재기발랄한 부인이자 작가인 카롤린 슐레겔과 도로테아 바이트도 참여해서 많은 사람들의 관심을 끌었다. 노발리스, 클레멘스 브렌타노, 루드비히 티크 등의 낭만주의 문인들과 노발리스의 영향을 받은 낭만주의 작가이자 실험물리학자인 리터(Johann Wilhlem Ritter)도 그 모임을 찾곤 했다. 이들을 통해 독일 초기 낭만주의가 태동한 것이다. 또한 피히테가 예나로 이주한 후 구입해서 살았던 집은 현재 예나 시내에 있는 낭만주의자 하우스(Romantikerhaus)라는 이름의 시립문학박물관이 되어있다.

(조우호)

일메나우
(Ilmenau)

일메나우는 작센-바이마르 공작령에 속한 도시로서, 이 지역의 숲은 1770년경 젊은 카를 아우구스트를 둘러싼 모임의 수렵이 주로 벌어졌다. 괴테 역시 이 모임에 가담했지만, 동시에 이 모임으로부터 벗어나 한가로움을 즐기기도 한 곳이었다. 괴테의 시 「일메나우」가 이곳을 다루고 있음은 물론이고, 그의 유명한 시 「모든 산봉우리 위에는(Über allen Gipfeln)」 역시 일메나우 근교의 키켈한이라는 산에 있는 사냥감독관 오두막에서 씌어진 것으로 알려져 있다.

괴테 당시 일메나우의 인구는 대략 1,500명 정도에 불과했는데, 이전까지 이 도시는 수많은 악재로 괴롭힘을 당해 왔다. 일메나우에서 행해지던 광산채굴이 1739년 근처 제방이 무너져 중단되면서 600~800명에 달하는 사람들이 일자리를 잃었고, 1752년에는 대규모 화재가 발생해 거의 도시 전체를 불태우기도 했다.

괴테가 이 도시를 처음 방문한 것은 1776년으로, 이는 카를 아우구스트가 일메나우 광산 채굴을 다시 시작하려는 계획과 연관된다. 1777년 2월 광산위원회가 설립되고 괴테는 이 위원회의 의장을 1783년까지 맡게 되며, 1784년에는 일메나우 광산 채굴이 다시 시작되게 된다. 하지만 1796년 심각한 침수로 인해 다시 채굴은 중단되기에 이른다. 1796년 이후 괴테는 두 번에 걸쳐 일메나우를 다시 방문하는데, 특히 1831년에 두 손자와 함께 키켈한에 다시 올라 오두막 창가에서 자신이 쓴 시를 다시 발견한 괴테는 깊은 인상을 받는다.

(정현규)

프랑크푸르트 암 마인
(Frankfurt am Main)

프랑크푸르트는 괴테가 태어난 18세기 중엽까지만 해도 여전히 중세적인 도시였다. 성채 내 거주 지역의 넓이는 128헥타르에 불과했고 그곳에 3,000채가 안 되는 건물이 있었으며, 약 3만 6천 명의 주민이 살았다. 프랑크푸르트는 상업 도시이자 박람회 도시로서 독립적인 도시경제구조를 갖추고 있었다. 당시 이 도시에는 26개의 교회와 예배당이 있었는데 주로 루터파와 가톨릭으로 나뉘어졌다. 루터파 이외의 개신교도들, 가령 칼뱅파 신도들은 1775년경부터 프랑크푸르트 내에 이들의 교회가 허용될 때까지 다른 도시로 예배를 드리러 가야만 했다. 시소유지는 널리 분포되어 있었지만 도시 자체는 빈틈이 없을 정도로 좁아서 집들은 흔히 전면의 너비가 단지 5~6미터에 불과했다. 약 2천 명의 주민이 살았던 유대인 거리는 특히 좁았다. 이러한 인구과잉의 결과로 건축규정을 위반하는 경우가 빈번했는데 괴테의 아버지 요한 카스파 괴테 역시 예외가 아니었다. 그는 '큰 사슴구덩이'라는 뜻의 그로센 히르쉬그라벤 거리에 자기 집을 새로 지을 때 건축규정을 어겼다. 박람회 도시답게 여관의 숫자도 많아서 18세기 말에는 106개가 넘는 여관이 있었다. 마인강에 놓인 유일한 다리, 즉 옛 다리는 오늘날에도 독립적인 도시 구역으로 남아있는 작센하우젠 방면으로 나있었다. 성채 밖의 지역까지 포함한 시유지의 총면적은 12,117헥타르에 이르렀고 그 중 3,237헥타르가 숲이었다. 시의 외곽에도 여러 마을이 있었다. 세수가 상대적으로 적었음에도 불구하고 시의 재정 상태는 나쁘지 않았다.

프랑크푸르트는 정치적으로 자유제국도시로서 신성로마제국 황제의 직접적인 지배 아래 있었다. 오늘날의 시장에 해당하는 도시의 수장은 시행정의 수반으로서 도시에서 가장 높은 급여, 즉 1,800굴덴을 받는 황제의 관료였다. 괴테의 외할아버지 요한 볼프강 텍스토어는 여러 해 동안 프랑크푸르트의 시장직을 수행했다. 주민들의 계급적 위계질서는 엄격하게 지켜졌는데 특히 귀족, 학자, 부유한 상인은 루터파 성직자들과 함께 정치권력을 손에 쥐고 있었다. 이들은 자신들의 권력을 유지하기 위해 평의회를 비롯한 각종 시민 위원회의 위원이 되었는데 위원들은 시민들에 의해 선출되는 것이 아니라 해당 위원회에 속한 위원들에 의해 뽑혔다. 그러므로 그들은 자신들이 원하는 사람을 충원하거나 원하지 않는 사람을 배제할 수 있었다. 평의회는 입법, 사법, 행정의 삼권을 모두 가지고 있었으나 때에 따라 황제나 황제 직속 위원회들이 평의회의 권한에 깊숙이 개입하기도 했다. 1805년 독일 민족의 신성로마제국이 해체된 이후에야 프랑크푸르트는 완전한 정치적 독립을 획득했다. 18세기에 이 도시에서는 여섯 번의 황제 또는 왕의 대관식이 열렸다. 이 대관식은 대성당에서 열렸는데 괴테가 "세련되지 못한 탑"이라고 언급하기도 했던 대성당의 미완의 탑은 도시의 상징으로 여겨졌다. 이 탑은 대성당에 대화재가 난 이후 1867년에 가서야 완성되었다.

프랑크푸르트에서는 기독교의 세 종파는 물론 유대교도로 인정받았지만 정치권력은 루터파에게 있었다. 루터파들은 권력을, 가톨릭교도들은 교회를, 그 중에서도 바로 대성당을, 칼뱅파 등의 개신교도들은 돈을 소유하고 있다는 말이 세간에 나돌 정도였다. 유대인들은 유대인거리로 내몰렸으며 가톨릭교도들에게는 공적인 종교생활, 즉 행렬이 금지되었다. 이런 도시 분위기가 괴테로 하여금 프랑크푸르트를 떠나게 한 이유였을 수도 있으며 이 경직된 구조는 나폴레옹 전쟁 때 가서야 비로소 종말을 고했다. 바이마르로 이주한 후 1781년 8월 11일 괴테는 어머니에게 자신이 "그런 상황이 지속되는 가운데 있었다면 분명히 파멸하고 말았을 것"이라고 썼다. 즉 그는 더디게 동요되었던 협소한 시민사회와 자기 존재의 넓이 및 속도 간의 불균형이 자신을 미치게 만들었을 것이라고 보았다. 이 구조는 그렇게 경직되어 있었음에도 불구하고 적어도 가끔씩은 경제적 필요성에 의해 타격을 입었다. 왜냐하면 박람회와 상업이 스물여섯 개의 대상업로가 교차했던 이 도시의 경제적 기반이었기 때문이다.

다양한 직종의 시민들만이 완전한 정치적 권력을 가지고 있었고 시민권이 없는 주민들의 권리는 매우 취약했으며 시골주민들은 일체의 권리 없이 도시 권력에 복속되어 있었다. 게토로 내몰린 유대인들은 시민권은 갖지 못한 채 상당한 재정적 부담만을 졌다. 18세기 말 프랑크푸르트에는 110개의 거상이 존재했는데 그 중의 일부는 전 유럽에 걸친 상권을 자랑했다. 특권층으로는 시민계급의 오래되고 부유한 대가문 이외에 대상인과 대학을 졸업한 사람들, 특히 의학자와 법률가가 있었으며 그밖에 수공업자와 소상인도 존재했다. 루터파 성직자들은 모든 계층 간의 중재자 역할을 했다. 수공업자들의 조합은 34개에 달했고 관리의 숫자는 500명으로 적지 않았으며 단지 방어 목적의 군대는 34명의 장교와 650명에서 800명의 군인으로 이루어졌다. 부를 누린 것은 당연히 누구보다 상인들이었으며 18세기 후반에는 8명의 백만장자가 있었다. 수공업자의 가문 또한 매우 부유해질 수 있었다는 사실을 괴테의 친할아버지, 프리드리히 괴테가 예를 보여주는데 그는 부동산을 제외하고도 9만 굴덴의 유산을 남겼다. 그로센 히르쉬그라벤에 있는 두 채의 집이 바로 그 부동산에 속하는데 그 중의 한 집에서 1749년 괴테가 태어났다. 1750년대에 괴테의 아버지는 이 집을 개축하여 주목할 만한 시민가옥으로 재탄생시키는데 이 집은 후일 괴테의 집으로 유명해진다. 베트만 가문이 프랑크푸르트의 수많은 은행들 중에서 가장 두각을 나타냈으며 1778년부터 활동했던 암쉘 마이어 로트쉴트는 후일 유럽의 은행제국으로 성장했다.

프랑크푸르트는 여전히 중세적인 구조와 이러한 구조에 균열을 내는 조건들 사이의 긴장관계 속에 있었다. 이 도시의 모순성을 가장 잘 보여주는 예가 바로 극장이었다. 배우들은 예배에서 배제될 정도였으므로 정통파 교인들은 가능하다면 극장을 폐쇄했겠지만 박람회와 대관식이 열리는 동안에는 극장이 허용될 수밖에 없었다. 그러므로 그 시대의 모든 중요한 남녀 배우들은 프랑크푸르트 무대에 섰다. 그러다 1782년에는 결국 상설극장이 설립되기에 이른다. 1784년 프랑크푸르트에서는 쉴러의 희곡 『간계와 사랑』이 초연되었는데 사악한 궁정세계와 도덕적인 시민세계를 대립시키는 이 희곡은 그 당시로서는 하나의 정치적 사건이었다. 괴테의 작품들은 1780년대와 1790년대에 가서야 비로소 공연되었다.

프랑크푸르트에는 1520년부터 국립 라틴어학교가 있었는데 이곳에서는 희랍어를 가르쳤으며 히브리어는 필수과목이었다. 불어는 1784년에 가서야 정규 교과목이 되었고 영어는 이보다 늦은 1789년에야 그렇게 되었다. 프랑크푸르트에서 제대로 체계화된 학교제도는 19세기에야 비로소 형성되었으며 유대 교육기관도 1800년 이후에야 번성했다. 이 도시의 아들들이 대학에 갈 경우 그들은 거의 항상 법학과 의학을 공부했다. 그러나 이 도시의 많은 가정에서는 학문적 관심과 활동 또한 활발했다. 18세기에는 미술품 거래 또한 경매의 형태로 꽃을 피웠다. 개인 소유의 소장품이 매우 많았는데 공공 박물관은 19세기에 이르러서야 비로소 발전한다. 개인적인 예술수업이 이루어졌으며 1767년부터는 예술아카데미도 존재했다. 19세기가 될 때까지 아직 공공 박물관이 존재하지 않았던 상황에서 개인적인 회화 컬렉션을 보유한 사람의 숫자는 50명이 넘었다. 이미 18세기에도 상인 요한 프리드리히 슈테델의 개인컬렉션은 대단한 명성을 누리고 있었는데 이것은 19세기에 슈테델 미술관의 토대가 되었다.

프랑크푸르트 주민들 사이에서 학문적, 예술적 관심이 상당했다는 점은 수많은 신문과 잡지, 외국 신문들의 재판인쇄에서도 드러난다. 1736년부터 1790년까지 발행되었던 '프랑크푸르트 지식인 신문'이 대표적인데 이 신문은 특히 괴테가 함께 작업했던 1772년판이 가장 유명했다. 그밖에도 수많은 연감, 연극신문과 함께 특히 18세기 말엽에는 문학연감이 유행했다. 시립도서관은 비록 규모는 작았지만 1462년에 나온 구텐베르크 성경을 보유하고 있었다. 서적 경매가 자주 열렸으며 중요한 개인도서관도 많았는데 괴테 아버지의 도서관이 대표적이었다. 그밖에 도서대여점도 사랑받았다.

놀라운 것은 18세기에는 프랑크푸르트에 상대적으로 건축물이 거의 지어지지 않았다는 사실이다. 18세기의 가장 중요한 건축물은 투른-탁시스 가문의 궁전이었으며 이곳은 19세기에 연방 상원의 소재지가 되었다. 음악 부문을 살펴보면 교회음악의 역할도 상당했는데 예컨대 바로크 작곡가 게오르크 필립 텔레만은 1712년부터 1721년까지 이 도시에서 활동했다. 박람회가 개최되는 동안에는 순회공연을 하는 비르투오소들의 공연이 활발했으며 1759년부터 겨울이면 수요일 저녁마다 음악애호가들의 자유로운 모임이 열렸는데 이곳에서 소년 모차르트가 공연하기도 했다. 18세기 후반에는 비록 교회음악은 쇠퇴했지만 콘서트와 오페라 공연은 계속해서 열렸다.

괴테가 프랑크푸르트에서 체험하고 경험한 것은, 예컨대 계급적 구조 및 과학 수집품과 미술품 컬렉션 등은 비록 개별적으로 일일이 증명할 수는 없지만 그의 정신적인 발전에 일생동안 결정적인 영향을 주었다. 가장 확실히 파악할 수 있는 부분은 미술품 컬렉션, 특히 상인 슈테델의 개인 소장품이 미친 영향이다. 이러한 영향 없이 괴테가 이후에 보인 미술에 대한 지대한 관심은 거의 이해하기 힘들 것이다. 프랑크푸르트의 컬렉션들이 어떤 의미를 지녔는지는 괴테 자신의 수집활동에서도 드러난다. 왜냐하면 괴테 자신이 살았던 때까지만 해도 공공 박물관은 여전히 초기단계에 있었으므로 개인적인 수집행위는 결코 단순한 취미활동이 아니라 정신적 교양을 위해 중요한 의미를 지녔기 때문이다. 바로 이 수집이라는 영역에서 프랑크푸르트가 괴테에게 가지는 주된 의미를 찾을 수 있을 것이다. 어쨌든 이런 맥락에서 그가 1816년 「라인강과 마인강의 예술과 고대」에서 공립 박물관의 발전을 위해 미래 지향적인 자극을 주는 내용을 전개했을 때 그는 자신의 고향도시를 위해 중요한 조언을 해준 셈이다.

괴테의 문학적 발전을 위해서 프랑크푸르트는 단지 부차적인 역할만을 했다고 할 수 있다. 이 도시가 자유제국도시로서 단지 황제의 지배 아래에만 놓여 있었다는 사실이 제국 직속 기사를 둘러싼 희곡인 『괴츠 폰 베를리힝엔』에 영향을 미쳤으리라는 점과 프랑크푸르트 출신 영아살해녀 주자나 마르가레타

브란트의 이야기가 『파우스트』의 단초가 되었다는 사실 정도를 언급할 수 있을 것이다. 괴테가 나중에, 특히 1814년과 1815년에 고향도시를 방문한 것은 그에게 개인적으로 중요한 일이었는데 이는 마리안네 폰 빌레머와의 만남 때문이었다. 그러나 마리안네가 프랑크푸르트에 살았다는 사실은 『서동시집』의 생성에 더 이상 아무런 역할도 하지 못했다. 오래전부터 괴테의 문학적 창조는 고향도시로부터 완전히 분리되어 있었으며 그에게는 규모는 더 작지만 본질적으로 보다 자유로운 바이마르가 자신의 생활터전으로서 더 중요한 곳이었다.

(조성희)

하이델베르크
(Heidelberg)

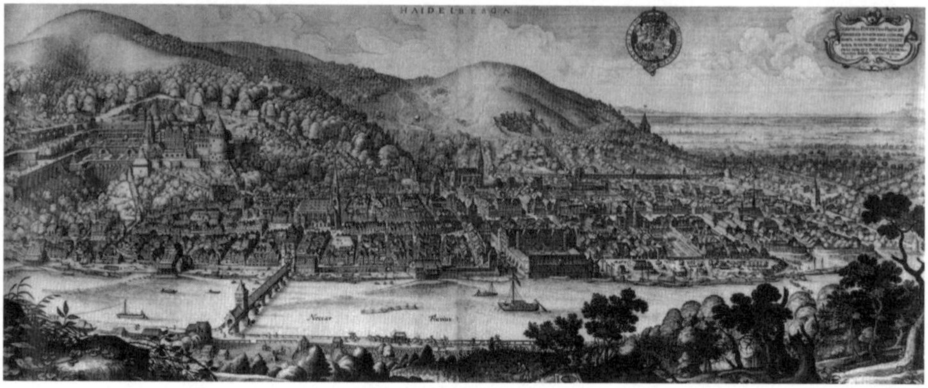

1620년경의 하이델베르크

네카 강변에 위치한 하이델베르크에 괴테는 여러 차례 매혹됐는데, 이 고도(古都)에는 당시 신성로마 제국에서 세 번째였으며 오늘날 독일 땅에서는 최초로 세워진 대학이 있다. 괴테의 아들 아우구스트가 1808~1809년에 하이델베르크 대학을 다니기도 하였다. 오래된 대학도시인 하이델베르크는 괴테의 인생에서 나름의 의미를 지닌다. 괴테는 1775년부터 1815년 사이에 여덟 번이나 하이델베르크를 방문했다고 한다. 그는 특히 줄피쯔 부아쎄레(Sulpiz Boisserée)와 멜히오르 부아쎄레(Melchior Boisserée) 형제의 초청으로 1814년 9월 24일부터 10월 9일까지, 또 1815년 9월 20일에서 10월 7일까지는 인생에서 마지막으로 하이델베르크에 체류했다. 부와쎄레 형제가 수집한 중세의 예술품을 감상하러 하이델베르크에 갔던 것인데, 이때의 체험은 후일 괴테의 예술론 발전에 중요한 역할을 했다. 괴테가 머문 브와쎄레 형제의 저택은 칼 광장 가에 있는 건물(하우프트슈트라쎄 207-209번지)로, 이곳은 현재 이 대학 독어독문학과의 건

현재의 하이델베르크

물로 사용되고 있다. 괴테의 방문 사실이 이 건물의 외벽에 동판으로 기록되어 있다.

1815년 9월 말, 괴테가 머물고 있던 하이델베르크로 마리안네 폰 빌레머(Marianne von Willemer)가 찾아왔다. 괴테와 마리안네는 연인 사이였다. 두 연인은 1814년 8월에 프랑크푸르트에서 처음 알게 되었는데, 당시 괴테는 65세였고, 마리안네는 30세였다. 마리안네는 그로부터 약 한 달 후인 9월에 결혼을 했음에도 불구하고, 괴테와의 사랑을 이어갔다. 이 때 괴테는 마리안네와 함께 하이델베르크 고성의 정원을 거닐면서 몇 편의 아름다운 시를 썼는데, 이는 1819년에 출간된 『서동시집』의 한 장인 <줄라이카의 서>에 수록되어 있다. 여기에서 '줄라이카'는 마리안네이고, 괴테는 '하템'이라는 이름으로 등장한다. 마리안네는 1824년 8월 25일, 75회 생일을 맞이한 괴테에게 하이델베르크에서 괴테와 함께 산책했던 고성의 정원을 연상하는 「하이델베르크 성 Das Heidelberger Schloß」이란 시를 바쳤는데, 그 마지막 구절에서 "여기서 나는 행복했으며, 사랑했고, 사랑받았노라"라고 술회하였다.

1797년 "하이델베르크는 그 위치나 주변 환경으로 보아 이상적인 것(etwas Ideales)을 가졌다고 말해도 된다"라고 괴테가 말한 바 있는데, 그가 남긴 명작 『파우스트』의 일부를 이곳 하이델베르크에서 구상했다. 실제 『파우스트』의 제1부에 나오는 부활절의 산책 장면은 하이델베르크의 전원 풍경을 묘사한 것이라고 한다. 그가 죽기 몇 주 전 마리안네에게 보낸 편지에서 "하이델베르크를 다시 보게 된다는 것은 아주 경이로운 일임에 틀림없으며, 그것을 생각만 해도 나는 아주 야릇한 상태에 이르게 된다"라고 말했다고 할 만큼 괴테는 하이델베르크에 매료됐었다.

(정원석)

03. 소설/산문(Romane/Prosa)

G O E T H E
L E X I K O N

젊은 베르테르의 슬픔
(Die Leiden des jungen Werther, 1774)

1. 작품의 체험적 배경

괴테가 스물다섯 살에 발표한 소설 『젊은 베르테르의 슬픔(Die Leiden des jungen Werther)』(1774)은 청년 괴테의 직접적인 체험에 바탕을 둔 작품이다. 라이프치히 대학과 슈트라스부르크(오늘날 프랑스의 스트라스부르) 대학에서 법학을 전공한 괴테는 1772년 5월부터 9월까지 베츨라(Wetzlar)에 있는 독일제국 법원에서 법관시보로 수습근무를 했다. 그러던 중 1772년 7월 샤를로테 부프(Charlotte Buff)라는 여성을 만나 첫눈에 반하는데, 훗날 괴테는 자서전 『시와 진실』에서 이 '탐스러운 여인'과 금방 '떨어질 수 없는 동반자'가 되었다고 회고하였다. 하지만 샤를로테는 이미 약혼자가 있는 몸이었고, 결국 그녀를 단념할 수밖에 없었다. 괴테는 그로 인한 절망감을 견디지 못해 같은 해 9월에 수습근무를 중단하고 고향 프랑크푸르트로 낙향했다.

그런데 괴테가 실연의 슬픔을 달래고 있던 차에 예루잘렘(Jerusalem)이라는 친구의 자살소식을 접하게 된다. 괴테보다 두 살 위의 예루잘렘은 라이프치히 대학 시절부터 알던 사이였는데, 당시 괴테와 마찬가지로 베츨라의 제국법원에 근무 중이었다. 예루잘렘은 법원 동료의 아내인 어떤 여성을 사랑했으나, 결국 이룰 수 없는 사랑의 고통을 못 이겨 1772년 10월말에 권총으로 자살하였다. 괴테가 실연의 괴로움을 견디지 못해 공직을 포기하고 베츨라를 떠난 지 불과 한 달 만에 괴테와 비슷한 처지로 번민했던 친구가 스스로 목숨을 끊은 것이다. 또한 예루잘렘은 소설 속의 베르터와 마찬가지로 법원에서 상관들과 사이가 좋지 않았고, 귀족들의 사교연회에 '입장금지'를 당하는 수모를 겪었다고 한다. 더구나 기구하게도 예루잘렘이 자살에 사용한 권총은 괴테가 사랑했던 샤를로테의 약혼자에게서 빌려간 것이었다.

이렇듯 친구를 죽음으로 몰아간 비운의 사랑과 괴테 자신의 쓰라린 실연이 『젊은 베르테르의 슬픔』을 집필하게 된 직접적인 동기이다. 그리고서 1년 반쯤이 지나 1774년 2월부터 3월까지 불과 4주 만에 괴테는 『젊은 베르테르의 슬픔』을 탈고하였다. 만년의 괴테는 자신도 실연의 고통 속에서 죽음의 충동에 빠지곤 했으며, 침대 맡에 비수를 품은 채 잠자리에 들곤 했다고 고백한 바 있다. 그리고 그러한 극한의 고통과 싸우며 작품을 집필한 과정을 '마치 펠리칸처럼 가슴의 피를 먹여 탄생시킨 작품'이라 토로하였다.

하지만 그처럼 혹독한 산고를 겪으며 작품을 완성함으로써 청년 괴테는 죽음의 충동으로부터 벗어날 수 있었다. 그 과정을 괴테는 이렇게 회고하였다. "나는 몽유병자처럼 거의 무의식중에 써내려갔다. 작품을 통해 폭풍우처럼 격렬한 격정에서 구제되었고, 일생일대의 고해를 하고 난 후처럼 새로운 삶을 시작할 수 있었다." 괴테에게 창작과정은 견디기 힘든 실연의 고통과 싸우며 작품을 통해 일생의 고해를 바침으로써 치명적인 격정으로부터 벗어나는 치유의 과정이었던 것이다.

2. 작품의 형식과 구성

『젊은 베르테르의 슬픔』은 서간체 소설이다. 작품의 서두를 보면 베르터가 빌헬름이라는 친구에게 보낸 편지를 어떤 익명의 편집자가 '편집'한 것으로 되어 있다. 하지만 그러한 '편집자'의 말은 베르터의 '편지'가 소설의 형식으로 공개되는 경위에 대한 형식적인 설명일 뿐이고, 작품 전체는 거의 전적으로 베르터의 편지들로만 구성되어 있다. 알다시피 편지라는 것은 편지의 발신자가 자신의 내밀한 생각과 감정을 아무런 여과 없이 편지 수신자에게 직접 전달하는 형식이다. 그런데 『젊은 베르테르의 슬픔』에서 명목상 수신자로 되어 있는 친구는 등장하지 않고 오직 발신자의 발언만 제시된다. 소설의 형식으로 보면 화자를 최대한 숨기고 소설 주인공이 직접 독자에게 말을 거는 독백의 형식이 되는 셈이다. 『젊은 베르테르의 슬픔』이 괴테 당대의 독자들에게 엄청난 호소력을 지녔던 이유는, 그 내용이 당시 젊은 세대의 위기의식을 예민하게 건드렸기 때문이기도 하지만 그 못지않게 독자에게 직접 호소하는 형식을 취하고 있기 때문이기도 하다.

소설은 1771년 5월 4일에 시작하여 이듬해 12월 23일로 끝난다. 1771년 9월 10일까지 이어지는 제1부는 다시 세 부분으로 나누어볼 수 있다. 5월 30일까지 쓴 10통의 편지가 1부의 첫 부분으로, 소설 전체에서 도입부에 해당된다. 여기서 베르터는 도시에서 벗어나 자연 속에서 마음의 안정을 취하고 있는데, 비교적 고른 주기로 편지를 쓰는 것도 마음의 리듬이 안정되어 있다는 것을 드러낸다. 그리고서 6월 16일부터 7월 26일까지 쓴 17통의 편지가 1부의 두 번째 부분에 해당된다. 그 중에서 5월 31일부터 6월 15일까지 2주 동안의 공백기는 베르터가 로테를 만나 사랑에 빠진 기간으로, 로테를 사랑하는 격정에 휩싸여 미처 편지를 쓸 겨를이 없었던 셈이다. 이 시기에는 친구에게 편지를 보내는 간격이 일정치 않은데, 그만큼 마음의 굴곡이 심하다는 뜻으로 볼 수 있다. 그 다음 7월 30일부터 9월 10일까지 쓴 12통의 편지에는 베르터가 겪는 첫 번째 위기의식과 마음의 동요를 드러낸다. 위기의 발단은 로테의 약혼자인 알베르트가 출현했기 때문이다. 사랑의 장벽에 괴로워하던 베르터는 결국 로테가 있는 곳을 떠나기로 결심한다.

소설의 제2부는 베르터가 로테를 떠난 후 거의 6주 만에 쓴 10월 20일자 편지로 시작되는데, 2부의 첫 부분은 다음해 5월 5일까지 약 반 년 동안에 해당된다. 로테와 떨어져 있는데다 궁정의 업무와 인간적 교류에도 흥미를 잃은 상태에서 우울한 나날을 보내던 베르터는 결국 다시 도시를 떠나기로 결심한다. 2부의 두 번째 부분은 5월 9일부터 6월 18일까지 이어진다. 고향도시에 머무는 이 기간 동안에는 다섯 통의 편지밖에 쓰지 않는데, 작품 전체의 흐름에서 보면 짧은 간주곡에 해당되며, 베르터는 다시 로테를 찾아가기로 결심한다. 작품 전체의 결말부에 해당되는 마지막 기간 동안 베르터는 다시 로테의 가까이에서 무한한 행복감과 절망의 나락 사이를 오간다. 12월 6일 편지 다음에는 '편집자'가 등장하여 정황설명을 하며, 그 다음부터는 베르터의 편지와 편집자의 보충설명이 뒤섞여서 이야기가 진행된다. 베르터가 크리스마스 전야에 로테의 집에서 빌려온 권총으로 자살을 하는 것으로 소설은 끝난다.

3. 절대적 사랑의 갈구

이 작품을 이해하기 위한 관건은 베르터가 느끼는 사랑의 감정이 과연 어떤 의미를 갖는가 하는 것이다. 베르터의 편지에서 드러나는 생각을 정리해보면, 베르터는 무엇보다 사랑을 통해 자아의 충만을 경험한다. 예컨대 베르터가 법원에서 일을 매개로 만나는 사람들과의 관계에서는 규율과 규범에 맞게 자신의 제한된 역할을 감내해야 하지만, 사랑의 감정은 그 모든 속박을 초월해 있다고 여긴다. 그런 점에서 베르터에게 사랑은 사회의 외적 속박을 끊고 순수한 영혼의 충일감을 누릴 수 있는 유일한 가능성으로 다가온다. 나아가서 그런 사랑의 체험을 통해 사회적 규범에 얽매인 인간존재는 본래의 자연적 본성을 회복할 수 있다고 믿는다. 베르터가 이처럼 사랑을 통해 인간의 자연적 본성의 회복과 자아실현을 추구하는 것은 18세기 후반 유럽의 지적 조류에 비추어보면 문명의 질곡을 타파하고 '자연으로 돌아가라!'고 설파했던 루소의 사상과 맥을 같이한다.

그러면 베르터는 어떤 연유로 하필 로테라는 여성에게서 그런 사랑을 느끼는 것일까? 우선 베르터가 로테를 처음 만나서 한눈에 반하는 장면에 주목할 필요가 있다. 그 장면에서 로테는 두 살부터 열두 살까지 어린 동생들에게 빵을 나누어주는 정겨운 모습으로 묘사되어 있다. 로테는 두 해 전에 어머니를 여의고 여섯 명이나 되는 어린 동생들을 키우고 있다. 요컨대 지극히 자애로운 모성의 원형적 이미지를 보여준다. 베르터는 이렇듯 자연 그대로의 소박함과 무구함을 간직한 여성상에 매료되는 것이다. 다른 한편 처녀의 몸으로 여섯 명의 동생들을 키우는 '엄마'의 역할을 해야 하는 로테는 '성처녀'의 이미지를 떠올리게 한다. 베르터가 줄곧 로테를 가리켜 '성스러운 존재'라고 토로하는 것은 그녀에게서 감히 범접하기 힘든 성스러움을 느끼기 때문이다. 또한 베르터가 로테를 처음 만나던 날 그녀가 무도회에서 춤을 추는 모습에서 베르터는 '영혼과 육체의 완벽한 조화'를 느끼며 더 깊이 매료된다. 당시 사회에서 춤은 사교의 가장 중요한 형식이었는데, 로테는 사교의 의례적 규범에 따라 자신을 과시하는 제스처와는 전혀 무관한 자연스러움을 보여주는 것이다. 이처럼 지극한 모성과 순진무구함, 성처녀의 숭고함과 영혼의 순수함을 온전히 간직한 로테의 모습에 반한 베르터는 오직 자신만이 로테의 영혼에 부응하는 감정을 느낄 줄 안다고 생각하며, 로테 역시 그러한 감정의 공감대를 형성하고 있다고 느낀다. 6월 16일 편지 마지막 부분에서 로테가 시인 '클롭슈토크'(Klopstock)의 이름을 부르며 눈물을 흘리고 둘이 손을 맞잡는 장면은 베르터와 로테의 교감이 숭고한 감정으로 고양된 절정을 보여준다. "그녀는 자기 손을 내 손 위에 올려놓으며 '클롭슈토크!'라고 외쳤다. 나는 그녀가 염두에 두고 있는 장엄한 송가(頌歌)를 금방 떠올렸고, 그녀가 이 암호 같은 한마디로 내게 쏟아놓은 감정의 물결에 빠져들었다. 나는 도저히 견딜 수 없어서 몸을 숙이고 환희에 찬 눈물을 흘리며 그녀의 손등에 입을 맞추었다."

여기서 두 사람이 교감의 '암호'로 떠올리는 '장엄한 송가'는 자연을 배경으로 순수한 우정과 사랑의 감정이 천상의 신의 뜻과 맞닿는 숭고한 희열을 노래하는 시상(詩想)을 가리킨다. 시를 매개로 순수한 영혼의 교감과 숭고한 신성과 대자연이 삼위일체를 이루는 황홀한 절정의 표현인 것이다. 소설 초반의 5월 10일 편지에서 베르터는 로테를 만나기도 전에 이미 대자연 속에서 '인간을 창조하신 전능한 분의 현존'을 느끼면서 천지간의 만물이 '사랑하는 여인의 모습처럼 온전히 내 영혼 속에 고이 깃든다.'고 벅찬 희열을 예감했다. 그 예감은 이 장면에서 마음과 마음의 교감으로 현현하는 것이다. 이렇듯 베르터의 가슴 속에서 '사랑하는 여인의 모습'은 '전능한 분의 현존'과 동일시될 만큼 절대적 사랑의 대상이 된다. 베르터가 로테를 떠올릴 때면 '주위의 모든 것이 사라진다'고 되뇌는 것은 로테가 곧 그가 마주하는 세계 전부이기 때문인 것이다.

4. 내면의 갈등과 절망 - '죽음에 이르는 병'

그러나 베르터는 로테와 결합될 수 없는 운명이다. 그녀에겐 이미 약혼자가 있기 때문이다. 몽상적인 성격의 베르터와 달리 로테의 약혼자 알베르트는 궁정에서 유능한 관료로 촉망받는 인물이다. 로테의 어머니가 죽음을 맞는 임종의 자리에서 로테와 알베르트는 평생을 함께하기로 기약했다. 실제로 작품 중반부에서 두 사람은 결혼을 하고 정식 부부가 된다. 그럼에도 베르터는 로테를 향하는 애절한 마음을 끊지 못한 채 거의 매일 로테의 집을 방문하지만, 조신한 주부의 역할에 충실한 로테는 우정의 관계 이상을 결코 허용하지 않는다. 이런 상황에서 로테에 대한 사랑의 감정이 끓어오를수록 베르터는 감정의 격렬한 공회전으로 인해 생의 에너지를 소진시키고, 극심한 조울증에 빠져든다. 결국 베르터는 그 자신의 표현대로 '죽음에 이르는 병'에서 헤어나지 못한 채 드디어 자살을 결심하기에 이른다. 죽음을 결심한 베르터는 자신이 직접 번역한 고대 스코틀랜드의 시인 오시안(Ossian)의 노래를 로테에게 낭송해준다. 앞에서 언급한 클롭슈토크 장면이 순수한 교감의 희열로 충만한 절정이었다면, 오시안 장면은 비극적 이별의 절정에 해당된다. 망자의 넋을 기리는 진혼의 노래가 절정에 이르자 베르터는 이승에서 이루지 못한 사랑을 다음 생으로 기약하며 죽음을 결심한 자신의 운명에 복받쳐 낭송을 중단하고 비통한 눈물을 흘린다. 그리고 로테 역시 베르터가 '무서운 일을 저지를 것 같은 예감'에 사로잡혀 전율하며 두 사람은 처음이자 마지막으로 뜨거운 입맞춤을 나눈다. "그는 극한의 절망감에 사로잡혀 로테의 발치에 털썩 무릎을 꿇더니 그녀의 두 손을 잡아서 자신의 눈과 이마에 갖다 대고 꾹 눌렀다. 로테는 그가 무서운 일을 저지를 것 같은 예감이 뇌리에 스쳤다. 그녀는 마음의 갈피를 잡지 못하고 그의 두 손을 꼭 잡아 자기 가슴에 갖다 대고 지긋이 눌렀으며, 슬픔에 사무쳐서 그에게 몸을 숙였고, 그러자 두 사람의 뜨겁게 타오르는 볼이 서로 맞닿았다. 두 사람에겐 주위 세계가 모두 사라지는 것 같았다. 베르터는 로테의 몸을 휘감아 가슴에 꼭 껴안았고, 뭐라고 말하려는 그녀의 떨리는 입술에 미친 듯이 키스를 퍼부었다."

처음이자 마지막으로 로테에게 뜨거운 키스를 하고서 며칠 지나지 않아 베르터는 권총으로 자살한다. 기구하게도 베르터의 하인에게 권총을 건네준 사람은 다름 아닌 로테였으니 베르터는 그토록 사랑하는 여인이 손수 건네준 독배를 마시고 생을 마감한 셈이다. 베르터 사후에 유품으로 발견된 편지에서 베르터는 로테에게 이런 마지막 말을 남겼다. "저는 당신의 손으로 죽음을 맞기를 고대했는데 (…) 제가 다름 아닌 당신을 위해 죽는 행운을 누릴 수 있다니요! 로테, 바로 당신을 위해 저를 바칠 수 있다니요!" 역시 유품으로 남겨진 편지에서 베르터는 스스로 목숨을 끊기로 한 결심에 대하여 이렇게 말한다. "이 결심은 절망의 소산이 아니라, 내가 끝까지 견디어냈고 당신을 위해 나를 바칠 수 있다는 확신에서 나온 것입니다."

5. 신분차별

이렇듯 베르터는 이룰 수 없는 사랑에 자신의 목숨을 바쳤지만, 그의 죽음을 돌이킬 수 없도록 부추긴 또 하나의 요인에 주목할 필요가 있다. 베르터가 상류사회 귀족들에게 당한 치욕적인 수모가 그것이다. 궁정에서 평소에 베르터를 신임하고 아껴주던 C백작 댁에서 베르터는 귀족들이 '말단 관리'인 자신을 아예 아는 체도 않고 '왕따'시키는 수모를 당하는 것이다. 심지어 평소에 베르터에게 허물없이 대하는 'B양'마저 그가 가까이 다가가자 당황해하며 외면한다. 결국 쫓겨나다시피 연회장에서 도망 나온 베르터는 이 사건이 삽시간에 온 동네에 소문난 것을 알게 된다. 그리고 하필 'B양'의 입으로 그런 사실을 전해들은 베르터는 "그녀의 말 한 마디 한 마디가 비수가 되어 내 가슴에 꽂혔다."라며 "동맥을 끊고 영원한 자유를 얻고 싶다."는 충동을 토로한다. 대부분 직장의 상관이거나 동료임에도 직장 밖에서 인간적인 교제는 허용하지 않는 이러한 신분차별의 질곡은 베르터가 '감옥 같은 세상'을 떠나서 자유를 얻고 싶다는 죽음의 충동을 부채질하는 것이다.

이 장면에 대해서는 괴테가 나폴레옹을 직접 만나서 논평을 들었다는 유명한 일화가 있다. 나폴레옹은 『젊은 베르테르의 슬픔』를 일곱 번이나 읽었고 이집트 원정 때도 이 작품을 배낭에 넣어 다녔다고 할 정도로 열렬한 애독자였다. 1808년 점령군의 수장으로 독일에 진주한 나폴레옹은 괴테를 접견하는 자리에서 베르터가 수모를 당하는 이 장면이 베르터의 순수한 사랑을 다룬 이 작품에 어울리지 않는 옥의 티라고 자신의 견해를 밝혔다고 한다. 그렇지만 나폴레옹의 견해는 역으로 베르터의 '고뇌'를 단지 이성에 대한 사랑의 문제로만 환원시키는 단순화일 뿐이다. 실제로 작품에서 귀족들에 대한 묘사를 보면 베르터가 평소에 거드름을 피우는 귀족들에 대해 지독한 반감을 품고 있음을 알 수 있다. "잔뜩 거드름을 피우는 S부인이 납작한 가슴팍에 비싼 코르셋을 둘러서 잘 부화된 거위새끼 같은 딸과 남편을 대동하고 나타났다. 이 세 사람이 지나가면서 조상 대대로 물려받은 거만스러운 귀족의 눈짓과 벌름거리는 콧구멍을 드러냈다. 나는 이런 족속들은 지긋지긋하게 싫었기 때문에 물러날 작정을 하고 백작의 지겨운 수다가 끝나기만 기다리고 있었다."

이런 귀족들을 상관으로 모시고 일해야 하는 궁정사회를 베르터는 '노예선'에 견주기도 하는데, 관료사회가 강요하는 소외에 대해서도 베르터의 통찰은 예리하다. "저는 마치 요지경 앞에 서 있는 것만 같습니다. 미니어처 모조 인간들과 말(馬)들이 눈앞에서 빙빙 돌아다니는 것을 보고 있노라면 이것이 혹시 착시가 아닐까 하고 내 자신에게 되묻곤 합니다. 저도 그 곡예에 끼어듭니다. 아니, 차라리 꼭두각시처럼 끌려 들어간다고 해야겠습니다. 그러다가 이따금 옆 사람 손을 잡으면 나무로 만든 손이 잡혀서 화들짝 놀라곤 하지요." 궁정사회에서 판에 박힌 역할에 따라 기계적으로 움직이는 인간 군상을 '요지경 속의 모조 인간들'에 견주고 있으며, 베르터 자신도 직책을 맡고 있는 이상 '꼭두각시'처럼 그런 메커니즘에 끌려갈 수밖에 없는 것이다. 인간관계에서 겪는 소외감에 대한 이처럼 예민하고도 적확한 묘사는 베르터의 감성이 로테에게만 '올인'하지 않고 주위 현실을 직시할 때는 이성적 판단과 균형을 맞추어서 비범한 통찰력과 비판정신을 발휘한다는 것을 여실히 보여준다. "원래 지위라는 것은 하찮은 것이며, 가장 상석을 차지하고 있다고 해서 가장 중요한 역할을 하는 일은 아주 드문 법인데, 그것을 깨닫지 못하다니 정말로 어리석은 자들이다! 얼마나 많은 제왕들이 장관에게, 그리고 얼마나 많은 장관들이 비서에게 지배를 받고 있는가!" 위에서 명령을 내리는 자가 실제로는 아래에서 묵묵히 일하는 자에게 의존할 수밖에 없다는 '주인과 노예의 변증법'에 대한 이런 날카로운 통찰은 명령을 내리는 귀족에게 꿀릴 게 없다는 시민계급의 당당한 자부심이라 보아도 무방할 것이다.

6. 베르터 신드롬

이상에서 살펴본 대로 베르터는 절대적 사랑을 희구하는 순수한 영혼과 풍부한 감성의 소유자이자 당대사회의 모순을 직시하는 예리한 지성의 소유자이기도 하다. 따라서 베르터의 자아실현 욕구는 감성과 이성의 전면적인 발현을 통해 전인적인 인간으로 거듭나기를 갈구하던 당대 청년층의 집단적 열망을 대변하는 것이라 할 수 있다. 『젊은 베르테르의 슬픔』가 독일뿐 아니라 유럽 전역에서 열광적인 호응을 얻었던 것도 그런 맥락에서 이해될 수 있다. 이 작품은 전인적 이상을 추구한 슈투름 운트 드랑(Sturm und Drang: '질풍노도') 문학운동의 구심 역할을 했을 뿐 아니라, 유럽 전역 독자층의 호응을 얻고 서구문학의 고전으로 자리잡았다. 그리고 작품 출간 이후 오늘에 이르기까지 전 세계의 수많은 언어로 번역되어 여전히 애독자를 확보하고 있다는 점에서 독일문학 최초로 세계문학의 반열에 오른 작품으로 그 문학사적 의의를 평가할 수 있다.

다른 한편 베르터의 자살은 당시 독자들에게 일종의 베르터 신드롬으로 확산되어 모방자살이 속출했다. 이처럼 걷잡을 수 없이 번지는 파장 때문에 당시 보수적인 교단의 성직자들은 이 소설이 자살을 '미화'하고 '옹호'하는 불경스러운 작품이라고 당국에 '판매금지' 조치를 청원하기도 했다. 실제로 이 작품이 처음 출판되었던 라이프치히와 독일 여러 지역에서 그러한 청원이 받아들여져서 이 소설은 '금서'가 되었다. 어떻든 당시 독자들의 열광적인 베르터 신드롬은 베르터의 자살이 당시의 시대적 분위기와 동떨어진 극단적 예외상황이 아니라, 당시 베르터처럼 예민한 감성을 지닌 젊은이들의 심성과 깊은 연관성이 있다는 것을 말해준다. 나중에 괴테가 『시와 진실』에서 회고하듯이, 당시 예민한 감수성을 지닌 젊은이들은 답답한 사회환경에서 정열을 해소할 길이 없고 자아실현의 가능성도 찾을 수 없었기에 그 갑갑함을 견디지 못해 자살 충동을 느낄 정도였던 것이다. 그렇게 보면 베르터는 완고한 사회질서를 향해 온몸을 던진 시대의 반항아요 이단아라 할 수 있다. (임홍배)

빌헬름 마이스터의 연극적 사명
(Wilhelm Meisters theatralische Sendung, 1777-1785)

1. 생성사

괴테는 1777년 2월 16일 자신의 일기에, 정원에서 그의 두 번째 소설 『빌헬름 마이스터의 연극적 사명(Wilhelm Meisters theatralische Sendung)』(1776~1785)을 받아쓰게 하였다고 언급하고 있다. 1782년 괴테는 『빌헬름 마이스터의 연극적 사명』의 두 번째 권과 세 번째 권을 작업하였고, 1785년 6권을 완성하였다. 이때에 전체 작품은 12권으로 구상되었으므로, 완성된 6권은 전체의 반, 즉 작품의 1부에 해당되는 것이다. 괴테가 7번째 권을 작업하던 중 작품 진행이 중단되었다.

그리하여 『빌헬름 마이스터의 연극적 사명』은 단편으로 남아 있다가, 바르바라 슐트헤스(Barbara Schulthess)와 그녀의 딸에 의해 사본이 1910년에 발견되어 1911년 첫판이 인쇄되었다. 괴테는 『빌헬름 마이스터의 연극적 사명』을 토대로 『빌헬름 마이스터의 수업시대(Wilhelm Meisters Lehrjahre)』를 완성했기에, 『빌헬름 마이스터의 연극적 사명』은 『빌헬름 마이스터의 수업시대』의 전 단계로, '마이스터 초고(Urmeister)'라 일컬어진다. 『빌헬름 마이스터의 연극적 사명』의 원본은 아직 발견되지 않았다.

2. 작품 내용

1권에서 빌헬름은 1740년 대의 어느 크리스마스이브에 손주를 위한 공연에 필요한 인형을 만드시는 할머니로부터 인형극의 세계를 접하게 된다. 그 후 그는 사울(Saul)과 다비드(David)의 역을 맡아 인형극 연습에 몰두하곤 한다. 아버지는 빌헬름이 연극 관람을 하거나 연극에 몰두하는 것을 시간낭비라 생각하고, 그가 상인이 될 것을 원했기 때문에 두 사람은 갈등을 겪는다. 원하기에 두 사람은 갈등을 겪는다.

빌헬름은 자신이 살고 있는 도시에 오게 된 유랑극단과 접촉하며 여배우인 마리안네(Mariane)를 알게 되고 사랑에 빠지게 된다. 유랑극단이 도시를 떠나게 되자, 빌헬름은 마리안네에게 청혼을 하려한다. 그는 마리안네와 이별하면서 그녀의 손수건을 몰래 가져가는데, 그 속에서 연적 노르만(Norman)의 편지를 발견하며 실의에 빠진다.

2권에서 빌헬름은 마리안네와의 사건으로 병이 든다. 빌헬름은 친구이자 매부인 베르너(Werner)와 종종 자신이 쓴 작품에 대해 토론을 한다. 그들이 야외에서 토론하다가, 결혼을 반대한 부모를 피해 도망치다 체포된 희극배우 페퍼쿠헨(Pferffkuchen)과 그의 아내를 도와주게 된다. 베르너는 실의에 빠진 빌헬름을 도와주기 위해, 채무를 징수하는 여행을 하도록 제안을 한다. 그는 여행을 하며 더 많은 공연을 보기 위해 제안을 받아들인다.

3권에서는 빌헬름은 여행 도중 호흐도르프(Hochdorf)라는 마을에 와서 첫 번째 채무자인 그곳 공장주를 만난다. 그곳에서 아마추어 배우들인 공원들이 공장주의 생일을 기념하기 위해 만든 공연을 관람하게 된다. 며칠이 지난 뒤, 빌헬름은 작은 도시의 여관에서 투숙하는 줄타기 곡예사, 도약 곡예사와 요술사들을 만나고 그들의 공연을 관람한다. 빌헬름은 여관에서 멜리나(Melina)로 개명한 페퍼쿠헨을 다시 만나게 된다. 유랑극단의 단장인 마담 드 레티(De Letti)가 줄타기 곡예사의 단장에게서 미뇽이 혹사당하는 것을 알고 그녀를 사들인다. 빌헬름은 유랑극단에 조언을 하고 재정적으로도 지원하며 극단에 참여하게 된다.

4권에서는 빌헬름은 멜리나의 충고로 마담 드 레티 단장에게 빌려준 돈을 되돌려 받으려 하지만, 그녀는 그에게 일부만을 돌려 줄 수 있다고 한다. 빌헬름은 병이 난 배우 벤델(Bendel) 대신 공연을 하여 좋은 반응을 얻지만, 다시 건강해진 벤델이 공연을 하자 관객은 흥분하여 소동이 벌어진다. 재정난에 시

달리던 마담 드 레티는 미뇽을 두고 사라진다. 빌헬름과 유랑극단은 H.라는 곳으로 옮기게 되고, 전쟁으로 인해 어려움에 처하게 된다. 그리고 빌헬름은 늙은 하프 연주자를 만나게 된다. 빌헬름은 자신에게 호감을 표하는 필리네(Philine)로 인해 고무된다. 그러던 중 백작 부부가 자신의 성에 유랑극단을 초빙한다.

5권에서 빌헬름은 방랑극단과 함께 백작의 성에 머물게 된다. 배우들은 백작의 성에서 행복과 영예, 그리고 유복함을 기대하며, 빌헬름의 지휘아래 매일 밤 좋은 공연을 한다. 빌헬름은 손님 중 하나인 야르노(Jarno)를 알게 되고 그를 통해 셰익스피어를 알게 된다. 백작과 야르노는 프랑스의 고전주의 대표적 작가 라신느(Jean Racine)를 좋아하는 전하를 환영하기 위해 연극을 준비한다. 전하가 떠나고 나서 유랑 극단은 많은 선물을 받고 백작의 성을 떠난다. 배우들은 빌헬름을 감독으로 선출한다. 그러던 중 그들은 길에서 도적떼를 만나게 되고 빌헬름은 숲에서 상처를 입게 된다. 미뇽, 하프 연주자 그리고 필리네를 제외하고 모두 도망을 가버린다.

6권에서 아름다운 아마존여인의 수행원 중의 한 사람인 외과의사에 의해 빌헬름은 구조된다. H-라는 도시에 도착하여 빌헬름은 상설극단의 감독인 제를로(Selro), 그의 여동생이자 연극배우인 미망인 아우렐리아(Aurelia), 그리고 그녀의 아들 로타르(Lothar)를 알게 된다. 그들은 서로를 잘 이해하게 되고, 빌헬름은 아버지가 돌아가신 것을 알게 된다. 제를로는 빌헬름이 공연에 출연해 줄 것을 요청하고, 그가 이끌었던 방랑극단을 받아들인다.

3. 작품 해설

『빌헬름 마이스터의 연극적 사명』은 괴테 자신이 젊은 시절부터 지녔던 연극에 대한 열정과 관심을 표현한 소설이기에, 극소설(Theaterroman)이라 부를 수 있다. 또한 『빌헬름 마이스터의 연극적 사명』은 <시대소설(Zeitroman)>로도 간주될 수 있다. 왜냐하면 『빌헬름 마이스터의 연극적 사명』을 통해 당시 독일의 아마추어 극단과 유랑극단의 실상, 배우와 단장들의 역할, 연출의 의미, 독일 내에서의 프랑스의 고전극과 셰익스피어의 영향, 그리고 상설극장의 설립의 과정 등을 살펴볼 수 있기 때문이다.

2권에서 괴테는 극중 인물 멜리나를 통해 방랑 극단의 삶에 대해 듣게 된다. 멜리나는 배우들 간의 질투, 단장의 불공정함, 게다가 관객들의 기분까지 신경을 써야 하며, 마치 사슬에 묶인 채로 맞으며 훈련받는 짐승들과 같은 삶을 영위하는 방랑극단의 배우들의 처지를 빌헬름에게 토로한다.

3권에서는 호흐도르프에서 공장주가 공원들로 하여금 연극을 공연하도록 하는 것은 공원들이 나쁜 길을 빠지지 않게 하기 위한 도덕적 장치라고 작가는 말하고 있다. 빌헬름은 여관에 투숙하는 곡예사 극단을 만나게 된다. 곡예사들이 위험한 곡예를 공연하면 관객들은 열광적으로 반응을 한다. 이에 빌헬름은 다시 한 번 공연이 인간들에게 긍정적인 영향을 줄 수 있다고 생각한다.

빌헬름은 『예사벨(Jesabel)』과 『벨자차르(Belsazar)』를 완성하는데, 작가는 『예사벨』의 공연을 통해 연출의 의미를 말한다. 고대 이스라엘의 왕 야합의 아내인 예사벨은 많은 선지자를 살해하고 많은 악행을 저질렀던 악녀로 유명하다. 그녀는 신의 명령을 받은 예후의 명령으로 창문으로 내던져지고 개들에게 먹혀 팔과 다리만 남겨진 인물이다. 그녀는 결국 하인에 잡혀 창문에서 떨어져 목숨을 잃게 되는데, 빌헬름은 예사벨이 창문에서 떨어지는 장면을 연출할 때 그녀가 하인에 의해 잡히는 장면 다음에 커튼을 내려 관객들이 상상하도록 하겠다고 말하면서 연출가의 역할과 의미를 부각시키고 있다.

또한 『벨자차르』에서는 다리우스 역을 맡았던 벤델의 에피소드를 통하여 작가는 연극배우의 역할과 의미를 설명하고 있다. 벤델은 단장인 마담 드 레티의 애인으로 공연이 시작하는 날, 자신이 맡은 역의 대본을 다 외우지 못한 유일한 인물이다. 그는 공연이 있는 날 술병이 나서, 빌헬름이 그를 대신해서 다리우스의 역을 맡게 된다. 빌헬름의 연기에 관객들은 만족하였고 다음 날의 공연을 기대하게 된다. 그러나 다음 날 빌헬름이 등장하지 않자 관객들 사이에서는 투덜거림이 시작된다. 급기야 2막 마지막의 장면에서 벤델은 말이 막히고 L과 R의 발음의 구분도 못하게 된다. 이에 관중석에서 야유가 터지자, 그는 더듬다가 자신을 비웃은 관객을 향해 욕설을 퍼붓기 시작한다. 그러자 막대기 하나가 무대 쪽으로 날아들어 벤델의 얼굴을 맞혀 피가 흐르기 시작하는 상황까지 벌어지게 된다. 작가는 벤델의 에피소드를 통해 공연에서 배우가 갖추어야 할 면모와 빌헬름이 이로 인해 배우로 등장하게 된 계기를 설정하고 있다.

이 작품에서는 배우들의 다양한 캐릭터가 묘사된다. 우울한 연극배우 아우렐리아는 매력적이지만 향락적이고 즉흥적인 연극배우 필리네(Philine)와 대립을 이룬다. 미뇽은 빌헬름으로 하여금 당황스러움과 애처로움을 느끼게 한다. 하프 연주자는 낭만적인 인물로 현실세계에서는 존재하기 어려운 인물이다.

4. 수용사(평가)

『빌헬름 마이스터의 연극적 사명』은 『빌헬름 마이스터의 수업시대』보다 다채롭고 내용이 풍부하며 격동적이라고 평가된다. 그리고 호프만스탈(Hugo von Hofmannsthal)과 헤세(Hermann Hesse)는 『빌헬름 마이스터의 연극적 사명』의 작품성을 극찬하였다.

(김선형)

빌헬름 마이스터의 수업시대
(Wilhelm Meisters Lehrjahre, 1796)

1. '마이스터 초고' — 『빌헬름 마이스터의 연극적 사명』

『빌헬름 마이스터의 수업시대(Wilhelm Meisters Lehrjahre)』(1796)는 괴테의 가장 중요한 소설 작품일 뿐만 아니라 독일 산문문학의 발전 도상에서 가장 중심적 좌표를 차지하고 있는 작품이다. 희곡 『파우스트』에 『파우스트 초고(草稿)(Urfaust)』가 발견되었듯이, 소설 『빌헬름 마이스터의 수업시대』에도 그 초고에 해당하는 『빌헬름 마이스터의 연극적 사명』이 취리히에서 발견되었다. 괴테는 여러 번에 걸친 그의 스위스 여행에서 취리히의 상인 슐트헤스의 부인 바르바라 슐테스(Barbara Schultheß, 1745~1818)와 친밀한 우정을 나누었었다. 이 연상의 여인에게 괴테는 — 대필자로 하여금 받아쓰도록 한 — 자신의 '마이스터 초고'를 보내주었는데, 그녀가 괴테에게 그 필사본을 반납하기 전에 자기 자신을 위해 하나 더 만들어 놓았던 필사본이 1910년에야 발견된 것이다. 그리하여 1911에 출간된 '마이스터 초고'가 바로 『빌헬름 마이스터의 연극적 사명』이다.

그러니까 『빌헬름 마이스터의 연극적 사명』은 괴테에 의해 아직 완결된 작품은 아니다. 그럼에도 불구하고 이 초고는 소설 『빌헬름 마이스터의 수업시대』의 생성 및 집필 과정을 아는 데에 중요한 열쇠가 된다. 우선 중요한 것은 이 '마이스터 초고'가 1777년부터 1785년까지 순차적으로 쓰였다는 점, 그리고 이 초고는 첨삭을 거쳐 『수업시대』의 제1권에서 제5권까지의 주요 내용이 되었다는 점이며, 여기서 더욱 중요한 것은 『수업시대』가 고전주의적 '교양소설'로 발전해 간 데에 반하여, 『연극적 사명』은 아직 '예술가소설', 즉 '연극에 관한 소설'의 단계에 머물러 있다는 사실이다.

소년 빌헬름의 인형극 체험과 연극에 대한 그의 꿈, 이 꿈과 무관하지 않은 여배우 마리아네와의 사랑과 약속, 멜리나를 위시한 여러 배우들과의 만남, 여배우 필리네, 수수께끼 같은 소녀 미뇽, 하프 악사 등에 끌려 유랑극단을 쉽게 떠나지 못하다가 백작의 성에서 공연을 하고, 셰익스피어의 드라마에 열광하게 되며 제를로를 찾아가 진정한 연극배우로서 거듭남으로써 장차 국민극장의 창건자가 되겠다는 사명감을 지니는 데까지의 대강의 줄거리는 완성된 소설 『수업시대』에도 그대로 들어와 있다. 하지만 이 '마이스터 초고'에는 아직도 '폭풍우와 돌진' 시대의 정제되지 못한 연극론과 젊은 괴테의 열정이 드러나는 묘사들이 더러 엿보이고 있다.

2. 예술가소설로부터 교양소설로

괴테의 『빌헬름 마이스터의 연극적 사명』은 1777년으로부터 1785년까지 쓰이어졌으며, 결국 단편(斷片)으로 후세에 전해지고 있지만, 1785년이란 전환기적 연대가 말해 주고 있듯이 이것은 어디까지나 '폭풍우와 돌진' 시대의 작품이며, 이 '초고'가 『빌헬름 마이스터의 수업시대』라는 교양소설이 되기 위해서는 '이탈리아 여행'(1786-1788; 1790)이라는 성숙과정을 거쳐야만 했다.

'이탈리아 여행'이 괴테의 문학에 미친 영향이 매우 크다. 이 여행으로 인해 괴테가 가장 달라진 점은 독일적, 음악적 정신문화로부터 눈을 돌려, 남국의 자연과 그리스 및 로마의 미술을 새로이 볼 수 있는 안목을 획득한 사실이다. 고전적 형식미에 대한 이와 같은 괴테의 개안(開眼)이 문학작품을 대하는 그의 시각에도 큰 변화를 주었을 것임은 분명하다.

괴테는 1787년 이탈리아에서 이미 『연극적 사명』의 개작에 대한 구상을 하게 되었고, 1791년 1월에도 한 일주일 동안 이 작품을 두고 고심한 기록이 있으며, 1793년에는 사람을 시켜 『연극적 사명』의 어지러운 원고를 필사본으로 다시 깨끗이 정리하도록 시킨 다음, 그 제목을 『빌헬름 마이스터의 수업시대』로 바꾸고는 1794년에 자신의 변화된 세계관에 따라 이 작품을 개작하기 시작했으나 바쁜 일상 때문에 이 작업에 속도를 낼 수는 없었던 듯하다. 같은 해에 그 미완의 원고를 읽어본 쉴러가 괴테에게 이 작품을 완성할 것을 강력히 권유하자 괴테는 쉴러의 충고를 받아들여 1796년 6월에 드디어 이 작품을 완성했다.

완성된 『빌헬름 마이스터의 수업시대』는 그러니까 괴테와 쉴러의 협조 아래 이루어진 바이마르 고전주의의 산물이기도 하다. 이 작품이 『빌헬름 마이스터의 연극적 사명』이란 예술가소설로 출발했다는 것은 위에서도 이미 언급했다. 개작을 거친 『수업시대』도 연극배우로서 연극에의 길을 걷는 빌헬름 마이스터라는 주인공의 발전과정을 그리고 있다는 점에서는 일종의 예술가소설의 양상을 띠고 있다. 하지만, 『수업시대』의 제5권에서 빌헬름은 결국 멜리나와 제를로에 의해 따돌림을 당하면서 연극, 즉 예술의 세계를 떠나게 된다. 그것은 결국 빌헬름에게는 이상주의적 비밀결사체(祕密結社體) '탑의 모임'을 향해 떠나는 일대 전기(轉機)가 되며, 이제부터 이 소설은 '예술가소설'의 틀을 벗어나 '교양소설'로 변성(變成)해 가는 것이다.

3. 바이마르 고전주의와 '역사적' 장르 '교양소설'

흔히들 『빌헬름 마이스터의 수업시대』를 교양소설(Bildungsroman)의 효시(嚆矢) 및 전형(典型)으로 부르고 있다. 여기서는 우선 교양소설이란 무엇인가 하는 물음부터 제기해야 할 것 같다. '교양'(Bildung)이라는 말의 어원을 살펴보자면, '교양'은 '생성'이나 '형성'이란 의미를 지니고 있으며, 여기에는 인간을, 타고난 소질에 따라, 그리고 주어진 환경의 영향 하에서, 생장하고 발전해 가는 한 유기적이고도 자율적인 주체로 보는 18세기 계몽주의의 낙관적 세계관 및 교육관이 밑바탕에 깔려 있다. 따라서 교양소설은 한 자아(自我)가 어떤 환경에서 태어나 어떻게 성장, 발전해 가며, 이 자아가 어떻게 더 넓은 세계로 나가 세파를 헤치고 자신의 이상을 실현, 또는 자신의 세계를 완성해 가는가를 그리는 일종의 '발전소설(Entwicklungsroman)'을 가리킨다. 따라서 교양소설은 18세기 계몽주의 이전에 유럽 전역에서 유행하던 '모험소설

(Abenteuerroman)'이나 '악한소설(Schelmenroman)'과 같은 장르가 인간의 자율성, 개체의 존엄성의 시대에 발맞추어 진화한 장르이다. 여기서 주인공은 이 세계라는 무대 위에서 '독일바보' 심플리치시무스(『독일 바보 짐플리치시무스의 모험』, 1668)처럼, 더는 맹목적으로 세상사에 부딪혀 이리저리 휘둘리기만 하는 한갓 '대상'만이 아니라, 설령 막연한 목표라 할지라도 어느 정도, 어느 수준의 인격 달성이라는 교양목표를 지니고 있음을 전제로 한다.

이렇게 목표를 지니고 있다는 점에서 교양소설은 단순한 '발전소설'과는 차이가 있으며, 문학사적으로는 괴테와 쉴러가 주도한 독일 바이마르 고전주의의 '인문성 이상(Humanitätsideal)'과 직결되어 있다. 따라서 교양소설의 작가(또는 서술자)는 대개 그 주인공보다는 더 높은 시점을 확보한 경우가 많으며, 종국에 가서는 독자의 교양 함양이라는 더 원대한 목표까지도 염두에 두고 있는 경우가 많다. 이 점에서 『빌헬름 마이스터의 수업시대』가 '인간의 미적 교육', 즉 '예술작품을 통한 인간의 교육'이라는 쉴러의 미학적 목표와도 서로 통하고 있음을 알 수 있다.

이 소설이 1794년부터 쉴러의 권유와 충고에 따라 가필되고 완성되었다는 위에서의 언급을 다시 한번 상기하는 것이 중요하다. 이 소설이 집필 과정에서 원래의 '예술가소설'('연극적 사명')이란 유형에서 보편적인 '교양소설'로 변모해 간 것도 쉴러의 『인간의 미적 교육에 관하여』의 핵심 사상인 '문학을 통한 독일 국민의 교육'과 맥락을 같이 하고 있다. 아무튼 이 소설은 괴테와 쉴러의 긴밀한 협업으로 찬연히 빛난 바이마르 고전주의의 한 열매임은 분명하다.

따라서 『빌헬름 마이스터의 수업시대』를 그 효시로 삼고 있는 교양소설은 괴테 시대에 탄생한 '역사적' 장르이다. 즉, 교양소설은 '시'처럼 시대를 초월하여 세계 문학사에서 공통적으로 나타나는 초(超)시대적 장르는 아니고 일차적으로는 — 독일의 '중세연가'나 우리나라의 '내방가사'와 같이 — 독일 바이마르 고전주의라는 특정 시대의 산물이다. 최근 교양소설과 비슷한 한국소설을 '성장소설'이라 부르는데, 이 장르는 교양소설보다는 더 초(超)역사적이고 초시대적이다. 왜냐하면 이 '성장소설'이라는 명칭에는 주인공의 인간적 성숙이라는 의미는 내포하고 있지만, 바이마르 고전주의가 표방하던 '인문성 이상(Humanitätsideal)'의 실현이라는 미학적 목표까지는 내포하고 있지 않기 때문이다.

교양소설이 괴테 시대의 역사적 컨텍스트에서 태어난 장르임에도 불구하고 고트프리트 켈러의 『초록색 조끼의 하인리히(Der grüne Heinrich)』(1854), 아달베르트 슈티프터의 『늦여름(Nachsommer)』(1857) 등 괴테 이래의 19세기의 수많은 독일 소설이, 심지어는 헤르만 헤세의 『데미안』(1919)과 토마스 만의 『마의 산』(1924)까지도 교양소설적 특징을 보인다.

결론적으로 말하자면 교양소설이 역사적 장르로 출발하긴 했지만, 독일적(나아가서는 세계적) 보편성 때문에 오늘날에는 자주 초시대적 장르로 이해되는 경우도 많다. 따라서 이 교양소설이란 장르를 보다 개방적으로 이해하려는 보다 유연한 자세도 필요해졌다 하겠다.

4. 『빌헬름 마이스터의 수업시대』의 줄거리

위에서 언급한 바와 같이 괴테의 인간적·작가적 성숙과정과 함께 소설 『빌헬름 마이스터의 수업시대』도 변성(變成), 발전해 갔다. 이 과정을 한 마디로 축약한다면, 빌헬름 마이스터의 '연극적 사명'이 그의 '수업시대'로 바뀐 것이다.

『수업시대』 전체는 모두 8권으로 구성되어 있는데, 그중 전반부라 할 수 있는 1권부터 5권까지는 상인의 아들 빌헬름 마이스터가 '상인'(Kaufmann) 수업에는 관심이 없고 연극을 좋아하여 유랑극단의 일원으로 배우들과 어울려 지내면서 연극과 관련된 갖가지 체험을 하게 되는 일종의 예술가소설의 형태와 구조를 지니고 있다.

제1권에서 연극 관람을 좋아하는 빌헬름이 여배우 마리아네를 사랑하게 되고 장래에는 그녀와 결혼하여 함께 연극배우로 살아가고자 결심한다. 하지만 어느 날 우연히 그는 마리아네 집으로부터 낯선 남자가 나오는 것을 보고 그녀에게 배신을 당한 것으로 알고 그녀를 다시는 만나지 않겠다며 실연의 아픔을 혼자 삭인다.

제2권에서 그는 다시 부업(父業)으로 되돌아가 '상인'으로서의 일을 배우고자 애쓴다. 그러던 그는 아버지의 수금(收金) 심부름 때문에 장기 출장 여행을 하다가 우연히 어느 유랑극단을 만난다. 이를 계기로 배우 라에르테스와 필리네를 친구로 사귀게 된다. 또한, 우연히 이국의 소녀 미뇽이 서커스 단장에게 학대를 당하는 광경을 보자 동정심에서 단장에게 돈을 주고 미뇽을 구한다. 이 무렵, 하프 타는 악사 하나가 일행 앞에 나타나 가끔 하프를 연주하면서 노래를 불러준다.

> 눈물 젖은 빵을 먹어보지 못한 사람,
> 근심에 찬 여러 밤을
> 울면서 지새워 보지 못한 사람은
> 그대들을 알지 못하리, 은밀히 작용하는 천상적 존재들이여!
>
> 우리 인간들을 삶으로 인도하는 그대들,
> 이 불쌍한 사람, 죄인으로 만들어 놓은 것도 모자라
> 늘 괴로움에 시달리게 하누나!
> 그래, 모든 죄는 이 지상에서 그 업보를 치러야지!
> [괴테, 빌헬름 마이스터의 수업시대 1, 안삼환 옮김(민음사, 1996), 206쪽]

이 구슬프고 애절한 음조에 감동한 빌헬름은 하프 악사를 가까이하면서 큰 감동과 위안을 받는다. 한편, 배우 멜리나가 제대로 된 극단을 만들겠다며 그에게 그 비용을 빌려줄 것을 청한다. 빌헬름은 빌려준 돈으로 인해 자연히 극단 단원들과 고락을 함께하게 되고, 미뇽과 하프 악사까지 데리고 다니게 되어 이제는 고향으로 돌아가 부업(父業)을 물려받는 것에서 점점 더 거리가 멀어지게 된다.

제3권에서 극단은 어느 백작의 초청을 받아 그의 저택에 머물면서 백작의 연회를 위한 축하 공연을 준비한다. 빌헬름은 귀족의 세계를 알게 된 것을 기뻐하며 성심껏 공연 준비를 한다. 이 무렵 알게 된 야르노의 권유로 셰익스피어의 드라마 『햄릿』을 읽고 크게 감동한다. 그러던 어느 날 빌헬름은 백작이 출타한 사이에 필리네의 장난스러운 제안으로 백작의 복장을 한 채 백작의 방에 앉아 백작 부인을 기다린다. 때마침 예기치 않게 백작이 외출에서 돌아와

자신의 복장을 한 빌헬름을 보자, 저승사자인 것으로 착각하고 그 자리를 황급히 피한다. 한편, 백작 부인을 사모하던 빌헬름은 백작 부인과 이별하는 순간, 그녀를 너무 세게 포옹한 나머지 실수로 그녀의 목걸이가 젖가슴에 상처를 남기게 되었고, 그녀는 이 상처가 자신의 비도덕적 사랑에 대한 하느님의 응징이라고 여겨 자신의 죄를 참회하고자 수녀원으로 들어간다.

제4권에서는 넉넉한 보수를 챙겨 이제 백작의 저택을 떠나게 된 극단 단원들이 프랑스대혁명 이래 사회적으로 유행하게 된 공화제를 도입하여 빌헬름을 임시 단장으로 선출하고 이제부터는 그의 지휘에 따르겠다고 결의한다. 하지만 일행은 도중에 노상강도를 만나 돈과 물건을 약탈당하고, 빌헬름은 지도자로서의 책임감으로 강도들과 맞서다가 그들의 칼에 상처를 입고 그만 잔디밭에 쓰러져 눕게 된다. 마침 나타난 '아마존' 같은 여인의 도움으로 구원을 받는다. 나중에 혼수상태에서 깨어난 빌헬름은 자신을 구해준 아마존 같던 그 여인의 신분과 행방에 대해 백방으로 수소문해 보지만, 그 여인의 종적은 찾을 길이 없다. 한편, 단원들은 그가 지도자로서 길을 잘못 인도한 까닭에 강도를 만나 재물까지 털리게 되었다며 그를 원망한다. 흥분한 빌헬름은 자신이 그 책임을 끝까지 지겠다며 전부터 안면이 있던 연극 감독 제를로에게 일행을 데리고 가 그들의 생계를 해결해 주겠다고 약속한다.

제5권에서는 아버지의 부음이 오고 그에게 많은 유산을 남긴 사실이 전해진다. 장사를 함께하자는 매부 베르너의 제안에 빌헬름은 다음과 같은 회신을 쓴다. "자네에게 간단히 한마디로 말하겠네만, 이렇게 있는 그대로의 나 자신을 수련해 나가는 것 — 그것이 내가 어렸을 적부터 희미하게나마 품어왔던 소원이자 의도였다네. (…) 그러니 내가 말하는 것이 자네의 뜻과 정확히 맞지 않더라도, 내 말에 약간의 주의를 기울여 주게나. (…) 독일에서는 일반교양, 아니, 개인적 교양이란 것은 오직 귀족만이 갖출 수 있네. 시민계급으로 태어난 자는 업적을 낼 수 있고, 또 최고로 애를 쓴다면, 자기의 정신을 수련할 수는 있겠지. 그러나 그가 아무리 발버둥을 친다 해도 자신의 개성만은 잃어버리지 않을 수 없어. (…) 자네도 알다시피, 이 모든 것을 나는 단지 무대 위에서만 찾을 수 있고, 내가 마음대로 활동하고 나 자신을 갈고닦을 수 있는 것은 오로지 이 연극적 분위기 속에서 뿐이라네. 무대 위에서라면 교양인은 마치 상류 계급에서처럼 인격적으로 아주 찬연히 빛을 발할 수 있거든!" 이 편지 구절은 시민계급 출신인 주인공 빌헬름이 연극을 통해서 국민교화와 국가발전에 헌신할 수 있다는 신념을 토로하고 있다는 점에서 이른바 국민극(Nationaltheater)의 의의와 사명에 관해서 이야기할 때에, 그리고 "이렇게 있는 그대로의 나 자신을 수련해 나가는 것"이 중요하다는 의미에서 교양소설을 정의할 때에, 학자들에 의해 자주 인용되곤 하는 유명한 대목이다.

빌헬름은 매부 베르너에게 자신의 재산을 우선 대리 관리해 주도록 부탁해 놓은 다음, 제를로 극단의 배우가 되어 『햄릿』을 공연한다. 이때 정신이상 증세를 보이는 하프 악사의 방화로 곤란을 겪게 된다. 또한, 제를로의 누이 아우렐리에가 죽자, 아우렐리에의 마지막 편지를 전해 주기 위해 그녀의 옛 연인 로타리오가 있는 성을 향해 출발한다.

위에서 제1권에서 제5권까지의 줄거리를 대강 살펴보았는데, 여기서 보듯이 이것은 연극이란 예술의 세계에 빠져 삶의 현장으로 되돌아오지 못하는 어느 청년의 방황기이며, 이것은 또한 마리아네, 미뇽, 필리네, 멜리나부인, 백작 부인, '아마존 여인', 아우렐리에 등 많은 여성에게 '사랑받는' 한 청년의 여성 편력기이기도 하다.

1794년에 이 원고를 읽어본 쉴러가 공무에 바쁜 괴테에게 작품을 완성해 볼 것을 권유한다. 이에 괴테는 쉴러의 우정 어린 충고를 받아들여 작품을 부분적으로 개작하고 6, 7, 8권을 덧붙여 『수업시대』를 완성해 낸다.

제6권은 괴테가 젊은 시절에 읽은 적이 있던 어느 수녀의 고백록으로서, 일명 <아름다운 영혼의 고백>이라고도 불려지는 독립된 글이다. 여기에는 괴테보다 한 세대 이전의 이상적 여성상이 그려져 있다. 괴테는 원래 예술가소설로 구상한 『연극적 사명』(1-5권)과 '철학적 교양소설' 『수업시대』(7-8권)의 문체와 내용의 낙차를 카무플라주(camouflage, 은폐)하고자, 중간에 이 수기를 끼워 넣은 것으로 보인다. 이 수기의 화자인 '아름다운 영혼'은 소설의 필자 괴테에 의해 로타리오, 나탈리에, 백작 부인, 프리드리히 등 작중 인물 4남매의 이모가 되는 것으로 교묘하게 짜 맞추어져, 이 수기가 전체 소설과 아주 무관하지는 않은 것으로 읽히게 된다.

제7권은 빌헬름이 아우렐리에의 연인 귀족 로타리오에게 따끔한 충고의 말로 그녀의 실연의 복수를 대신하려고 성을 찾아가는 장면으로 시작된다. 하지만 로타리오의 성에 도착한 빌헬름은 뜻밖에도 로타리오와 그의 주변 인물들에 의해 큰 환영을 받게 되고, 차츰 로타리오와 친밀한 관계를 맺게 된다. 또한, 거기서 빌헬름은 같이 간 펠릭스가 자신에게 실연의 상처를 준 마리아네의 자식, 즉 자신의 아들이라는 충격적인 사실을 접한다. 그녀는 자기를 배신한 것이 아니라 약속대로 그를 기다려 주었지만, 안타깝게도 그 사이에 이미 이 세상을 떠났다는 것이다. 그리고 빌헬름은 자신이 로타리오, 야르노 등이 회원으로 일하는 '탑의 모임'이란 비밀 결사체에 의해서 그동안 보이지 않는 지원, 선의의 감시, '탑의 모임'에 의해 원격 조정되는 교육적 인도를 받았음도 알게 된다. (한국 독문학자들이 'Turmgesellschaft'를 '탑의 결사'라고 번역해 왔는데, 이는 일본인들의 번역을 그대로 따른 것으로서, '탑의 모임'이 더 적절한 번역일 것 같다. '결사'(結社)라 함은 '어떤 모임을 조직하는 일' 자체를 말하는 것으로서, 그 결과인 '결사체'(結社體)까지 의미하는지는 의문이기 때문이다.) 그는 '탑의 모임'의 지도자 격인 신부님한테서 '수업증서'를 받고 자신도 '탑의 모임'의 일원이 된다. 그는 자기 인생의 고비마다 — 예컨대, 『햄릿』 공연을 앞두고 유령 역을 맡아줄 배우가 없어 곤란을 겪었을 때, 이 단역을 맡아줄 미지의 배우로 — 나타나 자신을 도와주고 충고해준 사람이 바로 신부님이었다는 사실도 비로소 확인한다.

제8권에서는 그동안 상인으로서 근면 성실하게 일해 온 베르너가 자신의 친구이며 처남인 빌헬름을 찾아온다. 그는 빌헬름이 훌륭한 신사의 면모를 갖춘 것을 보고 이제는 귀족계급의 여인과도 혼인할 수 있겠다는 찬탄의 말을 한다. 한편, 빌헬름은 로타리오의 여동생 나탈리에가 바로 자신이 애타게 찾고 그리워하던 '아마존 여인'임을 알게 되고 자비로운 그녀에게 마음이 끌리지만, 귀족 신분인 그녀가 자신에게는 과분한 여자임을 실감한다. 그러던 중, 빌헬름은 자신과 같은 처지로 로타리오와 애정 관계에 있었지만, 그 어떤 금단의 사유 때문에 그와의 결혼에까지는 이를 수 없었던 테레지에를 알게 된다. 빌헬름은 펠릭스에게 훌륭한 아버지로서의 역할을 할 수 있도록 자신을 뒷받침해줄 배우자로서 테레지에를 생각하게 되고 그녀에게 청혼한다.

그와 그녀의 포옹 장면을 보고 놀란 미뇽은 나탈리에에게 달려가 그녀의 발치에 쓰러져 죽는다. 이때, 이탈리아 출신의 한 후작이 나타나 미뇽이 자신의 조카이며, 하프 악사가 자기의 친동생임을 밝힌다. 그로 인해 미뇽은 하프 악사가 여동생과의 근친상간에서 얻은 딸이라는 놀라운 사실도 아울러 밝혀진다.

한편, 로타리오와 테레지에가 — 서로 결혼할 수 없는 금단의 사유인 가족관계가 사실이 아닌 오해로 판명되어 — 다시금 재결합하자, 빌헬름도 둘의 지원을 받으며 마침내 나탈리에와 결혼하는 행운을 얻게 된다. 이 행운을 가리켜 나탈리에의 남동생 프리드리히는 이 소설의 끝 무렵에 다음과 같은 말을 한다. "당신(빌헬름)을 보면 난 웃지 않을 수 없군요. 당신이 기스(Kis)의 아들 사울과 비슷하다는 생각이 들거든요. 아버지의 암나귀들을 찾으러 나갔다가 왕국을 얻게 된 그 사울 말입니다." 프리드리히의 이 말은 빌헬름이 처음부터 뚜렷한 목표를 갖고 세상으로 나아간 것이 아니라 세상에서 많은 우회로를 헤매면서도 성실하게 노력한 결과 행운을 얻게 된 것임을 시사한다. 빌헬름에게 처음부터 뚜렷한 교양목표(Bildungsziel)가 없었다 하더라도 자아가 — 연극을 통하든, 다른 길을 거치든 간에 — 세상에 나가 다양한 갈등을 거치고 세계와의 화해적 교감에 도달한 다음, 마침내 자신의 '왕국'을 얻게 된 것이다. 그래서 이 소설을 교양소설이라 부르며, 『빌헬름 마이스터의 수업시대』야 말로 장차 19세기의 거의 모든 독일 소설로부터 20세기 토마스 만의 『마의 산(Der Zauberberg)』(1924)에 이르기까지 대부분의 독일 소설에 교양소설적 특징을 부여하게 되는 것이다.

교양소설의 작가는 비범하고 천재적인 인물보다는 평범하고 단순한 주인공을 통해서 인생의 온갖 풍파와 삶의 온갖 숙제들을 독자들에게 골고루 펼쳐 보여줄 수 있다. 교양소설의 주인공들이 빌헬름 마이스터이건, 한스 카스토르프(토마스 만의 『마의 산』 주인공)이건, '특출한 천재'가 아닌 "한 단순한 청년(ein einfacher junger Mensch)"으로 나오는 것은 바로 이 때문이다.

교양소설의 주인공이 평범하고 단순하다고 해서 배울 바가 없는 인물이라는 것은 결코 아니다. 교양소설은 주인공의 교양을 넘어 그 인격적 '형성'을 따라가며 주인공의 체험을 추체험하는 독자의 교양도 아울러 함양시키기 때문이다. 이 점에서 교양소설(Bildungsroman)이란 장르 이름 안에 들어있는 '교양(Bildung)'이란 말은 주인공의 교양뿐만 아니라 독자의 교양도 아울러 가리키고 있다고 하겠다.

5. 바이마르 고전주의의 시대적 반응 — '병든 왕자'의 모티프

이 소설은 예술가소설이란 원래의 바탕 위에다 나중에 덧칠하고, 그리고 한 세대 앞선 여성의 수기 <아름다운 영혼의 고백>을 중간에 끼워 넣음으로써 젊은 날의 문체와 장년기의 문체의 틈새를 카무플라주 하고 있다. 그리고 고전주의적인 여유와 프랑스대혁명 이후의 정치적 시각을 보이는 '탑의 모임 이야기'(제7권과 제8권)를 덧붙여, 하나의 교양소설로 개작한 작품이다. 말하자면, 제1권에서 제5권까지 이르는 빌헬름 마이스터의 '연극적 도정'도 하나의 자율적인 '수업과정'으로서, 애초부터 '탑의 모임'에 의해 관찰되고, 보이지 않는 손에 의해 인도되고 있었다는 것이 이 소설이 내세우고 있는 자율적 교육의 원리이다.

낭만주의 시인 노발리스는 미뇽과 하프 악사와 같이 아름답고도 슬픈 낭만적 인물들이 작품의 끝에는 모두 죽고, 빌헬름이 결국 귀족 나탈리에와 결혼하게 되는 『빌헬름 마이스터의 수업시대』의 비낭만적, 이성적 결말을 가리켜 '마이스터 소설'은 "귀족증서를 얻기 위한 순례(die Wallfahrt nach dem Adelsdiplom)"에 불과하다고 혹평하였다.

그러나 시민계급 출신인 빌헬름이 귀족 출신이자 새 시대의 '아름다운 영혼' 나탈리에와 결혼하는 결말은 비단 개인 빌헬름의 행복한 결말로만 볼 것이 아니라, 당시 독일 신분사회의 장벽을 뛰어넘은 결혼 사례로서 일종의 시대적 해결책으로도 보인다. 여기서 중요한 것이 작품 속에 여러 번 언급되는 '병든 왕자(kranker Königssohn)' 모티프이다. 시리아의 왕 셀레우코스 1세는 아들 안티오쿠스의 신부감을 물색하던 중 젊고 아름다운 스트라토니케에게 반하여 자신의 왕비로 삼고 만다. 자신의 아내가 되리라 믿었던 스트라토니케가 뜻밖에도 자신의 계모가 되자 왕자는 시름시름 앓아눕는다. 왕자의 병실에 계모가 들어올 때마다 병든 왕자의 맥박이 빠르게 뛰는 현상을 발견한 의사가 왕에게 거짓으로 고하기를, 왕자님이 의사 자기의 아내를 연모하여 상사병에 걸린 것이라고 보고한다. 그러자 왕은 의사에게 왕자의 목숨과 나라의 장래가 걸린 일이니만큼 부디 의사가 부인을 왕자에게 양보해 달라고 간곡히 부탁한다.

의사가 말하기를, 실은 자신의 아내가 아니고 젊은 왕비님이라고 하자, 왕이 스트라토니케를 병든 왕자에게 양보한다. 이 이야기는 스트라토니케가 병들어 누워있는 왕자의 방으로 들어서는 결정적 순간의 인물들의 표정과 몸짓을 포착하는 것에 대한 문제 때문에, 벨루치, 다비드, 앵그르 등 수많은 화가가 즐겨 그려온 유명한 회화적 모티프이며, 젊은 괴테도 카셀 등지의 많은 박물관에서 익히 보아오던 모티프였다.

단원들에 의해 단장으로 선출되었다가 노상강도를 만나 단원들을 위해 싸웠지만, 상처를 입고 풀밭에 누운 빌헬름에게 나탈리에가 구원의 손길을 건네준 소설의 한 장면도 '병든 왕자 모티프'의 한 변형으로 볼 수 있다. 소설에 여러 번 나오는 '병든 왕자' 그림은 빌헬름의 조부가 수집하여 소장해 오던 그림이다. 그런데 어릴 적부터 늘 보아오던 이 그림을 빌헬름이 나탈리에의 집에서 다시 보게 되는 것은 결코 우연이 아니다. 그 배경에는 '탑의 모임'의 신부가 그림을 매입한 것으로부터 마침내 나탈리에의 방에 걸려있게 되기까지 신부의 보이지 않는 많은 노력과 배려가 있었던 것이다.

신분상의 제약으로 인해 '병든 왕자'일 수밖에 없는 빌헬름이 귀족 나탈리에를 사랑할 수 있는 용기를 낸 원동력은 비록 "그릇된 길"이고 "우회로"지만 그가 '연극'이란 '수업'을 통해 '교양'을 쌓은 덕분이었다. 만약 그가 친구이자 매부인 베르너의 차원에 계속 머물러 있었더라면, 그는 나탈리에를 배우자로 맞이하는 행운을 얻지 못했을 것이다. 나탈리에에 대한 시민계급 빌헬름의 사랑의 아픔은 '병든 왕자'의 경우와 마찬가지로 외부로부터의 호의적 지원이 있어야 비로소 치유될 수 있는 성질의 것이다. 이런 점에서 이 소설은 프랑스대혁명 이후에도 독일에 남아 있던 구체제와 계급 간의 갈등을 해소할 방안을 상징적으로 제시하는 괴테적 시대소설로도 읽힐 수 있으며, 프랑스혁명에 대한 바이마르 고전주의의 정치적 응답으로 볼 수도 있다.

'탑의 모임'의 동지에서 가족으로까지 발전된 순간, 처남 로타리오는 매부 빌헬름에게 다음과 같이 말한다. "이제 우리가 이처럼 기이하게 서로 인연을 맺었으니 평범한 삶을 살지는 맙시다! 우리 다 같이 가치 있는 활동을 하도록 합시다! (···) 우리 그런 일을 하기 위해 서로 동맹을 맺읍시다! 이것은 공상이 아니라 정말 실현이 가능한 이념이며, 언제나 뚜렷하게 자각되는 것은 아니지만, 이따금 선량한 사람들에 의해 실천되고 있는 이념입니다." 개혁귀족 로타리오와 시민계급 출신 빌헬름의 이러한 정치적 "동맹"은 프랑스대혁명의 유혈사태와 혼란에 실망하여, '혁명'보다는 계급 간의 화해와 협력을 통한 '개혁'을 원했던 당시 괴테의 정치적 입장을 잘 반영하고 있다. 따라서 빌헬름이란 자아가 마침내 얻게 된 나탈리에는 단순한 결혼 상대로서의 여성이 아니라 세계와 조화를 이룬 자아, 나아가서는 빌헬름 자신의 성취이다. 말하자면, 그는 새 시대의 '아름다운 영혼' 나탈리에와 비슷한 수준으로 고양됨으로써 비로소 나탈리에, 즉 자신의 행복을 얻은 것이다.

이렇게, 『빌헬름 마이스터의 수업시대』는 교양소설인 동시에 시대소설이며, 괴테는 이 소설에 자기가 겪은 세계 인식을 고스란히 담고자 하였다. 즉, 이 작품은 교양소설인 동시에 일종의 인식소설로서 주인공 자아가 세계를 인식하는 중에 독자 자아도 세계를 종합적으로 인식하게 되는 것이다.

6. 속편 『빌헬름 마이스터의 편력시대』

『빌헬름 마이스터의 수업시대』란 제목 자체가 이미 이 소설에는 속편(續篇)이 나올 가능성을 암시하고 있다. 독일의 전통적 도제(Geselle, 徒弟, 技能工) 양성제도에 의하면, 어느 명장(Meister, 名匠) 밑에서 수습공(Lehrling) 과정을 끝낸 사람은 도제로서의 직업을 영위하기 이전에 다른 지역 명장의 기술을 아울러 배우기 위해 전국 각지를 '편력'(遍歷)하게 되어 있기 때문이다. 즉, 수업시대를 마친 사람에게는 편력시대도 있기 마련인 것이다. 사실, 괴테도 쉴러에게 보내는 1796년 7월 12일 자 편지에서 『빌헬름 마이스터의 수업시대』의 속편을 써 볼 "생각과 의욕(Idee und Lust)"을 갖고 있다고 하였다.

여러 단계의 집필 및 수정 과정을 거쳐 1829년에 최종적으로 『빌헬름 마이스터의 편력시대 또는 체념하는 사람들(Wilhelm Meisters Wanderjahre oder die Entsagenden)』이라는 제목으로 새 소설이 출간된다.

이 소설에서도 『수업시대』의 끝에 암시된 대로 빌헬름은 아들 펠릭스를 데리고 편력의 길을 떠나기는 한다. 이 여행에서 그는 '탑의 모임'의 의도에 따라 여러 인물들을 만나게 되고 새로운 삶의 영역들을 관찰하고 직접 체험할 기회를 얻게 된다. 그러다가 결국에는 '체념하는 사람들'의 공동체에서 유능한 구성원으로 활동할 수 있으려면 무엇인가 한 가지 기술을 익히는 것이 좋겠다는 것을 깨닫고 응급의(應急醫)로서의 수업을 마치게 된다. 그 의술의 혜택을 처음으로 누리게 되는 것은 — 자신의 젊음과 체력을 과신한 나머지 — 말을 타고 급격하게 달리다가 강물에 빠져 죽음의 문턱에 이르게 된 아들 펠릭스이다.

이로써 『수업시대』의 빌헬름이 연극배우로서의 길을 가던 끝에 '탑의 모임'으로부터 인생 수습생으로서의 과정을 마쳤다는 '수업증서'를 받은 뒤에 궁극적으로 택하게 되는 직업이 응급의라는 사실까지는 분명해졌다. 『수업시대』를 이미 읽은 독자는 그 속편 『편력시대』에서는 당연히 빌헬름과 나탈리에의 새로운 삶이 전개되리라는 것을 기대하지만, 막상 책을 펼쳐 든 독자는 편지와 일기, 갖가지 에피소드와 단편소설들, 서고에서 모은 문서들, 편집자의 주석과 잠언 등등 온갖 불균질적 텍스트들을 마주하게 된다. 그것은 정말 온갖 광물 성분을 함유하고 있는 기이한 "혼성암(混成岩, Aggregat)"과 같은 텍스트이다.

소설 『빌헬름 마이스터의 편력시대』에 대해서는 따로 새로운 논의가 필요할 것이기에, 여기서는 그것이 『수업시대』의 속편이란 관점에서만 몇 마디 덧붙였다.

(안삼환)

빌헬름 마이스터의 편력시대 혹은 체념하는 사람들
(Wilhelm Meisters Wanderjahre oder die Entsagenden)

1. 작품의 두 판본

『빌헬름 마이스터의 편력시대』는 두 가지 판본이 존재한다. 먼저 1821년에 소설이 나오고, 8년 후인 1829년에 두 번째 판본이 출간된다. 괴테 작품과 관련해서 지금까지 가장 대표적인 판본으로 인정받는 바이마르판(WA)에서는 1829년 판본에서 잠언 모음인 <편력자들의 마음에 비친 성찰(Betrachtungen im Sinne der Wanderer)>과 <마카리에의 서고에서(Aus Makariens Archiv)>와 더불어 각 잠언 모음에 딸린 시 작품인 「유언(Vermächtnis)」과 「엄숙한 봉안(奉安)당에서(Im ernsten Beinhaus war's)」를 제외시켰다. 이것은 괴테의 측근 에커만의 예를 따른 결과였다. 에커만은 괴테 사후에 1837년 괴테작품집을 간행하면서 『편력시대』에서 이 부분을 제외시켰다. 그 후 1949년에 와서야 아르테미스 기념판 괴테작품집이 간행될 때 잠언 부분은 다시 포함되었고, 이후 에리히 트룬츠(Erich Trunz)도 1950년 함부르크판 괴테작품집(HA)을 간행할 때 잠언 모음을 추가하면서 잠언집은 1829년판의 구성으로 굳어지게 되었다. 최근에 나온 중요한 괴테작품집인 프랑크푸르트판(FA)과 뮌헨판(MA)에서는 『편력시대』의 1821년판과 1829년판을 같이 수록하고 있으며, 1829년판에 두 잠언집은 물론 그에 딸린 두 개의 시 작품도 수록하고 있어 괴테 생전 1829년 코타출판사에서 나온 최종판의 모습을 복원했다.

'빌헬름 마이스터의 편력시대'라는 제목은 이미 이전에 나온 교양소설인 『빌헬름 마이스터의 수업시대』를 염두에 두고 있음을 짐작할 수 있다. 1821년 제1판은 일단 형식적으로 느슨하게 『수업시대』(1795/96)의 후속편처럼 구성되었다면, 1829년 제2판은 『수업시대』의 후속처럼 보이지만 형식적으로는 전통 소설의 형식을 벗어나서 이른바 아카이브 소설(Archivroman)로 완성되었다고 볼 수 있다. 1829년판은 현재는 지극히 현대적 소설로 평가되고 있지만, 처음에는 괴테 자신조차 '정확히 설명을 할 수 없는 것(das Inkommensurable)', '측정할 수 없는 것(das Inkalkulable)'으로 표현할 정도로 그 정체성에 대한 설명이 어려웠다.

2. 줄거리와 등장인물

2.1 제1판(1821년)

1821년 제1판은 『빌헬름 마이스터의 편력시대 혹은 체념하는 사람들. 괴테 소설. 제1부(Wilhelm Meisters Wanderjahre oder Die Entsagenden. Ein Roman von Goethe. Erster Teil)』라는 긴 제목에 출판사명(코타출판사)까지 넣어서 출판된다. 제2판과는 달리 권(券)의 구분 없이 총 18장으로 이루어져 있다. 우선 개략적 줄거리의 구성을 보자.

소설은 제2판과 동일하게 빌헬름과 아들 펠릭스가 '성 요셉 2세' 가족을 만나는 이야기로 시작한다. 빌헬름 부자는 이어 몬탄을 만나고 백부(Oheim)라 불리는 인물의 장원으로 가게 된다. 하지만 제2판과는 달리 그의 장원에 대한 특별한 설명은 없이 레나르도를 만나는 이야기가 나온다. 그리고 수집가 노인에게로 갔다가 아들을 맡기려 교육주로 간다. 헤르질리에를 통해 노벨레 <쉰 살의 남자(Der Mann von funfzig Jahren)>가 소개되고, 스위스의 '라고 마죠레' 호수를 찾는 장면에 뒤이어 다시 교육주에 대한 묘사가 등장한다. 그 후 빌헬름이 광산축제에 참석하고 바로 이주자 동맹을 만나는 장면이 나온다. 여기서 노벨레 <새로운 멜루지네(Die neue Melusine)>, <순례하는 어리석은 여자(Die Pilgernde Törin)>, <발설자는 어디에 숨어있나?(Wo stickt der Verräter?)> 등이 소개되고 나서 마지막으로 레나르도의 연설이 이어지는데, 소설은 그 연설에서 끝이 난다. 이제 특징적 등장인물과 내용을 좀 더 살펴보자.

제1장에서는 빌헬름의 편력의 조건이 묘사된다. '한 숙소에 삼일 이상을 머

무르지 말고, 그곳을 떠나면 적어도 일마일 이상 떨어진 곳으로 가야 한다.' 이 계명은 1829년 제2판에서도 그래도 수용된다. 빌헬름은 자신의 아들인 펠릭스와 같이 여행하는 것으로 설정되어 있다. 두 사람은 산속에서 성 요셉 2세 가족을 만나고 그의 집을 방문한다. 그 후 집을 떠나 곧 야르노를 만나는데, 그는 『수업시대』에서 궁정의 인사로 등장했던 인물이다. 이제 그는 광산 전문가로서 그 일에 걸 맞는 몬탄(Montan, 라틴어로 산에 속하는 혹은 산에 거주하는 사람이라는 뜻)이라는 이름을 사용한다. 그 후에 빌헬름은 펠릭스를 교육주(Pädagogische Provinz)라고 칭하는 교육기관에 맡기고, 젊은 남작인 레나르도를 알게 된다. 이 인물은 제1판에서 빌헬름과 대비되는 인물로 등장한다. 그만큼 레나르도는 소설에서 빌헬름에 필적할 정도로 중요한 인물로 볼 수 있다.

두 인물은 대표적으로 소설의 제목에 해당하는 '체념하는 사람들(die Entsagenden)'에 속한다. 빌헬름의 경우는 줄거리로 보면 부인인 나탈리에를 직접 만날 수 없고 편지로만 연락하는 조건을 감수해야 한다는 것이 체념의 일차적 양상이다. '갈색 피부의 아가씨(nußbraunes Mädchen)'를 찾아 나선 레나르도 역시 이와 비슷하다. 낮은 신분을 암시하고 있는 갈색 피부의 아가씨는 레나르도의 백부가 그의 장원에서 매몰차게 쫓아낸 소작인의 딸이다. 그 아가씨에게 어느 정도 연정을 품고 있던 레나르도는 그녀에게 그녀의 가족이 쫓겨나지 않게 백부에게 힘을 써보겠다고 약속했지만, 갑자기 여행을 떠나는 바람에 그 일을 하지 못했던 터라 그 아가씨에게 빚을 졌다고 생각하고 이제 그 빚을 갚고자 아가씨를 찾아 나선 것이다. 즉 그는 그 아가씨에 대한 개인적 연정은 포기/체념하고 최소한 그 아가씨에게 자신의 약속을 지키고자 하는 계몽된 교양인으로서의 의무감으로 그 아가씨를 찾아 나선 셈이다. 그가 보여주고 싶은 것은 가혹한 전통적 지주 귀족의 모습이 아니라 계몽주의 교양으로 무장한 새로운 귀족의 모습이다. 후에 소설의 독자는 그가 그 아가씨를 찾았다고 짐작할 수 있는데도, 정작 그의 일기에는 그런 사실이 기록되지 않고 있다. 그가 적어도 그녀와의 개인적 관계는 체념했기 때문으로 짐작할 수 있다.

빌헬름이 편력 중에 만났거나 줄거리에 삽입된 노벨레들에 등장하는 그 외 주요 인물들은 레나르도의 백부, 헤르질리에, 율리에테, 교육주의 인사들은 물론, 노벨레 <쉰 살의 남자>에 나오는 쉰 살의 남자도 언급할 수 있다. 빌헬름은

'쉰 살의 남자'에 대한 이야기를 읽어서 알고 있었는데, 이후 한 젊은 화가와 함께 『수업시대』에서 죽었던 비운의 아이 미뇽의 고향을 찾아 가는 길에 그 노벨레에 나오는 여자인 힐라리에와 '아름다운 미망인(die schöne Witwe)'을 라고 마죠레 호수에서 실제로 만난다.

또한 <새로운 멜루지네>, <순례하는 어리석은 여자>, <발설자는 어디에 숨어있나?> 등의 노벨레에서 나오는 인물인 멜루지네, 순례자, 발설자 등은 모두 직접적으로 빌헬름과 연관되는 존재들은 아니지만 이런저런 이유로 체념하는 인물들이라는 점에서는 빌헬름과 공통점을 가진다고 할 수 있다.

나아가 소설의 다양한 인물들은 빌헬름이 하는 편력의 의미와 연관되는 특정한 사회 영역을 보여주는 역할도 한다. 여기에는 성 요셉 2세의 영역, 몬탄의 영역, 백부의 영역, 수집가의 영역, 교육주의 영역, 이주자동맹의 영역 등이 있다. 성 요셉 2세의 영역은 중세 목가적인 기독교의 단순함 삶의 영역을 대표한다면, 몬탄의 영역은 비밀스런 광석과 자연의 영역을 대표한다. 백부의 장원은 계몽주의를 대표한다면, 수집가는 예술품의 영역을, 교육주는 당연히 교육을 대표한다. 교육주는 세 가지 외경(Ehrfurcht)형식을 통해 세계경건(Weltfrömmigkeit)을 익히는 교육을 실시한다. 이주자동맹은 더 이상 18세기 시민사회가 아닌 19세기의 새로운 시민사회의 형식을 보여주고 있다. 그 동맹 사회에서는 구성원들이 토지를 중심으로 동맹을 이루는 것이 아니라 노동을 중심으로 결속을 이루기 때문이다.

1821년판의 마지막 부분에는 『수업시대』의 인물들이 다시 등장한다. 베르너, 로타리오, 아베, 프리드리히 등이 그렇다. 그들 모두는 이주자동맹에서 활동하고 있다는 것이 밝혀진다. 이 점은 『수업시대』를 읽고 나서 미뇽이 있는 풍경을 그렸다는 한 젊은 화가와 함께 빌헬름이 미뇽의 고향을 찾는 부분과 함께 『편력시대』는 『수업시대』의 연장선에 있다는 것을 보여주는 대표적 예로 볼 수 있다. 소설의 줄거리는 이주자동맹을 이끌고 있는 레나르도의 연설과 '세계동맹(Weltbund)'이라는 그들 집단의 사회적 에토스를 보여주는 장면과 이주자들의 노래로 끝이 난다.

소설 형식의 미학으로 보면 『수업시대』가 전지적 서술시점을 취하는 전통적인 형식의 소설이라면 『편력시대』는 3인칭 서술시점과 부분적으로 가공의 편집자를 등장시켜 편집자 시점을 추가하고 있다. 괴테는 이미 『베르테르』 소설에서 가공의 편집자를 등장시키는 형식을 이용했는데, 이를 통해 작품의 허구성보다는 사실성을 높이고 독자에게 직접 호소해서 소설 내용의 설득력을 강화하고자 한다. 이런 소설미학은 이후 제2판에서 편집자의 존재와 역할이 정립되면서 편집자 소설 혹은 아카이브 소설의 형태로 완성된다.

2.2 제2판(1829년)

1829년 제2판은 제목에서 괴테 소설과 제1부라는 표현을 삭제하고 단순히 『빌헬름 마이스터의 편력시대 혹은 체념하는 사람들(Wilhelm Meisters Wanderjahre oder die Entsagenden)』이라고만 표기했다. 소설은 총 3권으로 구성되어 있는데, 제2권이 끝나고 나서 <편력자들의 마음에 비친 성찰(Betrachtungen im Sinne der Wanderer)>이라는 잠언집과 시 「유언」, 제3권이 끝나고 나면 <마카리에의 서고에서(Aus Makariens Archiv)>라는 잠언집과 미완의 시 「엄숙한 봉안(奉安)당에서」가 부록처럼 추가되어 있다. 또한 제1판에서 없던 노벨레인 <위험한 내기(Die gefährliche Wette)>와 <지나치면 안 된다(Nicht zu Weit)>가 삽입되었다. 그 외 기존의 노벨레들의 내용이 보충되거나 약간 변경되었고, 위치가 바뀌거나 제목이 약간 바뀐 것도 있다(<발설한 자는 누구인가?(Wer ist der Verräter?)>). 개략적 줄거리는 다음과 같다.

빌헬름은 『수업시대』에서 죽은 자신의 옛 애인 마리아네와 낳은 아들인 펠릭스를 데리고 편력의 길을 떠난다. 『수업시대』에서 빌헬름의 교육을 배후에서 담당했던 비밀단체인 '탑의 모임(Turmgesellschaft)'의 지휘를 받아 나름의 임무를 띠고 여행을 떠나는 것이다. 빌헬름이 지휘부에서 받은 편력의 수칙은 여행 중 한 곳에 사흘을 머물러서는 안 되며, 그곳을 떠나 다음의 숙소는 일마일 이상 떨어진 곳에 잡아야 한다는 것이다. 산악지대를 여행하던 부자는 '성 요셉 2세' 가족을 만나고, 어느 귀족 지주의 영지에 도달한다. 그 장원의 주인은 이름 대신 백부로 언급되는데, 그는 미국에서 태어났지만 성장하여 다시 유럽으로 돌아와서는 자신의 영지를 봉건 질서의 이상을 구현하며 동시에 근대적인 장원으로 운영하고자 한다. 그를 통해 빌헬름은 그 후 그 주변에서 각각의 영역에서 흩어져 살고 있는 친척들을 만나게 된다. 그 장원에서 주인의 질녀라는 헤르질리에를 알게 되고, 그녀를 통해 친척 아주머니(Tante)로 소개되는 마카리에를 찾아간다. 마카리에의 영역에서 사람들은 그녀의 정신적, 영적 보살핌과 사랑을 받으며 살고 있다. 마카리에는 그녀의 조카 레나르도를 찾아가 만날 것을 권한다. 유럽의 귀족인 그는 백부와는 달리 토지를 상속받은 미국으로 건너가서 그곳에서 이상향을 건설하고자 하는 청년이다. 레나르도는 빌헬름에게 골동품 수집상을 소개하는데, 그를 통해 펠릭스의 교육을 맡을 '교육주'를 추천받아 아들을 그곳에 맡긴다. 그 대가로 빌헬름은 레나르도가 연민과 사랑으로 찾고 있는, 과거 백부의 장원에서 쫓겨난 가여운 여인 '갈색 피부의 아가씨'인 나호디네를 찾아 산악지대로 간다. 레나르도는 미국에 있는 자신의 상속지 옆에 탑의 모임이 소유하고 있는 토지가 있다는 것으로 탑의 모임과 공동으로 신대륙으로 이주 계획을 세운다. 신대륙에서 자치적 이상사회를 건설하겠다는 것이다. 레나르도는 이를 위해 지식과 기술, 비전을 갖추었기 때문에, 그 집단의 사상과 이념, 경제문제를 책임지는 신부와 함께 지도자로서 활약한다. 이때 그 이주자 동맹에 독일의 한 공국에서 고위관리로 있는 오도아르트가 나타나 미래가 불확실한 미개척 땅 미국이 아니라 이미 질서가 잡혀져 있는 유럽 내에서 새로운 사회를 건설할 기회가 더 많다는 것을 주장하며 유럽 내 이주를 권한다. 이 때문에 이주자 동맹은 두 집단으로 나뉘어져 이주 계획을 진행시킨다. 빌헬름도 그 사이 외과의사가 되어 이주자동맹에 합류한다. 소설의 마지막은 아버지와 아들의 극적인 재회가 묘사된다. 자유분방하고 낭만적인 아가씨 헤르질리에를 사랑한 펠릭스가 사랑이 거부당하자, 교육주에서의 이성적 교육도 효과 없이, 사춘기 젊은이의 격정을 이기지 못하고 말을 타고 질주하다 강물에 빠져 거의 익사하는 사건이 발생한다. 이때 의사가 된 빌헬름은 아들을 사혈(瀉血)을 통해 살릴 수 있게 되고, 둘은 마치 쌍둥이 형제 카스토르와 폴룩스처럼 서로 포옹하는 장면으로 소설은 끝을 맺는다. 여기서 특징적 몇 인물과 그 관련 내용을 살펴보자.

빌헬름과 펠릭스가 모두 관심을 가지고 연정을 품은 헤르질리에는 아버지 세대 빌헬름의 지식과 경험, 사랑 등을 아들 세대 펠릭스에 연결해주는 역할을 하는 인물로 볼 수 있다. 이와 같은 구조를 <쉰 살의 남자>에서도 찾아 볼 수 있다.

레나르도의 이주자 집단은 여기서도 여전히 중요한 역할을 하는데, 그들의 미국 식민계획에 대응하는 새로운 집단이 출현하는 것이 특이하다. 오도아르트의 유럽 이주 계획이 그것이다. 오도아르트는 레나르도와 같이 등장해서 신대륙에서 새로운 출발의 기회를 보기보다는 구대륙 유럽을 새로 건설하는 재식민사업을 해야 한다는 뜻을 이주자 집단에 역설하고 그의 계획에 동의하는 사람을 모은다. 이로써 이주자 집단의 이주 계획은 결과적으로 균형과 조화를 이루게 된다. 이런 시도는 체념이라는 소설의 주제가 균형과 조화의 소설미학으로 연결될 수 있는 계기가 된다.

오도아르트보다 더 중요한 인물은 마카리에다. 마카리에는 상징적 의미 차원에서는 소설의 가장 중심적 인물로 볼 수 있다. 제1판에서는 편지에서 친척 아주머니로만 언급되었지만, 이제는 '원예언자(Ursybille)', '성인(Heilige)', '드높은 존재(höheres Wesen)'로 지칭되고 있다. 그녀는 육체는 병약하지만 정신은 더없이 건강하고 높은 단계에 있는 고고한 정신의 화신이다. 또한 가족들에게 마치 영혼의 고해성사를 들어주는 정신과 영혼의 수호자와 같은 존재로 여겨진다. 사람들은 그녀를 통해 영혼이 정화되고 자신의 영혼을 되찾는 경험을 한다. 정신뿐만 아니라 영혼의 구원자로 역할을 하는 것이다. 결혼도 마카리에의 권위를 통해 확인되고 이루어진다.

마카리에의 정신의 정체성과 특성에 대한 묘사는 소설의 내용 중에서 핵심적 부분으로 해석할 수 있다. 특히 그녀 주변의 천문학자가 그녀를 오랫동안 관찰하고 그것을 보고하는 내용을 바탕으로 그녀의 정신적 특성을 묘사하는 부분은 뛰어난 은유와 상징성을 지닌 부분이다. 그녀는 우리의 태양계를 따라 움직이는 하나의 행성과 같은 존재로 묘사된다. 그녀는 별들의 위치를 감지하고 그들의 움직임을 알고 있다. 또한 직접 태양계에서 움직이고 있는데, 당시에 알려진 태양계의 가장 먼 행성 중 하나인 토성(Saturn)을 향해 움직이고 있다고 보고된다. 그녀의 행로는 결국 인간의 이성과 상상력을 포괄하는 전체 에너지(Entelechie)의 속성에 대한 은유라고 평가할 수 있다. 인간의 전체 에너지는 우주 전체로 뻗어갈 수 있지만 인간의 이성과 상상력, 관심이 미치는 영역은 인간이 거주하는 지구와 지구가 속해 있는 태양계에 있다는 의미이기도 하다. 보고에서 그녀가 태양계의 끝까지 가면 태양계의 경계를 벗어나 아득한 우주로 가지 않고 지상의 삶과 행복을 위해 다시 지구로 돌아오기를 바란다는 묘사도 이런 맥락을 표현한다고 이해해야 한다.

3. 작품의 수용과 평가

『편력시대』는 1821년 제1판이 나오자 부정적인 비판이나 침묵 혹은 무관심의 평가절하가 두드러졌다. 물론 엔제(Varnhagen von Ense)와 푀르스터(Karl Förster) 등의 진지한 해석을 통한 긍정적 평가도 있었지만 그것은 일부였다. 반면 푸스트쿠헨 목사가 익명으로 괴테의 소설이 나오기 직전인 1821년부터 시작하여 1828년까지 5부와 2부록의 형태로 펴낸 같은 제목의 소설 『빌헬름 마이스터의 편력시대』는 대중의 관심을 끌었다. 그 소설로 말미암아 정작 괴테의 『편력시대』는 제1판부터 관심보다는 오히려 논란과 조롱의 대상이 되기도 했다. 1829년에 나온 제2판은 제1판을 대폭 보완하고 개정한 최종판이라 할 수 있지만, 이에 대해서도 역시 긍정보다는 비판적 평가가 대부분이었다.

이처럼 괴테의 소설 『편력시대』에 대한 평가가 부정적이었던 것은 일차적으로는 벗어나 있다는 것에 그 원인이 있다. 제1판부터 괴테의 소설은 밀도 있는 줄거리를 갖추지 못하고 있었으며, 화자의 존재는 미약했고, 노벨레를 비롯한 다양한 텍스트 형식들은 소설의 내용을 압도하며 군데군데 삽입되어 있어 독자는 좀처럼 작품의 의도를 파악하기가 쉽지 않았다. 소설의 형식과 내용이 독자의 기대지평을 벗어나 있었던 셈이다. 그 점을 의식했는지 괴테는 제2판에서 줄거리를 보완하고, 약화된 화자 대신 편집자의 역할을 강화시켜 다양한 텍스트들의 배치도 다시 조정하는 등 소설 형식의 일관성을 증가시켰지만 여전히 이해하기 어려운 부분이 많이 있었다. 다양한 텍스트 형식들이 느슨한 줄거리를 통해 연결되어 있는 이런 형식은 괴테의 노년문체의 한 특징이라 할 수 있다. 그의 노년문체는 당대는 물론 이후 상당한 기간 동안 정당한 평가를 받지 못하고 그저 노년에 들어선 작가가 명민함을 상실하고 허약함을 보이는 것으로 치부되었다. 따라서 20세기 초에 이르기까지 대체로 괴테의 『편력시대』는 실패한 소설 작품으로 평가절하 되었다.

20세기 초에 괴테 소설에 대한 긍정적 평가의 신호탄이 나왔다고 한다면 1913년 막스 분트(Max Wundt)의 평가였다. 그는 괴테의 『편력시대』를 현대적 삶의 이념을 보여주며 삶의 견해에 대한 총체성을 보여주는 작품으로 긍정적으로 평가했다. 또한 1936년 헤르만 브로흐(Hermann Broch)가 제임스 조이스에 관한 논문에서 괴테 『편력시대』에 나타난 소설 미학적 현대성에 대해 지적하면서 더욱 반전되기 시작했고, 이런 전환은 20세기 중반에 이르면 새로운 방향에서 본격적인 긍정적 평가로 발전한다. 여기에 결정적 공헌을 한 것은 1950년경에 나온 현대적 괴테 작품집인 아르테미스판 작품집과 함부르크판 작품집의 간행이었다. 이 두 작품집의 현대적 주해, 특히 함부르크판을 펴낸 에리히 트룬츠의 주해를 통해 괴테의 『편력시대』는 만년의 괴테서 찾을 수 있는 문체의 특징과 그의 사회적, 미학적 세계관의 특징을 보여주는 대표적 작품이자 현대적 소설로 인정을 받는다. 이런 방향의 분석은 그 이후 20세기 후반에 더욱 확장되고 정밀하게 수정, 보완되어 20세기 말까지 괴테의 『편력시대』에 대한 연구가 작은 도서실을 이룰 정도로 활발하게 진행되고 있다.

4. 소설의 미학적 의미

4.1 아카이브 소설(Archivroman) 내지 편집자 소설(Redaktorroman)

『편력시대』가 이전 소설인 『빌헬름 마이스터의 수업시대』와 비교해서 가장 눈에 띄는 것은 소설 형식상의 변화라 할 수 있다. 그 중심에 '아카이브 소설'이란 형식이 있다. 이 점에서 보면 『편력시대』는 『수업시대』와 같은 이른바 교양소설(Bildungsroman)도, 『수업시대』의 속편도 아닌 완전히 독립된 현대적 소설의 하나라 할 수 있다.

독일의 학계에서 아카이브(아르히브) 소설이라고 명명한 형식은 굳이 우리말로 풀어쓰자면 문서기록 소설이라고 할 수 있다. 두 용어 다 가능하지만 자료보관실이라는 의미로 아카이브라는 표현을 우리 학계에도 그대로 쓰고 있기에 아카이브 소설이라는 표현도 어색하지 않다. 아카이브 소설은 편집자 소설과 밀접한 연관을 가지며 그 연장선상에서 이해해야 한다. 따라서 편집자 소설을 먼저 살펴볼 필요가 있다.

『편력시대』는 1829년 제2판을 중심으로 보면 전통적 소설미학의 중심에 있는 화자의 주체성이 상실된 것이 가장 중요한 형식적, 내용적 특징이 된다. 이때 화자(Erzähler) 대신 등장하는 것이 발행인 혹은 편집자(Redaktor, Redakteur, Herausgeber)다. 소설의 전통적 화자는 원칙적으로 작품 전체 줄거리의 일관성과 그 방향에 책임을 지고 있는 반면, 이 작품의 편집자는 소설의 전체 줄거리의 일관성과 흐름에는 관심이 없다. 다만 작품의 부분적 내용과 각 부분의 형식적 특징들이 모여 전체적으로는 나름의 통일성을 형성할 수 있게 하는데 주로 관심을 둔다.

『편력시대』에는 볼 수 있는 다양한 장르와 텍스트 형식들은 이런 맥락에서 성립된다. 다양한 내용과 등장인물들이 다채로운 사건을 엮어내는 노벨레로부터 마카리에의 서고에서 나온 잠언, 이주자동맹의 문서들, 시, 보고문, 수기, 일기, 편지, 연설문 등에 이르기까지 소설 전체는 많은 장르와 형식을 담고 있는 텍스트들로 이루어져 있다. 이런 텍스트들은 각양각색의 이야기와 서술 내용을 담고 있으며, 이런 형식과 내용의 다양성에 일관성과 정체성을 부여하는 것은 바로 이 모든 텍스트들을 독자들에게 전달하는 편집자의 존재라 할 수 있다.

소설의 처음에 나오는 성 요셉 2세 가족의 이야기인 <이집트로의 피난(Die Flucht nach Ägypten)>과 <성 요셉 2세(Sanct Joseph der Zweite)> 등으로부터, <쉰 살의 남자>에 나오는 소령과 힐라리에, 플라비오, 아름다운 과부 등의 이야기와 <지나치면 안 된다>에 나오는 오도아르트의 개인 이야기 등의 노벨레를 삽입한 사람이 편집자다. 그는 이 두 개의 노벨레의 등장인물은 본 줄거리에서도 연결되게 했지만 다른 노벨레, 이를테면 <순례하는 바보 아가씨>의 폰 르반느 씨와 순례자 아가씨의 이야기와 <발설한 자는 누구인가?>에 나오는 루치도르, 루친데, 율리에, 안토니 등의 이야기는 소설의 본 줄거리와는 단절된 삽입 노벨레로 남긴다. 마카리에의 정신적 특성에 관한 자료를 '천상의 시(ätherische Dichtung)'로 만든 인물도 편집자라 할 수 있으며, 그녀의 서고를 소설의 일부로 묶은 것도 마찬가지다. 뿐만 아니라 빌헬름의 아들 펠릭스를 맡긴 교육주에 관한 묘사를 진행하다 갑자기 그것을 중단하고 편집자의 중간 발언이라는 형식으로 개입하고, 미국으로의 이주동맹이 꿈꾸는 신세계의 유토피아에 대한 빌헬름과 프리드리히 사이의 중요한 대화도 간단하게 그 요점만 전달하고 있다. 소설의 마지막 부분에 편집자가 다양한 텍스트의 내용을 전달하고, 묘사하고, 요약하는 자신의 의무가 점점 어려워져서 그 당시 알고 있었거나 나중에 알게 된 내용을 종합적으로 간단히 요약하겠다고 한 것도 편집자의 존재를 보이는 대표적 예라 할 수 있다.

이처럼 다양한 텍스트들의 이야기와 서술 형식들을 작품 내에서 편집자가 소설(Roman)로 변화시키고 하나의 픽션으로 만들었다고 주장한다. 이것이 '편집자 소설'이다. 이런 편집자 소설에서 편집자는 소설의 다양한 내용과 형식들이 픽션으로서 기능할 수 있게 하는 데만 책임을 질 뿐, 각 텍스트와 이야기의 진실성에는 책임을 지지 않는다. 이것은 전통적 소설에서 화자의 고백이 전체 이야기의 신빙성과 진실성을 담보하는 장치로 사용되는 것과는 반대로 소설의 허구성을 강조하는 장치로 볼 수 있다. 마치 브레히트의 서사극이 연극의 연극성을 강조하는 연극인 것처럼, 괴테의 『편력시대』에서 볼 수 있는 편집자 소설은 소설의 진실성이 아니라 허구성을 강조하는 소설인 셈이다.

편집자가 소설의 재료로 제공하는 다양한 텍스트들은 소설의 내용과 형식을 담고 있는 아카이브로 기능하고 있다. 다양한 텍스트들의 아카이브는 독자들이 그 내용을 일정한 거리를 두고 성찰하거나 능동적으로 취사선택해서 수용할 수 있는 장치가 된다. 또한 독자들은 이런 아카이브 형식을 통해 스스로 소설 전체에 대한 이해의 지평을 형성하고 확장할 수 있다. 이런 면에서 독자들도 소설의 미학적 완성에 참여하는 필수적 존재가 된다. 다른 측면으로 이런 형식의 소설에서는 독자들이 늘 소설의 진행을 예의 주시해야 한다. 소설 역시 느긋한 수동적 독자보다는 적극적인 능동적 독자를 요구하는 셈이다. 그는 편집자가 다양한 텍스트들을 편집을 통해 제공하는 이면의 의도를 파악할 수 있어야 하며, 경우에 따라 편집자 또는 화자의 말을 액면 그대로 믿어서도 안 된다. 이것은 소설 미학에서는 넓은 의미에서 소설 서술의 아이러니로 작용할 수 있다. 『편력시대』의 다양한 텍스트 형식들이 아카이브로 제공되는 경우 반드시 아이러니도 소설의 서술 전략으로 존재한다. 독자는 이런 맥락도 파악할 수 있어야 한다. 『편력시대』는 단순한 경험적 독자 외에 이런 섬세한 미학적 판단력을 갖춘 내적 독자(impliziter Leser) 층위를 상정하고 있다.

『편력시대』의 내적 독자 층위를 보여주는 대표적 예로 소설에 존재하는 잠언 텍스트의 형식을 들 수 있다. 두 개의 잠언집인 <편력자들의 마음에 비친 성찰>과 <마카리에의 서고에서>는 그 내용이 소설의 본 줄거리와는 직접적으로 연관되지 않는 일반적 차원에서 예술과 자연, 윤리와 인간, 자연과학과 철학 등에 관한 언급들이다. 하지만 이 내용을 넓은 의미에서 각자 소설의 내용과 연관시킬 수 있는 능력을 가진 존재가 바로 내적 독자라 할 수 있다. 만약 이런 내적 독자의 층위를 인정하지 않는 전통적 소설미학으로 보면『편력시대』는 일관성 없이 작성된 요령부득의 실패한 소설로 평가될 수도 있을 것이다. 이처럼『편력시대』는 내적 작가와 내적 독자의 층위, 편집자와 화자의 층위, 다양한 텍스트들과 등장인물의 층위 등이 복합적, 입체적으로 상호 작용하는 층위의 '집합체(Aggregat)'를 이루고 있다. 이것은 현대 소설의 한 형식이자 괴테식 아카이브 소설이라 할 수 있다.

4.2 사회소설의 측면

19세기 초에 나온『편력시대』는 당대 사회와 경제의 변화 및 그와 관련된 담론들을 잘 기록하고 있는 사회소설의 측면을 볼 수 있다. 총체적, 전인적 교양을 강조하는 이른바 교양소설『수업시대』에서도 당대의 사회 및 경제 담론들이 소개되고 있지만(봉토와 소작의 폐지, 현대적 소유권의 개념과 과세 문제 등),『편력시대』에서는 그 정도가 더 넓고 심화되어 나타난다. 그 중 대표적인 것이 노동 내지 일에 관한 시각이다. 여기서 노동은 봉건적 부역이거나 기독교적 원죄의 결과 혹은 경제적 어려움을 덜기 위해 어쩔 수 없이 하는 행위가 아니라, 각자의 능력을 개발하고 발휘하는 적극적이고 생산적인 행위로 묘사된다.

이것은 근대적 노동과 일의 윤리를 재정립하는 것이기도 하다. 독일에서 근대적 노동과 일의 윤리가 정립되기 시작한 것은 르네상스 시기 종교개혁을 시작한 루터부터라 할 수 있다. 그가 직업(Beruf)을 신으로부터 부여 받은 소명(召命)으로 정의한 이후부터 직업을 이루는 노동은 괴롭고 힘든 일이거나 빵을 얻기 위한 불가피한 경제적 활동이 아닌, 의지를 가지고 행하는 신성한 활동이 될 수 있었다. 괴테는 여기에 18세기의 계몽주의 정신을 바탕으로 19세기 산업화에서 앞서가던 당대 영국의 근대 경제의 시각을 수용했다고 볼 수 있다. 대표적 예로 아담 스미스의 『국부론』(1776)에서 나온 긍정적 노동관을 들 수 있다. 아담 스미스의 고전주의 경제학에서 노동은 자본과 토지에 필적하는 경제의 핵심 요소로 등장한다. 루터가 제시한 세속적 노동의 윤리가 이제 근대적 경제 활동의 핵심으로 확장, 재정립되는 셈이다. 『편력시대』는 노동과 일을 보는 근대적 시각의 변화에 관한 이런 맥락을 담고 있다. 이것은 동시에 19세기가 산업화의 시대가 될 것이라는 진단이기도 하다. 소설은 그것을 묘사하는 수단이 된다.

따라서 이 소설의 긍정적 등장인물들은 노동을 통해 스스로를 발전시키고 자신의 세계를 형성한다고 볼 수 있다. 빌헬름이 일정한 조건에 따라 편력을 하는 것도 이미 그가 수용한 적극적 일이자 노동이라 할 수 있고, 나중에 외과의사가 된 것도 그의 일이자 노동의 결과라고 할 수 있으며, 그의 노동의 가장 극적인 결과는 소설의 마지막에서 물에 빠진 자신의 아들 펠릭스를 구출하는 일이라 할 수 있다. '갈색 피부의 아가씨'를 찾아 나선 레나르도가 봉건 귀족의 전통적 삶의 방식인 사냥과 전쟁 혹은 궁정 정치에 관여하는 것을 포기하고 이주자 집단의 지도자로서 미국에서 새로운 사회를 건설하고자 계획하는 것도 그가 스스로 택한 일이었다. 미국 이주자 동맹에 참여하는 개인들도 무엇이든 한 가지 유용한 손기술을 사용할 수 있어야만 된다는 것도 이런 노동과 일의 윤리에 속한다. 교육주에서 교육을 받는 생도들도 능력과 신념에 따라 자신의 일을 배운다. 그들의 재능은 노동의 다른 표현이다.

물론 전통적인 노동과 일의 형태를 보여주는 인물들이나 집단도 등장한다. 그들은 노동을 전통적이고 계급적 생활 방식을 보여주는 부속 활동으로 보거나 빵을 얻기 위한 필수적 활동으로 여긴다. 대표적으로 백부(Oheim)로 등장하는 지주를 들 수 있다. 그는 전통적 봉건 질서로 보면 지주라 할 수 있지만 18세기 유럽의 계몽주의 정신에 영향을 받아 자신의 장원을 운영한다. 하지만 그의 노동은 단지 기존의 계급 질서를 계몽주의라는 시대정신으로 장식하는 활동일 뿐 그 이상의 근대적 확장성은 없다. 또한 산악지대의 방적공과 직조공들은 전통적 가내수공업 기술자로서 근대적 대량 생산을 가능하게 하는 기계에 밀려 그들의 직업을 잃게 될 수 있는 위험에 처한 사람들이다. 그들의 노동은 단순히 생계를 위한 활동일 뿐이다. 그런 노동은 산업사회에서의 미래를 담보할 수 없다.

『편력시대』에서 노동의 시각과 밀접히 연관된 것이 공동체에 관한 시각이다. 『수업시대』에서 교양이념이 핵심적 가치였다면 『편력시대』에서는 그 자리에 공동체의 이념이 등장한다. 여기서 공동체는 작은 사회의 역할을 한다. 그 공동체들이 보여주는 문화는 현대문화학의 시각으로 보면 하위문화(subculture)의 성격을 가진다. 레나르도가 이끄는 미국 이주자 동맹과 오도아르트가 규합하는 유럽 이주자 집단은 그 대표적 예라 할 수 있다. 그들 공동체는 모두 자신들만의 규범과 질서, 신념을 내세우고 그 구성원들도 그것에 동의해야 한다. 이 두 이주자 공동체는 서로 반대되는 목표와 신념을 추구하며 경쟁한다. 이것은 한 사회의 문화적 헤게모니를 장악하기 위한 하위문화의 주도권 다툼으로 볼 수 있으며, 그런 경쟁과 타협을 통해 전체 사회의 질서는 유지되며 공동체들도 지속할 수 있다. 『편력시대』의 공동체들은 그것을 잘 보여주고 있다. 이런 공동체는 소설에서 특정 개인이나 집단의 영역으로 묘사되기도 한다. 성 요셉 2세의 영역인 전통적 가족 공동체로부터, 봉건적 질서에 기초한 영역인 백부의 장원은 물론, 마카리에와 그 주변 인물들이 이루는 마카리에의 영역도 공동체로 볼 수 있다.

마카리에의 영역은 정신적 공동체이자 세속화된 종교 공동체라 할 수 있다. 마카리에의 공동체는 유럽사회에서 종교가 가지는 역할의 변화도 함께 보여주고 있다. 유럽의 종교인 기독교는 종교개혁 이후 산업사회까지 계속적인 세속화의 길을 걸어왔다. 괴테는 이 소설에서 자신의 시대에 유럽에서 기독교가 가지는 의미를 다시 한 번 성찰하고 있다. 세속화된 종교라는 시각에서 보면 『편력시대』의 공동체는 전통적 종교 영역의 대체물이자 세속화된 새로운 형태의 종교 이념의 거점이며 실천의 영역이라 할 수 있다. 여기에는 교육주의 영역도 포함된다. 그들이 보여주는 교육과 예술 및 기술에 관한 신념은 그 자체 세속적 종교 이념으로 기능함을 알 수 있다.

이처럼 『편력시대』는 노동의 개념과 공동체의 이념 그리고 종교의 의미에 관한 시대적 담론들을 담고 있으며 이것은 이 작품이 보여주는 사회소설의 중요한 모습이라 평가할 수 있다. (조우호)

친화력
(Die Wahlverwandtschaften, 1809)

1. 성립사

이 소설은 원래 괴테의 장편 소설인 『빌헬름 마이스터의 편력시대(Wilhelm Meisters Wanderjahre)』에 노벨레로 삽입할 목적으로 만들어진 작품이다. 우선 노벨레가 무엇인지 살펴보자. 독일어 'Novelle'는 영어 novella에 상응하는 문학 장르 명칭이다. 작품의 길이가 대개 단편보다 길고 장편보다 짧다는 의미에서 중편소설로 번역되기도 한다. 독일어 Novelle와 영어 novella 모두 이태리어 'novella'에서 왔다는 사실에서 암시되듯이, 이 장르의 출발은 이탈리아에서 시작되었다. 흔히 보카치오의 『데카메론』을 노벨레의 효시로 꼽기도 하는데, 이 작품집에 들어있는 100편의 이야기가 노벨라이다. 14세기에 나온 『데카메론』의 노벨라들은 예사롭지 않은 내용들을 담고 있다는 사실로도 유명한 작품이다. 흑사병이 창궐하는 피렌체를 피해 시골의 별장에 모인 열 명의 남녀가 온갖 사랑의 이야기를 늘어놓는데 점잖은 남녀들의 입에서 나온 이야기치고는 매우 노골적이며 음란한 내용들이다. 이러한 노골성과 음란함은 그 자체로도 호기심을 자극했지만, 당대 기독교 교회와 성직자들의 허위를 폭로하고 있다는 면에서 더 많은 영향을 끼쳐왔다. 숭고한 사랑의 이야기뿐만 아니라 저속한 사랑의 이야기도 어떻게 말하는가에 따라서 세상에 대한 성찰을 유도할 수 있다. 성찰에 도달하는 방법은 여러 가지다. 오랜 사유를 통해 도달할 수도 있지만, 전혀 예기치 않았던 방식의 충격을 통해 자극되기도 한다. 문란한 성직자들의 이야기를 읽으면서 충격을 받을 수도 있지만, 교회와 사랑의 문제를 고찰해볼 수도 있을 것이다. 이처럼 예기치 않았던 방식의 이야기를 통해서 독자들에게 충격을 가하는 것이 노벨라의 중요 특징인데, 노벨라 장르가 유입되었던 서유럽 국가 중에서도 특히 독일은 이러한 전통에 충실했던 나라였다. 그리고 괴테가 살았던 18세기 후반에서 19세기에 걸쳐 독일의 노벨레는 집중적으로 발전했다. 예사롭지 않은 이야기, 이제까지 들어본 적이 없는 이야기, 즉 전대미문의 이야기는 괴테 스스로도 노벨레와 관련해서 강조했던 특성이다. 『친화력』도 노벨레에서 출발해서 장편소설이 되기는 했지만, 내용은 노벨레의 특징에 충실하다. 이 소설에서 다루는 남녀의 사랑이라는 주제는 문학사적으로 오래된 소재이지만, 이 소설의 주인공들이 재현하는 사랑의 관계는 — 적어도 괴테 시대에는 — 매우 새로운 방식이었고, 이러한 새로움 때문에 상당한 충격을 받았다고 이야기한 독자들도 적지 않았다. 그렇다면 이 소설의 줄거리를 살펴보자.

2. 줄거리

소설은 전체 2부로 구성되어 있고, 간간이 짧은 노벨레들이 삽입되어 있다. 원래 노벨레였던 이야기가 소설로 확대되면서 다시 그 안에 노벨레들이 삽입된 형태이다. 노벨레들은 그 자체로 독립적인 내용을 이룬다. 노벨레가 없어도 전체 줄거리는 유지되지만, 노벨레의 존재는 이 소설의 전체 주제를 계속해서 상기시키는 역할을 한다. 노벨레는 말하자면 약방의 감초 같은 역할을 하는 셈이다.

제1부

제1부의 이야기는 부유한 귀족 커플인 에두아르트와 샤를로테가 사는 영지에서 시작된다.

그들은 사회에서 멀어진 채 그들만의 취미를 즐기며 오붓하게 살고 있다. 특히 관심을 기울이는 일은 이 영지의 일부에 자연의 풍광을 살린 대규모의 정원을 조성하는 일이고, 이 일에는 특히 샤를로테가 열성을 보이고 있다.

두 사람의 목가적인 일상은 새로운 두 사람이 이 영지에 들어오면서 변화를 맞게 되는데, 처음에 들어온 사람은 에두아르트의 친구로 보통 그의 계급대로 '대위'라고 불린다. 두 번째로 들어오는 인물은 샤를로테의 양녀인 오틸리에다.

대위는 아는 것도 많고 부지런하여 이 영지를 위해 도움이 되는 조언들을 해준다. 특히 정원에 관한 그의 지식은 상당해서 실질적인 도움을 많이 준다. 그런 모습을 보며 차츰 샤를로테는 대위에게 호감을 느끼게 된다.

오틸리에는 샤를로테의 친구의 딸로, 친구가 죽은 후에 샤를로테가 양녀처럼 키우면서 자신의 딸과 함께 기숙학교를 다니도록 했으나 학교공부에 잘 적응하지 못한다. 오틸리에를 잠시 동안이라도 다시 가정으로 데려가는 것이 좋겠다는 학교의 권유에 따라 오틸리에를 받아들이게 된 것이다. 오틸리에는 말수가 적고, 사교적이지도 않지만, 이 집에 들어오면서 바로 사람들의 시선을 끈다. 특히 에두아르트는 여러 면에서 오틸리에와 자신의 친화력을 느끼며 오틸리에에 대한 호감을 드러내기 시작한다. 이로써 에두아르트는 오틸리에와, 샤를로테는 대위와 더 친하게 어울리는 분위기가 생겨난다.

상황은 점차 심각해지기 시작하여, 샤를로테와 에두아르트는 침대에서 동침하면서도 각자 서로가 좋아하는 사람을 생각한다.

드디어 대위도 노골적으로 자신의 감정을 고백하고, 샤를로테도 자신의 감정을 부정하지는 않지만, 자신이 결혼한 상태임을 의식한 샤를로테는 이러한 사랑의 감정은 체념해야 한다고 대위에게 제안한다.

한편 에두아르트와 오틸리에도 상황은 비슷하게 흘러가는데, 에두아르트는 샤를로테와 달리 오틸리에를 향한 자신의 감정을 전적으로 고백하며 그것을 억제해야겠다는 생각은 하지 않는다. 샤를로테는 자신도 스스로 사랑의 감정을 포기했듯이, 에두아르트도 사랑의 감정을 포기할 수 있을 것이라고 기대한다. 그녀는 에두아르트에게 오틸리에를 내보내고 다시 옛날로 돌아가자고 제안하지만 에두아르트는 이러한 제안이 당혹스러울 뿐이다. 에두아르트가 원하는 것은 자신은 오틸리에와, 그리고 샤를로테는 대위와 함께 지내는 것이었기 때문이다. 에두아르트는 샤를로테의 제안에 확답을 하지 못하고 거처를 옮긴다. 이 무렵 대위도 새로운 일자리를 얻어 집을 나가게 되었으므로 이제 영지에는 샤를로테와 오틸리에가 남아서 영지의 일들을 이끌어간다.

어느날 샤를로테는 자신이 임신을 했음을 인식하고 이제는 에두아르트가 돌아오게 될 것이라고 기대한다. 그러나 정작 이 소식을 들은 에두아르트는 또 다시 절망하며 전쟁에 참전하는 것으로 이러한 상황을 회피한다. 오틸리에는 이제 전적으로 외로운 신세로 지낸다.

제2부

소설의 제2부는 샤를로테와 오틸리에가 영지를 이끌어가는 모습을 보여준다. 제1부와 마찬가지로 제2부에서도 '정원'은 작품의 등장인물들의 상호관계를 조명하는 역할을 하는데, 이제는 샤를로테와 오틸리에에 의해 가꾸어지는 정원의 모습과 그 변화가 소설의 줄거리를 해설해주고 앞으로 다가올 결말을 예고해주는 복선의 역할을 한다. 이런 상황에서 결정적인 변화를 가져오는 계기는 샤를로테의 출산이다. 그런데 놀라웁게도 이 아기는 에두아르트와 샤를로테를 닮지 않고 오히려 대위와 오틸리에를 닮았다. 아이의 양육은 오틸리에가 맡게 된다.

세월이 흘러 에두아르트가 훈장을 받고 전쟁에서 돌아온다. 그 사이 대위도 승진하여 소령이 되어 있다. 에두아르트는 소령에게 샤를로테와의 이혼을 도와달라고 부탁한다. 소령은 에두아르트의 집요한 애원에 마지못해 영지로 떠나고, 혼자 기다리던 에두아르트도 조바심을 참지 못하고 소령의 뒤를 따라가다가 우연히 아기를 데리고 있는 오틸리에를 만나게 된다. 에두아르트는 자신의 계획을 이야기하고 떠난다. 오틸리에는 어느덧 시간이 많이 지났음을 깨닫고 서둘러 호수를 건너려고 거룻배를 타다가 아이를 물에 빠트린다. 허겁지겁 아이를 꺼내긴 하지만 이미 아이는 죽은 상태다.

샤를로테는 이 사건의 책임이 자신에게 있다고 생각하고, 이혼에 동의한다고 말한다. 에두아르트는 아이가 죽었다는 것을 알고 이제 결혼을 할 수 있을 것으로 생각한다. 반면 오틸리에는 아이의 죽음이 자신의 잘못이라고 믿으며 에두아르트에 대한 사랑을 포기하기로 결심한다. 에두아르트는 다시 자신의 사랑을 확신시키지만, 오틸리에는 식음을 전폐하다시피 하다가 죽는다. 절망한 에두아르트도 그녀를 따라 죽게 된다. 샤를로테는 에두아르트를 오틸리에의 곁에 묻어준다. 소설의 마지막 단락은 오틸리에와 나란히 묻힌 에두아르트의 이야기로 끝을 맺는데 이 부분만 인용해보면 다음과 같다. "그리하여 그 연인들은 이제 나란히 누워 쉬고 있다. 그들이 누워 있는 곳 위로는 평화가 감돈다. 표정이 해맑고 모습이 비슷비슷한 천사들이 아치 모양의 천정에서 아래로 내려다보고 있다. 그리고 그들이 언젠가 다시 함께 깨어난다면, 그 얼마나 정겨운 광경이 될 것인가."

3. 작품해설 — '친화력'의 의미를 중심으로

괴테의 주요작품들은 대개 등장인물들의 이름을 이용하는 경향이 있다. 소설을 보면 『젊은 베르테르의 슬픔』, 『빌헬름 마이스터의 수업시대』, 『빌헬름 마이스터의 편력시대』가 그렇고, 드라마에서도 대표작인 『파우스트』는 말할 것도 없고, 『괴츠 폰 베를리힝엔』, 『이피게니에』, 『스텔라』, 『에그몬트』등 대부분이 주인공의 이름을 이용한다. 단편이나 노벨레처럼 규모가 작은 작품, 또는 큰 작품 속에 에피소드로 삽입된 작품들의 경우에는 주인공의 이름이 나타나지 않는 경우들도 있다. 『친화력』에도 <놀라운 이웃아이들>이라는 제목의 노벨레가 삽입되어 있다. 여기서는 아이들의 개성이 아니라 아이들 사이에 벌어지는 사건들이 가지는 의미가 더 중요한 역할을 하고 있다. 이런 맥락에서 보자면 『친화력』이라는 제목도 그것이 원래 노벨레에서 시작된 이야기였다는 것으로 설명할 수 있을 것이다. 그런데 이 소설의 제목은 그 이상의 의미를 갖는다. 먼저 독일어로 '친화력'에 해당되는 'Wahlverwandtschaften'의 의미를 살펴보자.

이 단어의 라틴어 어원인 'affinitas'의 의미를 독일어로 풀어 보면 '친근성, 친족성'을 의미하는 'Verwandtschaft'에 상응한다. 이러한 의미에 '선택'을 의미하는 단어 'Wahl'이 첨가되어 만들어진 독일어 개념이 '친화력 Wahlverwandtschaft'이다. 문자 그대로 번역한다면 '선택적 친근성'이라고 할 수 있는 개념이 '친화력'이다. 그런데 잘 알려진 것처럼 화학적인 의미에서 친화력(Affinität, Wahlverwandtschaften)은 특정한 이온이나 원자 또는 원자그룹들이 서로 결합하려고 하는 경향을 말한다. 이와 연결되는 화학반응, 화학결합과 같은 개념들은 중학교 교과과정만 거쳐도 알 수 있는 것들이지만, 괴테

시대에는 대중적으로 알려진 개념이 아니었다. '원소', '원자', '분자'는 이 시대의 역사를 '화학혁명'의 시대라고 부르도록 만들었을 만큼 당대로서는 새롭고 최첨단의 개념들이었다. 근대 화학의 아버지라 불리는 라부아지에의 '원소' 개념, 그리고 돌턴의 원자설과 아보가드로의 분자설은 모두 18세기 중엽부터 19세기 중엽 사이에 위치한다. 이런 맥락에서 보면 괴테 시대는 '화학혁명의 시대'에 해당된다. '아보가드로의 법칙'이 알려진 해는 1811년이었고, 괴테의 『친화력』이 발표된 것은 1809년이었다. 괴테는 아보가드로에 대해서는 알지 못했던 것으로 보이지만, 친화력이라는 화학 개념에 대해서는 꽤 일찍부터 관심을 가지고 있었다. 이는 자연과학에 대한 괴테의 남다른 관심을 반영하는 것이었다. 예나 대학에서 화학과가 독립된 학과로 발전하는 과정에서 괴테가 상당 부분 기여했다는 사실도 괴테의 이러한 관심을 보여주는 일화이다. (괴테와 당대 화학의 관계는 독일의 클라우스탈 공과대학 화학과 교수였던 게오르크 슈베트(Georg Schwedt)의 저서 『화학자로서의 괴테(Goethe als Chemiker)』(1998)에도 잘 정리되어 있다.)

당대의 최신 화학 개념이었던 '친화력'을 이용해서 괴테가 묘사하려는 것은 무엇이었을까? 이 문제에 대한 답을 찾는 과정에서도 '친화력'이라는 화학 개념은 중요한 역할을 한다. 화학에서의 친화력은 어떤 원자나 분자들은 서로 끌어당기는 힘이 남다르다는 것을 바탕으로 한다. A와 B라는 원자들이 서로 친화력이 있어 AB라는 분자를 이룬다고 하더라도, A와 B의 친화력보다 A와 C의 친화력이 더 세다면 AB라는 관계는 C의 등장과 더불어 무력해진다. 지금까지는 아무리 B와 철석같이 결합되어 있었다고 해도, C가 등장하는 순간 A는 무조건 C와 결합한다. 마치 그리스 신화에서 에로스의 화살을 맞은 사람은 결코 그 운명에서 벗어날 수 없는 것처럼 A와 C의 관계는 운명적이다. 괴테의 소설 제목이 '친화력'인 이유는 이러한 운명적 관계가 인간세계에도 그대로 적용되는가를 실험해보는 것처럼 이 소설의 내용이 구조화되어 있음을 암시한다. 그리스 신화는 에로스의 활에 의한 운명적 만남은 인간의 의지로 거역할 수 있는 것이 아님을 강조한다. 로미오와 줄리엣의 만남이 이러한 운명적 만남의 예라고 할 수 있을 것이다. 로미오는 줄리엣을 만나기 전에 로잘린이라는 여성을 흠모하고 있었고 로잘린에 대한 사랑은 이 세상 그 무엇으로도 대체될 수 없을 것처럼 살아가던 로미오였지만, 줄리엣을 보는 순간 이 모든 결합은 바로 해체되면서 로미오의 시선은 오로지 줄리엣을 향해 나간다. 로미오가 A이고 로잘린이 B였다면, AB의 강고한 결합에 대한 로미오의 생각을 비웃기라도 하듯이 새로운 원자 C가 나타나자마자 AC의 결합이 생겨난다. 로미오와 줄리엣은 원자들의 결합처럼 강고한 운명을 상징한다. 괴테의 소설은 A, B, C라는 원자에 D라는 원자까지 등장시킨다. A와 B가 에두아르트와 샤를로테 부부라면, C는 '대위'라는 계급으로 표현되는 에두아르트의 친구이고, D는 오틸리에다. A와 B는 금슬이 좋은 부부이고, C와 D는 아직 연인이 없는 미혼자들이므로 C와 D 사이에 새로운 결합이 생겨나지 않을까 추측하기 쉽지만, 실제로는 AB의 관계가 느슨해지면서 A는 C와 결합되고, B는 D와 결합되는 새로운 분자식이 만들어진다. '친화력'이라는 개념이 각 원자의 속성보다 원자들의 관계를 주목하듯이, 이 소설도 주인공들의 개성보다는 주인공들의 인간관계가 어떤 맥락에서 어떤 방식으로 변형되어 가는지에 주목한다. 다시 말해 주인공의 개성이 아니라 주인공들의 관계, 더 나아가 인간사회의 제반 관계가 '친화력'이라는 개념을 통해 부각되고 있는 것이다. 그런데 화자는 이러한 '친화력'에 대해 전지적 작가의 시점으로 서술하지 않고, 한 명의 관찰자적 시선을 취한다. 소설의 도입부에서 주인공의 이름을 설명하는 부분에서 이러한 성격이 두드러진다. "에두아르트 — 남자로서는 한창 나이에 있는 어느 부유한 남작을 이렇게 부르기로 하자 — 는 싱싱하게 보존된 접지를 어린 대목(臺木)에 접붙이면서 아름다운 사월 오후의 시간을 묘판에서 보냈다. 이제 막 그의 작업이 끝났다. 공구들은 공구함에 집어넣고, 뿌듯한 마음으로 오늘 작업의 성과를 감상하고 있는데 정원사가 다가왔다. 정원사는 주인께서 정원일에 관심을 가지고 몸소 돌보는 모습이 보기 좋았다. 에두아루트가 떠날 차비를 하며 정원사에게 물었다. '집사람을 보지 못했나?'"

화자는 이 작품의 주인공에 대해서 "어느 부유한 남작을 이렇게 부르기로 하자"라는 표현을 함으로써, 마치 주인공의 이름도 가변적일 수 있다는 어조를 취하고 있다. 이러한 표현방식은 19세기의 소설을 관통하는 전지적 작가 시점에서 흔히 보는 표현은 아니다. 오히려, 화학 실험을 설명할 때 'A라는 원자가 있다고 하자'라고 하는 어조를 연상시킨다. 이런 상황은 소설 안에서 지속적으로 나타난다. 그리고 소설 주인공들 스스로도 화학반응 개념을 설명하기도 하고, 그것을 인간관계에 적용해보기도 한다. 마치 이러저러한 실험 기반을 마련해보기는 했지만, 실험 결과는 시간이 지나가봐야 알겠다는 식이다. 결과는 확정적으로 이야기되지 않으며 가능한 결과에 대해 유보적인 태도로만 이야기된다. 이런 화법은 소설의 마지막까지 이어진다. 에두아르트와 오틸리에의 사랑은 현실에서 이루어지지 않았고, 두 사람 모두 죽어 나란히 묘지에 묻혀 있는 모습을 서술하면서 화자는 다시 유보적인 태도로 이렇게 말한다. "그들이 언젠가 다시 함께 깨어난다면, 그 얼마나 정겨운 광경이 될 것인가."

이 소설은 화학실험이라는 모티브를 차용하고 있지만, 소설 구조자체에서도 '실험적' 성격을 띠고 있다. 3인칭으로 서술되기는 하지만 전지적 작가 시점을 완전히 고수하지도 않으며, 1인칭으로 표현되는 '자기 고백'의 글도 아니다. 실험 결과도 확실하지 않다. 에두아르트와 오틸리에의 관계는 운명적인 것인지, 에두아르트와 샤를로테의 관계는 유지되는 것이 맞는지, 아니면 차라리 이혼하는 것이 맞는지, 중요한 문제마다 확정적인 답은 주어지지 않는다. 화학자가 실험을 하면서 결과를 미리 확정 짓지 못하듯, 이 소설의 저자인 괴테도 사랑으로 이루어지는 다양한 인간관계의 다양한 결합과 반응을 이야기하기는 하지만, 이 실험의 최종결과에 대해서는 작가가 발표하는 것이 아니라 독자 스스로 확인해보기를 고대하는 것과 같다. 오틸리에의 단식으로 인한 죽음, 그와 결부된 에두아르트의 죽음에 대해서도 화자는 확정적인 메시지를 던지지 않고 있다. 심지어 에두아르트의 경우에는 그가 죽은 이유가 오틸리에에 대한 사랑 때문인지 아니면 다른 생물학적 이유때문인지도 불확실하다. "마침내 그가 죽은 채로 발견되었다. 이 슬픈 발견을 맨 먼저 한 사람은 미틀러였다. 그는 의사를 부르고, 그의 평소 방식대로 사람들이 죽은 사람을 만났던 상황들을 면밀히 관찰했다. 샤를로테가 뛰어 들어왔다. 그녀의 마음속에는 자살한 것이 아닌가 하는 의심이 들었다. 그녀는 자기 자신이나 다른 사람들이 용서할 수 없을 정도로 부주의를 범했기 때문이라고 질책하려고 했다. 하지만 의사는 자연적인 근거에서, 그리고 미틀러는 윤리적인 근거에서, 그녀에게 곧 자살이 아니라고 확신시킬 수 있었다. 에두아르트가 스스로 전혀 의식하지 못하는 상태에서 자신의 종언을 맞았다는 것은 아주 분명했다. 그는 자기가 지금까지 조심스럽게 숨겨왔던 것, 즉 오틸리에가 남겨놓고 간 것을 조용한 시간에 상자와 서류함에서 꺼내어 펼쳐보고 있었던 모양이었다. 한 올의 고수머리, 행복한 시간에 꺾었던 꽃들, 그녀가 그에게 썼던 편지들, 그의 부인이 그렇게 우연히도 불길한 전조처럼 건네주었던 첫 번째 편지 등, 전부가 펼쳐져 있었다. 누군가가 이 모든 것을 우연히 발견하도록 그가 의도적으로 그렇게 놔두었을 리는 없을 것이다. 좀 전까지만 해도 그렇게 무한한 움직임 속에서 흥분되었던 그의 가슴도 이제는 방해받지 않는 휴식을 취하며 잠들어 있었다."

독자는 말할 것도 없고, 화자 자신도, 심지어 작가 자신에게도 이 이야기의 실체는 100 프로 확실하게 말할 수 있는 성질의 것이 아니다. 왜 그럴까? 인간과 인간의 관계는 화학에서 원자와 원자의 관계처럼 특정한 조건하에서만 이루어질 수 없는 것이기 때문이다. 자연 상태에서 모든 물이 100도에 끓는 것이 아니라 1기압이라는 조건이 주어져야만 물이 100도에서 끓는 것처럼, 과학실험은 제한된 조건 안에서만 확실한 결과를 얻는다. 그에 반해 인간관계는 그 어떤 경우에도 실험적 공간 안에만 머물지는 않는다. 운명적 사랑이라는 것이 존재한다고 하더라도, 인간 사이의 친화력은 화학적 원소들의 친화력처럼 일반화하고 공식화하는 것이 불가능하다. 어느 날 에두아르트와 오틸리에가 다시 깨어난다면 그들은 여전히 과거의 그들처럼 똑같은 사랑을 하게 될 것인가? 무수히 많은 사랑 이야기들은 사랑의 불변성을 노래해왔지만, 현실에서 확인하는 무수한 사건들은 사랑의 가변성으로 인해 발생한다.

이 소설은 운명을 넘어서서 유지되는 사랑을 에두아르트와 오틸리에의 관계를 통해 보여주는 소설이라고 할 수도 있지만, 운명적이라고 생각되었던 무수한 사랑들이 — 에두아르트와 샤를로테의 사랑도 한때는 운명적 사랑이었다 — 세월이 감에 따라 운명성을 상실해가는 과정을 보여주는 소설이라고 할 수도 있을 것이다. 이런 면에서 이 소설은 단순히 사랑의 감정만이 아니라, 사랑과 연관된 다양한 사회제도에 대해서도 다룬다. 대표적인 것이 '결혼제도'의 문제이다. 신분제 결혼에서 연애결혼까지, 근대 서양사회가 재현해온 다양한 제도들의 문제가 다양한 인물들을 통해 제기된다. 여기에는 이혼의 문제, 그리고 계약결혼의 문제도 포함된다.

이쯤에서 '사랑은 무엇인가?'라는 질문을 다시 던져봐도 좋을 것이다. 사랑은 인간들의 감정에 대한 문제이기도 하고, 그 인간들이 처해있는 시공간의 제도와 연관된 문제이기도 한 것이다. 에두아르트가 오틸리에와의 현실적 결합이 불가능하다고 생각될 때 택한 것은 전쟁에 참여하는 것이었다. 전쟁에 나가서 열심히 참여한 결과 자신이 죽게 되면, 자신의 사랑이 불가능하다는 신의 계시로 여길 것이며, 만약 그래도 살아남게 된다면 오틸리에와의 사랑이 가능할 수도 있다는 계시로 여기겠다는 심산이었던 것이다. 이때 에두아르트가 동시에 염두에 두는 것은 만약 자기가 죽을 경우 혼자 살아가게 될 오틸리에의 문제였다. 사랑에 대한 생각은 '지금 당장'의 감정에 집중되는 경향이 있지만, 시간이 지날수록 그 감정이 발현되는 사회적 상황, 그리고 언젠가는 닥치게 될 죽음과의 관계로도 확대되기 마련이다. 이 소설에 등장하는 다양한 사랑 이야기는 '그들의 감정'을 넘어서서 인간관계가 유지되는 사회의 문제, 그리고 궁극적으로 맞닥뜨리게 되는 죽음의 문제, 그리고 그와 결부된 삶과 죽음, 인간과 우주의 문제에 대한 성찰로 이어진다. 따라서 이 소설은 독자들이 주인공들의 감정선을 세밀하게 좇아가는 한편, 그러한 상태들을 인간 존재의 다양한 차원에 대한 상징처럼 해석할 수 있도록 소설의 구조가 갖추어져 있다. 예컨대 에두아르트와 샤를로테가 행복하게 느끼는 장원의 정원은 목가처럼 살고 있는 그들의 감정 상태를 보여주지만, 대위와 오틸리에가 이 장원에 들어온 이후로 변해가는 정원의 모습은 주인공들의 관계에 대한 상징일 뿐만 아니라, 프랑스식 정원에서 영국식 정원으로 넘어가는 과정이 시대사의 풍경을 비춰주는 것이기도 하고, 더 나아가면, 인간존재의 총체적 형이상학에 대한 상징이기도 하다.

화학실험은 어떤 조건과 맥락에서 구성하느냐에 따라 다른 결과로 귀결된다. 이 소설의 주제도 어떤 맥락에서 살펴보느냐에 따라 다양한 방식으로 해석될 수 있다. 로미오와 줄리엣의 사랑을 잇는 근대적 사랑의 예찬으로 읽힐 수도 있고, 사랑과 결혼의 관계를 예로 해서 본 괴테 시대 서유럽의 풍경으로 읽힐 수도 있다. 또는 그런 것들을 넘어서서 궁극적인 인간의 존재에 대한 물음이라고 읽힐 수도 있다. 어떤 선택이 적확한 것인지는 이 소설의 독서라는 '실험'에 동참한 독자들에게 달려 있다. (오순희)

나의 삶에서. 시와 진실

(Aus meinem Leben. Dichtung und Wahrheit, 1811~1833)

I. 『시와 진실』 집필 배경

『나의 삶에서. 시와 진실(Aus meinem Leben. Dichtung und Wahrheit)』은 괴테(Johann Wolfgang von Goethe, 1749~1832)가 1808년에 시작하여 타계하기 일 년 전인 1831년 사이에 기획하고 집필한 자서전이다. 총 4부(Teil)로서 각 부 5장(Buch)씩 20장으로 구성되어 있다.

괴테가 자서전을 쓸 계획을 처음으로 언급한 것은 59세 생일인 1808년 8월 28일이었다. 그는 60세를 앞두고 자신이 역사적으로 고찰해볼 만한 인물이며, 충분히 상징적인 인물로서 자신의 기이한 괄목할만한 형성과정 뒤에는 무언가 보편적인 것, 보다 숭고한 것이 내포되어 있다고 생각했다. 그런데 불과 보름 후인 9월13일 그의 어머니가 타계함으로써 괴테는 그의 유년기의 가장 확실한 증인을 잃게 된다.

이듬해 60세 생일을 넘긴 괴테는 1809년 10월 11일 자서전의 첫 번째 윤곽을, 그리고 1810년 여름 카를스바트에서 두 번째 윤곽을 그렸는데, 이 두 기획에서 그는 그가 태어난 1749년부터 1809년까지를 연대순으로 간략하게 기록하고 있다. 괴테는 여기서 전체적인 개요와 함께 자서전에서 "고백(Konfession)"이나 "시(Dichtung)"보다는 가차 없는 진실을 쓰겠노라고 다짐하고 있다. 그러나 자신이 60세에 이르는 시기(1809년)까지 쓰려던 방대한 계획은 실현되지 못하였으니 괴테는 『시와 진실』을 26세인 1775년까지로 끝맺고 있다.

1부는 프랑크푸르트 부모님 집에서 지낸 유년기와 청소년기를 그리고 있는데, 1811년 초 집필을 시작하여 10월에 출간한다. 이어서 2부 집필을 시작해

1812년 10월에 출간하는데, 여기서는 1부의 시야를 좀 더 넓은 세계로, 즉 그가 대학시절을 보낸 라이프치히와 슈트라스부르크로까지 넓혀나간다. 질풍노도시기 천재시인 동인들의 문학 서클 활동을 포함하는 3부는 1814년 5월에 출간된다. 이어서 4부 집필이 시작되지만 1816년 이 거대한 기획은 4부의 주요 내용 중 하나인 릴리의 생일 묘사 후 뒷전으로 미루어졌다가 1817년 완전히 중단된다.

실제로 괴테가 자서전 작업을 일단 멈추기로 결심한 것은 1813년 4월8일로서 [‘3부에 대한 출판되지 않은 서언(nicht gedruckte Vorrede zu Band III)], 새로운 과제들이 밀려든 탓도 있지만, 가장 큰 이유는 아직 생존해 있는 인물들에 대한 고려였음을 괴테는 1815년 1월29일 아이히슈테트에게 보낸 서한에서 밝히고 있다.

괴테가 자서전을 중단한 동안 다른 자전적인 글들이 출간된다. 이탈리아 예술과 고대 그리스 문화 체험 후 자신이 예술적으로 새로 태어난 이야기를 쓴 『이탈리아 기행(Italienische Reise)』(1816/17년)과 『프랑스 종군기(Kampagne in Frankreich 1792)』(1822년)는 자전적인 집필 기획의 일부이다. (괴테는 이미 1793년 역시 자신의 전쟁 체험의 기록인 『마인츠 포위 Belagerung von Mainz』를 출간한 바 있다.) 1829년 『두 번째 로마 체류기(Zweiter römischer Aufenthalt)』, 1830년 『내기타 고백록 보완으로서의 일기와 연대기(Tag- Und Jahreshefte als Ergänzung Meiner Sonstigen Bekenntnisse)』를 출간했는데, 여기서는 1749년에서 1822년까지의 기간에 대해 연대기처럼 짤막하게 보고하듯 기록하고 있다. (이러한 좁은 의미에서의 자전적인 글 이외에도 괴테는 15,000편이 넘는 편지를 썼으며, 57년에 걸쳐 일기를 썼다. 그밖에도 수많은 사람들이 괴테와 나눈 대화를 기록한 글들이 남아있다.)

『시와 진실』의 4부 집필이 다시 이루어진 것은 타계하기 몇 년 전부터 1831년 가을까지로서 3부가 출간되고 십여 년이 흐른 후였다. 1772-1775년까지의 생애를 다룬 이 원고는 초고 상태로 남아 있다가 괴테의 지시에 따라 그의 사후인 1833년 유고로 출간되었다. 이때 괴테의 유산 처리를 맡은 비서 에커만과 리머(Friedrich Wilhelm Riemer)에 의해 가필 보완 수정되었는데, 그들은 미완성 문장들을 보완하거나 문구들을 새로 써넣고는 했다. 당시 4부는 «괴테 작품집. 결정판(Vollständige Goethe's Werke. Ausgabe letzter Hand)»의 일부로 출간되었다. 20세기 후반 지크프리트 샤이베(Siegfried Scheibe)에 의해 출간된 『시와 진실』의 아카데미 판본(1970-1974)의 경우 1-3부는 초판본에 기반을 두는 한편, 4부는 괴테의 원 텍스트를 살리고, 유산 처리자들에 의한 수정을 삭제한 판본이다. 그 십여 년 후 출간된 비판본인 프랑크푸르트 판본 『시와 진실』(Frankfurter Ausgabe I, 14, 1986)은 이러한 텍스트를 다시 한 번 비판적으로 검토하여 출간한 것이다.

괴테의 유년기와 청년기 묘사에 대한 주요 출처는 물론 괴테 자신의 개인적인 기억들이다. 그러나 노년의 그는 희미하거나 사라진 기억들로 인해 결여된 부분을 메우기 위해 여러 다른 출처들의 도움을 받는다. 그의 어린 시절에 대해서는 어머니의 타계로 베티나 브렌타노에게 청하여 도움을 받았는데, 베티나는 괴테의 어린 시절과 청소년기에 대해 괴테의 어머니와 나눈 대화를 기록하여 가지고 있었다. 괴테는 그 밖에도 청소년기에 갔었던 곳들을 재방문하였으며 많은 사람들과도 연락을 취하여 도움을 받았다. 또한 『시와 진실』을 쓰기 위해 철저한 '출처연구'를 했다. 그는 언급할 작품들과 관련 있는 인물들과 사건들을 점검했으며, 그 시대에 출간된 자료와 그 시대에 관한 자료들, 편지와 오래된 서류들을 탐독했다.

묘사에 있어서 괴테는 특히 시각적인 인상을 이미지로 재현하여 전달하는 재능이 있었다. 인물 묘사에서도 기억 속에 생생하게 남아 있는 외모 묘사에서 출발하는 것이 특징이다. 스케치를 즐겨한 괴테는 일생동안 많은 것을 스케치로 남기고, 스케치 옆에 글씨로 메모를 남겨 놓고는 했다.

위대한 자서전의 특징은 그 주인공 자신의 삶의 묘사가 그 시대의 묘사가 된다는 것이다. 이는 특히 괴테에게서는 한층 더 큰 의미를 지니는데, 괴테가 그가 살았던 시대에 끼친 영향이 얼마나 컸는지는 이 시대가 괴테 자신의 시대, 즉 "괴테시대 Goethe-Zeit"로 불리게 되었다는 데서도 알 수 있다.

II. 『시와 진실』의 구성과 내용

『시와 진실』은 1부 '서언'과 1-5장, 2부 6-10장, 3부 11-15장, 4부 '서언'과 16-20장으로 구성되어 있다. 4부의 서언은 오랫동안 중단한 후 다시 쓰면서 4부가 3부에 이어지는 내용은 아니라는 말과 함께 집필 의도를 간략하게 밝히고 있다. 여기서는 전체적인 자서전에 대해 언급하고 있는 1부의 '서언'만을 다루고자 한다.

1. '서언'에 대해

1부에서 1장을 시작하기에 앞서 쓴 <서언(Vorwort)>을 괴테는 가공의 친구에게서 온 편지로 시작한다. (<서언>은 원래 1부의 1장 시작 전에 위치해 있는데, 출판사에 따라 1부 앞에 위치시키기도 한다.) 1806-1808년 튀빙겐 코타 출판사에서 출간된 12권에 이르는 괴테 전집에 대한 이야기로 시작되는 편지에서 친구는 이 작품들을 "하나의 유기적인 전체로서 고찰하고, 거기서 기꺼이 그 저자와 그의 재능을 하나의 상으로 그려보고 싶다"는 소망을 밝힌다. 이에 그는 괴테에게 두 가지 도움을 요청한다. 첫째, 신간 전집에 실린 작품들을 연대순으로 배열하여 줄 것, 둘째, 작품의 소재가 된 삶의 정황 및 감정 상태, 작가에게 영향을 끼친 실례들, 그리고 작가가 따랐던 이론적 원리들을 서로 연관 지어 알려달라는 것이다.

이 편지에서 괴테는 가상의 친구의 입을 빌려 노년에 이르러 자서전을 쓰게 된 주 이유를 밝히고 있다. 요약하자면 자신의 일생의 작품을 유기적으로 고찰해 작가로서의 자신에 대한 하나의 상을 정립하고자 하며, 이 작업을 통해 독자들의 '빌둥(Bildung)'에 도움이 되고자 하는 것이다. 여기서 우리는 괴테가 얼마나 큰 포부를 가지고 이 자서전에 임하고 있는지를 엿볼 수 있다. 한국에서 흔히 '교양'으로 번역되는 'Bildung'은 원래 '인간 형성'의 뜻으로, 개인의 정신적, 문화적, 사회적 능력의 확장과 발전과정, 혹은 일정 수준이상으로 발전된 상태를 가리키기 때문이다.

<서언>에서 가상의 편지에 이어지는 것은 괴테가 편지에서 요청된 사항들을 막상 실행에 옮기며 부닥치는 난관에 대한 고백이다. 새로 출간된 전집의 작품들을 유기적으로 고찰하는 작업은 생각보다 어렵다. 첫째는 필요한 자료들이 사라져버리고 없거나 부족하기 때문이다. 습작 원고들이 사라져 버리고 없는가 하면, 작품의 형체가 완전히 변형되거나 다른 형태를 취하게 되기도 한 것이다. 괴테는 또한 학문과 기타 예술 분야 등에 기울인 자신의 노력, 그리고 그러한 낯설게 보이는 분야들에서 얻은 것들에 대해 생각하게 되는데, 그러한 고찰을 통해 그는 그의 좁은 영역에서 벗어나 점점 더 넓은 세계 안으로 밀려 들어가게 된다. 이제 그는 그에게 영향을 끼친 수많은 중요한 인물들, 그리고 정치적으로 그에게 영향을 끼친 역사적 사건들에 대해서도 주의를 기울여야만 하게 된 것이다. "왜냐하면 전기의 주요과제는 인간을 그의 시대적 상황 하에서 묘사하는 것, 그리고 전체가 어떤 정도로 그에게 저항했는지, 그에게 어느 정도로 우호적이었는지, 거기서 그가 어떻게 세계관과 인간관을 형성했는지, 그리고 만일 그가 예술가, 시인, 작가라면, 그의 세계관과 인간관을 어떻게 다시 외부로 반사해 냈는지를 보여주는 것이기 때문이다. 여기에는 거의 도달할 수 없는 것이 요청되는바, 즉 개인이 자기 자신과 그의 시대를 알아야 한다는 것이다. (…) 누구든지 십년만 일찍 혹은 늦게 태어났더라면 그 자신의 형성과 외부에 끼치는 영향에 있어 완전히 다른 사람이 되었으리라고 말할 수 있을 것이기 때문이다." 괴테는 서언의 마지막에서 그의 자서전의 집필 방식에 대해 "반쯤은 문학적으로, 반쯤은 역사적으로" 다루리라고 밝히고 있다.

2. 1부 - 4부의 내용에 대하여

1부

괴테는 각 부의 앞에 한 문장씩의 모토를 달고 있다. 1부의 모토는 어린 시절의 엄격한 교육의 필요성에 대한 그리스 시인 메난드로스(B.C. 342~291)의 말로서 "징벌 없이는 인간 교육이 되지 않는다(Ὁ μὴ δαρεὶς ἄνθρωπος οὐ παιδεύεται)"를 그리스어로 인용하고 있다. "1749년 8월28일 정오, 종탑의 종소리가 12번 울릴 때 나는 마인 강변의 프랑크푸르트에서 이 세상에 태어났다. 별자리는 상서로웠다. 태양은 처녀좌에서 그날의 정점에 이르러있었다. 목성과 금성은 태양에게 다정스런 눈길을 보내고 있었고 수성도 싫지 않은 기색이었는데 토성과 화성은 무심한 태도를 보였다." 괴테는 1부를 이렇게 자신의 탄생과 별자리 이야기로 시작한다. 이 도입부가 보여주듯이 괴테는 자신이 살았던 세계 그 자체를 있는 그대로 보여주기 보다는 일찍이 자신을 형성한 세계를 보여주고자 한다. 부유한 가정에서 이성적이고 엄격한 아버지와 감성적인 어머니의 보호를 받으며 자란 어린 시절과, 친구들과 어울려 지낸 유년기와 청년기 묘사는 프랑크푸르트 생가와 밀접하게 연계되어 있다. 장남인 괴테에게는 5명의 형제가 있었으나 한 살 차이인 누이동생 코르넬리아(1750년 12월 7일생)를 제외하고 모두 일찍 세상을 떠서 그는 코르넬리아와 함께 어린 시절을 보내며 애정 어린 관계를 유지한다. 괴테가 자주 방문한 외할아버지는 프랑크푸르트의 유지로 시장직을 역임하였다. 법학박사인 아버지는 재력으로 황실고문관이라는 명예직을 취득하였지만 뚜렷한 직업은 없이 개인적인 연구, 귀한 서적과 예술품의 수집, 자녀 교육에 몰두해 지냈다. 아버지의 가장 큰 관심은 아들의 교육으로서, 그는 직접, 혹은 당시 상류층 가정에서 흔히 그랬듯이, 가정교사를 통해서 어린 괴테를 교육했다. 괴테는 1755년 부모님 저택의 재건축 작업 동안에는 공립학교도 다니지만 거친 분위기에 적응하지 못해 힘들어했다.

괴테가 유년기와 청소년기에 받은 다양한 수업은 놀랍다. 라틴어, 그리스어, 프랑스어, 이탈리아어, 영어, 히브리어 등 고전어와 외국어를 비롯해 다양한 인문적 교육과, 미술, 음악, 승마, 검술, 스케이트에 이르기까지 폭넓은 수업을 받았다. 아버지는 또한 괴테의 창작 작업을 격려하고 출간하는 일에 앞장서기도 했다. 4세 때 외할머니에게 크리스마스 선물로 받은 인형극으로 누이동생과 함께 연극을 공연하며 시적 환상을 키워 오던 괴테는 7세 때부터는 외할아버지와 할머니께 시를 지어 선물하기도 했다. 신교 집안으로 엄격한 종교 교육도 병행되었다. 그러나 1755년 11월 1일에 일어난 리스본의 지진으로 6만 명이나 되는 엄청난 숫자의 인명이 희생되자, 어린 괴테의 마음에는 신의 선함에 대한 회의가 싹튼다. 종교의 문제는 괴테가 일생동안 몰두한 문제로서 이 자서전의 주요 주제의 하나이다.

괴테가 7세 되던 해 발발하여 세상을 뒤흔든 '7년 전쟁'(1756-1763)은 괴테의 생애에도 큰 영향을 끼친다. 가족상으로는 외할아버지와 괴테의 아버지가 각각 오스트리아와 프로이센의 프리드리히 2세 편을 들면서 가족이 분열된다. 그런데 1759년 오스트리아의 연합군인 프랑스 군대가 프랑크푸르트를 점령하게 되고, 점령군의 사령관으로 민사 업무를 맡은 토랑 백작이 괴테의 집에 숙영하게 된다. '프리츠' 지지자인 아버지에게는 매우 참기 힘든 일이었지만, 괴테는 이 교양 있는 백작과의 인연으로 많은 것을 얻게 된다. 프랑스어를 배우고 프랑스 군인들을 위해 공연되는 프랑스 연극에 심취하며 프랑스 문학과 접하게 된다. 괴테는 라신느, 몰리에르, 코르네유를 읽으며, 당시 외할머니에게 인형극 장치를 선물 받아 연극 대본을 써 공연하기도 한다. 또 그림수집가이기도 하던 백작을 통해 화가들과도 친분을 맺게 된다. 그러나 베르겐 전투에서 프랑스가 승리하자 아버지는 토랑 백작을 모독하고, 하마터면 구속될 위기에 처한다. 재치 있는 독일 통역관의 노력으로 아버지는 위기를 면하게 되는데, 괴테는 이 통역관이 백작의 마음을 돌리기(위) 위해 애쓰는 장면을 마치 한편의 연극처럼 생생하게 전달한다.

1부의 끝에서는 새로운 친구들을 사귀며 그들을 통해 알게 된 "믿을 수 없을 만큼 아름다운" 소녀 그레트헨을 향한 15세 소년 괴테의 첫사랑 이야기가 프랑크푸르트 시에서 행해진 로마제국 황제의 선출과 대관식이야기를 배경으로 펼쳐진다. 이로써 괴테는 1759년 프랑스군대의 프랑크푸르트 점령에 이어, 1764년 신성로마제국 요제프 황제 대관식의 증인으로서 독일역사의 한 단면을 생생하게 전달한다. 그러나 이때 사귄 새 친구들은 질이 좋지 않은 불량한 친구들로서 이로 인해 곤경에 처하게 된 괴테는 그의 가문이 누리던 특권에 힘입어 위기를 면하게 된다. 이 과정에서 괴테는 연상의 그레트헨에게는 자신이 그저 어린 소년에 불과했다는 사실을 알게 되고 절망에 빠져 병까지 들고 만다. 1부의 끝에서 결국 괴테는 그렌트헨을 잊기 위해 프랑크푸르트를 떠나 대학을 다닐 결심을 하게 된다. 괴테는 『파우스트』에서 파우스트의 연인에게 이 소녀의 이름을 부여하였다.

2부

2부의 모토 "젊은 시절에 소망한 것은 노년에 풍성하게 이루어진다.(Was man in der Jugend wünscht, hat man im Alter die Fülle.)"는 옛 독일속담을 거의 그대로 차용한 것이다. 이에 대해 괴테는 9장에서 "우리의 소망은 우리에게 내재해 있는 능력의 예감으로서, 우리가 수행할 수 있게 될 것의 전령이다."라고 쓴다.

괴테는 괴팅겐 대학 진학을 원했지만 아버지의 뜻에 따라 1765년 10월 19일 작센 주의 가장 큰 도시인 라이프치히로 향한다. 그곳에서 그는 이전과는 완전히 다른 상황들을 접하고 갈등을 겪는다. 정치적으로는 괴테 아버지의 영웅이던 프로이센의 프리드리히 2세가 7년 전쟁에서 오스트리아 편을 들었던 작센의 적으로 적대시되고 있었다. 또 당시 '작은 파리'로 불리던 이 세계적인 도시에서 괴테는 자신의 옷이 유행에 뒤떨어져 있으며, 자기가 쓰는 말이 그곳에서는 사투리로 폄하된다는 것을 알고 위축되어 그곳의 상황에 적응하고자 노력한다. 대학에서 그는 법학을 공부하라는 아버지의 뜻보다는 자신의 성향에 끌리는 문학과 철학, 미술, 의학, 자연과학 등에 더 관심을 쏟는다. 겔러트의 문학사 강의를 들으며 그 교수에게 매료되지만, 자신의 작품에 대한 그의 혹평에 그가 가져간 대부분의 작품을 불태워버린다.

2부 7장은 마치 18세기 당대의 독일문학사인 듯이 전개된다. 여기서 괴테가 제공하는 것은 "이름과 도서명, 그리고 년도 이상의 것을 주는 첫 문학사"로 꼽히는데, 괴테는 자신과 "어떤 연관 관계가 있는지" 하는 점에 주안점을 두고 주제에 접근한다. 괴테는 영국이나 프랑스와 비교할 때 후진적이던 독일문학의 상황을 오랜 라틴어와 프랑스어의 사용으로 왜곡된 독일어 문제에서 출발하여, '시문학의 두 숙적'인 '풍자(Saire)와 비평(Kritik)'을 통해 조망한다. 여기서 '풍자'는 문학에 대한 풍자를, '비평'은 미학이론과 시학의 의미로 쓰이고 있는데, 괴테는 풍자문학 작가들 소개에 이어 비평, 특히 고트셰트의 문학이론과 그에 대한 스위스의 보드머와 브라이팅거의 반론을 상세히 소개한다. 문학은 식탁에서의 주요 주제이기도 했는데, 괴테는 당시 독일에서 "두 가지 경향이 상충하며 불러일으킨 혼돈 상태에 대해" 이야기한다. 구체적인 사조명은 거론하지 않지만 기존의 계몽주의적 경향과 이에 비판적인 새로운 흐름을 가리키는 가운데 자신은 기존의 것을 거부하는 태도를 취하고 있다. 괴테의 문학이 슈트라스부르크 시대에 기원을 두고 있다는 것이 정설이지만 이미 라이프치히 시대로 소급된다는 주장도 설득력이 있음을 가늠하게 한다.

특히 프랑스나 영국에 비해 '민족문학'이 빈약한 독일에서 7년 전쟁이 민족문학의 소재가 되었음을 기꺼워하는 괴테는 평화를 구축하는 문학의 기능에 대해서도 주목한다. 레싱의 희극 『민나 폰 바른헬름(Minna von Barnhelm)』(1767)에서 7년 전쟁 때 적이던 프로이센과 작센의 긴장관계를 대변하는 텔하임 대령과 민나의 사랑이 우여곡절 끝에 행복한 결혼으로 끝남에 대해 괴테는 이렇게 쓴다. "작센 여인들의 아름다움과 사랑스러움이 프로이센인들의 가치, 품격, 고집을 꺾은 것이다." 주로 사랑에 대한 드라마로 평가되던 이 작품이 정치적인 작품으로 새로이 해석되기 시작한 것은 특히 괴테의 업적으로 꼽힌다.

라이프치히에서도 청년 괴테의 사랑이야기는 계속된다. 단골 술집주인의 딸 안나 카타리나 쇤코프(Anna Katharina Schönkopf, 1746~1810)를 사랑하게 되는데 어리석은 질투심으로 그녀를 괴롭혀 그녀를 잃고 만다. 괴테는 그녀를 '케트헨(Käthchen)' 혹은 '아네테(Annette)'라고도 불렀는데, 서정시집 『아네테(Annette)』(1767)를 그녀에게 헌정하며, 그녀에게 속죄하고자 그의 첫 희곡 『연인의 변덕(Die Laune des Verliebten)』(1768)을 집필한다. 종교 또한 괴테의 삶의 한 부분으로 그는 성경, 프로테스탄티즘, 그리고 예배의식에 대해 연구하고 성찰하지만 제도로서의 종교에 대해서는 회의하기 시작한다.

괴테는 라이프치히 미술아카데미 학장 외저에게 스케치를 배우며, 그를 통해 고대 미술에도 눈을 뜨고 빙켈만을 알게 되어 영향을 받는다. 그러나 방탕한 생활로 각혈까지 하게 되어 1768년 8월 근 3년 만에 프랑크푸르트로 귀향한 괴테를 아버지는 "병약해 빠진 녀석"이라고 못마땅해 하지만, 어머니와 누이동생의 극진한 간호와 의사의 도움으로 점차 회복된다. 이때 어머니의 친구로 자신도 병을 앓았던 주잔네 폰 클레텐베르크(Susanne von Klettenberg, 1723~1774) 여사를 만나게 되며 그녀를 중심으로 한 헤르후트파 경건주의자들의 영향을 받는다. 특히 클레텐베르크의 경건함에 큰 감명을 받은 괴테는 훗날 그의 『빌헬름 마이스터의 수학시대(Wilhelm Meisters Lehrjahre)』(1795/1796) 6권에서 6권의 제목이기도 한 "아름다운 영혼의 고백(Bekenntnisse einer

Schönen Seele)"을 통해 그녀를 불멸의 인물로 만든다.

2부의 끝에서는 괴테가 건강을 회복하고 다시 집을 떠나 대학생활을 시작한 슈트라스부르크에서의 시기가 그려진다. 괴테는 1770년 4월부터 1771년 가을까지 슈트라스부르크에 머물렀는데, 이 시기는 그의 형성과정에서 결정적인 시기로 간주된다.

그의 건축과 미술품에 대한 관심은 여기서도 빛을 발한다. 괴테는 슈트라스부르크 대성당에서 당시 폄하되던 중세 고딕식 건물의 진가를 발견하며, 훗날 소논문 <독일 건축술에 대하여(Von Deutscher Baukunst)>(1773)를 대성당의 독일인 건축가 슈타인바흐(Erwin von Steinbach, 1244~1318)에게 헌정했다. 괴테는 그에게서 진정한 예술성과 천재성을 발견했으며, "나의 애국적인 생각을 알리기 위해" 이 논문을 썼다고 한다.

2부의 끝부분에서 프리데리케 브리온과의 이야기가 시작된다. 괴테는 프리데리케와의 사랑이 비극적으로 끝난 것이 슈트라스부르크 무도 교사의 두 딸 이야기에서 예시되어 있다고 쓴다. 괴테를 두고 라이벌이 된 자매 중 언니인 루친데가 괴테에게 작별의 키스를 한 후, 자기 이후에 괴테에게 처음으로 키스하는 여자는 결코 괴테를 가질 수 없다는 저주를 퍼부었다는 것이다. 9장이 이 소녀의 저주로 끝났다면, 10장은 자의식을 지닌 천재작가로서 문학계에 발을 들여놓게 되는 청년 괴테 자신의 고찰로 이어진다. 괴테는 1770년대의 독일 작가들의 상황과 클롭슈토크에 대한 열광에 이어 괴테에게 결정적 영향을 미친 5세 연상의 헤르더와의 만남을 상술한다. 괴테는 헤르더를 통해 민족의 원초적 언어와 문학, 민요에 눈뜨게 되며, 호머, 소포클레스, 셰익스피어, 오시안 같은 천재적 시인들을 알게 된다. 셰익스피어를 읽은 괴테는 독일에서 거행된 첫 셰익스피어 기념일인 1771년 10월 14일 그의 부모님 집에서 한 <셰익스피어 기념일에 부쳐 Zum Shakespeares-Tag>라는 연설에서 "나는 나의 존재가 무한으로 확대된 것을 매우 생생하게 느낄 수 있었다.(ich fühlte aufs lebhafteste meine Existenz um eine Unendlichkeit erweitert.)"라고 했다.

10장의 후반부는 이 자서전의 정점으로 괴테는 제젠하임에서의 프리데리케와의 만남을 그림처럼 아름답게 묘사해내고 있다. 괴테는 프리데리케를 처음 본 순간을 이렇게 표현한다. "이 순간 그녀가 정말로 문으로 들어왔다. 그리고 이때 진실로 이 시골 하늘에는 가장 사랑스러운 별이 하나 떠오른 것이었다."

3부

3부의 모토는 "나무들은 하늘까지 자라지는 않도록 되어 있다.(Es ist dafür gesorgt, daß die Bäume nicht in den Himmel wachsen.)"로서 마르틴 루터가 사용하던 속담 "하나님은 나무가 하늘까지 자라지는 않도록 조정한다."를 변형해 쓴 것이다.

3부에서는 슈트라스부르크 시절 밤새 말을 타고 달려가 파란 하늘 아래서 시골처녀 프리데리케와 펼치는 소꿉장난 같은 사랑 이야기, 그리고 세기를 풍미한 『젊은 베르테르의 슬픔(Die Leiden des jungen Werthers)』(1774)의 배경이 된 베츨라 시기의 로테와의 만남과 그 주변 이야기가 펼쳐진다.

슈트라스부르크에서의 다양한 체험과, 매혹적인 사랑 이야기인 제젠하임의 "비극적 서정시"는 이 자서전의 중심부에 자리하고 있는데, 그것도 너무나 정확하게 2부의 끝에서 3부로 이어진다는 점에서 이 이야기가 『시와 진실』의 핵심임을 알 수 있다. 그는 2부에서는 아름다운 만남을, 3부에서는 이별을 그리고 있는데, 이 슈트라스부르크 시절의 묘사는 이 작품의 정점으로, 괴테의 삶에서 결정적인 역할을 하는 힘들인 사랑과 열정, 창작열이 하나의 힘으로 응축되어 독자에게 전달된다.

또한 이 이야기는 괴테의 『시와 진실』 속 자전 묘사의 원칙을 드러낸다. 즉 『시와 진실』은 사실 이상의 예술성을 고려한 자서전이라는 것으로, 이 저서의 제목에 대해서도 시사해주는 바가 크다. 예를 들어 괴테가 프리데리케를 방문한 것은 가을인데, 이를 봄으로 옮겨놓는가 하면, 그가 나중에야 읽은 영국작가 골드스미스의 소설 『웨이크필드의 시골목사』(1766)를 이미 그 전에 읽었다고 쓰기도 한다. 이 영국소설 속 인물들을 마치 그가 알자스의 시골목사관에서 실제로 만나게 된 듯이 묘사하는 부분은 독자를 사로잡는데, 이는 어디까지나 '시'일뿐 '진실'은 아니다. '진실인가 꾸민 이야기인가'하는 문제는 이 자서전의 제목에서도 드러나는 주제인 동시에, 이 자서전 자체에 대해서 끊임없이 제기되는 핵심 질문이기도 하다.

괴테는 또 같은 사랑 이야기이지만, 프리데리케의 경우와는 달리 베츨라에서의 로테와의 만남과 이별에 대해서는 감상적인 고백은 별로 없이 문학의 카타르시스 기능과 『젊은 베르테르의 슬픔』의 수용 양상에 대한 언급에 더 많은 지면을 할애하고 있다. 이미 작품화했기 때문으로 추측되는데, 괴테 자신도 같은 지면에 "나는 이제 현실을 문학으로 변화시킴으로써 마음이 가벼워지고 맑아진 느낌이었으나, 내 친구들은 이 작품을 읽고 혼란을 일으켰다. 그들은 문학을 현실로 변화시켜야만 하며, 이런 유의 소설을 모방하여 급기야는 권총 자살이라도 해야만 한다고 믿게 되었던 것이다."라고 밝히고 있다.

그밖에도 3부에서 괴테는 그의 다양한 관심들에 대해 기록하고 있는데, 특히 독일 건축술과 미술품에 대한 성찰은 다방면에 걸친 괴테의 천재성을 입증한다. 문학작품으로는 드라마 『괴츠 폰 베를리힝엔(Götz von Berlichingen mit der eisernen Hand)』(1773), 서간체 소설 『젊은 베르테르의 슬픔』, 장편서사시 기획인 『영원한 유대인(Der Ewige Jude)』(1774/1775), 시 「프로메테우스」(1772-1774), 드라마 단편(斷片) 『마호메트 Mahomet』(1772) 등이 이 질풍노도기의 산물로 꼽힌다. 그밖에도 괴테는 독일문화사에서 한 자리를 차지하는 하만, 라바터, 바제도우, 융-스틸링, 렌츠, 클링거 등 자신에게 영향을 미친 인물들을 생생하게 그려내고 있다.

4부

4부의 모토인 "신을 제외하고는 신에 맞설 자가 없다.(Nemo contra deum nisi deus ispse.)"는 4부를 괴테 사후에 출간한 비서 에커만이 선정한 것이다. 내용상으로는 20장의 '데몬적인 것'에 대한 설명과 연관이 있는 이 라틴어 문장의 출처와 의미는 아직 정확히 밝혀지지 않고 있다.

4부는 괴테가 당시 18세에 불과하던 아우구스트 공작의 부름을 받고 바이마르 공국으로 이주하기 전 프랑크푸르트에서 보낸 마지막 해의 이야기이다. 괴테는 자신이 마지막으로 머물렀던 고향 프랑크푸르트에서의 릴리에 대한 질풍노도적 열정과 체념, 그 사랑을 가슴에 품고 떠난 스위스 여행기에 이어 아버지의 반대를 무릅쓰고 바이마르로 떠나는 자신을 빗댄 에그몬트의 독백으로 자서전을 끝맺는다. 괴테는 릴리 쇠네만과의 첫 만남, 이어지는 행복한 나날, 약혼까지 했다가 이별을 결심하게 되기까지의 사연을 차분하게 그려낸다.

독자는 괴테와 프리데리케의 관계, 그리고 괴테와 릴리의 관계에 대한 그의 묘사를 읽으며, 은연중에 사랑과 사회적 현실과의 관계를 생각하게 된다. 즉 프리데리케의 경우 괴테가 그녀의 슈트라스부르크 시내 친척집에 초대를 받고 체류하는 동안 도시 풍경에 어울리지 않는 이 시골처녀로부터 거리감을 느끼게 되었다는 인상을 받는다면, 릴리와의 관계에서는 부유한 대상인의 딸인 릴리가 자기 집안 분위기에 어울리지 않는다는 생각으로 고민하기 때문이다.

특히 『시와 진실』 전체에 드러나지 않게 흐르는 종교에 대한 괴테의 관심은 4부 스피노자에 대한 부분에서 절정에 이른다. 괴테는 스피노자를 공부함으로써 예감에 가득 찬 것, 운명적인 것, 피할 수 없는 것에 대한 감동과 함께 일종의 평온함을 얻었다고 쓴다. 그리고 훗날 그가 『빌헬름 마이스터의 수학시대』에서 필리네를 통해 한 말, "내가 너를 사랑한들 그게 너와 무슨 상관이랴?(wenn ich dich lieb habe, was geht's dich an?)"는 바로 스피노자가 신에 대해 한 말, 즉 "신을 진실로 사랑하는 자는 신 또한 자신을 사랑해주기를 원해서는 안 된다"에서 영감을 받아 쓴 것이라고 고백한다.

그러나 4부는 바이마르 대공의 부름을 받고 아버지의 반대에도 불구하고 모든 것을 뒤로 한 채 갑자기 떠나기로 결정하는 장면으로 끝남으로써 많은 의문점을 남긴다. 괴테는 이 자서전을 내면의 데몬적인 것에 대한 에그몬트의 독백으로 끝맺는다. "자! 자! 이젠 그만! 보이지 않는 정령들의 채찍질을 받는 듯, 시간이라는 일륜(日輪)의 말(馬)들이 우리 운명의 가벼운 마차를 끌고 쉬지 않고 달리나니, 우리에겐 용감하게 고삐를 단단히 잡고, 때론 우로, 때론 좌로, 이 돌멩이, 저 낭떠러지를 피해 수레를 모는 수밖에 다른 도리가 없구나. 어디로 가는지를 누가 알랴? 어디서 왔는지조차 기억하지 못하거늘.", "자기 가슴속에 있는, 이 운명적인 비밀스러운 목소리"가 자신을 앞으로, 인생이 그에게 던지는 새로운 과제로 내몰았다는 괴테의 고백은 그가 식물변형론을 모델로 그때까지 써왔던 모든 것을 전복시키는 인상을 준다. 이 점에 대해서는 본고 마지막 장에서 더 상술하게 될 것이다.

3. 사실 기록인가 문학인가?

『시와 진실』이라는 제목은 많은 토론을 야기 시켰다. 특히 발음상의 이유에서 『시와 진실』로 바꾸기 전의 원제가 『나의 삶에서. 진실과 시(Aus meinem Leben. Wahrheit und Dichtung)』였다는 점에서 우리는 괴테가 '시와 진실' 중 무엇을 더 우위에 두었는지 가늠할 수 있다.

괴테는 자기 인생을 역사적으로 진실하게 묘사하고자 했지만, 인생을 사실 그대로 묘사하는 것이 불가능하다는 것을 처음부터 알고 있었다. 그리고 그가 처음에 '진실과 시'라고 제목을 붙였던 것은, 이 저서가 부분적으로는 '진실'이며 부분적으로는 '시'라는 의미가 아니라, 우연적인 것이 아닌 본질적인 것을 보여주기 위해 진실을 예술적으로 구성하여 보여주고자 한다는 의미로 해석된다. 즉 괴테는 과거를 재생시키는 것 자체를 "시인의 작업"으로 보고 있는 것이다. 괴테는 이 작품에 대해 비서인 에커만에게 이렇게 말한 바 있다. "그것은 오로지 내 인생의 결과물들이었다네." 라고 괴테는 말했다. "그리고 이야기 된 개개 사실들은 단지 보편적인 고찰, 보다 고차원적인 진실을 확인해주는 기능을 할 뿐이라네." 괴테가 말했다. "나는 그 안에 인생에 관한 몇 가지 상징들이 들어있다고 생각했네. 나는 이 책을 '진실과 시'라고 불렀지. 왜냐하면 그 책이 보다 높은 경향들을 통해서 낮은 현실 영역에서 벗어나기 때문이라네." (요한 페터 에커만, 1831년 3월 30일, 『괴테와의 대화』) 여기서 우리는 노년의 괴테가 자서전을 통하여 독자를 "낮은 현실 영역에서부터", "보다 높은 경향들"인 문학영역으로 끌어올리고자 했음을 알 수 있다. 한국의 독자에게 '시'와 '진실' 두 개념의 우위를 따지는 것이 혼란스러운 이유는 괴테에게서 '진실'은 '사실'의 의미로 쓰인 반면, 한국어의 '진실'은 '사실' 이상의 품위를 지닌 개념으로서, 우리의 언어감각으로는 '시'와 '진실'이 서로 배타적인 개념이 아니며, 더더구나 우위를 정할 수는 없다는 생각이 들기 때문인 듯하다.

자비네 아비스주스(Sabine Awiszus)는 여기서 '진실'이란 괴테의 "인격의 단계적인 형성"을, '시'는 "집필 과정에서 비로소 구체적 형태를 취하게 되는 것"을 뜻하는바, 여기에는 현실적인 것뿐만이 아니라, 가능한 것, 즉 실현되지는 않았지만 의미가 있는 것eh 속한다고 말한다. 시간이나 사실들이 부분적으로 다르게 서술되기도 한 이유가 기억의 혼란에서 유래할 수도 있지만, 때로는 문학성을 고려하여 의도된 것이었다는 것이다.

리하르트 프리덴탈(Richard Friedenthal)에 의하면 다양하게 전개되는 인생사 『시와 진실』은 위대한 독일소설로서 "가정도서(ein Hausbuch)"이다. 한 위대한 개인의 역사를 다룬 이 장편소설에서 '시'는 '보다 고귀한 현실'로서 '진실'이 의미하는 '단순한 현실'과 하나의 유기적 전체로 융합된다. 본래 '시'이고자 하며 동시에 '진실'을 그리고자 하는 시도는 매우 위험하며 양쪽 모두에 득이 되기 쉽지 않은데, 괴테는 이 둘을 성공적으로 합류시키는 데 성공하여 독특한 예술작품을 만들어낸 것이다.

여기서 우리는 이 자서전이 의식적으로 계획된 문학형식으로서, 괴테가 자신의 전기를 예술적 작품으로 기획한 것임을 알 수 있다. 역사적 사실을 의미하는 '외적 진실'은 괴테에게 보다 높은 차원의 삶의 역사를 그려 보여주기 위한 토대로 기능하고 있다. 바로 이것이 『시와 진실』을 다른 자서전들과 구분 짓는 가장 큰 특색으로서, '외적인 것'은 그의 유기적 삶의 생성을 뒷받침하는 하나의 요소로서만 파악된다. "우리 생애의 사실들은 그것이 진실이기 때문이 아니라 무엇인가를 의미하기 때문에 의미가 있는 것이다."(에커만, 『괴테와의 대화』)라거나 "열매를 맺는 것만이 진실하다.(Was fruchtbar ist, allein ist wahr.)"[괴테의 시 「유산(Vermächtnis)」]라고 말하는 괴테는 사실들에 의미를 부여하는 해석을 하고 있다. 그리고 "사건들의 결과"를 그 사건 이야기보다 우선시하는 가운데, "자기 관찰"에서 "자기 인식"으로 가는 도정을 그려 보여줌으로써 독자에게 영향을 주고 교훈을 주고자 하고 있다. 주지할 것은 괴테 자신에게서 일찍이 예시된 재능과 인격은 원칙적으로 훗날에야 증명되며 노년의 지혜와 회상을 통해서야 비로소 밝혀진다는 것으로, 여기에 바로 자서전 장르 존재의 정당성과 가치가 있다고 하겠다.

4. 주요 주제들

당대의 정신사이자 사회사이며 동시에 문화사이기도 한 이 자서전에서 괴테가 가장 주안점을 둔 것은 파편적으로 출간된 자신의 작품들에 대한 이해를 돕고, 자신의 삶의 공백을 메워 자신에 대해 총체적인 예술가의 상을 정립하는 것이다. 괴테는 헤르더의 영향을 받아, 사건들, 인물들, 그리고 자기 자신마저 "역사적으로" 바라보는 능력을 갖고 있었고, 자신이 칸트가 말한바 "스스로 법칙을 만드는" 천재적인 인물이라는 자의식에도 불구하고, 항상 자신을 시대적 사건 및 위인들과의 연관 하에서 바라보고 있다. 즉 그는 '내가 어떻게 형성되었는가? 그리고 내가 다른 이들에게 어떻게 영향을 미쳤는가?'를 끊임없이 묻고 있다.

그는 자신이 살았던 시대와 환경, 즉 자신에게 유리하게 혹은 불리하게 작용한 영향들과, 또 자신을 형성한 힘들에 대해 알고 있었다. 그는 아버지 집에서 받은 직접적인 교육뿐만 아니라 읽은 책들, 대학 시절 이야기, 만나고 영향을 받은 인물들, 그들과의 사랑과 우정, 자신의 회화와 문학 작업, 건축술을 비롯하여 미술품에 대한 관심, 출판업계와 판권에 관한 이야기, 법률과 그 시행에 얽힌 문제들, 종교와 스피노자의 영향 등에 대해 기록하고 있다. 괴테는 자신이 얼마나 왔는지, 미래에 피할 것은 무엇인지, 그리고 무엇을 더 달성해야 하는지를 알기 위해 뒤돌아보는 것이다. "그 안에 침몰하지 않고 자기 내면을 들여다보기, 망상을 가지지 않고 순수하게, 그 끝없는 깊이를 감히 들여다보기", 이것이 괴테 전기의 과제인 듯 보인다.

이 과정에서 괴테는 시대상을 전달하기 위해 큰 사건들과 위인들에 대해 기록하고자 노력한다. 역사적 사건으로는 칠년 전쟁, 프랑스 군대의 프랑크푸르트 점령, 그리고 요제프 II세의 로마황제 대관식에 대해 기록하고 있다. 이 사건들을 전달하거나 평가함에 있어서도 괴테는 각각 다른 문학적 방식을 적용한다. '개인적인 것(Das Individuelle)'을 높이 평가한 시인답게 그는 늘 보편적인 이야기 보다는 개인적인 일화들로 이야기를 채워간다.

인물들에 대한 기록에 있어서 괴테는 자기와 가까이 지냈던 인물들뿐만 아니라, 훗날 관계가 소원해진 인물들까지도 열린 자세로 성실하게 그려 보여주고 있다. 자신을 관찰하고 해부하기 위해 자신의 감정을 분석하는 식의 고백도, 또 분노나 자학은 물론 타인에 대한 풍자나 캐리커처 같은 것도 괴테와는 거리가 멀었다.

그가 3부 11장의 끝에서 '라오콘' 등 수많은 조각들과 고대 건축술을 감상한 후 쓴 말은 예술품 감상에 대해 쓴 말이지만, 모든 것을 대하는 괴테의 태도에도 해당된다고 생각된다. "그러나 전체를 산산조각 내는 식의 비판을 가하지 않고 향유하면서 수용한 그러한 인상에서 암암리에 얻는 수확은 참으로 귀한 것이다. 청년은 훌륭하고 선한 것을 비판적인 태도로 조사하거나 따로 떼어 놓으려 들지 않고 자신에게 영향을 미치도록 내버려둘 때, 그러한 최대의 행복을 누릴 수 있는 것이다."

이미 제목에 밝혀져 있듯이 『시와 진실』에서 가장 큰 영역을 차지하며 또 이 작품 전체에 일관성 있게 흐르는 것은 문학이라는 주제이다. 때로는 작가로서, 때로는 독자로서 괴테는 이 주제를 자유자재로 다룬다. 이미 어린 시절부터 괴테는 시와 드라마를 읽고 지으며, 자기가 쓴 드라마를 누이동생과 친구들과 연기하는가 하면, 상상해낸 이야기들을 친구들에게 들려주기 시작한다. 2장에 실린 『신 파리스(Der neue Paris)』는 소년시절 친구들에게 들려준 동화를 괴테가 1811년 집필하여 실은 것이다. 또 10장에서는 프리데리케 자매에게 <멜루지네> 이야기를 들려주었으며 훗날 그 이야기를 글로 썼다고 하면서, 『신 멜루지네(Die neue Melusine)』(1807)는 '소년 메르헨(Knabenmärchen)'인 『신 파리스』에 비하면 대략 '청년(Jüngling)'(메르헨)에 해당된다고 쓴다. 특히 1770-1775년은 작가 괴테의 일생에서 첫 번째로 가장 창조적인 시기였다. 그는 이 시기에 서간체 소설 『젊은 베르테르의 슬픔』으로 독일을 넘어 저명한 작가로서 명성을 얻는다. 집필과 관련하여 흥미로운 것은 괴테가 자신이 위기 때마다 작품을 씀으로써 위기에서 벗어났다는 고백이다. 라이프치히에서 케트헨을 질투로 괴롭혀 그 관계가 파탄이 나자 그는 『연인의 변덕』을 씀으로써 그 괴로움에서 벗어났다고 쓴다. 베츨라에서의 로테에 대한 실연의 상처는 『젊은 베르테르의 슬픔』을 씀으로써, 그리고 프랑크푸르트에서는 릴리에 대한 고뇌에서 벗어나기 위해 『에그몬트』 작업에 몰두했다고 고백한다. 그런 가운데 독자는 부수적으로 사소하지만 흥미로운 에피소드도 접하게 된다. 예를 들면 세계문학

사상 가장 아름다운 연애소설로 꼽히는 『젊은 베르테르의 슬픔』이 하마터면 오해로 말미암아 불쏘시개가 될 뻔했다는 것이다. 20세기를 사랑에 대해 쓰기에 실패한 시대라 규정한 한 작가는, 오늘날에도 여전히 우리는 사랑을 생각할 때면 애인을 기다리는 베르터처럼 로테의 창문 앞으로 달려갈 수밖에 없다고 한탄한 바 있는데, 그러한 작품이 자칫 사라져버렸을 수도 있다는 것이다.

독자로서의 괴테의 모습은 더욱 다채롭다. 셰익스피어와 호머에 대한 열광, 겨울 아침 클롭슈톡의 서정시 「스케이트 타기」가 떠올라 얼어붙은 마인 강으로 향하는 장면, 인쇄물이 귀하던 시절 한 권의 시집을 돌려가며 베끼던 습성이 출판물이 흔하게 되어도 그대로 남았다는 고백, 질풍노도시기 문학 서클인 다름슈타트 친구들과 독서하기와 부부놀이, 슈톨베르크 형제와 스위스 여행 중 루소의 "자연으로 돌아가라!"는 강령을 실천하기 위해 산중에서 나체로 물속에 뛰어들었다가 돌멩이 세례를 받은 일, 그리고 그로 인해 자기들을 초청해 준 라바터를 망신시켰다는 등, 시문학과 생활이 온통 어우러진, 질풍노도기의 천재적인 젊은 친구들이 자아내는 이 유쾌하고 객기 어린 분위기는 250년 가까이 지난 지금도 독자에게 부러움과 함께 웃음을 자아낸다.

그런가 하면 괴테는 또한 일상적인 모습을 생생하게 그려줌으로써 자신의 이미지를 완성하는데 도움이 되고자 한다. 어린 시절 이웃집 애들의 부추김에 집안의 접시 등 깨질만한 것들을 모두 길가에 던져 깨드려 버린 일 — 훗날 프로이트는 당시 괴테의 행동이 갓 태어난 동생에 대한 질투심의 발로였다고 심리적으로 분석한 바 있다 —, 거리의 악사 같은 소년들을 돕다가 늘 피해를 입곤 했던 일, 한 겨울 추위에 어머니의 모피코트를 빌려 입고 스케이트를 탄 일, 유대인 거리에 화재가 발생했을 때 외출복 정장인 채로 팔을 걷어붙인 풋풋한 모습, 오늘날로 보자면 페미니스트적인 일면마저 보이는 누이동생에 대한 애정 어린 성찰 등은 독창적으로 사고하며 남의 시선을 아랑곳하지 않는, 괴테의 청춘시절의 유쾌한 일면과 함께 사회상의 단면을 보여준다.

한마디로 『시와 진실』은 질풍노도기, 그가 친구들과 같이 준비했던 '저 독일의 문학적 혁명'의 문학사로서 손색이 없다. 그 핵심 주제는 어디까지나 인간에 대한 관심으로서, 괴테는 당시의 문학 운동과 자신의 창작활동에 대해 이렇게 고백한다. "나와 나의 절친한 친구들은 신문이나 최신 뉴스거리는 다루지 않았다. 우리에게 중요한 문제는 인간이라는 존재에 대해 아는 것이었으며, 인간들 전체에 대한 것은 굴러가는 대로 기꺼이 수수방관하고 있었다.” 이 말은 『빌헬름 마이스터의 수학시대』의 한 구절 — “오직 모든 인간들이 모여 인류를 만들며, 오직 모든 힘들이 모여 세계를 만든다.(Nur alle Menschen machen die Menschheit aus, nur alle Kräfte zusammengenommen die Welt.)” — 을 연상시킨다.

5. 자서전으로서의 장르적 특성

『시와 진실』의 장르적 특성에 대한 토론은 아직도 진행 중인데, 그것은 이 작품 자체에 대한 본질적인 의문들이 여전히 풀리지 않은 채 남아 있기 때문이기도 하다. 괴테는 『시와 진실』에서 당시 영향력을 행사하던 루소와 아우구스티누스의 『고백록』, 바사리 등 이탈리아 르네상스의 예술가 전기, 경건주의적 자서전, 칼 필립 모리츠의 장편 『안톤 라이저』, 그리고 자신이 펴낸 융-슈틸링의 자서전 등 자전적 텍스트들을 수용하면서 이를 발전시켜 또 하나의 새로운 전기 유형을 탄생시켰으며, 이 장르의 정점에 이르렀다는 찬사를 받았다. 그러나 동시에 『시와 진실』은 이 장르에 대해 많은 토론을 야기 시켰다. 아우구스티누스의 경우 비록 그러한 식의 고백과 참회의 형식이 괴테와 거리가 멀기는 했지만 신을 향한 질문과 철학적 성찰이 자취를 남기고 있어 심지어 보이틀러(Ernst Beutler)는 『시와 진실』을 아우구스티누스의 『고백록』의 전통에 속하는 것으로 보며, 그 핵심 주제를 “종교와 기독교 신앙, 신에 대한 질문”에서 찾기도 한다.

전기의 기술방식에 있어 당시 가장 보편적으로 쓰이던 방식은 이야기를 연대기처럼 순차적으로 나열하거나, 빙켈만 식으로 본질을 역사적인 면에서 도출해내고, 한 인간의 행동을 환경의 결과로 해명하는 방식이었다. 그러나 괴테는 이러한 방식을 모두 거부하며 예술가로서의 정체성 정립을 위해 자신만의 독특한 전기 기술 방식을 발전시켰다. 하지만 수용사적으로 볼 때 사람들은 오랫동안 괴테의 의도를 제대로 파악하지 못했던 듯하다.

초기에 이 자서전은 문학적인 작품이라기보다는 역사적이고 검증 가능한 기록으로 여겨져 왔다. 연구자들은 괴테의 일기, 편지, 대화 등을 토대로 괴테의 생애에 대해 상세한 정보들을 수집하여 『시와 진실』에 각주를 달아 왔다. 그리고 이러한 실증주의적 연구의 결과 "괴테는 사실에 부합하게 서술했으며, 어떤 것도 꾸며내 덧붙이지 않았고, 그의 기억은 거의 틀린 적이 없었고, 있다면 비본질적인 면에서만 그러했다"(보이틀러)고 결론짓곤 했다.

그러나 점차 이 작품을 실증주의적으로만 수용하는 것은 이 작품을 일면적으로만 보는 것이라는 견해가 대두되었다. 즉 실증주의적 해석은 『시와 진실』과 당대의 문학사 및 당대 문학사의 난제들, 그리고 노년의 괴테의 다양한 국면들과의 관계를 제대로 고려하지 못하며, 더 나아가 결국 괴테의 영웅시로 끝나고 말아, 이 작품을 소설작품이 되게 한 문학성을 간과하게 만든다는 것이다. 이는 괴테 자신이 자서전 장르의 다양한 전통을 매우 예술적이고도 복합적으로 다루어왔다는 점과 모순을 이룬다.

이 작품이 문학작품으로 기획되었음에 주목한 대표 주자는 '함부르크 판' 괴테 전집의 주석을 단 트룬츠(Erich Trunz)이다. 그는 실증주의적으로 상세한 주석을 다는 한편 이 자서전의 기획과 생성에 대해 다루면서, 이 작품이 괴테의 유년기와 청년기에 관한 자서전이자 문학작품으로 기획된 것에 주목한다. 그의 결론은 『시와 진실』이 자서전 장르의 최상의 형태를 보여준다는 것이다. 그는 "세계문학에서 이 보다 위대한 자서전은 없다"고 했으며, 많은 연구가들이 이러한 평가를 이어 받고 있다.

『시와 진실』이 본래 문학작품으로 기획되었다는 점이 강조되면서, 근자에는 이 작품을 '상징적 교양소설'로 분석 고찰하는 연구들이 부각되고 있다. 심지어 가브리엘레 블로트(Gabriele Blod)는 이 자서전을 '삶에 관한 메르헨'으로 규정한다. 블로트는 저서 『"삶에 관한 메르헨". 시적인, 그리고 시학적인 텍스트로서의 괴테의 '시와 진실'("Lebensmärchen". Goethes 'Dichtung und Wahrheit' als poetischer und poetologischer Text)』(2003)에서 그 이유로 이 책의 부제목인 '시와 진실', 서언, 그리고 모토를 꼽는다. 그밖에도 괴테가 주인공 이름을 다양하게 지어내는 것을 언급하며, '저자'가 텍스트를 생산한 것이 아니라, 텍스트가 '저자'를 생산한다고 말한다.

『괴테 사전(Goethe-Handbuch)』 3권에서 베네딕트 예싱(Benedikt Jeßing)은 『시와 진실』을 "실패한 교양소설"이라고 규정하는데, 이러한 연구가 반가운 것은 괴테의 영웅시에 이어 천편일률적이던 『시와 진실』 찬양에서 한 걸음 물러나 노년의 시인 괴테를 좀 더 깊게 이해하려는 노력의 결과이기 때문이다. 이러한 관점은 좀 더 자세히 다룰 필요가 있을 것 같다. 왜냐하면 상기한 관점은 이 자서전에 대해 제기된 다양한 의문점들, 특히 4부에 관해 제기된 문제점들을 풀 수 있는 단초를 제공하기 때문이다.

6. '상징적 교양소설'로서의 『시와 진실』

『시와 진실』을 '상징적 교양소설'로 볼 수 있는 근거는 괴테가 이 자서전의 상징 구조로 삼은 것이 바로 '식물변형론'이라는 것, 그리고 미학적인 견지에서 볼 때 '허구적 화자'가 존재한다는 점에서 찾아볼 수 있다. 여기에 덧붙여 당시 교양소설 장르가 처한 위기를 괴테가 자신의 자서전을 집필함으로써 극복해 보고자 했다는 점을 들 수 있다. 아래에서 이를 좀 더 상술해 보고자 한다.

첫째, 괴테는 식물변형론이 이 자서전의 상징적 구조가 되었음을, 그가 집필했지만 실제로 '출간되지는 않은 3부의 서문'에서 밝히고 있다. "이제 여기 세 편의 책을 쓰기 시작하기 전에 나는 이 책들을 식물의 변형이 우리에게 가르쳐 주는 법칙들에 따라 구성하고자 마음먹었었다. 1부에서는 어린아이가 모든 면에서 여린 뿌리를 뻗게 되고 아주 적은 수의 떡잎들을 펼치게 될 것이다. 2부에서는 소년이 생동하는 초록빛으로 차차 좀 더 다양하게 형성된 가지들을 뻗치게 될 것이며, 3부에서는 이 살아있는 줄기가 이삭과 꽃망울을 틔워 서둘러 꽃을 피우게 될 것으로 희망에 찬 청년을 묘사하게 될 것이다."(Paralipomenon 78, FA 1, 14, 971쪽) 그리고 실제로도 『시와 진실』 1, 2부에서는 식물변형론을 시인의 발전사에 적용시킨 표현들이 다양하게 구사되고 있다. 유년기와 소년기를 식물의 성장에 비유함으로써 자신의 정체성을 자연에 두고 있으며, 문학 창작 등에서 어린 시절 움튼 '싹'이 훗날의 재능을 기약했다고 본다. 그는 2부와 3부의 본문을 시작하기 전에 "젊은 시절에 소망한 것은 노년에 풍성하게 이루어진다", "나무들은 하늘까지 자라지는 않도록 되어 있다"라는 격언을 표어처럼 각각 써넣고 있다.

다음으로 미학적인 표현에 있어 그가 이 자서전을 교양소설로 구성하고자 했음이 곳곳에서 발견된다. 즉 자신을 불확정적 주체인 "사람들(man)", 혹은 3인칭인 "그"로 쓰는가 하면, "저자", "믿을 만한 청년" 등등으로 부르기도 한다. 한 친구에 대해서는 "우리 그 소년을 필라데스라고 부르기로 하자"라는 표현으로 자신을 스스로 신화적 인물 오레스트에 비견하기도 한다. 또 상상력을 동원하여 유년기 리스본 지진 사건을 드라마처럼 그려내는가 하면 효과를 생각하여 이야기를 사실과 다르게 쓰기도 한다. 곧 이 자서전에는 엄연히 '화자'가 존재하는바, 그는 실증주의자들이 주장하듯 괴테와 동일인이 아니다. 이 허구적 화자는 자잘하기도 한 수많은 개입을 통해 자전적 텍스트를 문학적 텍스트로 구성하고 있다.

당시 교양소설 장르의 위기가 괴테로 하여금 이 자서전을 교양소설로 구성하게 했다는 주장은 『빌헬름 마이스터의 수학시대』(1795/96)가 불러일으킨 교양소설 붐과 연관이 있다. 이후 일련의 교양소설들이 줄을 잇게 되는데, 이 소설들에서는 주인공의 발전과 개인적 노력이 사회적 역할로 이어지는 낙관주의가 사라지게 된다. 그 극단적인 예가 노발리스의 『하인리히 폰 오프터딩겐』(1802)으로, 이 소설의 목적은 하인리히의 사회로의 편입이 아니라 시인으로서의 개인적 완성이다. 괴테 자신에게서도 『친화력』(1809)에 이르면 이미 주체의 계몽주의적인 자율이 어두운 본성의 힘들에 의해 서서히 무너지고 있다. 이로써 『친화력』은 고전주의의 종말을 의미하는 작품이 되었다. 예싱은 여기서 이미 괴테의 『빌헬름 마이스터』 프로젝트가 파기되고 있다고 본다. 그리고 이러한 교양소설의 위기에 직면하여 괴테가 자신의 자서전을 당시의 시대사, 예술사, 문화사 및 문학사와 연계시키는 가운데 이상적인 교양소설로 기획했다는 점이 이해된다는 것이다.

문제는 괴테의 첫 의도와 기획이 이 작품을 써나가는 과정에서 변하거나 포기되었다는 것이다. 괴테는 자기 자신의 유기적 해석 모델로 도입한 식물변형론을 전 생애에 적용하는 것이 적당치 않다고 생각한 듯하다. 『시와 진실』의 앞부분에서 "개개인은 십년 일찍 혹은 십년 늦게 태어났더라면, 그의 교육과 외부에 미치는 영향에 관한한, 완전히 다른 인간이 되었을 것이다"라고 썼다면, 중간부분인 3부 11장에 이르면 "개인의 순수하고 평온하며 끊임없는 발전을 서술할 수 있는 전기는 아주 드물다. 우리의 생애는, 우리를 포괄하고 있는 전체와 같이, 이해할 수 없는 방식으로 자유와 필연이 합쳐져 이루어져 있다." 라고 말함으로써 원래 의도했던 교양소설의 기획이 쉽지 않음을 고백하고 있다. 이러한 태도는 괴테가 썼다가 출간하지는 않은 3부의 '출간되지 않은 서문'에서 좀 더 분명하게 드러난다. "이 글 자체가 몇 년 일찍 혹은 좀 더 유리한 시기에 씌어졌다면, 좀 더 생생하고 신나는 모습을 띨 수 있었을 것이다. (…) 내가 이어서 묘사해야 할 다음 시기에 꽃들은 떨어지고 만다. 모든 나무 정수리마다에 열매가 맺히는 것은 아니며, 열린 열매조차도 보이지 않거나, 천천히 익어가고 성장이 더디게 진행된다. 그래, 얼마나 많은 열매들이 채 익기도 전에 갖가지 우연으로 떨어지고 마는가, 그리고 우리가 이미 수중에 넣었다고 믿었던 즐거움은 허사가 되고 마는 것이다." 여기서 "내가 이어서 묘사해야 할 다음 시기"는 바이마르시기를 가리키며, 괴테는 이미 식물변형 모델과 거리를 취하고 있다. 이는 그의 집필과정에도 그대로 반영되어 있다. 그가 이 서문 집필 당시 리머에게, 예를 들어 1813년 7월 24일에 쓴 편지에서, 이 자서전을 1775년 프랑크푸르트에서의 마지막 체류 시점까지만 쓰겠다는 의사를 밝힌 것은 이렇듯 자신의 본래 기획과 실제 결과물 간에 괴리를 느꼈기 때문임을 알 수 있다. 이제 괴테는 그가 1부의 서문과 그 후에도 밝혔던 원래의 의도, 즉 자신의 60세까지의 생애를 시대 상황과 그 시대 상황이 자신의 문학과 예술에 반영된 것에 대해 유기적 변형 모델을 적용해 이야기하려던 의도를 포기한 것이다.

이는 갑작스런 '바이마르로의 도주'로 인해 이 교양소설에 더 이상 식물의 변형 모델을 적용할 수 없다는 인식에 기인한 듯하다. 바이마르로의 도주는 당시 괴테가 고향도시에서 구축했던 모든 관계들의 중단, 즉 릴리와의 관계, 아버지와의 관계, 시민으로서 맺었던 관계들의 중단과 함께 법률관계 업무 등을 중단하는 것을 의미하며, 이로써 극단적인 존재론적 위기의 징후를 맞이하여, 자기 생애에 의미 있는 지속성과 정체성을 부여하기가 힘들어진 것으로 보인다.

이러한 괴테의 자서전 집필의 위기는 예싱에 의하면 "화자의 통치권이 점차

감소하는" 현상으로 나타난다. 3부 후반에 별도의 다른 내용들, 즉 궁정생활에 대해 아버지와 농담조로 주고받은 말들을 삽입하는가 하면, 그 이전까지는 자의식을 지녔던 전지적 화자가 4부의 서문에 이르면 발행인이자 편집인의 모습을 띠는 현상이 보인다. 그 결과 4부에서는 릴리를 둘러 싼 일화 사이사이에 릴리를 위해서 쓴 시들, 울리히 폰 후텐의 긴 편지, 당시의 문학에 대한 성찰, 자신의 습작, 슈톨베르크 형제의 방문, 리히텐베르크의 인상학에서 가져온 내용, 스위스 여행 동안 쓴 일기 등을 필연적 연관성 없이 삽입하고 있다. 이 가상의 발행인은 이미 생애의 체험들과 자전적 서술 사이의 관계가 느슨해진 것, 개개 체험들을 연계시키는 힘이 부족한 것을 스스로도 파악하고 "요컨대 자의식은 있어도 정력과 재능을 어디다 발산해야 할지 알지 못하는 청년의 장황한 언변과 넘쳐흐르는 힘이 본 서술에는 전체적으로 결여되어 있다."라고 고백한다. 결국 4부에 편집하듯 삽입된 텍스트 자료들 사이에서 자기 자신의 의미를 구성하는 것은 독자의 몫으로 남는다.

4부의 느슨함과 통일성 부재의 원인으로는 방대한 자료들을 자전적 텍스트로 엮어내는 노년의 시인의 기력 부족과, 당시 생존해 있던 릴리 쇠네만 같은 인물들에 대한 배려 등이 지적되고 있다. 여기에 예싱은 또 하나의 결정적 이유로, 괴테가 개인적, 시대적 상황으로 인해 교양소설의 낙관주의를 유지할 수 없었음을 언급한다. 이는 『시와 진실』 4부 직전에 완성한 『빌헬름 마이스터의 편력시대』(1829)에서도 관찰된 현상으로서, 『편력시대』에서도 허구적 화자의 자리에 허구적 발행인이 들어서고 있으며 몽타주 식의 집필 경향이 나타나고 있다. 『편력시대』의 미학적 형태에 대해 이미 토마스 만은 '노년의 아방가르드'라고 말한 바 있는데, 이에 대해 예싱은 "통일성 있는 의미를 정립할 수 있으리라는 낙관적 픽션과의 결별을, 그리고 이와 함께 교양소설과의 결별을 나타낸다."라고 쓴다.

이렇듯 교양소설에 대한 믿음을 잃게 된 배후로는 괴테가 당시 유럽의 정치적 상황을 '데몬적인 것'으로 체험했다는 사실이 종종 언급된다. 괴테는 나폴레옹의 모스크바 패배에 매우 큰 충격을 받았는데, 그는 프랑스의 폭력적인 혁명을 끝낸 나폴레옹에 대해 자신과 같은 천재라는 친화력을 느끼고 있었으며, 나폴레옹이 사회를 변혁시키리라는 희망을 갖고 있었기 때문이다. 괴테 연구에서는 심지어 『시와 진실』 1, 2부와 3, 4부 사이의 단절 원인으로 나폴레옹이 언급되기도 할 정도이다.

나폴레옹으로 인해 괴테는 이미 독일의 문학계와 괴리를 느끼고 있었는데, 그것은 1806년 나폴레옹의 프로이센 침공이 독일문학에 애국적이며 투쟁적이고 선동적인 문학을 성행하게 했기 때문이다. 괴테는 이러한 애국적 선동적 문학적 경향에 대해 매우 유보적인 태도를 취했는데, 그의 이러한 태도는 당시 독자들로부터 이해되지 못하였고, 괴테와 독자 간의 소통은 중단되기에 이르렀던 것이다. 독자들은 괴테를 시의성 있는 새로운 주제를 다루는 작가로 보지 않았고 그는 점차 그들의 독서목록에서 사라졌으니, 이제 괴테는 스스로 '역사적 인물'로서 '유럽 사람들이 순례를 오는 자기 자신의 기념비'가 되어있다고 느끼게 되었다. 그리고 그와 함께 바이마르도 독일에서의 문화의 중심지 역할을 예나와 베를린, 하이델베르크 등 대학도시로 넘겨주게 되었던 것이다. 괴테가 전집 출간을 앞두고 『시와 진실』을 씀으로써 자신의 작품과 생애에 대해 설명하고자 한 것도, 또 1827년 '세계문학(Weltliteratur)'을 주창하게 된 것도 이러한 당시의 문학사적 상황과 무관하지 않다.

괴테는 나폴레옹의 몰락 등 일련의 상황을 '데몬적인 것', 즉 "지속적인 의미 정립 의도에 반하는 우연적이고, 가늠할 수 없는 것, 그리고 역사와 전기를 통찰할 수 없게 하는 것"(예싱)으로 체험했는데, 이러한 데몬적인 것은 "도덕적인 세계질서에 대항하지는 않는다 하더라도 세계질서를 해치는 하나의 권력"으로 나타나는바, 『시와 진실』을 바이마르로의 이주로 끝맺게 한 것은 집필 당시 노년의 괴테의 위기의식의 표출이었다고 볼 수 있을 것이다. 그리고 그는 이 대작을 자신이 동일시했던 에그몬트의 '데몬적인 것'에 대한 독백으로 끝내고 있는데, 괴테는 인간 내면의 '데몬적인 것'도 신적인 본성에 속하는 것으로 보았음을 알 수 있다.

여기서 우리는 괴테가 결국 이 자서전을 집필하는 가운데 자신의 정체성을 정립해가고 있으며, 나폴레옹의 몰락과 당대의 문학의 제 현상들을 위기로 의식하면서 처음의 기획의도와는 다르게 일찍 종결하고 있다는 결론에 다다른다. 물론 그 사이 『이탈리아 기행』 등 많은 다른 자전적 저술을 한 것도 그 한 이유이기는 했을 것이다. 괴테 자신은 이 갑작스런 단절에 대해 변명처럼 다음과 같이 말하고 있다. "도대체가 한 개인에게서 가장 중요한 시기는 발전의 시기이다. 내 경우 이 발전의 시기는 내가 자세하게 기록한 '진실과 시'와 함께 끝난다. 그 이후에는 세상과의 갈등이 시작된다. 그리고 이러한 갈등은 거기서 무엇인가가 나오는 한에서만 흥미로운 것이다." (요한 페터 에커만, 1824년 1월 27일, 『괴테와의 대화』)

60세까지 기획되었던 자서전이 어떤 이유에서 26세까지로 중단되었든지 간에, 『시와 진실』은 독일문학사의 청춘의 한 시기이기도 한 질풍노도기의 문학사, 사회사, 문화사이자, 괴테라는 한 천재 시인의 "우정과 사랑이 가장 아름답게 빛나던", "순수한 노력의 시기"의 고백이라는 점에는 변함이 없다. 지혜로운 노년의 괴테의 시점과 재기발랄한 청년의 시점을 구별해가며 읽을 수 있다면 독자는 『시와 진실』에서 더욱 더 많은 것을 퍼 올릴 수 있을 것이다.

(최민숙)

이탈리아 기행

(Italienische Reise, 1829)

1. 생성사

괴테는 1786년 9월 3일 새벽 3시경 주위의 그 누구에게도 알리지 않고 온천으로 유명한 카를스바트(Karlsbad)[현재는 체코령 카를로비 바리(Karlovy Vary). 괴테 당시에는 오스트리아 제국령]를 출발하여 이탈리아 여행을 시작하였다. 그리고 그는 약 20개월 동안 이탈리아에 체류한 뒤, 1788년 4월에 이탈리아를 출발하여 1788년 6월 18일에 독일 바이마르로 돌아왔다. 괴테는 이탈리아에서 돌아온 뒤 빌란트(Heinrich Otto Wieland, 1877~1957)의 문학잡지 『독일 메르쿠어(Der Deutsche Merkur)』에 1788년 10월부터 1789년 3월까지 <여행일지에서의 발췌(Auszüge aus einem Reisejounal)>라는 제목으로 여행 기록을 실었다. 그리고 괴테는 여행에서 돌아온 30년 뒤인 1816년에 『나의 생애로부터. 2부 1권』이라는 제목으로 자신의 이탈리아 여행기를 출간하였다. 1817년에는 『나의 생애로부터. 2부 2권』을, 1829년에는 최종본을 출간하였다.

2. 작품 내용

『나의 생애로부터. 2부 1권』(1816)은 괴테가 1786년 9월 3일 카를스바트에서 출발하여, 1787년 2월 21일 로마 체류하기까지 느끼고 본 것을 기록한 것이다. 『나의 생애로부터. 2부 2권』(1817)은 1787년 2월 22일부터 1787년 6월 6일까지 첫 번째 로마 체류기와 나폴리, 시칠리아에서의 여행 기록들이다. 1829년

괴테가 로마 체류시 체류했던 집 — 현재 괴테 박물관으로 쓰이고 있다.

의 최종본은 1787년 6월부터 1788년 4월까지의 『두 번째 로마체류기』를 보충하여 출간하였다.

『두 번째 로마체류기』는 부분적으로는 날짜를 적어 놓았지만, 대부분은 날짜를 기입하지 않고 1787년 6월부터 1788년 4월까지 달마다 보내는 '편지' 혹은 '기록'이라고 기록하였다. 그리고 괴테는 여기에서 <티쉬바인이 괴테에게 보낸 편지(Tischbein an Goethe)>, <추서. 교황의 융단(Nachtrag. Päpstische Teppiche)>, <방해받는 자연 관찰(Störende Natur-Betrachtungen)>, <박물관에서의 횃불 조명의 장점에 대한 마이어의 논문(Meyers Aufsatz über Vorteile der Fackelleuchtung in Museen)>, <어원학자 모리츠(Moritz als Etymolog)>, <유머러스한 성자. 필리포 네리(Pilippo Neri. der humoristische Heilige)>, <아르카디아 협회에 가입함(Aufnahme in die Gesellschaft der Arkadier), <로마의 사육제(Das Römische Carneval)>, <미의 조형적 모방에 대하여. 카를 필립 모리츠. 브라운슈바이크 1788(Über die bildende Nachahmung des Schönen. Karl Philip Moritz. Braunschweig 1788)>를 포함시키고 있다. <미의 조형적 모방에 대하여. 카를 필립 모리츠. 브라운슈바이크 1788>는 작가이자 철학자인 카를 필립 모리츠

(Karl Philipp Moritz, 1756~1793)가 괴테와의 대화를 통해서 이루어진 내용을 바탕으로, 모리츠가 집필한 것이다. 괴테는 이 글을 대단히 높게 평가하여 『독일 메르쿠어』의 7월지에 소개하고, 후에 『이탈리아 기행』 속에 포함시켰다.

3. 작품 해설

17세기 중반부터 19세기 초반까지 유럽의 상류층 자제들 사이에서는 교육의 마지막 단계로, 주로 고대 그리스·로마의 유적지, 르네상스를 꽃피운 이탈리아, 그리고 세련된 예법의 도시인 파리를 필수여행코스로 밟으며 둘러보는 것이 유행이었으며, 이를 '교양여행(Grand Tour)'이라고 일컬었다. 괴테도 1786년 11월 7일 로마에 도착한 후 "하루에 너무나 많은 것을 보아 하루에 다 말해서는 안 될 정도의 거대한 학교"라고 말했듯이, 이탈리아 여행은 괴테에게는 교양여행이었다. 또한 그는 이탈리아 여행 후 자신의 발전을 언급하고 있는데, 독일에 도착한 날을 자신이 '재탄생'한 날이라고 말하고, 스스로를 각성한 그리스의 철학자 에피메니데스라고 표현하고 있다.

폴란드의 비엘리차카 소금광산에 있는 광물을 들고 있는 괴테의 동상

괴테는 샤를로테 폰 슈타인 부인(Charlotte von stein,1742~1827)에게 보내는 1788년 1월 19일의 편지에, 자신이 이탈리아에서 관심을 가지고 관찰하였던 "세 가지 커다란 세계의 영역"은 '자연, 예술 그리고 민중들의 삶의 모습'이라고 기록하고 있다. 자연과학에 지대한 관심을 가지고 있던 괴테는 수성론과 화성론에 입각하여 토양과 화산지대를 관찰하기도 하고 광물들을 수집하기도 하고,

도착한 도시들의 자연 풍광을 경험한다. 그리고 로마에서 만나 친분을 맺은 화가들의 교육을 받으며 스케치에 몰두하였던 사실도 자세히 기록하고 있다.

괴테는 이탈리아의 예술품을 관찰하면서, 예술을 즐기는 방법을 '즐기는 향유'와 '진실한 향유'로 구분하는데, 그가 추구하는 것은 '진실한 향유'이다. 즉 많은 지식을 바탕으로 예술을 즐기고자 하였던 것이다. 그는 특히 빙켈만(Johann Joachim Winckelmann)의 지식을 바탕으로 이탈리아의 예술을 즐기고자 하였다. 괴테는 이탈리아에 있는 수많은 예술품을 보고 감탄을 금치 못한다. 그가 이탈리아의 문화유산들은 르네상스의 거장 라파엘로(Raffaello Sanzio, 1483~1520)과 미켈란젤로(Michelangelo Buonarroti, 1475~1564), 베네치아파의 화가 틴토레토(Tintoretto, 1519~1594), 티치아노(Tiziano Vecellio, 1488~1576), 피아체타(Giovanni Battista Piazzetta, 1682~1754), 구에르치노(Guercino, 1591~1666) 등의 회화 작품들, 벨베데레의 아폴로상과 같은 고대의 조각품, 테아트로 올림피코와 빌라 로톤다, 일 레델토레 성당 등의 팔라디오(Andrea Palladio, 1508~1580)의 건축물, 베로나의 원형 경기장, 카라칼라 욕장과 같은 고대 로마의 건축물, 그리고 아그리젠토의 고대 그리스의 신전 등이다. 괴테는 이 예술품을 하나하나 관찰하며 자세한 기록을 남기고 있다. 괴테는 이

베로나의 라피다이오 마페이아노 박물관에 있는 고대인의 무덤 부조

탈리아에서 최고의 작품으로 첫 번째는 도시 베네치아를, 두 번째는 로마의 로톤다, 즉 판테온, 마지막으로는 성 베드로 대성당에 있는 벨레데레의 아폴로상을 꼽는다.

또한 괴테는 필리포 네리(Pilippo Neri)와 성녀 로살리오를 비롯한 이탈리아의 많은 성인들과 로마의 사육제, 그리고 이탈리아인들의 성향을 관찰하고 분석하기도 한다. 특히 자유로운 영혼과 유머를 가진 필리포 네리를 자신의 수호성인으로 삼고 이탈리아에서 필립포 밀러(Philippo Miller)라는 가명을 쓰기도 하였다. 괴테는 이탈리아에서 본 팔라디오의 작품, 로마의 사육제와 풀치넬라 등의 경험을 자신의 작품 속에 구현하기도 하였다.

괴테는 이탈리아인의 삶을 관찰하면서 정치적인 면은 배제하고 있다. 특히 베로나의 라피다이오 마페이아노 박물관에서 고대인들의 무덤 부조를 보고 현세를 긍정하는 고대인의 모습에 매료되기도 하였다. 토르볼레에 도착하여 자신이 낙원에 도착하였음을 느끼고 감격하기도 하며, 무위의 즐거움을 아는 나폴리 하층민들의 긍정적인 삶을 견유학파에 비유하기도 한다.

4. 수용사(평가)

한 괴테 연구가는 괴테의 이탈리아 여행은 먼 곳, 그리고 새로운 곳에서 예술과 문화와 자연에 대한 지식의 확장을 추구하는 것이며, 그것은 현대의 관광객이 추구하는 여행과 유사하다고 평하기도 한다.

(김선형)

04. 드라마(Dramen)

GOETHE LEXIKON

괴츠 폰 베를리힝엔
(Götz von Berlichingen)

1. 작품 생성

『무쇠 손의 괴츠 폰 베를리힝엔. 연극(Götz von Berlichingen mit der eisernen Hand. Ein Schauspiel)』은 괴테(Johann Wolfgang von Goethe, 1749~1832)가 약관의 나이인 1771년에 집필한 그의 처녀작이자 대표적인 '슈투름 운트 드랑(Sturm und Drang)' 드라마이다. 그 해 슈트라스부르크 대학에서 법학 공부를 마치고 고향 프랑크푸르트로 돌아온 괴테는 어느 날 그의 모친에게 "아, 어머니, 제가 도서관에서 굉장한 책을 발견했어요. 저는 그것으로 연극을 만들 거예요! 무쇠 손의 기사를 보고 사람들 눈이 휘둥그레질 거예요!"라며 어린아이처럼 열광했다고 한다. 그 굉장한 책이란 바로 고트프리트 폰 베를리힝엔(1480~1562)이 77세인 그의 인생 만년에 쓴 자서전으로서 『괴츠 폰 베를리힝엔 씨의 전기(Lebensbeschreibung des Herrn Götzens von Berlichingen)』라는 제목으로 1731년 피스토리우스(G. P. Pistorius)에 의해 발간된 작품이다. 독일적인 민족 문학을 염원하는 시대적 조류에 자극받은 괴테는 이 괴츠라는 너무도 독일적인 인물에 열광했고, 그래서 "가장 고결한 독일인들 가운데 한 사람에 관한 이야기를 희곡으로 만들고", "강직한 한 남자에 대한 기억을 살려내" 영원히 살아있는 인물로 재창조하려는 [1771년 11월 28일 잘츠만(Salzmann)에게 보낸 편지] 동기에서 집필을 계획한다. 더불어 독일 고대사와 중세사를 집중적으로 연구하고, 아리스토텔레스와 프랑스 문학의 규칙성을 파괴한 셰익스피어에 열광하면서, 또한 법학도로서 중세 법제도에 대해 공부하면서 이 작품에 대한 구상을 점차 구체화해나간다. 그러던 중 누이동생 코르넬리아(Cornelia)

2015년 야크트하우젠 『괴츠』 공연 (Südwest Presse Online)

의 재촉을 받아 1771년 늦가을 6주 만에 드라마를 한 편 완성한다. 6주라는 짧은 기간은 괴테가 얼마나 집필에 몰두했는지를 말해주는 바, "해와 달과 별을 잊고, 호머와 셰익스피어, 다른 모든 것들도 잊을 정도"(1771년 11월 28일 잘츠만에게 보낸 편지에서)로 그는 집필에 열중했다. 그것이 바로 『무쇠 손의 고트프리트 폰 베를리힝엔의 이야기, 극작(Geschichte Gottfried von Berlichingen mit der eisernen Hand, dramatisiert)』이다. 후세 문예사가들에 의해 통칭 <원본 괴츠(Ur-Götz)>라 불리는 이 초고는 1832년 괴테 사후에야 비로소 출간된다.

초고를 완성한 괴테는 그러나 이에 만족하지 못하고 대대적으로 다시 손을 봐야할 필요를 느낀다. 그래서 헤르더(Johan Gottfried Herder)를 비롯한 지인들에게 원고를 보내 반응을 살핀다. 헤르더는 경탄과 격려의 답장을 보냈지만, "셰익스피어가 자넬 망쳐놓았다"는 비판도 잊지 않았다. 이에 괴테는 가차 없이 군살을 베어내고 구조를 단순화하고 언어를 간소화하는 등 지적받은 형식과 내용상의 비통일성을 보완하는 식으로는 <원본 괴츠>를 개작한다. 그래서 다시 몇 주 만인 1773년 3월에 새로운 텍스트가 완성되었고, 그 해 6월에 『무쇠 손의 괴츠 폰 베를리힝엔. 연극(Götz von Berlichingen mit der eisernen Hand. Ein Schauspiel)』이란 제목을 달고 익명으로 괴테와 메르크(Johann Merck)에 의해 자비 출판한다. 이어 1804년에는 쉴러(Friedrich Schiller)의 조언에 따라 바이마르 극장 공연용으로 새로 개작된 세 번째 판이 나온다. (그러나 적지 않은 괴테 연구자들이 <원본 괴츠>에 우위를 매기고도 있는데, 순화되지 않은 언어뿐만 아니라 원초적인 무형식성 때문에라도 이 초고는 괴테의 슈투름 운트 드랑 극작론에 대한 중요한 기록이 되기 때문이다.)

2. 작품 배경

1) 극작론적 배경

괴테가 『괴츠』를 집필하기 바로 직전인 1771년 10월에 발표한 <셰익스피어의 날에 부쳐 Zum Shakespears Tag>라는 연설문은 『괴츠』의 극작 방식을 잘 설명해주고 있다. 이 연설문은 셰익스피어 작품의 위대함을 칭송하고 있는데, 사실 괴테가 셰익스피어를 처음 접하게 된 것은 이미 1766년으로 거슬러 올라간다. 독일문학에서 셰익스피어의 수용은 17세기에서 18세기에 이르기까지 독일문학에 커다란 영향력을 미친 프랑스 고전주의, 특히 아리스토텔레스의 <시학>에 기초하는 규칙에 얽매인 극작에 대한 반발의 역사와 맥을 같이 하고 있다. 괴테 역시 이 연설문에서 셰익스피어에 대한 칭송과 더불어 프랑스 고전주의에 대한 신랄한 비판을 잊지 않았다. 그는 셰익스피어의 작품을 접하고서야 비로소 이제까지 독일 연극계를 억누르고 있던 프랑스 고전주의의 규칙에 입각한 드라마의 답답함을 느끼게 되었고, 그것을 벗어나는 것이 얼마나 자유로운 일인지에 대해 "나는 자유로운 대기로 뛰어올랐으며 비로소 내가 손과 발을 가진 존재라는 것을 느꼈습니다."라고 표현하면서 "규칙을 주장하는 사람들(프랑스 고전주의자들)이 저를 얼마나 그들의 좁은 감옥으로 가두어 놓고 나쁜 짓을 해왔는지, 얼마나 많은 자유로운 영혼들이 그 안에서 뒤틀리며 왜곡되었는지를 보아온 저로서는 매일 그들에게 도전장을 내밀고 그들의 아성을 허물어뜨리려고 노력하지 않을 수 없습니다, 그렇지 않으면 제 가슴은 터져버리고 말테니까요."라고 자신의 의지와 결심을 밝힌다.

이런 결의를 한 달 안에 실행에 옮긴 것이 『괴츠 폰 베를리힝엔』이다. 위 연설문에서 "장소의 통일은 마치 감옥에 갇힌 것처럼 답답하고, 줄거리의 통일과 시간의 통일은 우리의 상상력을 옭아매는 사슬과도 같았습니다."라고 썼던 괴테는 『괴츠』에서 등장인물들로 하여금 산으로, 들로, 숲으로, 괴츠의 성채가 있는 약스트하우젠, 밤베르크, 아우크스부르크, 하일브론 등으로 종횡무진 달리게 만듦으로서 장소의 통일을 파괴한다. 또한 수많은 장면전환을 시도해, 총 59번의 장면전환이 이루어진다. 그리고 온갖 계층의 수많은 인물들이 등장하는데, 맨 꼭대기의 황제, 성직 영주들, 제국의 기사들, 황제의 고문관들, 시민 법률가들, 시참사회의원들, 상인들, 수공업자들, 시민들, 수도원의 수사, 군인들과 농부들, 집시들에 이르기까지 16세기의 신분의 파노라마가 펼쳐진다. 무엇보다도 이 많은 인물들이 만들어내는, 서로 무관해 보이는 여러 개의 독립적인 줄거리들을 동시에 진행시킴으로써 '우리의 상상력을 옭아매는 사슬'과도 같은 '줄거리의 통일' 또한 거부한다. 예컨대 여인숙, 농부의 결혼식, 집시 장면, 비밀재판 같이 사건진행과는 무관한 장면들이 계속해서 삽입된다. '시간의 통일'에 있어서도, 괴츠가 노쇠한 노인의 모습으로 감옥에 갇혀 죽어가는 마지막 장면에서는 극의 앞부분으로부터 많은 세월이 흐른 것 같은 느낌을 줌으로써 규칙을 거부한다.

이렇게 『괴츠』는 당시까지 거의 절대적으로 지켜져 오던 규칙의 준수를 깨뜨리는 것으로 독자성을 확보하면서 프랑스 고전주의를 뛰어넘어 가장 독일적인 작품으로, 슈투름 운트 드랑을 이끈 선구적인 작품으로 남게 된다.

2) 시대적 배경

드라마 『괴츠』의 이런 외형적인 형식상의 변화보다도 더 중요한 것은 내용적인 영향이다. 괴테는 내용적으로 전통적이고 독일적인 소재와 인물을 등장시킴으로써 가장 민족적인 작품을 남기고자 했다. 그를 위해 작품의 소재를 '독일의 역사'에서 찾았고, 인물을 '가장 고결한 독일인' 중에서 택한다. 그가 바로 1525년 농민전쟁에 직접 참가해 농민군 측에서 싸운 것으로 유명한 고트프리트 폰 베를리힝엔이다. 그가 살았던 시기인 16세기 초는 막시밀리안 황제의 재위기간으로서 이것이 또한 괴테로 하여금 『괴츠』의 극작 결심을 굳히는 요소 가운데 하나로 작용하는데, 괴테가 존경해마지않던 헤르더의 권고 때문이었다. 그는 막시밀리안 황제의 재위 기간에 주목할 것을 권하면서, 16세기의 특별한 의미에 대해 주의를 환기시켰다. 이 작품의 배경이 되고 있는 16세기 초의 독일 사회는 황제에 대한 봉건 제후들의 도전, 제후들에 대한 기사계급의 반목과 저항, 기사계급과 부유한 도시들과의 갈등, 지배 계급들의 농민탄압과 농민들의 반란 등으로 사회는 분열과 혼란에 빠졌고, 대외적으로는 오스만 제국과 프랑스의 위협을 받고 있었다. 이런 16세기는 괴테가 보기에 독일 역사의 전환기였다. 전환기에는 역사의 원현상(Urphänomen)이 드러나는 법이어서, 변화가 속출하고 고유한 특성을 지닌 다양한 시기들이 합법적이고 유기적으로 교체된다. 이런 전환기를 극화하면서 괴테는 독일 최초의 역사드라마에 성공했고, 역사문학의 모범을 창조해낸다. 당시 독일에는 게르만의 민족적 영웅 헤르만(Hermann)을 소재로 한 드라마들이 몇몇 있긴 했지만, 헤르만의 시대인 9세기는 시대적으로나 정서적으로나 괴테 당대와는 너무 멀리 떨어져 있어서 현실감이 떨어지는 반면, 16세기 초는 괴테 시대와 250년의 거리를 두고 적당히 떨어져 있어 이질감이 적을 뿐만 아니라, 민족통일과 시민해방 등 18세기의 중요한 시대적인 문제들을 이해시키는 데 충분한 비교가능성을 제공한다는 장점을 지녔기 때문이다.

16세기는 또한 빈곤의 시대였다. 작품 속에서 괴츠의 하마르티아(hamartia 판단 착오 또는 비극적 결함)로 작용하는 것이 바로, 늘 약속을 잘 지키는 자신에 대해 자부심이 컸던 괴츠가 복수 단념의 서약(Urfehde)을 파기하고 4주간 농민반란군의 대장이 되어 준 것이다. 독일 역사상 최초이자 최대의 민중혁명이라 할 수 있는 이 독일농민전쟁은 1524년부터 1525년 사이 중부 유럽의 독일어 권역에서 영주들의 과다한 소작료와 세금으로 인해 갈수록 피폐해져갔던 농민들이 귀족들의 착취에 맞서 일으킨 봉기였다. 이 항쟁으로 독일 전역에서 10~15만 여명의 가난한 소작농이 학살당한다. 작품 1막 1장에서부터 이미 농민들의 봉건지배층에 대한 분노와 증오와 복수심은 농민 지베르스(Sievers)와 후일의 농민운동가 메츨러(Metzler)와의 대화에서 "우리의 고혈을 짜내는 제후들을 이런 식으로 골려줬으면 좋겠다"고 한 말 속에 드러난다. 4막 5장은 약탈과 살인과 방화를 자행하는 농민 봉기가 도처에서 일어나고 있음을 보고한다. 농민전쟁으로 도배되어 있는 5막에서는 바인스베르크(Weinsberg)전투와 그

후의 농민군의 좌절을 기술하고 있는데, 바인스베르크 전투에서 농민군은 황제의 사위인 헬펜슈타인(Helfenstein) 백작과 30명의 귀족을 포함해 80명의 포로에게 피의 보복을 감행하고, 이어 마을 두 곳과 수도원 한 곳을 약탈한 후 방화한다. 그 후 농민군은 내부분열로 인해 바이슬링엔이 이끄는 황제군에 패한다. 농민전쟁의 원인이 사회경제적인 위기상황에서부터 동기화되어 착취자에 대한 피착취자의 정당방위로 서술된 <원본 괴츠>에서와는 달리, 개작된 2판에서는 농민봉기에 대한 서술이 약탈, 살인, 방화 등 부정적 행위들에만 초점이 맞추어져 농민봉기가 주인공의 몰락을 서술하는 데 필요한 역사적 배경으로 축소되었다.

괴테는 헤르더로부터 16세기의 중요성뿐만 아니라 유스투스 뫼저(Justus Möser)의 논문들의 일독을 권고 받아, 뫼저의 1770년 논문 <정당방위권에 관하여(Von dem Faustrecht)>를 정독한다. 여기서 정당방위권 또는 자구권(Faustrecht)이란 불법적으로 행사되는 페데권(Fehderecht)에 대해 16세기 이래로 통용되는 명칭으로서, (다시 말해 페데권이 중세 후기에 자력구제(Selbsthilfe)로 발전한 것이다. 사실 괴테는 이미 슈트라스부르크 시절부터 페데(Fehde) 제도에 관한 메모를 남겼고, 그 후 프랑크푸르트 시절에도 그에 관한 지속적인 관심을 드러냈다. 페데란 유럽 중세 사회에서 모든 자유인 사이에, 특히 봉건귀족이나 도시와 도시 사이에 침해받은 권리를 무력으로써 회복할 권리를 인정하는 것으로서 합법적인 사전(私戰)이다.) 게르만 시대의 '피의 복수(Blutrache)'(가족이 살해되거나 피해를 입었을 경우에 피의 복수를 함으로써 정의를 회복하는 것)로부터 발전한 '페데'는 개인과 개인, 개인과 집단, 집단과 집단 간의 이해관계를 무력으로 관철하는 한 방편으로 사용되었고, 주로 약탈기사들에 의해 자행되었다. 특별한 사전 통고 또는 특정한 요일과 인물들에 대한 페데의 금지 같은 일정한 형식적 절차를 필요로 한다는 점에서 페데는 피의 복수와는 구별된다. 10세기 이후 교회를 중심으로 페데의 제한 또는 금지운동이 일어났지만, 영방의 분열이 심했던 독일에서는 제국 전체에 관한 평화령은 좀처럼 실효를 거두지 못했고, 1495년 막시밀리안 1세가 '영구평화령(der ewige Landfriede)'을 제정해 페데의 전면적인 비합법화를 도모했으나 이 또한 제대로 효과를 보지는 못했다.

언급한 뫼저의 논문에 따르면 페데는 공공질서를 방해하기도 하지만, 엄격하게 규제된 자기구제조처로서 부정에 맞서 싸우고 정의를 도와 성공하게 만든다. 또한 그래서인지 "독일에서 정당방위권의 시대가 내게는 언제나, 우리 민족이 명예라는 가장 위대한 감정과 가장 많은 신체적인 미덕과 우리 민족 고유의 위대함을 보여준 시대였던 것 같은 생각이 든다."고 한 뫼저의 발언은 괴츠의 목소리를 떠오르게 한다. 작품 『괴츠』는 페데로 시작하고 있으며, 주인공 괴츠가 자신의 팔을 잃게 된 것도 란츠후트(Landshut)의 페데에서였고, 그에게 황제의 추방명령이 내려지게 된 계기도 페데에서 비롯되는 등 궁극적으로 그를 몰락으로 유도한 것도 페데였다고 할 수 있다. 그러므로 작품 외적인 면에서만 보면 『괴츠』는 페데 드라마라고 할만하다. 16세기 초의 무법적인 약육강식의 사회에서 괴츠는 약자의 정당방위 논리에 근거를 둔 페데로서 투쟁한다. 작품 속 페데들은 타인의 침해된 권리회복을 위한 페데와 괴츠 자신의 권리회복을 위한 것으로 양분되고, 그 대상은 제후이거나 부유한 도시인들이다. 결국 제후들에 의해 주도된 평화보호법의 선포와 제국재판소의 설치로 페데제도는 금지된다. 『괴츠』의 페데는 한때 중세 사회체제를 떠받드는 기둥역할을 했던 기사계층이 중세 말에 와서 새로운 사회의 주역으로 등장하는 제후계층 및 도시세력과의 투쟁에서 몰락하는 역사적 과정을 반영하고 있다.

작가 괴테는 『괴츠』를 통해 실은 16세기의 궁정과 기사의 삶을 그려볼 생각이었다고 언급한 적이 있다. 이런 언급을 힌트삼아 작품을 보면, 괴츠의 성과 나란히 밤베르크 주교의 성이 주무대로 등장하면서 주교에 의해 대변되는 제후들의 정치적, 도덕적 삶이 비판되고 있음을 알 수 있다. 작품 속 괴츠의 첫 번째 독백에서도 "영주들의 지배욕과 음모를 비웃어 주겠다"며 그 자신이 상대해 싸우는 대상 세계를 특징지었다. 그리고 이것은 18세기 시민의 시각에서도, 예컨대 시민비극에서도 보듯 궁정들의 특징이었다. 위로는 황제와 아래로는 기사계급과 경쟁관계에 있던 제후들은 황제에 대해서는 그 권한을 약화시키고 자신들의 권력을 확대하려는 정책을 펼친다. 또한 유사시 제후들의 군사적 물질적 지원에 의지할 수밖에 없는 황제를 이용하여 그들은 기사계급도 무력화시킨다. 즉 이웃한 기사들의 영지를 흡수 통합하면서 동시에 기사계급 자체를 없애고자 했던 그들은 평화보호법을 도입하여 페데를 금지시킨다. 이 법의 도입과 실행은 기사계급에겐 역사적 사형선고나 다름없는 것이었다. 이 법의 도입에 따른 기사계층의 몰락은 작품 속에서 괴츠의 충성스런 시종 게오르크(Georg)와 괴츠의 충성스러운 전우 젤비츠(Selbitz)가 전사하고, 황제의 충신 괴츠가 죽는 것으로 상징적으로 표현된다.

18세기도 마찬가지이기는 했지만 16세기의 독일 제국은 수백 개의 군소공국(群小公國)으로 분열되어 수많은 제후의 궁정들이 정치적, 사회적, 문화적 생활의 중심을 이루었다. 때문에 민중들의 생활은 황제와 제국이 아니라, 각자가 속한 제후국의 직접적인 규제와 통제를 받았다. 민중을 수탈하고 억압해서 농민반란에 빌미를 제공한 제후들의 궁정은 정치적으로 뿐만 아니라 도덕적으로도 많은 문제를 안고 있었다. 작품에서 묘사된 밤베르크 궁정 속 인물들도 주로 도덕적인 측면에서 부각되는바, 주교와 수도원장은 향락적인 생활을 탐하는 게으르고 교양 없는 인물로 묘사되고, 의리를 모르는 바이슬링엔(Adelbert von Weislingen)과 권력지향적인 관능적 미인 아델하이트(Adelheid von Walldorf)는 궁정의 비인간성과 부도덕성을 보여준다. 이들을 통해 드러난 궁정은 권력의지의 이기주의와 거짓, 아첨과 간계와 배반, 유약함 등이 지배하는 곳이다. 궁정의 부패와 향락, 자연스럽지 못한 인격과 부도덕한 행위는 힘과 용기, 의리와 정직의 자유로운 행동가인 괴츠의 고결한 인격과 이타적인 행위와 뚜렷한 대비를 이루고 있다.

3. 작품 줄거리

주인공 괴츠는 오랜 앙숙 관계에 있는 밤베르크(Bamberg)의 주교가 자신의 병졸을 포로로 잡아 돌려주지 않는 것에 대한 보복으로 온천에 체류 중인 주교를 생포하려고 한다. 그러나 그 일에 실패하고 대신 바이슬링엔을 자신의 성으로 납치한다. 괴츠의 프로타고니스트로 등장하는 바이슬링엔은 사실 괴츠의 자서전에는 등장하지 않는, 괴테가 고안해낸 허구적인 인물이다. 괴츠는 바이슬링엔과 유년시절을 쌍둥이 형제처럼 함께 했던 사이였다. 그러나 괴츠는 조상대대로의 명예관념에 빠져 황제와 자신의 자유에만 의무를 다하며 살아가는 반면 바이슬링엔은 자신의 성(城)을 떠나 괴츠의 적인 밤베르크 주교의 궁정에 소속됨으로써 둘 사이는 소원해졌을 뿐만 아니라 자연 적대적인 관계에 놓이게 된다. 그러나 그들의 오랜만의 어색한 재회는 괴츠의 주도하에 화해로 진전된다. 바이슬링엔이 적의 편에서 자신의 편으로 돌아온 것 같이 보이자, 괴츠는 다시 어린 시절로 돌아간 듯 "우리 이제 어떻게 영주들을 골려줄까"하면서 의기양양해한다. 자신의 누이동생 마리아와 바이슬링엔의 약혼을 허락하기까지 한다. 그때 밤베르크로부터 바이슬링엔의 시종 프란츠(Franz)가 와서, 그에게 밤베르크로 가서 아델하이트를 만날 것을 설득한다. 이 아델하이트도 바이슬링엔과 마찬가지로 괴테가 고안해낸 인물이다.

제2막에서는 밤베르크 주교의 명을 받은 리베트라우트(Liebetraut)까지 바이슬링엔을 찾아와서 그를 회유하고 유인한다. 바이슬링엔은 마지막이라 생각하며 밤베르크의 궁정에 들르지만 거기서 팜므파탈적인 아름다움의 소유자 아델하이트의 계략으로 그녀에게 빠져들면서 그녀와 결혼하기에 이른다. 이로써 영주는 바이슬링엔을 다시 자기편으로 갖게 된다. 그는 "여자, 영주의 호의, 아첨이라는 세 가지의 질긴 밧줄"에 감겨버리고만 것이다. 괴츠는 자기 자신과 버려진 누이동생에 대한 바이슬링엔의 이중적인 배반에 무척 실망한다.

그러는 사이 벌써 바이슬링엔은 궁정에서 괴츠와 그의 기사들 무리에 대한 음모를 꾸민다. 황제를 자기편으로 만든 바이슬링엔은 황제에게 괴츠의 무리를 제거해야 한다고 조언한다. 바이슬링엔의 배신은 "속임의 시대가 올 것이다. 사기가 난무할 것이다"라는 괴츠의 예언이 극중에서 실현된 첫 번째 예로 꼽힌다. 그러나 용감한 인격자인 괴츠를 아끼는 황제는 복수 단념의 서약(Urfehde)과 금족령이면 족하다는 생각이다. 하지만 결국 황제는 괴츠에 대한 추방명령을 내리고 제국군을 파견해 강제 집행하도록 한다. 제국군의 첫 공격을 받은 괴츠는 동료 기사인 젤비츠(Hans von Selbitz)와 지킹엔(Franz von Sickingen)의 도움으로 우선은 그들을 성공적으로 격퇴한다. 괴츠는 자신의 성으로 물러간다. 그 사이 지킹엔은 괴츠의 누이동생 마리아와 결혼식을 올려 괴츠의 매부가 된다. 적의 군대로 성이 포위당한 채, 괴츠는 부하들과 마지막 술병의 술을 돌리면서 건배한다. 괴츠는 "황제 폐하 만세!"를 외친다. 그것은 죽을 때 끝에서 두 번째로 부르짖어야 할 소리이다. 이어 "자유 만세!"를 모두 함께 외친다. 그것은 죽을 때 마지막으로 하는 말이어야 한다. 밖에서 성을 포위하고 있는 적의 군대로부터 성을 버리고 자유로이 떠나가도 좋다는 승낙을 받고 성을 떠나는 중에 그들은 기습 공격을 받는다. 전투 중에 몇몇은 죽고, 나머지 사람들은 포로가 되어 하일브론(Heilbronn)으로 보내지는데, 이곳에서 괴츠는 판결을 언도받는다. 이 배후에는 물론 바이슬링엔이 있다. 그러나 법원의 심리 기간 중에 괴츠는 지킹엔의 도움으로 풀려나고 낙담해서 자기 성으로 돌아간다.

바이슬링엔도 행복하지는 못했다. 지킹엔은 갈수록 점점 더 황제의 총애를 둘러싼 경쟁자임이 밝혀지고, 아델하이트와의 결혼 생활은 위기에 처한다. 황제는 위독했다. 영주들을 비롯한 권세가들은 농민들의 반란에 위기를 느꼈다. 사방에서 폭동이 일어나고 약탈, 살인, 방화가 자행되고 파괴된다.

광포한 농민군들의 주모자들이 괴츠에게 자신들의 대장이 되어달라고 부탁한다. 처음에는 거절했던 괴츠가 "그들이 존경하고, 그들의 광분을 제지할 수 있는 지도자가 없는 건 큰 불행이오. 대장 노릇을 해달라는 그들의 부탁을 수락하면 독일 전체가 자네에게 감사할 것"이라는 말을 듣고서 광포한 농민군들의 만행을 저지하고 무고한 양민들의 피해를 막으려는 선의에서 4주 동안만 그들의 대장 역할을 하기로 그들과 계약을 한다. 그러나 이로써 괴츠는 자동적으로 금족령(자신의 성을 떠나지 않겠다는 약속)을 어기고, 페데 포기의 서약(Urfehde)을 파기하게 된 것이다. 농민군들을 진압하려고 출정한 바이슬링엔이 이끄는 제국군들과의 전투에서 괴츠는 중상을 입고 생포된다. 그러나 바이슬링엔은 몸 상태가 너무 안 좋아져 자신의 성으로 물러간다. 그곳에는 마리아가 그를 방문해 와 있다. 오빠 괴츠의 생사여탈권을 쥐고 있는 바이슬링엔에게 사면을 탄원하기 위해서이다. 그때 바이슬링엔의 시종 프란츠가 와서, 바이슬링엔의 몸 상태가 안 좋은 것은 아델하이트가 준 독약을 음료에 탔기 때문이라는 사실을 자백한다. 곧이어 프란츠는 창문으로 달려가 뛰어내린다. 바이슬링엔은 괴츠의 사형선고장을 찢어버리고 마리아와 몇 마디 나누다 죽는다. 아델하이트는 비밀재판에서 간통죄와 살인죄로 사형을 선고받는다. 괴츠 또한 황제와 그의 전우 젤비츠와 그의 시종 게오르크의 죽음 소식에 완전히 낙담하여 더 이상 삶에의 의지를 잃는다. 그는 감금되어 있던 하일브론 탑옥의 정원에서 그의 아내 엘리자베트와 마리아와 그의 부하 레르제(Lerse)가 지켜보는 가운데 죽음을 맞이한다. 임종 전 그의 마지막 말은 "자유! 자유!"였다.

4. '전체의 필연적인 진행과의 충돌'로 인한 천재의 몰락

실존 인물 괴츠는 생전에 대단히 호전적이고 페데를 이용해 재산과 재물을 약탈했던 기사이자 용병이었고, 자유분방하며 호쾌한 성격에다 애주가이고 쾌락적인 낭만주의자였다고 한다. 그런 기록으로 보아 그는 그리 이상적인 기사는 아니었다. 그러나 단숨에 괴테를 사로잡을 만큼 매력이 넘치는 인물이었던 것만은 분명하다. 괴츠라는 인물에 열광한 괴테가 그는 부당하게 오해받고 있다면서 자신의 드라마를 통해 그의 명예를 회복시키고 그를 영원히 살아있는 인물로 재창조해 낸 것이다. 그는 독일의 가장 고결하고 용감한 기사로서 독일적인, 너무도 독일적인 인물이며 인간 자아를 최고도로 실현한 위대하고 천재적인 인물로 그려진다. 극중 제 1막에서만 한 번 등장하는 수사 마르틴은 괴츠를 "위대한 인간(ein großer Mann)"이라고 부르면서, "군주들이 증오하고 피압박자들이 의지하는 그 인물(괴츠)"을 볼 수 있게 되어 신께 감사드리듯이, 괴츠는 인간적이고 기사적인 덕목을 구비한 인물일 뿐만 아니라, 억압받는 민중의 자유를 위하여 과감히 맞서 싸우는 영웅적인 투사이자 핍박받는 자들의 보호자로 묘사되었다. 극중 괴츠의 자평대로 그는 "일평생 자기 자신 보다 다른 사람들을 위해 땀 흘렸고 (…) 용맹스럽고 신의 있는 기사의 명성을 얻기 위해서 일했던" 기사의 모범이다. 이벨(Rudolf Ibel)의 규정대로, 괴츠가 추구했던 모든 가치, 즉 준법성, 자유, 그리고 강인한 성격들은 바로 진실되고 고결하며 원초적인 '독일인의 본성'이었다. 작가는 가장 독일적인 역사적 인물의 형상화를 통해 "독일적인 기질을 발견(Entdeckung der Deutschheit)"하고자 했다고 할 수 있다.

괴츠가 위대한 인간인 것은 무엇보다도 그의 막강한 힘에 있다. "힘과 용기, 그리고 제어하기 어려운 활동욕"(W. Kaiser)을 본질적인 특징으로 갖는 괴츠는 '힘과 행동의 천재(Kraft- und Tatgenie)'이다. 이런 괴츠를 내겔레(R. Nägele)

는 “원초성, 직접성, 그리고 자연(Ursprünglikeit, Unmittelbarkeit und Natur)”으로 특징지으면서, 슈투름 운트 드랑의 모든 이상을 대표하는 비극적 천재라고 정의한다. 그러나 자신의 타고난 막강한 힘을 괴츠는 훗날 슈투름 운트 드랑 드라마들 속의 많은 주인공들과는 달리 사방으로 발산하지 않고 오직 기사로서만 살아낸다. 정의를 위해 싸우고 피압박자들의 일을 변호하고 대변하는 정직한 사람으로서, 그 속에서 자유로웠던 그는 “자유로운 기사의 가치”를 모르고 밤베르크 주교의 종노릇이나 하는 바이슬링엔에 대해 안타까움을 표하며 “자유로운 기사는 신과 황제와 자기 자신에게만 종속될 뿐”이라고 말한다. 괴츠와 마르틴 수사의 말처럼, 온갖 구속과 맹세로부터 벗어나 자유롭게 존재하는 것, 진정한 인간으로 사는 것, 그것은 기사에게만 가능한 일이기 때문이다. 그러나 괴츠의 위대함은 무엇보다도 그가 자신의 엔텔레케이아(완전상태)를 방해받지 않고 순수하게 산다는 데에 있다. 그는 하나의 자연(Natur)인 것이다. 이처럼 드라마 전반에 걸쳐 괴츠는 정직한 자이고 기사이며 자생하는 위대한 자연의 모습이다. 그리고 이 모든 것이 자유라는 단어 속에 들어 있다. 이 자유란 단어와 함께 괴츠는 무대를 밟고(“얼마 되지 않는 삶과 자유 때문에 참 고생이로구나.”) 그 단어와 함께 죽는다(“자유 만세!”).

괴츠에게 있어 자유 다음으로 중요한 말은 “황제 폐하 만세!”였다. 그러나 실제 괴츠의 자서전에는 그가 황제와 제국의 편을 드는 부분이 거의 발견되지 않는다. 제국, 황제, 기사 간의 운명 공동체는 괴테에 의해 보강된 “역사적이고 민족적인 내용이다.” 밤베르크 주교로 대변되는 수많은 제후들의 세력팽창의 결과 “제국 안의 어떤 영주도 황제만큼 그렇게 작지 않을” 정도로 황제의 권한은 극도로 약해졌고, 자연히 제국은 무법천지가 되었다. 드라마 속의 괴츠는 힘 있는 황제의 가치를 계속해서 강조한다. 왜냐하면 그 자신의 자유는 오직 중앙권력에 달려 있기 때문이다. “그(황제)를 사랑한다, 왜냐하면 우리는 같은 운명이기 때문이다”라고 말했던 괴츠에게 황제의 최근 병환 소식은 “우리의 운명은 끝났다(Unsere Bahn geht zu Ende)”는 것을 의미한다. 그의 “황제 폐하 만세!” 속에는 약해진 황제권에 대한 동병상련과 시대에 뒤떨어진 황제제도에 대한 “고집스럽고 충성스런” 애착, 그리고 황제를 중심으로 한 평화로운 통일 제국 건설에 대한 염원이 공명한다.

황제로부터 제국의 병사들과 집시들에 이르기까지 모든 신분계급과 모든 세대, 그리고 진지함과 코믹함의 대립과 다양성이 자아내는 이 모든 활력에도 불구하고, 이 작품에는 특유의 우수가 깃들어 있다. 기사계급의 몰락을 막을 길이 없기 때문이다. 수도원으로 들어간 괴츠의 어린 아들 칼(Karl)은 거기서 생을 마칠 테고, 젊고 용맹스런 게오르크는 요절했으니 고결한 기사의 대는 끊긴 것이다. 괴테는 실존 인물 괴츠의 풍부한 인생 서사를 비극으로 변환시키면서 이때도 셰익스피어의 모범을 따른다. "셰익스피어의 작품들은 모두가 비밀스러운 점을 둘러싸고 돌고 있다. (…) 그 점 속에서 우리 자아의 독특한 면이, 우리 의지가 요구하는 자유가 전체의 필연적인 진행과 충돌한다." 이렇게 셰익스피어 작품의 특징을 분석한 괴테는 괴츠가 "요구하는 자유"도 괴츠 자신과 더불어 전체의 필연적인 진행에 의해 압살되도록 만든다. 그 전체는 도래하는 시대이다. 힘의 천재인 괴츠는 자유, 독립, 자연법을 추구하고, 충성과 정직을 이상으로 삼고 살아가는, 시대에 뒤떨어진 구시대의 대표자로서 역사적 상황과 충돌하면서 몰락한다. 그를 쓰러뜨린 신은 역사의 신으로서 "신이 쓰러뜨린 자, 그는 스스로 일어설 수 없다"며 자신의 시대가 끝났음을 그는 인정한다. 동시에 도래하는 시대는 타락의 시대이기도 한 것이, "속임의 시대가 왔다, 사기가 난무할 것이다. 보잘 것 없는 자가 간교한 술책으로써 나스릴 것이고, 고결한 자는 그 그물에 걸려들 것"이기 때문이다.

그런 시대에 천재성의 발현은 일찌감치 저지당한다. 행동의 천재인 괴츠는 이미 불구가 되었다. 그의 무쇠 손이 그 표시이다. 그의 무쇠 손마저도 "현대적인" 바이슬링엔에 의해 탈구될 것임을 그는 제1막에서 일찌감치 꿈결에 예감한다. "그들은 나를 서서히 훼손한다, 나의 손을, 나의 자유를, 재산을 그리고 나의 명성을." 천재가 천재성을 발휘하지 못하고 몰락할 수밖에 없는 시대이다. 그래서 작품 말미에 괴츠의 누이동생 마리아는 "고결한 이 분을 거부한 이 세기에 저주 있어라"고 말한다. 16세기에 대한 이런 부정적인 해석과 서술 속에 18세기에 대한 괴테 자신의 입장이 들어있다. 그녀의 말을 받아 괴츠의 부하 레르제가 하는 "그 분을 알아보지 못하는 후대에 저주 있어라."는 말로써, 세기를 초월해 천재를 알아보지 못하는 시대에 대한 슈투름 운트 드랑적인 시대비판으로써 작품 『괴츠』는 끝을 맺기 때문이다.

그러나 이 작품의 비관적으로 들리는 최종 발언은 역으로 역사적인 인물 괴츠의 문학적인 형상화 속에서 그의 고결한 천재성과 자유에 대한 가치를 알아보는 기쁨에 대한 약속이기도 하다. 그리고 그것을 알아볼 수 있는 자는 괴테의 지론처럼 자신의 내부에 그 씨앗을 가지고 있는 자인 것이다.

5. 수용 및 영향

익명으로 자비 출판된 무명의 젊은 법조인의 처녀작이 전 독일에서 성공을 거두었다. 이 작품에 대한 세간의 반응은 실로 놀라운 것이었다. 초판이 나오자마자 매진되었고, 연이어 5판까지 서둘러 인쇄하지 않으면 안 되었다. "<괴츠>는 동시대인들에게 있어서 혁명적인 작품이었다." 많은 대중과 지식인들의 열광적인 갈채를 받았고, 모방작들이 뒤이어 쏟아져 나왔다. 기사극들이 무대를 장악하고 기사 소설이 등장했다.

뷔르거(Gottfried August Bürger)는 괴테를 "독일의 셰익스피어"라고 치켜세우면서, "전적으로 독일적인 소재! 모험적이고 대담한 극작! 주인공만큼이나 작가는 용감하고 자유롭게 비참한 규칙들을 짓밟아버리고, 전체 사건을 그것의 가장 가는 혈관에까지 생명과 숨을 불어넣어서 우리 눈앞에 보여준다."고 격찬했다. 헤르더는 "이 작품 속엔 대단히 많은 독일적인 강함과 깊이와 진실이 담겨있다."(1772) 고 감탄했다. 렌츠(Jakob Michael Reinhold Lenz)는 생전 처음 맛본 감동과 감명이었다고 열광했다. 그 외에도 클링어(Friedrich Maximilian von Klinger), 클롭슈토크(Friedrich Gottlieb Klopstock), 뫼저, 빌란트(Christoph Martin Wieland) 등의 젊은 세대가 인습으로부터의 혁명적인 해방과 삶의 진정성에 대해 열광적인 찬미를 보냈다.

대체로 극찬을 아끼지 않았지만 다른 한편 비난의 목소리도 높았다. 당시 문단과 지식인 사회에서는 작품의 개방 형식과 무력에 바탕을 둔 정당방위권(Faustrecht)에 대한 호의적인 태도에 대해 더러 비판적인 입장을 보였다. 프로이센의 프리드리히 2세(Friedrich II, 1712~1786), 레싱(Gotthold Ephraim Lessing), 니콜라이(Christoph Friedrich Niccolai) 등 구세대는 형식을 갖추지 않은 점을 비판했다. 보드머(Johann Jakob Bodmer) 역시 장면들 간에 연관성이 없고, 장소와 시간이 흩어져 있고, 줄거리는 괴츠의 인생의 사건들에 지나지 않는다고 비난하는 등 시간, 장소, 줄거리의 통일과 드라마의 모든 규칙들이 무시된 점에 대해 주로 비판이 이어졌다. 계몽주의 내에서도 의견이 양분되어, 레싱과 줄처(Johann Georg Sulzer)같은 계몽주의자들은 작품의 혁신적인 미학을 이유로 이 작품을 단호히 거부했던 반면 다른 계몽주의자들은 민족적인 내용과 과격한 궁정 비판을 전적으로 반기는 분위기였다.

이런 찬반 반응은 <괴츠-논쟁(Götz-Debatte)>을 불러일으켰고, 이 논쟁에서 독일 내 여러 진보적인 집단들이 한데 뭉쳐 "슈투름 운트 드랑"이라는 통일 전선을 형성하게 된다. 이리하여 『괴츠』를 통해 하루 아침에 괴테는 슈투름 운트 드랑을 이끄는 주요 작가가 된다. 그리고 이 후 1년 만에 발간된 『젊은 베르테르의 고뇌(Das Leiden des jungen Werthers)』를 통해서 그는 유럽적인 명성을 얻은 최초의 작가가 된다. 『베르터』에 반해 『괴츠』의 대외적인 영향력은 처음엔 좀 지체되는듯했지만 곧 대단해졌는데, 월터 스콧(Walter Scott) 경(1771~1832)의 중재 덕분이었다. 『괴츠』에 드러난 기사의 삶에 굉장한 매력을 느꼈던 스콧은 자신의 부족한 독일어 실력에도 불구하고 1799년 이 작품을 영어로 번역했다. 뿐만 아니라 『괴츠』로부터 자신의 소설 창작에 있어 아주 중요한 조언을 얻었다. 즉 스콧은 『괴츠』라는 모범적인 작품 덕분에, 고향 스코틀랜드의 옛 전통 속에 평생 다 쓰고도 남을 작품 소재들이 숨어있다는 생각을 하기에 이른 것이다. 그리하여 스콧은 역사 소설에 있어서 가장 대표적이고 모범적인 유명 작가가 되었다. 그러므로 유럽과 미국에서 왕성한 붐을 일으킨 역사소설은 궁극적으로는 괴테의 『괴츠』로 소급되는 것이다. 문화비평지 <크리티카(La Critica)>의 창간자인 베네데토 크로체(Benedetto Croce, 1866~1952)의 판단 역시 『괴츠』는 "유럽에서의 문학적 역사주의의 시작"을 의미하는 것이었다. 프랑스에서는 스탈 부인(Madame de Stael)이 『괴츠』를 비롯한 괴테의 다른 작품들에 대해 열광적으로 소개함으로써 그의 작품들이 번역되기에 이르렀고, 이는 1820년대 프랑스 낭만주의 드라마를 탄생시킨다. 메치에르(Alfred Mézières) 또한 그의 괴테-모노그라피에서 "우리가 잊지 말아야 할 점은, 우리의 역사극은 셰익스피어에게서가 아니라 『괴츠』로부터 왔다는 사실"이라고 주장했다.

오늘날 독일에서 『괴츠』는 레제드라마(Lesedrama 읽기용 드라마)로서 학생들의 필독 도서로 선정되어 청소년들에게 영향과 감화를 주고 있다.

6. 공연사

『괴츠』는 전반적으로 레제드라마로 이해되고, 처음부터 그렇게 쓰였다. 뿐만 아니라 작가 자신도 친구들에게 자신의 작품은 극화된 역사적인 이야기일 뿐 무대에 올릴 생각은 없다고 했다. 그러나 빌헬름 고터(Friedrich Wilhelm Gotter)에게 보낸 편지를 보면 괴테는 자신의 작품이 조만간 상연되기를 희망했던 걸 알 수 있다.

『괴츠』의 초연은 1774년 4월 14일 베를린의 코메디 하우스에서 코흐(Koch) 극단에 의해서 성사되었다. 열여섯 번이나 재공연할 만큼 큰 성공을 거두었다. 뒤를 이어 1774년 10월 24일 슈뢰더(F. L. Schröder)가 함부르크에서 공연했다. 그러나 흥행을 하지는 못했다. 그래도 브레스라우(Breslau, 1775), 라이프찌히와 프랑크푸르트(1778), 만하임(1786), 하노버(1787) 브레멘에서 꾸준하게 상연이 이어졌다. 오스트리아의 빈(Wien)에서는 1783년 처음 공연되었다. 괴테는 무대에 보다 적합하게 만들기 위해서 여러 차례(1803, 1804, 1809, 1819) 드라마를 첨삭하고 각색했다. 6시간이라는 긴 공연시간 때문에 심지어는 이틀에 걸쳐 양분하여 공연하기도 했다(1804년 9월 29일과 10월 13일, 1809년 12월 23일과 26일). 그러나 괴테 스스로가 훔볼트(W. von Humboldt)에게도 실토했듯이 이 작품은 근본적으로 반무대적(anritheatralisch)이며, 에커만(Eckermann)에게 토로했듯이 무대용으로 쓰지 않은 작품을 무대에 올리는 데에는 한계가 있었다. 그 후 독일 연극사에서 한동안 주목을 받지 못하다가 19세기 말 민족적인 테마에 대한 관심으로 이 작품은 다시 무대에 오른다. 그러나 전반적으로 많이 상연되지는 않았다. 오늘날 이 드라마는 노천극장의 볼거리로서 약스트하우젠(Jagsthausen) 축제 때 매년 인기리에 공연되고 있다.

(한상희)

클라비고
(Clavigo)

1. 내용요약

1막

1장 (클라비고의 집) 클라비고는 친구인 카를로스(Carlos)와의 대화에서 마리(Marie)와 헤어지고 잡지 <사색하는 사람(Der Denker)> 발간에 전념하여 여성들의 사랑을 한 몸에 받고 있음을 다행으로 생각한다. 그러나 카를로스는 클라비고가 마리와 헤어지기 전에 썼던 글들이 진심에서 나온 것 같다고 말한다. 그러자 클라비고는 마리와 헤어지라고 부추긴 사람은 카를로스였다고 반론을 제기한다. 카를로스는 클라비고에게 잡지로 더 훌륭한 명성을 얻어 더 나은 집안의 여인과 결혼하게 될 것이라고 말한다.

2장 (마리의 언니 소피 길베르의 집) 마리는 언니인 소피(Sophie Guilbert) 집에서 클라비고에 대한 애증을 고백한다. 그녀는 클라비고를 자신이 복수할 수 없는 사람이라고 말하면서 아직도 그를 그리워하고 있다. 마리의 오빠 보마르세(Beaumarchais)가 파리에서 도착해서 마리를 배신한 클라비고에게 복수할 것을 다짐한다.

2막

(클라비고의 집) 보마르세가 생 조르지(Saint George)와 함께 신분을 밝히지 않고 클라비고의 집을 방문해 클라비고와 유사한 경우를 이야기하면서 클라비고를 당황하게 만든다. 보마르세는 클라비고에게 자신이 아무 잘못도 없는 마리를 버렸음을 증명하는 글을 쓰게 한다. 클라비고는 보마르세에게 자신이

마리에게 사죄하고 재결합할 테니 그때 자신의 편을 들어달라고 부탁한다.

3막

(길베르의 집) 마리의 언니 소피가 다시 돌아오겠다는 클라비고를 만나고, 마리에게 그와 다시 관계를 회복하라고 조언한다. 집안의 친구이자 마리를 좋아하는 부엔코(Buenco)는 소피의 제안에 반대하고, 길베르는 마리가 클라비고를 거절할 경우, 클라비고가 쓴 해명서를 보마르세가 배포할 것이라고 걱정한다. 그리고 스페인에서 결투를 벌여도 손해 보는 것은 외국인인 보마르세라고 경고한다. 이때 클라비고가 갑자기 나타나서 마리에게 사죄하고, 마리가 머뭇거리자 스스로 마리가 자신을 용서해주었다고 말한다. 이때 보마르세가 나타나서, 마리가 클라비고를 용서해주었다는 소피의 말을 듣고 클라비고가 쓴 해명서를 찢어버린다.

롤프 보이젠(카를로스)와 토마스 홀츠만(클라비고).
프리츠 고르트너 연출의 1970년 함부르크 공연

4막

(클라비고의 집) 카를로스는 클라비고에게 마리와 결혼하는 것을 재고하라고 충고한다. 카를로스는 더 좋은 집안의 여자와 결혼해서 장관직까지 오를 수도 있다고 클라비고를 설득한다. 클라비고도 마리를 보았을 때 그녀의 얼굴이 창백했다고 하자, 카를로스는 그녀가 병이 들어서 그렇다고 말한다. 카를로스는 클라비고에게 보마르세가 자신의 이름을 속이고 클라비고의 집에 들어와 무기로 위협하면서 해명서를 강제로 쓰게 한 혐의로 고발하겠다고 위협하는 편지를 쓰게 한다. 그리고 클라비고에게 아무도 모르는 곳으로 도망가 있으라고 충고한다. 망설이던 클라비고는 결국 그 편지를 쓰게 된다.

(길베르의 집) 클라비고의 편지가 소피의 집에 배달되자 화가 난 보마르세는 클라비고에게 복수를 다짐하고, 그 충격으로 마리가 죽는다.

5막

(길베르의 집 앞 거리. 밤) 마리의 장례식을 알리는 횃불이 길베르의 집 앞을 밝힐 때 클라비고가 지나간다. 클라비고는 하인에게 누가 죽었는지 알아보게 하고, 마리가 죽었다는 말을 듣자 길베르의 집으로 뛰어 들어가 보마르세의 칼에 찔려 죽는다. 클라비고는 죽어가면서 보마르세에게 자신을 용서해줄 것을 부탁하고, 빨리 도망가라고 말한다. 클라비고는 죽은 마리의 손을 잡고 죽는다.

2. 작품해설

1774년 2월 파리에서 피에르 보마르세(Pierre Beaumarchais, 1732~1799)의 『고에즈망氏에 던지는 문의에 대한 네 번째 회고록(Quatrième mémoire á consulter contre M. Goezmann)』이 출판되었는데, 이 책에 <나의 스페인 여행 단편>이라는 여행기가 들어있었다. 보마르세는 이후 『세빌리아의 이발사』(1775)와 『피가로의 결혼』(1780)으로 유럽에서 명성을 얻게 된다. 이 여행기에서 보마르세는 자신이 스페인의 작가이자 궁정문서담당자인 호세 클라비효(Jose Clavijo,

1730~1806)에게 복수했던 이야기를 하고 있다. 보마르세는 1764년 마드리드에 사는 여동생을 도와주기 위해 급히 달려갔다. 클라비고가 두 번씩이나 결혼하기 바로 직전에 파혼을 선언하자, 어린 여동생이 스페인에서 견디기 힘든 상황에 처해있었기 때문이었다. 보마르세는 『회고록』에서 자신이 클라비고와 격렬한 대화를 나눴고, 마침내 그로부터 자신의 잘못이라는 자백을 글로 받아냈던 사실을 이야기하고 있다. 이로 인해 클라비고는 궁정에서 자리를 잃었고, 보마르세는 파리로 다시 돌아온다. 보마르세가 『회고록』을 쓴 것은 자신이 패소한 재판을 정당화하기 위함이었다. 자신이 스페인에서 거둔 법적인 승리는 자신을 재판에서 지게 했던 파리의 법원장 고에즈망에 대한 간접적인 비판이었던 것이다. 보마르세는 자신이 고에즈망을 매수하려했다는 혐의로 기소되었었다.

괴테는 우선 이 『회고록』의 법률적인 측면에 매료되었다. 그래서 클라비고의 이야기를 읽자마자 바로 드라마로 쓰고 싶은 생각이 들었다. 그러나 1774년 2월 초부터 집중적으로 『베르테르』를 쓰기 시작했기 때문에 『클라비고』는 그 이후에 쓰기 시작해서 5월 말에 끝마친 것으로 보인다. 왜냐하면 괴테가 6월 1일 클롭슈토크의 친구인 쇤보른(Schönborn)에게 보낸 편지에 이렇게 쓰고 있기 때문이다. “저는 비극 한 편을 작업했는데 『클라비고』입니다. 최근의 일화를 가능한 한 단순하게 그리고 마음의 진실을 담아 드라마로 만든 것입니다. 저의 주인공은 결정을 내리지 못하고 우유부단해서 반은 위대하지만 반은 평범한 사람입니다. 『괴츠』의 바이슬링겐(Weislingen)과 짝을 이루거나, 오히려 하나의 주인공으로 완전히 뭉뚱그려 보면 바이슬링겐 그 자체입니다. 그리고 이 작품에서는 제가 『괴츠』에서 주요 관심사를 약화시키지 않기 위해 단지 암시만 했던 장면들도 들어있습니다.” 괴테는 이 드라마를 쓰면서 보마르세의 자료를 많이 기초로 삼았는데, 특히 클라비고와 보마르세 간의 대화는 부분적으로 단어 그대로 인용하기도 했다. 그러나 밤에 횃불을 들고 있는 사람들이나 음악이 흘러나오는 5막은 보마르세의 『회고록』에 나타나지 않는다. 뿐만 아니라 보마르세는 클라비고에게 복수를 하고 여동생을 마드리드에 남겨놓고 파리로 돌아오지만, 괴테의 드라마에서는 여동생이 죽는다. 괴테는 5막에 나오는 <거리에서의 장면>을 영국의 토마스 퍼시(Thomas Percy)가 쓴 발라드 『루시와 콜린(Lucy and Collin)』이나 자신이 엘자스 지역에서 직접 채집한 <주인과 하녀(Vom Herrn und der Magd)>라는 민요에서 아이디어를 따온 것으로 추정된다. 그밖에도 볼테르의 『랭제뉘(L'Ingenu)』(1767)나 셰익스피어의 『햄릿』 5막을 가공했을 수도 있다.

이 드라마는 줄거리 전개가 분명하고 사건의 진행도 시간적으로 압축되어 있으며, 줄거리의 배경도 마지막 장의 '거리장면'을 제외하고 서로 대립된 집단의 개인적인 공간으로 이동함으로써 무대공연에 특히 적합한 구조를 갖추고 있다. 괴테는 셰익스피어를 모방해 변화무쌍한 장면으로 이루어진 『괴츠 폰 베를리힝엔』을 발표한 후 당시 무대에서 상연하기 어려운 "읽는 드라마(Lesedrama)"라는 비판을 의식한 듯, 자신도 전통적인 '드라마법칙'에 맞는 작품을 쓸 수 있음을 보여주고 싶었는지도 모른다. 괴테는 『시와 진실』 15권에 이 드라마를 쓸 때의 상황을 이야기하고 있는데, "복수나 증오 또는 사소한 목적이나 의도 때문에 고귀한 여인과 대립해서 그녀를 파멸로 이끄는 악한들에 싫증이 나서, 카를로스라는 인물을 통해 클라비고의 격정과 성향 그리고 외부적인 곤경에 맞서는 진정한 우정으로 세상을 있는 그대로 파악할 수 있는 영향을 클라비고에게 끼치게 하고 싶었다"고 쓰고 있다. 그리고 이런 대립적인 인물을 세운 것은 "비극의 동기"를 만들기 위한 것이라고 덧붙인다. 괴테는 친구인 메르크(Merck)에게 이 작품을 보냈고, 메르크는 다른 사람들도 쓸 수 있는 이런 "엉터리 같은 작품(Quark)"을 앞으로 다시는 쓰지 말라고 대답한다. 괴테는 훗날 이 비난이 부당했다고 평가했다. 왜냐하면 모든 작품을 사람들이 이해할 수 있는 개념을 뛰어넘게 써야할 필요가 없고, 몇몇 작품은 일반적인 생각과 연결되는 것도 좋기 때문이라는 것이다. "나는 그 당시에 그런 류의 드라마를 열 편 이상 썼을지도 모른다. 그런 작품은 내가 조금만 노력하면 쉽게 쓸 수 있었을 것이다. 그래서 그 중에서 세 작품이나 네 작품은 무대에서 상연되었을지도 모른다"고 괴테의 『시와 진실』에 쓰고 있다.

클라비고는 재산도 많지 않고 주목도 받지 못하는 처녀인 마리를 사랑한다. 하지만 그가 마리와 나누었던 대화는 "마음"과 "영혼" 그리고 "영혼의 유사함"과 "내적인 일치"가 핵심이었다. 그러나 클라비고는 시민계급에 제한된 행복을 느끼기보다 더 높은 목표를 추구하려는 욕망도 가지고 있다. 재능도 많고 불같이 급한 성격의 그는 작가로서 많은 사람들(특히 여성들)에게 영향력을 미치고 있다. 그래서 보다 더 높은 위치로 상승하려는 야망도 있는 것이다. 보마르세가 클라비고에게 이런 욕망을 포기하고 시민적 행복을 선택하라고 강요하는 인물이라면, 그 반대편에서 "진정한 우정으로 세상을 있는 그대로 파악하는" 카를로스는 클라비고의 욕망이 실현될 수 있도록 도와주려고 한다. 여기서 주목할 점은 괴테가 카를로스라는 인물을 "악한"으로 설정한 것이 아니라, 클라비고의 마음을 헤아리는 진정한 친구로서 보마르세나 마리와 똑같이 클라비고에게 영향을 미치는 인물로 그렸다는 것이다. 이제 자신의 내적 욕망과 일치하는 외부로부터의 요구(출세와 명성)와 이 요구에 흔들리는 자신의 도덕적인 마음(마리와의 결혼)이 그의 마음속에서 대립하게 된다. 그래서 이 드라마에서의 비극성은 더 이상 『괴츠』에서처럼 개인의 운명과 대립하고 있는 "전체"와의 충돌에 있는 것이 아니라, 대립하고 있는 두 성향을 가진 개인이 결정을 내리지 못하는 우유부단한 성격에 근거하고 있다. 그래서 이 주인공은 결국 외부에서 미치고 있는 영향(카를로스)과 내적으로 일치를 이루면서 스스로 자신을 비극 속으로 끌어들인다. 만년의 괴테는 이런 내적인 은밀한 감정을 다룬 드라마를 위대한 인물들(괴츠, 파우스트 등)의 비극이 보여주는 "심장의 확장(Distole)"과 반대되는 "심장의 수축(Systole)"이라고 불렀다.

지금까지 괴테의 『클라비고』는 작가의 진술, 특히 『시와 진실』을 근거로 그 당시 슈트라스부르크에서 애인 프리데리케(Friederike)를 버리고 온 자신과 클라비고를 거의 동일시할 수 있다는 측면에서 작품의 의미를 찾아왔다. 즉, 클라비고는 앞서 출판된 『괴츠』에서 바이슬링겐과 같은 선상에 있는 '사랑을 배신한 연인'으로 보는 것이다. 두 드라마에서 배신을 당하는 여성들의 이름도 같은 마리(Marie)다. 최근에는 『클라비고』를 지금보다 훨씬 더 사회적이고, 드라마 장르의 역사적 맥락 안에서 해석하고 있다. 자신의 속마음을 속이고, 쉽게 다른 사람에게 영향을 받으며, 무너지기 쉽고, 불안정한 주인공의 모습은 18세기 후반에 나타난 <시민비극(das bürgerliche Trauerspiel)>의 전통인데, 『클라비고』도 약간의 예외적인 부분을 제외하고는 이런 드라마 부류에 넣을 수 있다는 것이다. 그러나 클라비고를 스스로의 파멸로 몰고 가는 '부도덕한 영향력'은 외부로부터 오는 것이 아니라 주인공 자신의 갈등에서 기인한다. 빨리 명성을 얻게 된 작가 클라비고는 궁정에서 성공하기 위해 모든 것을 건다. 그러나 그가 발행하는 도덕 주간지 <사색하는 사람>이 전파하는 '도덕성'은 자신이 사회에서 추구하려는 지위와 명성에 절대적으로 일치하는 것은 아니다. 친구인 카를로스는 클라비고의 생각이 종종 흔들릴 때마다 그 의지를 확인하기 위해 하나의 방향(출세)에 맞춰준다. 왜냐하면 클라비고는 출세와 명성을 얻고 싶어 하지만, 이런 개인적인 희망을 시민계급 출신인 자신이 공적인 인정과 명성에 스스로 연결시킬 능력이 없기 때문이다. 그럼에도 불구하고 그는 가정을 꾸려서 조용히 소시민적으로 살아가는 것만으로 만족하지 못하고 있다. 이런 클라비고의 처지는 오늘날에도 아무런 배경도 없이 출세하려는 한 재능 있는 개인의 전형적인 운명을 여전히 대변해주고 있다. 그래서 '감상적인 감정'을 소유하고 있으면서도 타산적으로 생각하고 행동하는 클라비고의 갈등은 오늘날에도 현대인의 관심을 반영해주고 있는 것이다.

3. 공연과 수용

이 드라마가 1774년에 처음 발표되었을 때 작가가 『괴츠』와 거리를 두는 것에 비난과 칭찬이 이어졌다. 괴테가 이제 레싱(Lessing)의 드라마를 모범으로 삼아 작품을 쓴다는 평가도 나왔다. 무대에서 이 작품은 성공적이었다. 1774년 가을에 아우크스부르크에서 상연되었는데, 이때 우연히 그곳을 여행하고 있던 보마르셰가 이 상연을 보고 마지막 장면에서의 대결로 괴테가 줄거리를 망쳐버렸다고 말했다. 이어서 1775년 8월에 함부르크에서, 그리고 고타와 드레스덴(1777년), 프랑크푸르트(1778년), 슈투트가르트(1780년)에서 훌륭한 상연들이 이어진다. 특히 슈투트가르트에서는 카를 오이겐 공작의 생일 축하극으로 왕립 카를스슐레(Hohe Carlsschule) 생도들이 공연을 했는데, 쉴러(Schiller)가 클라비고 역을 맡아 "역겹게" 연기를 했다고 한다. 쉴러는 흥분해서 소리를 지르고, 코를 씩씩거리면서 발을 구르며 걸어가는 주인공을 연기해 관객들의 웃음을 자아냈기 때문이었다. 1780년에는 뇌르트링겐에서, 1786년에는 빈에서 1787년에는 베를린에서 이 작품이 상연되었다. 1792년에 괴테가 직접 연출을 맡아 바이마르에서, 그리고 1803년에는 라우흐슈테트와 루돌슈타트에서 상연되었다. 1785년부터 1817년까지 이 작품은 바이마르에서만 16번 상연되었다. 베를린에서도 1787년부터 1881년까지 48차례 공연되어 거의 2년에 한 번 공연된 셈이었다. 이것은 이 드라마의 구성형태가 무대 상연에 적합하고, "수사학적 기교"를 통한 뛰어난 대화가 18, 19세기의 성공적인 상연의 기초가 되었던 것이다.

그러나 더 주목할 만한 사실은 1961년부터 1993년 사이에 약 70번의 공연이 있었다는 사실이다. 물론 매번 새로운 연출로 공연된 이 드라마는 "괴테의 늙지 않는 연극작품"임을 입증해주고 있고, 이 드라마에서 다루고 있는 테마도 아직 유효하다는 사실을 보여준다. 그래서 최근의 연출들은 클라비고의 우유부단한 마음을 더 극적으로 각색해서, 200년이 훨씬 지난 후에도 항상 실패하는 시민계급의 비극적인 '독립사'인 이 텍스트를 읽는 "우리 시대" 사람들의 의식을 규명해보려고 시도한다. 특히 1969년 함부르크 공연에서 프리츠 코르트너(Fritz Kortner)는 의도적으로 이 드라마의 속도를 느리게 연출함으로써, 사랑과 배신을 다루는 멜로드라마인 이 작품이 흥미롭게도 심리학적이고 사회학적인 "정확한 정보"를 담고 있음을 분명하게 보여주었다. 오늘날의 연출은 대부분 가족 간의 관계에 초점을 맞춰서 답답하고 억압적이며, 위선과 폭력으로 얼룩진 가정의 모습에 집중한다. 예를 들어 코르트너는 여주인공 마리를 가족들이 응석받이로 기른 결과 죽음을 강하게 동경하는 인물로 설정하고, 귀청을 찢는 듯한 소리를 지르며 과장되게 연기는 "기계적으로 실신하는 꼭두각시 인형"으로 보이게 했다. 1982년 만프레트 카르게(Karge)와 마티아스 랑호프(Langhoff)가 함께 연출한 보훔(Bochum) 상연에서는 마리가 등장하는 세 장면을 클라비고와 다시 만나는 한 장면으로 줄이고, 꾸며낸 듯한 가식적이고 일그러진 가족상을 보여주는 데 초점을 맞췄다. 1992년 베를린의 '쉴러-테아터'에서 상연된 레안더 하우스만(Haußmann)의 연출은 인물들의 극단적인 위선과 특히 마지막 5막에서 폭력이 난무하는 장면을 보여준다. 하우스만은 괴테의 텍스트에서 많이 벗어나 클라비고가 "아이가 갖고 노는 인형"처럼 감동적으로 마음이 흔들려 죽을병에 걸린 마리에게 다시 돌아가게 한다. 그의 손에 대여섯 개의 큰 색깔풍선들이 그의 머리 위에 떠 있다. 그 풍선들은 마리가 클라비고를 껴안자 위로 날아간다. 그녀는 오른쪽 문으로 발을 질질 끌고 가다가 쓰러져 죽는다. 그러자 마리의 가족들이 나타나 보마르셰는 클라비고를 찌르고, 다른 가족들도 누워서 경련을 일으키는 클라비고를 찌르고 발로 찬다. 마지막으로 소피가 최후의 경련을 일으키고 있는 클라비고를 힘껏 걷어찬다. 보다 특이한 것은 1983년 뒤셀도르프 공연에서 보여준 미하엘 그루너(Gruner)의 연출인데, 무대 위에 또 하나의 무대를 설치하고 그 위에 두 번째 클라비고를 세운다. 그리고 그 무대 위에서는 괴테의 텍스트에 맞게 연극을 진행시켜서 그 당시 인물들이 행동하는 역사적, 사회학적 조건들을 알아내려고 한다. 이 공연에서 클라비고는 분석의 대상이 되고, 관객들은 시민계급 출신 지식인의 가족관계를 오늘날의 관점에서 지켜보게 된다. 그래서 '텍스트의 역사성'과 '우리의 관심'이 무대 위로 함께 올라가 클라비고 드라마의 진정한 역사적 장소를 규명하게 된다. 이처럼 괴테의 『클라비고』는 그 당시의 일화를 소재로 한 드라마에 그치지 않고, 가진 것 없는 한 남자가 더 높이 출세하기 위해 지금까지 헌신적으로 뒷바라지를 한 여인을 배신한다는 테마로 현재까지 각 시대 상황에 맞는 연출가의 다양한 해석과 기법으로 무대에 올랐으며 앞으로도 오를 것이다.

(임우영)

스텔라. 사랑하는 사람들을 위한 연극
(Stella. Ein Schauspiel für Liebende)

1. 내용요약

1막 (우체국)

체칠리에(Cäcilie, 마담 좀머)가 딸 루치에(Lucie)와 함께 우편마차를 타고 어느 마을에 도착한다. 루치에는 이곳의 어느 귀부인 집에서 일하기 위해서 왔다. 두 사람은 여자 우체국장(여관 여주인)으로부터 그 귀부인의 사정을 듣게 되는데, 그녀와 결혼을 했는지 잘 모르는 장교였던 것 같은 남자가 3년 전에 떠나고 그녀가 혼자 저택에 살고 있다는 것이다. 페르난도(Fernando)가 장교복장으로 하인을 대동하고 우체국(여관)에 도착해서 우연히 루치에와 식사를 한다.

2막 (스텔라의 집)

루치에가 마음에 든 스텔라는 그녀의 어머니 마담 좀머를 저택으로 불러 떠나버린 자신의 남자에 대해 이야기 한다. 그리고 두 사람의 딸인 민나가 죽은 이야기를 하면서 그 남자의 초상화를 보여주자, 루치에는 그 남자를 우체국에서 보았다고 주장한다. 이 말에 스텔라는 그 남자를 당장 집으로 데려오게 한다. 마담 좀머는 그 남자가 자기 남편이자 루치에의 아버지임을 알고 도망가려 한다.

3막 (스텔라의 집)

스텔라는 두 모녀를 이곳에 있게 설득해달라고 페르난도에게 부탁한다. 집사가 와서 페르난도가 체첼리에와 루치에 두 모녀를 남겨두고 떠났으며, 어린 스텔라를 이곳으로 데려와 또다시 남겨두고 떠났다고 옛일들을 회상한다. 집사는 페르난도가 이곳을 떠난 이유가 남겨 놓은 두 모녀를 찾으려는 것이었는지 아니면 먼 곳으로의 동경 때문인지 모르겠다고 말한다. 페르난도는 두 모녀를 찾으러 3년 동안 떠돌아 다녔지만 두 모녀가 어느 상인에게 사기를 당해 재산을 잃고 어린 딸과 함께 뜨개질이나 자수를 놓으며 생계를 유지하고 있다는 소식만 들었다고 말한다. 그래서 그는 외인부대에 입대해 무의미한 시간을 보내다 다시 여기에 온 것이다. 이때 마담 좀머(체칠리에)가 들어오지만 체칠리에는 자신을 몰라보는 척하는 페르난도에게 자신의 어려웠던 과거를 이야기해준다. 페르난도도 그녀가 자기 아내임을 알고는 있었다. 그러나 그녀의 어려움을 듣자 아내임을 인정하고 루치에와 함께 떠나려고 하였다. 그러나 다시 스텔라를 버려야한다는 것에 괴로워한다.

4막 (스텔라의 정원에 있는 암자)

스텔라는 자기에게 이별을 고하려는 페르난도에게 그를 처음 만났을 때와 삼촌의 호의와 재산을 모두 버리고 페르난도와 도망갔던 일을 이야기한다. 하녀가 와서 두 모녀와 페르난도가 떠날 것이라고 말하자, 스텔라는 흥분해서 어찌할 바를 모른다.

2011년 안드레아스 크리겐부르크 연출의 <스텔라> 프랑크푸르트 공연

5막 (스텔라의 방, 달빛)

달빛을 받으며 방에 걸린 페르난도의 초상화를 틀에서 찢어내려 하지만 결국 칼을 떨어뜨리고 만다. 스텔라는 떠나려고 마차를 준비해 놓는다. 그리고 페르난도의 초상화를 칼로 떼어내어 말아서 가져간다.

(홀)

페르난도는 남편이자 아버지, 그리고 연인으로서의 처지를 괴로워하며 권총으로 자살하려고 할 때 체칠리에가 들어와 자신이 떠나겠다고 말한다. 이혼하지 않고 떨어져 살면서 페르난도와는 편지로만 연락하고 스텔라와도 교류하겠다고 말한다. 그리고 체칠리에는 페르난도에게 독일의 어느 백작이야기를 한다. 한 백작이 부인을 남겨놓고 외국으로 전쟁에 참여해서 포로가 되었다가 그 나라 군주의 딸이 그를 노예 신분에서 구해내어 극진히 돌봐주었고, 그는 그녀와 함께 온갖 위험을 피해 다니다가 전쟁에서 승리하여 집으로 돌아왔다. 그때 그는 많은 전리품과 그 여자도 함께 데리고 왔는데, 세 사람은 진심으로 사랑하며 행복하게 살았기 때문에 하나의 침대와 하나의 묘지를 함께 나눴다는 이야기였다. 이 이야기에 용기를 얻은 페르난도는 체칠리에와 스텔라를 함께 껴안고, 체칠리에가 "우리는 당신의 것"이라고 말하면서 드라마가 끝난다.

이 드라마는 1806년 이후 체칠리에가 독일의 어느 백작이야기를 마치는 장면에서부터 수정된다. 이 이야기를 들은 페르난도는 희망의 빛이 한 줄기 찾아든다고 반응하지만, 스텔라는 이미 독약을 마시고 죽어가고 있고, 페르난도는 총을 가지고 정원으로 나가 자살한다. 스텔라는 체칠리에와 루시에게 페르난도에게 가보라며 내보내고 자기는 혼자서 죽는다고 말하며 막이 내린다.

2. 작품해설

괴테는 이 드라마를 1775년 2월에서 4월 사이에 프랑크푸르트에서 썼지만, 처음에는 출판할 의도가 없었다. 그러나 그해 가을에 바이마르로 가기로 결정한 후 그곳에서 체류할 경비가 필요했었다. 그래서 베를린의 출판업자 뮐리우스(Mylius)에게 선금을 요구했고, 뮐리우스는 "속고 사는" 셈치고 "어쨌든 드문 천재적 재능을 가진 다작의 작가와 안면을 뜨기 위해" 그 제안을 수락했다. 이 드라마는 1776년 1월에 『스텔라. J. W. 괴테의 5막으로 된 사랑하는 사람들을 위한 연극(Stella. Ein Schauspiel für Liebende in fünft Akten von J. W. Goethe)』이라는 제목으로 출판되었다. 괴테는 이 책을 프랑크푸르트에 있는 자신과 파혼한 릴리 쇠네만에게 보냈다.

1770년대 초부터 독일에서는 "감상주의(Empfindsamkeit)"가 전개되어 1773년에 전성기를 이루었다. 이때부터 감상주의에 대한 비판이 일어나기 시작했고, "유행병"으로 여겨졌다. 사교적 목적으로 발산되었던 감정들이 더욱 세분화되어 '도덕적인 범위 내에서 느낄 수 있는 능력'이라는 감상주의의 정의를 뛰어넘어, 열광적인 우정이나 완전히 자신의 감정에 사로잡힌 사랑과 같은 새로운 느낌을 더 활발하게 만들어냈다. 그 결과로 사랑과 우정의 언어는 '천사와 같은' 기품을 담고 있었고, 사랑하는 여인은 "천사"로 묘사되었다. 동시에 섹슈얼리티를 문학적으로 승화하는 것도 감상적인 경향의 표시였다. 그래서 문학을 매개수단으로 한 감상주의는 사랑을 언어로 표현하기 위한 새로운 시스템이기도 했다. 괴테는 1771-1773년 프랑크푸르트 시절에 이런 언어를 완전히 습득해서 마음대로 구사할 수 있었다. 이 시기에 쓴 괴테의 가극이나 '다름슈타트 친구모임'을 위한 시들, 그리고 『스텔라』와 『베르테르』가 그 사실을 입증해준다. "도덕적 센스(moral sense)"가 격정과 행동의 심판자로 세워져 있다는 사실을 전제로 해서 괴테는 남녀가 함께 살아가는 관습과 규범도 다른 형태로 대체될 수 있는지 문학적으로 시도해보려고 했다. 이를 위해 괴테는 두 여성과 한 남자라는 "실험적인" 상황을 이 드라마에서 선택해보았던 것이다.

『스텔라』도 『클라비고』처럼 무대 상연에 맞춰진 드라마다. 이 두 작품은 셰익스피어풍의 『괴츠』를 쓴 작가가 독일 연극의 새로운 가능성을 열었을 뿐만 아니라, 전통적인 형태의 드라마도 마음대로 쓸 수 있음을 공개적으로 입증해주고 있었다. 또한 괴테는 이 드라마를 클라비고와 함께 괴츠나 파우스트 또는 에그몬트처럼 여러 차례 개인과 전체와의 대립을 보여주는 "심장의 확장(Diastole)"과는 대비되는 개인적인 영역의 "심장의 수축(Systole)"을 보여주는 드라마로 분류했다. 이 당시에 쓴 괴테의 드라마에는 하나의 원칙이 있었는데, 남자 주인공들은 항상 질서가 잡혀있는 시민사회에서 도망간 사람이라는 특징이 있었다. 가극 『에르빈과 엘미레(Erwin und Elmire)』에서 에르빈은 사회를 떠나 숲에서 은둔자로 살려고 하고, 『클라우디네 폰 빌라 벨라(Claudine von Villa Bella)』에서 크루간티노(Crugantino)는 답답한 "시민사회"에 넌더리가 나서 방랑자가 되고, 『스텔라』의 페르난도(Fernando)는 부인과 딸, 그리고 연인을 떠나서 전쟁에 참여한다. 베르테르는 더 말할 나위도 없다.

『스텔라』에서도 남자 주인공 페르난도는 『클라비고』에서처럼 결정을 내리지 못하고 우유부단하다. 클라비고가 가정의 행복과 보다 높은 지위로의 출세를 두고 고민하듯, 여기서 페르난도는 두 여인 사이에서 망설인다. 두 여인과 맺은 사랑 중에 어느 사랑도 포기할 수 없기 때문이다. 페르난도는 아내와 딸을 버리고 전쟁에 참여했다가 스텔라라는 어린 여자 아이를 데리고 살게 된다. 그러나 그는 다시 아내와 딸을 찾아나서 스텔라마저 버리고 말았던 것이다. 이제 이 두 여인이 우연히 만남으로써 삼각관계 구도가 전개된다. 그는 처음에 체칠리에를 사랑해서 결혼까지 했지만, 그녀와의 사랑에 공허함을 느꼈기 때문에 전쟁터로 떠났던 것이다. 그러나 그는 자신의 이런 의미 없는 행동에 대해서 스스로 경멸한다. 그 당시 그의 마음을 움직였던 것은 나중에 체칠리에가 말하듯 "자유에 대한 충동"으로 밖에 설명할 수 없다. 그래서 이 충동이 그로 하여금 새로운 사랑을 찾게 만들었던 것이다. 그러나 이 새로운 사랑도 그는 다시 버리고 떠나버린다. 그래서 페르난도의 옛날 집안 관리인이자 현재 스텔라 집의 관리인은 페르난도에게 이렇게 스텔라를 버리고 떠난 이유가 "주인님이 마님과 따님을 찾으려는 순수한 욕구 때문인지, 아니면 은밀한 불안감 때문이었는지"는 열어두겠다고 말한다. 페르난도는 스텔라의 집에서 자기 아내와 딸을 다시 발견하자 남편이자 아버지로서의 의무감을 느끼지만 연인인 스텔라와 묶여 있는 사랑의 끈도 끊어버릴 수 없다. 여기서 페르난도는 탈출구를 찾을 수 없자 권총을 잡게 된다.

『스텔라』에서 두 여인은 오로지 사랑을 통해 그리고 페르난도를 만남으로써 진정한 삶의 의미를 찾았었다. 그래서 버림받은 체칠리에는 남편이 떠남과 동시에 삶의 모든 기쁨을 상실했고, 그래서 페르난도와 함께 했던 과거 안에서 살아가고 있다. 현재의 행복은 과거 그와 함께 누리던 완전한 기쁨을 연상시켜 줄 뿐이었다. 이런 회의를 체칠리에는 딸과 살아가기 위해 활동을 하면서 극복했었다. 페르난도가 없는 공허함을 어느 것으로도 채울 수는 없지만, 그녀는 남편이 사라져버린 것을 그의 개인적인 잘못이 아니라 "남자들의 자유에 대한 충동"으로 본다. 이런 고통을 통해 그녀는 성숙해졌고, 남편의 사랑을 체념하는 결정을 내릴 수 있게 된다. 그래서 괴테는 40년 후에 쓴 <독일연극에 관하여(Über das deutsche Theater)>(1815)라는 글에서 체칠리에에 대해 다음과 같이 쓴다. "체칠리에는 처음에는 약하고 억눌린 여인처럼 보이지만 곧 극복하고 자신의 감정과 이해력을 자유롭게 펼치는 여주인공으로 매우 화려하게 우리 앞에 나타나게 된다." 그리고 스텔라를 연기하는 배우에 대해서 괴테는 다음과 같이 요구한다. 그 배우는 "우리에게 확고부동한 성향과 그녀의 뜨거운 사랑, 그녀의 이글거리는 사랑에 대한 열광을 묘사해야할 뿐만 아니라 우리에게 자신의 감정을 전해서 우리의 마음을 빼앗아야만 한다." 스텔라라는 인물은 아직 세상물정도 모르는 나이에 사랑에 빠졌기 때문에 완전히 사랑밖에 모르는 여인이다. 그래서 그녀의 표현에는 꽃이 만개하는 것과 그 꽃이 꺾이는 모습이 자주 반복된다. 그녀는 아직도 세상을 모르며, 페르난도 없이는 이 세상을 살아갈 수 없을지도 모른다. 페르난도가 없는 공백을 메우기 위해 스텔라는 자기 속마음과는 다르게 마을의 처녀들과 가사일에 전념하며 살아간다. 감수성이 예민한 그녀의 가슴은 자연이나 딸의 무덤에서만 조화롭게 활기를 띠게 된다. 그러나 그러한 경험들은 그녀에게 더 고통스러운 고독을 느끼게 만든다.

그래서 사랑은 이제 두 연인에게 가장 깊이 숨어 있는 마음을 깨워서 움직이게 한다. 두 사람은 서로 인간적으로 각자의 처지를 이해하고 같은 운명의 동지임을 곧 인식하고는 서로에게 호감을 느끼게 된다. 그러나 페르난도가 나타나 자신들의 관계를 인식하게 되자 두 여인 사이의 갈등이 고조되고, 두 사람은 모두 정신적 불행으로 추락하게 된다. 괴테는 이 두 여인의 상황을 여자 우체국장의 모습과 대비시키고 있다. 그녀는 활동적인 여인으로 하루 일과가 요구하는 대로 열심히 살아가기 때문에 사랑의 심오한 행복도, 회의나 고독도 경험해보지 않았다. 괴테는 나중에 이렇게 열심히 하루의 일과를 수행하며 살아가는 여성에 대해 "삶을 치유하는 힘"으로 점점 더 높게 평가했다.

이 드라마의 줄거리는 하루 안에서 진행된다. 그래서 페르난도에게 일어났었던 '모험'은 드라마에서 보여주지 않는다. 그리고 3장에서 페르난도와 체칠리에가 서로를 알아보는 장면도 아무리 두 사람이 오랫동안 떨어져 있었다고 해도 두 사람 모두 처음에는 서로 모르는 사람처럼 행동하는 것은 인위적이고 어색하다. 그러나 세 명의 주인공이 각자의 언어로 나누는 대화는 지금까지 다른 드라마에서 보여주었던 감상적인 대화를 훨씬 뛰어넘는 새로운 면을 보여준다. 체칠리에는 그 동안 세상물정을 터득하고 자신을 떠나버린 남자의 심정을 이해함으로써 지난 날의 사랑과 현재의 삶을 구분하여 보다 냉정하고 논증적으로 말한다. 이와는 대조적으로 스텔라의 언어는 특히 3막, 4막, 5막이 시작할 때 중첩되는 물음과 생략된 문장 그리고 말을 더듬는 것이 특징이다. 그리고 사랑을 신의 계시로 받아들이려는 스텔라와 페르난도의 "도덕적 센스"가 '종교적으로까지 고조된 사랑의 감정' 안에 제한되어 있다. 그래서 세 사람의 행복은 과거를 현재에 회상함으로써만 가능하다. 그러나 체릴리에는 시간이 흐를수록 성찰을 통해 자신의 감정을 설명하는 능력이 늘어난다. 그녀는 페르난도가 빠져나올 수 없어 보이는 그의 감상적 딜레마와 그가 처한 상황을 이해하도록 만들어주려고 노력한다. 그래서 그녀는 "가슴의 언어"를 절대적으로 믿고 있는 페르난도에게 두 여인 가운데 한 여인을 소유하기 위해 다른 여인과의 감정을 해체해버릴 수 없다고 말한다. 왜냐하면 페르난도가 내린 첫 번째 결정이 스텔라를 또다시 버리고 체칠리에와 도망을 가는 것이 전부였기 때문이었다. 그러나 체칠리에는 '사랑의 감정'을 체념하고 이성적으로 억제하는 데 머물지는 않는다. 체칠리에는 이 해결할 수 없어 보이는 상황에서 세 사람이 벗어날 수 있게 하기 위해 모순처럼 보이는 '소유하지 않는 사랑'이라는 인식에 도달하게 된다.

체칠리에가 '소유하지 않는 사랑'의 본보기로 제시한 어느 독일 백작의 전설은 역사적인 사건이 아니다. 백작의 이름이나 연도 조차도 불확실하다. 혹시 에어푸르트 대성당 묘지의 묘비명이 이 전설의 발단일지도 모르는데, 폰 글라이헨(von Gleichen)이라는 백작이 두 여인 사이에 누워있지만, 두 여인이 동시에 이 백작과 혼인 관계에 있었는지는 알 수 없다. 16세기에 이 전설은 여러 차례 이야기로 만들어졌고, 그 이후에도 여러 연대기 작가들에 의해 변형되어 전승되었다. 괴테가 이 소재를 어디서 구했는지는 알려지지 않았고, 동시대 사람 중에서는 요한 프리드리히 뢰벤(Löwen)이 자신의 『로만체. 몇 가지 다른 시와 함께』에 이 전설을 우스꽝스럽게 만들어서 수록했다. 1771년에는 요한 야콥 보트머(Bodmer)가 『폰 그라이헨 백작부인. 한 편의 시(Die Gräfin von Gleichen ein Gedicht)』를 출판했다. 두 여인 사이에 있는 한 남자의 딜레마는 겔레르트(Gellert)의 소설 『스웨덴의 G*** 백작부인의 삶(Leben der schwedischen Gräfin von G***)』(1747/48)과 바이세(Weiße)의 희극 『아말리아(Amalia)』(1766)에서 다루었는데, 두 작품 모두 결말에 별로 거부감이 없었다. 장 자크 루소(Rousseau)는 그의 편지소설 『쥘리 또는 신(新)엘로이즈(Julie ou La Nouvelle Héloïse)』(1761)에서 사랑을 위해 '사랑하면서도 체념'하는 "육체적 쾌감"을 승화시킨 감미로운 '정신적 우정'을 제시하기도 했다. 18세기에 사람들은 『걸리버 여행기』의 작가 조너선 스위프트(Jonathan Swift, 1667-1745)가 이스터 존슨(스텔라)와 이스터 밴홈리(바네사)와 동시에 관계를 맺었던 일을 알고 있었다. (그래서 괴테도 자신의 드라마에 이 여인의 이름을 붙였다.) 뿐만 아니라 프리드리히 하인리히 야코비(Jacobi)도 베티와 결혼한 후 요한나 팔머(Fahlmer)에게 보통 이상의 관계를 유지했었다. 괴테의 취리히 친구인 라바터(Lavater)도 1774년 칼스루에 궁정에서 두 명의 귀족 부인들로부터 두 명의 여자 친구가 한 남성과 혼인하는 데 동의할 수 있는지 자문을 요청받은 적도 있었다.

이런 문학적 배경에도 불구하고 괴테는 "사랑하는 사람들을 위한 연극"에 만족할만한 결론을 발견하기가 쉽지 않았다. 주인공들은 대화나 독백에서 '어떤 강제적인 결론'(자살)을 내릴 수 있는 가능성도 암시한다. 왜냐하면 그 당시 사람들에게 "세 사람의 혼인관계"는 스캔들로 여겨졌으며, 오늘날까지 이 작품의 결론은 비판을 받거나 심지어 "상징적 의미"로 밖에 해석되지 않기 때문이다. 체칠리에가 이야기하는 어느 독일 백작의 경우는 페르난도에게 바로 적용할 수 없다. 십자군 원정을 떠났던 폰 글라이헨 백작의 경우는 교황으로부터 두 번째 혼인을 승인받았지만, 페르난도에게는 이와 일치하는 동기가 결여되어 있기 때문이다. 즉, 페르난도의 경우는 그 당시 사람들이 이 백작의 이야기에서 인정했던 그런 예와 도덕적인 것을 동시에 보여줄 수가 없었다. 그래서 이런 결론은 '그렇게 할 수도 있다는 가능성'을 보여주고자 하는 것으로 이해할 수 있다. 이런 "해

피앤드" 구조는 그 당시 사람들에게 '생각 가능한 허구의 결론'으로 받아들여질 수밖에 없었다. 그러나 이런 스캔들을 통해 미학적 성찰을 불러일으킬 수 있었고, 또한 '자신의 감정에 맞는 행복 추구'가 테마가 되어 아무리 행복을 담보하는 행동모델이라도 "도덕적 센스"를 넘어서 자기 마음대로 할 수는 없음을 보여주게 된다. 여러 가지 의미를 담고 있는 이 드라마의 마지막 장면은 이상적이면서도 아이러니하게 받아들일 수 있다. 다시 말해 페르난도와 두 여인이 그 당시의 남녀 역할을 어떻게 한 가정 안에서 수행해나갈 것인지는 열려있다. 세 사람이 함께 살아가는 모델로서 체칠리에가 제시한 "소유하지 않는" 사랑은 현실적으로 '사랑하는 한 사람'에 대해 자신뿐만 아니라 다른 사람의 열정을 인정할 준비가 되어 있는 경우에만 세 사람이 사랑으로 일치를 이루는 것을 가능케 한다. 체칠리에는 스텔라와 페르난도를 극단적인 선택(자살)으로 내몰지 않기 위해서 페르난도에게 약속한 대로 그를 포기하면서 살 수 있을지도 모른다. 그래서 마지막 결론은 오늘날에도 '당신이라면 이 경우에 어떤 결정을 내렸겠습니까?'라는 물음에 대해 마음속으로 계속 생각해볼 수 있는 많은 가능성을 제공해주고 있다. 그래서 이 드라마는 한편의 "사랑과 전쟁"일지도 모른다.

3. 수용과 공연

『스텔라』가 출판되었을 때 문제가 되는 결말 때문에 바로 논쟁에 휩싸이게 된다. 이 결말이 많은 독자들에게는 그 당시 통용되던 도덕을 조롱하는 것처럼 느껴졌기 때문이었다. 그러나 드라마의 구성과 인물들의 성격묘사는 심지어 베를린의 계몽주의자 니콜라이나 바이마르의 빌란트에게조차 인정을 받았다. 이 드라마는 출판된 지 한 달 후인 1776년 2월 8일 함부르크에서 초연되었다. 3월에는 베를린에서도 상연되었는데, 10회 공연을 마친 후에 상연이 금지되었다. 공연이 성공한 이유는 그 작품에 대한 긍정적인 문학적 평가에 있다기보다는 소재가 주는 영향력에 있었다. 그래서 함부르크의 최고위직 목사였던 괴체(Goeze)는 함부르크에서 당대 최고 배우인 슈뢰더(Schröder)의 공연을 금지시키려고 노력했던 것이다. 괴체가 "미학적 풍속"을 위해 "도덕적 풍속"을 희생시켰다면서, 이 작품의 제목인 “사랑하는 사람들을 위한” 드라마의 “수신자”에 근본적으로는 “배신자, 창녀, 불륜자”가 포함되어 있다고 신랄하게 비판했다. 같은 해에 이 드라마를 패러디한 『스텔라. 넘버 투. 또는 5막으로 된 괴테의 연극 스텔라 속편(Stella. Nummer Zwei. Oder Fortsetzung des Götheschen Schauspiels Stella, in fünf Akten)』이 익명으로 출판되기도 했다. 20여년 뒤에는 괴테의 이 소재를 새롭게 개작한 작품인 아우구스트 폰 코체부(August von Kotzebue, 1761~1819)의 2막으로 된 ≪라페루즈(La Peyrouse)≫(1798)도 빈(Wien) 당국의 검열에 걸려 상연금지 되었다. 이 작품은 중부유럽의 풍습에 저촉되지 않도록 배경을 낯선 남태평양의 타히티 섬으로 옮겨서 세 명의 남녀가 오누이처럼 부부로 살아갈 것을 다짐하며 끝을 맺는다. 코체부의 작품은 별로 성공을 거두지 못했고, 빈에서 상연금지도 내려졌기 때문에 1818년 비극적인 결말로 수정된다.

괴테는 1806년 바이마르에서 처음으로 자신의 연출로 이 드라마를 상연할 때 결말부분을 수정했다. 괴테는 젊은 시절의 의도 그대로 이 작품을 공연하려고 하지 않았다. 한 예술작품은 그 자체로 완전해야만 한다는 고전주의에 입각한 예술관에 따라 “원숙해져야” 했으며, 돌발적인 결말을 맞이해서도 안 되었다. 폰 글라이헨 백작의 이야기는 그대로 남아 있을 수 있었지만, 그것도 드라마의 결정적인 순간을 늦추기 위한 드라마기법상의 수단이었다. 이야기는 상황에 따라 자연스럽게 파국으로 전개된다. 이 드라마의 원래 텍스트가 그 당시의 도덕과 풍습에 수치심을 일으킨다는 결말 부분 때문에 함부르크에서 공연이 금지될 정도로 구세대의 비난과 신세대의 적극적 환영으로 반응이 나눠졌다고는 해도, 페르난도의 자살과 스텔라의 죽음으로 끝을 맺는 두 번째 텍스트가 일방적인 갈채를 받지는 않았다. 특히 1807년 라이프치히에서는 두 번째 텍스트에 의한 공연이 끝나자 관객들이 침울한 분위기에 사로잡혀 몇 분 동안 자리에서 일어나지 못했다고 한다. 최근에도 이 드라마는 비교적 자주 무대에 오르는 편이다. 1947년에서 1974년까지 20명의 연출자에 의해 384회나 공연되었고, 1975년부터 1990년까지 46명의 연출자에 의해 955차례나 공연되었다. 지난 수 십 년간의 대부분의 공연에서는 1776년 초에 출판된 『스텔라』를 텍스트로 선택했었다.

(임우영)

타우리스의 이피게니에

(Iphigenie auf Tauris, 1779/1787)

1. 소재

1779년『이피게니에』공연, 오레스트 역의 괴테. 크라우스(Georg Melchior Kraus)의 유화

이피게네이아는 고대 그리스 미케네의 왕 아가멤논과 왕비 클리타임네스트라의 딸이자 오레스테스의 누이이고 엘렉트라와 크리소테미스의 자매이다. 트로이 정벌에 나선 그리스 연합군의 총사령관으로서 아가멤논이 이끄는 그리스 군대가 아울리스 항구에서 바람이 불지 않아 출정하지 못하자 예언자 칼카스의 신탁 해석에 따라 아가멤논은 아르테미스 여신의 노여움을 풀기 위해 자신의 맏딸 이피게네이아를 희생제물로 바치게 한다. 아가멤논이 아르테미스 여신의 신성한 암사슴을 사냥했기 때문이다. 이피게네이아는 아킬레우스와 혼인하는 줄 알고 클리타임네스트라와 함께 아울리스로 불려온다.

그리스인들이 제사의식을 치루는 동안에 아르테미스 여신은 이피게네이아 대신에 암사슴을 제단 위에 올려놓고 이피게네이아를 타우리케로 데려가 자신의 신전의 사제로 삼는다. 그러나 그리스인들은 모두 이피게네이아가 아울리스에서 희생제물로 바쳐져 죽은 줄로 알고 있다. 아이스킬로스의 드라마『오레스테스』에는 이피게네이아의 죽음이 기정사실로 전제되어 있다.

이피게네이아는 “야만족의 나라” 타우리케에서 그들의 오래된 관습에 따라 그 나라 땅을 밟는 이방인들을 모두 아르테미스 여신에게 희생제물로 바치는 의식을 주재해야 한다. 이피게네이아의 남동생 오레스테스와 사촌동생 필라데스가 아르테미스 여신상을 탈취하러 타우리케에 왔을 때도 이미 여러 해 동안 그렇게 했듯이 이피게네이아는 그들을 죽여야 한다. 그러나 이피게네이아와 오레스테스는 극적으로 서로가 남매지간임을 알게 되고 그리하여 이피게네이아는 그들과 함께 여신상을 가지고 그리스로 탈출한다.

에우리피데스(BC 480-406)는 이 설화를 바탕으로 『아울리스의 이피게네이아』와 『타우리케의 이피게네이아』라는 두 드라마를 남겼다. 이후 이피게네이아 소재는 수많은 드라마로 다시 쓰인다. 그 가운데 아울리스의 이피게네이아를 다룬 대표적 작품으로 17세기 프랑스 고전주의 작가 라신의 『이피제니(Iphigénie)』(1674)를 꼽을 수 있고 괴테 시대에는 타우리케의 이피게네이아를 다룬 작품들이 많이 나왔다. 그 가운데 글루크(Christoph Willibald Gluck)의 오페라 『토리드의 이피제니(Iphigénie en Tauride)』는 괴테의 『타우리스의 이피게니에』가 바이마르에서 초연된 것과 같은 해인 1779년 5월에 파리에서 초연되었다. (이피게네이아의 독일식 이름은 ‘이피게니에’이고 프랑스식 이름은 ‘이피제니’이다. ‘아울리스’의 경우에도 독일어와 프랑스어 이름이 ‘아울리스’, ‘올리드’이고, ‘타우리케’의 경우 ‘타우리스’, ‘토리드’로 조금씩 다르다.)

2. 탄생 배경과 과정

괴테는 1779년 『타우리스의 이피게니에』를 산문으로 썼고 그 해 4월 6일 바이마르 궁정에서 아마추어 연극으로 초연할 때 오레스트 역을 맡아 연기했다. 『이피게니에』는 1786년 이탈리아 로마에서 운문으로 다시 쓰여 1787년에 비로소 출판된다.

괴테의 일기에 따르면 괴테는 산문 판본 『이피게니에』를 1779년 2월 14일 쓰기 시작하여 약 6주 만인 3월 28일에 탈고했다. 비교적 긴 작품을 이렇게 짧은 기간 동안 신속하게 마무리한 것은 공무에 매여 있던 바이마르 초기의 괴테에게는 매우 이례적이다. 1779년 2월 3일 공주를 출산한 공작부인이 처음으로 교회에 나가는 3월 14일을 축하하기 위해 이 작품이 쓰였다는 주장도 있으나 그에 대한 확실한 증거가 있는 것은 아니다. 어쨌든 산문 판본『이피게니에』는 4월 6일 바이마르 궁정에서 아마추어 연극으로 초연되었다. 오레스트 역은 괴테가, 토아스 역은 크네벨(Karl Ludwig von Knebel, 1744-1834)이, 아르카스 역은 콘스탄틴 왕자가, 이피게니에 역할만은 직업 배우인 코로나 슈뢰터가 맡았다.

괴테는『이피게니에』가 아직 완성된 것이 아니라고 생각하여 자신의 원고를 사람들에게 넘기는 것을 꺼렸다. 1780년 운문으로 고친 두 번째 판본에 따라『이피게니에』는 1781년 1월 30일 공작부인 루이제의 생일에 재공연되지만, 괴테는 1781년 4월부터 11월까지『이피게니에』를 다시 산문으로 수정하기 시작하여 1784년 새로운 원고를 친구들에게 보낸다. 1786년 9월 3일 카를스바트에서 도망치듯 이탈리아를 향해 여행을 떠날 때 괴테의 짐가방 속에는 아직 해결 못한 과제인『이피게니에』의 원고뭉치가 들어 있었다. 괴테는 로마에 도착하기 전 볼로냐에서 라파엘이 그린 성녀 아가타 그림을 보고 깊은 인상을 받아 자신의 이피게니에가 "이 성녀가 말할 법하지 않은 말은 한 마디도 하지 않게" 하고 싶다고 쓴다(1786년 10월 19일 일기). 네 번째이자 마지막 판본은 로마에서 1786년 12월 29일에 완성되고 이듬 해 1월 13일 출판을 위해 편집 및 교정의 전권을 주면서 헤르더에게 보낸다.

3. 줄거리

3.1. 줄거리의 배경

반신인 탄탈로스는 신들의 사랑을 받아 신들의 식탁에 초대되었다. 그러나 그는 오만불손하게 말하고 행동하고 신들의 음식인 넥타르와 암브로시아를 훔쳤다. 신들의 초대에 보답한다는 명목으로 자신의 집에 신들을 초대한 탄탈로스는 신들의 전지전능을 시험해 보기 위해 자신의 아들 펠롭스를 요리하여 신들에게 대접한다. 그의 이런 오만방자한 속임수를 알아본 신들은 펠롭스를 다시 살리고 탄탈로스는 지하세계의 감옥인 타르타로스에 가둬 영원히 고통받게 하며 탄탈로스의 후손들을 저주한다. 그리하여 그 후 그의 가족은 여러 세대에 걸쳐 서로를 살해하고 미워하게 된다.

펠롭스의 손자인 아가멤논은 트로이 정벌에 나선 그리스군 총사령관으로서 자신의 맏딸 이피게니에를 아르테미스 여신에게 희생 제물로 바친다. 아르테미스 여신이 이피게니에를 살려 타우리스의 여사제로 삼았으나 자신의 딸이 죽은 것으로 알고 있는 이피게니에의 어머니 클리타임네스트라는 딸을 죽인 남편 아가멤논이 트로이에서 돌아오자 자신의 정부인 아이기스토스의 도움을 받아 아가멤논을 살해한다. 이피게니에의 여동생 엘렉트라와 남동생 오레스트는 아버지를 살해한 어머니에게 원한을 품고 결국 오레스트가 엘렉트라의 도움을 받아 어머니를 살해한다. 오레스트는 어머니를 살해하든 살해하지 않든 저주를 받을 수밖에 없는 처지였는데 왜냐하면 그가 어머니를 살해하지 않았다면 아버지를 위해 복수하지 않았기 때문에 저주를 받을 수밖에 없었기 때문이다. 어머니를 살해한 오레스트는 이제 복수의 여신들에게 기는 신세가 된다. 이 저주로부터 풀리는 유일한 길은 아폴론의 신탁에 따라 타우리스에 있는 "누이"를 데려오는 것이다. 그리하여 이제 오레스트는 타우리스에 있는 아폴론 신의 누이 아르테미스 여신의 신상을 탈취하기 위하여 자신의 오랜 친구이자 사촌형제인 필라데스와 함께 타우리스의 해안에 도착한다.

3.2. 줄거리

1막 1장은 이피게니에의 독백으로 이루어진다. 이피게니에는 자신의 목숨을 살려준 아르테미스 여신께 감사하고 타우리스의 토아스 왕과 백성들에게 존경을 받으나 여전히 고향 그리스를 그리워하고 그리스로 돌아가 친동기간을 만날 날을 고대한다.

1막 2장에서는 타우리스 왕의 신하인 아르카스가 이피게니에에게 왕의 도착을 알리고 왕이 그녀에게 청혼할 거라고 알려주면서 그 청혼을 받아들이라고 조언하나 이피게니에는 거절한다.

1막 3장에서는 토아스 왕이 이피게니에에게 청혼한다. 이피게니에는 고향에 대한 그리움을 토로하고 탄탈로스의 후손으로서 저주받은 자신의 가족사를 이야기 하면서 청혼을 거절한다. 그럼에도 토아스 왕이 포기하지 않자 이피게니에는 자신을 신전의 사제로 삼은 아르테미스 여신의 권위에 의지하여 호소한다. 그러자 토아스 왕은 그동안 이피게니에의 설득으로 폐지했던 옛 관습, 즉 인간을 희생제물로 바치는 의식을 다시 도입하겠다고 위협한다.

1막 4장에서 이피게니에는 아르테미스 여신께 무고한 희생을 하지 않게 해 달라고 기도한다.

2막 1장은 타우리스의 해안가에서 왕의 군사들에게 붙잡힌 이피게니에의 남동생 오레스트와 그의 친구이자 사촌인 필라데스 사이의 대화로 이루어진다. 어머니를 살해하고 복수의 여신들에게 쫓기는 오레스트는 아폴론 신의 신탁에 따라, 아폴론 신의 누이인 아르테미스의 여신상을 훔치려고 필라데스와 함께 타우리스에 왔다. 그러나 이제 타우리스 해안에 침입한 이방인으로서 체포된 그들은 부활한 옛 관습에 따라 아르테미스 여신께 바치는 희생제물이 될 처지에 놓인다. 오레스트는 절망하나 필라데스는 사제에 대한 좋은 소문을 전하며 그에게 희망을 주려 한다.

2막 2장에서 이피게니에는 우선 필라데스와 이야기 하게 된다. 필라데스는 자신들에 대해 거짓을 말하고 이피게니에는 그에게 트로이 전쟁에 참여했던 그리스인들의 소식을 묻는다. 아가멤논의 살해 소식을 듣고 몹시 충격을 받는 이피게니에를 보고 필라데스는 이피게니에가 아가멤논 왕과 관계가 있다고 짐작한다.

3막 1장에서 이피게니에는 오레스트를 만나 그에게 아가멤논의 아이들에 대해 묻는다. 오레스트는 클리타임네스트라가 살해되었다는 소식을 전하고 자신이 어머니를 살해한 오레스트임을 밝힌다. "우리 사이에는 진실이 있어야 합니다. 내가 오레스트입니다."(1080행 이하) 그런 점에서 오레스트는 필라데스와 다름을 보여준다. 이에 이피게니에도 자신이 그의 누이임을 밝힌다. 그러나 복수의 여신들에게서 벗어나기 위해 여전히 죽고 싶을 따름인 오레스트는 이피게니에를 누이로 인정하지 않으면서 이피게니에에게 필라데스와 함께 구원을 받으라고 말하고 기절한다.

3막 2장에서 오레스트는 지하세계의 환영을 보며 독백한다. 환영 속에서 그는 탄탈로스의 후손들이 행복하게 화해한 것을 본다.

3막 3장에서 오레스트는 자신이 여전히 지하세계에 있으며 이피게니에와 필라데스도 함께 내려왔다고 생각한다. 이피게니에와 필라데스는 각자 다른 방식으로 오레스트를 환영에서 깨어나게 하려 한다. 이피게니에는 아르테미스 여신께 감사하며 오레스트를 저주에서 구원해주기를 기도하고 필라데스는 오레스트를 이성적으로 설득하려 한다. 오레스트가 마침내 깨어나자 필라데스는 급박한 상황을 일깨우며 두 사람에게 서둘러 행동할 것을 촉구한다.

이피게니에는 오레스트와 필라데스와 함께 가야 하지만 토아스 왕을 속이고 아르테미스 여신상을 훔치는 것이 마음에 걸린다. 4막이 진행되는 동안 이피게니에의 내적 갈등은 점점 심화된다. 4막의 1, 3, 5장은 이피게니에의 독백으로 이루어지고 2장과 4장은 이피게니에가 각각 아르카스 그리고 필라데스와 대면하는 장면이다. 두 사람은 각각 자신들의 주군을 위해 이피게니에가 행동하기를 재촉한다.

5막 1장에서는 토아스와 아르카스가 등장한다. 아르카스가 토아스 왕에게 붙잡힌 그리스인들의 동향을 보고하고 토아스 왕은 그들을 다시 체포하라고 명령한다.

5막 2장에서는 토아스 왕의 분노가 독백으로 표현된다.

5막 3장에서는 이피게니에와 토아스가 대면한다. 이피게니에는 토아스 왕에게 도주계획을 솔직하게 털어놓고 그의 허락을 받으려 한다. 토아스 왕은 문제의 그리스인이 이피게니에의 남동생이라는 이피게니에의 설명을 듣고 자신의 분노를 누그러뜨린다.

5막 4장에서 무장한 오레스트가 등장하고 이피게니에의 권유로 칼을 거둔다.

5막 5장에서 처음으로 모든 등장인물이 한 자리에 모인다. 토아스 왕은 아르카스에게, 이어서 오레스트는 필라데스에게 휴전을 명령한다.

이피게니에, 토아스, 오레스트 세 사람만 남은 마지막 5막 6장에서 토아스 왕은 오레스트의 신분을 다시금 확인하고 오레스트가 타우리스의 가장 뛰어난 장수와의 결전을 요구하자 자신이 그에 응하려 한다. 두 사람 사이의 결전은 이피게니에의 읍소로 저지되고 토아스 왕에게 남은 문제는 — 즉 타우리스의 아르테미스 여신상을 탈취하려 한 그리스인에게 어떻게 대응해야 하는가

하는 문제 — 오레스트가 신탁을 재해석함으로써 해결된다. 오레스트가 신탁이 말한, 그리스로 데려오라는 "누이"가 아폴론 신의 누이가 아니라 자신의 누이임을 깨달았다고 고백하는 것이다. 그리하여 마침내 토아스 왕은 이피게니에와 오레스트 그리고 필라데스가 그리스로 돌아가도록 허락한다.

4. 수용

산문 판본 『이피게니에』가 초연된 날(1779년 4월 9일) 일기에 괴테는 "좋은 작용, 특히 순수한 사람들에게"라고 적었다. "특히 순수한 사람들에게"라고 덧붙인 것은 괴테 스스로 자신의 작품이 폭넓은 대중에게 호소력이 있다고 생각하지는 않았다는 뜻이다.

1779년부터 1786년 사이에 괴테는 자신의 드라마 원고의 사본을 정선된 사람들에게만 읽을 수 있게 보내주고 끊임없이 언어형태와 관련된 조언을 들었다. 운문 판본 『이피게니에』가 출판된 후 1787년 9월 빌란트는 자신이 발행하는 문예지 <도이체 메르쿠어(Der Teutsche Merkur)>에 이 작품을 소개하면서 "그리스 작가들을 잘 알고 있는 독자는 옛 그리스 작품이라고 착각할 수도" 있을 것이라고 쓴다. 반면 평론가 야콥스(Friedrich Jakobs)는 그리스 극작가와는 다른 괴테의 독자성에 대해서 1789년 다음과 같이 쓴다. "작가의 천재성으로부터 우리가 기대하는 것은 그가 궤도에서 벗어나 자신의 새로운 길을 열어나가는 것이다. 그의 『이피게니에』는 에우리피데스의 『이피게니에』의 모방이 아니다. 그 위대한 작가[에우리피데스]가 소포클레스와 같은 소재로 경쟁했듯이 괴테의 작품은 에우리피데스와 경쟁한다. 괴테의 『이피게니에』는 고대인의 정신과 씨름하면서 그것을 자기 것으로 만든 정신의 작품이다. 아마 에우리피데스가 우리 시대에 살았다면 썼을 것 같은 단순과 고요한 위대함으로 가득한 작품이다." 여기에서 야콥스는 고대 그리스 미술에 대해 빙켈만이 쓴 유명한 문구인 "고귀한 단순"과 "고요한 위대함"을 『이피게니에』와 연결시킨다.

1789년 실러는 "괴테가 예전에 『괴츠 폰 베를리힝엔』에서 셰익스피어와 씨름했을 때보다 『이피게니에』에서 그리스 극작가들과 씨름한 것이 훨씬 더 성공적"이었다고 평가했다. 그러나 9년 후인 1797년 12월 26일 괴테에게 보낸 편지에서 쉴러는 '드라마는 서사적 성격을 추구하고 서사문학은 드라마를 추구함으로써 문학 장르의 개념을 실현한다'고 전제하면서 그러나 너무나 정적으로 진행되는 『이피게니에』에서의 서사적 요소는 결함이라고 지적한다. 아마도 쉴러는 무대 위에서의 형상화, 즉 드라마투르기 관점에서 말한 듯하다. 괴테는 1802년 1월 19일 쉴러에게 보내는 편지에서 바이마르에서의 『이피게니에』 공연을 위한 각색을 실러에게 부탁하면서 자신의 드라마를 "무모하게 인간적"이라고 비판하는데 그것은 『이피게니에』에서 일어나는 일이 현실에서는 일어나기 어려운 이상주의적인 성격을 띤다는 의미일 것이다. 각색을 위해 『이피게니에』를 다시 읽은 쉴러는 이 작품이 "놀랍게도 현대적이고 그리스적이지 않다"고 쓴다. 이 작품에서는 "진정으로 극적인"(1802년 1월 21일 쾨르너에게 보낸 편지) 요소인 행동보다는 감정의 움직임이 주도적인 역할을 한다는 것이다. 당시 쉴러가 괴테에게 말한 내용을 괴테는 1830년 3월 20일 에커만에게 보고한다. 그에 따르면 『에피게니에』는 사람들이 생각하고 싶은 것과는 달리 고대적인 의미에서 전혀 고전적이지 않고 오히려 낭만적이라는 것이다. 이 드라마에서 주도적인 것은 행동이 아니라 "도덕적인 것, 마음에서 일어나는 것, 생각"이라는 것이다.

괴테는 자신의 『이피게니에』를 무대에 올리려고 스스로 발의한 적이 없다. 괴테 스스로 자신의 작품이 대중을 위한 무대 공연에는 적합하지 않다고 생각한 듯하다. 1800년 괴테 주도로 바이마르에서 글루크의 오페라 『타우리스의 이피게니에』가 공연되었다. 괴테는 1802년 쉴러가 각색한 공연도 관람하지 않았다. 그럼에도 1802년 이후 바이마르에서 괴테 생전에 『이피게니에』가 22번 공연되었다. 괴테는 1827년 3월 31일 오레스트 역할을 맡은 배우 크뤼거(Krüger)에게 헌정한 시에서 "순수한 인간성이 인간적인 결함이 지은 모든 잘못을 갚아준다"고 썼다.

괴테의 『이피게니에』는 1793년 영어로 번역된 이래로 괴테 생전에 거의 모든 유럽어로 번역되었다. 그 가운데는 그리스어 번역도 있다.

(김영옥)

토르콰토 타소
(Torquato Tasso)

1. 작품생성사

괴테의 『토르콰토 타소. 연극(Torquato Tasso. Ein Schauspiel)』은 『이피게니(Iphigenie)』와 더불어 그의 고전주의를 대표하는 드라마로, 또한 세계 문학 사상 최초의 훌륭한 <예술가 드라마>로 평가받고 있는 작품이다.

먼저 이 작품의 주인공이자 소재가 되고 있는 이탈리아의 르네상스를 대표하는 시인 토르콰토 타소에 관해 살펴보자. 그는 1544년 3월 11일 소렌토에서 시인이자 외교관인 아버지와 피스토이아의 귀족 가문 출신인 어머니 사이에서 태어난다. 정치적 분쟁에 휩싸여 망명길에 오른 부친을 따라 나선 어린 타소는 일찌감치 이탈리아의 여러 궁정을 돌아다니고, 베니스, 우르비노, 파두아, 볼로냐에서 법학, 철학, 수사학과 수학을 공부한다. 18세 때에 쓴 서사시 「리날도(Rinaldo)」로 유명해진 그는 페라라의 최고 권력자인 루이지 데스테(Luigi d'Este) 가문의 시관으로 일하게 된다. 주로 결혼식이나 파티에서 부를 서정단가인 마드리갈을 짓고, 에스테 공작의 누이 루크레티아(Lucrezia)와 레오노레(Leonore)를 찬양하는 시를 쓴다. 1753년에는 영웅적 목가극 『아민타

(Aminta)』를 완성하고, 1565년부터 1575년에 이르기까지 끊임없는 작업의 결실로 『해방된 예루살렘(Gerusalemme liberata)』을 완성한다. 제 1차 십자군 전쟁을 소재로 삼고 있는 이 작품에서 타소는 이교도들로부터 예루살렘의 해방을 서술하는 가운데 역사적인 사실과 숙명적인 사랑 이야기 및 초자연적인 요소들을 결합시키면서, 학문의 추상적인 진리에 맞서 문학의 생생한 진실을 구하고 에스테 가문과 공작에 대한 충성을 맹세하고 있다. 그러나 타소의 문학적 성공은 궁정 안에서 시기를 불러일으킨다. 또한 『해방된 예루살렘』의 신앙적 정당성에 관한 소모적 논쟁이 그의 건강에 해를 준다. 이때부터 기력이 많이 소진되고 허약해진 타소는 내면의 불균형 증상을 보이기 시작하고 궁정의 법도에 어긋나는 행동을 하게 된다. 한 번 도주했다가 다시 페라라로 돌아온 타소는 광란 상태에서 공작의 가족에게 욕설을 퍼붓는 무례를 범해 1579년부터 7년간 정신병원에 수감된다. 1586년 교황 그레고르 13세의 중재로 그곳에서 풀려나와 만투아(Mantua)의 궁에서 잠시 머물게 되지만, 거기서도 결국 도망쳐 나온 그는 유랑생활을 하다가 1595년 4월 25일 캄피돌리오 광장에서 시인으로서 최고의 영예인 월계관을 교황 클레멘스 3세로부터 수여 받기로 예정된 하루 전 날 로마에서 사망한다.

타소의 작품들은 18세기 괴테 시대에 교양인의 필독서에 속했다. 뿐만 아니라 시인 타소는 그의 비극적인 전설로도 유명했다. 내용인즉 타소가 신분에 맞지 않게 레오노레 공주를 사랑했고 그 불행한 사랑으로 인해 미치게 되었으며 시인으로서 대관을 받기 직전에 비참하게 죽었다는 것이다. 그러나 이는 타소의 전기 작가 지오바니 바티스타 만소(Giovanni Battista Manso)에 의해 만들어진 것이었다. 괴테가 그의 자서전 『시와 진실』에서 밝히고 있듯이 그는 어린 시절부터 요한 프리드리히 코페(Johann Friedrich Koppe)가 1744년에 번역한 타소의 운문서사시 『해방된 예루살렘(Das befreite Jerusalem)』을 열심히 읽었고, 부분적으로는 암기하기까지 했다. 만년의 괴테는 이 비극적인 시인을 그린 자신의 작품 『타소』를 두고 자신의 "뼈 중의 뼈요, 살 중의 살"이라고 에커만에게 회고한다. 그만큼 각고의 노력과 심혈을 기울여 10여 년 동안 세 단계에 걸쳐 탄생한 이 작품의 창작 과정은 마치 『타소』의 주인공인 시인 타소의 미학적 완벽주의가 그대로 괴테에게 전이된 것 같은 인상을 준다. 1780년부터 1789년까지 괴테의 일기 및 편지, 그리고 괴테가 마지막까지 손질했던 필사본에 충분히 기록되어 있는 작품의 생성 과정은 요컨대 1789에서 81년, 1786과 87년, 1788과89년의 세 단계로 나누어 볼 수 있다.

1780년 3월 30일 괴테의 일기에 "좋은 생각, 타소"라고 기록된 것으로 미루어 보아 그날 산책을 하는 중에 착상이 떠오른 것 같다. 10월 말에 그는 "타소를 쓰기 시작했다." 1780년 11월과 12월 그리고 1781년 슈타인 부인에게 보낸 편지들을 보면 그가 작품을 쓰고 있는 중이라는 걸 알 수 있다. 그러나 작업은 곧 중단되고, 7년 후인 1787년에 가서야 이탈리아에서 다시 쓰기 시작한다.

1787년 시칠리아로 가는 배에 오르는 괴테의 가방 안에는 『타소』의 처음 두 개의 막이 들어있었다. 현재는 남아있지 않은 두 개의 막으로 구성된 이 필사본은 『초고 타소(Urtasso)』라고 불린다. 레오노레 공주에 대한 시인 타소의 전설적인 사랑이 그 중심을 이루고 있는 이 『초고 타소』를 위해 괴테는 타소의 개인적인 친구이기도 했던 만소의 타소 전기 『토르콰토 타소의 생애(Vita di Torquato Tasso)』(1621)를 참고 자료로 사용했다. 그러다 이탈리아 여행 중에 세라시(Pierantonio Serassi)의 타소 전기 『토르콰토 타소의 생애(La vita di Torquato Tasso)』(1785)를 접하게 된 후 작품의 주제를 연애 사건에서 사회와 정치권력에 대한 시인의 관계로 바꾸게 된다.

『타소』 생성과정의 두 번째와 세 번째 단계에서 결정적인 역할을 한 세라시의 방대한 전기는 『타소』 최종판의 등장인물 숫자에도 영향을 준다. 세라시의 전기에서는 페라라 가(家)의 서기관이자 역사기록자인 기암바티스타 피그나(Giambattista Pigna)가 타소의 적으로 등장하는데, 괴테는 그를 안토니오로 수정한다. 그러나 이 안토니오 몬테카티노(Antonio Montecatino) 또한 1568년부터 페라라의 철학 교수를 역임하고, 피그나의 사후에 서기관이 되었던 인물이다. 그러니까 『타소』의 안토니오란 인물에는 서기관 피그나와 그의 후임 몬테카티노가 혼합되어 있는 것이다.

이탈리아 체류 기간 중 괴테는 『타소』에 대해 생각만 구체적으로 해두었을 뿐 집필은 거의 하지 못했다. 바이마르 Weimar로의 귀향 후에도 『타소』는 더디게 진척될 뿐이어서, 1789년 2월 19일 아우구스트(Carl August) 공에게 보낸 편지에서 괴테는 "부지런히 쓰고 있습니다만, 유감스럽게도 많이 나가지는 못했습니다. 타소는 한 그루의 오렌지 나무처럼 아주 천천히 자라고 있습니다. 맛있는 열매들이 열렸으면 좋겠습니다."라고 사정을 밝히고 있다. 1789년 5월 29일에는 카롤리네 헤르더(Caroline Herder)에게 "타소가 거의 끝나갑니다"라고 조심스럽게 알린다. 비록 괴테가 교정 중에 작품을 다듬긴 했지만, 1789년 4월, 5월, 6월 즈음에 작품은 실제로 완성되었다. 그는 바이마르의 친구들에게 끊임없이 작업의 진행에 대해 알렸고, 일부분은 그들 앞에서 낭독하기도 했다. 특히 1788년 12월 3일에서 1789년 2월 1일까지 필립 모리츠(karl Philipp Moritz)가 집필 마지막 단계에서 중요한 역할을 했다. 1789년 7월 22일 괴테는 이탈리아에 있는 공작비 안나 아말리아(Anna Amalia)에게 "타소를 끝내고 인쇄했습니다."라고 보고한다. 그러나 끝낸 장면들을 계속해서 출판업자인 괴셴(Göschen)에게 보내는 중에도 여전히 마지막 두 개의 막을 손보고 있던 괴테는 1789년 8월 8일에야 비로소 "나(그)는 끝냈다."고 말할 수 있었다.

1790년 1월 이 작품은 괴셴에 의해 라이프치히(Leipzig)에서 『토르콰토 타소. 연극』이란 제목으로 『괴테의 작품집(Goethes Schriften)』중 제 6권에 『릴라(Lila)』와 함께 출판된다.

2. 작품 줄거리

괴테의 『타소』는 고전주의 드라마 구성 형식의 거의 모든 특징적인 요소들을 보여주고 있다. 총 5막 가운데, 4장으로 구성된 제 1막을 제하고 나머지 네 개의 막들은 각기 서로 상이한 길이의 다섯 개의 장들로 구성되었다. 등장인물은 시인 타소, 페라라의 공작 알퐁스 2세, 공작의 누이 레오노레 폰 에스테, 스칸디노 백작의 부인 레오노레 산비칼레, 그리고 안토니오 몬테카티노, 이렇게 다섯 명의 중심인물들로 제한되었다. 장소와 시간과 줄거리의 통일은 준수되었고, 외적인 줄거리는 내적인 줄거리를 위해 아주 짧아져서 내적인 과정과 갈등을 주로 서술하고 있다. 감정의 억압과 개인적이고 감정적인 것의 일반화를 특징으로 하며, 다투는 장면에서도 격렬한 표현은 찾아보기 힘들 정도로 언어도 절제되어 있다. 독일 고전주의 운문 희곡의 운율인 5각의 약강격을 충실히 지키고 있으며, 이야기는 하루에 걸쳐 일어난다.

1막

페라라의 공작 알퐁스의 누이 동생인 레오노레 공주와 백작 부인 레오노레 산비탈레, 두 명의 레오노레가 벨리과르도(Belriguardo)에 있는 여름 별궁에서 양치기 소녀의 옷들을 입고서 그들이 좋아하는 시인의 주상에 걸어줄 화환을 엮고 있다. 공주는 베르길리우스(Publius Vergilius Maro 로마의 시인, 기원전 70-19)를 위해 "부드럽고 날렵한 월계관"을 엮고, 레오노레는 사교적이고 경쾌한 문학의 대표자이자 타소의 선임이었던 아리오스트(Ludvico Ariosto 페라라의 궁정시인, 1474-1533)를 위해 "풍성하고 기쁨에 찬 화관"을 엮는다. 그들의 주된 대화 내용은 타소이다. 알퐁스 공작은 타소의 새로운 작품 『해방된 예루살렘』을 어서 받아 보고 싶어 초조하다.

타소가 정원 저 멀리로부터 주저주저하며 와서는 공작에게 원고를 건네자 모여 있던 모두가 환호한다. 공주가 베르길리우스의 주상에 걸어두었던 월계관을 타소의 머리에 씌어주려 하자 타소는 머뭇거리며 받는다. 그러나 곧 다시 자신에게는 과분한 월계관을 벗겨 달라고 요구한다. 이때 마침 알퐁스의 서기관인 안토니오가 외교적인 업무를 성공적으로 완수하고 막 로마에서 돌아온다. 타소의 적수인 그는 타소가 월계관을 수여 받는 광경에 심기가몹시 불편해진다. 안토니와의 만남 이후에 타소는 영웅과 시인이 조화를 이루는 황금시대에 대한 동경이 높아진다.

2막

안토니오를 대면하면서 위축되고 경멸당한 기분을 느낀 타소는 그 때문에 "아름다운 꿈에서 깨어났다"고 공주에게 말한다. 공주는 그를 위로하려고 애쓰고, 그에게 "인내의 조용한 가르침"을 알려준다. 타소가 자신에게는 없는 것을 안토니오는 모두 갖고 있다고 말하자 공주는 그와는 다른 부류의 사람인 안토니오와 화해하고 잘 지내라고 당부한다. 타소가 "마음에 드는 것은 허락되는" 황금시대에 대한 기억을 불러내려고 하자, 마음에 드는 것이 아니라, "예법에 맞는 것은 허락된다"며 그의 말을 정정해 준다. 공주와의 대화가 계속되면서 그녀에 대한 친밀감과 내적인 충일감을 얻게 된 타소는 그녀를 위해 안토니오와 화해하고자 한다. 안토니오는 그러나 타소가 내민 손을 차가운 말로써 거절하고, 그가 얻은 월계관을 헐뜯기 시작한다. 이때만 해도 인내심을 보였던 타소는 안토니오가 자신의 시적 능력과 업적에 대해 의심을 그치지 않자 마침내 검을 빼들고 결투를 신청하기에 이른다. 이로써 타소는 궁정 규범을 어기게 된다. 그 사이 알퐁스가 와서 타소에게 그의 방으로 추방명령을 내리고, 안토니오와 둘이 남게 되자 그에게 타소와 화해할 것을 부탁한다.

3막

레오노레는 공주에게 이 돌발 사건을 보고하면서, 타소의 휴식을 위해 그를 고향 플로렌스로 보내자고 제안한다. 그녀는 타소를 데리고 함께 플로렌스로 갈 속셈이었다. 둘의 대화에서 체념적이고 소극적인 공주와 타소의 시 속에서 불멸로 남고 싶은 적극적인 레오노레, 두 여주인공의 속마음을 엿볼 수 있다. 3장에 나오는 공주의 독백에서 드러나듯이, 그녀는 타소와 떨어질 생각을 하면서 그가 그녀 삶의 중심이었음을 깨닫게 된다. 그러나 마음 약한 그녀는 레오노레의 계획에 반대하지 못한다. 레오노레는 또한 안토니오의 지지를 구한다. 안토니오는 타소가 여성들의 주의를 빼앗는다고 불평하며 그의 월계관을 시기한다. 그러자 레오노레는 월계관은 "열매 맺지 못하는 불모의 가지"일뿐만 아니라, 행복의 상징이라기보다는 고뇌의 상징이라며 월계관에 부정적인 의미를 부여함으로써 노련하게 안토니오의 편이 되어 그의 마음을 달래준다. 이어 그녀는 비현실적인 시인의 업적과 안토니오의 실제적인 정치적인 업적을 대비시킨다. 그럼에도 불구하고 안토니오는 타소가 페라라를 떠나는 것에 반대하고 그와의 화해를 결심하며 심지어 레오노레에게 중재를 부탁하기도 한다.

4막

자기 방에 감금된 타소는 자신의 갑작스런 추락에 대해 돌아보는 자기 성찰의 시간을 갖는다. 레오노레와의 대화에서 타소는 안토니오의 언행이 건방지고 자신의 문학적 재능을 시기한다며 그를 책망한다. 타소는 공주가 자신에 대해서 어떻게 생각하는지를 알아내고 싶어 하지만, 레오노레는 그와 함께 플로렌스로 가려는 계획을 위태롭게 만들지 않기 위해 그에게 공주의 진심을 의도적으로 숨긴다. 3장의 독백에서 타소는 레오노레가 자신의 "적"의 하수인이고, 그녀의 계획은 자신을 해치려는 모략이라고 말한다.

타소와 안토니오와의 대화에서 앞서 와는 역할이 뒤바뀌어 이제 안토니오가 공작의 이름으로 타소에게 화해를 요청한다. 마찬가지로 앞서 안토니오가 그랬듯이, 타소는 이 부탁에 대해 아주 냉정하고 유보적인 반응을 보인다. 안토니오가 타소에게 도와주겠다고 제안하지만, 타소는 그에게 자신이 휴가를 떠날 수 있도록 공작의 허락을 얻어달라고 집요하게 요구한다. 타소는 자기의 시를 갖고 로마로 가서 유명한 전문가들로 구성된 심사단 앞에서 심사를 받고 싶다고 말한다. 안토니오는 그에게 부정적인 결과를 환기시키면서 가지 말도록 충고하다가 마침내 승복한다. 그에 이어지는 5장의 독백에서 타소는 궁정 사람들 모두가 자기에 대적해 작당을 하고 있다고 확신하기에 이른다. 안토니오를 술수의 대가라고 부르면서, 그가 자신을 내쫓으려 한다고 생각한다. 그가 자신의 불행을 몰고 왔고, 공주조차도 그의 편으로 넘어갔다고 의심한다.

5막

타소가 로마로 떠나고 싶어 한다는 소식에 공작은 "영리한 메디치(Fernando de Medici)" 추기경에게 타소를 빼앗기게 될까봐 두려워한다. 안토니오는 타소의 불안정과 무절제와 우울증, 끊임없는 하소연과 불신과 우습지도 않은 무고를, 그리고 변덕스러운 불만을 공작에게 상기시키다. 그러자 공작도 타소의 여행에 행운을 빌어주고, 그가 완전히 치유되어 돌아오기를 바란다. 타소는 공작에게 자신의 시 원고를 돌려달라고 요구하고, 공작은 여러 가지 이유를 들어서 거절한다. 공작은 그의 시의 필사본을 작성해두고자 하며, 타소에게 다시 일에 착수하기 전에 자유로운 세상을 즐기고, 기분을 전환하고 심신의 조화를 회복할 것을 충고한다. 타소의 병을 극단적인 내향성으로 진단한 알퐁스는 그에게 자기 자신으로부터 벗어나서 세상에 마음을 열고 삶의 가치를 배우기를 부탁한다.

드디어 4장에서 타소는 공주와의 만남에서 그 스스로가 자초한 파국에 이른다. 타소는 공주와의 대화에서 의기소침하고 도움을 필요로 하는 사람처럼 보인다. 그는 자신의 시를 수정은 하겠지만 결코 완성은 할 수 없을 거라며 자신 없는 모습을 보이고, 자신은 병약하기도 하려니와 어떤 일에도 성공을 거두지 못했다고 자신을 비하하기까지 한다. 또한 변장을 하고 나폴리에 잠입해 들어가는 가슴 뭉클한 장면을 그려 보이기도 한다. 그러면서 공주의 반응을 살피던 그는 그녀가 여전히 자기편이라는 걸 알게 되자, 갑자기 격정적인 어조로 바뀌면서 내면의 열정을 참지 못하고 공주에게 다가가 그녀를 껴안는다. 이로써 타소는 궁정의 예법을 위반하고 만다. 공주는 물러나라고 비명을 지르고, 벌써부터 근처에서 이 광경을 지켜보고 있던 공작과 안토니오, 레오노레가 달려온다. 곧 모두가 다시 떠나고, 안토니오만이 그의 곁에 남는다. 안토니오를 바위에 자신을 난파자에 비유하면서, 난파자가 자신의 배를 좌초시킨 바위에 매달린다는, 그 해석을 두고 여전히 의견이 분분한 타소의 발언으로 작품은 끝을 맺는다.

3. 예술가에 의한 예술가 드라마

아직 이렇다 할 예술가와 예술가 실존을 다룬 드라마를 거의 찾아보기 어려웠던 18세기 당시 괴테가 이탈리아 시인 타소를 소재로 하여 최초의 예술가 드라마를 쓰게 된 배경에는 무엇보다 괴테 자신의 바이마르 생활이 가장 크게 작용했으리라는 것은 쉽게 짐작해볼 수 있다. 시인 타소가 페라라의 궁정 시인이었듯이, 1775년 칼 아우구스트 바이마르 공작의 초대에 응해 그의 곁에서 10여 년 동안 바이마르의 살림을 도맡아 꾸려나갔던 괴테는 타소가 궁에서 몇 번이나 도망쳤던 것과 마찬가지로 주변에 알리지도 않고 어느 날 홀연히 이탈리아로 떠난다. 뿐만 아니라 괴테 자신의 고백대로 바이마르에서의 처음 10년은 아무것도 한 게 없는 것과 마찬가지라는 절망감이 그를 이탈리아로 떠나도록 했고, 거기에서 새로운 창작욕으로 타소를 소재로 한 이야기를 다루면서 바이마르에서의 고통스런 기억으로부터 해방되고자 했다. 칼 비에토르(Karl Viëtor)의 말처럼 그는 예술가로서의 자신의 존재의 고통스러운 문제들을 타소라는 한 비극적 인물에서 객관화시키고 궁극으로까지 몰아감으로써 상쇄시키고자 했던 것이다.

괴테의 이러한 전기적인 배경은 그가 『타소』를 썼던 18세기 중엽의 사회사적 배경과 맞물려 독일 최초의 예술가 드라마가 탄생하는 배경이 된다. 즉 봉건 궁정사회에서 예술은 단지 군주나 궁정 사회의 명성에 기여했으며, 예술 후원자의 보호 아래 종속되어 있던 예술가 또한 자신의 자아의식을 전혀 표출하지 못했다. 이에 대한 반발로 18세기 시민 계급의 부상과 더불어 자율적인 예술의 경향이 나타난다. 괴테 시대의 작가들 또한 궁정과 교회의 후원으로부터 벗어나 자유로운 직업 작가가 되기를 바랐지만, 아직 작가가 하나의 직업으로 정착되지 못한 상황에서 창작 활동만으로는 생활이 어려웠다. 따라서 생계유지를 위해 다른 부업을 갖든가 아니면 어쩔 수 없이 다시 예술후원자의 보호 아래 들어가 그에게 생존을 의지하는 수밖에 없었다. 이와 같은 전기적, 사회사적 배경에서 쓰인 『타소』는 작가를 주인공으로 한 독일 최초의 희곡으로 시인과 궁정 사회와의 갈등으로 인한 시인의 좌절을 주제로 하고 있다.

먼저 시인 타소와 궁정 사회와의 갈등과 대립의 양상은 타소를 비호하고 있는 페라라의 군주 알퐁스를 비롯하여 궁정의 각 인물들이 예술에 거는 기대를 통해 드러나고 있다. 예술가의 가치와 현실적인 기여를 인정하는 알퐁스 공작은 타소를 존중하고 자랑스러워하며 이해하려고 하는 비교적 너그러운 인물이다. 그러나 다른 한편 그것은 타소가 작품을 완성할 줄은 모르고 계속해서 주저하고 고치고 다듬기만 반복할 뿐이라면서 인내심을 갖고 시인의 오랜 창작 과정을 이해하고 기다려주지 못하는데서 알 수 있듯이, 타소의 시작품을 통해 공작 자신과 공국의 명성을 드높이고자 하는 이기심에서 비롯된 것이다. 타소의 적이자 타소에 대한 산문적 대조 인물로 등장하는 안토니오는 “국가를 지배하고 백성을 이해하는데 도움이 되는 한 학문을 숭상하고, 로마를 영광스럽게 하고 장식하는 한 예술을 높이 평가”하는 교황을 찬양함으로써 그와 예술관을 공유하고 있음이 밝혀진다. 백작 부인 레오노레는 페트라르카에 의해서 미화된 라우라처럼 자신도 타소의 시를 통해 후세인의 입에 오르내리게 길 기대하는데, 그런 그녀에게 예술은 개인의 이기적인 허영심을 만족시켜주는 수단에 불과할 뿐인 것이다. 궁정에서 가장 순수하게 타소에게 호의를 가지고 그의 예술을 이해해주는 인물이 레오노레 공주이지만 병약한 그녀에게 있어 예술은 근본적으로 병상에서의 위안물이고 삶의 대용품에 지나지 않는다. 이처럼 예술이 딜레탄트적이고 이기적으로 향유되고 이용되는 궁정사회에서 순수하게 예술을 추구하는 시인 타소는 자연 소외와 불안과 갈등에 빠질 수밖에 없다. 예술가로서 실생활과 거리가 먼 존재인 그에게 있어 예술은 삶 그 자체인 바, 그는 자신의 창작행위를 누에고치가 실을 잣는 일에 비유하고 있다. 즉 자기 자신을 죽음에 이르기까지 완전히 소모시키면서 실을 자아내는 누에처럼 시인인 그는 한 작품을 창조하기 위하여 있는 모든 힘을 다 소진시켜가며 마침내 작품을 남길 뿐인 것이다. 타소의 이런 예술가로서의 진지함과 자부심과 자긍심은 공주와 나눈 엘리시움(Elysium)에 대한 대화에서 드러난다. 타소가 상상하는 엘리시움은 영웅과 시인이 대등한 위치에서 인류를 위해 똑같이 영향력을 발휘할 수 있는 세계이며, 그가 꿈꾸는 황금시대란 영웅이든 시인이든 모든 존재가 동등한 가치를 누리는 조화로운 세계이다. 그러나 안토니오가 등장하는 순간부터 그가 이룬 실제적인 업적에 비해 자신의 시 작품은 그렇지 못하기에 실용적인 면에서 자기 존재의 무가치성을 인식하고 의기소침해진다. 타소는 그럼에도 불구하고 영웅과 시인, 즉 안토니오와 타소의 화해를 바라는 공주를 위해 그가 먼저 그에게 화해의 손을 내민다. 그러나 그렇지 않아도 타소의 예술 활동을 게으름뱅이의 빈둥거림이자 현실을 올바로 직시하지 못하는 공허한 환상으로 간주하는 안토니오로부터 경멸적이고 조소적인 발언을 듣자, 결국 예술가로서 자존심에 상처 입은 타소는 검을 빼들고야 마는 것이다. 이리하여 궁정 사회의 법도와 관습을 어기게 된 그는 자신의 방으로 감금되기 전에 검과 월계관을 자진 반납하는데, 영웅을 상징하는 검과 시인을 상징하는 월계관의 반납은 시인과 영웅이 인류를 위해 똑같이 영향력을 발휘할 수 있는 세계를 꿈꾸는 타소의 이상이 좌절되었음을 의미한다.

제스처에 불과한 공작의 벌을 타소가 너무 과민하고 진지하게 받아들이는 데서도 알수듯이 그는 지나치게 예민하고 소심할 뿐만 아니라 예술가로서 현실과 동떨어져있고 주변인으로 겉돌고 있다. 이는 타소 자신의 독백에서도 드러나며 주변에서도 이구동성으로 염려하는 바이다. 알퐁스 공작은 타소가 사람들과 어울리기보다는 혼자 있기를 좋아한다고 걱정하면서 “사교적인 모임보다 고독을 추구하는 것은 오래된 잘못”이라고 말한다. 마찬가지로 공주 또한 타소에게 혼자 있음, 폐쇄성, 자기 내면으로 물러나 앉음이 올바른 길이 아니라, 개방성, 믿음, 선별된 친구들에 대한 헌신이 바로 나가야 할 길이라고 조언한다. 안토니오도 항상 자신의 내부에만 침잠하여 공상의 세계에 머물고 있는 타소에게 "인간은 오직 인간에게서만 자신을 인식하며 오로지 삶만이 그가 무엇인지 가르쳐준다."고 충고한다. 평소에도 극과 극을 달리는 변덕과 불안정과 모두가 자신을 시기하고 질투하고 음해하고 있다는 의심과 망상의 경향을 보이던 타소는 현실적이고 정치적인 인물 안토니오와의 대면 이후 그 증상이 악화되고, 물론 돌이킬 수 없는 자신의 실수와 몰락에 직면해 마음의 평정을 잃고 분노하여 내뱉은 말들이긴 하지만, 주변인들을 모두가 한 통속이라고 의심하고 욕하고, 급기야 알퐁스 공작을 폭군이자 음모를 꾸미는 핵심인물로 지목하고 자신은 그의 노예라고 말하며, 또한 공주마저 자신을 유혹한 사이렌으로, 레오노레는 교활한 뚜쟁이로 부르기에 이른다. 이로 미루어볼 때 주인공 타소의 고뇌와 파멸의 궁극적 원인은 주변인들의 딜레탄트적인 예술 향유와 몰이해에서 비롯된 갈등뿐만 아니라 무엇보다도 그의 과민한 성격에서 찾아볼 수 있는 것이며, 그러한 한 이 작품은 성격드라마(Charakterdrama)로 분류될 수 있다. 그러므로 요컨대 타소의 위대한 시적 재능을 만들어 내는 바로 그 남다른 특징과 섬세한 체질이 그를 동시에 삶에 있어서 예민함과 불안정에 빠뜨리고, 궁정사회와의 관계에서 갈등과 충돌로 치닫게 하면서 비극의 원인으로 작용하고 있는 것이다.

결국 안토니오와의 충돌로 인해 시인과 영웅이 분리된 시대에 살고 있는 현실을 인식하기에 이른 타소는 혼돈에 빠진다. 그래서 떠날 결심을 하고, 그러나 그와의 이별을 아쉬워하는 공주와 대화를 나누던 중 그녀의 호의를 확신하게 되자 그녀에게 자신의 진심을 보여주려는 욕망에 압도되어 갑자기 그녀를 포옹하기에 이른 것인데, 이는 18세기 당시 아직도 계급상의 구분이 엄연히 존재하던 사회적 상황으로 볼 때 타소의 커다란 과오가 아닐 수 없다. 궁정의 규율과 도덕을 깨뜨린 타소의 행위는 궁정사회의 입장에서 볼 때 용납될 수 없는 것이고, 더구나 체념을 내면화한 공주이기에 타소에 대한 호감에도 불구하고 그를 뿌리칠 수밖에 없었을 것이다. 비록 공주도 타소와 마찬가지로 황금시대를 이상으로 여기기는 하지만 그녀에게 황금시대는 하나의 이념일뿐 현실이 중요하다. 그래서 앞서 이미 언급했듯이, 황금시대에 "마음에 드는 것은 허락된다(Erlaubt ist, was gefällt.)"고 말하는 타소에게 공주는 "적절한 것(예법에 맞는 것)만이 허락된다(Erlaubt ist, was sich ziemt.)"며 도덕과 절제를 요구하고 있는 것이다. 마음에 드는 것은 허락된다는 타소의 견해는 무한을 추구하며 모든 규칙과 규율에서 벗어나 자연스런 감정과 본능에 의해 행동하는 천재성, 바로 '질풍노도' 시대의 이념을 대변하는 것이고 이에 반해 적절한 것만이 허락된다는 공주의 대답은 규범과 도덕적 의무에 따르는 사회성 즉 궁정 사회의 이념을 대변하고 있다. 여기서 이미 시인 타소의 공주에 대한 사랑의 비극적 좌절은 예정되었던 것이다.

바로 여기에, 인습적으로 굳어진 행동규범에 저항하는 감정적인 가치의 대변자인 타소가 하필이면 궁정의 이념을 대표하고 체념을 내면화한 공주에게 의지했다는 데에 비극적인 아이러니가 있다. 또 다른 비극적 아이러니는 타소가 하필이면 자기를 파멸시킨 안토니오를 붙잡는 마지막 장면이다. 이 장면에서 천재 시인 타소는 파도이자 동시에 난파자(선)의 위치에, 사회를 대변하는 인물인 안토니오는 바위의 입장에 서 있다. 확고하게 서 있는 바위와 유동적인 파도, 그리고 그 바위에 부딪쳐 메아리처럼 사라지거나 사공의 배처럼 난파하기도 하지만, 그 난파자가 살아남기 위해서는 이 바위를 붙들 수밖에 없는 바위와 메아리, 바위와 파도, 바위와 난파자의 비유에서 양자의 대립과 모순의 양립성이 가장 첨예하게 표현되고 있다. 이 양자 중 어느 한쪽도 양보하지 않으려는 상황에서 결국은 규율과 도덕을 중시하는 사회에 우위가 주어지고, 천재 시인이 난파한다. 논란이 많은 이 종결부에 대해, 이를 고전주의의 이념대로 두 대립적 요소간의 화해가 모색되고 있다고 화해 지향적으로 해석할 수 있고, 다른 한편 질풍노도의 천재주의적인 입장에서 이를 현실 앞에서 천재 시인의 굴복과 체념뿐으로 볼 수도 있다. 『타소』를 고전주의의 전형으로 보는 전자의 입장에 손을 들어준다 해도, 이는 타소와 공주가 이상으로 꿈꾸는 화해 즉 시인과 영웅이 현실 세계에서 서로 함께 협력하는 화해는 아니므로 진정한 화해로는 볼 수 없다는 문제점이 남는다. 그러나 분명한 것은 질풍노도의 성향을 가진 천재 시인의 좌절이 또 다른 탄생, 즉 고전주의 문학을 성립시키는데 필연적인 요소가 되고 있다는 것이다.

타소의 마지막 말이 암시하고 있듯이, 스스로 몰락을 자초해 사회에서 쫓겨난 예술가에게 남은 것은 "내(그)가 얼마나 괴로운지 말 할 수 있는" 예술로의 물러남뿐이다. 예술로의 침잠을 통해 그는 "예술을 통해서 만큼 더 확실하게 세상을 피하는 방법도 없지만 예술을 통해서 만큼 더 확실하게 세상과 연결되는 방법도 없다"고 한 괴테 자신의 말처럼 다시 현실을 극복하게 될 것이다. 이제 그는 궁정사회와 종속적인 궁정 시인의 자리를 떠나면서 궁정의 예법과 도덕에 속박된 예술에서 벗어나 독립적인 예술가로서 예술의 자율성을 추구하며 자유롭게 자아의식을 표출할 것이다. 그러면서 또한 그는 그의 문학의 새로운 가능성을 보여주게 될 것인바 드라마의 시작 부분에서 이상세계를 그리던 타소가 안토니오와의 만남으로 현실을 직시하고 자아를 성찰하고 인식하게 되는 것처럼, 이상세계를 꿈꾸던 그의 문학 역시 고통스러운 현실 자체를 주제화하게 될 것이다. 만년의 괴테가 타소를 '고양된 베르터 (gesteigerter Werther)'라고 부른 프랑스의 평론가 장 자끄 앙페르(Jean Jacques Ampère)의 비유를 아주 적절한 표현이라고 했듯이, 천재 시인의 파멸은 이렇듯 도덕적 현실과의 상호작용 아래 보다 높은 단계로 고양된 시인의 실존을 낳고 있다.

4. 수용 및 공연사

장소, 시간, 줄거리의 통일이라는 고전주의의 규칙을 엄수하면서 줄거리는 빈약한 이 영혼 드라마의 대중적 호응은 약했다. 『타소』가 괴테의 드라마들 가운데 가장 훌륭하다는 의견들이 나오기도 했지만 그러나 그런 견해를 모든 독자들이 공유한 것은 아니었다. 오히려 지루한 드라마라는 비판들이 발견되는데, 무엇보다도 그 당시 『타소』 수용에 있어서 무대 효과 내지 무대 부적합성이 작품 평가에 있어서 중요한 비중을 차지했기 때문이다. 이미 1790년 어느 비평가가 이 희곡은 무대를 염두에 두고 쓰인 것은 아닌 것 같다고 말했을 뿐만 아니라, 괴테 자신도 같은 생각이었다. 모리츠는 『타소』가 완성되기도 전에 이미 "최고로 정신적인 연극"이라고 불렀는가 하면, 아우구스트 빌헬름 슐레겔(August Wilhelm Schlegel)은 이탈리아 시인 타소에 대한 심리학적 인격묘사도(Psychogramm)라고 평했고, 프랑스의 스타엘 부인(Mdam Staël)은 타소의 작가 괴테에게 독일의 라신느(Racine)라는 명예 칭호를 수여했다.

루드비히 페르디난트 후버(Ludwig Ferdinand Huber)는 괴테의 모든 작품들 가운데 『타소』를 가장 완성도가 높은 작품이라고 높이 평하고, 또한 뉘른베르크의 한 신문 비평도 『타소』를 "적은 인물, 짧은 줄거리, 그러나 여러 종류의 풍부한 아름다움을 갖춘 아주 독특한 대작"으로 긍정적으로 논했다. 미비한 대중적 파급 효과와는 달리 동시대의 젊은 작가들은 일련의 타소 모방작들을 내놓았다. 공따르(Susette Gontard)는 타소와 횔더린 (Hölderlin)를 비교했고 슐레겔(Friedrich Schlegel)에서부터 루드비히 티크(Ludwig Tieck)에 이르기까지 타소에 관한 수많은 언급들이 이어졌으며, 스메트(W. Smet)의 『타소의 죽음(Tassos Tod)』(1819), 체들리츠(J.Ch.von Zedlitz)의 『감옥과 왕관(Kerker und Krone)』(1833), 호프만(J.D.Hoffmann)의 『타소의 죽음(Tassos Tod)』(1834), 라우파흐(E. Raupach)의 『타소의 죽음(Tassos Tod)』(1835)과 같이 줄거리가 타소의 죽음에까지 이어지는 수많은 또 다른 타소 드라마들과 예술가 드라마들이 계속 쏟아져 나왔다. 한편 청년 독일파는 『타소』에 거부반응을 보였다. 폰타네(Theodor Fontane)도 1875년 베를린 공연 관람 후 "우리의 관심은 예외적인 인간들로부터 다시 인간 자체로 향한다"고 약간의 유감을 표명했다.

작가 괴테는 『타소』를 무대에 올리는 것이 불가능할거라고 확신했을 뿐만 아니라, 설령 공연이 되더라도 작품이 너무 개인적이고 고백적으로 받아들여질까 불안해하며 『타소』 공연을 오랫동안 반대했다. 그래서 배우들이 바이마르 궁정 극장에서의 공연을 위해 작가를 설득해야만 했다. 마침내 공연 계획을 승낙한 괴테는 자신의 작품을 약 727행 즉 전체 텍스트의 5분의 1을 줄이고 직접 연출을 맡았다. 괴테 자신도 놀라워했을 정도로 『타소』의 바이마르에서의 1807년 2월 16일 초연은 대성공을 거두었다. 괴테가 노련하게 작품을 대폭 줄인 것이 결정적이었고, 타소를 홀린 듯이 열연했던 볼프(Pius Alexander Wolff)의 공로가 컸다. 관객은 프랑스 고전주의 형식, 그리고 천재와 광기 사이를 오가는 시인에 대한 새로운 묘사를 칭찬했다. 바이마르 궁정 극장의 1807년 여름 라우흐슈타트(Rauchstadt)와 라이프치히 출장 공연 마찬가지로 성공적이었다. 베를린에서의 초연은 1807년 11월 23일 이프란트(August Wilhelm Iffland)의 감독 아래 이루어졌다. 그는 동시에 주인공 역할도 맡아했는데, 1812년에는 바이마르에 가서 주인공 역을 원정 공연하기도 했다. 1823년 3월23일 바이마르에서의 공연은 막 중병을 이겨낸 작가 괴테에 대해 경의를 표하는 자리가 되었다. 화환을 걸어주는 장면에서 베르길리우스와 아리오스트의 흉상들과 나란히 괴테의 흉상도 세워졌다. 공주 역을 맡은 야게만(Caroline Jagemann)이 베르길리우스의 흉상뿐만 아니라 괴테의 흉상에도 월계관을 씌워주고 괴테의 비서 프리드리히 빌헬름 리머(Friedrich Wilhelm Riemer)가 쓴 찬시를 읊었다. 그리고 그날 저녁, 공연을 관람하지 않은 괴테에게 그를 위해 준비한 월계관을 전달했다. 작가 괴테의 추모 행사에서도 『타소』가 선택되어, 1832년 3월 26일 괴테의 장례식 다음날 바이마르 극장에서 프리드리히 폰 뮐러 총리의 개회사와 더불어 『타소』가 공연되었다. 1849년 괴테 탄생 100주년을 기념하여 비인의 호프부르크(Hofburg) 극장에서 있었던 『타소』 공연 피날레에서는 모든 배우들이 무대 위에 오르고, 부드럽고 조용하게 시작된 음악이 크게 팡파르를 울리는 가운데 괴테의 흉상에 화환을 걸어 주었다고 한다.

『타소』를 위한 무대 음악으로는 1835년경 티틀(A.E. Titl), 1870년 슐츠-슈베린(K. Schulz-Schwerin), 1871년 브람바흐(K.J. Brambach), 1891년 분게르트(A. Bungert), 1856년 리스트(F. Liszt)의 작곡이 있다. 도니제티(G. Donizetti)의 오페

라 『토르콰토 타소』(1833년)는 페레티(J. Ferreti)의 가극을 원본으로 한 각본이다.

초연 후 100년만인 1907년 베를린에서의 기념일 공연에서 그 시대의 대배우인 마트고프스키(Adalbert Matkowsky)와 카인츠(Josef Kainz)가 주인공 타소 역을 맡는다. 타소는 바로 역할의 어려움 때문에 유명한 배우들에게 도전해보고 싶은 역이었다. 이전 연출들과는 확실히 다른 1969년 3월 30일 브레멘 공연은 60년대의 정치적인 배경을 반영하고 있다.

현대에 들어서는 슈타인(Peter Stein)(1969년)과 파이만(Claus Peymann)(1980년)의 연출을 들 만하다. 슈타인은 브레히트(B. Brecht)적 전통에서 시인을 무대 예술가이자 영락한 권력기구의 감정 공급자로 보여줌으로써 보다 직접적이고 새로운 연극 공연을 펼쳤다. 파이만은 오직 이윤만을 추구하는 국가에 의해 조종된 예술가로서 자신을 타소와 동일시한다. 오늘날은 조직의 관점에 보다 더 초점이 맞춰지고 있다. 페라라가 그의 정치 문화적 절정기에 월계관으로 인해 무너진다는 조직의 시각에서 보면 이 궁정의 영혼인 공주야말로 고통을 짊어지는 진짜 주인공이라고 할 수 있는 것이다.

이상과 같이 괴테의 『타소』는 본래적인 의미에서 ‘드라마적’이지는 않지만, 그럼에도 불구하고 오늘날까지 지속적으로 새롭게 연출되고 있다.

(한상희)

에그몬트
(Egmont)

1. 역사적 인물 에그몬트

괴테가 네덜란드 독립의 영웅을 주인공으로 하는 5막 비극 『에그몬트』를 처음 구상한 것은 『젊은 베르테르의 고뇌』로 명성을 얻었던 1774년으로 거슬러 올라간다. 후일 자서전 『시와 진실』에서 괴테 자신이 밝힌 바에 따르면, 당시 이미 그의 머릿속에 완성되어 있는 상태였던 이 작품에 대해 그의 아버지는 각별한 관심과 애착을 보였다고 한다. 괴테는 밤낮으로 아버지의 격려를 받으며 집필에 몰두해서 큰 진전을 이루었다. 1775년 바이마르 공국의 카를 아우구스트 공작의 초청을 받은 괴테는 자신을 데려갈 마차를 기다리며 『에그몬트』를 완성하기 위해 박차를 가하지만 결국 완성을 보지 못하고 이후 집필은 고착 상태에 빠졌다. 그는 여러 번, 특히 1778년, 1779년, 1782년 작품에 다시 손을 댔지만 결국 이탈리아 여행 중에야 비로소, 즉 1787년 9월 5일 로마에서 이 작품을 완성하게 된다. 두 편의 고전주의적 운문 희곡 『타우리스의 이피게니에』(1787)와 『토르콰토 타소』(1790) 사이에 나온 『에그몬트』(1788)가 이 두 작품과 이질적인 느낌을 주는 것은 이 희곡의 초고집필에서 완성까지 대략 12년이라는 시간적 간극이 존재하며 그러한 세월이 흐르는 동안 구상이 그다지 바뀌지 않았기 때문이다. 다양한 계층의 수많은 등장인물이 나오는 산문 비극 『에그몬트』는 소수의 등장인물과 정제된 형식을 특징으로 하는 고전주의적 운문 희곡보다는 오히려 질풍노도기에 발표된 『괴츠 폰 베를리힝엔』(1773)과 비슷한 인상을 준다.

『괴츠』와의 연관성은 『시와 진실』에도 언급된다. 『괴츠』에서 괴테는 "세계

역사상 중요한 한 시대의 상징을 나름대로 조명한 이후 여러 나라들의 역사에도 비슷한 전환기가 있는지" 주의 깊게 찾아보았는데 "네덜란드의 봉기"가 그의 주목을 끌었다고 밝히고 있다. 그가 이 소재에서 중요하게 생각했던 점은 변혁적 성격으로 인해 특별한 관심을 불러일으키는 위기의 시대와 그 중심에 있는 탁월한 개인이었다. 괴테는 에그몬트 백작의 "인간적이고 기사다운 위대함"이 가장 마음에 들었다고 한다. 이 역사극을 집필하기 위해 괴테는 서로 상반되는 입장에서 서술된 두 권의 역사서를 참고했다. 하나는 예수회 소속 사제 파미아누스 스트라다가 스페인과 가톨릭의 입장에서 서술한 『네덜란드 20년 전쟁』이고 다른 하나는 네덜란드와 신교의 입장에서 서술된 에마누엘 반 메테렌의 『네덜란드사』이다.

역사적 실존인물인 라모랄 백작이자 가우레 공(公) 에그몬트(1522~1568)가 살았던 때는 종교개혁이 일어나 신교와 구교 간의 종교 갈등이 극심했던 시기로 그가 처음 모셨던 왕은 스페인 왕이면서 동시에 신성로마제국의 황제였던 카를 5세였다. 그는 어렸을 때 카를 5세의 시동이었으며 젊은 시절 혁혁한 전공을 세워 1546년에 이미 기사로서의 최고의 영예에 속하는 금양모피 기사단에 임명되었다. 신교 진영과 맞서 싸우며 기독교 세계의 통합을 위해 노력했던 카를 5세는 1555년 아우크스부르크 종교 화의로 제국이 공식적으로 구교와 신교 진영으로 분열되자 1556년 동생 페르디난트 1세에게 신성로마제국의 황제 자리를, 그리고 장남 필립(펠리페) 2세에게는 스페인 왕위를 넘겨주면서 스스로 모든 직위에서 물러났다. 에그몬트는 생 캥탕 전투(1557)와 그라벨링엔(1558) 전투에서 프랑스군을 상대로 대승을 거둠으로써 필립 2세의 총애와 신임을 얻는 동시에 네덜란드 민중의 사랑을 한 몸에 받는 민족영웅이 되었다. 1559년 필립 2세가 브뤼셀을 떠나 마드리드로 돌아가자 네덜란드의 유력한 귀족인 에그몬트 백작과 그에 필적하는 명망을 누리던 오라니엔 공작은 각자 자신에게 섭정의 자리가 돌아오지 않을까 기대했으나 스페인 왕은 자신의 의붓누이 마르가레테 폰 파르마를 섭정의 자리에 앉힌다. 에그몬트는 대신 플랑드르와 아르투아의 태수로 임명된다.

부왕 카를 5세가 네덜란드의 자치권을 존중했던 데에 반해 필립 2세는 네덜란드에서 막대한 세금을 거두어들이고 칼뱅파 신교도와 정치적 자유의 신봉자들을 이단으로 몰아 종교재판으로 박해하는 등 철권통치를 강화한다. 이러한 개신교 탄압에 맞서 1566년에는 평민들이 가톨릭 성당에 난입해서 성상과 성물을 파괴하거나 방화를 저지르는 성상파괴 소요가 일어나게 된다. 에그몬트 백작과 이 작품에는 등장하지 않는 호른 백작이 섭정을 도와 성상파괴자들을 무력으로 진압하고 사태를 진정시킨다. 괴테의 희곡 『에그몬트』는 바로 이 시점에 시작되며 이후의 역사적 전개과정은 작품에서 묘사되는 것과 거의 같다. 즉 유화책으로 민심을 달래려는 섭정 마르가레테와 달리 필립 2세는 오히려 강경책을 밀어붙이며 이를 위해 1567년 자신의 심복 알바 공작에게 광범위한 전권을 위임해 그를 군대와 함께 네덜란드로 파견한다. 스페인에 밀정을 보내 사태를 정확히 파악하고 있던 빌헬름 폰 오라니엔은 에그몬트에게 국외로 도피할 것을 권유하지만 열한 명이나 되는 자식을 거느린 에그몬트는 아무런 경제적 기반도 없이 망명생활을 할 엄두를 내지 못한다. 결국 그는 호른 백작과 함께 알바 공에게 체포되어 1568년 반역자로서 참수된다. 괴테는 역사적인 현장 브뤼셀을 그대로 가져오고 성상파괴운동(1566)에서 에그몬트의 참수(1568)에 이르기까지의 사건들을 매우 압축적으로 재구성한다. 극의 마지막에 눈앞으로 다가온 에그몬트의 죽음이 자유를 위한 네덜란드의 계속되는 투쟁에 대한 전망과 결합되는 것은 역사적 사실에 완전히 부합한다. 즉 필립 2세의 기대와는 정반대로 시민들의 저항은 알바의 공포정치로 인해 더욱 고조되었고 에그몬트의 처형은 네덜란드 독립운동의 신호탄이 되었다. 1572년 오라니엔을 중심으로 북부의 일곱 개 주에서 본격적인 독립전쟁이 시작되었으며 이들은 1579년 위트레흐트 동맹을 결성하고 1581년 스페인으로부터 독립을 선언했으며 1648년 베스트팔렌 조약으로 독립을 인정받았다. 가톨릭을 지지한 남부 지역, 즉 오늘날의 벨기에는 계속해서 스페인의 지배를 받다가 1714년부터 오스트리아에 속했으며 괴테가 이 작품을 완성한 1787년에도 여전히 그런 상태로 있었다.

괴테는 수많은 세부사항에서 역사적 전거를 따르지만 주인공 에그몬트의 경우에는 몇 가지 자유로운 창작을 가미했다. 즉 '역사적' 에그몬트는 이 극이 진행되는 시기에는 이미 사십대 중반이었지만 괴테는 자기 주인공을 젊은 청년으로 만들었다. 『시와 진실』에 따르면 괴테는 에그몬트를 "중년 남성보다는 젊은이에게, 한 집안의 가장보다는 독신자에게, 그렇게 자유로운 신념을 가졌지만 여러 가지 상황으로 인해 제약받는 사람보다는 독립적인 사람에게 더 잘 어울리는 특성"의 소유자로 변모시켜야 했다. 이어지는 괴테 자신의 설명을 계속 들어보자. "나는 그를 이렇게 내 머릿속에서 젊게 하고 그를 얽어매는 온갖 속박에서 해방시킨 다음, 넘쳐흐르는 삶의 의욕과 자기 자신에 대한 무한한 신뢰, 모든 사람들을 자기 자신에게로 끌어당기는 천부적인 능력(매력)을 그에게 부여했다. 즉 민중의 호의와 여군주의 은근한 애정, 순진무구한 소녀의 각별한 애정과 탁월한 정치가의 관심을 얻을 뿐만 아니라 최대 적수의 아들의 마음까지도 사로잡는 천부적인 능력을 부여했던 것이다."(『시와 진실』 4부 20장) 괴테는 『에커만과의 대화』에서 이렇게 말하기도 했다. "내가 에그몬트를 역사서에 나오듯이 열 명이 넘는 아이들의 아버지로 만들고자 했다면, 그의 가벼운 행동은 매우 부조리하게 보였을 것이다. 그래서 나는 그가 그의 행위 및 나의 시적인 의도와 더 잘 조화를 이루도록 다른 에그몬트를 창조해야 했다. 그리고 이것은 클레르헨이 말하듯이 '나의' 에그몬트이다."(1827년 1월 31일)

2. 『에그몬트』의 줄거리

『에그몬트』의 줄거리는 다음과 같다. 제1막에서는 주인공 에그몬트가 직접 등장하지 않고 다른 인물들의 대화를 통해 간접적으로 소개된다. 에그몬트 백작은 브뤼셀 시민들의 칭송을 받는 민족영웅으로서 네덜란드를 다스리는 스페인의 위정자들에게는 위협적인 존재이며 순박한 처녀 클라레에게는 다정한 애인이다. 석궁대회에 모인 브뤼셀 시민들의 떠들썩한 술자리에서, 그리고 섭정

마르가레테 공주와 대신 마키아벨의 대화에서 현재의 정치적 상황이 드러나는데 종교적으로나 정치적으로나 엄격한 스페인 왕 필립 2세 치하의 네덜란드에서는 신교의 세력이 점차 확대되어 급기야 각지에서 성상을 파괴하는 폭동이 일어나게 된다. 제2막의 첫 장면 브뤼셀의 광장에 에그몬트가 처음으로 모습을 드러낸다. 시민들이 성상파괴로 인해 불안한 시국에 대한 얘기를 나누는 가운데 서기 반센이 등장해 네덜란드 헌법에 보장된 그들의 고유한 특권과 자유에 대해 설파하며 시민들을 선동하자 반대의견을 가진 한 시민이 그를 폭행하면서 찬반 양측 간에 싸움이 벌어진다. 바로 이때 에그몬트가 등장하여 싸움을 진정시키는데 그는 시민들에게 성상파괴자들의 소요에 휩쓸리지 말 것을 당부한다. 이어지는 에그몬트와 그의 비서 사이의 대화에서는 아랫사람에게 인자하고 공정하며 현재를 중시하고 일체의 구속을 거부하는 에그몬트의 자유로운 성격이 드러난다. 정치에 매우 밝은 인물인 오라니엔 공작이 에그몬트를 찾아와 정국이 네덜란드 영주들에게 불리하게 돌아가고 있음을 알려준다. 오라니엔은 새로운 섭정으로 알바 공이 오고 있으며 그가 자신들을 체포할 것이므로 함께 도피하자고 권하지만 자신에 대한 필립 2세의 총애를 의심치 않는 에그몬트는 이를 거부한다.

오라니엔의 예상과 우려는 제3막의 첫 장면에서 섭정 마르가레테의 입을 통해 사실로 밝혀진다. 신교를 용납하지 않고 스페인의 지배권을 강화하고자 하는 강경한 입장의 알바 공작이 강력한 군대를 이끌고 네덜란드로 오고 있다는 것이다. 그 동안 유화책을 펴왔던 마르가레테는 앞으로 사태가 어떻게 진행될지 예감하며 스스로 섭정의 자리에서 물러날 생각을 한다. 이어지는 클레르헨의 집 장면에서는 에그몬트와 클레르헨의 신분을 뛰어넘는 순수한 사랑과 더불어 에그몬트의 낙천성이 드러난다. 즉 그는 금양모피 기사단이라는 자신의 특별한 신분이 자신의 자유를 보장해 주리라 믿고 있다. 제4막 첫 장면에서는 시민들의 대화를 통해 그 사이 알바 공이 도착하여 공포정치를 펴고 있으며 섭정 마르가레테와 오라니엔이 이미 그곳을 떠났다는 사실이 드러난다. 알바는 네덜란드인들의 존경을 받는 두 지도자 에그몬트와 오라니엔을 체포하기 위해 치밀한 계획을 세우고, 그의 부하들과 아들 페르디난트는 그의 지시에 따라 만반의 준비를 갖춘다. 오라니엔은 명령을 거역하고 그 자리에 오지 않지만 아무 낌새를 채지 못한 에그몬트는 알바의 덫에 걸려들고 만다. 에그몬트는 대화 도중 흥분해서 자신의 신념, 즉 네덜란드인들의 자유가 보장되어야 하며 네덜란드는 이방인이 아니라 동족에 의해 통치되어야 한다는 점을 역설한다. 알바의 술수에 휘말린 에그몬트는 자신이 스페인 왕의 뜻을 거스르고 있음을 스스로 밝힌 것이나 다름없게 되어버린 것이다. 에그몬트는 그 자리에서 무장해제 당한 후 체포된다.

제5막은 황혼녘의 거리에서 클레르헨이 시민들을 향해 에그몬트를 구출해 내자고 설득하는 장면으로 시작된다. 그러나 시민들은 이에 동조하지 않고 오히려 클레르헨을 불쌍히 여기며 그 자리를 피해 버린다. 그녀를 짝사랑하며 지켜봐온 시민청년 브라켄부르크는 집으로 돌아가자고 그녀를 설득한다. 한편 감옥에 갇힌 에그몬트는 죽음의 공포와 불안에 사로잡혀 불면의 밤을 보내며 민중들이 자신을 구출하러 오기를 기대한다. 클레르헨은 정세를 염탐하고 돌아온 브라켄부르크에게 캄캄한 장터에서 은밀하게 에그몬트를 처형할 준비가 행해지고 있다는 얘기를 듣고는 절망에 빠져 독약을 마시고 자살한다. 그 사이 알바의 부하가 에그몬트를 찾아와 그를 참수형에 처한다는 판결문을 낭독하고 함께 온 알바의 아들 페르디난트는 감옥을 떠나지 않고 에그몬트 곁에 남는다. 페르디난트는 자신이 어렸을 때부터 에그몬트를 진심으로 존경해 왔음을, 그렇기에 비통하고 비참한 자신의 현재 심경을 토로하면서 이런 상황에서 속수무책인 자신의 처지를 한탄한다. 에그몬트는 전혀 예상치 못했던 페르디난트의 고백을 들으며 죽음이 끝이 아니라는 점을 깨닫고 근심과 고통, 공포와 불안에서 벗어난다. 에그몬트의 꿈속에서 클레르헨과 닮은 얼굴을 한 자유의 여신이 천상의 옷을 입고 나타나 그에게 네덜란드의 통일과 자유를 상징하는 화살묶음과 모자와 지팡이를 보여주며 그에게 월계관을 건넨다. 아침이 밝아오고 꿈에서 깨어난 에그몬트는 북소리가 가까워지는 가운데 자신이 자유를 위해 살고 싸웠으며 이제 자유를 위해 죽는다고 외친다.

3. 작품해설

『에그몬트』는 1788년 출간 직후 곧 신랄한 비판에 직면했다. 그때까지만 해도 아직 괴테와 친분이 없었던 쉴러는 에그몬트의 꿈 장면과 그의 행위동기의 인과관계에 대해 강하게 이의를 제기했다. 즉 쉴러는 이 작품에서 에그몬트가 자신의 대가족을 염려해야 하는 한 집안의 가장에서 젊고 경박한 영웅으로 변모됨으로써 그가 도피하지 않고 몰락할 수밖에 없는 필연성이 떨어진다고 본 것이다. 또한 쉴러는 에그몬트에게 위대성과 진지함이 부족한 점을 아쉬워하는데 그가 보기에 에그몬트의 공로는 다른 인물들의 입을 통해서만 전해지는 데에 반해 그의 약점들은 관객의 눈앞에 그대로 드러난다는 것이다. 쉴러는 『스페인 지배 하의 네덜란드 동맹의 몰락의 역사』(1788)를 저술해서 이 소재에 대해 잘 알고 있었을 뿐만 아니라 괴테의 추천으로 예나대학 역사학 교수가 될 정도로 역사학에 조예가 깊었다. 그런 쉴러의 눈에는 꼭 그래야만 하는 필연성이 있는 것도 아닌데 괴테가 역사적 사실을 자의적으로 변형함으로써 실제의 역사에서 벗어난 것으로 보였던 것이다. 쉴러는 또한 이 작품이 관객으로 하여금 자신의 정치적 의무를 감당할 역량이 없는 경박한 사람의 운명에 감동받도록 강요한다고 비판했다. 그러나 물론 쉴러가 이 작품에 대해 일방적인 비판만 가한 것은 아니다. 쉴러는 이 희곡에서 주로 문제가 되는 것은 행위나 열정이 아니라 성격이라고 보고 있다. 그러므로 이 극이 단숨에 진행되는 단선적인 줄거리가 아니라 개별적인 장면들의 나열로도 연민과 공포를 불러일으킨다는 점을, 즉 비극적 감동을 줄 수 있다는 점을 인정했다. 그리고 쉴러는 민중 장면의 예술적인 섬세함과 명확함 및 여섭정 마르가레테에서부터 클레르헨에 이르기까지 각 인물들의 형상화에 무한한 찬사를 보냈다. 그밖에 한 인물의 성격을 그가 다른 사람에게 미치는 영향을 통해서 간접적으로 표현하는 기법도 쉴러의 높은 평가를 받았다.

괴테와 쉴러가 서로 문학적 동반자 관계가 된 이후인 1796년 괴테가 공연을 위해 자신의 작품을 손봐줄 것을 부탁하자 쉴러는 와병 중이었음에도 불구하고 불과 2주 만에 개작을 끝낸다. 이전의 원작 공연이 별 반향을 얻지 못했던 데에 반해 당대의 명배우 이플란트가 주인공 에그몬트 역을 맡아 바이마르 무대에 오른 이 개작 공연은 성공을 거두었다. 쉴러는 텍스트의 일부분을 삭제하고 5막을 3막으로 줄였으며 총 13개의 장면을 8개의 장면으로 축약했다. 그는 또한 장면을 재배치하고 새로운 장면을 추가하기도 했다. 쉴러는 가령 여섭정(女攝政)이나 알레고리적인 에그몬트의 꿈 장면을 삭제했으며 에그몬트와 클레르헨이 함께 있는 장면에 그의 비서를 등장시키기도 하고 감옥에서 에그몬트에게 판결을 전하는 장면에 복면한 알바를 등장시키기도 했다. 쉴러는 에그몬트의 정치적, 도덕적, 이상주의적 위대함에 집중해서 괴테가 창조해낸 고유의 독특성, 즉 에그몬트가 지닌 운명에 대한 믿음과 마성 및 천재성은 파악하지 못했던 것으로 보인다. 또한 그의 개작에는 괴테가 의도했던 언어와 음악, 즉 시적 요소와 오페라적인 요소의 공생관계에 대한 감각이 결여되어 있다. 괴테는 여러 대화나 글에서 쉴러의 비평과 개작에 대해 조심스럽게 자신을 방어하고 자기 작품을 옹호했다.

『에그몬트』는 베토벤의 음악과 결합함으로써 19세기 후반에 가서야 비로소 괴테의 원작 그대로가 쉴러의 개작보다 더 자주 공연되었다. 긍정적인 방향의 문학적 수용은 아우구스트 빌헬름 슐레겔이나 E. T. A. 호프만 같은 낭만주의자들 사이에서 이루어지는데 예컨대 호프만이 베토벤의 무대음악에 대해 극찬한 것은 괴테의 희곡 자체에 대한 열광을 포함하는 것이었다. 또 다른 낭만주의자 프리드리히 드 라 모트-푸케 남작은 쉴러가 비판했던 에그몬트의 꿈 장면에서 클레르헨이 자유의 여신으로 나타난 것에 대해 기발한 시적 발상이라고 찬사를 보냈다. 낭만주의 이론가 아담 뮐러 역시 『에그몬트』를 그리스인들의 비극성을 극복하는 기독교적 운명관을 예로 들며 높이 평가했다. 낭만주의자들의 이러한 평가에서 이 작품이 정작 괴테 본인은 거리를 두었던 낭만주의에 매우 근접했다는 점을 알 수 있다.

『에그몬트』에 대한 이후의 연구는 질풍노도기가 이 희곡에서 어떤 비중을 차지하는지, 혹은 이 희곡이 괴테의 청년기 희곡들과 어떤 공통점을 갖는지 등의 문제에 다각도로 접근했다. 이 희곡의 역사적 함의 또한 많은 연구자들의 관심을 끄는 주제였는데 이 극에서 역사적인 것은 단지 부차적인 요소일 뿐이라는 견해에서부터 독일 연극에서 가장 강력한 역사극 가운데 하나라는 견해에 이르기까지 다양한 해석이 공존했다. 물론 더 비중 있게 다루어진 것은 역사적 내용과 불가분의 관계에 있는 정치적인 함의에 대한 논쟁이었는데 "독일인들의 위대한 첫 정치극"이라는 평가에서부터 "비정치적인 인간의 비극"이라는 견해, 또는 "괴테의 정치적 속수무책에 대한 증거"라는 평에 이르기까지 서로 상반된 입장이 엇갈렸다. 그밖에도 괴테 자신이 『시와 진실』에서 언급한 '마성적인 것'에 대한 문제와 음악적인 주제 등이 다각도로 연구하였다.

끝으로 제5막에서 죽음을 앞둔 에그몬트의 대사를 함께 음미해 보는 것으로 이 희곡에 대한 소개를 마칠까 한다. "인간은 자신의 삶을 주재하고 자기 자신을 이끌어 간다고 믿고 있지만 그의 가장 깊숙한 내면은 저항할 수 없이 자신의 운명에 이끌려 간다네. (…) 내가 여러 사람을 위해 피를 흘릴 수 있다면, 내 피가 내 민족에게 평화를 가져올 수 있다면, 기꺼이 피를 흘리겠네." / "나도 이 감옥으로부터 명예로운 죽음을 향해 전진하노라. 나는 자유를 위해 살고 싸웠으며 자유를 위해 죽는다. 이제 고통 받으며 자유를 위해 내 목숨을 바치노라."

(조성희)

파우스트
(Faust)

자아(自我)를 찾아 끝없이 방황하는 파우스트는 절규한다. "나란 존재는 대체 무엇이란 말인가?" 이는 괴테가 자신에게, 그리고 세상을 살아가는 모든 사람에게 던지는 화두이다. 나는 누구이며, 어떤 존재일까. 그리고 무엇을 위해, 어떻게 살아야 할까.

중세 독일에 생존했었다는 파우스트란 인물은 유럽예술가들의 작품에 가장 많이 등장하는 주인공이다. 그중에서 괴테의 비극 『파우스트』는 명작 중의 명작으로 손꼽힌다. 이는 우리 모두가 자신의 삶을 돌아보며 진정한 자아, 즉 '참나'를 발견하고 자기의 인생관이나 세계관을 확인하고 확장시키는 기회를 부여받기 때문이다.

1. 파우스트 전설과 역사적 인물

16세기 초반 독일에는 역사적으로 위대한 종교개혁자 마르틴 루터의 등장과 더불어 동시대에 나타나 뭇 사람들 사이에 지대한 물의를 일으킨 또 하나의 유명한 인물이 있다. 출신이 분명하지 않다고는 하지만, 역시 그 시대를 뒤흔든 기적 같은 존재이다. 그가 바로 파우스트이며, 루터시대의 독일에 살았었다는 제2의 인간이다. 오늘날의 파우스트적 본질과 결부되는 개념은 이 역사적 인물과 연결되면서 동시에 강하게 전설적인 면모를 지니게 된다.

입에서 입으로 전해지는 전설 속의 파우스트는 인간으로서 획득할 수 있는 학문과 재주를 모두 가졌음에도 불구하고 자신의 삶에 끝내 만족하지 못한다.

무궁한 회의(懷疑) 속에 좌절하고 인간적 인식에 만족하지 못하면서, 비텐베르크 근처의 어느 숲속에서 마술을 이용하여 악마를 불러낸다. 우주의 신비를 파헤치고 무한한 지식과 최고의 향락을 맛보고자 회색빛 수도승 모습으로 나타난 악마에게 몸을 판다. 이 세상에서 정신적 인식과 육체적 향락에 대한 욕망을 모두 만족시켜 준다면, 24년 후 저세상에서는 그의 영혼을 악마가 가져간다는 계약이 이루어진다. 그는 악마를 종으로 데리고 다니며, 마술의 힘을 빌리어 최고의 정신적 육체적 향락에 빠져 살아간다. 그러나 진정한 마음의 만족은 얻지 못하고 절망한 나머지, 16년 후에는 피로 서명한 계약을 후회하고 이를 파기하고자 한다. 그때 악마는 고대 그리스의 최고미녀 헬레나를 마술로 재현시켜 파우스트의 품에 안겨준다. 여인의 아름다움에 도취된 파우스트는 헬레나와의 사이에 유스투스라는 아들까지 낳지만, 그의 욕망은 그칠 줄을 모른다. 24년이란 계약기간이 끝나는 마지막 날 밤에 복수의 여신으로 변신한 헬레나가 그를 자식과 함께 지옥으로 이끌어간다.

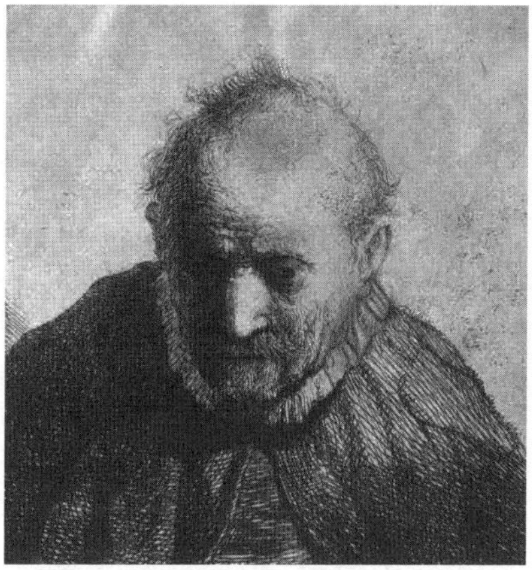
파우스트. 렘브란트 그림. 요리스 판 플리트 동판화 1630년경

이 파우스트 전설의 주인공은 전통적 기독교의 속박을 벗어나려는 순수한 독일 거인(巨人)의 상징이다. 그는 요한네스라는 세례명과 함께 게오르크 파우스트라는 이름을 가진 역사적 인물이다. 기록에 의하면 1466년~1467년 하이델베르크 근처의 헬름슈타트 혹은 마울브론 근처의 크니틀링겐이란 마을에서 어느 한 농부의 사생아로 출생하고, 1536년~1540년 사이에 뷔르템베르크 공국에 있는 브라이스가우의 슈타우펜이란 소도시에서 죽는다. 이 세상을 살아가는 동안 그는 하이델베르크대학에서 학사학위(1484)와 석사학위(1487)를 받았다는 기록이 있다. 그 후에는 불안정한 방랑생활을 하는데, 비텐베르크에 체류하면서 신학과 의학을 연구한다. 크라카우로 도주하여 마술에 몰두하면서 유태계 신비학자들과 교제하고, 신의 본질이나 세계의 발생 및 점성술 등을 연구하여 예언자 역할을 한다. 1506년 이후부터는 마술사, 점성술, 연금술사, 강

신술사, 수상가(手相家), 돌팔이 의사 등으로 뷔르츠부르크, 크로이츠나흐, 에르푸르트, 밤베르크, 잉골슈타트 등 여러 독일 도시에 나타난다. 1532년에는 짐승과의 성교 행위로 인해 뉘른베르크에서 쫓겨나기도 한다.

마르틴 루터가 테이블 스피치에서 파우스트에 대해 이야기하고, 밤베르크 주교가 사례금으로 상당한 돈을 주기도 하고, 잉골슈타트시(市) 프로토콜에도 기재되는 등 많은 역사적 기록이 있지만 당시의 학자들로부터는 "사기꾼"이라고 멸시 당한다. 그러나 그는 마술의 힘으로 세계를 여행하면서 베네치아에서 비행시도를 하고, 마울브론에서는 금을 제조해낸다. 에르푸르트에서는 호메로스의 주인공들을 주문으로 불러내고, 라이프치히에서는 술통을 타고 달리기도 한다. 이런 것들은 인간으로서는 할 수 없는 일로 비현실적인 짓을 하지만 이런 일에 항상 실패한다. 그러나 공중을 날다가 떨어져도, 술통을 타고 달리다가 굴러 넘어져도, 그로 인해 몸을 다친다거나 정신적 육체적 상처를 입는 일이 없다. 그리고 추적자들에게 붙잡히는 일도 없다. 그는 언제 어디서 무슨 짓을 하든 항상 개의 모습으로 된 악마를 데리고 다녔다고 한다.

마지막에는 뷔르템베르크 공국 브라이스가우의 어느 한 마을에 있는 여관 식당에서 친구들을 대접하며 슬픈 모습으로 함께 앉아있다. 여관주인이 "무엇 때문에 그리 슬픈 표정인가?"라고 묻자, 그는 "오늘 밤 놀라지 마시오!"라는 예언을 남긴다. 그 날 밤 12시와 1시 사이 그 지역에 강한 폭풍우가 몰아치고, 파우스트가 묵는 여관방에서는 지옥 같은 소란이 일어난다. 다음 날 아침 친구들이 벽에는 피와 뇌수가 튀겨져 있고, 두 눈이 방바닥에 뒹구는 채 엎어져 죽어 있는 파우스트의 시체를 발견한다. 그는 아무도 모르게 조용히 매장되었다고 전해진다.

2. 파우스트 소재의 작품화 및 많은 예술작품들

파우스트가 세상을 떠난 후 이 실제의 인간은 전설화되기 시작했고, 유럽에서는 이 인물을 소재로 수많은 예술작품을 탄생시킨다. 특히 독일의 예술가들은 문학, 미술, 음악, 연극, 영화, 컴퓨터게임 및 가상공간 분야에서 다양한 작품을 만들어냈고, 오늘도 계속하고 있으며 앞으로도 그러할 것이다.

실제적 파우스트가 죽은 후 그에 대한 여러 가지 이야기들이 민담(民譚)으로 전해지며 각종 연대기 등에 언급되고 단편적으로 기록되기도 한다. 그러다가 몇 십 년이 지난 후, 1587년에 프랑크푸르트의 출판업자인 요한 슈피스가 민중들 사이에 구전(口傳)되고 있는 여러 이야기들을 모아 『지나친 마술사 요한 파우스트 박사의 이야기』라는 이름의 민중 판본을 발행한다. 이 책이 대단한 성공을 거두어 베스트셀러가 되면서 외국어로도 번역된다. 1599년에는 함부르크의 게오르크 비드만이 향락적 인간을 저주하는 내용의 개작(改作)을 내는데, 이는 파우스트에 관한 제2의 민중본이라 할 수 있다. 그 후 1674년에 뉘른베르크의 의사 니콜라우스 피처가 다시 괴테에게 영향을 준 파우스트 작품 『악명 높은 마술사 요한 파우스트의 삶과 죽음』을 집필한다. 그리고 1725년에는 "기독교적으로 생각하는 자"라는 익명의 작가가 그 시대에 맞도록 이를 요약한 책자를 출판하여 대단한 성공을 거둔다.

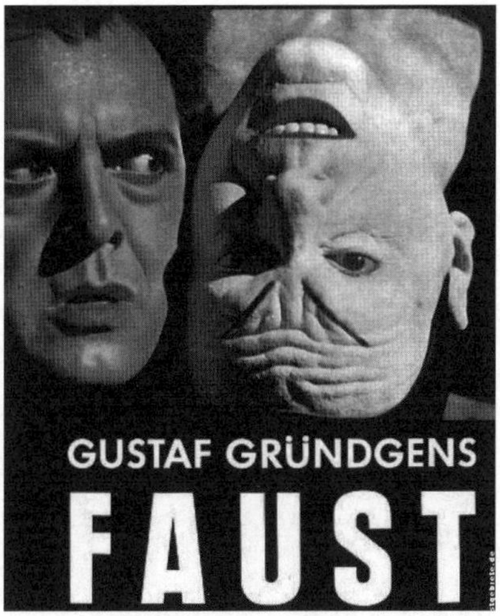

파우스트와 메피스토. 그륀트겐스 연출의 연극과 영화 (1957)

그뿐만 아니라 파우스트 이야기는 일찍이 영국으로 건너간다. 이미 1588~1589년에 영국의 극작가 크리스토퍼 말로우는 이 소재를 연극화하여 『파우스트 박사의 비극적 이야기』라는 희곡을 발표한다. 이를 바탕으로 인형극이 만들어지고 영국극단이 독일에서까지 연극을 공연한다. 그리고 당시 유행하던 유랑극단이 이 드라마를 가장 즐겨 공연함으로서 파우스트라는 인물을 대중화시킨다. 17세기에는 민중 판본에 의한 파우스트 연극과 인형극이 도처에서 공연된다. 18세기 후반에는 계몽주의 작가 레싱이 선(善)이 얼마나 빨리 악(惡)으로 변하는가 하는 것을 모토로 삼은 미완성작 『파우스트』를 남기기도 한다.

이 소재를 다룬 대표적 문학작품으로는 괴테의 『파우스트』 이외에도 프리드리히 M. 클링거의 소설 『파우스트의 삶과 행위와 지옥여행』(1791), 크리스티안 D. 그라베의 드라마 『돈 후안과 파우스트』(1829), 니콜라우스 레나우의 드라마 『파우스트』(1835/40), 하인리히 하이네의 무도 시 『파우스트 박사』(1847), 이반 투르게네프의 서간체 단편 『파우스트』(1856), 프리드리히 T. 피셔의 『파우스트. 비극 제3부』(1886), 토마스 만의 장편소설 『파우스트 박사』(1947), 롤프 호흐후트의 희곡프라그멘트 『히틀러의 파우스트 박사』(1990), 베르너 슈바프의 『파우스트: 내 흉곽: 내 투구』(1993) 등 70여 작품이 있다.

연극 공연으로는 유랑극단의 공연이나 인형극 등은 논외로 하더라도 17세기로부터 오늘날까지 독일에서는 물론 우리나라를 포함한 세계 각국에서 무수한 연출가들이 가지각색의 『파우스트』 작품을 무대에 올리고 있다. 괴테의 『파우스트』는 1819년~1820년에 베를린에서의 『비극 제1부』 공연을 시작으로, 1876년에는 바이마르에서 『제1부』와 『제2부』가 동시에 공연한다. 그동안 헤아릴 수 없을 정도로 많은 연극공연이 이루어졌지만, 지난 1999/2000년에 작가 탄생 250주년 기념으로 페터 슈타인이 연출하여 이틀에 걸쳐 22시간동안 『비극 제1부』와 『비극 제2부』를 계속 공연한 것이 가장 유명하다.

음악작품으로는 루이 슈포르의 『파우스트』(1813), 헥토르 베를리오츠의 『파우스트의 저주』(1845/6), 샤를 구노의 『파우스트』(1859), 페루치오 부소니의 『파우스트 박사』(1914) 등의 오페라 작품이 있고, 베를리오츠, 구노, 리스트, 슈베르트, 슈만, 바그너, 라흐마니노프, 베르디, 루이 슈포르 등이 작곡한 수많은 심포니와 가요가 있다. 또 미술작품으로는 괴테의 『파우스트 스케치』(1810/12), 외젠 들라크루아의 『파우스트 석판화 연작』(1828), 게오르크 케르스팅의 유화 『서재의 파우스트』(1829), G. 꾸르베의 유화 『고전적 발푸르기스의 밤』(1848), 파울 클레의 『파우스트 석판화』(1912), 에른스트 바를라흐의 『발푸르기스의 밤 목판화』(1923), 막스 베크만의 『파우스트 제2부 삽화(펜 소묘)』(1943/44), 지오르지오 치리코의 『파우스트 수채화』(1956), S. 달리의 프랑스어

판 『파우스트 제1부 바늘동판화』(1968/9) 등 다수의 작품이 있다.

그리고 대표적인 영화로 무르나우 감독의 무성영화 『파우스트 ― 독일민족의 전설』(1926), 르네 클레르의 코미디 『악마의 아름다움』(1950), 그륀트겐스 연출의 『파우스트 ― 비극 제1부』(1957), 고르스키 감독의 『파우스트. 비극 제1부』(1960)를 우수작품으로 손꼽을 수 있고, 그 외에도 파우스트 이야기를 소재로 한 수많은 영화와 DVD 영상물들이 출시된다. 그뿐만 아니라 파울 마르의 아동극 『파.우.스.트. 끔찍한 모험과 희한한 꿈들』(2006)을 비롯해 다수의 만화와 만화영화 등 어린이를 위한 작품이 있다. 그리고 최근에는 파우스트란 인물이 뮤직비디오 『북서쪽에서 온 파우스트』, 포르노 필름 『파우스트. 영혼의 사냥꾼』 등은 물론, 컴퓨터게임 『파우스트. 일곱 영혼의 심판자』 를 비롯한 디지털과 멀티미디어기술의 가상공간에서도 인기 만점의 주인공으로 등장하고 있다.

3. 괴테의 『파우스트. 하나의 비극』의 생성

이렇게 다양한 분야의 수많은 예술작품들 중에서 괴테의 『파우스트(Faust)』가 가장 유명하다. 그럼 괴테는 과연 이 비극을 어떻게 탄생시켰는가. 1749년에 독일 마인강변의 프랑크푸르트에서 태어나 1832년에 세상을 떠난 요한 볼프강 폰 괴테는 다섯 살 때 이미 파우스트 인형극을 보기 시작한다. 일찍이 "기독교적으로 생각하는 자"라는 익명의 작가가 요약한 역사적으로 전해오는 파우스트 전설을 읽었으며, 비극을 집필하는 동안에는 니콜라우스 피처가 쓴 책 『악명 높은 마술사 요한 파우스트의 삶과 죽음』을 참고한다. 가끔 중단되기도 하지만 작가는 83세의 고령으로 세상을 떠날 때까지 일생 동안 이 가장 위대하고 가장 아름다운 작품에 정열을 쏟는다. 작가 자신과 마찬가지로 『파우스트』 비극은 여러 가지 문학기를 거쳐 완성되는 바, "괴테 시대"라고 하는 질풍노도 문학시대에 시작되어 고전주의를 지나 낭만주의 문학시대에 이르러서야 완성된다. 그러므로 서로 다른 형성과정의 특징이 여러 가지 상이한 사상과 구성방법 및 서술과 표현 속에 구체화된다.

1775년 가을 괴테는 바이마르 궁전에서 파우스트 극 초안을 낭독한다. 궁정 여관(女官) 루이제 괴히하우젠이 이 초안을 베껴놓는다. 110여년이 지난 1887년에 프랑크푸르트의 출판업자 에리히 슈미트가 이 초안을 발견하여 『초고 파우스트(Urfaust)』라는 제목으로 출판한다. 이는 1773~1777년에 질풍노도문학의 관점에서 집필된 것으로, 감수성에 가득 차 폭풍처럼 치닫는 천재성으로 일관된다. 자신의 내면에서 요동치는 광경이 서술된 만큼, 여기에 서술된 "학자의 비극"과 "그레트헨 비극"은 작가의 자아와 직접적인 관계를 맺고 있다. 또한 그레트헨 이야기는 민중 판본을 비롯한 과거의 어느 책에도 나타나지 않는다. 이는 고향인 프랑크푸르트에서 영아를 살해한 여인 브란트에 대한 소송사건을 보고 자극을 받아 괴테가 처음으로 파우스트 소재와 결부시킨 모티브이다. 즉 우주에 대한 인식으로의 길로서 학문이 선택되나 좌절을 면치 못하고, 자기 자아의 속박으로부터 해방되기 위한 한계성을 뛰어넘는 길로서 사랑이 선택되는 것이다. 그러나 이 초고는 완성된 드라마로 간주될 수 없다. 아무런 이유도 모르는 채 악마 메피스토펠레스(약칭: 메피스토)가 갑자기 나타나는가 하면, 파우스트가 사랑하는 애인으로부터 멀어져가는 근거도 밝혀지지 않기 때문이다. 괴테도 이를 완성하겠다는 소망을 가지고 있지만 그 뜻을 쉽사리 이루지는 못한다. 그러나 더 이상 미룰 수도 없어서 1790년에 그때까지 집필한 것을 『파우스트. 미완성 원고(Faust. Ein Fragment)』라는 제목으로 출판한다. 이는 개작이긴 하지만, <성당> 장면 다음에서 중단되는 문자 그대로의 미완성작품으로 큰 가치를 지니는 것은 아니다.

괴테는 당대의 저명한 극작가 프리드리히 쉴러로부터 계속적으로 『파우스트』를 완성하라는 요청을 받는다. 독자적으로 발전해가는 세계관적 사상가 괴테는 1797년에 다시 창작하는 일에 착수하여 1806년까지 『파우스트. 비극 제1부』를 완성하고, 1808년에 이를 출판한다. 이 시기에 벌써 작가는 고대 그리스세계에 몰두하여, 동서고금의 절세미인 헬레나의 모습을 즐긴다. 그러면서 파우스트의 세계 및 우주여행을 계속시킬 계획을 하는 한편, 고전주의적 이념을 구현하면서 상징적인 관조는 물론 세계관적 사상을 서술한다. 그뿐만 아니라 새로이 "악마와의 계약"을 도입함으로써 메피스토의 출현을 합리화하고, <천상의 서곡>에서는 『비극 제2부』를 예시하는 동시에 전체적 사건에 대한 윤곽을 구성해 놓는다. 그리고 1800년경에 “헬레나 비극”의 처음 부분 집필을 시작하여 1826년에 완성하고, 다음해 『헬레나. 고전적-낭만적 환상. 파우스트의 막간극』이란 제목으로 출간한다. 자기 비서인 에커만의 지속적인 촉구와 자극을 받으면서 그는 『파우스트. 비극 제2부』를 완성하기 위한 계획을 세우고 집필을 서두른다.

마지막 창작기인 1825년부터 1831년까지 괴테는 젊은 시절과는 달리 드라마 전체에 대한 치밀한 구성을 하고 한 장면씩 써내려간다. 우선 제3막이 된 “헬레나 비극”을 완성하여 1827년에 먼저 출간한 후, 작가는 제1막에 전개되는 황제의 궁정에서 일어나는 “황제의 비극” 장면들을 집필하여 바로 다음해에 이를 발표한다. 1830년에는 제2막의 <고전적 발푸르기스의 밤> 장면을 끝냄으로써 파우스트와 헬레나 사이의 결합을 연결시키고, 고전과 낭만, 고대와 중세 사이의 괴리를 결부시키게 된다. 그 다음에 제4막에 벌어지는 황제들의 전쟁이야기, 그리고 자유로운 땅에서 자유롭게 살아가는 백성에 대한 유토피아적 비전이 전개되는 제5막 “지배자의 비극”에 손을 대어 죽음을 몇 개월 앞둔 1831년에 낭만적 요소까지 포괄하는 2부로 구성된 전체적 『파우스트』 비극을 완성한다. 괴테는 이 필생의 작품을 미래의 것으로 규정하고 겹겹이 봉인해 놓았으나, 이듬해(1832년) 그가 세상을 떠나자 『파우스트. 하나의 비극(Faust. Eine Tragödie)』이 유작 제1권으로 출판된다.

시문학에 눈을 뜨면서부터 이 세상에서의 마지막 날까지 괴테는 풍부한 인생경험과 더불어 다양한 주제, 다양한 모티브, 다양한 언어수법으로 파우스트 소재를 시화(詩化)하여 불후의 명작으로 남겨 놓는다. 반대로 그는 자신의 발전 과정에서 다양한 인생영역을 체험하면서 이 모든 것에 대한 상징을 파우스트 소재에서 발견했다고 말할 수 있다. 젊은 시절에는 학문에 대한 절망과 사랑의 행복과 죄를 근본으로 삼고, 중년기에는 헬레나 모습의 고전적 아름다움과 보편적 인간상에 마음이 사로잡혀 있으며, 노년기에는 활동하고 지배하는 자로서의 파우스트와 더불어 창조의 비밀과 우주의 본질에 몰두한다. 모든 인생 단계에서 작가를 매혹했던 파우스트 소재와 괴테의 지속적으로 변화해가는 정신영역 사이에는 정열과 지혜와 비밀을 안겨주는 진정 특별한 관계가 맺어져있다고 하겠다.

4. 하나의 비극인가, 다섯 개의 비극인가

괴테의 『파우스트』는 본래의 주인공에 대한 비극이 전개되기 이전에 서론에 해당하는 세 장면인, <헌사>, <무대 위에서의 서연>, <천상의 서곡>이 먼저 펼쳐진다.

<헌사>에서 괴테는 오랫동안 중단했던 『파우스트』를 다시 쓰면서 눈앞에 아른거리는 등장인물들을 상상하며 자신의 심경을 피력한다. 처음 『파우스트』를 초안할 때 꿈꾸었던 "정령들의 나라"를 동경하며 다시 떠오르는 "흔들거리는 모습들"과 밀려오는 환상을 이번에는 꽉 붙잡아 놓치지 않겠다는 소망이다. 시인과 작품과 관중이 조화롭게 어우러지는 음조를 만들려는 전율에 사로잡힌 작가 자신에 바치는, 그리고 동시에 이 은밀한 개인적 회상에 불특정한 군중도 참여하게 되기를 두려운 마음으로 염원하는 헌사인 것이다.

<무대 위에서의 서연>에서는 극단주, 극작가, 어릿광대가 어떤 것이 가장 성공적인 연극인가에 대한 의견을 개진하며, 창작에 대한 작가의 의지를 토로한다. 극단주는 무엇보다도 경제적인 측면, 즉 사업성을 중시하며, 극장이 관객으로 가득 차기만을 열망한다. 그러기 위해 가능한 모든 무대기술을 사용하여 구경꾼들에게 감탄의 마음을 일으키도록 해야 한다는 주장이다. 반면에 작가는 문학성을 신봉하는 내면적 영감을 따르면서 이상적으로 진정한 예술작품이 되어야한다고 고백한다. 다른 한편 어릿광대는 연극이란 인간생활에 밀접하여 울고 웃을 준비가 되어있는 군중의 마음에 들어야한다는 의견이다. 작가는 자신의 "아름다운 힘"을 사용하여 시문학장사 일을 열심히 하고, 극단주는 비좁은 판잣집 안이라 할지라도 "하늘로부터 세상을 통해 지옥으로" 이

천상의 서곡.
루드비히 G. 나우베르크의 그림(1826)

어지는 모든 도구들을 이용하여 성공적인 연극을 시작하자고 한다.

전(全) 작품의 프롤로그라고 할 수 있는 <천상의 서곡>에서는 작품의 전체적 윤곽이 암시된다. 중세 지배자의 모습을 한 주님이 참석한 하늘나라에서 세 명의 대천사가 우주만물의 창조를 찬양한다. 메피스토도 여기에 참석하여 익살꾼 노릇을 하며 천지창조를 비판한다. 무엇보다 그는 인간창조를 실패작이라 간주하며, 신이 인간에게 "하늘의 빛"을 비춰준 것이 가장 큰 잘못이라고 한다. 왜냐하면 인간들은 "이성(理性)"이라고 부르는 이 빛을 어떤 짐승보다도 더 동물적으로 살아가는데에만 쓰고 있기 때문이다. 주님은 본보기로 파우스트를 아느냐고 물으며, 자기의 "종"이라고 말한다. 여기서 하늘의 주님과 지하의 사신 메피스토가 지상의 인간 파우스트를 놓고 내기를 한다. 악마는 아무것도 만족할 줄 모르고 비참하게 살아가는 인간을 관능적 향락과 욕망의 충족으로 유혹하여 지옥으로 끌어갈 수 있다고 자신한다. 반면에 주님은 이 제안을 불문에 붙이며, 메피스토에게 파우스트를 올바른 길로부터 따돌려보라고 허락한다. 그러면서 메피스토는 결코 성공하지 못할 것이라고 확언한다. 선(善)한 인간이란 노력하는 동안 혼미한 채 방황할지라도 어두운 충동 속에서도 올바른 길만은 잘 알고 있기에 곧 밝은 곳으로 인도될 것이라 한다.

하늘나라의 사신 주님과 지하세계의 사자(使者) 메피스토 사이에 지상세계의 인간 파우스트를 걸고 맺은 내기에 따라, 다음의 <밤> 장면으로부터 주인공의 비극적 사건이 전개된다. 즉 『비극 제1부』와 『비극 제2부』에 걸쳐 모든 시간과 모든 공간을 초월하며, 선과 악의 피안에서 활동하는 지상인간 파우스트의 갖가지 인생행로가 펼쳐지는 것이다. 모든 사건의 중심에 주인공 파우스트가 서있다. 다시 말하면 파우스트라는 하나의 인간을 중심으로 모든 사건이 전개된다는 것이다. 학자들은 이를 가장 중요한 작품의 구성요소로서 "중심적 자아"라고 말한다. 작중에 진행되는 모든 사건이 하나의 주인공, 즉 파우스트라는 한 인간을 중심으로 일어나기 때문에, 이를 괴테가 이름한대로 "하나의 비극(Eine Tragödie)"이라 말할 수 있다.

그러나 파우스트가 인간적으로나 초인간적으로나 활동해가는 전체의 과정을 크게 다섯 개의 비극적 사건으로 나누어볼 수 있다. 그 중심에는 언제나 파우스트가 서있지만, 전개되는 사건과 그 속에 등장하는 인물이나 표출되는 사상들이 각각 다른 하나의 복합체를 이루고 있다는 것이다. 다섯 개의 사건에서는 파우스트의 운명이 결정됨과 동시에 각양각층의 다른 등장인물들에 대한 비극적 운명이 결정되기도 한다. 이렇게 다양한 복합적 사건들을 크게 구분해 보면, 『비극 제1부』에 "학자의 비극"과 "그레트헨 비극"이 서술되고, 『비극 제2부』에 "황제의 비극"과 "헬레나 비극" 그리고 "지배자의 비극"이 펼쳐진다. 이런 관점에서 볼 때, 괴테의 『파우스트』에는 하나가 아니라 다섯 개의 비극이 서술된다고도 말할 수 있다.

5. 『파우스트. 비극 제1부』: "학자의 비극"과 "그레트헨 비극"

『파우스트. 비극 제1부』의 비극적 사건은 본래 위에 언급한 서론적 세 장면을 뛰어넘어, 50여 세의 노(老) 교수가 이 세상에 마지막 고별을 하는 <밤> 장면과 더불어 시작된다. 파우스트 박사는 우주의 본질과 창조의 원리를 규명하고자 철학, 법학, 의학, 신학 등 이 세상에 존재하는 모든 학문을 섭렵한다. 그러나 학문을 통해 우주일체의 궁극적 진리와 존재의 의미를 파악하는데 실패하고 절망한다. 그래서 그는 마술을 이용하여 초인간적 경지에 도달하고자 한다. 먼저 노스트라다무스 책의 부적을 해석함으로써 만유의 조화를 파악하려 하지만, 그것은 단지 하나의 모사(模寫)일 뿐 실제적 조화를 인식할 수 없다는 것을 깨닫는다. 주문으로 지령(地靈)을 불러내기도 하는데, 정령은 근원적인 대자연에 대해 인간이란 아무런 의미도 없기 때문에 파우스트를 한 마리 "벌레" 같은 존재로 멸시해버린다.

지령의 출현. 요한 볼프강 폰 괴테의 파우스트 스케치(1810 이후)

학문의 힘을 굳게 믿고 있는 조

수 바그너에 의해 정령과의 대면이 잠시 중단되기도 하지만, 이런 대화를 통해 파우스트는 인간존재에 대한 혐오감을 더욱 절실히 느끼고 절망한다. 그는 육신에 얽매여 있기 때문에 드높은 이상을 따를 수 없다는 것을 통감하고, 인간 능력에 한계가 있음을 인정하며 인간이라는 탈을 벗어나 영들의 세계로 갈 것을 결심한다. 사방의 벽에 가득한 책들에 고별을 하고, 고요한 한 밤중에 홀로 독배를 마심으로써 자신의 고통을 끝내고 인간존재의 가능성을 초월하고자 한다. 그 순간 부활절의 새벽 종소리와 함께 예수가 다시 살아나심을 노래하는 천사들의 합창이 들려온다. 그 희망에 넘치는 맑은 소리를 들으며 파우스트는 행복했던 어린 시절을 회상하게 되고, 자살을 중단하며 자연적인 삶의 의미를 되찾는다.

파우스트는 바그너와 함께 성문 밖으로 부활절 산책을 나간다. 봄날의 자연이 다시 푸르러지는 가운데, 각양각색의 사람들이 즐거워하며 전염병이 퍼졌을 때 그들을 도와준 파우스트에게 감사와 존경의 인사를 한다. 그러나 소생하는 자연도 사람들의 감사도 파우스트의 기분을 오래도록 돌려놓지는 못한다. 다시금 인간의 한계에 절망하며 자기 가슴속에는 "두 개의 영혼이" 깃들어 있음을 고백한다. 하나는 음탕한 사랑의 쾌락 속에서 현세에 매달리려 하고, 다른 하나는 속세의 먼지를 떠나 무한을 추구하고자 한다. 강한 대립을 이루는 인간의 이중성이 파우스트에게 끝없는 공통을 안겨주고 있는 것이다.

부활절의 산책에서 따라온 삽살개가 파우스트 앞에 엎드려있는 동안 그는 요한복음을 독일어로 번역하려고 한다. 첫 문장의 "로고스"라는 그리스어 단어를 "말씀", "의미", "힘"이라 해보지만 흡족해하지 못하며, 마지막에는 "행위(行爲)"라고 번역한다. 행위라는 말과 동시에 삽살개는 여행하는 학생 모습을 한 악마 메피스토로 다시 변신한다. 자신을 "항상 부정(否定)하는 정령"이라고 소개하는 메피스토는 온갖 수단을 다하여 현세에서 파우스트에게 봉사하며 그의 욕망을 만족시켜주겠다고 한다. 지옥에도 법이 있다는 말을 듣고 파우스트는 악마와 계약을 맺을 수도 있겠다는 생각을 한다. 그가 인생에 대한 혐오감을 피력하지만, 메피스토는 그의 노력과 절망의 핵심을 이해하지 못한다. 결국 이 세상에서는 메피스토가 파우스트에게 봉사하여 만족을 안겨주고, 그가 만족하면 저세상에서는 파우스트의 영혼을 메피스토가 가져가며 그에게 봉사한다는 내기가 이루어진다. 죽음 다음의 세상에 대해서는 관심이 없는 파우스트는 자신의 온갖 고통이 현세의 실존에서 솟아난다는 점을 다시 한 번 강조한다. 메피스토는 육감적인 "향락"으로 파우스트를 만족시켜줄 수 있다고 자신하는 반면에, 파우스트는 자기 노력이 인간영혼의 이중성에서 솟아나기 때문에 감각적인 향락으로는 극복될 수 없다고 생각한다. 그러나 파우스트가 만족하여 순간에다 대고 "멈추어라. 너 정말 아름답구나!"하고 말한다면, 그는 기꺼이 파멸할 것이며, 죽은 다음의 저세상에서는 메피스토가 그의 영혼을 소유해도 좋다는 것이다. 계약을 맺고 피로 보증한 다음 파우스트는 세상으로 나가는 여행을 준비한다. 그동안에 메피스토는 파우스트의 가운을 입고, 대학공부를 어떻게 시작할 것인가에 대한 충고를 받고자 명교수를 찾아온 젊은 대학생을 만난다. 교수로 변장한 악마는 학생에게 인간의 지식을 경멸하라고 하며, 계집들을 쉽사리 수중에 휘어잡을 수 있도록 의사가 되라고 충고한다.

도시 위를 나는 메피스토.
외젠 들라크루아 석판화(1828)

이 첫 번째 이야기는 학문을 통해 우주일체의 비밀을 파악하려는 노학자가 학문에 좌절하고, 악마와의 계약을 맺고 마술을 이용하여 세상의 온갖 현실을 체험하며 향락의 극치를 추구하려는 사건으로 보통 "학자의 비극"이라고 한다.

파우스트가 인간세상으로의 여행을 시작하며 처음으로 찾아간 곳은 라이프치히의 지하 술집이다. 메피스토는 여기에서 대학생들의 유쾌한 삶을 파우스트에게 보여주고자 한다. 그러나 그는 술고래 학생들의 신랄한 농지거리와 쾌락적 행동에 거부감만 느낀다. 흥분한 대학생들로부터 도망쳐 나온 메피스토는 파우스트를 <마녀의 부엌>으로 안내한다. 악마는 마녀에게 늙은 학자를 정열적인 젊은이로 만들 영약을 준비하라고 명한다. 그 약을 마시고 20대

파우스트와 그레첸의 만남.
페터 코르넬리우스 그림(1816)

의 청년으로 회춘한 파우스트는 마술거울 속에 비친 나체여인을 보고 그 아름다움에 깜짝 놀란다. 메피스토는 "그 약기운이 몸속에 들어갔으니, 네놈에겐 곧 여자가 모두 헬레나로 보이게 되리라"고 예언한다.

어느 소도시의 길거리에 나오자마자 파우스트는 순결한 처녀 그레첸을 만나며 당장 그녀에게 반한다. 교회에서 고해를 하고 집으로 돌아오던 그녀는 무례하게 말을 거는 파우스트를 거절한다. 그러나 그는 메피스토에게 그날 밤으로 당장 그녀를 자기 품에 안겨달라고 요구한다. 그런 매춘알선이 쉽사리 실현될 수 없기에 우선 처녀가 사는 방이라도 보고자 한다. 그녀의 방에 스며들어간 파우스트는 비좁은 소시민적 환경에 아늑함과 만족스런 삶이 깃들어 있음을 보고 느끼며 당황한다. 동시에 양심의 동요를 일으키면서 그 소박하고 평화로운 방을 뛰쳐나온다. 메피스토는 여인의 마음을 홀리기 위해 옷장에 작은 보석 상자를 넣어둔다. 그레트헨은 방안으로 들어서면서 무언가 이상스런 분위기를 느끼고, 두려운 마음에서 옛날 툴레 임금님에 대한 노래를 부른다. 보석을 보고 현혹된 나머지 그녀는 오늘 거리에서 말을 걸어왔던 낯선 남자를 그리워한다.

그레트헨의 어머니는 보석 상자를 보자마자 이를 "부정한 재물"이라 간주하고 성모에게 바치기로 한다. 메피스토가 다시 마련해온 두 번째 보석을 그레트헨은 자기 어머니보다 신뢰하는 이웃집 여인 마르테에게 가져가 보여준다. 그때 메피스토가 나타나 자신을 마르테부인의 남편과 아는 사람이라 소개하고, 남편은 세상을 떠나 낯선 곳에 매장되었다는 이야기를 꾸며댄다. 친구와 함께 그의 사망을 증언하기로 하며 다시 올 것을 약속함으로써 파우스트와의 만남이 이루어진다. 정원에서 파우스트를 보자마자 그레트헨도 당장 사랑의 노예가 되지만, 동시에 그와의 동행자가 선한 인간이 아니라는 점을 직감한다. 파우스트에게 종교에 대한 질문을 함으로써 신앙고백을 이끌어내기도 한다. 파우스트가 건네준 물약(독약)을 음료에 타 먹게 하여 어머니를 살해하고, 연인과 사랑놀이로 가득 찬 환락의 밤을 지낸다. 그녀의 잘못을 알게 된 오빠 발렌틴이 집 앞에서 여동생 유혹자자들과 결투를 벌이지만, 오히려 파우스트의 칼에 찔려 쓰러진다. 그는 죽어가면서 그레트헨을 저주하고, 살인자들은 도망친다.

파우스트와 발렌틴의 결투.
외젠 들라크루아 석판화(1828)

그레트헨은 자신이 임신했다는 것을 알게 된다. 성당에서 미사를 드릴 때 최후의 심판에 대한 무시무시한 환상을 보는데, 악령이 그녀의 여러 악행을 고발하는 것이다. 우물가에서는 그녀와 같은 처지의 다른 처녀들이 어떤 일을 당하는가에 대한 이야기를 듣는다. 그러는 동안에 파우스트는 악마와 마녀들이 브록켄 산상에서 벌리는 발푸르기스의 밤 축제로 인도된다. 도중에 수많은 마적(魔的)인 형상들을 만나는데, 이들은 모두 과도한 육감세계를 구현하고 있다. 이에 혐오감을 느낀 파우스트는 멀리에서 두 발이 묶인 채 걸어가는 그레트헨의 환영(幻影)을 보고 그녀에게로 돌아가고자 한다. 한편 그레트헨은 새로 태어난 영아를 물에 빠트려 살해한다. 그로 인한 죄책감에 사로잡혀 광증을 일으킨다. 사형선고를 받고 감옥에 갇힌 채 처형의 날 아침을 기다리고 있다. 메피스토의 도움으로 감옥에 침입한 파우스트가 그녀를 구출하려고 하지만, 그녀는 애인을 알아차리지도 못하고, 사형을 눈앞에 보면서도 도망치려 하지 않는다. 오히려 형(刑)을 감수하고, 자신을 죽음에 맡기어 신의 심판을 받고자 하며, 그다지도 사랑하던 애인까지 두려워한다. 그때 천상으로부터 그녀는 "구원되었도다!" 라는 소리가 들려오고, 메피스토는 파우스트를 감옥 밖으로 끌어내어 사라진다.

이는 사랑을 위해 모든 것을 다 바친 여주인공의 운명을 그린 하나의 복합체로서 보통 "그레트헨 비극"이라고 한다.

6. 『파우스트. 비극 제2부』: "황제의 비극"과 "헬레나 비극"과 "지배자의 비극"

『비극 제1부』의 파우스트는 우주본질에 대한 인식을 추구하고, 육감적 욕망이나 사랑의 영역을 누비며 살아간다. 이 사건들은 우리 모두가 어느 정도 경험하고, 머릿속에서라도 별 어려움 없이 체험할 수 있는 노력과 사상의 한계 이내에 들어있다. 그러나 『비극 제2부』에서는 한 인간이 해낼 수 있는 개인생활의 영역을 뛰어넘는 초월적 인생이 전개된다. 인간정신이 종교와 철학, 학문과 예술, 국가와 문화생활 속에 정립해 놓은 보다 심오하고 포괄적이며 고차원적인 가치의 영역으로 상승하는 것이다.

『비극 제1부』의 <천상의 서곡>과도 같은 제1막의 첫 장면 <우아한 고장>에서 파우스트는 그레트헨과의 비참한 체험으로 정신과 육체에 타격을 입고 쓰러진 채 꽃이 만발한 풀밭에 누워 잠을 자고 있다. 공기의 정령 에어리얼이 잠든 자의 "불타는 듯 괴로운 비난의 화살을 뽑아내어 / 이제까지 받은 공포에서 그의 마음을 깨끗이 씻어 달라"고 노래한다. 자연의 위대한 소생력으로 생명의 맥박이 새로이 고동치는 것을 느끼며 파우스트는 "최고의 존재를 향해 끊임없이 노력"하려는 의지와 용기를 가지고 다시 깨어난다. 솟아오르는 태양과 수천 갈래로 쏟아지는 폭포수에서 생겨나는 무지개를 보면서 그는 인생을 "채색된 영상(映像)", 즉 형이상학적으로 영원한 존재의 유한한 현상이라 파악한다. 그는 이제 무한한 욕망을 지니고 거대한 세계, 시간의 흐름, 사건의 변전 속으로 휘말려 들어간다.

처음에 파우스트는 시공(時空)을 초월하여 어느 봉건제국 <황제의 궁성>으로 간다. 거기에 메피스토는 궁정 어릿광대 바보의 자리를 차지해 등장한다. 재상, 병무상, 재무상, 궁내상 등이 황제에게 곤경에 빠진 현실을 말하며, 이는 근본적으로 돈이 부족하기 때문이라고 불평한다. 이에 대해 메피스토는 황제의 소유로 옛날 지하에 묻힌 보물을 담보로 지폐를 발행하기만 하면 궁정의 재정난을 구할 수 있다고 조언한다. 모든 문제가 해결되어 즐거운 나머지 궁정에서는 제일 먼저 가면무도회가 개최된다. 의전관의 안내로 온갖 모습으로 가장한 민중들, 신화 속의 각종 여신들, 시(詩)에 대한 알레고리 수레 모는 소년 등 수많은 가면의 형상이 등장한다. 파우스트는 재물의 신 풀루투스로, 메피스토는 탐욕으로, 황제는 만물을 거느리는 판 신의 가면으로 참여한다. 비현실적 "불꽃놀이"가 끝나면서 황제는 파우스트가 궁정에 온 것을 환영하며 감사한다. 그가 오면서 모든 채무는 지폐로 해결되고 궁정의 곤경도 사라졌기 때문이다. 이렇게 파우스트는 궁정에서 전개되는 정치생활에 끼어든다. 실제로 아무런 권한도 없는 비극적 황제의 총애를 받으며, 그는 막강한 권력과 무진장한 재산을 소유하고 온갖 체험을 한다. 그러나 부러울 것이 없을 것 같은 이 새롭고 거대한 인생의 단면에서도 커다란 실망만을 느낀다. 여기에서 체험하는 모든 사건은 인간적인, 너무나도 인간적인 것들뿐이라 할지라도, 파우스트가 그의 위대한 영혼에 지속적인 만족을 발견하기에는 모든 것이 너무나 편협하고 이기적일 따름이다. 돈과 권력을 한 손에 쥔 파우스트의 불만족과 신하들에게 모든 권한을 빼앗긴 실권 없는 황제의 운명이 서술된 복합체를 보통 "황제의 비극"이라고 한다.

그러나 파우스트는 동서고금의 최고 미남과 미녀인 파리스와 헬레나를 불러내라는 황제의 명을 받는다. 메피스토의 마술로도 고대 그리스의 인물을 다시 살려내올 수는 없다. 다만 작은 열쇠를 건네주며 시간과 공간을 초월하여 고귀한 고독 속에 정좌해있는 "어머니들"의 나라를 일러줄 따름이다.

파리스와 헬레나. 자크 루이 다비드 그림(1788)

파우스트는 어느 곳에나 있으면서도 아무 곳에도 없는 길을 통해, 몇 천 년 전에 죽은 자들이 살고 있는 지하세계로 간다. 악마가 준 열쇠의 자력(磁力)으로 삼각향로를 끌어온다. 그리고 향로의 연기 속에 피어오르는 헬레나의 아름다움을 보고 궁중사람들은 파리스와 헬레나의 유령에 놀라면서 남녀가 엇갈린 비난과 찬사를 쏟아낸다. 파우스트 자신도 헬레나의 아름다운 모습에 반하여 그녀를 붙잡으려 한다. 본체는 없고 형태뿐인 유령을 껴안고, 파리스의 상(像)에 열쇠를 대자 헬레나 환영(幻影)이 폭발한다. 유령들은 연무 속에 사라지고 파우스트는 기절하여 바닥에 쓰러진다.

제2막에서 메피스토는 기절한 파우스트를 피로 계약을 맺었던 옛날 서재로 데려간다. 파우스트가 잠들어 있는 동안 메피스토는 다시 한 번 교수 역할을 한다. 학사가 된 옛 학생이 다시 나타나서 이젠 스승의 충고도 필요 없으며, 늙은 교수들은 일찌감치 때려죽이는 것이 상책이라는 말을 한다. 옛날 파우스트의 조수 바그너는 이제 명교수가 되어 수 백 가지 재료를 혼합하는 과학적 방법으로 유리병 속에 인조인간 호문쿨루스를 만들어낸다. 자기를 낳게 해준 제조자로부터 빠져나온 인조인간은 매우 총명하여 공중에서 기절해 누워있는 파우스트의 꿈을 투시한다. 무의식 속에서도 파우스트는 귀족이면서도 고귀하지 못한 인간들의 굴레를 벗어나, 과거에 이미 지상에 존재했던 진정으로 순수하고 아름다운 인간성, 즉 고대 그리스의 경이로운 문화를 동경한다. 이 고대 생활권의 완전함 속에서만 파우스트의 병이 치유가능하다는 것을 알기 때문에 호문쿨루스는 메피스토에게 그를 그리스로 데려가라고 권유한다. 북방의 유령인 메피스토는 고대 남방의 동료들에게 거부감을 나타내지만, 관능적인 "테살리아의 마녀들" 이야기를 듣고는 생각을 바꾼

인조인간 호문쿨루스 창조.
아르님 뮌히의 붓 스케치(1969)

다. 그들은 당황한 바그너를 남겨둔 채, 파우스트를 비행망토에 태워가지고 그리스 땅에서 벌어지는 <고전적 발푸르기스의 밤> 축제에 참가한다.

고대 그리스의 테살리아 들판에서 6월 6일 전야에 벌어지는 축제에 남방 요괴들이 몰려든다. 전설 속의 형상들, 마녀들, 반(半) 신적 인물들이 수없이 나타난다. 비행망토에 실려 온 파우스트도 땅바닥에 내려 잠에서 깨어나자마자 "그녀는 어디 있는가?" 라고 물으며 헬레나를 찾는다. 그는 헬레나를 업고 달렸던 기사(騎士) 키론의 등에 업혀 예언의 마녀 만토에게로 인도된다. "불가능한 것을 갈망하는 사람을" 좋아하는 마녀는 파우스트를 지하의 세계로 인도한다. 끊임없이 헬레나를 찾아 헤매지만, 결국 발견하지 못한다. 그러는 동안 북방의 메피스토는 남방의 스핑크스들, 난쟁이들, 요정들 등 전설의 나라에서 악마구실을 제대로 하지 못한다. 그러면서도 유령세계에는 어디나 사촌들이 있다고 생각하며, 눈과 이빨이 하나인 추악한 세 요녀 포르키아스에게서 가장 잘 어울리는 친척지간이라는 것을 느낀다. 그리고 그 자신도 포르키아스의 가면으로 변신한다. 한편 인조인간 호문쿨루스는 정신 뿐의 존재로 태어났기에 육체, 즉 형태를 갈망한다. 자연철학자 탈레스는 그를 바다의 신 네레우스에게로 인도하고, 변신술사 프로테우스는 만물의 원소인 물속에서 변신을 시작해 보라고 권한다. 그러나 호문쿨루스는 도리스의 딸들 중 가장 예쁜 갈라테아가 조개수레를 타고 오는 것을 보고 요정에 반하여 그 아름다움을 쫓아간다. 그러다가 유리병이 조개수레에 부딪쳐 산산조각이 나고, 그는 "사랑의 맥박"으로 감동을 받은 듯 바다의 불꽃이 되어 흘러가버린다.

도리스의 예쁜 딸들. 막스 베크만의 펜 소묘(1943/4)

그리고 제3막에서는 트로야의 왕자 파리스에게 유괴되었던 스파르타의 왕비 헬레나가 그리스 군(軍)에게 다시 탈취되어 메넬라오스왕 궁전 앞으로 돌아온다. "경탄도 많이 받고 비난도 많이 받은" 헬레나는 포로가 된 트로야 여인들을 동반하고 등장한다. 세상에서 가장 아름다운 그녀는 트로야에서 돌아온 자신을 남편 메넬라오스 왕이 어떻게 처리할지 불안해한다. 이때 늙은 추녀로 변장한 메피스토가 나타나 궁전은 그녀를 희생의 제물로 바칠 만반의 준비가 되어 있다고 하며, 빨리 도주하는 것만이 살 길이라고 말한다. 그리고 그녀를 산중에 있는 성곽으로 피신시키면서 게르만 침입군의 수령인 파우스트에게로 인도한다. 헬레나의 아름다움에 현혹되어 망루지기 린코이스는 그녀의 도착을 알리는 의무를 망각한다.

어디를 가나 남자들의 가슴을 유혹하는 것이 자신의 운명임을 인식한 헬레나는 파우스트의 청혼에 응하면서, 게르만어의 운(韻)이 맞는 시형(詩形)으로 말하는 새로운 음향효과를 정답게 여긴다. 밀려오는 메넬라오스왕의 군대를 물리치고, 그들은 마술 힘으로 전원적인 환경의 아르카디아로 가며, 북방의 생명력과 남방의 형식미를 상징하는 두 사람은 완벽하다고 할 만한 결혼생활을 한다. 그들 사이에 조숙하고 정열적인 신동(神童) 에우포리온이 탄생한다. 그러나 행복이란 잠시 동안만 주어질 따름이다. 무한한 노력을 추구하는 아들은 그리스 독립전쟁에 참전하여 암벽을 높이 점점 더 높이 뛰어올라가 양팔을 날개처럼 펼치고 대담한 비약을 한다. 그러나 그는 양친의 발 앞에 거꾸로 떨어져 죽으며, 그와 더불어 어머니 헬레나도 다시 저승으로 되돌아간다. 아름다움과 행복은 지속적으로 합일하지 못하고, 파우스트의 팔에는 허울뿐인 헬레나의 옷과 면사포만이 남겨진다.

헬레나. 엥겔베르트 사이베르츠 목판화(1859)

이로써 고대 세계는 완전히 사라지고, 이 모든 사건을 배후 조종했던 포르키아스도 다시 메피스토로 변신한다. 아름다운 여인과의 부부생활이 전개된 이번 인생도 결국 깊은 불만으로 끝나며, 파우스트는 다시금 절망에 빠진다. 파우스트와 헬레나의 비극적 운명을 다룬 이 복합적 장면을 보통 "헬레나 비극"이라고 말한다.

제4막에서 우리는 높은 산악지대로 옮겨간 파우스트를 다시 만나게 된다. 그는 산마루에 걸친 구름의 형상들에서 고대그리스 여인의 미(美)에 대한 전형(典型)을 다시 보게 된다는 생각도 하지만, 이는 이미 지난 무상한 시절의 의미를 반영하기도 한다. 과거에 대한 영상과 함께 그레트헨 환영이 떠오르며 파우스트 마음속의 가장 소중한 것을 함께 이끌어가기도 한다. 그는 이제 과거의 이상세계로부터 현실로 돌아오고, 새로운 행위에 대한 무한한 힘을 느낀다. 그리하여 문화생활에 대한 헌신적 노력이 시작되며, 파우스트는 인류를 위한 활동과 창조를 추구한다. 예전에는 아무런 근심 없이 온갖 욕망에 사로잡혀 소원하고 즐기면서 인생을 살았지만, 이젠 내세를 단념하고 근심스럽고 현명하게 지상세계에 몰두하며 공공의 이익을 위한 삶을 살고자 한다.

파우스트는 눈앞에 끝없이 전개된 드높은 바다에 눈을 돌린다. 자유자제로 범람하고 고요해지는 바다를 제어하고, 광대한 해안지대를 간척지로 개간하여 만인(萬人)을 위한 옥토를 형성하려는 큰 계획을 세운다. 토지를 얻기 위해 그는 패색(敗色)이 짙은 황제의 전쟁에 참전한다. 한 때 파우스트의 조언으로 지폐를 발행하여 재정난을 구했던 황제가 폭동으로 인해 다시금 곤경에 빠져 있는 것이다. 적과의 최후결전에 파우스트와 메피스토가 참전을 제안하고, 궁지에 몰린 황제는 어쩔 수 없이 마귀의 도움을 받아드려 전쟁을 승리로 이끈다. 파우스트는 그 공을 세운 보상으로 아무런 쓸모없는 해안지대를 요청한다. 그러나 대주교는 황제의 전투를 위한 천막이 세워지고 악령들이 운집해 있던 드넓은 구릉지는 성스런 교회의 소유가 되어야 탈이 없다고 주장한다. 마귀들의 도움을 받은데 대해 죄책감을 느끼는 황제는 교회의 뜻을 따르지 않을 수가 없다. 제1막 "황제의 비극"에 이어지는 황제의 운명은 그가 전쟁에는 이겼지만 교회와 신하들에게 온 나라와 실권을 빼앗기고 마는 비참한 처지에 놓이게 되는 것이다.

그리고 제5막에서 파우스트는 역시 마귀의 힘을 빌리어, 끝없이 전개된 바다를 밀어내고 둑을 쌓고 운하를 만든다. 늪지대를 말려버린 후 새로이 얻어낸

땅위에 정원과 궁전을 만들고, 항구를 열어 무역과 해적질을 하고, 수백만 인간에게 비옥한 토지를 개간해준다. 간척사업을 최대의 공사목표로 삼으며, 공익을 위해 사는 지배자로서의 인생에서 그는 고통을 느끼기도 하고, 때로는 행복을 느끼기도 한다. 가난한 노부부 필레몬과 바우치스가 사는 모래언덕을 자기소유로 합치시키려 할 때, 노부부가 반대하자 메피스토는 오두막집을 불태우고 그들을 살해한다. 결핍, 죄악, 곤궁, 근심이란 네 명의 요녀(妖女)가 파우스트에게 다가가지만, 근심만이 열쇠구멍을 통해 성(城) 안으로 숨어들어간다. 그녀가 내뿜는 입김으로 눈까지 멀지만, 파우스트는 내면으로 밝아지는 정신 속에서, 언덕과 바다 사이에 자기가 만든 자유로운 땅위에 오곡이 푸르러지고 수백만의 백성들이 자유롭게 살아가는 유토피아적 모습을 상상한다. 이는 인류가 이미 성취해 놓은 것을 뛰어넘어 끊임없이 추구해가는 지칠 줄 모르는 인간적 투쟁이다. 이 인류의 문화생활을 위한 사업에 몰두하는 것을 삶의 목표로 삼으면서 행복한 느낌에 젖은 파우스트는 드디어 지속을 약속하는 만족을 예감하며, 그 순간에 대고 “멈추어라, 너 정말 아름답구나!” 하고 외친다. 악마와 약속한 이 계약조건의 말을 함과 동시에 파우스트는 쓰러지고, 이 세상과 영원히 작별한다. 죽음의 영들이 그를 눕힌 후 메피스토의 지휘 하에 매장할 무덤을 파며 파우스트의 영혼이 언제 육체를 떠나는가를 지켜본다. 그리고 내기의 약속대로 그 영혼을 지옥으로 이끌어가려한다. 공익을 위한 노력에서 예감으로나마 행복을 느끼며 숨을 거둔 인간 파우스트의 운명을 서술한 이 복합체를 학자들은 “지배자의 비극”이라고 말한다.

그러나 후반부 <매장>의 장면에서 천사들이 장미꽃을 뿌리며 아래로 내려와 공간을 가득 채우고 메피스토를 당황하게 만든다. 그리고 파우스트 영혼을 탈취하여 높은 대기 속으로 이끌어간다. 에필로그와도 같은 마지막 <심산유곡> 장면에서 거룩한 은둔자들이 바위들 사이에 자리를 잡고 불멸의 파우스트 영혼과 함께 솟아오르는 천사들을 맞이한다. 최고 영역에서 영광의 성모가 나타나고, 한때 그레트헨이라 불렸던 속죄하는 한 여인이 옛 애인의 구원을 위한 은총을 빈다. 성모는 “자, 이리오라! 보다 높은 곳으로 오르라! / 그 사람도 너를 알아보면, 뒤따라오리라!”하고 대답한다. 일체의 무상한 지상의 일이란 영원한 것에 대한 하나의 비유일 뿐이라는 것을 암시하며 “영원히 여성적인 것이 / 우리를 이끌어가는도다!"라는 신비의 합창으로 작품은 끝난다. 음양을 상징하는 선악의 저편에서 오행원리에 따라 지칠 줄 모르고 노력하던 파우스트 박사는 이제 이 세상이 제공할 수 있는 모든 가능성을 체험하고, 동양의 신비적 도(道)를 의미하는 "영원히 여성적인 것"에 이끌려 보다 드높은 영역으로 날아가는 것이다.

7. 파우스트 영혼의 구원과 그 문제성

파우스트는 구원된다. 다른 사람들을 무수히 끝없는 불행으로 몰아넣고 죽음 속에 묻어버린 인간이며, 극단적 이기주의자인 동시에 지독한 폭군인 파우스트, 그러나 그는 구원된다. 이는 모든 인간의 죄와 속죄를 저울질하고, 그 다음에야 구원이냐, 아니면 저주냐를 결정짓는다는 인간윤리나 종교적 논리에 모순되는 것이 아닌가. 그뿐만 아니라 전통적 비극에서 당연히 기대되는 주인공의 비극적 몰락은 어디에 있는가.

이런 의문에 대한 자취는 찾아볼 수가 없다. 만년의 괴테는 파우스트를 "고귀한 사람"이라 부르기도 하고, 천사와 악마의 안식일에 대한 거짓말을 하는가 하면, 파우스트의 구원된 영혼이 향연에 싸여 둥실둥실 천국으로 떠나가도록 하기도 한다. 많은 연구가들은 파우스트의 구원을 이성의 범주를 벗어난 일종의 신비(神秘)라고 말하면서, 죽음을 앞둔 괴테가 만들어낸 창조물로 간주한다. 이들은 모두 만년의 괴테가 "파우스트는 백발노인으로서 끝을 맺으며, 노년기엔 우린 모두가 신비주의자가 된다"라고 한 말을 근거로 삼는다.

비극의 마지막 장면에서 천사들은 구원된 파우스트의 영혼을 하늘나라로 인도하며 이렇게 노래한다. "영들 세계의 고귀한 한 사람이 / 악으로부터 구원되었도다. / 언제나 열망하며 노력하는 자, / 그 자를 우리는 구원할 수 있노라. / 또한 그에게 사랑의 은총까지도 / 천상으로부터 관여해 왔으니, / 천복 받은 신성한 무리가 그를 / 진심으로 영접해 맞이하노라."

이 노래는 주인공의 영혼을 구원함에 있어서 이 세상과 저 세상이 서로 협력하는 관계에 있음을 나타낸다. 이 세상의 요소로는 파우스트가 언제나 열

"영원히 여성적인 것이 우리를 이끌어간다."
페터 슈타인 연출(1999/2000)

망하며 노력한다는 것이다. 죽음까지 초월한 초인적 노력을 함에 있어서 그는 혼미해지기도 하고 세속적 오류를 범하기도 하지만, 이는 지배와 피지배 사이에 어쩔 수 없이 발생하는 운명적 사건들로 이해된다. 파우스트는 인간행동을 마비시키는 근심이 나타날 때에도, 이를 거절하고 극복하며 마술로부터도 몸을 돌린다. 요녀의 입김으로 눈까지 멀지만, 그는 마음속으로부터 밝아오는 "내면의 빛"에 인도되어 바다와의 투쟁을 계속한다. "언제나 열망하며 노력하는 자"로서 요녀를 이겨내고, 마술을 거부함으로서 구원의 가능성을 얻는 것이다.

그러나 순수한 활동만으로 구원되는 것은 아니며, 여기에는 저 세상으로부터의 도움이 절대 필요하다. "천상으로부터" 관여해오는 사랑과 은총의 힘이 협력해야만 한다. 그가 죽은 다음 옛 애인 그레첸이 다시 등장하여 지고한 사랑의 힘으로 파우스트의 영혼과 하나가 된다. 그리고 영광의 성모에게 매달리어 "영기 어린 옷자락으로부터 / 최초의 젊은 기운으로 나타나는" 그를 돕게 해달라고 간청하며, 그의 영혼을 구원하기 위해 은총을 빈다.

두 가지 요소, 즉 이 세상의 끊임없는 노력과 능동적 행위, 그리고 저 세상에서 관여해온 수동적 사랑과 은총을 근본으로 파우스트는 구원된다. 그러나 괴테의 은총이란 기독교적 은총개념과 일치한다고 말할 수는 없다. 그는 인본주의적 요소와 기독교적 상징세계를 결부시켜 파우스트의 죽음과 구원문제를 우주적 의미에서 조화롭게 해결한다. 파우스트는 구원을 위해 간청하지 않음으로, 그의 구원은 기독교적이 아니라 "인본주의적 종교"의 방법으로 이루어진다. 이 종교에서는 "인간을 신으로 고양시키기 위하여, 신이 인간이 되고 있기 때문이다."

나아가 괴테는 파우스트 영혼의 구제를 통해 인간의 신적 요소인 불멸성에 대한 독자적 믿음을 표현한다. 즉 그는 끊임없는 활동에 내재하는 인간의 지속적 본질인 엔텔레케이아(발전과 완성을 성취시켜주는 유기체 내부에 있는 힘)를 믿으며, 파우스트의 노력을 이러한 원칙으로 간주한다. 괴테는 기독교적 저세상에 대한 금욕주의적 계율을 거절하고, 자연에 대한 다른 태도의 가능성을 보면서 유기적 근본과 인간의 변전, 그리고 불멸의 엔텔레케이아를 믿는다고 할 수 있다. 이러한 독자적 종교성은 최초의 근원으로부터 몰락을 거쳐 다시 소생한다는 3단계적 윤회, 즉 철두철미 윤회로 되풀이되는 우주변화의 과정에 입각한 괴테의 세계관 또는 구원의 이념과도 일맥상통하는 것이다.

8. 만인(萬人)의 책, 괴테의『파우스트』

과거로부터 현재까지 세계적 물의를 일으키고 있는 파우스트 박사의 비극적 운명을 소재로 취급한 모든 예술작품 중에서 괴테의『파우스트』만큼 성공을 거둔 작품은 없다. 작가는 자신의 긴 생애 동안에 내·외적으로 생각하고 체험한 모든 것을 문학 예술적으로 표현해놓았기 때문에 독자는 이 작품에서 누구에게나 적용되는 인생관과 세계관을 맛보게 된다. 즉 괴테는 개인적인 것을 전 인간적인 것으로 승화시켜놓았으니, 우리는 인간이 희망하고 노력하고 사랑하고 미워하고 괴로워할뿐만 아니라 생각하고, 체험하는 등 영원히 반복되는 인간 존재의 내용을 이 작품에서 발견할 수 있다.

다시 말하면 우리처럼 이 세상을 살아가는 주인공의 인생길 속에 많든 적든 간에 누구나 접할 수 있는 전 인류의 문화가 서술된다. 즉 문학과 철학, 도덕과 종교, 법률과 국가, 직업과 수공업, 경제와 무역, 정치와 전쟁, 자연과 문명 등 우리가 배우고 느끼고 체험하는 모든 분야가 다루어진다. 그뿐만 아니라 인간이라면 누구나 경험하게 되는 인생의 자극과 감정, 사랑과 증오, 인식과 향락에 대한 욕망, 성스러움과 죄악, 아름다움과 추악함, 경건함과 미신, 이기심과 희생의지, 순결과 야비함, 이성과 관능이 다루어진다. 그 외에도 낙관주의와 염세주의, 개인주의와 사회주의, 범신론과 범악마론, 물질주의와 이상주의, 기독교와 그리스신화와 여타의 다른 종교 등 인간생활과 세계생활에 관계되는 모든 영역이 언급된다. 그러므로 우리가 원한다면 각자에게 적합한 이념을 선택하고, 그 하나하나의 정신과 지혜, 감정과 사상 등에 몰두하여 깊이 생각하고 철학할 수 있다.

그뿐만 아니라 괴테는 근 200년 전에 그 당시로서는 상상할 수 없는 예언자적 역할도 한다. 예를 들면 파우스트는 수천 년 전 재정난에 허덕이는 황제의 궁정에서 지하에 묻힌 금은보화를 담보로 지폐를 만들어낸다. 동서고금의 미녀들과 섹스향연을 벌이기도 한다. 또한 그는 끝없는 바다를 밀어내고 늪지대를 말려버린 후, 수백만 인간에게 비옥한 토지를 개간해준다. 간척사업을 실행하며, 닥쳐올 고도의 물질문명을 예언한다. 그는 자기가 만든 땅에 오곡이 무르익고 수많은 백성이 자유롭게 살아가는 이상향 세계를 계획한다. 그뿐만 아니라 위대한 학자가 된 파우스트의 조수가 오늘의 시험관 아기라 할 수 있는 인조인간 호문쿨루스를 만들어낸다. 그는 기절해 정신을 잃은 파우스트의 꿈을 투시하고, 타임머신 같은 비행망토를 타고 그를 고대 그리스세계로 데려가기도 한다. 이렇게 『파우스트』에는 무궁무진한 인생과 세계와 우주에 관한 문학정신이 담겨있다. 이런 과거와 현재와 미래의 종합적 사상들을 접함으로써, 우리 한 사람 한 사람이 진정한 자기 자아를 발견하고, 자신의 인생관과 세계관을 정립할 수 있으리라.

끝으로 괴테의 비극 『파우스트』가 무엇보다도 값진 이유를 말하고자 한다. 즉 괴테의 『파우스트』는 "구원의 책"이라는 점이다. 선악의 저편에서 끊임없이 노력하며 방황하던 절망적 예외인간 파우스트의 비극적 이야기를 읽고 생각하고 느낌으로써, 우리는 냉혹한 현실 앞에 굴복하고 절망하는 것이 아니라 오히려 삶의 온갖 역경을 극복하고 유혹을 물리칠 수 있는 힘을 얻게 된다는 것이다. 가혹하고도 적나라한 삶 자체를 눈앞에서 볼 수 있으나 우리는 그로 인해 몰락하지 않고, 오히려 모순투성이의 인생과 투쟁하며 내면적으로 자유로워지는 의지와 강인한 힘을 부여받는 것이다. 이것이 바로 괴테의 『파우스트』를 불후의 명작으로 남게한 이유이다.

(이인웅)

05. 시(Gedichte)

GOETHE LEXIKON

오월 축제/오월의 노래
(Maifest /Mailied)

오월 축제/오월의 노래	Mayfest/Mailied
얼마나 찬란하게 빛나는지	Wie herrlich leuchtet
내게 자연은!	Mir die Natur!
태양은 얼마나 반짝이는지!	Wie glänzt die Sonne!
벌판은 얼마나 웃는지!	Wie lacht die Flur!
가지가지마다	Es dringen Blüten
꽃들 밀려 나오고	Aus jedem Zweig
덤불에서는	Und tausend Stimmen
수천의 목소리 밀려나오고	Aus dem Gesträuch
가슴 가슴마다	Und Freud und Wonne
기쁨과 환호 터져나온다	Aus jeder Brust.
오 대지여, 오 태양이여,	O Erd', o Sonne,
오 행복이여, 오 기쁨이여.	O Glück, o Lust,
오 사랑, 오 사랑이여,	O Lieb', o Liebe
금빛으로 아름다워라	So golden schön
저 언덕 위	Wie Morgenwolken
아침구름처럼	Auf jenen Höhn,

파릇파릇한 들판을	Du segnest herrlich
그대가 찬란하게 축복하는구나	Das frische Feld,
꽃 아지랑이 속	Im Blüten Dampfe
충만한 세계를!	Die volle Welt!
오 소녀, 소녀여,	O Mädchen Mädchen,
나 얼마나 그대를 사랑하는가!	Wie lieb' ich dich!
그대 눈은 얼마나 빛나는가	Wie blinkt dein Auge!
그대 얼마나 나를 사랑하는가!	Wie liebst du mich!
그렇게 종달새가	So liebt die Lerche
노래와 창공을 사랑하고	Gesang und Luft,
아침 꽃들이	Und Morgenblumen
하늘 향기를 사랑하지	Den Himmels Duft
따뜻한 피로	Wie ich dich liebe
나 그대를 사랑하듯,	Mit warmen Blut,
내게 젊음과	Die du mir Jugend
기쁨과 용기를 주는	Und Freud und Mut
새로운 노래를 부르고	Zu neuen Liedern,
춤출 용기를 주는 그대를	Und Tänze gibst!
영원히 행복하라	Sei ewig glücklich
그대 날 사랑하는 모습 그대로!	Wie du mich liebst!

첫 행 "Wie herrlich leuchtet / mir die Natur"는 자연에 대한 경탄의 대명사처럼 인용된다. 그런데 그렇게 밖에 안 되는 그 번역 "얼마나 찬란하게 빛나는지 / 내게 자연은"은, 얼마나 불충분한 번역인지. 똑같이 '빛나다'라는 뜻이지

만 'leuchten'은 표면이 '반짝이는(glänzen)'것과는 달리 안에서 불이 켜져서 밝은 것이다. 서정적 자아에게는 온 천지가 마치 헤아릴 수 없는 발광체인 듯 안으로부터 밝혀져 나오는 초록 등불을 켜드는 듯하다.

그리하여, 주님(Herr)의 손길이나 가능하게 했을 이 장려한(herrlich) 오월의 신록(新綠) 앞에서 가슴 벅찬 젊은이의 눈에는 태양의 반짝임이 보이고 귀에는 벌판의 웃음소리까지 들려온다. 자연이 온 감각으로 다가오는 것이다. 그렇게 열려 있는 감각에 다가오는 자연의 역동성은 대단하다. "가지가지마다" 빼곡히 피어나는 꽃은 그저 피어나는 것이 아니라 "밀려나온다". 만물이 약동하는 오월, 메말랐던 덤불나무가지들에 한꺼번에 솟구치듯 돋아나는, "밀려나오는" 초록 잎들은 그 솟구침이 세차서 소리로마저 들린다. 함성 같다. 초록 잎이 밀려나온다고 않고 "수천의 목소리들"이 밀려나온다고 한다. 이렇게 느끼는 젊은이의 가슴에서도, 그 솟구치는 잎새들의 "수천의 목소리"처럼 밀려나오는 것이 있다. 기쁨과 환호이다. 감탄사가 연발되며 대지, 태양, 기쁨, 행복이 연발된다. 그것들은 느끼는 사람의 가슴에서 "밀려나오는 수천의 목소리"이다.

이어지는 시는 13행부터 사랑의 노래가 되어간다. 청년답게 그 모든 감탄이, 힘주어 사랑으로 귀결되는데, 사랑은 그 빛나는 자연 위를 감도는 수호령(Genius)인양 구체화된 "그대"를 등장시키고 "그대"는 다시 사랑하는 소녀가 되어 자연의 찬가는 사랑의 찬가가 된다. 젊은이답다. 독자도 이 젊은이의 환호작약을 미소지으며 바라보게 된다. 사랑은 축복의 기원으로 마무리된다. "영원히 행복하라 / 그대 날 사랑하는 모습 그대로!"

7연과 8연의 비교는, 통상의 비유를 뒤집어서 신선하다. 종달새처럼 내가 노래하는 것이 아니고 "나"처럼 종달새가 사랑한다고 한다. 비교 속의 꽃은 "아침꽃(Morgenblumen)"이어서 더욱 신선하다. [그런데 그 꽃이 사랑한다는 "하늘 향기(Himmelsduft)"는, 사실 괴테가 쓴 어법들을 연구한다면 "하늘의 운무"로 번역되는 것이 맞다. 그러나 오늘날 널리 향기로 읽히는 단어를, 더구나 시어를, 굳이 그 당시의 특수한 어법 연구에 따라 "운무"로 번역할 필요는 없다고 생각한다. 오늘의 독자에게는 너무도 당연히 "향기"이므로.] 이렇듯 남김없이 활짝 열린 감각으로 받아들이는 신선한 오월의 자연 — 신과 자연과 사랑과 창조가 한데 어우러지는 "신-자연(Gott-Natur)"이라는 거창한 개념이 괴테의 시

세계에서는 얼마나 구체적으로 형상화되어 나타나는지 짐작해 볼 수 있다.

Mayfest.

Wie herrlich leuchtet
Mir die Natur!
Wie glänzt die Sonne!
Wie lacht die Flur!
Es dringen Blüten
Aus iedem Zweig,
Und tausend Stimmen
Aus dem Gesträuch,
Und Freud und Wonne
Aus ieder Brust.
O Erd o Sonne
O Glück o Lust!
O

1774년 판본

시는 행이 짧아서 자주 숨 막힐 만큼 빨리 읽게 된다. 우선 감탄사가 연발되어 그렇고, 행은 짧은데다 효과 강한 행이나 연의 첫머리 '시어의 반복(Anapher)'이 많아서도 그렇다. 그중 'Wie'라는 단어는 무려 열한 번이나 행 첫머리에 나온다. 수많은 감탄사 외에도 숨 가쁘게 읽어갈 수밖에 없는 또 하나의 이유는 짧은 행들이 자주 연을 넘겨 이어지기 때문이다. 마지막 세 개의 연에서는 한 문장이 무려 세 연에 걸쳐 이어지고, 두 번째, 세 번째 연도 한 문장으로 이루어져, 그야말로 "질풍"같이 읽게 된다. 질풍노도(Sturm und Drang)기의 시이다.

모두 강음 둘인 짧은 행들이 낱낱으로 흩어지는 것을, 단순한 운율 구조의 틀이 막아준다. 세 행 — 강약약격(Daktylus, x'xx)으로 된 첫 연 첫 두행과 둘째 연 둘째 행 — 을 제외하고는 나머지 33행 모두가 강음이 둘인 약강격(Jambus, x x')이며 짝수 행만 운이 맞추어져 있어(xaxa) — 3연은 홀수행까지 맞추어져 있다 — 전체가 한 구조로 단단히 결합되어 있다.

(위에서 언급한) 첫머리 시어 'wie'의 반복 역시 전체를 한데 얽는 역할을 하고 있다. 대부분은 감탄문을 이끌고 있지만 변화를 주어 한 차례 비교문을 이끌기도 하고(9연), 맨 마지막 연 맨 마지막 행에 이르면 다양한 의미 — "...하는 대로", "...하기 때문에" 또한 "...처럼" — 를 한꺼번에 담고 있어 마지막 갈무리의 묘까지 더하고 있다. 번역에서는 옮기는 이가 비중을 두는데 따라 세 가지 의미 중 하나를 취사선택할 수밖에 없어, 민음사판 시전집의 경우, 부득이 각주

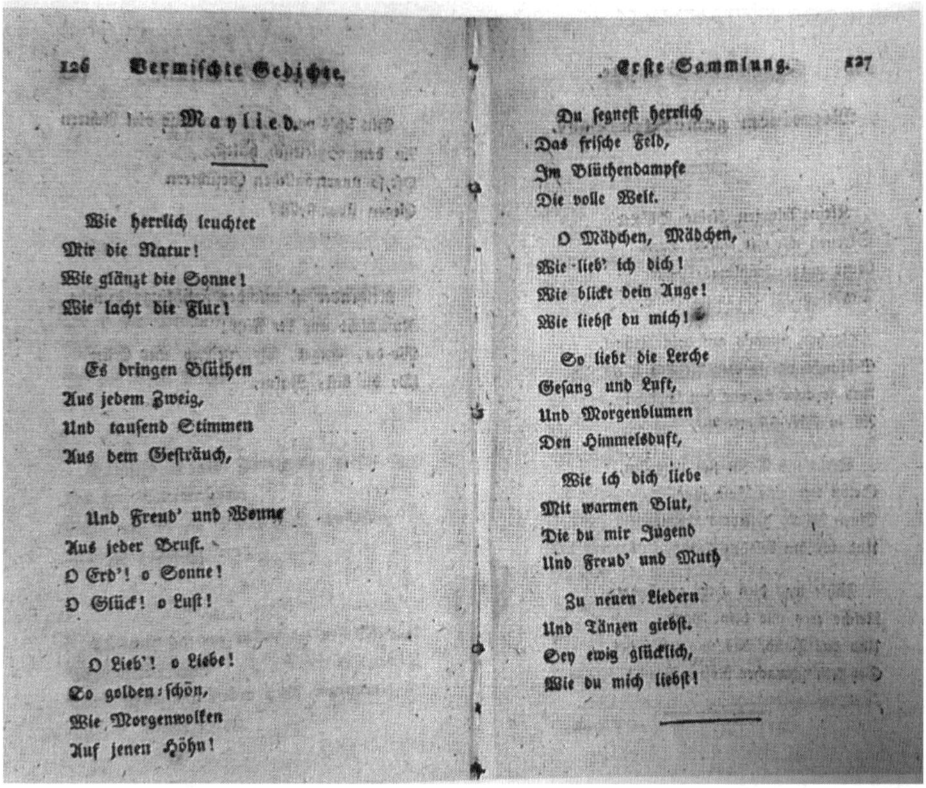

126 Vermischte Gedichte.

Maylied.

Wie herrlich leuchtet
Mir die Natur!
Wie glänzt die Sonne!
Wie lacht die Flur!

Es dringen Blüthen
Aus jedem Zweig,
Und tausend Stimmen
Aus dem Gesträuch,

Und Freud' und Wonne
Aus jeder Brust.
O Erd'! o Sonne!
O Glück! o Lust!

O Lieb'! o Liebe!
So golden schön,
Wie Morgenwolken
Auf jenen Höhn!

Erste Sammlung. 127

Du segnest herrlich
Das frische Feld,
Im Blüthendampfe
Die volle Welt.

O Mädchen, Mädchen,
Wie lieb' ich dich!
Wie blickt dein Auge!
Wie liebst du mich!

So liebt die Lerche
Gesang und Luft,
Und Morgenblumen
Den Himmelsduft,

Wie ich dich liebe
Mit warmen Blut,
Die du mir Jugend
Und Freud' und Muth

Zu neuen Liedern
Und Tänzen giebst.
Sey ewig glücklich,
Wie du mich liebst!

1789년 판본

를 달았다.

이 빛나는 5월의 노래는 정말로 오월에, 그러니까 1771년 5월, 6월에 쓰인 것으로 추정된다. 그해 5월 18일에 시작된 강림절 휴가 때 스물한 살의 괴테는 프리데리케가 있는 제젠하임의 브리온 목사댁에 머물렀다. 그러나 프리데리케가 아팠고, 그 자신도 몹시 기침에 시달려 많이 침체된 상태였다. 시에 쓰인 그 아름다운 세계는 사실 그의 침울과는 그만큼 대조적이었다. 원고가 1774년 야코비(Johann Georg Jacobi)에게 전한 시편들 가운데 있었던 듯, 1775년 정월에 나용 야코비가 펴내는 잡지 <이리스(Iris)>지에 "오월 축제"라는 제목으로 수록 되었고, 나중에 1789년에 나온 『저술(Schriften)』에는 "오월의 노래(Maylied)"로 제목이 바뀌고 부호가 몇 개 달라졌을 뿐이다. (33행에 쉼표가 없어지고 34행은 마침표로 끝나며 35행은 쉼표로 끝난다.) 그래서 연구들에서는 대체로 수정본 텍스트를 쓰면서, 제목은 초판본을 다는 경우가 조금 더 많다. "5월의 축제"에서 "5월의 노래"로 제목을 바꾼 것은 물론 범위를 넓히려 했을 것이다. 어느 하루의 잔칫날에 그치는 것이 아니라 온 5월의 감정을 담은 노래인 것. 그런데 초판본 제목 "5월 축제"를 고집하는 경우는 물론 이 노래에 담긴 축제와도 같은 홍취를 좀 더 강조하려는 것일 것이다.

(전영애)

가슴이 뛰었다... / 환영과 이별
(Es schlug mein Herz... / Willkommen und Abschied)

환영과 이별 (수정본)	Willkommen und Abschied
내 가슴이 뛰었다. 얼른, 말로!	Mir schlug das Herz, geschwind zu Pferde!
미처 생각도 하기 전에 해버렸네.	*Es war getan fast ehe gedacht.*
저녁은 이미 대지를 잠재우고	Der Abend wiegte schon die Erde,
산에는 밤이 거려 있었다.	Und an den Bergen hing die Nacht;
벌써 안개옷 입고 서 있다 떡갈나무가	Schon stund im Nebelkleid die Eiche,
저 우뚝 치솟은 거인이, 저기	Ein aufgetürmter Riese, da,
덤불 속에서 어둠이	Wo Finsternis aus den Gesträuche
백 개의 꺼먼 눈알로 내다보는 곳에.	Mit hundert schwarzen Augen sah.
달은 구름 언덕에서 솟아 나와	Der Mond von feinem Wolkenhügel
안개 밖으로 초라하게 얼굴을 내밀고	*Sah* kläglich aus dem Duft hervor;
바람은 나직이 날개를 퍼덕이며	Die Winde schwangen leise Flügel
오싹하게 씽씽 귓전을 스쳤다	Umsausten schauerlich mein Ohr;
밤은 천(千)의 괴물을 만들고 있었지만	*Die* Nacht schuf tausend Ungeheuer,
내 용기는 즐겁게 치솟기만 했으니	Doch *frisch und frühlich* war mein Mut:
내 온 핏줄 속 이 불길!	*In meinen Adern welches Feuer!*
내 심장 속 이 이글거림!	*In meinem Herzen welche Glut!*

그대를 바라보면, 온화한 기쁨이	Ich sah dich, und die milde Freude
그 감미로운 시선으로부터 내 몸 위로 흘렀고	Floß aus dem *süßen* Blick auf mich.
내 마음 온통 그대 곁에 있어	Ganz war mein Herz an deiner Seite,
숨결 하나하나도 그대 위한 것이었다.	Und jeder Atemzug für dich.
장밋빛 봄 기운이	Ein rosenfarbes Frühlings*wetter*
사랑스런 얼굴을 감돌고	*Umgab das* liebliche Gesicht,
나 위한 사랑 있으니 - 그대 신들이여!	Und Zärtlichkeit für mich - ihr Götter!
나 희망하였을 뿐, 얻을 자격은 없었다오!	Und hofft' es, ich verdient' es nicht.
그러나, 아침 해가 떠오르자 벌써	Doch ach, schon mit der *Morgensonne*
이별이 나의 가슴을 죄어 오는구나	Verengt der Abschied mir das Herz:
그대의 입맞춤에 담긴 이 희열!	In deinen Küssen, *welche Wonne!*
그대 눈 속에 담긴 이 고통!	*In deinem Aug welcher Schmerz!*
나는 떠나고, 그대는 서서 시선을 떨구고	*Ich ging, du standst und sahst* zur Erden,
그리고 내 뒷모습을 젖은 눈길로 보았지	Und *sahst mir* nach mit nassem Blick
그러나 얼마나 행복인가, 사랑받는다는 것은!	Und doch, welch Glück! geliebt zu werden!
또 얼마나 행복인가!	
그리고 사랑하는 것은, 신들이여,	Und lieben, Götter, welch ein Glück!

<가슴이 뛰었다> (1771년 <Iris> 판본)

Mir schlug das Herz geschwind zu Pferde,
Und fort, wild, wie ein Held zur Schlacht!
Der Abend wiegte schon die Erde,
Und an den Bergen hing die Nacht;
Schon stund im Nebelkleid die Eiche,
Ein aufgetürmter Riese, da,

Wo Finsternis aus den Gesträuche
Mit hundert schwarzen Agen sah.

Der Mond von seinbem Wolkenhügel,
Schien kläglich aus dem Duft hervor;
die Winde schwangen leise Flügel,
Umsaustn schauerlich mein Ohr;
Wo nacht schuf tausend Ungeheuer —
Doch tausenacher war mein Muth;
Mein Geist war ein verzehrend Feuer,
Mein ganzes Herz zerfloß in Gluth.

Ich sah diech, und die milde Freude
Floß aus dem süßen Blick auf mich.
Ganz war mein Herz an deiner Seite,
Une jeder Atemzg für dich.
Ein rosenfarbes Frühlings Wetter
Lag auf dem lieblichen Gesicht,
Und Zärtlichkeit für mich, ihr Götter!
und hofft' es, ich verdient' es nicht.

Der Abschied, wie bedrängt, wie trübe!
Aus deinen Blicken sprach dein Herz.
In deinen Küssen, welche Liebe,
O welche Wonne, welcher Schmerz!
Du gingst, ich stund, und sah zur Erden,
Und sah dir nach mit nassem Blick;
Un doch, welch Glück! geliebt zu werden
Und lieben, Götter, welch ein Glück!

244 (o)

Mir schlug das Herz; geschwind zu Pferde,
Und fort, wild, wie ein Held zur Schlacht!
Der Abend wiegte schon die Erde,
Und an den Bergen hieng die Nacht;
Schon stund im Nebelkleid die Eiche,
Ein aufgethürmter Riese, da,
Wo Finsterniß aus dem Gesträuche
Mit hundert schwarzen Augen sah.
Der Mond von seinem Wolkenhügel,
Schien kläglich aus dem Duft hervor;
Die Winde schwangen leise Flügel,
Umsausten schauerlich mein Ohr;
Die Nacht schuf tausend Ungeheuer—
Doch tausendfacher war mein Muth;
Mein Geist war ein verzehrend Feuer,
Mein ganzes Herz zerfloß in Gluth.

(o) 245

Ich sah dich, und die milde Freude
Floß aus dem süßen Blick auf mich.
Ganz war mein Herz an deiner Seite,
Und ieder Athemzug für dich.
Ein rosenfarbes Frühlings Wetter
Lag auf dem lieblichen Gesicht,
Und Zärtlichkeit für mich, ihr Götter!
Ich hoft' es, ich verdient' es nicht.
Der Abschied, wie bedrängt, wie trübe!
Aus deinen Blicken sprach dein Herz.
In deinen Küßen, welche Liebe,
O welche Wonne, welcher Schmerz!
Du giengst, ich stund, und sah zur Erden,
Und sah dir nach mit naßem Blick;
Und doch, welch Glück! geliebt zu werden,
Und lieben, Götter, welch ein Glück!

이리스판본 (1771)

*

이 시는 함부르크판 괴테전집에서 <제젠하임의 시(Sesenheimer Lyrik)>로 묶여 있는데 판본이 여럿인 것으로도 유명하다. 첫 10행이 프리데리케 브리온의 언니 조피의 필사로 전해져 쓰인 시기는 1771년에 쓰인 시기로 추정된다. 시 전체가 처음 인쇄된 것은 1775년 <이리스(Iris)>지이며 1789년 『저술(Schriften)』에서 괴테는 "근본적으로" 수정하여 "환영과 이별"이라는 제목을 덧붙였는데 1810년의 『작품(Werke)』도 이 판본과 같다. 현대의 해석의 다수가 바탕으로 하는 함부르크판은 첫 10행은 제젠하임의 필사본을 따르고 나머지는 이리스판을 취했다. 프랑크푸르트판, 뮌헨판은 1775년의 이리스판과 1790년과 1810년판을 수록하거나 가볍게 현대화한 버전으로 수록하고 있으며 원형은 『젊은 괴테(Der junge Goethe)』에만 실려있다. 본 해설에서는 많이 알려진 (괴테의 1789년 수정 이후의) 「환영과 이별」이라는 제목을 단 함부르크판본을 먼저 수록하고 제목이 없어 첫 행 "가슴이 뛰었다(Es schlug mein Herz)"로 표시하는 이리스

판본은 사진으로 수록하면서 차이가 많이 나는 부분을 이탤릭체로 표시하였다.

*

"가슴이 뛰었다, 얼른 말로!" — 그 어떤 설레임의 대상을 향해 가기 위해 거두절미하고 곧장 "얼른 말로!"라고 외치는 이 첫 구절 만으로도, 젊은 시인의 열정의 한 시절이 잘 드러난다. 이 시는 <제젠하임의 시편>들의 범례적인 시로 꼽힌다. 어둠을 뚫고 달려가는 내달림, 어둠이 내리는 자연의 이미지들에는, 시적 자아가 맞서는, 무서움과 불안이 투영되어 있다. 사랑하는 사람과의 만남, 바라보는 기쁨과 이별에서의 고통이 마지막 결말부에서 수습된다.

"가슴이 뛰었다, 얼른 말로!"의 급박함은 나중에 문학사가 "질풍노도기(Sturm und Drang)"로 표기하게 되는 감정이 참으로 잘 드러나는 한 구절이다. 이어지는 두 번째 행, "미처 생각도 하기 전에 해버렸네"라는 구절은 이리스 판본과 차이가 많이 나는데, 비유를 쓴 이리스판 "그렇게 계속, 영웅이 전투로 나아가듯 휘달려(Und fort, wild, wie ein Held zur Schlacht!)"보다 전하려는 바가 더 직설적으로 강화되었다. 어딘가에 부르는 것이 있어 그 자석에 이끌려가듯 말에 올라 휘달려가지만, 어둠이 내리는 천지를 홀로 달리며 느껴지는 무서움이, 그 면면의 활물(活物)을 통해 감각적으로 전달된다. 산에 걸린 어둠, "탑처럼 우뚝 솟은 거인, 저기"라고 가리켜 보이는 "안개옷을 입은 우람한 참나무". 덤불나무에서는 "수백 개의 시꺼먼 눈"이 내다보는 듯하고, 달은 구름더미에서 얼굴을 내밀고, 획획 말을 내달리는 터라 귓전을 씽씽 스쳐가는 바람은 "날개"를 흔든다. 그러나 어둠을 만들어내는 수천가지 "괴물들"이 있어도 "즐겁게 치솟는" 용기를 내는 마음으로 전반부가 마무리 되는데, 그 상황의 좀 더 효과적인 표현이 문제였던 듯 두 판본에서 차이가 많이 난다. 이리스판의 시적 서술 "내 정신은 번져가는 불 / 내 모든 마음이 열화로 녹았다"은 수정본에서 강렬한 감탄문의 반복으로 다듬어져 효과가 높혀져 있다. "내 온 핏줄 속 이 불길 / 내 심장 속에 이 이글거림!"

시의 전반부가 달려가는 길을 그리는데 비해, 후반부는 만남(3연)과 헤어짐

(4연)을 그리고 있다. 만남이 그려지는 3연은 이리스 판본이나 수정본이나 미세한 단어 교정정도의 차이가 있으나 헤어짐이 그려지는 4연 후반부에서는 주체와 객체가 바뀐다. 이리스 판에서는 "그대"가 가고 "내"가 남아 있는데 수정본에서는 떠나는 사람과 남는 사람이 바뀐다. 그럼으로써 말을 휘달려 갔던 사람과 떠나는 사람이 동일인이 되어 수미일관해졌다. 누가 머물고 누가 떠나든, 아침에 이별하는 연인들의 상황을 그리는 중세이별가 "아침노래(Tageslied)"의 전통도 상기된다. 그리고 어느 판본에서든 가장 중요한 마지막 결론은 그대로이다.

이별의 상심을 하나의 지혜로써 수습함으로써 스스로를 위로하고 있다. "그러나 얼마나 행복인가, 사랑받는다는 것은 / 그리고 사랑하는 것은, 신들이여, 또 얼마나 행복인가!"라고. 이 힘이 실린 구절은 원어에서 거의 같은 단어들(welch, Glück, lieben)을 엇갈리게 반복하는 교차어법(Chiasmus)의 구조로 인하여(welch Glück! geliebt zu werden! / Und lieben, Götter, welch ein Glück!) 더더욱 돋보이게 강조되어 있다. 유명한 결말부 강조(Schlußpointe)이다.

사랑을 만나러 어둠을 헤치며 휘달려 가고, "무서운데도 용기를 내며 달려가고, 만남의 행복이 잠깐 있지만 그래도 또 떠나야 하고. 그러면서 생각에 젖는 젊은이의 모습이 영화의 한 장면처럼 선연하다. 실제의 청년 괴테가 말 달려간 슈트라스부르크에서 제젠하임까지의 거리는 여섯 시간 정도였다고 한다. 그곳에서 프리데리케를 만나는 청년 괴테의 모습은 노년의 괴테가 쓴 자서전 『시와 진실(Dichtung und Wahrheit)』에 한 편의 독립된 소설작품처럼 흥미진진하게 방대한 분량으로 그려져 있기도 하다.

*

(괴테의 1789년 수정 이후의) <환영과 이별>이라는 제목을 단 함부르크 판본과 첫 행 "가슴이 뛰었다(Es schlug mein Herz)"로 표시하는 이리스 판본의 차이를 간략히 살핀다.

"가슴이 뛰었다, 얼른 말로!" — 곧장 행동으로 이어지는 이 큰 설레임에 이어지는 둘째 행에서 판본의 차이가 많이 난다. "미처 생각하기도 전에 행했다/

말에 올랐다"는 수정본과는 달리 이리스판에서는 "그렇게 계속, 영웅이 전투로 나아가듯 휘달려(Und fort, wild, wie ein Held zur Schlacht!)"로 되어 있다. 비유로 에두른 초판본 보다 전하려는 바가 더 직설적으로 강화되었다.

그 다음으로 차이가 많이 나는 곳은 둘째 연의 마지막 두 행. 이리스 판의 시적 서술 "내 정신은 번져가는 불 / 내 모든 마음이 열화로 녹았다"는 수정본에서 감탄문의 반복으로 다듬어져 효과가 높혀져 있다. "내 온 핏줄 속 이 불길! / 내 심장 속 이 이글거림(*In meinen Adern welches Feuer! / In meinem Herzen welche Glut!*)" 두 판본에서 차이가 많이 나는 것은 그 상황의 효과적인 표현이 문제였던 듯하다. 수정본에서는 강렬한 감탄문으로 바뀐데다가 두 행의 반복적인 병렬구조로 엄청나게 직접성이 강조되어 있다.

세 번째로 큰 차이를 보이는 곳은 마지막 연의 가운데 부분(4,5행). 떠나는 이, 남는 이가 바뀐다. (만남이 그려지는 3연은 이리스 판본, 수정본이나 미세한 단어 교정정도의 차이가 있으나 헤어짐이 글지는 4연 후반부에서는) 주체와 객체가 바뀐다. 이리스 판에서는 "그대"가 가고 "내"가 남아 있는데 수정본에서는 떠나는 사람과 남는 사람이 바뀐다. 그럼으로써 (말을 휘달려) 갔던 사람과 떠나는 사람이 동일인이 되어 수미일관해졌다.

전체적으로 수정본이 더 다듬어져 효과가 높아졌다. 그리고 가장 중요한 마지막 결론은 어디서든 변함없이 그대로이다.

(전영애)

들장미
(Heidenröslein)

들장미	Heidenröslein
보았네, 소년이 작은 장미	Sah ein Knab’ ein Röslein stehn,
들에 핀 장미	Röslein auf der Heiden
갓 피어 아침처럼 고왔네	War so jung und morgenschön,
얼른 달려갔네, 가까이서 보려고	Lief er schnell, es nah zu sehn,
큰 기쁨으로 바라보았네.	Sah’s mit vielen Freuden.
장미, 장미, 장미, 붉어라	Röslein, Röslein, Röslein rot,
들에 핀 장미.	Röslein auf der Heiden.
소년이 말했네, 널 꺾을 테야	Knabe sprach: Ich breche dich,
들에 핀 장미.	Röslein auf der Heiden!
장미도 말했네, 널 찌를 테야	Röslein sprach Ich steche dich,
네가 날 영원히 생각하도록	Daß du ewig denkst an mich,
또 참고만 있지도 않겠어.	Und ich will’s nicht leiden.
장미, 장미, 장미, 붉어라	Röslein, Röslein, Röslein rot,
들에 핀 장미.	Röslein auf der Heiden.
그 거친 소년이 꺾었네	Und der wilde Knabe brach
들에 핀 장미.	’s Röslein auf der Heiden;
장미는 거부하며 찔렀네	Röslein wehrte sich und stach,

'아얏'도 '아아'도 소용없었네	Half ihm doch kein Weh und Ach,
참을 수 밖에 없었네.	Mußt' es eben leiden.
장미, 장미, 장미, 붉어라	Röslein, Röslein, Röslein rot,
들에 핀 장미.	Röslein auf der Heiden.

짧지만 그 안에 서사적, 극적, 서정적 요소를 두루 품고 있어 괴테가 "근원의 알(Ur-Ei)"이라고 불렀던 집약적인 장르 발라데의 특징을 이 경쾌하고 짧은 시는 선명히 보여준다. (함부르크판 전집 청년기 발라데 묶음의 첫 작품이다.) 갓 피어난 들장미의 신선한 아름다움에 혹하여 달려가는 소년의 모습, 읽는 사람에게서 미소가 번지도록 산뜻하게 그려 보이는데, 지극히 소박한 어휘로 그려지는 이 작은 '사건'의 묘사에는 극적, 시적 장치가 지극히 정교하게 더해져 있다.

1연에서는 장미를 보고 곧장 달려가는 모습이 그려지고 2연에서는 꺾으려는 소년과 꺾이지 않으려는 장미 사이의 티격태격 실랑이가 그려진다. 3연에서는 결국 꺾이고 마는 결말이 그려진다. (군더더기 없이 간결하고 소박해 보이는 외관과는 달리, 중요한 단어들이 강조되도록 배열된 원어의 어휘구사가 정교하다.)

1연: 단어 여섯 개로 구성된 첫 행으로, 작은 드라마의 무대, 사건의 발단과 등장인물이 한꺼번에 소개된다. 평서문에서 문법적으로 불가능한 파격적인 도치["Sah ein Knab (…)"]로 극적 전개를 위한 사건의 발단('보았다')이 제시되고 이어 등장인물이 소개되는데 그들과 그들의 상황에 강세가 두어져있다(보다, 소년, 장미, 그 있음: Sah, Knab, Röslein, stehn). 그 네 가지의 강세를 위해 Knabe에서는 e가 떨어져 나가고 동사 하나(sah)는 그토록 파격적으로 강조되었다. 둘째 행을 통해 부연되는 '들장미'는 꽃이 무리지어 펼쳐져 있는 배경을 읽는 사람의 마음속으로 불러온다. 셋째 행 역시 첫 행처럼 강세가 두어진 네 단어(달려갔다, 빨리, 가까이, 보려: Lief, schnell, nah, sehn)로써 사건진행이 선명하다. 넷째 행은, 강세가 넷인 다른 행들과는 달리 강세가 셋 밖에 없어서(보았다, 많은, 기쁨: Sah's mit vielen Freuden), 그 짧은 음절에 그만큼 많은 시간과 무게가 주어져 있다. 그럼으로써 보았고, (혹했기에) 대뜸 그냥 달려가버렸지만, 이제는 장미를 느긋이 바라보는 소년의 기쁨이 강조된다. 이 작은 "사건"이 들장미꽃 가득한 배경의 벌판을 다시 읽은 사람의 마음속으로 불러오는 후렴으로 마무리된다. 들장미, 들장미가 반복되고 — 꽃은 그저 상투적인 붉은 장미가 아니라 — 그 모든 것 위에다 한 획으로 붓칠을 하듯 행 끝에 놓은 붉음이 더해져, 그 한 색 붉음이 선명히 귀에 남는다("붉어라"). 이 단어는 작곡들에서 많이 강조된다.

2연: 어린 소년과 갓 핀 장미가 벌이는 실랑이—"꺾을테야(breche)", "찌를테야(steche)", "널(dich)", "날(mich)"—는 각운으로 교차되어 그 티격태격이 선명하다. 장미의 저항에는 고운 교태가 실려 있어("네가 날 영원히 기억하도록") 소녀의 이미지가 겹쳐진다. 2연에서도 강세가 셋 뿐인 짧은 넷째 행 ["또 참고만 있지도 않겠어(Und ich will's nicht leiden)."]에 그만큼 더 무게가 실린다(작곡들에서는 역시 더욱 강조된다). 이 작은 실랑이가 벌어져도 무심히 드넓은, 들장미 가득하여 한 색 붉음인 벌판을 마음속에 불러내는 후렴이 마무리하고 있다. 그 실랑이는 드넓은 벌판 혹은 세상 한구석의 그저 작은 한 사건인 것이다.

3연: 첫머리 단어 "그 거친 소년(der *wilde* Kanbe)"에서 그 실랑이의 결말이 암시된다. 그리도 단호하게 참지 않겠다 했건만, 결국 꺾임을 "견딜 수밖에 없는" 들장미, 그리고 또다시 후렴을 통해 환기되는 그런 장미 가득한 벌판, 하나하나의 드라마가 있어도, 전체로는 그저 한 색인 붉은 벌판이 또다시 사람들의 마음의 눈앞에 펼쳐진다. 그러나 그 모든 것을 겪은, 소년의 것이 된 장미에, 특정한 장미에다 정관사를 붙이지 않을 수 없어서 만들어낸 시적 파격이 눈길을 끈다. (후렴에 들장미에 정관사를 넣어야겠는데 후렴의 음절수도 깰 수 없어서 저지른 파격의 축약, 's Röslein은 독일어 어법에 없는 것이라서, 엄청나게 이목을 끈다.) 들장미는 이제 매우 특별해진, 특정한 들장미, 소년의 꽃인 것이다.

작은 사건의 '묘사'이면서 동시에 남녀관계의 한 원형이 발라데 형식을 통해 단순하고 아름답게 제시되어 있다. 거꾸로 발라데라는 종합적 형식의 특징을 통해 인간관계의 한 원형이 부각되어 있다. 무심하게 부른 듯한 이 소박한 시가 시사하는 바는 사랑의 숙명성이다. 아름다움을 바라보지만 못하고 소유하려고 꺾고 마는 젊음의 한계, 저항해 보지만 꺾이고 마는 꽃, 이는 죄과로 이어지고 마는 미숙한 사랑에 대한 상징들이다. 이야말로 괴테의 일생을 두고 이어지는 성찰, 죽음과 이어진, 죽음을 넘어선 거듭남까지도 포함하는 사랑의 통찰의 단초이기도 하다. 이 짧은 시는 상황의 묘사일 뿐만 아니라 그 자체로 상징인 것이다.

사실 이 시는 작곡 이전에 이미 시 자체가 대단히 정교한 강약의 선율을 가지고 있어, 작곡은 그 효과를 좀 더 강조하는 것에 다름이 아니다. 소박한 언어에 간결성, 압축성, 대화, 서술, 시적 어휘, 발라데의 요소를 고루 보여주는 시이다. 절정의 묘사, 후렴의 강조 등에서 발라데의 특성이 두드러지는데, 특히 발라데의 주요 특징인 후렴의 두드러진 인상은 주목할 만하다. 반복을 통해서 읽는 사람의 마음속에 들장미가 가득 핀 벌판의 모습을 일깨운다. 무심히 가득 꽃피어 있는 발판을 읽는 이의 마음속에 거듭 불러냄으로써 비극과 아름다움의 맞물림은 압권이다. 그 한가운데서 벌어지는 하나의 '드라마'를 이야기하면서 동시에 이 드라마의 일회성을 지워 모든 개별적 고통의 보편성을 상기시킨다. 민속적 소재에다 부여한 간결함을 통해 괴테가 이루어낸 리얼리즘과 예술성은 주목할 만하며, 장르의 적절한 수용을 통해 발라데 자체를 민속 차원에서 시문학의 차원으로 끌어 올린다. 괴테 자신은 진솔한 자신의 시어를 찾아 '돌파'를 이루어낸 점 역시 그러하다.

1770년 3월 스무 살의 괴테는 프랑스 접경의 슈트라스부르크로 갔다. 그해 작은 시골마을 제젠하임의 목사 딸 프리데리케 브리온을 알게 되면서 자신을 표현하려는 충동을 느꼈고, 행복의 환호와 홍취가 쏟아져 나오는 시들을 썼다. 당시에 유행하던 유미적이고 유희적인 아나크레온파의 시풍을 떨친, 젊은이다운 충만한 감정과 순수한 내면이 울려나오는 시들이다. 이 제젠하임의 노래들(Sesenheimer Lieder)을 프리데리케에게 적어 보내던 시기에 괴테는 마친 눈병 치료를 위해 — 1770년 9월에서 1771년 4월까지 — 슈트라스부르크에 와 있던 헤르더를 알게 되었다. 헤르더의 새로운 예술 이론은 바로 괴테가 찾고 있던 것, 즉 자연스러움, 단순함, 감정, 표현력, 상징을 요구하는 것이었다. 또한 헤르더는 괴테로 하여금 민요, 호메로스, 오시안, 세익스피어 등을 주목하게끔 해 주었다. 헤르더는 당시에 소박한 민중의 노래 속에서 시문학의 원천을 찾으면서, 자신의 <민요집Volkslieder>(1778/79)을 수집하고 있었는데, 인쇄된 것에서 모은 오래된 민요며 당대 문학을 두루 망라한 것이었다. (『맥베스』의 한 장면도 들어 있고 괴테의 이 「들장미」도 저자명 없이 민요로 수록되어 있다). 민요(Volklied)라는 독일어 용어도 헤르더에게서 비롯하였다.

헤르더의 생각을 접하고 헤르더의 집에서 퍼시의 책도 보았던 괴테는 곧바로 직접 민요 수집에 나섰다. 엘자스 지방을 돌아다니며 괴테가 수집한 민요 12편이 보존되어 있다(뒤셀도르프 괴테 박물관). 민요 수집이 결코 주 관심사는 아니었던 괴테의 방식은 당대와 이후, 특히 낭만주의의 본격적인 민요수집가들의 방식과 다르다. 괴테는 정말로 민중들이 부르는 노래만을 모았다. "들은 대로 적었으며 들은 것 이상으로 적지는 않았다"(1771년 9월 헤르더에게 보낸 편지). 윤색하거나 빈틈을 매우지 않았으며 텍스트뿐만 아니라 곡조까지 기록하였다. 의식하지 않은 채로 젊은 괴테는 민요 수집 방식의 초석을 놓기도 한 것이다. 이 분야의 그의 스승인 헤르더는 인쇄된 것만 모았고 그의 민요 개념 자체도 애매하여 모든 민속적인 문학을 민요로 생각했으며(헤르더에게는 괴테가 지은 시도 민요였다) 낭만주의자들은 텍스트만 모은 데다가 많은 윤색을 한 것과는 대조적이다.

괴테는 민요 수집에서 출발하여 발라데 창작으로 옮겨 갔다. 발라데의 세계가 청년 괴테를 사로잡은 것은 무엇보다 행동, 사랑, 죄, 후회, 즉음, 인간이 바꿀 수 없는 큰 운명, 그러나 고결한 태도를 견지함으로써 그런 것들에 맞서는 인간이었다.

괴테의 발라데에서 민속적인 점은 무엇보다 소박한 어휘와 노래다운 선율이다. 그러나 괴테는 민속 발라데에서는 모티프들이 느슨하게 나열되는데 비해 필요불가결한 것만 간결하게 축약시키고 대부분은 단 하나의 상징적 상황을 부각시킨다. 물론 민속 발라데에서는 불가능한 괴테의 독창성도 엿볼 수 있다. 평범한 단어로 이루어져 놀라운 효과를 내는 'morgenschön(직역: '아침아름다운')'같은 독특한 조어나 어휘구사가 그것이다. (꽃의 아름다움을 무엇에 비교할 것인가. 꽃같이 아름답다 할 수는 없기에, 아침의 아름다움을 지녔다고 한다.) 스무 살 청년 괴테가 꽃에게서 본 것, "아침의 아름다움"은 그런 아름다움이 펼쳐져 있는 벌판과 함께 젊은 날의 싱그러움으로 읽는 사람의 마음에 남는다.

작곡에 대하여

이 경쾌하고 애교가 넘치는 작은 시에 담긴 음악성은 많은 작곡으로 이어졌다. 슈베르트 곡의 8분 음표와 쉼표가 교차되는 반주와 가벼운 선율의 움직임은 이미 장미를 보고 달려가는 소년의 발걸음을 귓속으로 옮겨주고 있다.

음악교과서에 오랫동안 실려 있었던 덕분에 우리나라에도 잘 알려진 베르너의 곡은 슈베르트 곡의 예술성으로 유명하며, 대중적 친화성으로 유명하다. 슈만의 곡은 아카펠라 합창을 위해 쓰인 가곡이라는 점이 새롭게 느껴진다. 음악의 독자성을 극적 방향으로 나아갔던 슈베르트, 슈만과는 달리 방대한 양의 민요작곡을 남겼으며 "노래는 휘파람으로 부를 수 있을"정도로 단순해야 한다는 생각을 가지고 있던 브람스 작곡은 말 그대로 어린이들이 부를 수 있을 만한 동요(Kinderlied)에 가깝다.

(전영애)

툴레의 왕
(Der König in Thule)

독일 문학은 일반적으로 음울한 이미지와 관련되어 있는 인상이 짙다. 중부 유럽의 위치에도 불구하고 어딘가 북구적인 분위기가 독일 문학에 드리워져 있다. 괴테가 남쪽의 밝은 하늘을 그리워했듯이 확실히 독일 문학에는 밝음 대신에 어두움이 깃들여졌다. 이러한 음울함, 혹은 어두움은 긍정적인 면과 부정적인 면을 포함한다. 그러나 가치중립적인 입장에서 볼 때 우울함이 나타내는 가장 큰 특징은 비현실성이다. 음울함, 혹은 어두움은 낮의 이미지가 아니므로 사물을 실제로 파악하는 대신에 영상으로 바라보는 비현실성을 연상시킨다. 이 같은 지적은 괴테의 담시 분석에서 중요하게 적용된다.

괴테는 「툴레의 왕」 같이 북유럽을 무대로 하는 많은 담시를 썼는데, 이들 작품 속에는 게르만 민족의 특유한 정신이 담겨져 있다. 『파우스트』 1부의 <저녁>장면에서 그레트헨이 부르는 노래 「툴레의 왕」은 『파우스트』가 생성되기 이전인 1774년에 쓰여진 담시로 내용은 다음과 같다.

툴레의 왕	DER KÖNIG IN THULE
옛날에 툴레에 왕이 한 분 계셨는데	Es war ein König in Thule
묘지에 묻힐 때까지 마음이 변치 않았다네.	Gar treu bis an das Grab,
왕비가 세상을 떠나시며	Dem sterbend seine Buhle
황금잔 하나를 님에게 남기셨다네.	Einen goldnen Becher gab.

왕은 그 잔을 제일 좋아하셔서	Es ging ihm nichts darüber,
연회 때마다 그 잔으로 마셨다네.	Er leert' ihn jeden Schmaus;
잔을 비우실 때면 눈물이	Die Augen gingen ihm über,
흘러 넘칠 때가 많았지.	So oft er trank daraus.
왕은 돌아가실 때가 되자	Und als er kam zu sterben,
나라의 도시들을 헤아려 보시고	Zählt' er seine Städt' im Reich,
후계자에게 전부 물려주셨지만,	Gönnt' alles seinen Erben,
잔만은 물려주지 않으셨다네.	Den Becher nicht zugleich.
왕은 마지막 어연으로 수라상 받으셨네.	Er saß beim Königsmahle,
기사들은 그분 주위에 서 있었지.	Die Ritter um ihn her,
바닷가의 그곳 성의	Auf hohem Vätersaale
높은 조상의 홀에서.	Dort auf dem Schloß am Meer.
거기서 늙은 술꾼인 왕이 일어나더니	Dort stand der alte Zecher,
최후의 삶의 불길을 마셔 버리고는	Trank letzte Lebensglut
그 성스러운 잔을	Und warf den heiligen Becher
물 속 깊숙이 던져 버렸네.	Hinunter in die Flut.
술잔이 떨어져 물에 잠겨	Er sah ihn stürzen, trinken
바닷속으로 갈아 앉는 것을 보더니	Und sinken tief ins Meer.
그분 눈도 내려 감기고,	Die Augen täten ihm sinken,
다시는 술 한 방울도 마시지 않으셨네.	Trank nie einen Tropfen mehr.

(『파우스트』 2759~2782행)

툴레라는 북쪽 나라에 한 왕이 있었는데 왕비가 죽으면서 그에게 황금 술잔을 남겼다. 늙은 주객(酒客)인 왕은 이 술잔으로 연회 때마다 술을 마시면서 왕비를 그리워하며 그녀와의 옛 추억을 연상한다. 그가 늙어서 죽게 되었을 때 모든 재산을 물려주지만, 황금 술잔만은 계속 지니고 있다가 해변의 절벽에서 마지막 술잔을 비우고 그 술잔을 엄숙하게 바다에 던진다.

1. 작품의 태동

괴테가 24세 때인 1774년 7월 18일에서 24일까지 세 명의 친구와 함께 라인 강과 이 강의 지류인 란(Lahn) 강을 여행할 때, 배 위에서 구경했던 란 강변의 높은 언덕에 있는 란에크(Lahneck) 성곽 앞에서 괴테는 아래의 시구를 즉흥적으로 지어서 적어두었다.

어느 영웅의 고귀한 영혼이
오래된 탑 높은 곳 위에서,
배가 지나갈 때마다
항해를 잘 하라고 말한다.

<보라, 이 근육은 강하고
이 심장은 견고하고 격렬하다 —
뼈는 기사의 정수로 가득 차 있고
잔도 가득 차 있노라.

나의 인생의 절반은 요란하게 질주했고
나머지 절반은 평온 속에 보냈다.
그러니 거기 인간인 배들이여
끊임없이 항해해 나아가라!>

15년 후인 1789년에 괴테는 이 시구를 「영혼의 인사(Geistesgruß)」라는 제목의 시로 편찬하면서 이 시 속의 주인공을 「툴레의 왕」의 모델로 변형시켰다. 고대의 시가 중에서 영국 드로모어(Dromore)의 주교 퍼시(Thomas Percy)가 1765

년에 발간한 『고대 영국시의 유물(Reliques of Ancient English Poetry)』 속의 「콜린 경(Sir Cauline)」이란 담시의 첫 시행도 담시 「툴레의 왕」의 첫 문구의 내용과 분위기에서 매우 유사하다.

바다 멀리 떨어진 아일랜드에	In Ireland, ferr over the sea,
멋있는 한 왕이 살고 있었네. (…)	There dwelleth a bonnye kinge. (…)

2. 작품의 형식

「툴레의 왕」은 자체적으로 발생하는 민중문학의 성격을 띤다. 이 작품에 형용사는 "황금의(goldnem)"(4행) "높은(hohem)"(15행) "늙은(alte)"(17행) "최후의(letzte)"(18행)뿐으로 매우 적어서 각 대상은 객관성을 띠고 있다. 간결하고 생생한 마지막 세 연에서는 감정이 점차로 격렬해지면서 마지막 연의 클라이막스를 향한 결과, 맨 마지막 두 행의 객관적인 묘사는 격정의 정점을 이룬다. 결론적으로 「툴레의 왕」의 각 문장은 극히 간결하여 접속사를 볼 수 없는 등으로 언어적으로 이 노래는 간결체의 대표로 볼 수 있다. 각행이 목표를 향해서 곧장 진행되는 배경에는 사건을 이야기하고자 사소한 설명과 수식을 피하는 시인의 성급한 마음이 담겨 있다.

3. 각 형상의 해설

1) 툴레의 왕

고대 전설에 따르면 툴레(Thule)는 이 세상의 최북단에 있는 섬으로 영국에서 북쪽으로 7일간의 항해 거리에 위치한 한 왕국의 이름이다. 이 이름은 기원전 4세기 후반의 그리스의 마실리아(Massilia 오늘날의 Marseille) 출신인 항해사이자 지리학자인 피테아스(Pytheas)에 의해 처음으로 명명되었다. 그가 이 섬에 도달했는지, 또는 소문만 듣고 보고했는지에 대해서는 논란이 많다. 기원전

325년에 남부 스페인의 가디르(Gadir 오늘날의 Gadiz)를 떠나 영국으로 향하면서 툴레 섬에 관해 보고한 피테아스스의 탐구 여행의 결과와 관찰에 관해 의구심이 많기 때문이다. 로마의 역사가 타키투스에 의하면, 이 섬은 스코틀랜드의 섬이라하고, 비잔틴 역사가 프로코프(Prokop)는 이 섬이 스칸디나비아에 있다고 한다. 그 후 이 섬은 덴마크의 다도해 지방인 파뢰어(Faröer) 근처로 피력되다가, 난센(Nansen)의 의견을 시작으로 오늘날에는 대체로 중부 노르웨이의 해안 지대로 규정되고 있다. 이 지역도 게르만 지역이었다. 이 노래의 사랑과 성실이 이 세상의 끄트머리에서 전개된다는 전설 같은 내용, 즉 툴레가 전설 속의 나라라는 배경에서 노래 속의 지순한 사랑과 성실은 현세적이 아니고 동화적인 느낌을 준다.

따라서 「툴레의 왕」은 흔한 이야기처럼 '옛날에 한 왕이 있었다(Es war einmal ein König)'가 아닌 "왕이 한 분 계셨다(Es war ein König)"의 말로 시작된다. 여기에 옛날얘기 할 때 흔히 사용되는 '옛날에(einmal)'라는 시간을 지칭하는 단어가 없어 이 시의 내용은 시대를 초월한 전설적인 사건이 되고 있다. 따라서 이름이 거명되지도 않는 왕은 시간을 초월한 평화로운 나라에 살고 있다. 그는 말년이 되자 인습대로 자신의 유산을 상속하는데, 이 상속자가 누구인지 모호하며, 자기 부인에 대한 언급도 없어 이 작품은 더욱더 전설적인 성격을 띤다.

2) 황금잔

「툴레의 왕」의 "성스러운 잔"(19행)의 이면에는 종교적인 신성함이 담겨 있다. 잔의 성스러운 상징의 하나는 십자가의 구세주의 피를 받은, 그래서 모든 미사의 성작이 되고, 최후의 만찬의 잔이 되는 이른바 성배(聖杯)이다. 이 시는 이러한 종교적인 색채도 띠어서 "성스러운 잔"은 왕이 마시는 잔의 의미를 넘어서 성체의식, 즉 '포도주가 담긴 잔은 예수의 살과 피가 되는' 성찬식(Eucharistie)을 연상시킨다. 예수에 관한 비유로 '목자'와 '포도주잔'을 대표로 들 수 있는 배경에서 왕이 "성스런 황금잔"으로 마신 "최후의 삶의 불길"(18행)은 포도주로 추론된다. 이때 왕비가 없어 외롭기만 한 왕은 성스런 황금잔으로 왕비와 성스럽게 재회한다. 그리고 왕은 왕비의 유물인 황금잔을 엄숙하게 바다에 던져서, 즉 성스럽게 처분하여 자신과 왕비의 결합을 종교적으로 마무리한다.

이러한 배경에서 「툴레의 왕」의 가장 중심적이고 신비의 대상은 황금잔이다. 콤머렐(Kommerell)은 "한 형상 속에 이미 사라져 버린 것의 존재"를 언급하고 있다. 왕비가 죽으면서 왕에게 남긴 황금잔은 그들 사랑의 가교가 되어 그 술잔으로 마실 때마다 사랑의 교류가 이루어진다. 따라서 황금잔을 비워 마실 때 인간의 좁은 한계가 제거되고, 사랑하는 사람이 나타나며 죽음을 초월한 삶이 체험된다. 이윽고 죽게 된 왕은 모든 재산을 상속하지만, 황금 술잔만은 물려주지 않고 해변의 낭떠러지로 가서 마지막 술을 담아 마시고는 그 잔을 바다에 던진다. 그것은 충족되지 못한 사랑에 대한 동경이자, 마음대로 택할 수 없는 왕의 운명을 암시하기도 한다. 이 황금잔이 늙은 왕에 얼마나 중요한가, 또 그의 후계에 의해 오용이 될 수 있는가는 누구도 알지 못한다. 따라서 왕은 그 잔만은 후계에 상속하지 않는다.

황금잔의 성질인 황금은 귀중한 것, 찬란한 것, 왕권에 해당되는 것 등을 의미한다. 고대와 중세에는 황금에 신비적이고 구제하는 힘이 있다고 믿었다. 고대 기독교 모자이크의 황금 바탕은 신의 무한성과 무공간의 상징이다. 잔이 순금으로 되어 있다는 것은 재료 등급의 구분이 아니고 순수한 단일 재료임을 나타낸다. 이러한 순수한 황금 술잔 안에 담긴 내용도 불순물이 섞이지 않고 순수하다고 여겨져 왕비에 대한 순수한 사랑을 암시한다. 따라서 황금잔은 체험된 이승의 세상과 예감되는 저승 세계를 불순물 없이 순수하게 합일시켜 주고 있다. 이러한 황금잔의 또다른 성격이 흥미로운데, 이는 황금이 불과 연결되기 때문이다. "거기서 늙은 술꾼인 왕이 일어나더니, 최후의 삶의 불길을 마셔 버리고는, 그 성스러운 잔을, 물 속 깊숙이 던져 버렸네."(17~19행) 이는 늙은 왕이 죽음으로 저승의 왕비와 결합하며 마지막으로 불같은 정열을 발휘하는 것이다.

3) 눈물

'눈물을 흘린다'는 의미는 내적 고통에서 벗어나는 행위일 뿐 아니라, 윤리를 형성시키는 힘이기도 하다. 죽음에 이른 왕은 모든 재산을 물려주지만 황금잔만은 남겨둔다. 황금잔은 자신의 자산이 아니라 왕비의 유증으로 생각하기 때문이다. 따라서 황금잔은 '물질적인' 재산이 아니라 왕과 왕비를 실존적으로 결합시켜주는 '영혼적인' 도구이다. 이러한 잔에 왕비에 대한 추억을 담아 마시는 연회 때마다 왕은 눈물을 흘리는데, 이 눈물은 영적인 사랑에서 솟아나는 힘이다. 이러한 눈물은 늙은 주객인 왕이 왕비를 기억하며, 술잔의 내용처럼 순수한 사랑을 나타내는 심리적 징표로 사별한 왕비와 영적인 교류를 나타내는 매개체가 된다.

4) 높은 성

상향 운동은 성취의 개념으로, 드높음이나 상승은 탁월함과 왕권 등의 개념을 상징한다. 따라서 높은 상행은 성취의 개념으로 숭고함이나 탁월성 등을 함축하여, 올라가려고 노력한다면 자연스러우나, 내려가려는 노력은 부자연스럽게 들린다. 따라서 드높은 탑 등 위로 향하는 개념과 결부된 이미지들은 도달해야 할 대상, 획득하려는 소망으로 선하거나 위대한 대상을 의미한다. 이런 배경에서 높은 곳에 위치한 「툴레의 왕」의 무대도 의미심장하다. 바닷가의 높은 절벽 위에 있는 성은 하늘로 올라가는 공간처럼 여겨진다. "높은 조상의 홀"(15행)의 "높은" 내용에는 왕의 숭고함이 담겨 있다. 왕은 신하들을 위에서 다스리지 아래에서 다스리지 않는다. 왕이 마지막 수라상을 받고나서 일어나서 낭떠러지 밑 바다에 황금잔을 엄숙하게 던지는 장소는 바닷가의 높은 조상의 성이었다.

5) 바다

툴레의 왕은 궁정 생활에서 행복과 의욕을 갖지 못하고, 오직 죽은 왕비만을 삶을 유지시키는 위안으로 삼고 있다. 그 밖의 궁정의 일이나 인물들에는 관심이 없는 현세에 염세적인 인물인 것이다. 이렇게 궁정 생활에 관심이 적은 툴레의 왕에게 황금잔만이 유일한 삶의 도구가 되고 있다. 왕은 죽게 되자 영혼의 도구인 황금잔을 숭고한 제물을 받치는 엄숙한 행위로 물의 원형인 바다에 던진다. 심리학적으로 바다는 '모든 생명의 어머니, 정신적 신비, 무한, 죽음과 재생, 무시간성과 영원, 무의식'을 상징한다. 마찬가지로 『파우스트』에서

"만물은 물에서 생겨났도다! 만물은 물에 의해 생명이 유지되리라!"(8435~8436행)는 말처럼, 괴테는 바다를 모든 생명의 생성 요소라고 보고, 만물은 바다에 의해서 생명이 유지된다고 생각하였다. 여기서 수성론자(水成論者)와 화성론자(火成論者)의 대립에서 수성론에 기운 괴테의 모습을 추출해 낼 수 있다. 이 땅위의 삶이 물로 이루어졌는가, 또는 화산이 터져서 되었는가 하는 의문에 대해서 그는 수성론의 입장에 섰던 것이다.

따라서 괴테 시의 거의 전편에 물이 편재해 있는데, 이러한 물은 정화(淨化)시키고 생명을 유지시킨다. 이러한 물은 '순수'와 '새 생명'을 상징하는데, 여기에 '그리스도의 세례 의식'과 '모세가 바위에서 용솟음치게 하는 물'을 상기해볼 수 있다. 이렇게 죄를 씻어내고, 새로운 활력을 상징하는 물의 집합체인 바다 속으로 툴레의 왕은 황금잔을 던져 그 잔을 영원히 성스럽게 한다.

6) 왕의 죽음

「툴레의 왕」에서 왕이 성스럽게 황금잔을 바다에 던지는 모습은 매우 시각적이다. 잔을 던질 때의 엄숙한 행위와, 잔이 손에서 벗어나서 물에 잠길 때까지 떠있는 상태, 잔에 물이 차서 바다 속으로 점차로 가라앉는 모습 등이 형상적으로 연상된다. 그리고 나서 왕은 엄숙한 죽음을 맞는다. 죽은 왕비를 받아들이고 섬기기 위해서 재생의 길을 가는 것이다. 죽은 왕비와 합일을 위해서는 지상적인 인연과 종말을 고해야 한다. 현세적인 생명의 종말은 천상의 계시를 따르는 것이다. 이런 의미에서 왕의 죽음은 상실된 획득이 되는데, 그의 죽음은 저승의 연인과의 만남이라는 은총이 되기 때문이다. 죽음을 통한 사랑으로 완전한 몰입은 괴테의 『서동시집』 속의 시 「승천의 동경(Selige Sehnsucht)」에서 "죽어서 생성하라!(Stirb und werde!)"는 잠언의 구현이 된다. 이러한 죽음을 통한 영원한 사랑으로의 생성은 괴테의 <변형론(Metamorphose)>의 한 예가 되고 있다.

낭만주의자들의 사랑은 모든 자연을 우주화 하려 하여 개체를 해체시켜 우주로 귀의시키려 한다. 마찬가지로 툴레의 왕의 죽음을 통한 사랑은 피안(彼岸)의 세계에 대한 동경이다. 현세의 제약으로부터 탈피한 내면적 합일로 최상의 행복을 영속시키는 피안의 세계에 대한 동경인 것이다. 결국 왕의 죽음은 죽은 연인과 영원한 영적인 재결혼이 된다.

7) 침묵

「툴레의 왕」을 전체적으로 볼 때 대화 등의 음향적 요소가 없이 침묵적인 분위기가 지배적이다. 적막과 우울한 모습 등이 지배적이며 음향적으로 기운차고 흥겨운 분위기는 느껴지지 않는다. 침묵이 동서문학에서 지배적인 테마가 되는 경우가 많다. 성서에서 카인이 아벨을 살해하자 신은 침묵으로 일관하는데, 이러한 침묵은 아벨에게 소리의 형벌보다도 가혹한 고통이 된다. 신의 침묵은 침묵이 아닌 엄청난 질책의 소리가 되어 침묵의 역설적 위력이 되는 것이다. 마찬가지로 「툴레의 왕」에서 억누를 수 없는 성스러운 사랑이 침묵으로 표상화된다. 그레트헨은 「툴레의 왕」의 노래를 『파우스트』의 <저녁>의 장면에서 잠을 자기 전에 옷을 벗으면서 부르는데, 이 저녁이 작품 『파우스트』에서 가장 침묵적이고 내면적인 장면에 해당된다. 유한한 소리인 언어의 한계성이 극복되는 것이다.

높은 홀에서 기사들에 둘러싸인 왕의 성찬은 『니벨룽겐의 노래』의 중세 기사홀을 연상시킨다. 『니벨룽겐의 노래』에서 조상들(조상들의 홀)이 그들의 전사들을 전투로 자극하고, 그들의 승리를 축하한다. 그러나 『니벨룽겐의 노래』와 달리 툴레의 왕의 성찬에는 대화 등 음향적 요소가 없이 독자에 상상되면서 이 담시는 더욱더 강렬해지고 있다.

(안진태)

프로메테우스
(PROMETHEUS)

독일문학사조 가운데 '슈투름 운트 드랑(폭풍노도)' 문학기는 천재를 자칭하는 일단의 독일 청년들이 독일적인 것을 찾아가는 문학운동이기도 하다. 프랑스적인 신고전주의 안에 자기를 가두는 틀에서 벗어나 자연과 합일하려는 해방된 자아의 문학이기도 하다. 이것은 자연과의 합일이기도 하고, 신과의 합일이기도 하며, 자신을 무한으로 확대하려는 정신운동이기도 하다. 그러므로 이 시기의 문학 장르는 시로 나타나며 가장 대표적인 시인은 괴테이다.

스스로 천재라고 생각하는 청년들 가운데 특히 괴테는 이 시기의 「프로메테우스(Prometheus)」를 비롯하여 흔히 찬가(Hymne)라고 불리우는 일련의 초기시를 생산하여, '슈투름 운트 드랑'기의 대표적인 시인이 된다. 이 시는 그의 젊은 시절의 사상형성을 잘 알 수 있는 유명한 작품들이다. 찬가의 성립 시기는 작가가 기록하고 있지 않아, 학자들은 1772년에서 1775년간에 쓰여졌으며, 본 찬가 「프로메테우스」는 같은 이름의 미완성 드라마 『프로메테우스』와 동시에 이루어졌다고 추측한다.

괴테는 라이프치히 대학시절(16세) 초기에는 전통적인 규칙과 철저한 음운 법칙의 정형시만을 알고 있었다. 코르네유와 몰리에르를 시의 전형으로 생각하였다. 그러나 라이프치히 생활은 사랑과 신병으로 그의 내면적 변화를 겪는다. 중병으로 학업을 중단하고 집으로 돌아온 그에게 어머니의 친구에게서 신비주의 종교를 소개 받고 신비주의 사상에 빠져든다. 신비주의는 중세로부터 괴테 당대에 이르기까지, 민중에게까지 깊숙이 침투한 독일적인 것의 대표적인 신앙사상이다. 괴테 당시에는 북독의 하만을 대표로해서 신비사상을 크게 발전시켰으며, 이 사상은 클롭슈토크, 헤르더를 비롯하여 북방으로부터 내려온 것이었다.

그가 병고와 종교적 체험으로 얻은 내면적인 성찰과, 슈트라스부르크 대학 시절의 사랑과, 베츨라에서의 베르테르 체험, 동경 등은 무한한 행복과 동시에 한계를 겪는 괴로움이 시적 창조로 나타나기 시작하였다. 괴테가 작품을 쓰기 시작한 동기는 어느 청년이던 누군가를 사랑할 때면 시를 읽고 쓰는 것이 자연적인 성장과정이기도 하겠지만, 당시의 '천재' 개념의 발전에서 그 동기를 더 잘 알 수 있다. 당시 시대를 이끌고 있던 하만, 레싱, 헤르더 등 이론가들은 예술개념을 바로 천재라는 것과 일치시켰다. 천재는 무엇보다 언어적 창작에서 그 천재의 창조성이 나타난다고 하였다. 천재만이 새로운 형태의 시, 새로운 사상의 작품, 새로운 형태의 장르를 만들어 낸다고 설파하였다. 이 천재 사상은 셰익스피어의 작품이 프랑스 고전주의를 깨트린 것으로 이해하였고, 어떤 속박에서 벗어나는 해방을 의미하기도 하였다.

「프로메테우스」는 「마호메트의 노래(Mahomets Gesang)」, 「가뉘메트(Ganymed)」와 더불어 찬가의 대표적인 시 중 하나이다. 찬가는 대부분 그가 바이마르에 도착하여 슈타인 부인에게 준 자필원고에 의해 세상에 알려졌으며 후에 괴테 스스로 시작품 속에 넣어 출판하였다.

「프로메테우스」는 첫 행이 '제우스'로 시작하고 마지막 행이 '나'로 끝난다. 그 안의 내용을 보면 나와 절대자인 제우스와 동등하다는 것을 알 수 있다. 심지어 산 정상 구름 안에 폐쇄되어 있는 그를 조롱하고 있다.

여기에 등장하는 프로메테우스는 불을 훔쳐 인간에게 전달한 후 코카서스 산에 매여 있는 프로메테우스가 아니다. 그는 제우스와 동등한 신으로 등장하고 '나', 즉 시적 자아는 이 두 신에게 굴하지 않는 '나', 괴테 자신이다. 제우스는 산정에서 구름으로 자신을 둘러쌓아 신비스러운 듯 장막으로 가리고 있지만 '제물'이나 '기도로 드리는 입김'으로 "간신히 (…) 살아갈 뿐", "내 힘으로 세운 나의 대지는 침범할 수 없다." 제우스뿐만 아니라 "제신(Götter)" 모두를 "제물로나 (겨우) 살아가는" 하찮은 존재로 치부한다. 이러 신들을 위하여 '내가 왜 그대를 존경 하겠는가'.

그렇다고 '나'는 거인으로만 존재하는 것만이 아니다. 비록 "꽃처럼 아름다운 꿈이 무너졌다 하여도", "삶을 저주하며 황야로 도망"하지 않는다. 그리고 "나는 여기 앉아 인간을 만든다 /나와 꼭 같은, 나를 닮은 인간을 / 괴로워하고, 우는 종족을." 괴테가 평생 동안 하화로 삼은 언어는 '노력'이라는 것과 극단적인 '상반성(Polarität)'이다. 하늘 끝까지 오르는가 하면 끝없는 나락으로 떨어지는 것이다.

자신을 신에 비교하여 하늘까지 끌어 올리는 자아의 무한한 확대이다. 이런 개념을 유명한 독문학자 군돌프는 '거인주의(Titanismus)'라고 하였다. 찬가는 대개 거인주의를 나타낸다. 이 시를 처음으로 출판한 야코비가 독일 계몽주의 문학이론가인 레싱에게 보여주며 그의 견해를 묻자 "이 시의 관점은 나의 관점과 같다. (···) 교회 도그마는 이제 나에겐 해당하지 않는다. 이 시도 그런 것이다. 이 시가 아주 마음에 든다고 할 수 있다." 야코비가 거듭 의견을 묻자, "그렇다. 거의 스피노자와 일치한다."고 말했다는 것이다. 계몽주의자로서 교회 도그마를 부인하는 레싱에게는 그럴 수 있었을 것이다. 그러나 이 말을 후에 전해들은 괴테는 화를 내며 부인했다고 한다. 아마도 세류의 휩쓸리는 것을 꺼려한 괴테의 태도가 아닌가 한다. 범신론적인 사상은 「가뉘메트(Ganymed)」에서 더욱 확실하게 나타난다.

(김승옥)

가뉘메트
(GANYMED)

「가뉘메트」 찬가의 성립 시기는 프로메테우스와 거의 같다고 알려져 있다. 신화에서 가뉘메트 왕자는 너무나 아름다워 제우스가 그를 납치하여 여러 신들에게 술을 따르는 심부름을 시켰다고 한다. 그러나 이 시에서 가뉘메트는 신화의 내용과는 관계가 없는 것으로 나타난다.

「가뉘메트」의 시대적 흐름과 사상적 배경은 찬가 「프로메테우스」와 같다. 이 시는 봄에 대한 찬가이다. 벅찬 봄에 대한 아름다움과 그 아름다움의 경이는 "나"를 신과 합일하는 경지에 까지 이른다. 괴테의 초기의 시 「5월의 노래(Mailied)」가 5월 즉 봄을 주관적으로 느끼고 그 아름다움을 노래하였다면 「가뉘메트」는 봄을 느끼며 자연을 신적 대상인 동시에 "나"도 그 신적인 것과 동일시하는 내용이다. 이 찬가가 특이한 것은 — 이 찬가만이 아니지만 - 음률이 없이 자유로운 리듬인 산문 형식으로 되어 있다는 사실이다. 연구자들은 이것도 당시의 신비주의 사상가들의 영향을 받은 것으로 생각한다. 괴테는 이미 라이프치히 대학시절 말기에 하만을 읽었다고 한다.

하만은 예술과 천재를 언급하며 산문으로 시를 쓴 고대 그리스 시인 핀다로스(Pindaros)의 시 형식을 칭찬하였다. 그리고 클롭슈토크의 시가 산문인 것을 함께 칭찬하고 있다. 클롭슈토크의 시 「봄의 축제」(1759)는 1771년 발행되었으며 괴테도 이 책을 이미 갖고 있었다. 『베르테르의 슬픔』에서 로테와 베르테르가 처음 만났을 때 별안간 소나기가 쏟아지며 번개가 치자 모두들 창가로 가서 밖을 보다 베르테르와 로테는 "클롭슈토크!" 하면서 동시에 손을 잡는 장면이 나온다. 당시에 젊은이들에게 이 시가 얼마나 많은 영향을 끼치고 있는가를 알 수 있는 증거이다.

괴테는 베르테르를 경험하던 베츨라 시절 고대 그리스의 판다로스의 시를 읽었다. 북독의 사상가 하만은 "우리 [시작] 교과서는 오늘날까지 양가죽으로 품격 있게 제본되었으나, 그 안에는 죽은 사람의 뼈로 가득하고, 위선적인 악덕으로 가득하다."고 하면서 독일의 판다로스, 즉 클롭슈토크를 들고 있다. "운율에 구속받지 않는 독일의 판다로스와 마찬가지로 (…)"라고 하면서 클롭슈토크의 작품을 독창적이라고 하였다. 따라서 당시의 작품은 산문체로서, 음률의 틀에 매이지 않는 것을 '자유'라고 생각하였다. 인간의 영혼과 육체를 나눌 수 없듯이, 자연 속에 내재하는 신적인 것과 신의 본질을 나눌 수 없다고 생각하였다.

이 시는 젊은 괴테의 범신론적인 자연열광으로 자아와 자연이 종교적, 범신론적으로 결합하여 자연의 무음의 굉음을 듣는 그의 경험을 나타낸다. "너의 품에 / 위로 위로 / 안고 안기면서!(In eurem Schoße / Aufwärts, / umfangend umfassen!)" 자연에 품에 안긴다는 표현은 모든 시인이 할 수 있는 표현이다. 그러나 "안고 안기면서"는 아무나 할 수 없는 표현이다. 문자 그대로 자연과의 합일을 아주 쉬운 말로 표현하고 있다. 내적 자아가 신과 자연과 신성과 합일하는 경험이 이 시에 들어있다. (김승옥)

방랑자의 폭풍노래
(Wandrers Sturmlied)

1.

괴테의 「방랑자의 폭풍노래」는 내적으로 4개의 3연시(Triade)로 구성되어 있다. 첫 번째 3연시는 "수호신(Genius)"에 관한 노래이고, 두 번째 3연시는 예술을 보호하는 뮤즈 여신과 아름다움을 상징하는 카리스 여신들에 대한 노래, 그리고 세 번째 3연시는 브로미우스(디오니소스)와 아폴로에 관한 노래, 마지막 네 번째 3연시는 주피터, 아나크레온, 테오크리토스, 그리고 핀다로스에게 바쳐져 있다. 괴테의 이 찬가(Hymne)는 시골길을 걸어가던 방랑자가 뜻하지 않은 폭풍우를 만나자 자신의 존재를 이 엄청난 악천후의 위력에 대항해서 내세워보려는 상황에서 시작한다. "수호신이여, 그대 그를 떠나지 않으면, / 비가 오나 폭풍우 몰아쳐도 / 조금도 두려워하지 않으리. / 수호신이여, 그대 그를 떠나지 않으면, / 비구름 몰려오고 / 우박이 떨어져도 / 저 하늘에 떠 있는 / 너 종달새처럼 / 노래 부르리라"(1-9행). 방랑자는 첫 번째 3연시에서 5번씩이나 "수호신이여, 그대 그를 떠나지 않으면"이라고 외침으로써 폭풍우 속을 걸어가겠다는 방랑자의 굳은 의지를 보여주고 있다. 그렇다면 괴테는 왜 시의 첫 행에서 신화적 의미를 지닌 "수호신"을 부르고 있는가? 괴테에게 'Genius'라는 표현은 '천재성 또는 천재적 재능'의 뜻으로 쓰였으나, 「방랑자의 폭풍노래」에서는 예술가의 천재성보다는 이 예술가의 천재성을 수호하는 신, 또는 '예술가가 스스로 느끼는 강력한 힘'이라는 표현이다. 즉, 시인의 지혜와 능력은 인간적인 능력이 아니라, 좀 더 높은 힘을 가진 존재가 선사하는 것이라고 믿고 있는 것이다. 그래서 「방랑자의 폭풍노래」는 작가의 '자율성'을 인식하고 있으면서도 여러 번 반복해서 '수호신'을 간절하게 부르고 있는데, 이것은 오직 신성을 갖춘 존재만이 창조력을 지닐 수 있다는 오랜 믿음 때문이다.

첫 번째 3연시의 두 번째 연에 등장하는 '도이칼리온(Deukalion) 신화'는 그리스 신화에 나타난 인간창조의 이야기이다. "수호신이여, 그대 그를 떠나지 않으면, / 그를 불꽃 날개에 달아 / 진흙길 위로 들어 올리리라. / 그는 마치 꽃을 밟고 지나가듯 / 걸어 다니리라 / 도이칼리온 홍수의 진흙 수렁 위를 / 괴물 피톤을 죽이며 날렵하고 위대하게 걸어가는 / 피티우스 아폴로처럼"(10-17행). 바위를 어깨 너머로 던져 인간을 만들어 냈다는 이 신화는 어린 아폴로 신이 어머니 레토를 죽이려 했던 뱀 피톤을 죽이는 신화와 합성되어 있다. 이런 신화의 도입은 18세기 '천재운동'의 상징적인 장면이자 예술가의 창작행위를 신의 창조행위와 비교함으로써 신화를 인간의 창작행위의 지평으로 끌어들여 작가에게 신적 의미를 부여하려는 목적을 갖고 있다. 「방랑자의 폭풍노래」에서도 괴테는 반복해서 작가의 행위(방랑자가 폭풍우를 헤치고 나아가는 장면)를 "신들처럼"이라고 묘사하고 있는데, 이런 방법으로 시인(예술가)은 신과 같은 지위를 얻게 된다. 또한 그 신성을 상징하는 자연과 열정(이 시에서는 가슴의 '열기(Glut)'로 나타난다)은 위대한 창작의 근본 조건으로 제시되고 있다. 즉 방랑자가 수호신의 도움을 받아 폭풍우를 헤치고 나아가는 장면은 예술가의 천재적인 창조행위와 연결시켜서, 도이칼리온의 홍수로 모든 것이 진흙으로 덮인 수렁 위에 새로이 생겨난 괴물 피톤을 죽이며 가벼운 걸음으로 걸어가는 아폴로 신을 시인 자신과 비유하고 있다. '방랑자'의 수호신인 아폴로 신은 '작가의 신'이자 뮤즈 여신을 이끄는 존재인데, 방랑자는 이제 자신을 아폴로 신과 같은 신화적 인물의 차원으로까지 끌어올린다.

「방랑자의 폭풍노래」 두 번째 3연시에서도 괴테는 예술가의 창조적이고 천재적인 독자성을 강조하고 있는데, 이것은 아주 의도적으로 뮤즈 여신을 불러내는 전통을 답습하고 있는 모습에서 엿볼 수 있다. 고대에서는 시인의 모든 행위가 자신에게 영감을 주는 뮤즈 여신으로부터 시작된다고 믿었다. 뮤즈 여신으로부터 영감을 받은 시인은 자신의 천재적인 창조력으로 뮤즈 여신에게서 받은 영감을 그대로 모방하였다. 다시 말해서 시인의 창조적인 천재성인 격정적인 감수성이 바로 창조력이라고 이해했던 것이다. "그대 뮤즈의 여신들이여 나를 에워싸라! / 그대 카리스의 여신들이여!"(29-30행)라고 방랑자가 말한 것도 시인의 예술적 능력을 발휘할 수 있는 창조적 영감을 얻으려는 의도라고 볼 수 있다. 이것은 괴테가 시인이 천재적인 창조력으로 작품을 형성해 가는 순간을 중요시했음을 보여준다. 그래서 개인적인 창조의 순간을 보장해주는 "Genius"를 「방랑자의 폭풍노래」가 시작될 때 불러내고 있는 것이다. 따라서 시인 자신에게 부여된 "Genius"를 확신하고 난 후 작품을 창작할 준비를 갖추게 되고, 뮤즈 여신들과 아름다움을 상징하는 카리스 여신들을 불러낼 수 있다. 괴테는 뮤즈 여신과 카리스 여신들을 하나의 영역으로 연결시키려고 노력하고 있는데, 이것은 창조의 준비를 모두 마치고 창조를 시작하기 위해 절정에 달한 천재 시인의 상태를 나타낸다.

이렇게 창조의 순서를 마친 시인은 다시 도이칼리온 신화로 되돌아온다. "이것은 물, 그리고 이것은 흙 / 그리고 물과 흙의 자식 / 그 위를 나는 마치 신들처럼 걸으리라. / 그대들은 물의 심장처럼 순수하구나. / 그대들은 흙의 정수처럼 순수하구나. / 그대들은 내 주위를 떠돌고, 나는 / 물 위로 대지 위로 떠다니리라 / 신들처럼"(30-38행). 도이칼리온 홍수이후 만들어진 진흙에서 새롭게 생겨나는 생명을 "물과 흙의 자식"(32행)이라고 부르고 시인 자신도 마치 아폴로처럼 그 진흙 위를 걸으리라는 의욕에 차 있다. "물의 심장"(34행)이나 "흙의 정수"(35행)는 뮤즈의 여신들과 카리스의 여신들을 연결해주는 기능을 하고 있다. 즉 신들처럼 진흙 위를 방랑하며 떠도는 방랑자가 수호신의 보호를 받으며, 자신이 창조할 흙과 물을 앞에 두고(마치 프로메테우스가 진흙으로 자신의 모습 그대로 인간을 빚어내듯이) 뮤즈의 여신들과 카리스의 여신들에 의해 받은 영감에 충만 되어 있는 상태를 보여준다. 따라서 방랑자가 만난 악천후에서 내리는 비는 나중에 번개의 신이자 비의 신인 주피터를 상징하고 있으며, 이것은 높은 경지에까지 상승하는 작가적 사명감을 상징하는 "종달새"와 결부되어 방랑자가 부르는 노래(송가이자 찬가)의 근원이 된다. 그래서 그리스의 인간창조의 신화에서 따온 '도이칼리온'의 진흙과 이카루스 신화에서 따온 "불꽃날개"(12행)는 작가에게 영감을 불어 넣어주는 신적인 요소에 대한 메타포이다. 뿐만 아니라 그리스 신화에서 세계를 구성하고 있다고 전해오는 4대 원소 물, 공기, 불, 흙도 여기서 "창조적인 인간"에 대한 괴테의 새로운 신화를 구성하고 있다.

하지만 신과 같이 자신의 창조적인 능력 위를 떠도는 천재성은 갑자기 현실로 다시 돌아가길 갈망한다. 두 번째 3연시의 마지막 연에서 천재적 재능을 지녔다고 인식했던 방랑자는 세 번째 3연시의 첫 번째 연에서, 오두막의 아궁이에서 피어올라 주위를 따뜻하게 데워 주는 불꽃으로 되돌아 갈 수 있는 농부를 부러워한다. "저 작고 검은 불같은 농부는 / 집으로 돌아가게 하시는데! / 만물의 아버지 브로미우스여! / 당신의 선물만을 기대하면서 그리고 / 밝게 빛나고 주위를 따뜻하게 하는 불을 기대하면서 / 의기양양하게 집으로 돌아가게 하십니까? / 그리고 뮤즈와 카리스 여신들 모두가 / 동행하고 있는 나는, / 그대 뮤즈와 카리스 여신들이 / 화관을 엮으며 축복했던 / 주변의 세상만물들이 모두 / 기다리고 있는 나는 / 왜 기가 죽어 돌아가야 합니까?"(39-51행). 브로미우스(Bromius, 디오니소스의 또 다른 이름) 신의 선물인 포도주를 마시며 일상의 생활에 만족하는 농부의 모습을 방랑자가 부러워함으로써 지금까지 신적인 차원으로까지 고양되었던 자신의 모습과는 서로 대조되는 모습을 보여준다. "검고 불타는 농부"(39행)는 신처럼 공중을 떠다니는 천재적 작가와 대비되는 지상의 인물이다. "검고", "불타는" 성격의 이 인물은 바로 다음 연에서 언급될 "아버지 브로미우스"가 부여한 재능을 갖춘 인물의 특성을 나타내 주는 것이다. 즉, 브로미우스로 상징되는 포도주가 갖는 "불"과 "대지"가 혼합된 표현인 것이다. 이것은 마치 농부가 아무런 의식도 없이 이 원초적 세계에 묶여 있는 것처럼, 지상 세계의 순수함을 상실한 방랑자는 갈 곳을 잃고 떠돌아다니고 있음을 나타낸다. 이 표현에는 두 가지의 세계, 즉 작가의 세계와 일상(日常)의 세계가 대비되어, 이 찬가의 마지막 연에서 그 비밀스런 연관관계가 드러난다. 예술가인 방랑자 자신을 신과 같은 위치에 둠으로써 인간의 일상적 영역을 초월했던 화자는 농부가 자신의 오두막으로 돌아가는 범속한 생활을 보고, '떠돌이 신세'인 자신도 일상으로 돌아가고 싶은 욕망을 느끼게 된다. 그래서 농부의 등장은 이 송가에서 전환점이 되어, 농부의 세계를 나타내는 주위를 데워주는 "온기"가 신성을 느끼는 작가에게 작가 자신의 일상생활의 문제점을 인식하게 되는 계기로 작용한다. 그렇기 때문에 이 세 번째 3연시의 초연은 회의에 차 있는 '시적 자아'가 스스로에게 질문을 던지며 끝나는 것이다. "그리고 난, (…) 기가 죽어 돌아가야만 합니까?"(45, 51행). 그렇기 때문에 시의 제목 "방랑자의 폭풍노래"는 방랑자인 작가의 "영웅적 운명"과 "비극적 운명"을 동시에 의미하기도 한다. 18세기 후반의 천재 사상에서 '예술가의 비극'이 발전하게 되지만, 결국 '예술과 인생의 모순'이 드러나게 된다. 바로 이러한 갈등, 다시 말해 '신적인 예술가'의 숭고한 창작행위와 평범한 시민으로서의 생활(정치적, 사회적, 경제적 갈등)에서 오는 불협화음이 예술가의 비극적 운명이다. 이 갈등은 괴테의 초기시에서 신화적 인물이 과시하는 자신감(신성과 일치하고 있다는 자신감—프로메테우스, 신성에 일치하고자 하는 갈망—가뉘메트)과 현실과의 불일치에서 오는 불안감이 오히려 초기시에서는 신화적 인물을 메타포로 하여 과장되게 외치고 있는 것이다. 또한 이 테마는 괴테의 『타소』에서 더욱 첨예화되어 다음 세대의 낭만주의를 통틀어 예술가의 문제로 고착된다.

이런 문제에 봉착한 방랑자는 세 번째 3연시의 두 번째 연에서 고대의 신들을 향해 외친다. "아버지 브로미우스여! / 당신은 수호신입니다. / 우리 세기를 지키는 수호신 / 입니다. 당신은 바로 / 핀다로스에겐 마음의 불꽃이었고 / 세상을 밝히는 / 포이부스 아폴로이십니다"(52-58행). 그 첫 번째 신은 바로 브로미우스다. 그러나 방랑자는 "아버지 브로미우스"를 "우리 세기의 수호신"이라고 부르는데, 네 번째 3연시의 두 번째 연에서 이 신에게 그 당시를 풍미하던 아나크레온풍의 달콤한 시를 쓰는 시인들을 위한 수호신이라는 의미를 부여하는 것과 일맥상통한다. 브로미우스는 방랑자가 천재적 시인의 상징으로 내세우는 고대 그리스의 시인 핀다로스에게 작가의 창조적 행위를 상징하는 "마음의 열기"(55행)였지만, 현재의 세상에서는 포이부스 아폴로와 같은 의미를 갖고 있기 때문이다. 즉, 브로미우스 신은 고대 그리스의 시인에겐 창조의 원천이었지만, 현재는 '이 세기의 수호신'일 따름이라는 자신의 주장을 다시 한 번 강조하고 있다.

방랑자는 다음 연에서 아폴로를 그 당시 계몽주의 시대 때 절대왕정의 군주를 보호하는 수호신으로 묘사함으로써, 그 당시를 풍미하던 예술과, 이와는 다른 창조적인 새로운 예술을 추구하려는 자신과의 갈등을 묘사한다. "괴롭구나! 괴롭구나! 마음의 열정과 / 영혼의 정열이여, / 심혼(心魂)이여 / 포이부스 아폴로를 향해 / 끓어올라라. / 그렇지 않으면 아폴로의 / 위엄 있는 군주의 눈빛이 / 차갑게 너를 지나쳐 / 시기하는 눈길과 마주쳐 / 삼나무의 푸르름에 머물 것이니. / 삼나무를 푸르게 하는 데는 / 그가 필요치 않으니"(59-70행). 여기서 화자는 방랑자가 군주의 수호신 아폴로를 향해 창조의 원천이 되는 "마음의 열정"과 "영혼의 심연"을 작렬하지 않는 것에 대해 스스로 경고하고 있다. 만약 "그렇지 않으면" 그 수호신의 눈빛은 그를 "차갑게" 지나쳐 "삼나무의 푸르름"에 머물 것이고, 그 삼나무를 겨울에도 푸르게 하는 데는 아폴로 신이 필요 없기 때문이다. 삼나무는 일 년 내내 푸름을 유지하는 나무로 창조적이고 천재적 시인에 대한 메타포이기도 하다. 그러나 "시기하는 눈빛과 마주쳐"라는 67행은 지금까지도 어떻게 해석할지에 대해서 많은 논란이 되고 있다. 왜냐하면 '시기하는 눈길'을 아폴로신이 자신을 필요치 않는 삼나무(시인)를 질투심에 찬 눈빛으로 바라보는 것으로 해석할 수도 있고(이 경우에는 '시기심에 차서" 로 해석할 수 있다), 그 반대로 "마음의 열정"과 "영혼의 심연"을 자신을 향해 작렬하지 않는 시인을 차갑게 지나쳐 푸른 삼나무를 쳐다보는 아폴로 신의 눈빛을 방랑자가 부러워하는 것으로 해석하는 경우나, 아폴로 신 없이도 일 년 내내 푸를 수 있는 삼나무를 부러워하는 방랑자의 눈빛과 아폴로 신의 눈빛이 마주친 것으로 해석할 수도 있기 때문이다(이 경우에 "시기하는 눈빛과 마주쳐"로 해석할 수 있다). 그러나 어떤 경우든 이 삼나무가 외부에서 비춰주는 햇빛으로부터 독립적인 존재라는 의미를 가지고 있기 때문에, 삼나무는 군주의 호의로부터 독립적인 존재로서의 시인을 의미한다. 그런데 여기서 특이한 점은 화자가 아폴로를 첫 번째 3연시에서 예술가를 보호하는 수호신이라고 불렀지만 이 3연에서는 군주의 수호신으로 나타냄으로써, 지금까지 자신의 시에서 수용했던 전통적인 신화적 인물들의 성격을 상황에 따라 급격하게 변화시킨다는 사실이다. 이런 사실은 브로미우스 신도 마찬가지다. 그 결과 창조적이고 천재적인 시인이고자 하는 방랑자는 그 시대의 수호신인 이 브로미우스와 아폴로에게 의지할 것이 별로 없게 된다. 그래서 화자는 다시 문학의 원천인 주피터 신을 향하게 된다.

방랑자는 마지막 3연시의 첫 번째 연에서 주피터 신을 대지에 풍요로운 결실을 가져다주고 식물의 성장을 주관하는 "비의 신(Pluvius)"이라고 부르면서 문학을 보호하는 최고의 신으로 부각시킴으로써 이 신을 찬양했던 핀다로스의 등장을 예고한다. 이 3연시의 특징 중 하나는 시인 자신이 신과 같다고 느끼는 영역에서 언급한 세 명의 신들인 브로미우스, 아폴로, 주피터가 반복해서 등장한다는 점이다. 우선 두 번째 연에 등장하는 포도덩굴이 감아 올라가는 나무인 "느릅나무"와 연인들을 상징하는 "한 쌍의 비둘기들"은 브로미우스로 대표되는 달콤한 사랑의 노래를 쓰는 아나크레온풍의 시인들을 상징한다. 그리고 전원적인 자연 풍경을 보여주고 있는 "시바리 백사장"(그리스의 식민지 시바리스로 테오크리토스의 고향으로 여겨져 온다)이나 "포플러나무" 등등은 아폴로 신의 세계를 의미한다. 이런 취향에 대해 시인은 "행복에 겨워 콧노래 부르고", "벌들이 노래하듯", "꿀처럼 달콤하게 속삭이듯"하다고 평가하고 있다. 여기서 화자는 당시를 풍미하고 있는 문학이 그 본류(本流)를 인식하지 못하고, 지협적인 수준에 머물고 있음을 개탄하고 있다. 그래서 고대 신화에서 문학의 원류로 인식되는 "카스탈 샘(Castalische Quelle)"(78행 파르나스 언덕에 흐르는 계곡)마저 지류(支流)로 흘러간다고 평가절하 되는 것이다. 그러나 괴테는 이런 유형의 시인들을 직접적으로 비판하지 않고, 단지 그 시대를 풍미하는 시풍이라고 묘사할 따름이다. 괴테 자신도 한때는 "부드럽고", "달콤한" 아나크레온풍이나, 전원 분위기풍의 연인들의 노래를 열정적으로 쓰기도 했다. 그러나 이 시에서 방랑자인 화자는 이러한 전원적이고 달콤한 노래를 거부한다. 왜냐하면 "폭풍같이 숨 쉬는 신"(93행)인 주피터 플루비우스가 이들과 함께 하길 거부하기 때문이다. 오히려 주피터 신은 핀다르와 그 투쟁의 세계를 위한 수호신이기 때문에 바로 핀다르의 "마차경주"를 묘사하는 마지막 연이 시작된다.

"마차 바퀴 맞닿을 듯 덜컹이며 / 급히 목표를 향해 / 숨 가쁘게 굴러갈 때 / 승리에 불타는 젊은이의 채찍 소리 / 높이 울려 퍼졌고, / 마치 산꼭대기에서 계곡으로 / 우박이 쏟아지듯 / 먼지 자욱이 일었다. / 핀다로스여, 당신의 영혼은 위험을 무릅 쓴 자들에게 / 용기가 이글거리게 하지 않았던가, 핀다로스여 — 이글거리게 하지 않았던가—"(101-110행). 괴테는 이 찬가에서 왜 아나크레온풍과 테오크리토스풍의 시인들을 비판하고 핀다로스를 찬양하는가? 괴테는 이 당시에 '쾌락을 추구하는 인간의 행복'을 노래하는 아나크레온풍의 예술을 '비(非)천재적인 시'라고 생각하고, 자신의 라이프치히 시절 즐겨 사용했던 '시적 기교'와도 거리를 두고, 핀다로스처럼 자연과도 같이 열정과 창조력을 함께 갖춘 '천재적 시'를 쓰고자 했다. 그래서 괴테의 이 찬가는 고트쉐트

(Gottsched)로 대표되는 계몽주의적 합리성에만 기반을 둔 문학에 반기를 들고, 아나크레온풍과 테오크리토스풍의 문학에도 반대 입장을 표시하는 어떤 '강력적인 성격'을 담고 있다. 그래서 괴테는 아나크레온풍의 문학을 "콧노래 부른"다고 표현하면서, 이런 문학에 대비되는 시인의 "감정"과 "열정"를 핀다로스를 비유해서 제시하고 있는 것이다. 괴테는 자신의 송가를 의식적으로 아나크레온풍과 대조적으로 눈에 띄게 큰 규모로 구성해서, 핀다로스를 연상시키는 기념비가 될 만한 내적 열정을 보여주고자 했던 것이다. 아나크레온에 대한 평가절하는 브로미우스 신에 대한 평가절하로 이어져, 그 당시 시인들의 아버지 브로미우스는 여기서 방랑자의 "수호신" 자격을 상실한다. 그 대신 괴테는 오로지 핀다로스의 "내적 열정"이 그 시대에는 재현되고 있지 않다고 생각했다. 다시 말하면 예술가의 "내적 열정"은 바로 '내적인 창조력'를 의미하고, 이런 내적 열정이 전제되어야 '천재적 작가의 자율성'도 주어질 수 있다고 본 것이다. 떠돌이 신세의 방랑자는 핀다로스의 천재성에서 진정한 문학을 발견했고, 그의 시에서 문학의 정통성을 찾아야 한다고 주장하는 것이다.

핀다로스가 부르는 승리의 노래에 영감을 부여받은 듯한 이 마지막 3연시의 종연은 호라치우스의 송가에서 계곡을 질주해 내려오는 폭풍의 메타포와 비교될 수 있는데, 핀다로스의 송가처럼 이 마지막 연에서도 문법을 무시한 행들이 나타나면서, 중심 모티브가 정점을 이루게 된다. 즉 자동사인 "불타오르다/이글거리다(glühen)"라는 동사가 두 개의 목적어를 가진 타동사로 변해 시인의 "내적 열정"라는 중심모티브를 부각시켜 준다. '핀다로스의 전사'를 내세워 "불타오르게 하다"는 동사를 반복하면서 고공을 나르는 듯한 힘찬 질주를 마친 후, 세 번째 3연시의 초연과 종연처럼 이 마지막 연에서도 지상의 일상생활의 세계로 다시 돌아오고 있다. "그러나 내 불쌍한 심장은 — / 저기 언덕위 — / 거룩한 힘이여 — / 저기 서 있는 내 오두막으로 — / 건너갈 수 있는 불꽃만이라도 — / 허락하소서"(112-116행). 이것은 핀다로스에 의해 영감을 받은 창조적 시인으로, 주피터 플루비우스를 수호신으로 하여 지상적인 일상의 세계를 벗어나 더 높은 파르나스의 "카스탈 샘"처럼 노래 부르려던 천재적 시인이 다시 현실을 인식하는 것을 의미한다. 그래서 이 대목은 천재적 시인의 '실패', 또는 자신의 지금까지의 주장을 '취소'하는 행동으로까지 인식되어 질 수 있다. "오두막"은 이미 클롭슈토크가 「봄의 축제」에서 번개와 비를 막아주는 '지상의 안식처'로 묘사되었고, 괴테도 「프로메테우스」에서 신중의 신 제우스에 대항하면서 프로메테우스 자신도 '창조자'임을 주장하는 보루로써 "오두막"을 상징적으로 제시한 바 있다. 프로메테우스가 제시한 오두막은 '새로운 인간상'의 상징이 되었고, 「방랑자의 폭풍노래」에서는 자연과 일치된 순박한 인간을 상징하는 농부뿐만 아니라 천재적인 작가인 방랑자도 다시 돌아가려는 지상의 안식처로 인식되고 있다. 농부와 방랑자는 어떤 보이지 않는 위대한 힘에 맞서 있으면서도 각자 자신의 방법으로 자연의 창조적인 힘에 의해 보살핌을 받으며, 또한 지상의 휴식처를 찾는다. 방랑자가 "저기 언덕 위에"(112 행)에 있는 오두막에 대한 갈망이 바로 그 상황을 상징해 준다. 따라서 방랑자도 "검고 불같은 농부"처럼 오두막에 다다를 수 있는지는 아직 회의적으로 남아있다.

II.

이 찬가는 1772년에 쓴 것으로 추정된다. 1774년 8월 1일 괴테가 친구인 야코비(Jacobi)에게 보낸 편지에 들어 있는 시가 가장 오래된 형태인데, 이 편지에서 괴테는 "여기 있는 송가(頌歌)는 위기에 처한 방랑자가 그 송가를 위한 멜로디와 주석을 생각해내는 것이네"라고 쓰고 있다. 괴테는 1789년 자신의 전집에 이 찬가를 빼버렸다. 그러다 1810년 괴테도 모르게 어느 잡지에 발표되었는데, 야코비가 갖고 있던 시였을 것이라고 추측된다. 그 후에 괴테는 『시와 진실』에서 이 찬가에 대해 "반쯤 헛소리(Halbunsinn)"라고 말했다. 괴테가 이 찬가를 쓴 시기는 제젠하임에서 프리테리케와 이별하고 프랑크푸르트로 돌아와 사람들과의 교류도 쉽지 않았고, 자신의 장래에 대해서도 무엇을 해야 할지 모르던 심적으로 불안했고 즐거운 일이 하나도 없던 때였다.

「방랑자의 폭풍노래」는 헤르더의 자극을 받아들여 시인의 마음속에 느껴지는 감정에 도취된 순간을 가능한 한 직접적으로 표현해보려는 시도다. 이 찬가의 모티브는 폭풍이 부는 날씨에 방랑, 고대 문학, 고대 신화, 성경, 바로크문학 전통 그리고 18세기의 감상적인 언어 등이다. 몇몇의 행은 짧은데, 그것은 그 당시 유행하던 고대 그리스의 시인 핀다로스의 영향이라고 볼 수 있다. 그래서 언어적으로나 문장 구성상으로 봐서 극단적인 면을 보여주는 괴테의 '질풍노도 시대'의 대표적인 시로 간주되고 있다. 시인은 폭풍이 치는 날씨에 혼자서 방랑을 한다. 그 상황이 얼마나 어려운지는 상징적으로만 나타나고, 이 방랑이 일종의 도주인지, 아니면 어디로 가고 있는지도 밝히지 않는다. 다만 시의 끝부분에 가서 방랑자가 "오두막"을 목표로 하고 있었음이 암시적으로 나타난다. "위기에 처한 방랑자"를 유일하게 지켜줄 수 있는 것이 "수호신"이다. 이 수호신은 모든 위기와 고난에서 벗어나게 해주는 시인 자신의 "천부적 재능"이다. 시인과 마주치는 "저 작고 검은 불같은 농부"는 상징적인 인물이다. 농부는 비록 예술적인 인물은 아니지만 이 악천후를 거뜬히 헤치고 걸어가고 있기 때문에 이 인물과 자신을 비교한다. 그래서 수호신 브로미우스(디오니소스)을 불러내지만 그 신만으로는 인간과 시인이 살아갈 수 없다. 그래서 시인은 태양이자 따뜻함과 노래의 신인 아폴로를 불러낸다. 그러나 지금 악천후에 존재하지 않는 신을 불러내본들 소용이 없자 비의 신 주피터 플루비우스를 불러낸다. 이 악천후에서 부르는 거친 노래가 흘러나오는데, 아나크레온풍의 노래들과 달콤한 테오크리토스풍의 노래들과는 달라야 한다. 그래서 시인은 이 악천후에 맞는 시인인 핀다로스를 떠올린다. 핀다로스의 시에는 위험과 이에 맞서는 용기가 들어있기 때문이다. 핀다로스가 위험한 마차경주를 하는 사람에게 용기를 주었듯이, 수호신에 의해 고독하게 사로잡혀 있는 시인은 자신이 건강한 존재로 살아갈 수 있는 "오두막"으로 자신을 구원할 용기가 필요하다. 그러나 이 구원은 단순하지 않다. 시의 결말부분에서 갑작스럽게 어떤 구원의 손길도 닿지 않음을 아쉬워하기 때문이다.

괴테는 「방랑자의 폭풍노래」에서 그리스 신화에 등장하는 인물과 4개의 3연시로 이루어진 고대 로마 시대의 비가를 철저하게 이용하여 새로운 시대의 작가상에 대한 정의 내리고 있다. 이 찬가에 등장하는 여러 신들은 전통적인 이미지에 고착되어 있지 않고, 괴테 자신의 예술관을 주장할 때마다 상징성을 부여하는 수단으로 사용되고 있다. 「방랑자의 폭풍노래」에서는 예술의 수호신이라고 여겨져 왔던 브로미우스와 아폴로를 이용하여, 진정한 예술을 구가하지 못하고 있는 동시대의 문학을 비판한다. 그래서 이 찬가에서는 테오크리토스풍의 시와 아나크레온풍의 시를 배격하고, 비의 신 주피터 플루비우스로 상징되는 그리스의 시인 핀다로스의 시를 새로운 시대의 작가가 추구해야 하는 이상적인 창작의 모범으로 내세우고 있다.

핀다로스가 노래하고 있는 마차를 모는 사람은 "시인의 자의식"을 상징하는 인물이지만, 괴테는 인생과 예술을 모두 지배하는 목표를 핀다로스의 시에 나타난 인물로 설정했다. 핀다로스는 그의 송가에서 자주 마차경주의 승리자를 노래했었다. 여기서는 경주하는 두 대의 마차가 목표점을 향해 굽은 길을 얼마나 가까이 붙어서 미친 듯이 달리고 있는지를 언어적으로 형상화시키고 있는데, 이 시에서 언어와 리듬의 힘을 가장 강하게 느낄 수 있는 대목이다. 괴테는 마차를 타고 달리는 장면을 핀다로스 시의 가장 뛰어난 전통으로 파악하여, 새로운 시대의 주체적인 작가상은 바로 마차를 몰고 있는 모습이어야 한다고 주장하고 있다. 이 상태에서 작가의 자아는 수호신과 하나가 되며, 주변에 도사리고 있는 위협과 위험을 헤치고 과감하게 마차를 몰고 질주하는 정신을 가져야 한다는 것이다. 더 나아가 주피터 신은 다시 포괄적인 자연의 창조력을 상징하면서, 가장 대표적인 작가인 핀다로스에게 예술창작의 근원이 되는 "마음의 이글거림"을 가능케 해 주는 신화적 인물로 묘사되고 있다.

하지만 「방랑자의 폭풍노래」 마지막 연에서 보여주는 천재적 창조자의 다른 모습, 다시 말해 첫 두 3행시에서 그렇게도 자신만만하고 거만하던 천재적 예술가인 방랑자 자신이 '거처할 곳이 없는 사람'임을 깨닫게 되는 장면은 이카로스 신화와 비교될 수 있다. 핀다로스의 전사처럼 신적인 '영감(Inspiration)'에 불타올라 신의 위치에까지 올랐다고 생각했던 방랑자가(이 경우를 '질풍노도'의 대표적인 인물로 제시할 수 있다) 갑자기 자신이 거처할 지상의 작은 오두막을 동경하게 되는 상황이 바로 그것이다. 이것은 방랑자 자신이 시의 도입부분에서 조건문으로 "수호신이여, 그대 그를 떠나지 않으면"이라고 외친 것에 대한 스스로 인식한 대답으로 볼 수 있다. 즉, 방랑자는 악천후에 따뜻한 불이 있는 집으로 돌아가는 농부에 대한 부러움을 핀다로스에 의해 고양된 최고의 예술가를 지향함으로써 극복해내려고 하지만, 이렇게 높이 고공비행을 한 후 자신을 둘러보았을 때, 자신에게서 수호신이 떠나간 것을 느꼈고, 따라서 다시 현실로 되돌아와야 할 필요성을 절감했던 것이다. 다시 말해 시인 자신이 큰소리로 외치던 천재적 창조자에 대한 주장을 '상대화'시키는 결과를 초래하고 있다는 것이다. 따라서 「방랑자의 폭풍노래」도 괴테의 찬가 「프로메테우스」나 「가뉘메트」에서처럼 신성과 일치하려는 예술가와 그 신성에 항상 일치할 수 없는 현실 사이에서 인식되는 '불협화음'를 솔직하게 보여주는 젊은 괴테의 '자기묘사'라고 볼 수 있다. (임우영)

호수 위에서
(Auf dem See)

호수 위에서

그리고 신선한 양분과 새로운 피를
난 자유로운 세계로부터 빨아들인다.
나를 가슴에 안고 있는 자연은
얼마나 사랑스럽고 좋은가!
물결은 우리의 배를 흔들어
노 젓는 박자에 맞춰 나아가게 한다.
그리고 구름 덮인 하늘을 향한 산들은
우리가 가는 쪽으로 다가온다.

눈이여, 내 눈이여, 어찌해 너는 숙여지는가?
달콤한 꿈들이여 그대는 다시 오려는가?
물러가라, 그대 꿈이여! 그대 그렇게 달콤하지만
여기도 사랑과 삶이 있으니.

물결 위에 둥실 떠도는
수많은 별들이 반짝이고,
부드러운 안개는 주위에 탑처럼
쌓여 있는 먼 산들을 마신다.
아침 바람은 그늘진 호숫가를

감싸며 불어오고,
그리고 익어 가는 과일이
호수에 자신을 비춰 본다.

I.

이 시의 1연은 시적 자아와 자연과의 관계를 묘사한다. 시적 자아는 "자유로운 세계"로부터 "신선한 양분"과 "새로운 피"를 빨아들이고 있다. 그리고 주위의 자연이 시적 자아를 포근하게 껴안고 있듯이 느낌으로써 시적 자아는 안전하게 보호된 느낌을 받게 된다. 그의 이런 느낌은 함께 배를 타고 있는 사람들에게로 확대되어 그들도 엄마가 품에 안고 흔들어 주는 것 같은 움직임을 함께 느끼게 된다. 그래서 "우리의 배"로 묘사되는 나와 여행 동반자 사이의 일치감은 노를 함께 저으면서 규칙적인 물결의 움직임 속으로 녹아들어가 자연과도 일치되고 있음을 느끼게 된다. 따라서 여기까지는 시적 자아가 호수라는 자연을 통해 자신과 자연의 결합이라는 새로운 인식에 도달하게 된 기쁨이 표현되고 있다.

그러나 자연과의 일치를 즐기고 있는 시적 자아의 현재 의식 상태는 지금까지 드러나지 않은 자신의 과거와 대비되고 있음을 암시해준다. 그래서 2연의 첫 행에서 시적 자아와 "나를 가슴에 안고 있던" 자연과의 일치감은 바로 끝나게 된다. 뭔지 모르는 방해가 시적 자아의 내적 의식을 자극해 1연에서 즐겼던 자연을 쳐다보지 못하도록 눈의 움직임에 영향을 미친 것이다. "눈이여, 내 눈이여, 어찌해 너는 숙여지는가?"(9행). 1연에서 외부의 자연에 대해 열린 자세를 취했던 시적 자아는 여기서부터 자신의 내적 공간으로 빠져들기 시작한다. 이런 변화는 바로 앞에서(1연의 마지막 2행에서) 산이 나타나면서 이미 시작되었다. 배의 움직임과 반대방향으로 산들이 몰려오는 느낌으로부터 이런 변화가 발생했는데, 이것은 자신의 과거가 몰려오고 있는 '내적인 반대움직임'이 일어나고 있음을 암시해준다. 그래서 시적 자아는 이렇게 외친다. "황금빛 꿈들이여 그대들이 다시 오려는가?"(10행). 이 과거는 시적 자아의 개인적인 사랑이다. 그래서 1연에서 시적 자아와 자연과의 결합으로 인해 밀려나 있었던 과거인 "그대 꿈"(11행)과의 내적인 결합이 갑작스런 과거로의 회상을 통해 현재의 결합을 위협하고 있는 듯이 보인다. 이런 위협을 시적 자아는 명령조로 거부한다. "물러가라 그대 꿈이여 그대 그렇게 화려지만"(11행). 그리고 "여기도 사랑과 삶이 있으니"(12행)라는 자기 확신을 통해 밀려오려는 과거를 물리치려고 한다.

1연에서 화자의 의식은 2연에 나타나는 과거의 의식과 비교하면 새로운 상황("자유로운 세계", '신선한 양분", "새로운 피")을 긍정하고 환호했다. 그는 또한 객체로 인식되는 자연도 자신에게로 연결시켜 "나를 가슴에 안고 있다"(3행)고 느낄 수도 있었다. 이렇게 1연에서는 자연과 일치하는 느낌이 강하게 지배했지만, 2연에서의 시적 자아는 갑자기 당황해서 수사학적 물음을 통해 "황금빛 꿈들"을 거부한다. 그리고 눈이 숙여지는 심리적 현상과 그 동기에 대해서 성찰하기 시작한다. 그래서 시적 자아는 눈을 숙이는 것과 몰려오는 과거의 내용과의 연관 관계를 인식하고 과거의 두 가지 중요한 요소였던 "사랑과 삶"이 현재에도 존재한다고 주장한다. 이런 주장은 "여기도"를 통해 더 확실하고 강하게 나타난다.

현재에도 "사랑과 삶"이 있다는 시적 자아의 확신을 증명하기 위해서는 그 다음 3연에서 묘사되는 자연이 과거의 "황금빛 꿈들"과 연결되어서는 안 되고, 현재의 "사랑과 삶"의 내용을 담고 있어야 한다. 그래서 현재를 불러내서 과거("황금빛 꿈들")을 쫓아버림으로써 지금까지의 테마였던 자아와 자연의 관계도 달라진다. 여기서 시적 자아를 비롯한 인간들은 자연에서 사라지고, 가깝고 멀리 있는 자연과 높고 넓게 펼쳐진 자연이 스스로 움직이면서 여러 가지 모습들을 만들어낸다. "둥실 떠도는 수많은 별들"처럼 햇살이 "물결 위에", "반짝이고", "부드러운 안개"가 "탑처럼 쌓여 있는" 먼 산들을 "마시고", "아침 바람"이 "그늘진 호숫가"를 "감싸고 불어오는" 모습이 마치 인간의 모습을 한 남녀 한 쌍의 에로틱한 움직임처럼, 자연의 한 부분이 다른 부분으로 편입되면서 서로 겹쳐있는 사랑의 관계로 나타난다. 이런 자연의 묘사는 과거의 "황금빛 꿈들"을 물리치고 현재의 "사랑과 삶"을 불러드린 데 대한 대답이 되고 있다. 따라서 현재의 사랑과 삶은 바로 자연 현상 그 자체이고, 과거에 연인과 경험했던 행복했던 시간들을 보상시켜주고 있는 것이다.

3연의 마지막 2행은 이 시의 결론이자 절정이라고 볼 수 있다. "호수"에 "자신을 비춰보는", "익어가는 과일"(20행)은 바로 앞에 묘사된 에로틱하고 감각적인 자연의 움직임과는 다르게 '거울의 비유'로 연결되어 있다. 그러나 그 과일이 호수 위에 드리워져 스스로를 비춰보고 있기 때문에 물에 어떤 모습으로 비춰지고 있는지는 알 수 없다. 여기서 호수는 "자신을 비춰보는" 대상에게 그에 대한 정보를 제공한다. 그래서 시적 자아는 물에 자신을 비춰본다고 의인화된 "익어가는 과일"의 모습을 현재의 자기 자신으로 끌어들여 해석한다. 즉 "익어가는 과일"이라는 상징 속에 시적 자아는 '성숙해가고 있는' 현재의 자신을 인식하게 되는 것이다. 왜냐하면 지금까지 시적 자아는 자연과의 직접적인 접촉을 통해 밀려오는 "황금빛 꿈들"을 물리치고 현재의 "사랑과 삶"을 불러들였기 때문이다.

II.

이 시는 원래 괴테가 1775년 여름에 친구들과 스위스 여행을 하는 중에 취리히 호수 위에서 쓴 것이다. 괴테는 5월 슈톨베르크(Stolberg) 백작 형제 그리고 하우크비츠(Haugwitz) 백작과 의형제를 맺고 4월에 릴리와 약혼을 했지만 복잡해진 상황에서 벗어나려고 스위스 여행을 떠났었다. 6월 15일 괴테는 친구들과 취리히 호수위에서 뱃놀이를 했는데, 6월 15일부터 아주 간단한 메모 형식의 여행일기를 썼다. 이 여행일기 맨 처음에 "취리히 호수 위에서(Aufm Zürichersee)"라고 쓰고, 그 밑에 "나는 내 탯줄로 / 이제 세계로부터 양분을 빨아들인다. / 그리고 주위의 찬란한 자연은 / 나를 가슴에 안고 있다. (…)"는 시가 적혀있고, 그 다음에 줄을 그어놓았다. 그리고 9행에서 20행까지의 시가 나오고, 다시 그 밑에 줄을 그었다. 그리고 그 밑에다 "산에서 호수를 바라보며(Vom Berge in die See)"라는 시를 쓰고, 나중에 그 비밀을 밝혀보려는 사람들에게 이것이 자기 삶의 기록물임을 알려주려는 듯 그 밑에 "시인의 개인문고 L편을 보라"고 썼다. L이라는 약자는 물론 약혼녀 릴리 쇠네만(Lili Schönemann)

을 의미한다. 그리고 그 밑에 다시 밑줄을 긋고 6월 16일부터 21일에 걸쳐 알프스의 고트하르트 정상을 오른 일지를 간단하게 적어 놓았다. 그래서 일기에 쓴 시는 취리히 호수 위에서 뱃놀이를 하는 중에 아주 즉흥적으로 쓴 것으로 추정된다.

1789년 이 시가 전집에 수록될 때 괴테는 마지막 8행을 독립된 연으로 만들어 3연으로 이루어진 시로 고친다. 이렇게 변경된 시의 구조는 4행의 2연과 8행의 3연으로 나누어져 8-4-8행이라는 완벽한 대칭을 이루게 된다. 또한 원래 시가 시작될 때 과거의 행복했던 경험들을 중단시켰던 "이제"라는 단어 대신에 괴테는 "그리고"(1행)를 사용하고, "신선한", "새로운", "자유로운"이라는 새로운 형용사들을 넣었다. 그리고 3연에서는 "사랑스런 안개"를 "부드러운 안개"로 수정한다. 그러나 이렇게 수정된 시에서 가장 중요한 사실은 1775년의 시 「취리히 호수 위에서」의 1행과 2행이 변해버린 것이다. 즉 "탯줄"로 세계로부터 양분을 빨아들이던 시적 자아가 "신선한 양분과 새로운 피를 자유로운 세계로부터" 빨아들이게 된다. 태아가 "탯줄"로 양분을 빨아들이면서 어머니의 품 안에 안겨 있을 수 없다는 의학적 근거를 바탕으로 시적 자아를 더 이상 태아와 아기로 동시에 연결시키지 않았던 것이다. 이렇게 수정한 시는 <호수 위에서(Auf dem See)>라는 제목으로 1789년 처음으로 인쇄되었고, 그럼으로써 이 시가 언제 어디서 그리고 어떻게 탄생되었는지도 모르는 평범한 "호수" 밑으로 가라앉게 된다. 따라서 「취리히 호수 위에서」와 「호수 위에서」는 그 이후로 두 시가 비슷하다고는 하지만 시적 자아의 설정이 틀려짐으로써 두 개의 독립된 시가 되어 버렸다.

원래 1행에서 8행까지는 취리히 호수 위에서 호수와 주변의 자연으로부터 느껴지는 삶의 신선한 느낌을 묘사하고 있었다. 그리고 특히 1775년에 쓴 1행에서는 "탯줄"로 자연의 신선한 "양분"을 빨아들인다고 대담하게 표현한다. 이 장면은 그 다음 행에서 바로 어머니의 품 안에 안겨 있을 수 없다는 이유를 내세워 괴테가 언어소통의 규범을 노골적으로 파괴해서 사용한 '비유의 오용(Katachrese)'이라는 지적을 받아왔었다. 그러나 이 장면은 취리히 호수 위를 미끄러지듯 배를 타고 지나가는 시적 자아의 의식이 마치 어머니 자궁 속에서 탯줄로 연결되어 있는 듯이 느껴지는 것을 묘사하고 있다. 마치 탯줄로 연결되어 있던 태아가 자궁에서 미끄러지듯 세계로 빠져나오는 것처럼 시적 자아도 취리히 호수에서 배를 타고 호수 위를 미끄러지듯 나아가는 모습을 비유적으로 표현한 것이라고 볼 수 있다. 그래서 태아가 탄생해서 어머니 품에 안기듯 시적 자아도 취리히 호수 위에서 그러한 탄생을 새롭게 느끼는 순간을 묘사하고 있다고 볼 수 있다. 그럼으로써 시적 자아는 자연을 어머니 가슴으로 비유하면서 취리히 호수 주변의 자연경관과 시적 자아 사이를 아기와 수유하는 어머니와의 관계로 설정했던 것이다. 그래서 주위의 자연이 시적 자아를 포근하게 껴안고 있음으로써 시적 자아는 안전하게 보호된 느낌을 받게 된다.

이 시에서 시적 자아가 12행에서 현재의 "사랑과 삶"이 "여기도" 있다고 주장한 것은 릴리와의 이별을 의미하는 것이 아니라, 릴리 없이도 지낼 수 있는지 시험해보기 위해 떠나온 스위스 여행에서 자꾸만 생각나고 보고 싶은 그녀에 대한 미련을 극복하기 위해, 자연현상들의 '에로틱한 움직임'을 통해 대리만족을 찾으려는 시인의 '시적인 노력'으로도 해석할 수 있다. 그렇다면 지금 잔잔한 호수 위가 아니라 햇살이 수많은 별들처럼 둥실 떠다니듯 반짝이는 호수 위에 자신을 비춰보는 "익어가는 과일"은 과연 어떤 모습으로 자신에게 비춰지고 있을까? 그래서 "익어가는 과일"은 어떤 결론을 도출할 수 없는 열려진 결말이자 상징적인 결말이라고 볼 수 있다. 이 짧은 시에는 많은 모티브가 담겨져 있는데, 시적 자아의 마음과 외부의 자연, 현재와 과거에 대한 기억, 자연에의 몰두(1-4행)와 의지(11행), 즐거움과 고통이 대립적으로 그려지고 있다. 하지만 이 모든 것을 부드럽고 가볍게 노래 부르고 있다.

이 시에서 시적 자아는 내적으로 자연을 체험하고 차분하게 관조하면서 자신의 미래를 어렴풋이 예견하고 있다. 시인은 1775년 여름 취리히 호수 위에서 이 시를 쓰면서 프랑크푸르트에서 혼란했던 심정(릴리와의 관계와 복잡했던 자신의 변호사 업무)을 멀리하고, 자연의 넓은 공간속에서 자신이 노를 저으면 멀리 있는 자연이 다가오는 것처럼 느끼지는 '놀이'를 하면서 자신의 지친 심신에게 '휴식'을 주고 있었다. 이것도 그 당시 어려운 상황에 처해있었던 시적 자아가 "익어가는" 과정 중의 하나였다. 그래서 흔들리는 호수에 자신을 비춰보는 "익어가는 과일"이 반드시 과거의 "사랑과 삶"과의 단절을 상징한다거나, 미래에 대한 확실한 희망을 보장하는 상징으로 해석할 필요는 없다. 왜냐하면 괴테는 여행일기장에 「취리히 호수 위에서」 바로 밑에 릴리를 위해 다음의 시를 썼기 때문이다.

산에서 호수를 바라보며(Vom Berge in die See)

내가 만약, 사랑스런 릴리, 당신을 사랑하지 않는다면
이 광경이 내게 무슨 기쁨을 주리오!
그래도 내가 만약 릴리 그대를 사랑하지 않는다면
만약 그렇다면! 무엇이 내 행복이려오.

이 시는 취리히호수를 내려다 볼 수 있는 산에서 프랑크푸르트에 있는 릴리를 생각하며 쓴 시다. 이 시를 괴테는 1789년에 마지막 행을 수정하여 「산 위에서(Vom Berge)」라는 제목으로 자신의 전집에 수록하였다. 이때도 여행일기장에서처럼 「호수위에서」 바로 다음에 수록하였다.

산 위에서(Vom Berge)

내가, 사랑스런 릴리, 당신을 사랑하지 않는다면
이 광경이 내게 무슨 기쁨을 주리오!
그래도 내가 릴리 그대를 사랑하지 않는다면
내가 여기서 찾으리오 아니면 저기서 찾으리오 내 행복을?

(임우영)

겨울 하르츠 여행
(Harzreise im Winter)

1,

이 시를 내용적으로 보면 "행복한 사람"(9행)과 "불행으로 가슴이 답답한 사람"(12-13행)에 대한 묘사로 크게 나누어진다. 1연에서 '시적 자아'는 자신의 노래가 금방이라도 눈이나 비가 쏟아질 듯 잔뜩 찌푸린 아침에 하늘을 날다가 날갯짓을 잠시 멈추고 가만히 "먹이"를 노려보고 있는 "독수리"처럼 떠 있다고 말한다. "잔뜩 찌푸린 아침 구름 위에 / 가볍게 날개짓 하며 가만히 / 먹이를 노려보고 있는 / 독수리처럼 / 내 노래여 떠있으라"(1-5행). 여기서 겨울철 잔뜩 찌푸린 날씨에 먹이를 노려보는 독수리는 사납고 거친 힘과 공격성을 연상시키는데, 그렇다면 괴테는 왜 이 시의 첫 번째 연에서 앞으로 전개될 자신의 시에 먹이를 노려보는 무섭고 공격적인 독수리의 성격을 부여했을까?

그 이유를 시적 자아는 2연에서 4연에 걸쳐 말하고 있다. 시적 자아는 2연에서 행복한 사람과 불행한 사람의 운명은 신이 정해준 '운명' 또는 '운명 예정설'의 결과라고 생각한다. "어느 신이 / 모두에게 각자의 길을 / 이미 정해주셨기에, / 그 길을 행복한 사람은 재빨리 목표를 향해 즐겁게 달려가지만"(6-11행), 반면에 "불행으로 마음이 답답한 사람은 / 질긴 실로 엮어진 울타리를 빠져나오려고"(12-16행) 헛된 수고를 하고 있기 때문이라는 것이다. "그 실을 냉혹한 가위는 / 단 한 번에 잘라 버릴 것을"(17-18행). 불행한 사람을 둘러싸고 있는 울타리를 운명의 여신은 가위로 단번에 잘라버릴 수도 있다는 것은 인간은 언제나 주어진 운명에 의해 죽음을 맞이할 수도 있다는 의미다. 그렇다면 1연 "독수리"(또는 "나의 노래")는 '재빨리 목표를 향해 달려가는' "행복한 사람"과 '질긴 실로 엮어진 울타리를 빠져나오려는 불행한 사람' 중에서 과연 어느 쪽을 노려보고 있는 것일까? 또한 시적 자아의 운명은 행복한 사람에 속하는 것일까, 아니면 불행한 사람에 속하는 것일까?

3연에서는 하르츠의 을씨년스런 겨울풍경이 묘사된다. 산짐승들이 추위를 피해 빽빽한 숲을 지붕삼아 몰려가고 있는 모습과 부유한 사람들이 참새처럼 산에서 철수해 자신의 '둥지'에서 편안하게 겨울을 나고 있는 모습을 그리고 있다. 여기서도 겨울철에 하르츠를 여행하는 사람은 "불행한 사람"으로 , "부자들"은 "행복한 사람"으로 분류될 수 있다. 4연에서도 그 구분이 더욱 확실해진다. "행운의 여신"이 끄는 마차를 느긋하게 따라가는 궁정귀족들이 "잘 닦여진 길로" 제후의 행차를 따라가고 있는 모습은 2연에서 '신이 이미 정해준 길'을 (좌우를 돌아보지 않고) 목표를 향해 기쁘게 재빨리 달려가는 사람과도 일맥상통하고 있다. 그러나 4연에 등장하는 "행복한 사람"이 어려움을 모르고 편하게 여행을 하는 궁정사람들이라는 표현에는 어쩐지 그들을 비꼬는 듯한 인상을 풍기기고 있다. 그것은 시적 자아가 악천후의 겨울 산길을 힘들게 헤매고 다니기 때문일까?

그러다 갑자기 5연부터 7연까지 또 다른 모습의 '불행한 사람'이 묘사되고 있다. 5연은 이 시에서 가장 문제가 되고 있는 행으로 시작한다. "그런데 저 길옆의 사람은 누구인가?"(29행). 그 사람은 숲 속에서 점점 길을 잃고 황량한 겨울 산 속으로 사라지고 있다. 6연에서는 그 사람이 왜 산에서 길을 잃고 방황하는지를 설명해준다. "향유가 독이 되었던 그 사람"(36행)은 "넘치는 사랑 때문에" 사람들을 혐오하게 되었기 때문이라는 것이다(37-38행). 또한 사람들에게서 경멸을 받다가 이제는 그 자신이 "경멸하는 사람"이 되어버렸고, 그의 "만족치 못하는 이기심에", "남몰래 자신의 가치를 갉아먹고 있다"고 아쉬워한다. 그러면서 시적 자아는 전형적인 베르테르형(型) 인간인 이 사람의 고통을 누가 치유해 줄 것이냐고 묻는다. 괴테가 하르츠를 여행할 때는 『젊은 베르테르의 슬픔』이 나온 지 3년이 지난 시기였으나 당시의 젊은이들 사이에 베르테르와 같은 '우울증'이나 '센티멘탈한 감정'이 절정에 달했을 때였다. 이런 증후군은 비단 그 당시의 젊은 독자층에만 만연된 것이 아니라, 그 소설의 작가인 괴테에게도 영향을 미치고 있었다. 그렇다면 길에서 벗어나 산속으로 길을 잃고 해매고 있는 사람이 1연의 '나의 노래'가 노리고 있는 '먹이'인가? 지금까지 진행된 이 시의 해석에서 가장 논란이 되었던 이 대목에 등장하는 이 '불행한 사람'은 과연 누구를 의미하는가? 45년 후 괴테가 밝혔듯이 우울증을 앓고 있던 플레씽(Plessing)이라는 청년인가? 아니면 괴테 자신인가?

7연에서 시적 자아는 이 불행한 사람의 치유를 위해 "사랑의 아버지"(44행)에게 도움을 청한다. "사랑의 아버지"가 연주하는 수금에 맞춰 "어떤 소리라도 그의 귀에 울리게 하시면"(44-45행) 그의 심장은 생기를 얻게 된다고 간청한다. 즉, 이 길을 잃고 헤매고 있는 사람이 '자신의 불행에서 벗어날 수 있는 길'인 "목말라하는 사람 곁에 있는 / 수많은 샘들"(48-50행)을 제대로 보지 못하고 있기 때문에 자신의 "이기심"에서 벗어나 사회로 돌아올 수 있도록 해달라는 것이다. 여기서 시적 자아가 도움을 청하는 "사랑의 아버지"는 과연 누구인가? 1연에서 행복한 자와 불행한 자의 운명을 미리 결정해주는 신인가? 아니면 미움과 증오보다 사랑을 가르치는 종교적인 "사랑의 신"(44행)인가? 아니면 「방랑자의 폭풍노래」에서처럼 예술가를 보호하는 신인 주피터 플루비우스와 같은 예술가의 재능을 수호하는 신을 의미하는가?

8연에서 시적 자아는 "사랑의 아버지"에게 불쑥 "사냥하는 형제들"(53행)에게도 축복을 내려달라고 부탁한다. 이 연은 괴테와 같은 날 아이제나흐(Eisenach)로 사냥을 떠났던 카를 아우구스트 공작 일행을 염두에 둔 것이다. 아이제나흐 부근의 농부들은 수년에 걸쳐 들짐승들 때문에 농작물에 피해를 입어 끊임없이 민원을 제기해 왔었고, 공작 일행은 악천후임에도 불구하고 사냥을 나갔던 사실을 묘사하고 있다. 이 연은 시 전체의 내용상 관련된 부분이 희박하기 때문에 거의 대부분의 해석자들은 이 시를 해석할 때 별다른 의미를 부여하지 않기도 한다. 그렇다면 이 연은 왜 삽입되었을까? "사냥하는 형제들"은 분명 '행복한 사람'들인데 그들에게도 "사랑의 아버지"의 축복이 필요할까? 이미 신이 정해준 운명에 따라 제후의 행차로 편하게 사냥을 하고 있을 귀족들에게 축복을 기원하는 것은 악천후에 제후의 명을 받아 '비밀 여행'을 하고 있는 자신의 처지에서 나온 반어적 표현은 아닐까?

신의 위대함을 칭송하는 본격적인 찬가는 바로 그 다음 연에서부터 시작한다. 9연에서 시적 자아는 "사랑의 아버지"에게 "외로운 사람을"을 축복해달라고 부탁하면서 그 사람을 “당신의 시인”(65행)이라고 부른다. 여기서 “사랑의 아버지”는 단순히 종교적 의미의 신만을 의미하는 것이 아니라 ‘예술가를 보호하는 수호신’의 의미도 함께 담고 있다. 시적 자아는 이 시인을 “황금구름”으로 감싸고 “겨울에도 푸른 나무” 즉 월계수를 그의 젖은 머리 위에 씌워주라고 간청한다. 그래서 여기에 등장하는 “외로운 사람”은 시인이며 예술가를 의미하게 된다. 그렇다면 “사랑의 아버지”가 보호하는 시인은 숲에서 길을 잃고 헤매는 그 “불행한 사람”인가? 아니면 ‘시적 자아’ 자신을 지칭하는 것일까? 아니면 두 사람이 동일 인물인 것인가?

10연에서 “황량한 들판 위에 진흙탕 길을 길어가는”(68-69행) 고독한 시인의 모습은 괴테의 송가 「방랑자의 폭풍노래」에 나오는 ‘곤궁에 처한 방랑자’의 모습과 너무나 닮은 모습을 보여주고 있다. 밤에 개울을 건너가는 이 시인은 “사랑의 아버지”가 어둠을 밝히는 횃불을 비추어주고 있다고 생각한다. 뿐만 아니라 이 시인에게 “사랑의 아버지”가 “오색찬란한 아침”으로 웃음을 선사하고 그를 겨울 폭풍에 태워 높은 정상에 오르게 해 준다고 칭송한다. 여기서 “사랑의 아버지”는 시인과 그 재능을 보호해주는 수호신을 의미하게 된다. 이 10연의 특징은 7연에서 9연까지의 ‘기원문’이 ‘서술문’으로 바뀌고 있다는 점인데, “당신의 시인”에 대한 신의 축복이 확신에 찬 형태인 서술문으로 나타나는 것이다. 이제 신은 어둠을 밝히는 횃불로 개울을 건너 황량한 들판 위의 진흙탕 길을 걸어가는 시인을 비추고, 오색찬란한 아침으로 그의 가슴에 웃음을 보내며, 살을 애는 듯한 폭풍으로 그를 브로켄 산 위에까지 올려다준다. 이에 대한 보답으로 시인은 바위에서 떨어지는 겨울의 물줄기로 신을 찬송하는 시편을 쓰고, 무시무시한 눈 덮인 산의 정상을 신이 가장 좋아하는 “감사의 제단”으로 꾸민다. 그 정상은 이미 그 성스러움을 이미 예감했던 조상들이 정령들의 띠로 화관을 장식했었다. “겨울 물줄기들은 바위에서 / 그의 시편 속으로 떨어지고, / 무시무시한 꼭대기의 / 눈 덮인 정상은 그에겐 가장 사랑스런 감사의 제단이 되고, / 예감에 찬 무리들이 그 정상을 / 정령들의 띠로 화관을 씌웠나이다”(75-81행).

82행부터 마지막 88행까지는 찬가의 절정으로 시인이 눈 덮인 브로켄 산의 정상에서 느끼는 일종의 성스러운 종교적 감정을 표현하고 있다. “당신은 알아낼 수 없는 마음으로 / 비밀에 가득 찬 채 드러나시어 / 놀란 세계 위에 서 계시나이다. / 그리고 구름 위에서 / 당신 곁에 있는 당신 형제들의 / 혈관에서 흐르게 하신 / 풍요롭고 장엄한 세계를 보고 계시나이다"(82-87행). 이 부분은 괴테가 1777년 12월 10일 슈타인 부인에게 보낸 편지에서 자신이 브로켄 정상에 올라 "저의 신에게 감사의 제사"를 바쳤다고 쓴 것처럼 분명히 "행복한 사람"이 느끼는 환희의 노래이다. 불가능했던 브로켄 산의 겨울등정을 가능하게 해주신 신에 대한 고마움과 숭배의 감정에 가득 찬 "만족스런 사람"으로서의 시적 자아는 눈 덮인 정상에서 바라다 보이는 자연 경관의 "풍요함과 장엄함"(86행)에 대해 탄성을 보낸다. 신은 아무도 알아낼 수 없는 가슴으로 "비밀에 가득 찬 채 드러나시어"(83행) 놀란 세계 위에 서서, 마치 1연의 독수리처럼 구름 위에서 "당신 곁에 있는 당신 형제들의 혈관에서 흐르게 하신 풍요롭고 장엄한 세계를" 보고 계신다고 찬양한다. 여기서 문제가 되는 것은 "당신 곁에 있는 당신의 형제들"은 과연 무엇을 의미하고 있는가 하는 점이다. 만약 정상(또는 브로켄 산)이 신이라면 당신의 형제들은 정상에서 내려다보이는 옆으로 뻗어 있는 다른 산줄기를 의미할 수 있다. 깊은 산세(山勢)의 장엄함을 구름 위에서 바라보고 있다는 것이다. 또한 자신을 '비밀에 가득 찬 채 드러내고 있다'는 표현도 브로켄 산의 깊이와 장엄함을 전부 파악할 수는 없지만 세상에 드러나 사람들을 맞이하는 모습으로 볼 수 있다. 따라서 이 마지막 연에서는 정기가 서려있는 성스러운 브로켄 산의 정상에 오른 시인의 환희가 묘사되어 있으며, 그 환희는 정상에 대한 종교적 성스러움이자 자연에 대한 경외심으로 표현되고 있다. 이 마지막 장면은 괴테의 시 「마호메트의 노래」에서 화려하게 펼쳐졌던 모티브를 연상시킨다. 샘 하나가 발원해서 강으로 불어나 땅에 물을 대주어 풍요롭게 해주는 모습, 샘 하나가 수많은 지류들을 받아들여 바다로 흘러가는 모습은 천재적 예술가의 창조적인 풍요로움과도 비교할 수 있다.

II.

괴테는 1777년 11월 29일에서 12월 15일까지 독일의 중부 산악지대인 하르츠를 다녀왔다. 그래서 이 시는 이 여행을 다녀오고 얼마 지나지 않아 쓴 것으로 추정되며, 1789년에 출판된 괴테전집에 처음 발표되었다. 이 시는 괴테의 '위대한 찬가' 시리즈의 마지막 찬가로 첫 번째 찬가인 「방랑자의 폭풍노래」와 「마부 크로노스에게(An Schwager Kronos)」와도 모티브나 언어적으로 연결되어 있다. 이 찬가는 공중에 높이 떠서 세상을 넓게 바라보고 있는 독수리의 시선으로 시작하기 때문에 공간이 넓은 느낌을 준다. 이런 느낌은 마지막까지 이어지고, 끝에 가서 브로켄 산 정상에서는 더욱 고조된다. 이렇게 "떠받쳐지고 있는 느낌"에서 형상들과 생각들이 이어지는데, 이런 생각들은 거의 무의식적으로 영감에서 나오는 듯한 인상을 준다. 행복한 사람들이 가는 길에 대한 생각(9-11행), 불행한 사람들(12-16행)과 죽음(17-18행)에 대한 생각이 이어진다. 들짐승들은 겨울에 숲속으로 몰려들고, 사람들은 도시로 몰려든다. 이들은 무리를 지어 움직인다(19-23행). 이와 반대되는 테마인 "고독한 사람"이 갑자기 나타난다. "그런데 저 길 옆의 사람은 누군가?"(29행). 이 고독한 사람은 지나쳐가서 사라지는 인물로 그려지는데, 사랑받지 못하는 사람을 상징한다. 앞에서 언급된 불행한 사람이 여기서 다시 이어지고 있는 것이다. 그러고 나서 사랑의 신에게 이 불쌍한 사람에 대한 부탁이 시작된다. 사랑은 그 사람의 심장에 생기 돋아나게 하고 수많은 샘이 솟아나게 하여, 세상이 바로 신적인 것으로 가득 차 있다는 의미를 깨닫게 해주기 때문이다(43-50행). 마치 불행한 사람을 자신이 그렇게 잘 이해할 정도로 자신과 닮은 듯이 말이다. 이처럼 이 시에서는 불행한 사람(12-18행, 29-42행), 행복한 사람(6-11행, 60-81행), 고독하지만 사랑하는 사람(19-28행, 51-65행)이 대비를 이루며 전개되면서 갈등이 고조되고 있다. 사랑을 받고 사랑하면서 살아가는 사람은 비록 혼자 있어도 외롭지 않다. 들짐승을 사냥하러간 용감한 친구들에 비하면(54-59행) 시인은 고독하지만, 자신의 소리에 귀를 기우리면서, 신들에게 속하는 황금빛 구름으로 둘러싸는 "사랑"의 축복을 받으며 안긴다(60-65행). 연인은 이 시에서 한 번도 언급되지 않고 다만 "사랑(Liebe)"으로만 불려진다. 이것은 마법과 같은 천상적인 사랑인 동시에 지상적인 사랑이다. 모든 것이 독수리가 날듯이 사랑의 축복에 의해 떠받쳐지고, 이런 감정은 마침내 시인을 종교적이고 신적 영역인 산의 정상으로 끌어올린다(66-74행). 여기서 찬가는 절정에 이르게 된다. 충만한 세상의 아름다움으로서의 '신적인 것'은 사랑과 자연 속에서 현현(顯現)된다. 그래서 시인은 겨울에 브로켄(Brocken)산의 거대한 장관과 마주하면서 "사랑의 아버지"에게 감사를 드릴 수 있다. 여기서 시인은 독수리보다 훨씬 더 높고 넓게 조망할 수 있기 때문이다. <가뉘메트>에서 신과 일치되는 황홀한 느낌으로 끝을 맺었다면, 여기서 산정상의 상징은 혹독하고 조용하고 위대하다.

괴테는 하르츠 지방을 여행하면서 많은 광산을 찾아갔고, 브로켄산을 올랐으며, 여러 곳에서 많은 사람들을 보고 만났다. 그러면서 항상 샤를로테 폰 슈타인 부인을 생각했다. 괴테가 여행 중에 보았던 광경들은 아주 제한적으로 "빽빽한 숲", "옆으로 사라지는 모습", "산" 등이다. 만약 괴테의 일기와 편지를 함께 놓고 본다면 이 시 전체가 몇 가지 전기적 사실들에 의해 움직이고 있음을 더욱 분명하게 알게 된다. 베르테르처럼 우울증을 앓고 있던 플레씽이라는 청년을 방문했던 일(35행 이하), 바이마르의 카를 아우구스트 공(公)이 주민들을 위해 겨울철 들짐승 사냥에 나갔던 일(51행 이하)은 괴테 스스로 이 시를 해설하면서 밝힌 바 있다. 그러나 슈타인 부인에 관한 사실들은 언급하지 않았다. 이 시를 해석하는 데 가장 핵심적인 요소는 이 시 전체를 괴테의 자전적 "자기성찰"로 보느냐 아니면 괴테의 주장대로 시적 자아가 노래하는 "행복한 사람", "저 길 옆의 사람", "사랑하는 형제들", "고독한 사람", "당신의 시인" 등의 상이한 요소들을 시인 자신이 여행 중에 체험했던 전기적 요소로 보느냐 하는 문제이다. 그러나 후자의 경우 괴테의 전기에 대한 지식 없이는 너무나 상이한 인물들이 찬가의 이해를 어렵게 한다는 데 문제가 있다. 괴테가 이 시를 쓴 지 40년이 지난 후에도 이 시가 자기 시 중에서 아직도 쉽게 이해되지 않는 시로 남아 있다고 스스로 주장하면서도, 이 찬가를 불쌍한 플레씽을 방문했던 하르츠 여행기에 불과한 시로 해석함으로써 이 시의 해석을 더욱 미궁에 빠트리게 했는지도 모른다.

괴테가 1820년에 스스로 이 찬가를 해설한 것이 그때까지 암흑에 가려있었던 사실들을 밝혀내는 데 도움이 되었던 것은 사실이다. 또한 이 시를 괴테의 입장에서만 해석함으로써 시가 가진 다의성을 포기하고, 시적 텍스트를 자서전적으로만 해설할 수도 있다. 그러나 문학작품을 해석할 때 너무 전기적 요소에만 의존함으로써 '실증주의적 오해'를 야기했던 경우를 고려하면, 괴테가 40년이 지난 뒤 이 시를 쓸 당시를 회상하면서 쓴 이런 자서전적 자료가 이 시에 담긴 깊은 뜻을 숨기기 위한 일종의 "위장해설"일 수도 있다는 문제가 제기되기도 했다. 그럼에도 불구하고 시적 텍스트에 나타난 내용만을 기초로 해서 다음과 같은 시적 통일성을 도출해낼 수는 있을 것이다. 즉, 이 찬가의 주체인 "나의 노래"는 먹이를 노려보는 독수리와 같이 신이 각자에게 인생의 행로를 이미 결정해 놓은 '행복한 사람'과 '불행한 사람'을 대비시켜 지켜보고 있다. 그러나 인생의 행로가 불쌍하게 결정된 사람은 오히려 "사랑의 신"의 보호를 받으며 브로켄 산의 정상에 올라 자연 속에 살아 숨쉬는 '신성'을 발견하고 신의 위업에 대한 환희와 열광에 차서 그 거룩함을 찬양한다. 이 과정에서 전반부의 '불행한 사람'이 중반부에서는 "고독한 사람"으로 바뀌어 "사랑의 신"의 시인으로 변하고, 후반부에는 이 시인이 브로켄 산의 정상에 오름으로써 '행복한 사람'으로 분명히 바뀌고 있다는 사실이다. 그렇다면 "나의 노래"가 독수리처럼 먹이를 찾다 발견한 불행하고 고독한 "시인"을 괴테가 하르츠 여행 때 경험한 시적 형상들 속으로 숨겨놓은 의도는 무엇일까? 이 의문은 괴테가 시 안에 "노래"와 "시인"을 자기 자신의 "대리인"으로 서로 연결시켜놓고 있다는 가정을 통해 밝혀낼 수 있을지도 모른다. 그래서 이 시에 나타난 형상들은 바이마르 궁정에서 활동하면서 작가로서의 위기감을 느끼고 있던 괴테가 스스로의 존재 위치를 확인해나가는 과정을 보여주고 있을지도 모른다.

(임우영)

나그네의 밤노래
(Wandrers Nachtlied)

1. 두 편의 '나그네의 밤노래'

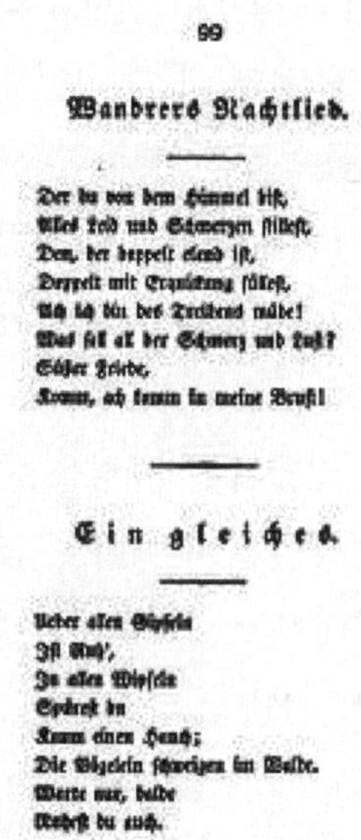
99

Wandrers Nachtlied.

Der du von dem Himmel bist,
Alles Leid und Schmerzen stillest,
Den, der doppelt elend ist,
Doppelt mit Erquickung füllest,
Ach ich bin des Treibens müde!
Was soll all der Schmerz und Lust?
Süßer Friede,
Komm, ach komm in meine Brust!

Ein gleiches.

Ueber allen Gipfeln
Ist Ruh',
In allen Wipfeln
Spürest du
Kaum einen Hauch;
Die Vögelein schweigen im Walde.
Warte nur, balde
Ruhest du auch.

1815년 작품전집을 출간하면서 괴테는 그 1권인 <시집>에서 처음으로 이 두 시를 한 페이지에 시대순으로 나란히 싣는다. 이 때 괴테는 첫 번째 시에는 "나그네의 밤노래(Des Wandrers Nachtlied)"라는 제목을, 두 번째 시에는 "같은 제목(Ein gleiches)"이라는 제목을 부여한다.

괴테의 시 중 "나그네의 밤노래(Wandrers Nachtlied)"라는 제목을 가진 시는 두 편으로 괴테가 쓴 가장 유명한 시에 속한다. 괴테가 운율을 고려해 'e'자를 하나 생략하고 쓴 독일어 단어 'Wanderer'는 나그네 외에 '방랑자'로도 번역된다. 두 편의 <나그네의 밤노래> 중 1776년에 쓴 시는 "그대 하늘에서 내려온 이여(Der du von dem Himmel bist)"로, 1780년에 쓴 시는 "모든 산봉우리마다 정적이 감돌고(Über allen Gipfeln ist Ruh)"로 시작된다. 괴테가 이 중 두 번째 시를 정식으로 출간한 것은 1815년 작품전집을 낼 때로서, 그 1권인 <시집>에서 두 시는 한 페이지에 시대순으로 나란히 실리게 된다. 이 때 괴테는 첫 번째 시에는 '나그네의 밤노래'라는 제목을, 두 번째 시에는 "같은 제목 Ein gleiches"이라는 제목을 부여한다.

1827년의 결정판 전집에서도 괴테는 이 두 시를 이와 똑같은 제목으로 나란히 싣고 있다. 하지만 두 번째 시 한 편만 다룰 때는 역시 "나그네의 밤노래"라는 제목을 붙이며, 혼돈이 생길 수 있을 경우에는 「나그네의 밤노래 I」과 「나그네의 밤노래 II」로 표기하는 것이 관행이다. 이 두 시는 모두 수많은 작곡가들에 의해 노래로 작곡되었는데, 그중에서도 슈베르트의 작곡이 유명하다. 「나그네의 밤노래 I」은 작품번호 D.224, 「나그네의 밤노래 II」는 D.768이다.

2. 「나그네의 밤노래 Wandrers Nachtlied」

"그대 하늘에서 내려온 이여(Der du von dem Himmel bist)"로 시작되는 이 시 텍스트는 괴테가 슈타인 부인에게 쓴 편지들 사이에 오선지에 수기 되어 들어 있었다. 이 시 밑에 괴테는 바이마르 근교 "에터스베르크 언덕에서, 1776년 2월 12일"이라고 짧게 적고 있다. 이 시가 1780년 라바터의 친구인 페닝거가 취리히에서 펴낸 기독교 잡지에 처음으로 실릴 당시의 제목은 기도문을 의미하는 "평안을 주소서(Um Friede)"였다. 이 시가 "나그네의 밤노래(Wandrers Nachtlied)"라는 제목으로 처음 출간된 것은 1789년으로서, 여기서 괴테는 원본 텍스트 2행의 "모든 기쁨(Alle Freud)"을 "모든 번민(Alles Leid)"으로, 6행의 "괴로움(die Qual)"을 "고통(der Schmerz)"으로 수정하며, 이후 계속 이 수정본으로 출간한다. 다음은 수정본의 번역이다.

그대 하늘에서 내려온 이여,	Der du von dem Himmel bist,
모든 번민과 고통을 잠재우고,	Alles Leid und Schmerzen stillest,
큰 불행을 걸머진 자를	Den, der doppelt elend ist,
큰 위로로 채우는 이여.	Doppelt mit Erquickung füllest;
아아, 세상사에 지쳐버린 나!	Ach, ich bin des Treibens müde!
이 모든 고통과 쾌락이 다 무엇이랴?	Was soll all der Schmerz und Lust?
아늑한 평안이여,	Süßer Friede,
와주오, 아아 이 내 가슴으로!	Komm, ach komm in meine Brust!

1775년 괴테가 이주했을 당시의 바이마르 궁성 모습. 당시 바이마르는 인구 6천 명 정도로 이 지방도시의 경제와 산업은 보잘 것 없었다. 그러나 점차 이 작은 도시는 대공비인 안나 아말리아 등의 노력에 힘입어 빌란트, 괴테, 쉴러, 헤르더 등 작가들을 불러들여 바이마르 고전주의를 꽃피우며 독일문화의 중심지로 부상한다.

괴테는 1827년 1월24일 에커만과의 대화에서 자신의 시가 그렇게 다양하지만, 그 중 어떤 것도 루터교 찬송가집에 실릴만한 것은 없다고 말했다고 한다. 그러나 이 시는 이미 그 15년 전부터 1871년까지 브레멘의 찬송가집에 실린 바 있다.

1775년 괴테가 이주했을 당시의 바이마르 궁성 모습. 당시 바이마르는 인구 6천 명 정도로 이 지방도시의 경제와 산업은 보잘 것 없었다. 그러나 점차 이 작은 도시는 대공비인 안나 아말리아 등의 노력에 힘입어 빌란트, 괴테, 쉴러, 헤르더 등 작가들을 불러들여 바이마르 고전주의를 꽃피우며 독일문화의 중심지로 부상한다.

이 시는 첫눈에 보기에도 기독교 기도문으로 보이기 때문인데, '평화/평안(Friede)'은 기독교의 핵심개념에 속한다. 성서 빌립보 4장 7절은 "그러면 사람의 이해를 초월하는 하나님의 평안이 그리스도 예수님 안에서 여러분의 마음과 생각을 지키실 것입니다."라고 쓰고 있다. ('Friede'는 한국의 가톨릭 성서에서는

'평화'로, 개신교 성서에서는 '평안'으로 번역되고 있다.) 슈타인 부인의 어머니는 괴테가 수기한 이 시의 뒷면에 복음서의 평화에 관한 또 다른 텍스트를 적어놓았다. 요한복음 14장 27절 "내가 여러분에게 평안을 남겨 둡니다. 곧 나의 평안을 여러분에게 줍니다. 내가 여러분에게 주는 평안은 세상이 주는 것과 같지 않으니, 여러분은 마음에 근심하지 말고 두려워하지도 마십시오."이다.

그밖에도 이 시가 기독교적 기도문으로 수용된 이유는 이 시의 첫 행 "그대 하늘에서 내려온 이여(Der du vom Himmel bist)"가 모라비안 교회의 창시자인 친첸도르프가 주기도문을 찬송가로 쓴 "그대 하늘에 계신 분이시여(Der du in dem Himmel bist)"를 거의 그대로 옮기고 있기 때문이다. 친첸도르프의 주기도문은 <에버스도르프의 찬송가집(Ebersdorfer Gesangbuch)>(1745년, 재판본)에 실려 있었는데 괴테의 아버지가 이 찬송가를 소지하고 있었다.

괴테의 시가 기도문으로 수용된 또 다른 이유는 시의 구성에서도 찾아볼 수 있다. 시인이 첫 행에서 부른 "하늘에서 내려온 이"가 하나님이나 신적인 존재가 아니라 "아늑한 평안"임이 끝부분인 7행에 가서야 밝혀지는 것으로, 독자에 의해 간과되었을 소지가 있는 것이다.

다른 한편으로는 이 시가 전형적인 기도문은 아니라고 할지라도 개인적인 기도가 포함되어있다고 볼 수 있다. 괴테는 청년시절 어머니의 친구인 클레텐베르크의 영향으로 경건주의에 경도되어 있었는데, 이 시에서도 그러한 경향이 확인된다. 종교적 전통이 시인에게 종교적인 상태와 유사한 그의 심경을 표현하도록 도움을 준 것으로, 비록 시인이 쓰는 문학적 형식이나 어구의 뿌리는 종교적 전통에서 나온 것일지라도 이제는 독자적인 현실이 되고 있는 것이다. 이는 유럽의 전형적인 세속화 과정에 속하는 현상으로써, 기독교적 형식이나 어구가 비종교적인 목적을 위한 수단으로 쓰이게 되면서 세속화 과정이 완성되기에 이른 것이다.

이 시의 제목과 관련하여 흥미로운 것은 괴테가 일찍이 '나그네/방랑자(Wandrer)'로 불린 적이 있다는 사실이다. 슈트라스부르크 대학생 시절인 1770년 가을에 만나 사랑했던 제젠하임 목사의 딸인 프리데리케 브리온과 1771년 8월 결별한 직후였다. 그의 자서전인 『시와 진실』 3부 12권에서 괴테는 19세의 프리드리케에게 보낸 결별편지에 대한 답장을 받고 "처음으로 자신에게 죄가

볼데마르 프리드리히(1846-1910)가 그린 폰 슈타인 부인과 괴테. 출처: http://www.goethezeitportal.de/fileadmin/Images/db/wiss/bildende_kunst/friedrich_goethes_leben/Friedrich_Goethe_7__500x750_.jpg

있음을" 느꼈다고 쓴다. 후회에 휩싸인 21세의 괴테는 "오직 자유로운 하늘 아래에서만" 마음의 평온을 찾을 수 있었기에 "근교를 한없이 쏘다녔으며" 그래서 "방랑자(Wanderer)"로 불렸다고 기록한다. 괴테에 의하면 당시 그가 읊조린 기이한 찬가와 열정적인 시들 가운데에서 "오직 「나그네의 폭풍우 노래(Wandrers Sturmlied)」(1772)만이 남아있다".

「나그네의 밤노래」는 제목에서 이미 서정적 자아를 밝히고 있다. 1770년대에 괴테가 쓴 시를 잘 모르는 독자라면 이 주인공을 일반적으로 "많은 불행"을 겪고 있는 이로 해석할 소지가 있다. 예를 들어 훗날 가톨릭으로 전향하고 사제가 된 낭만주의 작가 차하리아스 베르너(Zacharias Werner, 1768~1823)는 그가 로마로 여행을 떠나기 전인 1809년 10월 20일 괴테에게 이렇게 썼다. "귀하의 '순례자의 밤노래(Pilgers Nachtliede)' 시구가 제게 아프게 떠오르지 않는 날이 없습니다." 베르너가 이 시의 제목을 '순례자의 밤노래'로 잘못 인용하고 있는 것이 의미심장하다. 예로부터 '순례여행(Pilgerfahrt)'은 기독교신자의 인생길 및 순례 목적에 대한 비유였다. 그러나 괴테의 시의 주인공을 순례자로 보기 어려운 이유는 그가 육신이 지쳐있을 수는 있지만, 정신적으로도 자신의 고통과 쾌락의 의미를 찾지 못하고 있는 듯 보이기 때문이다.

이 시의 핵심은 5행과 6행 "아아, 세상사에 지쳐버린 나! / 이 모든 고통과 쾌락이 다 무엇이랴?"에 있다. 서정적 자아가 자신의 영혼의 불안을 한숨처럼 갑자기 내뿜는 이 두 문장은 삽입문 형태로 되어 있는데, 이를 통해 앞부분의 기도문을 연상시키는 보편적인 차원의 내용이 구체적이고 개인적인 차원을 띠게 된다. 이 시에서는 "세상사"로 번역한 독일어의 "Treiben"은 원래 '짓거리'의 뜻으로서, 시인은 그를 지치게 한 '세상사'가 '고통과 쾌락'을 유발하고 있다고 씀으로써 이 상반된 단어들이 유발하는 패러독스적 성격을 약화시키고 있다. 이를 괴테 자신과 연관 지을 경우, '세상사/짓거리'는 겉만 번드르르하고 통속적인 궁정생활로 구체화된다. 괴테는 당시 쓴 편지에서 무도극과 가장무도회 등 궁정행사에 대해 혹평을 하고 있다. 그는 친구인 크네벨(Karl Ludwig von Knebel)에게 "나는 자네에게 즐거운 일에 대해서만 말하고 있지. 안에서 보면 매우 다르다네 (…)."(1782년 2월 3일)라고 쓴다. 또 1777년 10월 7일자 일기에는 "궁정의 짓거리의 빈곤함, 도대체가 그 사회의 빈곤함(Armuth des Hof treibens, überhaupt der Sozietät)"이라고 기록한다. 바이마르 궁정의 신참내기에 속하는 괴테가 이미 궁정의 모든 것을 비판적인 거리를 취하며 바라보고 있음을 알 수 있다. 괴테는 바이마르로 이주한 지 일 년 후 어머니에게 보낸 편지에서는 "인간의 짓거리란 그 짓거리를 다 하기까지 끝을 모르는 것입니다."라고 쓴 바 있다(1776년 11월 6일). 「나그네의 밤노래」가 시민이자 시인인 괴테의 궁정생활에 대한 반응을 넘어, 인간 존재 자체에 대한 시로 해석될 여지를 보여주는 것이다.

다른 한편 크노블로흐(Hans-Jörg Knobloch)는 괴테의 이 "편지 시(Briefgedicht)"에는 그가 흠모하던 슈타인 부인을 "유혹하려는 시도"가 들어있었다고 보고자 한다. 다만 시를 출간하는 과정에서 "너무 개인적이거나 일시적인 것들을 다른 사람들이 즐길 수 있도록" 수정보완하게 되었고, 이 시의 의미가 평안을 위한 기도로 변모하게 되었다는 것이다.

다음에 소개하는 시는 괴테가 「같은 제목 Ein gleiches」이라는 제목을 붙여 출간한 「나그네의 밤노래 II」이다.

3.「같은 제목 Ein gleiches」

같은 제목	Ein gleiches
모든 산봉우리 위에	Über allen Gipfeln
정적이 감돌고	Ist Ruh,
모든 나무 정수리에서	In allen Wipfeln
그대 여린 숨결하나	Spürest du
느끼지 못한다.	Kaum einen Hauch;
숲속의 작은 새들도 침묵하고 있다.	Die Vögelein schweigen im Walde.
기다려라, 너도	Warte nur, balde
곧 쉬게 되리니.	Ruhest du auch.

이 시는 괴테가 30세 때인 1780년 9월6일에 쓴 것으로 추정된다. 당시 바이마르 공국의 관리이던 괴테는 튀링엔 지역 일메나우 광산위원회의 일원으로 그곳을 여행 중이었다. 그런데 광산의 재정상태 등이 제대로 관리되어 있지 않아 괴테는 매우 불편한 심경으로 일을 마친 뒤 지친 몸으로 근교 키켈한 산 정상에 올랐으며, 그곳에 있는 사냥감시원의 오두막에서 며칠간 머물렀다. 이 시는 당시 괴테가 그 통나무 오두막 벽에 연필로 써놓았던 것이다.

Goethe's Handschrift im Kickelhahn-Häuschen.

괴테가 1780년 키켈한 정상의 사냥감시원의 오두막에 연필로 새겼던 시「나그네의 밤노래 II」(“모든 산봉우리에 정적이 감돌고”). 많이 손상되어 있으며, 누군가가 파내어 가려한 흔적도 보인다. 아우구스트 린데가 1869년에 찍은 이 사진은 잡지 <가르텐라우베(Die Gartenlaube)>(1872)에 실렸다. — 출처: https://de.wikipedia.org/wiki/Wandrers_Nachtlied

괴테가 다시 이 오두막을 찾은 것은 세상을 떠나기 반년 전인 1831년 8월27일로서 82세가 되는 생일 하루 전이었다. 긴 세월동안 오두막에 들이친 비바람과, 이를 통나무 벽에서 파내어가려던 방문객들의 손에 의해 텍스트는 많이 손상되어 있었지만 괴테는 자신의 죽음을 예견한 듯 이 시를

일메나우 키켈한에 있는 '괴테오두막'. 괴테가 시를 써놓은 옛 사냥감시원의 오두막을 재현해 놓은 것으로 오늘날 사람들이 순례를 오는 곳이다.
[http://www.quermania.de/thueringen/thueringer-wald/kickelhahn-ilmenau.php]

읊으며 눈물을 지었다고 한다.

이 시는 원래 제목이 없이 헤르더와 궁녀이던 루이제 폰 괴히하우젠에 의해 복사본으로 전해졌다. 슈타인 부인도 복사본을 가지고 있었는데, 이들 복사본들은 각각 조금씩 다르게 옮기고 있다. 이 시가 괴테 자신에 의해 출간된 것은 1815년 괴테작품집 1권 <시집>에서이다. 시집에서 이 시는 앞에서 소개한 시 「나그네의 밤노래(Wandrers Nachtlied)」에 이어 「같은 제목(Ein gleiches)」이라는 제목으로 출간되었다. 그러나 괴테에 의해 냉대를 받은 듯한 제목의 이 두 번째 시가 오늘날까지 첫 번째 시보다 더 많은 사랑을 받아오고 있으며, 이 시 역시 대개 '나그네의 밤노래'(혹은 '나그네의 밤노래 II')라는 제목으로 불린다. 이 시는 오늘날 전 세계 독문학자들이 번역을 해 놓았지만, 그 어떤 번역도 원문이 지닌 아름다움을 전달해주지 못한다는 말이 위키백과에 써 있을 정도이다. 1982년 서독의 한 여론조사에서 이 시는 독일시민들이 '가장 사랑하는 시'로 선정되기도 했다.

독일인들의 괴테 숭배는 대단하여 1838년 지도에는 이 오두막이 "괴테오두막(Goethehäuschen)"으로 표기되어 있었다고 한다. 그런데 1870년 화재로 불타 버려 1874년에 재건축해야 했다. 지금도 일메나우의 키켈한 정상에 가면 이 오두막을 그대로 재현해 놓아 관광객들의 순례지가 되어 있다. 벽에는 유리판에 괴테의 텍스트와 함께 15개 언어로 된 번역텍스트를 새겨 전시해 놓고 있다.

이 4문장으로 된 8행의 짧은 시의 수용사는 "이 시가 고요를 노래하고 있지만, 이 노래의 수용은 매우 시끄러웠다"라는 한 마디가 말해 준다. 음악 영역에서 1814년 괴테의 친구이자 음악교수였던 첼터가 곡을 붙인 이래 지금까지 200인이 넘는 작곡가들이 곡을 붙였는데, 그 중 1823년 작곡한 슈베르트의 곡 'D 768'이 가장 애창되는 듯하다.

문학연구 영역에서는 세계적으로 이 시에 대해 얼마나 많은 저술이 계속 출간되고 있는지 경이로울 뿐이다. 이 8행시는 일견 메타포도 비유도 하나 없이 단순한 진술문만으로 구성되어 있지만 전체적으로 비밀스러운 상징성을 품고 있어 감탄을 자아낸다. 연구자들은 주제에서 시작하여 모음과 자음을 하나하나 짚어가며 그 기능과 효과를 밝혀내고 있다. 작가들의 이 시를 모방한 패러디도 괴테 사후 180년이 넘은 오늘날까지 지속되고 있다. 그중 가장 유명한 것

1855년 바이마르 공국의 대공비가 키켈한 정상에 세우게 한 전망대. 오늘날은 옆에 작은 레스토랑이 있다.

Karl August und Goethe nach der Jagd bei Ilmenau.

일메나우에서 사냥을 마친 후의 칼 아우구스트 대공과 괴테

Aussicht vom Kickelhahn bei Ilmenau, 1776 von GOETHE gezeichnet.

괴테가 1776년 일메나우의 키켈한 정상에서 스케치한 맞은편의 대자연 풍경
[http://www.goethezeitportal.de/fileadmin/Images/db/wiss/goethe/schnellkurs_goethe/k_4/kickelhahn_ilmenau.jpg]

중 하나가 브레히트의 「숨결에 관한 기도문 Liturgie vom Hauch」(1924)인데, 모든 패러디들이 그렇듯 원작을 따라가지 못함은 물론, 브레히트 자신의 정치적 서정시 수준에 미치지 못한다는 평을 받고 있다.

하루의 고된 일과를 마친 시인이 저녁에 휴식을 위해 오른 일메나우의 키켈한 산 지역은 <작센-바이마르-아이제나흐 공국>의 사냥터로서 튀링엔 숲에서 가장 높고 전망이 좋은 곳이다. 표고 861미터의 키켈한 산 정상에 선 괴테의 눈앞에는 끝없이 이어져 있는 산맥들로 이루어진 맞은편의 풍광이 펼쳐진다. 어스름한 저녁 대자연의 신비를 내려다보며 읊은 이 시의 주제는 한번만 읽어도 누구나 느낄 수 있다. 휴식과 고요가 지배하는 밤, 자연, 그리고 우주 속에서 차지하는 인간의 지위이다. 이 시의 특징은 이 주제들이 모두 단계적으로 해석 가능하도록 구성되어 있다는 것이다.

먼저 당시 스케치 공부에 몰두해 있었던 괴테와 동일시되는 서정적 자아의 시선을 따라가 보도록 하자. 시인은 마치 영화에서 줌을 사용해서 익스트림 롱 샷 — 롱 샷 — 미디엄 샷을 거쳐 — 마지막에 클로즈업 기법으로 장면을 찍는 듯하다. 먼 산들의 정상을 비춘 다음, 조금 다가와 나무 정수리들을, 그런 다음 작은 새들이 잠들어 있는 가까운 숲 속을 거쳐 클로즈업으로 인간의 내면을 비추는 것이다.

이 시의 시간성에 대한 고찰도 흥미롭다. 첫 문장의 무생물인 산봉우리는 시작과 끝을 알 수 없는 공간으로 시간성이 배제되어 있고, 나무와 숲 속 작은 새들은 현재형으로 서술되어 있으며, 마지막 문장은 인간에게 곧 잠과 안식으로 다가올 미래를 암시한다.

이러한 점은 이 시가 자연과 생물의 진화를 보여주는 시로도 해석되게 한다. 광물계인 산 정수리에서 → 식물계인 숲과 나무 → 다음 동물계인 새들을 거쳐 → 인간으로 진화하는 자연의 진화 순서를 차례대로 보여주고 있기 때문이다. 여기서 우주 속 인간의 지위가 드러난다. 시의 마지막 문장인 "기다려라, 너도 곧 쉬게 되리니."에서 전해지는 나그네의 불안은 인간이 만물의 영장이기에 치러야 하는 대가로 생각된다. 신이 창조한 자연의 일부이면서도 홀로 잠들지 못하고 깨어서 자신의 존재에 대해 성찰하는 의식을 소유한 인간만이 그러한 불안을 느낄 수 있기 때문이다.

괴테 연구가인 지크리트 담(Sigrld Damm)은 이 시의 기법에 대해서 "시의 언어들이 전 우주를 통과하며 산책하고 있다"라고 하면서, 자연연구가인 괴테가 집필하여 남기고 싶어 했지만 실천에 옮기지 못한, "우주에 관해서 쓴 가장 완벽한 소설"이라고 말한다. 이 시를 쓸 당시의 괴테는 아직 자연연구를 시작하기 전으로서 이러한 평가는 지나치다는 비판도 있다.

(최민숙)

달에게
(An den Mond)

달에게 (수정본)

그대 다시 수풀과 골짜기를 채우는구나
고요히 빛의 안개로,
그대 마침내 다시 한 번
나의 영혼마저 모두 풀어 놓는구나

그대 나의 벌판 위로 펼치는구나
어루만지듯 그대 눈길을.
*친구*의 눈처럼 온화하게
내 운명 위로.

기쁨의 시간이며 슬펐던 시간
그 모든 여운을 내 마음은 느낀다.
나는 거닌다, 기쁨과 고통 사이를
외로움 속을/외로움에 잠겨.

흘러라, 흘러라, 강물아!
결코 나 즐거워지지 않으리니
그렇게 장난도 입맞춤도 사라졌다
사랑의 맹세도.

An den Mond

Füllest wieder Busch und Tal
Still mit Nebelglanz,
Lösest endlich auch einmal
Meine Seele ganz;

Breitest über mein Gefild
Lindernd deinen Blick,
Wie des Freundes Auge mild
Über mein Geschick.

Jeden Nachklang fühlt mein Herz
Froh- und trüber Zeit,
Wandle zwischen Freud' und Schmerz
In der Einsamkeit

Fließe, fließe, lieber Fluß!
Nimmer werd' ich froh,
So verrauschte Schmerz und Kuß,
Und die Treue so.

하지만 나 한 번 소유하였어라	Ich besaß es doch einmal,
그토록 값진 것을!	Was so köstlich ist!
고통 속에서도	Daß man doch zu seiner Qual
결코 잊히지 않는 것을!	Nimmer es vergißt!
철철 흘러라, 강아, 골짜기를 따라	Rausche, Fluß, das Tal entlang,
그침도 멈춤도 없이	Ohne Rast und Ruh,
철철 흘러라, 내 노래에다	Rausche, flüstre meinem Sang
선율을 넣어 다오,	Melodien zu,
네가 겨울 밤	Wenn du in der Winternacht
성난 듯 넘치거나	Wütend überschwillst,
봄의 찬란함 에워싸고	Oder um die Frühlingspracht
애띤 꽃봉오리들 피어 솟거든.	Junger Knopen quillst.
축복받았어라, 세상 앞에서	Selig, wer sich vor der Welt
증오 없이 자신을 닫는 이	Ohne Haß verschließt,
한 친구를 가슴에 안고	Einen Freund am Busen hält
그와 더불어 즐기는 이,	Und mit dem genießt,
사람들이 알지 못해도	Was, von Menschen nicht gewußt
혹은 마음에 두지 못해도	Oder nicht bedacht,
가슴의 미로를 지나며	Durch das Labyrinth der Brust
어둠 속에서 오가는 것을.	Wandelt in der Nacht.
	(1788)

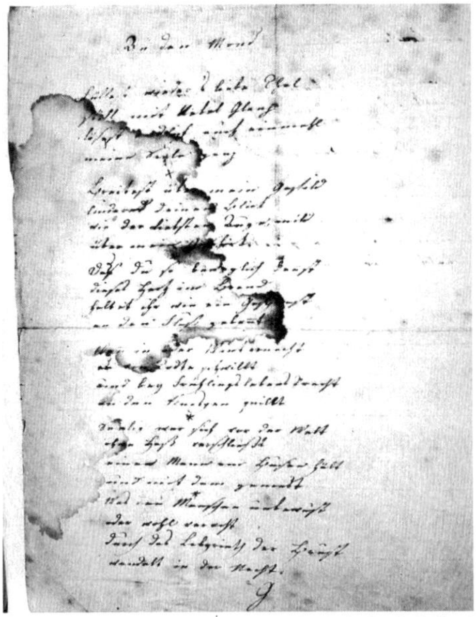

「달에게」, 괴테의 육필을 슈타인 부인이 필사한 것

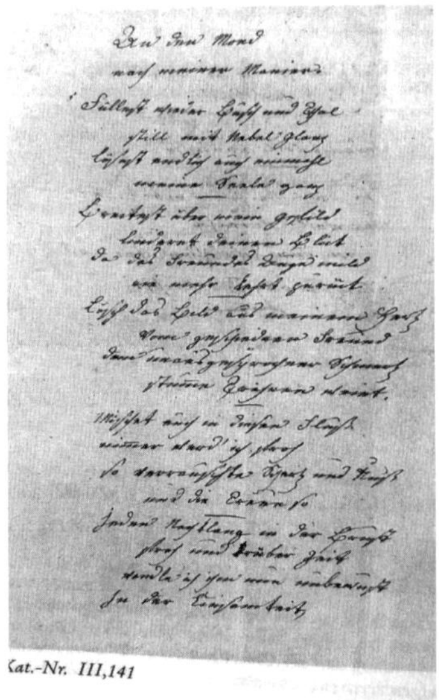

「내 식으로 쓴 달에게」, 슈타인 부인 육필

달에게 (초판본)

그대 다시 사랑스러운 골짜기를 채우는구나	Füllest wieder's liebe Tal
고요히 빛의 안개로,	Still mit Nebelglanz,
그대 마침내 다시 한 번	Lösst endlich auch einmal
나의 영혼마저 모두 풀어 놓는구나.	Meine Seele ganz.
그대 나의 벌판 위로 어루만지듯 그대 눈길을	Breitest über mein Gefild
펼치는구나	Lindernd deinen Blick
*사랑하는 그녀*의 눈처럼 온화하게	Wie *der Liebsten* Auge, mild
내 운명 위로.	Über mein Geschick.
그대가 그토록 생생하게 아는 것	Das du so beweglich kennst,
불타는 이 가슴	Dieses Herz im Brand,
그대들이 유령처럼	Haltet ihr wie ein Gespenst

이 강가에 묶어 놓았구나,

An den Fluß gebannt,

황량한 겨울밤
강이 죽음으로 부풀어 오르고
봄의 생명 찬란하게
꽃봉오리에서 솟을 때.

Wenn in öder Winternacht
Er vom Tode schwillst
Und bei Frühlingslebens Pracht
An den Knospen quillt.

축복받았어라, 세상 앞에서
증오 없이 자신을 닫는 이
한 남자를/사람을 가슴에 안은 이
더불어 즐기는 이,

Selig, wer sich vor der Welt
Ohne Haß verschließt,
Einen Mann am Busen hält
Und mit dem genießt,

사람들이 의식하지 못해도
혹은 경멸할지 몰라도
가슴의 미로를 지나며
어둠 속을 오가는 것을.

Was den Menschen unbewußt
Oder wohl veracht'
Durch das Labyinth der Brust
Wandelt in der Nacht.

(1776-1780) (*강조는 역자에 의함)

*

함부르크판 전집에서 <리다 시(Lyda-Lyrik)> 편에 묶여 있는 이 시 「달에게」는 조용하고도 깊은 성찰이 달빛 어린 강가의 모습과 어우러져 그 자체로서 아름다울 뿐더러, 서서히 "질풍노도기"를 벗어나는 바이마르 시절 괴테의 모습을 보여 주는 시여서도 주목을 받고, 또한 상당한 차이를 보이는 두 가지 판본이 많이 거론되는 시이다.

모두 여섯 연으로 된 초판본은 시의 기본생각을 담고 있는데, 1, 2연, 3, 4연, 5, 6연이 각각 짝지어 하나의 생각—달빛의 작용, 자아와 강의 모습, 지혜의 결론—을 전개하는 연 단위의 구성인데 비해, 아홉 연으로 확장된 수정본은 외연이 연 단위 구성이기는 하지만 전체 '흐름'이, 강물의 흐름이며 시의 흐름이,

두루 강조되어서 진행에 역동성이 더해져 있다. 그 밖에도 시의 화자가 두 시에서 큰 차이(남성화자와 여성화자 → 아마도 여성화자)를 보여 그 점이 많이 논의된다. 그저 세 연이 더해지기만 한 것이 아니고 아홉 행이 바뀌고 열여섯 행이 추가 되었다. 즉 36행 중 25행이 바뀌어, 별개의 시로까지 평가되기도 한다. 좀 더 알려진 수정본 쪽부터 간략히 살펴본다.

*

강변을 채운 달빛 속에서, 달빛의 힘으로, 고요히 마음의 긴장이 풀리며 성찰의 장이 열린다. "운명(Geschick)", 즉 거스를 수 없는 것에 대해서도 조용한 성찰이 열리며, 기쁨과 슬픔이 착종된 삶을 고요히 돌아본다. "운명"이라는 단어는, 그 단어가 중심을 이루는, 비슷한 시기에 나온 또 하나의 유명한 시, 제목 없이 "그대 우리에게 왜 이 깊은 시선을 주었는가"를 상기시킨다. 그 물음을 운명에게 던지면서 시작하는 그 시에서 첫 바이마르 시절의 괴테는 불가피한 제약들을 돌아보며 꿰뚫어보며 다시 또다시 묻다가 ("말하라, 운명은 우리에게 무얼 마련하는가? 말하라, 운명은 우리를 어떻게 이렇듯 꼭 맞게 묶어 놓았는가?") 스스로 대답한다. 닿을 수 없는 그대가 "전생에 / 나의 누이거나 나의 아내였다"고. 그리고 마지막으로 말한다. "행복하여라, 우리를 괴롭히는 운명도 / 우리를 바꿀 수는 없을 것"이라고.

다시 "운명"을 생각하면서 달빛 어린 강변을 거니는 시적 자아가 시 「달에게」에서 거니는 곳은 "기쁨과 고통 사이"이기도 하다. 그럼으로써 바로 이어지는 행, 통상적 문맥에서 "외로움에 잠겨" 혹은 "외롭게"로 번역될 수 있는 3연 마지막 행("In der Einsamkeit")마저도 장소적으로 해석될 여지가 있다, "기쁨과 고통 사이 / 외로움 속을"이라고. 달빛 속에서는 그토록 자연과 자아가 하나가 되어 있다.

흘러가는 강물을 보며, 강물이 흐르는 이치를 보듯 제행무상의 이치도 이제 조용히 납득하고(4행), 그 무상함 가운데서도 소중했던 것을 돌아본다(5연). 그것을, 그 깨우침을 이제, 고요히 흘러가는 듯하면서도 변화무쌍한 사계를 담고 있는 강물에 실어 노래하려는 시인 보여준다(6, 7연). 그리하여 마지막 두 연(8,

9행)에다 시인이 마침내 담는 지혜는 대단하다.

"축복 받았다"고 한다, "세상 앞에서 / 증오 없이 자신을 닫는 이". — 세상 앞에서 자신을 닫는 것, 차단하는 것 — 웬만하면 누구든 할 수 있는 일이다. 그러나 "증오 없이"라는 두 단어가 더해져 있다. 그건 참으로 쉬운 일이 아니어서, 이 달빛 속에서 시인이 깨우친 지혜의 높이가 가늠된다. 그것은 "가슴의 미로를 지나며 / 어둠 속에서 오가는 것"을 "즐기는" 경지이기 때문이다. "한 친구를 가슴에 안고 / 그와 더불어 즐기는" 것의 깊이와 높이를 보여주는 것이기도 하다. 이런 높은 깨달음을 시인은 이제, 성찰을 주는 달빛 속에서, 강물의 흐름에 실어 노래한다. 강물의 역동성이 노랫가락에 실려(4연, 7연) 두드러져 있다. 시행 자체도 3개와 4개의 강음이 교차하는 약강격(Jambus) 시행들(발라데에 많이 쓰인 체비 체이즈 시행과 유사함) 소박한 이야기와 노래다움에다, 리드미컬한 상향적 흐름을 기본으로 하면서도 첫 약음이 전체적으로 생략되어 성찰적인 하향의 흐름이 동시에 실려 있다. 여러 면으로 하나의 "흐름"으로 수렵되어 있다. (널리 알려진 슈베르트의 작곡 역시 전체 흐름에 비중이 두어지는 통절가곡이고, 그러면서 흐름이 실린 시구의 반복을 더하여, 이 "흐름"이 더욱 극대화되어 있다.)

*

초판본의 여섯 연은 둘씩 묶여서 주제가 전개된다. 1, 2연에서는 달빛과 마음의 유비, 달빛의 작용, 3, 4연에서는 강가에서의 붙박힘, 죽음과 생명을 아우르는, 5, 6연에서는 종합화하는 성찰로 주제 전개가 비교적 선명하다. (노래다움이 강조되지는 않았다.)

초판본에서 가장 두드러진 점은 화자문제이다. 1,2연에서 화자가 남성화자임이 선명하게 드러난다. 2연 3행에서 분명히 여성인 연인의 눈과 달빛 사이의 유비관계가 선명하기 때문이다. [수정본에서는 이 여성 연인(Liebste)이 (남성) 친구(Freund)로 바뀐다.] 이 남성자아는 강가에 "유령처럼" 붙박혀 있다, 겨울밤에도 꽃 피어오르는 봄날에도(3, 4연). 그러다 5, 6연에서는 화자가 여성화자로 변한다. 그가 가슴에 안은 Mann은 (5연 3행) "사람"이라고 일반적으로 번역될 수 있을지 언정 결코 여성일 수는 없기 때문이다. 그럼으로써 "세상 앞에서

/ 증오 없이 자신을 닫은 이"는 — 이 화자 변화가 두드러지는 탓에 — 거의 선명하게 여성이 되고 그 연 전체는 그 여성의 묘사로 읽히며, 이어지는 마지막 연의 결론적 지혜는 그녀의 노래든지, 아니면 — 더불어 즐긴다 하므로 — 함께 부르는 노래가 된다. (수정본에서는 "사랑하는 그녀"에서 "남자"로의 변화 같은 큰 변화가 없고 두 군데 다 일관되게 그냥 "친구"여서 그 친구의 남성성이 그다지 눈길을 끌지 않으며 시의 화자도 여성일 수도 있지만 그저 일반적인 남성일 수도 있다.)

초판본 안에서 화자의 변화만이 아니라 두 판본 사이의 화자의 변화가 눈길을 끄는 것은 시의 생성사와도 밀접하게 관계되어 있기 때문이다. 그밖에도 강물의 사계를 나타내는 듯한 "황량한 겨울밤 / 강이 죽음으로 부풀어 오르고"라는 역시 생성사와 관련하여 특별한 사건을 시 안으로 끌어온다. 긴 생성사는 이렇다.

초고는 괴테가 출판하지 않았다. 슈타인 부인에게 보내는 편지들 사이에 끼여 있는 채로 발견되었는데 1848년 쇨(Adolf Schöll)이 서간집을 발행할 때 1778년 1월 19일자 편지 뒤에 수록하였다. 확실한 것은 아님에도, 이 시는 1778년 1월 16일 괴테의 정원집 가까운 일름 강에 (실연으로) 투신한 여성 크리스티아네 폰 라스베르크(Christiane von Laßberg)의 죽음과 연관되는 것으로 가정한다. 시 자체에는 "강물"과 "죽음"이라는 두 단어 밖에 없고 그외에는 슈타인 부인 아들 프리츠의 불확실한 증언이 있을 뿐이다. 괴테의 젊은 시절 친구인 카이저(Philipp Christoph Kayser)의 작곡모음집에 초고가 68번곡으로 수록되어 있는데 이 곡은 1777년 10월에서 1778년 3월 사이에 작곡되었다. 헤르더, 괴히하우젠, 슈타인부인 등이 필사를 해두었다.

그후 <티푸르트 저널(Tiefurter Journal)>에는 슈타인 부인이 쓴 시 두 편이 실렸는데 그 하나는 「1786년 9월에(Im September 1786)」이고 또 하나는 「내 식으로 쓴 달에게(An den Mond nach meiner Manier)」이다. 괴테 자신의 수정본은 실리지 않았다. 슈타인 부인의 시는 괴테의 (초판본) 「달에게」에 대한 일종의 동의 표시이자 괴테 시 자체에 대한 시사로 읽혀서, 괴테가 수정본을 쓸 때 슈타인부인의 시를 참고하며 그 바탕으로 삼지 않았나 추정하기도 한다. 수정본은 1789년 9월 이후에 작성되었을 것으로 추정하는 연구자들도 있으며, 아마도 1785-1786년 사이에 쓰였을 것으로 본다. 1789년의 전집 『저술(Schriften)』의 제 8권에 괴테는 수정본을 싣는다. 육필은 수정본으로만 남아 있다.

*

이런 고요하고 깊은 통찰에 이르게 한 달이라는 주제는 이 시가 포함되어 있는 <리다 시편>의 주요 주제로, 그 첫 시 「사냥꾼의 저녁노래(Jägers Abendlied)」 같은 바이마르시기의 괴테를 각인하면서, 만년까지 중요한 주제로 남는다. 『서동시집』에 수록된 「보름달 뜬 밤(Vollmondnacht)」, 말년의 시 「떠오르는 보름달(Der aufgehende Vollmond)」 등 뛰어난 "달시(Mondgedicht)"들이 있다.

(전영애)

미뇽의 노래
(Mignons Lied)

당신은 알고 있나요? 레몬꽃 피는 그 나라를,
그늘진 나뭇잎 사이로 금빛 오렌지 빛나며
파아란 하늘에서 산들바람 불어오고
미르테는 고요히 월계수는 드높이 서 있는?
혹 그 곳을 알고 있나요?
그 곳으로, 그 곳으로
당신과 함께, 오 내 사랑, 가고 싶어요!

당신은 알고 있나요? 둥근 기둥이 지붕을 떠받치는 그 집을.
큰 홀은 눈부시게, 작은 방은 희미하게 빛나며.
대리석상들이 서서 날 지켜보는 곳:
이 가여운 아이야, 사람들이 네게 무슨 짓을 했지?
혹 그 곳을 알고 있나요?
그 곳으로, 그 곳으로
당신과 함께, 오 나의 수호자, 가고 싶어요!

당신은 알고 있나요? 그 산과 산의 구름다리를?
안개 속 노새가 제 갈 길을 찾으며.
동굴 속 그 옛날 부화한 용들이 살고 있는.
바위는 무너지고 그 위로 폭포수 쏟아지는 그 산을.
혹 그 곳을 알고 있나요?

그 곳으로, 그 곳으로
우리 길이 있어요.
오 아버지, 그 곳으로 가요.

통상 「미뇽의 노래」라고 불리는 위 시는 1795년과 그 이듬해에 발표된 괴테의 소설 『빌헬름 마이스터의 수업시대 Wilhelm Meisters Lehrjahre』 제3권 1장에 특별한 제목이 없이 수록되어 처음으로 세상에 알려졌다. 미뇽이 이 시에서 무슨 이야기를 하고 있는지 알고 싶다면, 우선 천천히 음미해 보는 것은 어떨까? 가만히 귀를 기울이고 있으면 미뇽의 간절한 외침이 들리는 것 같기도 하다. 그녀는 도대체 무엇을 묻고 있는 것일까? 도대체 누구에게 어디를 가자고 하는 것일까? 실마리를 풀기 위해 『빌헬름 마이스터의 수업시대』라는 작품 속으로 들어가 본다.

소설의 주인공 빌헬름은 여행 중 자신이 머물고 있던 여관의 층계에서 황급히 뛰어 내려오는 한 아이와 마주친다. 얼핏 남자아이인지 여자아이인지 알 수 없는 외형에 특이한 머리 모양과 옷차림, 누구랑 같이 여기 왔느냐는 물음에 아무 대답도 없이 곁눈질만 하더니 도망치듯 나가버리는 그 아이의 수줍은 태도는 빌헬름의 주목을 끈다. 그도 이미 눈치를 채고 있었지만, 그 소녀는 이 마을 저 마을을 떠돌며 공연을 하는 서커스단의 일원으로 여기에 온 것이다. 떠들썩하게 공연을 알리는 이 곡예단의 거리 행렬에서 빌헬름은 건장한 남자의 어깨 위에 올라타 위험하기 짝이 없는 재주를 선보이는 소녀에게서 음울한 낯빛을 본다. 공연 당일, 몸을 자유자재로 비틀며 기이한 동작을 만들어 내는 소녀의 묘기는 구경꾼들의 탄성을 자아내지만, 빌헬름에게는 오히려 깊은 동정심을 유발하는 어떤 절박함으로 비쳐진다. 그 아이의 몸짓에 새겨져 있는 헤아릴 길 없는 슬픔의 잔상이 머리에서 떠나지 않았기 때문일까, 빌헬름은 아이와 마주할 기회를 놓치지 않고 말을 건넨다.

"얘, 너 이름이 뭐니?" — "사람들이 저를 미뇽이라고 불러요."

"나이는?" — "아무도 세어 본 사람이 없어요."

"아버지는 누구시지?" — "덩치 큰 악마는 죽었어요."

평범한 질문에 어울리지 않는 황당한 대답이다. 어눌한 말투와 서툰 독일어, 성별을 가늠하기 어려운 외모, 유별난 옷차림, 균형이 덜 잡힌 성장의 흔적들, 무언가를 감추려는 듯 모아 쥔 두 손, 비밀로 가득 찬 눈빛. 그래서 그런지, 어릴 때부터 연극적 감수성이 뛰어 났던 빌헬름은 이 모든 막연함과 불투명함에도 불구하고 숨은 듯 피어 나오는 미뇽의 신비로운 매력에 더욱 빠져든다.

베일에 싸여 있던 미뇽의 정체는 하나의 끔찍한 사건이 계기가 되어 그 비밀의 문이 조금씩 열리게 된다. 어느 날, 빌헬름은 서커스단의 단장이 미뇽의 가냘픈 몸을 채찍으로 인정사정없이 휘두르는 것을 보고 쏜살같이 달려들어 그 소녀를 구해낸다. 자기가 해야 할 공연을 거부했기 때문에 매를 맞고 욕설을 들어도 싸다고 주장하는 단장의 큰소리에 빌헬름 역시 물러서지 않았고, 오히려 아이를 괴롭히면 가만두지 않겠다며 맞선다. 결국 단장은 값을 치루면 아이를 넘기겠다는 일종의 타협안을 제시하고 빌헬름이 이를 수용해, 미뇽은 이제 서커스단에서 벗어난 자유의 몸이 된다. 하지만 그 아이는 갈 곳이 없다. 은혜를 아는지 모르는지 미뇽은 빌헬름의 주위를 맴돌며 자연스럽게 그의 시중을 들기 시작한다. 빌헬름을 향한 미뇽의 헌신은 도가 지나치다고 할 만큼 강렬했으며, 그것은 이 소녀가 어느 정도로 자신의 구원자에게 의지하고 있는지를 반증한다. 미뇽은 오로지 그를 위해 일하고 오로지 그만을 위해 춤을 추며, 늘 그의 곁에 있으려 하고 심지어 그를 닮아가려 한다. (빌헬름 역시 그녀의 우울한 감성을 단순히 호기심의 차원에서 헤아리기보다는 그에 진심에 공감하려고 하며, 그녀와 감정적인 교감을 나누면서 따뜻하고도 애정 어린 친밀감이 형성되었을 때에는 그 버림받은 불쌍한 아이를 끝까지 가슴에 품고, 마치 자기 자식처럼 평생 돌볼 수 있었으면 하는 생각까지도 하게 되는 것이다.)

하지만 빌헬름은 여행을 계속해야 한다. 연극패들과 어울려 다니다보니 자기도 모르게 시간을 너무 지체해 버렸다. 더욱이 미뇽을 데리고 다닐 수 있는 형편은 더더욱 못된다. 주인님의 머리를 손질하다가 느닷없이 떠나야한다는 말을 들었을 때 그녀가 받은 충격을 상상할 수 있을까? 미뇽은 속에서부터 끓어오르는 격렬한 슬픔을 주체하지 못하고 쓰러진다. 몸에서 경련이 일어나 의식을 잃은 채 쓰러지지만, 눈에서는 하염없이 눈물이 쏟아져 내린다. 빌헬름은 마치 죽은 듯 늘어져 있는 미뇽의 몸을 부둥켜안고 울면서 그녀를 두고 떠나지 않겠다는, 그녀를 딸로 삼아 언제든 곁을 지키겠다는 약속으로 그 뜨거운 눈물에 화답한다. 눈물로 맺어진 두 사람의 인연은 치유 불가능할 것만 같았던 비탄의 감정을 행복한 기대감으로 전환시킨다.

이렇게 절망과 환희, 혼란스러움과 감격이 교차하는 순간들을 보낸 다음 날, 빌헬름은 노래하는 미뇽의 목소리를 듣는다. 독일어 같기도 하고 이탈리아어 같기도 한 노랫말이 정확히 전달되지는 않지만 누구도 흉내 낼 수 없는 특유의 어눌한 말투와 표현이 아름다운 멜로디를 타고 빌헬름의 가슴을 울린다. 그는 미뇽에게 한 구절 한 구절씩 다시 불러달라고 부탁하면서 「미뇽의 노래」를 고치고 다듬는다. 시 하나를 완성해 가는 애틋한 협업이 마음에 들었던지, 아니면 보호자에 대한 한없는 신뢰감이 궁금증을 해소해 줄 수 있다는 믿음으로 연결된 것인지, 미뇽은 그동안 간절히 알고 싶었지만 함부로 입 밖으로 꺼내지 못했던 미지의 나라에 관해 묻는다. "그 나라가 어디인지 아세요?" — "이탈리아 아니겠니?" 노랫말에서 오렌지와 레몬, 미르테 나무의 향이 나는 것 같다. 햇살 아래 그늘진 숲, 거대한 신전과 장엄한 대리석 조각들, 그리고 태곳적 신비를 고스란히 간직한 영산(靈山)의 위엄. 이탈리아의 풍경을 떠올리는 노래를 듣고 있자니 미뇽의 젊은 보호자도 궁금한 점이 한둘이 아니다.

"근데, 미뇽, 이 노래 어디서 배웠어?" — "이탈리아에서요."

"너 이탈리아에 가 본적 있어?" — "..."

여기서 소녀의 기억이 멈춘다. 아니, 애써 기억을 지우려 하는지도 모른다. 신전 안에 세워진 대리석상들의 애처로운 물음과 연관된 어떤 과거도, 기억도 다시는 끄집어내고 싶지 않기 때문일까? 그럼에도 불구하고 의식 저편에서는 이탈리아를 기억하라는 간절한 외침이 산의 구름다리를 건너 무너진 바위와 그 위를 흐르는 폭포수를 뚫고 들려온다. "혹시 이탈리아로 가시게 된다면, 저도 꼭 데려가 주세요. 여기는 너무 추워요."

미뇽의 이탈리아에 대한 동경은 단순히 고된 노동의 현실로부터 벗어나고픈 도피 또는 피안에 대한 막연한 열망이 아니다. 오히려 생의 자취를 거슬러 올라가려는 능동적인 회귀본능, 고향과 혈육, 자신의 본래적 모습을 되찾고 회복하기 위해 힘겨운 순례의 길을 떠나는 것과 유사한 맥락 속에 있다. 소설 후반부에서 밝혀진 미뇽의 기구한 운명은 남매간의 사랑이라는 비극적 근친관계에 기인한다. 이탈리아의 명문가에서 태어났지만, 그녀의 출생은 축복받기는

커녕 은폐되어야만 했다. 그러므로 태어나자마자 부모의 품을 떠나야 했고, 그 부부 역시 평생 서로를 그리워하며 서로에게서 떨어져 있어야만 했다. 금기를 위반한 대가는 선량한 양부모의 보호도 용납하지 않았으며, 숲 속에서 길을 잃고 헤매도록 유혹당하고, 결국은 어느 낯선 자의 손에 이끌려 태어난 곳을 등지고 이역만리 추운 땅으로 끌려올 만큼 혹독하다.

이제 빌헬름이 그녀의 구원자로 나타난다. 그는 진정 이 어린 소녀가 짊어지고 있는 징벌의 쇠사슬을 끊을 수 있을까? 귀향의 욕망은 그녀가 아버지라고도 부르고 내 사랑이라고도 부르는 수호천사 빌헬름을 통해 실현될 수 있을까? 안타깝지만 운명은 자기가 정한 길을 쉽사리 바꾸지 않는다. 빌헬름을 향한 미뇽의 애정과 그를 의지하는 마음은 그녀의 인생 전체를 관통하며, 언제나 그의 곁에 머무르겠다는 고집은 자신의 인생과 그의 인생을 동일시하려는 하나의 표현이다. 하지만 빌헬름의 인생 노정에 있어서 미뇽의 개입은 어떻게 보면 느닷없이 찾아온 불의의 사건이다. 그녀는 빌헬름을 통해 자신의 길을 가려 하지만, 빌헬름은 스스로의 의지에 따라 자신의 길을 가려 하며, 따라서 시간이 갈수록 그의 삶의 영역에서 미뇽이 설 자리는 점점 좁아진다. 빌헬름에게 귀속된 미뇽은, 비록 특유의 빠른 감각으로 인지한다고 해도, 차마 이를 인정하기는 어려울 것이다. 빌헬름이 자신의 아들인 펠릭스를 위해, 일찍 세상을 떠난 친엄마를 대신할 새로운 결혼 상대자 테레제를 보고 포옹하는 순간, 미뇽은 그 자리에서 쓰러져 숨을 거둔다.

(서송석)

로마비가
(Römische Elegien)

1. 작품의 생성과 내용

티쉬바인이 그린 로마의 코로소 집에서 창문을 내다보는 괴테 (1787)

1788년 6월 괴테는 2년간의 이탈리아 체류를 청산하고 바이마르로 돌아온다. 그리고 몇 주 지나지 않아 오빠의 원고를 들고 추천을 부탁하러 찾아온 스물세 살의 크리스티아네 불피우스(Christiane Vulpius, 1765~1816)를 만나 곧 동거생활로 들어가게 된다. 그해 가을에 괴테는 『로마비가』를 쓰기 시작하는데, 이 당시 괴테의 친구인 크네벨(Karl Ludwig von Knebel, 1744~1834)은 고대 로마 시인 프로페르티우스(Propertius)의 비가 번역에 몰두하고 있었고, 괴테도 그 번역 작업에 많이 관여하면서 다시금 카툴루스(Catullus), 티불루스(Tibullus), 프로페르티우스, 오비디우스(Ovidius), 호라치우스(Horatius)의 연가(戀歌 Liebeslyrik)에 심취하게 되었다. 이탈리아에서의 경험과 크리스티아네와의 만남, 그리고 로마시대 비가에 나타나는 에로티시즘이 함께 작용하여 1790년 봄에 『로마비가』가 완성되었다. 그러나 괴테는 처음부터 "로마비가"라는 제목으로 이 연작시를 쓴 것은 아니다. 바이마르에 보관되어 있는 이 비가의 원고는 라틴어 서법으로 잘 정서되어 있는데, 그 제목은 "에로티카 로마나(Erotica

Romana)"로 되어 있다. Erotica는 Erotikon의 복수형으로 '연애/성애 문학서'를 뜻한다. 이 제목은 다시 『비가, 1788년 로마(Elegien, Rom 1788)』로 바뀌었다가, 1806년에 가서야 비로소 『로마비가(Römische Elegien)』로 불리게 된다.

1비가 (로마여행의 목적과 기대)

성스러운 고대의 도시 로마에 처음 발을 들여놓은 방랑자는 낯선 이 도시가 자신에게 침묵하고 있다고 생각한다. "돌들이여 내게 말해다오, 오 높은 궁전들이여! / 거리들이여, 한 마디만이라도 해다오! 도시의 수호신이여, 꿈적도 하지 않으려는가? / 그래! 그대의 성스러운 담 안엔 모든 것이 생명에 넘쳐 있는데, / 영원한 도시 로마여, 오직 내게만 모두 입을 다물고 있구나"(1-4행). 방랑자가 이 도시에서 제일 먼저 하고 싶은 일은 바로 "예쁜 처녀"(5행)을 창문으로 지켜보는 것이고, 그 연인에게로 가는 길을 알고자 함이다. 이 부분에서 화자는 궁전과 성당들, 그리고 고대 로마의 폐허와 기둥만 남은 모습을 구경만 하고 있을 수 없는 자신의 마음을 드러내 보이고 있다. 그러나 시간이 지나면 사랑의 신 아모르(Amor)가 자신을 맞아 줄 것으로 확신하고 있다. 로마는 하나의 세계이지만, "사랑이 없으면 / 그 세계는 세계가 아니고, 그러면 로마도 로마가 아니리"(13-14행)라는 말에서 화자는 로마에서 고대의 세계와 사랑을 함께 경험하고자 하는 의지를 보여준다.

2비가 (사교계, 정치, 사랑 - 로마 여인과 북방의 야만인)

어느덧 로마의 사교계에 진출한 화자는 그곳에서 만족을 느끼지 못한다. 카드놀이나 정치적인 의견교환에도 전혀 흥미를 느끼지 못하는 화자는 그 당시 전 유럽에서 유행하던 "말브루(Mabrough)"라는 노래와 백성들의 탄식을 들어왔다는 사실을 들어 귀족집단과 일반 시민들 간의 불화를 암시해 준다. 그러나 자신이 로마에서 찾고 있는 것은 아모르 신이다. 또한 그의 연인은 "새로운 이야기"(애인)를 찾아 헤매는 것이 아니라, "자유롭고 건장한 이방인"과 즐긴다. 그리고 이 야만인은 "로마의 가슴과 몸"을 지배한다.

3비가 (신속하게 얻어 낸 여인과의 사랑을 신화로 비유)

이제 이 야만인은 로마의 연인을 손에 넣었다. 그것도 너무 빨리. “연인이여, 후회하지 마시오, 그대가 너무 빨리 내게 몸을 맡겼다고! / 믿어주오, 난 그대가 뻔뻔하다거나, 천박하다 생각하지 않음을”(1-2행). 그래서 아모르 신의 화살이 자신의 뼛속까지 스며들었다고 느낀다. 화자는 자신의 사랑을 고대 신화에 비유하면서, 아프로디테가 안키세스에게 반한 이야기와 루나와 엔디미온과의 사랑, 로마 탄생의 신화(레아 실비아와 전쟁의 신 마르스)를 들려준다. 사랑의 여신 아프로디테의 신전의 여사제인 “헤로가 시끌벅적한 축제 때 레안드로스를 쳐다보자 / 연인은 재빨리 밤의 밀실 속으로 뜨겁게 빠져 들었소. / 레아 실비아, 제후의 딸, 티버 강물을 길으러 / 강가로 내려와 거닐 때, 신이 그녀를 붙들지 않았소. / 그래서 전쟁의 신 마르스는 두 아들을 두었소. 이 쌍둥이에게 / 한 여우가 젖을 먹이고, 로마는 세계의 군주라 불리게 되었소”(13-18행). 신화에 등장하는 사랑의 장면과 로마 탄생 신화에 나타난 사랑의 장면 모두 그렇게 깊게 생각하고 나눈 사랑이 아니라, 순간적으로 뜨거워진 사랑으로 이루어지는 것임을 화자는 이 비가에서 강조한다.

4비가 (기회의 여신 포르투나. 화자가 이 기회의 여신을 붙잡음)

화자는 로마의 유적지를 돌아보며 그 속에 스며있는 신성을 느낀다. 이집트와 그리스 문화와 같이 어느 것 하나 성스럽지 않는 것이 없다. 그리고 기회의 여신 포르투나(Fortuna)와 사귈 것을 강조한다. 그러나 이 여신은 항상 다른 모습으로 나타나기 때문에 바다의 노신(老神) 프로테우스의 딸로 변했다가, 테티스의 딸로도 나타난다. 그래서 경험 없는 멍청이는 속고 만다고 화자를 경고한다. 졸고 있어도 안 되고, 깨어 있어도 그 여신은 항상 피해서 달아나기 때문에 날쌔게 그녀를 붙잡아야 한다는 것이다. 화자에게도 “온순하고”, “쉽고”, “연약하고”, “귀여운” 그 여신이 한 갈색의 소녀로 나타났었다. “그녀의 검고 숱 많은 머리카

괴테가 그린 크리스티아네 불피우스
(1788/89년 경)

락을 이마 위로 늘어뜨리고, / 짧은 고수머리는 귀여운 작은 목 주위를 감고 있었다"(26-27행). (이 모습은 이탈리아 여행을 마치고 돌아온 괴테에게 나타난 크리스티아네 불피우스를 연상시킨다.) 화자는 이 여인이 자신이 찾던 바로 기회의 여신임을 알아차리고 그녀를 붙잡는다. "그녀는 사랑스럽게 나를 껴안고, 입을 맞추며 영리하게 반응했다."(30행) 이 행복했던 시간을 회상하며, 화자는 여전히 "로마 여인의 땋은 머리에 감싸여 있다"(32행)고 회상한다.

5비가 (고대비가와 에로티시즘 — 고대 비가에 심취한 화가)

화자는 "고전의 땅"에 서 있음을 기뻐하고 있다. 옛날의 세계와 지금의 세계가 동시에 더 매력적으로 자신에게 말하고 있기 때문이다. 그는 부지런히 매일 고전을 넘기며 매일 새로운 만족을 느끼면서 밤이 새는지도 모른다. 아모르 신은 이 시를 읽고 있는 화자의 마음을 다른 곳으로 돌린다. "사랑스런 가슴 모양을 엿보고 손을 엉덩이로 가져가는 것"(7-8행)을 가르쳐 준 것이다. 그래서 대리석상을 "느끼는 눈으로 바라보고, 보는 듯한 손으로 느끼며"(10행) 비로소 고대 예술을 이해하게 된다. 화자는 연인 때문에 하루에 몇 시간을 빼앗겨도 밤이 되면 보상을 받는다. "그녀가 잠에 취해 있으면 나는 누워 많은 생각에 잠긴다. / 나 또한 종종 그녀의 팔에 안겨 시를 썼었지 / 그리고 헥사메터의 운율을, 조용히, 손가락을 움직이며 / 그녀의 등에 세다보면, 달콤한 잠에 취해 숨쉬는 / 연인의 입김은 내 가슴 깊은 곳까지 달군다"(14-18행). 아모르 신은 그 동안 등불을 밝히고, 불꽃이 일게 한다. 그리고 화자는 비로소 고대 로마비가의 대가인 티불루스, 카툴루스, 프로페르티우스를 떠올린다. 여기서 화자는 에로틱한 고대 비가와 고대 예술을 관능적, 시각적으로 표현하고 있다. 이렇게 고대 예술에 대한 실제적인 관능적 경험과 고대 비가가 어우러지면서, 아모르 신과 고대 비가의 대가들을 화자 자신의 경험 속으로 끌어 들이게 된다.

6비가 (젊은 과부의 사랑노래. 주위의 곱지 않는 시선. 아이만 남기고 떠난 남

자. 이전보다 더 새롭고 힘차게 빛나는 불꽃)

화자는 그 당시 유행하던 노래를 인용한다. 연인을 사랑한 젊은 과부의 심정고백을 담고 있는 이 노래는 "검은 망토"와 "고위성직자의 가면"을 쓰고 밤에 몰래 자신의 집으로 들어온 연인이 동네 사람들에게 발각되어 사람들의 욕을 들어야 하는 과부 자신의 처지를 한탄하는 내용이다. 이 노래에는 이 젊은 과부가 어렸던 시절, 사내들의 유혹을 뿌리치면서 가슴 아파했던 것을 기억한다. 그리고 사랑의 결실(아이)만 남겨놓고 떠나버리는 무심한 남정네들을 한탄한다. 이 노래를 부르며 아이를 안고 눈물을 흘리는 여인을 보고 화자는 남성으로서 수치스러움을 느낀다. 그러나 화자는 이런 여인의 사랑이 더욱 뜨겁다는 것도 알고 있다. "만약 이글거리는 불꽃에 잡자기 물을 쏟아 부으면, / 불꽃이 순간적으로는 어두워져 연기가 난다. / 그러나 그 불꽃은 재빨리 다시 살아나 자욱한 연기를 몰아내고 / 더 새롭고 힘차게 빛나는 불꽃으로 타오르는 법이다."(31-34행) 이 노래는 화자의 연인이 젊은 과부였다는 사실을 암시해 준다. 사랑을 경험했지만, 불행한 사건으로 남편을 잃고, 뜨거운 욕정을 달래야 하는 젊은 과부의 애틋한 심정과 주변의 곱지 않는 시선, 그리고 그것을 가련히 보고 있는 화자의 심정이 그려져 있다.

7비가 (남쪽 로마와 북쪽 독일의 비교. 주피터 신전에 들어간 화자. 예술가로 남고자 결심함)

남국인 로마와 북방의 독일("흐린 날", "찌푸린 하늘")을 비교하면서 화자는 행복해 한다. 그는 마치 파우스트처럼 "만족하지 못하는 정신이 나아가야 할 어슴푸레한 길"(5-6행)을 찾고 있던 자신의 모습을 회상한다. 그러나 이곳에서는 "한층 밝은 창공"이 번쩍이며, 태양의 신 포이부스(아폴로)는 세상의 "형체들과 색깔들"을 불러낸다. 달빛은 북쪽의 대낮보다 밝게 비춰주고 있어 행복함을 느낀다. 이것이 신의 "축복"처럼 느껴져 "꿈"을 꾸고 있지나 않는지 모르는 화자는 주피터 신이 자신을 맞아 주길 간청한다. 청춘과 젊음의 여신 헤베의 손에 이끌려 주피터의 신전으로 들어온 화자는 혹시 주피터 신이 자신을 데려오라고 명령하지 않았는지 물어본다. 아니면 "아름다운" 헤베 여신의 실수로 자신을 데리고 왔을지도 모른다고 생각한다. 그러나 이왕 들어왔으니 자신을 내지 말아달라고 부탁한다. 아테네의 올림포스 산은 아니지만 로마의 카피톨리니 산을 "제2의 올림포스 산"으로 생각하고 있는 화자는 그곳에서 눈을 감을 수 있게 해달라고 "손님을 후대하는 신"에게 간청한다. 즉, 화자는 로마의 운명을 주관하는 최고신인 주피터의 신전에서 작가로서 일생을 마치겠다는 의지를 보여주고 있는 것이다. "주피터시여! 여기 있는 저를 눈감아 주시고, 훗날 헤르메스가 저를 / 체스티우스 공동묘지를 지나 조용히 저승의 세계로 이끌게 하소서."(25-26행)

8비가 (포도로 상징되는 연인의 성숙미. 신과 인간에게 기쁨을 주는 존재)

사랑하던 연인이 어린 시절에 사람들의 마음에 들지 않게 행동했다고 야단을 맞았지만, 지금은 포도가 익어 인간과 신들을 기쁘게 해주는 것처럼 성숙한 여인이 되었음을 화자는 말하고 있다. "재배한 포도에 꽃이 필 땐 보잘 것 없고 빛깔마저 떨어져도 / 포도가 익으면 인간과 신들을 기쁘게 하는 법이오."(5-6행) 포도의 상징은 괴테의 시 「1775년 가을에(Im Herbst 1775)」에서도 등장한다. 이 시에서 약혼녀 릴리와 헤어진 괴테는 포도덩굴을 바라보며 헤어진 연인과 자신의 미래에 대한 불안감에 방황하는 자신의 심정을 그리고 있다. 이 비가에서도 포도로 상징되는 연인은 사랑과 문학을 매개시켜주고 있다.

9비가 (가을, 시골화덕에 장작불을 집힘. 그녀가 오기로 약속되어 있는 오늘 저녁에 축제가 벌어질 것과 그녀가 아침에 떠나면 다시 불꽃을 집히게 될 것을 예상함)

가을이 되자 사람들이 시골 화덕으로 모여든다. 장작은 바스락거리며 불꽃을 낸다. 오늘 저녁에 그녀가 화자에게 오기로 되어 있다. 장작이 숯으로 변해 꺼지기 전에 연인이 오기로 되어 있는 것이다. 그녀가 오면 다시 장작더미는 불꽃을 일으키고 따뜻해진 방은 축제가 벌어질 것이다. 아침 일찍 그녀가 떠나면 "잿더미 속에서 재빨리 불꽃을 새로" 집힐 것이다. "아모르 신은 그녀에게 기쁨이 재가 되어 가라앉았을 때 / 무엇보다 기쁨 다시 불러일으키는 것을 가르쳐주었으니까."(9-10행)

10비가 (살아 있는 사람이 하룻 밤을 보낼 보금자리를 죽은 위대한 영웅들의 영광과 비교함)

알렉산더 대왕, 시저 황제, 하인리히와 프리드리히 대제와 같은 위대한 인물들의 영광과 화자 자신이 즐기는 하룻 밤의 보금자리를 동등하게 비교한다. 그러나 이들은 이미 저승에 있는 죽은 사람들이고, 환희를 즐기는 화자 자신은 살아 있으니, 그것은 비교될 수가 없는 것이다. 살아 있는 사람들은 비록 죽은 자들의 영광은 얻지 못했지만, "사랑으로 데워진 곳에서 살아가는"(5행) 기쁨을 느낄 수 있어 더 행복하다. 그러나 이들도 결국 "소름끼치는" 망각의 강 "레테"(죽음의 강)를 건너가야 한다.

11비가 (우미의 세 여신 앞에 화자가 시를 바침. 각 신들의 반응)

우미(優美)의 세 여신 그라치엔(Grazien) 앞에 화자는 시인으로서 몇 편의 시를 장미 송이와 함께 바친다. "예술가는 기뻐한다 / 자신을 둘러싸고 있는 아틀리에가 언제나 팡테온(萬神殿)처럼 보이면"(3-4행) 이 시에 대해 여러 신들을 모신 신전인 팡테온에 있던 각 신들의 반응을 서술한다. 주피터 신이 시선을 아래로 떨어뜨리면서 그의 시에 별로 관심이 없다며 외면해버리자, 그의 아내인 주노 여신은 그의 이마를 들어 올려 다시 관심을 가질 것을 촉구한다. 그때 태양의 신이자 예술의 신 아폴로가 앞으로 걸어 나와 곱슬머리를 흔든다. 아직 불완전하다는 평가를 암시한다. 그러자 지혜와 예술의 여신 미네르바는 관심을 가지고 아래를 내려다본다. 그러자 주피터의 전령 헤르메스는 장난치듯 눈길을 돌린다. 거짓으로 관심 없는 척하는 것이다. 그리고 비너스 여신이 바쿠스 신에게 정욕의 눈빛을 보내자 대리석 신상도 촉촉해지는데, 이 정도로 그의 작품이 영향을 미치고 있음을 암시한다. 그리고 여신은 그의 포옹을 기억하고 "그 멋진 아들도 우리 옆에 세우면 어떻겠느냐고"(12행)로 묻는 듯이 보인다. 디오니소스와 비너스 여신의 아들은 보통 정원의 신인 프리아푸스(Priapus, 거대한 남근의 신) 또는 아모르 신이라고 부른다. 결론적으로 남성 신들은 우미의 여신들에게 바치는 화자의 이 사랑의 비가를 관심이 없는 듯, 불완전한 듯, 장난치듯 받아들이고, 여성 신들은 마음에 들어 하며 관심을 보인다.

12비가 (대지와 풍요의 여신 체레스를 위한 축제. 엘레시우스로부터 승자를 따라온 신비한 사랑의 축제 이야기. 체레스와 이아시온 왕의 신혼방 침대, 사랑의 즐거움, 곡식, 무성한 미르테 숲을 뒤덮고 있는 성스러운 작은 곳, 새로운 신도인 연인, 관능적인 표현의 절정)

이 비가에서는 대지와 풍요의 여신 체레스(그리스 신화에 나오는 풍요와 대지의 여신 데메테르)를 등장시켜 추수하는 가을의 풍경을 묘사하고 있다. 로마에서 체레스 여신에 대한 축제가 열리지 않자 화자는 연인에게 두 사람만의 축제를 열 것을 제안하면서, "저 옛날 엘레시우스로부터 승자를 따라온 저 신비한 축제"에 대한 이야기를 한다. — 그리스 사람들이 로마의 성 안에서 축제를 벌이고 있었다. 속인들이 모두 도망을 갔으나, 새로운 신도 하나가 흰 옷을 입고 이상한 원 안으로 빠져 들어 길을 잃고 방황하고 있었다. 그 때 바닥에는 뱀이 기어가고 있었고, 소녀들은 풍성한 곡식이 그려진 상자를 들고 지나가고 있었다. 사제들은 의미심장한 말들을 중얼거렸고, 새 신도는 초조하게 겁에 질려 기다렸다. 그 신도는 비로소 그 원이 그림들 속에 이상하게 숨겨져 있다는 것을 알았다. 그것은 데메테르 여신이 크레타의 건장한 왕 이아시온(Iasion)에게 몸을 허락했던 사실이었다. 그러자 크레타는 하늘의 축복을 받고 여신의 신혼 침대는 곡식으로 넘쳐 났었다. 그러나 체레스 여신이 사랑의 즐거움에 빠져 자신의 임무를 소홀히 했기 때문에 나머지 세상은 한탄했다는 이야기였다. — "새로운 신도"인 화자는 그 이야기를 듣고 너무 놀라 연인에게 눈짓을 하며 말한다. "연인이여, 그대는 이 눈짓을 이해하지 못하겠소? / 무성한 미르테 숲이 성스러운 작은 곳을 뒤덮고 있소! / 우리의 만족은 세상에 아무런 위협도 주지 않는다오."(31-33행)

이 12비가는 풍요와 대지의 여신 체레스(데메테르)를 위한 축제가 바로 사랑의 축제임을 나타난다. 그리고 이 축제 이야기에 등장하는 원, 뱀, 소녀, 곡식이 그려진 상자, 사제, 체레스와 이아시온 왕의 신혼방 침대 그림, 사랑의 즐거움, 곡식, "무성한 미르테 숲이 덮고 있는 성스러운 작은 곳" 등의 표현은 관능적인 표현의 절정이라 할 수 있다. 체레스 여신은 풍요와 결실을 주관하는 신으로 사랑을 상징한다. 연인과 단둘이 축제를 열고 싶은 화자는 고대의 신비한 축제("성스러운 밤의 제전")를 떠올린다. 새로운 신도(화자)가 그리스 인들을 흉내

내어 흰 옷을 입고 이상한 모습의 원(圓)에 빠져 들어가 길을 헤맨다. (원은 여기서 여성의 성기를 상징하는데, 서구에서는 흔히 동굴로 상징되기도 한다.) 바닥에 기어 다니는 뱀은 매춘부들에게 감염될 수 있는 매독을 두려워하는 것을 의미한다. 그러나 소녀들이 들고 다니는 곡식이 그려진 작은 상자는 소녀들도 이미 잉태할 수 있는 나이가 되었음을 상징한다. 사제들이 의미심장한 표정을 지으며 중얼거리는 것은 교회에서 남녀 간의 정욕을 억제하라고 가르치는 것과, 그들 또한 정욕 앞에 굴복할 수밖에 없음을 의미한다. 그러나 이런 "신성한 원"이 그림 속에 숨겨져 있었는데, 그 그림은 데메테르(체레스) 여신이 크레타의 이아시온 왕과 정사를 벌이는 장면이었다. "그럼 그 비밀은 무엇이었을까? 그 위대한 데메테르 여신이 / 언젠가 한번 그 영웅에게 몸을 허락했던 일 / 크레타의 건장하고 고귀했던 이아시온에게 / 불멸의 몸속에 감춰진 그녀의 아름다움을 만끽하게 해준 일"(23-25행) 따라서 그 원이 이 그림 속에 있다는 사실로 인해 그 의미는 더욱 구체적으로 드러난다. 신혼방의 침대에 곡식으로 넘쳐흐르는 모습을 보고, 화자도 연인에게 눈짓을 보낸다. "무성한 미르테 숲이 성스러운 작은 곳을 덮고 있다."(33행)는 것은 여성의 은밀한 부분을 암시하기도 하지만, 두 사람만의 사랑의 무대를 상징하기도 한다. 체레스 여신이 "사랑의 즐거움"에만 정신을 팔아 나머지 세상은 한탄했지만, 두 사람만의 만족은 세상에 피해를 주지 않는다고 말하면서, 신화의 세계를 지극히 화자의 개인적인 차원으로 끌어들이고 있다.

13비가 ('고대인처럼 순수하게 살아가라'는 아모르 신의 충고. 사랑하는 마음만이 순수하게 살게 하고, 욕망은 사람의 마음을 변하게 만든다. 잠자는 연인의 모습을 지켜보는 것이 더 순수하다. 그 모습을 시적 운율과 언어로 표현해내지 못하는 화자의 안타까움)

이 비가는 작가와 아모르 신과의 관계를 그린 노래이다. 화자는 아모르 신을 "장난꾸러기"라고 칭하고, 사람을 속인다고 한탄한다. 아모르 신은 화자에게 화자의 인생과 시를 자신에게 바친다는 것을 알고 있다고 말하면서, 예술가가 자신의 보호 하에서 창작한다는 사실을 일깨워준다. "보라, 그래서 내가 그대를 따라 로마까지 따라오지 않았는가. 이 낯선 / 곳에서 기꺼이 그대 마음에

드는 일을 해주고 싶네."(5-6행) 아모르 신은 화자가 "그리스 학교"(빙켈만의 그리스 예술에 관한 글)를 다니고 싶어 했다는 사실을 상기시키면서 좀 더 밝고 묵묵하게 살아가라고 충고한다. "저 행복한 사람들이 살던 고대는 신선했네. / 행복하게 살게나. 그러면 그대 안에 있는 그 고대에 사는 걸세!"(21-22행) 이것은 사랑하며 사는 것인데, 이것만이 화자에게 "한 차원 높은 표현법"을 가르쳐 줄 것이기 때문이라고 말한다.

이런 아모르 신의 말에 따라 살아가려는 화자는 연인들이 교환하는 "눈빛들과 손잡음, 입맞춤, 달콤한 말들"이 운율도 없이 사라지는 것을 느낀다. 이렇게 사랑의 말을 운율로, 시로 표현하지 못하는 자신의 곤란한 처지를 수호신 아모르가 한눈을 판 탓으로 돌린다. 그래서 화자는 아모르 신을 통해서 연인이 자신의 팔에 안겨 있던 순간을 기억해내려 한다. 진실한 사랑은 두 사람을 묶어주지만, 욕망으로 인해 마음이 변할 수도 있음을 느낀다. 잠들어 있는 연인을 깨우기보다, 잠자고 있는 여인을 바라보는 순수한 기쁨을 유지하고 싶어 한다. 크레타의 공주인 아리아드네와 아테네의 왕자 테세우스와의 사랑처럼, 잠자고 있는 연인에게 입 맞추고 가버리고 싶다. 잠자고 있는 그녀가 눈을 뜨면 자신을 영원히 붙들어 버리고 말거니까. 여기서 잠자고 있는 연인의 모습(그리스의 조각)은 순수한 감상의 대상으로, 그것을 현실적 관능으로 현실화시키고자 하는 욕망의 갈등이 엿보인다.

14비가 (등불. 연인을 기다리는 초조한 마음)

이 비가는 연인이 올 때까지 초조하게 기다리며 시종에게 불을 켜라고 시키는 주인과 아직 날이 밝아서 불을 밝히는 것은 낭비라며 덧문을 닫지 말하고 대답하는 시종 사이의 대화다. 그러나 이런 대답을 하는 시종을 주인은 나무라며 사랑스런 밤의 전령인 작은 등불이 애인이 올 때를 기다리는 자신을 위로해야 하지 않겠느냐고 호통을 친다. "덧문"은 바깥에서 안을 들여다 볼 수 없도록 하기 위한 문으로, 주인은 애인과 만날 때의 은밀함을 위해서 그 문을 닫으라는 것이다.

15비가 (로마의 술집주인 오스테리엔. 백부을 속이고 자신을 사랑하는 젊은 과부 이야기)

화자는 북쪽의 "암울한 안개"보다 남쪽의 "번잡한 벼룩"을 오히려 사랑한다고 고백한다. 그래서 자신은 시저를 따라 "브리턴의 나라"(영국)로 따라가지 않았을 것이라고 말한다. 그래서 화자는 로마에서 재치 있게 오스테리엔(Osterien)이라고 부르는 여관주인들에게 오늘 더욱 반갑게 인사하려고 한다. (오스테리엔의 단수형인 Osteria는 원래 라틴어로 '손님을 후대하는 주인'이라는 의미의 oste라는 단어에서 파생되었다.) 왜냐하면 그들이 화자에게 오늘 백부와 함께 술집으로 식사를 하러오는 어느 젊은 과부를 보여준다고 했기 때문이다. 어린 아이를 데리고 온 그 젊은 과부는 화자에게 눈을 돌리다가 그만 화자의 포도주잔에 넘치게 술을 부었고, "어여쁜 손가락으로" 로마 숫자 IV(4)를 식탁 위에 써준다. 그것은 그녀가 그 시간(그 당시 로마에서는 밤 11시에서 12시 사이를 IV로 표시했다)에 오겠다는 표시다. 화자는 "말없이 앉아 뜨겁게 달아오른 입술을 깨물었는데, / 반쯤은 장난기 어린 기쁨에서, 반쯤은 정욕 때문에"(23-24행) 그만 입술에 상처가 난다. 4시가 되길 갈망하는 화자는 아직 떠 있는 해가 얄밉기만 하다. 그래서 아직도 로마의 풍물을 내려다보고 있는 해를 향해 "내일 아침 일찍 다시 만나기 위해 서둘러 바다 밑으로 떨어져다오"(35행)하며 부탁한다. 그리고 운명의 세 여신에게는 "현명하게" 자기 "운명의 실을 천천히" 풀어주고, "아름답게 채색된 그 시간"은 서둘러 달라고 부탁한다. 그런데 3시를 알리는 소리가 들리는 것뿐인데도 화자는 행복해하며 "벌써 그녀가 오는 소리가 들리는 것인가?"(48행)하며 서둘러 그 자리를 떠난다. "그대 뮤즈의 여신들이여, 그대들은 또다시 연인과 떼어 놓은 / 이 시간의 길이를 내게 속이는 구려. / 안녕! 이제 나는 급해서 실례를 무릅써야겠소. / 자존심 센 그대 여신들도 아모르 신에게는 항상 우선권을 주니까."(49-52행)

16비가 (포도밭에서 연인을 만나지 못한 아쉬움. 애인이 만들어 놓은 허수아비를 삼촌으로 착각한 연인)

이 비가는 포도밭으로 나오지 않은 연인을 원망하는 노래로 그 연인과 주고받는 대화다. 연인은 포도밭에서 삼촌이 서성거리는 것을 보고 집으로 돌아왔지만, 그것은 화자가 만들어 놓은 허수아비였다. 화자가 "낡은 옷과 갈대"로 열심히 만들어 놓은 허수아비 때문에 연인을 만나지 못했으니, 자기 꾀에 자기가 넘어간 셈이었다. 그러나 연인은 "그러나 이제! 자기 포도밭과 조카를 도적질해 가는 아주 버릇없는 새들을 / 오늘 쫓아 버렸으니 노인의 소원이 이루어진 셈이죠."(9-10행)라고 화자의 아쉬움도 모르고 부채질을 하고 있다. 다른 판본에서는 2행, 5행, 8행에 대화를 표시하는 대시(—)가 빠져 있어 이 비가를 화자의 독백으로도 읽을 수 있다.

17비가 (개 짖는 소리의 역겨움)

화자는 개 짖는 소리가 제일 싫다. 이웃 사람이 키우는 개 짖는 소리가 기분 좋게 들리는 것은 그 개가 화자의 연인이 왔다고 알려주었기 때문이다. 그녀는 남몰래 숨어들어왔으니까. 요즘도 개 짖는 소리를 들으면 연인이 왔던 그 때가 생각난다.

18비가 (안심하고 편안하게 오랫동안 즐길 수 있는 연인 파우스티네)

화자는 밤에 홀로 잠자리에 드는 것에 제일 역겨움을 느낀다. 더더욱 싫은 것은 "사랑 찾아 가는 길에 도사리고 있는 뱀들과 쾌락의 장미 속에 숨은 독을 무서워해야 하는 것"(5-6행)이다. 근심이 속삭이며 다가오기 때문이다. 그러나 파우스티네(Faustine)는 화자를 행복하게 해준다. 그녀는 기꺼이 화자와 보금자리를 함께 하고, "성실한 남자에게 정조를 지킨다."(10행) 화자는 "확실한 것을 편하게 오랫동안 즐기길 좋아 한다."(12행) "이 얼마나 행복한 일인가! 우리는 굳게 서로 키스를 나누고, / 위로하듯 살아 있는 숨결을 우리 속 깊이 빨아들인다."(13-14행) 두 연인이 긴 밤 내내 "즐겁게 가슴과 가슴을 맞대고 / 폭풍우 치는 소리와 퍼붓는 비 소리에 귀 기울이는"(15-16행) 것은 바로 운우지정(雲雨之情)을 상징한다. "그러면 아침이 밝아오고, 새로운 꽃이 피는 시간이 온다. / 우리를 위해 새로운 꽃들로 축제의 날을 장식한다. / 오, 로마인들이여! 내가 그 행복을 만끽하게 해주고, 또한 신이시여! / 각자에게 세상의 모든 재물 중 처음이자 마지막인 것을 허락하소서."(17-20행) 괴테는 로마에서 파우스티네라는 여인을 만나 슈타인 부인에게서 얻을 수 없었던 관능적인 사랑을 즐겼던 것으로 보인다. 그리고 바이마르에서 이 비가를 쓸 때도 크리스티아네 불피우스와 그런 사랑을 경험하고 있었다. 그 당시 이탈리아어로 파우스티네라는 이름은 "행복하게 해주는 여인"이라는 뜻을 가지고 있었다.

19비가 (파마 여신과 아모르 신이 싸운 이야기. 파마 여신이 질투가 나서 화자 자신의 비밀을 캐고 있지만, 화자는 침묵을 지킴)

소문의 여신 파마(Fama)가 화자의 상관인 아모르 신과 대립하고 있어, 화자는 좋은 평판을 얻지 못하고 있다. 그래서 화자는 파마 여신과 아모르 신이 싸운 이야기를 들여 준다. — 파마 여신이 신들 앞에서 "항상 군주처럼 거만한" 말을 해 따돌림을 당했다. 한번은 제우스의 아들 헤라클레스를 자기 애인으로 만들겠다면서, 그의 아버지보다 자기를 더욱 숭배할 거라고 호언장담한다. 그러자 아모르 신이 장난을 쳐서 헤라클레스가 "가장 아름다운 여인"에게 마음을 빼앗기게 만들고 그들을 우스꽝스럽게 꾸며 놓는다. 아모르 신은 "이제 그 한 쌍의 연인에게 가면을 씌우고, 그 여인의 어깨 위에 / 사자를 무겁게 올려놓고, 힘들여 방망이로 받혀주었다. / 그러고 나서 영웅의 곤두선 머리에 꽃을 꽂고 / 손에다 실패를 건네주자, 그 손은 조롱에 익숙해졌지."(27-30행) 파마 여신은 이 광경을 보고 심한 굴욕감을 느낀다. 그러나 아모르 신은 기뻐하며, 메르쿠리우스(헤르메스)와 바쿠스 신은 서로 껴안고 있는 두 사람을 꼼짝도 못하게 만들어 놓았다. 신들의 웃음거리가 된 파마 여신은 화가 머리끝까지 치밀어 올라 그 자리를 떠나버렸다. 그 이후 파마 여신과 아모르 신 사이에 대립이 끊이지 않았다. 아모르 신의 소개로 만난 연인에게 불만을 품으면 "성난 아모르 신의 화살"을 견뎌내야 한다. "아모르 신은 남자가 사내다운 정열 끓게 하고, 짐승 같은 욕망 일게 한다. / 누가 그런 자신을 부끄러워하면 일단 참아야 한다. 위선자에게 / 아모르는 범죄의 고통을 느끼는 쓴 쾌락이 온몸에 퍼지게 한다."(60-62행) 그러나 파마 여신은 눈을 부릅뜨고 귀를 쫑긋 세워 아모르 신을 좇아다닌다. 아모르 신과 함께 있는 사람을 그녀는 자신의 적으로 간주하기 때문이다. 그녀는 처음에는 "엄숙한 눈빛과 경멸하는 표정으로" 그 사람을 쳐다보지만, "아모르 신이 평소 드나드는 집안을 아주 혹독하게 욕하며 다닌다."(66행) 화자 자신도 벌써 파마 여신의 미움을 받아 "약간 고통을 느끼고 있다" 파마 여신이 질투해서 자신의 비밀을 캐고 다니고 있기 때문이다. 그러나 화자는 침묵하면서 그 계율을 존중할 뿐이다. "왕들의 싸움에 그리스인들도 나처럼 희생을 당했으니까"(70행) 이 비가에서 화자가 파마 여신에게 고통을 당하고 있다고 하는 것은 슈타인 부인으로 대표되는 바이마르 궁정 사회가 괴테 자신과 크리스티아네 불피우스와의 관계에 대하여 비웃고 있는 것을 암시한다. 그래서 이 비가는 파마 여신과 아모르 신의 대립을 이용하여 그 당시 사람들이 자신과 불피우스의 관계에 대해 비아냥거리는 것을 간접적으로 비판하고 있다.

20비가 (화자는 자신의 경험을 비밀로 하고 싶지만, 결국 비밀이 유지될 수 없음을 알고 주위의 사람들을 경계한다. 그러나 자신의 경험은 이제 비가가 되어 이렇게 흘러나오고 있다)

"도시의 정복자 백성들의 군주인 침묵"(3행)은 평생 화자 자신을 안전하게 이끌어 주는 귀한 여신이다. 뮤즈 여신들이 장난삼아 화자의 닫힌 입을 열게 하고, 아모르 신도 덩달아 장난꾸러기처럼 화자에게 말을 하게 한다. 미타왕의 길어진 귀의 비밀도 세어 나오듯, 화자도 스스로의 비밀을 간직하기가 어렵게 되었다. "아, 가슴에 가득 찬 것들이 이렇게도 쉽게 입술로 넘쳐 나오는구나! / 어떤 여자 친구도 믿어서는 안 된다. 그녀는 나를 욕하고 싶어 한다. / 어떤 친구도 믿을 수 없다. 혹시 나를 위험에 빠뜨릴지도 모르니까"(16-18행) 화자 자신은 더 이상 외롭지 않고, 어리지도 않다. 5각운이나 6각운의 시가 익숙해졌으니까. 그가 쓰는 비가는 자신을 기쁘게 해주고, 밤에는 행복하게 해준다. "뭇 남성들이 쫓아다니는 그녀는 교활한 자가 / 뻔뻔스럽게 몰래 파놓은 함정에서 / 재치 있고도 우아하게 빠져나와, 사랑하는 남자가 엿보고 있다가 / 정열적으로 자기를 맞아주는 길을 알고 있다. / 달의 여신 루나여! 잠깐만! 그녀가 오고 있다! 이웃에게 들키지 않게 / 바람아 나뭇잎을 약간 살랑거려라. 아무도 그녀의 발자국 소리를 듣지 못하게. / 그대 사랑스런 노래들은 자라나서 꽃을 피운다. / 부드럽고 사랑스런 공기의 조용한 숨결 속에 흔들려라. / 그래서 그 갈대들이 수다 떨 듯이, 로마인들에게 / 행복한 한 쌍의 비밀을 마침내 드러내 주어라."(23-32행)

<편집에서 빠진 4수>

비가 1 (여인과 즐기는 에로틱한 장면. 침대의 삐걱거림. 원래 1비가와 2비가 사이에 들어 있었음)

행운이 생각했던 것보다 훨씬 빨리 찾아 왔다. 화자는 아모르 신의 도움으로 궁전을 돌아다니면서 황금으로 장식된 벽지 밑에 감춰진 것을 경험했다. "우리를 유혹했던 것은 왕궁의 화려한 벽이나 / 사랑을 나누던 발코니, 엄숙한 궁전의 뜰도 아니었다. / 그런 것들은 재빨리 스쳐지나갔다. 낮고 화려하게 장신된 문은 / 안내인도 포함해서 원하는 사람은 모두 받아들였다."(7-10행) 마음이 급해 옷도 재대로 벗기지 못하고 침대위로 뛰어 들어가는 두 연인이 주피터 신과 그의 부인 유노 여신보다 더 행복하다고 화자는 말한다. "치장이나 화장은 내게 역겨움만 일으킨다. 결국 / 비단치마가 양모치마처럼 들어 올려지지 않았나? / 아니면 그녀가 남자친구를 가슴에 품으면 / 그는 그녀의 장식을 서둘러 벗기고 싶지 않을까? / 남자가 사랑스런 연인이 느껴지기 전에는 / 보석이나 레이스, 쿠션, 코르셋이 모두 벗겨질 필요는 없다. / 우리 한 번 자세히 바라보자! 그대의 양모 옷들이 흘러내리면 / 친구도 급히 옷을 벗어 구겨진 채로 바닥에 던진다."(17-24행) 그래서 화자는 신들도 이렇게 사랑을 나누는 인간이 된다면 더욱 행복해질 것이라고 말한다. "정말 아무 것도 걸치지 않은 아모르 신의 기쁨과 / 흔들리는 침대가 사랑스럽게 삐걱거리는 소리는 우리를 즐겁게 한다."(31-32행)

비가 2 (매독에 대한 두려움. 연인의 바람기에 대한 두려움. 원래 14비가와 15비가 사이에 들어 있었음)

수천 년 동안 피톤과 레르나의 용은 서로 헐뜯고 있었지만, 신들의 억센 손에 죽었다. 그러나 "어느 적의를 품은 신"이 우리에게 화가 나서 "독이든 무서운 진흙으로 새로운 괴물들"을 만들어서 다시 보냈다. 그 괴물들은 사랑을 속삭이는 정원을 엿보다 음흉한 벌레로 변해 사랑을 즐기는 사람을 움켜잡는다. 그러나 화자는 제우스가 헤라와 결혼할 때 대지의 어머니 가이아로부터 선물로 받은 황금사과를 수호했었던 헤스페루스의 용은 환영한다. 새로운 괴물들은 아무 것도 수호하는 것도 없이 몰래 숲속에 웅크리고 있다가 샘물을 더럽히기 때문이다. "화가 나면 아모르 신의 생기 있는 이슬을 독으로 변하게 한다"(15-16행). 고대 로마의 시인 루크레티우스는 모든 육체를 섭렵했었고, 프로페르티우스도 아벤티우스 언덕의 창녀들과 즐겼으니까 행복했었다. "이제 지겹다고 정조를 지키려고 하지 않는 사람이나 / 사랑하는 여인을 붙잡지 못하는 사람에게 근심이 머물 것이다. / 그러나 누가 아는가? 모든 기쁨은 모험을 감수해야 하는 법. / 연인의 가슴에 가만히 머리를 두고 쉴 남자가 어디 있겠는가"(23-26행). 그래서 매독에 대한 두려움은 부부관계까지 파고들었다. 주피터 신도 다른 여자와 관계를 맺어 매독에 걸려 주노 여신에게서 멸시를 당했으니까. "오! 주노 여신이 얼마나 화가 났겠는가. 사랑싸움을 할 때 / 남편이 그녀를 향해 독 묻은 무기를 들이댔으니"(33-34행). 화자는 지금도 신화에 나타난 이야기들이 그대로 이루어지고 있다고 말하면서 화자 자신의 "작고 귀여운 정원"을 보호해달라고 우미의 여신들에게 부탁하고, 근심걱정 없이 쾌락만을 즐길 수 있게 해달라고 아모로 신에게도 부탁한다.

비가 3 (사랑의 결실인 『로마비가』에 대한 기대와 자기 열매에 대한 믿음. "순수한 자연의 과일을 보고 구역질"을 하는 자에게 프리아푸스의 "붉게 솟은 막대기"로 뒤에서 벌을 주겠다며 관능적으로 경고하고 있음. 처음부터 편집에서 빠짐)

화자는 정원에서 "사랑의 꽃"을 가꾼다. "뮤즈 여신이 현명하게 꽃밭에 뿌린 대로 / 과일을 맺는 가지, 생명의 황금빛 열매들을 / 나는 행복하게 심고, 이제 기쁜 마음으로 기다린다"(2-4행). 그리고 과일들에게도 생식의 신 프리아푸스(Priapus) 편에 서 있으라고 말한다(프리아푸스는 과도하게 큰 남근을 가진 정원의 신으로 베르길리우스나 호라치우스 그리고 오비디우스도 자신들의 비가에서 이 신을 찬미했었다). 그렇게 하면 화자는 자신의 나무가 도둑맞을 일이 없다고 안심한다. 원하는 사람은 자유롭게 따서 즐길 수 있지만 단지 위선자, 타락하고 파렴치한 범인들만 눈 여겨 봐 두었다가 자신의 열매(『로마비가』)를 보고 구역질을 하면 벌을 주겠다고 다짐한다. "어느 누가 접근해서 화려한 공간으로 눈짓하고 / 순수한 자연의 과일을 보고 구역질을 하거든, 뒤에서 벌을 주어라 / 그대의 허벅지에서 붉게 불뚝 솟아오르는 막대기로"(8-10행).

비가 4 ("프리아푸스의 노래". 사람들은 자신의 작품에 대해 욕하지만, 예술가의 본심을 알아줄 것이라고 기대함. 그의 마음을 알아주는 여성들에게 "반보쯤 되는" 자신의 남근으로 즐겁게 해주겠다고 약속함. 처음부터 편집에서 빠짐)

이 비가는 <프리아푸스의 노래(Carmina Priapea)>라는 제목이 붙여져 있는데, "프리아푸스의 노래"는 고대 로마의 무명 시인이 쓴 에로틱한 내용을 담은 80편의 시를 모은 시집의 이름이다. 정원 뒤쪽에 "신들의 마지막 신"인 프리아푸스가 화자로 등장해서, 그동안 마음 아픈 시간을 보낸 데에 대한 원망을 토로한다. "난 겨울이 싫다. 겨울이 되면 까마귀가 고약하게도 / 내 머리 위에 똥을 싸니까. 여름을 보낸 종도 / 건방지게 허연 엉덩이를 보이며 싸댄다. / 위나 아래나 똥이다"(5-8행). 이것은 바이마르에서 자신을 비방하는 사람들에 대한 원망이지만, "성실한 예술가"가 의도했던 노력을 이해해 줄 것이라는 기대도 화자는 잃지 않는다. "소녀들이여, 내게서 놀라지 말지어다. 그리고 늙은 귀부인들도. / 나는 그렇게 역겨운 사람이 아니라, 엄청나게 강할 뿐이외다. / 그러기 위해 연인이 명령하면 반보쯤 되는 화려한 지팡이가 / 그대를 위해 가운데서 벌떡 일어날 것이외다. / 그 줄기는 팔라에니스가 개발한 열두 가지 자세를 / 모두 즐길 때까지 지치지 않으리라"(17-22행). 이처럼 이 비가에서는 자신과 자신의 작품을 제대로 이해하지 못하고 비판만 하는 사람들에 대한 원망과, 반면에 자신의 작품을 이해하는 사람들을 위해서도 자신의 거대한 남근으로 상징되는 이 『로마비가』로 즐겁게 해주겠다는 희망이 교차하고 있다.

2. 『로마비가』와 고대 로마의 비가 전통

괴테는 1786년 9월 3일 새벽에 10년간의 바이마르 생활을 청산하고 사랑하는 연인이었던 슈타인 부인조차 모르게 이탈리아로 여행을 떠난다. 새로운 생활 형태와 자연스런 생활, 그리고 조화를 얻기 위해 감행했던 이 여행에서 괴테는 바라던 바를 거의 모두 성취했다. 바로 그 첫 번째 열매가 『로마비가』다. 이 비가에서는 에로티시즘이 주된 테마가 되고 있다. 『로마비가』는 괴테의 시 중에서 의식적으로 고대 비가의 전통적인 형식에 맞추려고 했던 최초의 연작시이다. (나중에 소네트와 『서동시집』이 전통적 형태를 따르고 있다.) 비가(悲歌 Elegie)는 고대부터 두 가지의 의미를 담고 있었다. 우선 비가는 '비탄의 시'를 뜻하고 다른 하나는 2행시(二行詩 Distichon)로 구성된 시를 말한다. 비가가 세계문학에 끼친 가장 중요한 영향은 아우구스트 황제 시대의 "에로틱한 비가"였다. 괴테도 일찍부터 알고 있었던 티불루스, 프로페르티우스, 오비디우스가 비가의 전성기를 구축했다. 18세기 독일에서는 클롭슈토크와 포스(Voß)가 비가를 썼으며, 괴테는 『이탈리아 여행』 마지막에 로마와 작별하는 고통이 오비디우스의 비가를 연상시킨다고 말하기도 했다. "거대한 것은 모두 숭고하고 단순하다는 느낌과 동시에 독특한 인상을 풍긴다. 말하자면 이번 여행을 통해서 나는 이탈리아 체류기간 전체에 대한 커다란 대요를 이끌어 냈다. 그것은 내 흥분된 마음 속에 심오하고 숭고한 감정을 심어주어, 영웅적이고 비가적이라 말할 수 있는 정취를 불러 일으켰다. 그래서 그것을 소재로 운문 형식의 비가를 한 수 짓고 싶은 마음이 들었다. 그와 동시에 어찌 오비디우스의 비가가 내 기억 속에 되살아나지 않을 수 있었겠는가. 그 역시 추방을 당해 달 밝은 밤에 로마를 떠나야만 했던 것이다." 바이마르로 돌아온 괴테는 크네벨의 프로페르티우스를 비롯한 고대 로마비가 번역작업에 참여하면서 지난 시절을 떠올리며 자신의 비가를 썼을 것이다. 프로페르티우스의 비가에 이미 로마와 사랑이 하나로 얽혀 있었고, 로마에서의 삶은 신화와 전설의 세계에서도 영위되고 있었다. 사랑의 신 아모르를 비롯한 신들과 영웅들, 질투 등과 같은 비가의 모티브를 괴테는 모두 수용했다. 그러나 괴테는 자신의 비가에 18세기 독일 예술가가 로마에서 체험한 것을 자신의 색채로 묘사했다. 그럼으로써 고대 비가에 담겨 있던 정치적인 의도는 괴테의 비가에서는 찾아 볼 수 없다. 고대 비가에서는 연인이 종종 바람을 피우지만, 괴테의 비가에 등장하는 화자의 연인은 가정적이고 부드럽고 성실하다. 또한 고대의 비가를 형성하는 분위기는 열정, 불안, 고통, 그리고 이루지 못한 사랑이지만, 괴테의 『로마비가』에서도 이런 모티브가 자주 등장하지만 사랑의 고통이 중심테마는 아니다. 괴테가 의도적으로 프로페르티우스를 모방하고자 했다는 사실은 부인할 수 없다. 그러나 『로마비가』는 모방의 차원을 넘어 프로페르티우스를 위해 세운 '북방 시인의 기념비'였다. 프로페르티우스의 비가에 헬레니즘 시대가 반영되어 그 시인이 살던 시대의 정신과 삶의 감정으로 충만 되어 있는 것처럼, 괴테는 자신이 이탈리아에서 체험하던 '현재의 생활감정'을 (기독교적 감정과 도덕관에 억매이지 않고) 이 고대 로마 시인의 비가의 형식(문체)에 담아 표현하려고 했던 것이다.

3. 『로마비가』의 구성과 중심테마

1번 비가에서 화자는 사랑의 도시 로마에 도착했음과 그곳에서 고대 세계와 사랑을 경험하고자 하는 의지를 밝힌다. 그래서 2번 비가에서 4번 비가까지는 시인이 생각했던 것보다 빨리 연인을 얻어 사교계(정치나 사회)에서 멀어져 서로 사랑하면서 살아가는 모습을 그리고 있다. 사랑의 힘은 고대 신화에 나타나는 사랑의 형상 속에서 더욱 힘을 발휘한다. 5번 비가에서 7번 비가까지는 '사랑'과 '고대의 현재화'가 주된 내용으로, 사랑하는 연인들은 사랑의 순수함과 자유를 노래한다. 8번 비가에서 10번 비가에는 사랑하는 연인들을 에워싸고 있는 목가적이고 가정적인 생활을 그리고 있다. 11번 비가에서 13번 비가는 5~7번 비가의 테마가 이어지고 있는데, 사랑과 예술에 신적인 영역이 더해진다. 14번 비가에서 16번 비가까지는 8~10번 비가와 관련되어 다시 한 번 목가적인 사랑과 삶의 영역을 보여준다. 17번 비가에서 19번 비가까지는 2~4번 비가에 나타난 사랑의 비가가 이어지면서, 사랑의 비밀과 공개라는 두 테마가 대두되면서 연작시를 하나로 이어주고 있다. 이처럼 괴테의 『로마비가』는 서로 연관되어 있는 여러 중요한 테마들을 하나로 묶으려고 노력한다. 그 첫 번째 중심테마는 사랑이고, 두 번째 테마는 시의 제목에도 나와 있듯이 로마다. 로마는 세계사적인 과거와 괴테가 경험했던 현재의 의미가 공존하고 있다. 세 번째 테마는 고대 신들과 영웅들이 살아 숨 쉬는 신화의 세계이다. 이 세 가지의 모티브가 서로 어우러져 로마는 사랑으로 이해되고 있을 뿐만 아니라, 로마는 새로운 사랑의 형태인 비가를 선사하고, 고대 신화의 세계가 그 사랑의 노래를 위한 모범으로 제시되고 있다.

4. 로마와 사랑의 모티브

괴테는 『로마비가』에 고대 로마의 '사랑의 비가' 형태와 모티브를 그대로 수용해서 로마와 아모르 신을 결합시켜 창조적으로 응용하고 있다. 그래서 카를 아우구스트 공에게도 자신의 비가를 "성애를 다룬 책(Erotica)"라고 했고, 1789년 친구 크네벨에게 보낸 편지에서도 "고대 문체에 대한 재미"에서 비가를 쓴다고 했던 것이다. 괴테는 이 당시만 해도 "고대"란 '그리스'가 아니라 '로마'라고 생각했었다. 그래서 괴테의 "로마비가"는 고대 로마의 비가 작가들의 문체로 쓴 "사랑의 시"라고 말할 수 있다.

『로마비가』에서 로마는 화자에게 '사랑'과 '예술'을 상징한다. 1비가에서 괴테는 이미 로마와 아모르 신을 결합시켜 —로마(Roma)의 철자를 거꾸로 읽으면 아모르(Amor)가 된다— 생산적이고 창조적인 모티브로 만들어 낸다. "축복받은 자를 맞이하는 / 유일한 사원은 아모르의 신전뿐이리. / 그대는 하나의 세계로다. 오 로마여, 그러나 사랑이 없으면 / 그 세계는 세계가 아니고, 그러면 로마도 로마가 아니리"(11-14행). 괴테의 『로마비가』에서는 교회들과 왕궁들, 오벨리스크, 선술집, 포도밭, 고위성직자가 등장한다. 로마를 주배경으로 한 비가는 모두 2편으로 15비가에는 석양을 배경으로 로마의 기원에 대한 역사적 고찰과 연결되어 있고, 12비가에서는 로마를 완전히 주관적으로 파악하여 천상의 경지에까지 끌어올린다. 즉, 로마에 심취된 작가는 카피톨리니 언덕을 '제2의 올림포스'로 승화시켜, 주피터의 왕관 앞에 서 있는 듯이 느끼는 것이다.

『로마비가』에 나타난 사랑은 그 이전 괴테의 시에 나타난 동경이나 열정이 아니라, '쾌락의 성취'다. 3비가에서 "아모르의 화살은 여러 가지로 영향을 미치고 있다오. 화살이 내 심장을 할퀴고 / 스며든 독 때문에 수 년 동안 나를 병들게 하고 있소"라고 화자는 말하는데, 여기서 화자는 아모르로 상징되는 연인과의 사랑으로 인해 당하는 고통을 한탄하는 것이 아니라, 그 사랑을 통해 얻게 된 행복을 만끽하게 된 것을 축복으로 여기고 있다. 그래서 처음 붙인 제목이 "에로티카 로마나(Erotica Romana)"이었던 것이다. 그러나 중세나 르네상스 시대의 로마와는 전혀 상관이 없었다. 18세기 말에 이런 종류의 비가는 새롭고 혁명적인 것이었다. 그 당시에도 에로티시즘을 소재로 한 작품은 많았으나, 거의 유치한 말장난에 지나지 않았다. 그러나 괴테는 자신의 비가에서 고대 비가의 전통정신을 그대로 수용한다. 고대의 비가에도 사랑이 삶의 찬란한 빛을 부여하고 있지만 시민의 결혼관이나 정조관념에 대한 언급은 없었고, 고대 비가 시인들은 신들을 찬양하고 그 보호 속에 자신들을 내맡기면서 연작시 형태로 전체를 조망할 수 있게 했던 것이다.

하지만 『로마비가』에 등장하는 시적 자아 내지 화자는 로마로 상징되는 예술과 사랑의 중심에 서 있다. 그는 어느 정도 개성을 유지하면서 자신의 경험을 이야기하는데, 여기서 묘사된 사실을 괴테가 로마에서 실제로 경험한 것으로 연결시키려고만 했던 당시 사람들에게는 그 내용이 참을 수 없을 정도로 저속한 것이었다. 『로마비가』에 묘사된 시적 자아의 사랑행각은 그 당시 도덕규범을 넘어서는 것이었기 때문이었다. 그래서 헤르더와 아우구스트 공작은 이 책의 출판을 만류했었다. 그러나 쉴러는 『로마비가』의 '관능적인 묘사'가 "인습적인 우아함의 파괴"라고는 했지만, "자연스럽고 진정한 우아함의 파괴"로는 보지 않았다. 그러나 괴테의 『로마비가』는 이러한 관능적 요소를 우회적으로 묘사하는 전통을 거부하고, 작가의 개인적인 체험과도 거리를 두는 새로운 작가의식을 보여주려고 했던 것이다. 즉 각각의 비가에는 시인이 있는 로마라는 공간에서, 고대의 예술 정신이 살아 숨 쉬는 현재의 로마라는 공간에서 시인 자신이 고대 예술과 활동을 통해 경험하는 관능적인 사랑이 고대의 신화와 결합되어 에로틱한 시적인 모습으로 현재화되어 생생하게 나타나고 있다.

5. 고대와 신화

화자는 로마에서 자신이 일회적으로 경험한 것을 '보편적인 것'이나 '대표적인 것'으로 만들고 있는데, 여기에 사용하는 것이 고대 비가 작가들과 신화들이다. 괴테는 1비가에서 로마와 아모르 신을 동일시하면서 로마에 발을 들여

놓은 자를 "축복받은 사람"이라고 부른다. 또한 "아모르의 사원"만이 그를 맞이할 것이라고 확신한다. 이러한 기대는 2비가에서 바로 실현되어 이방인이 로마의 "가슴과 몸"을 지배하는 정당성을 3비가와 4비가에 등장하는 고대 신화의 힘에서 찾는다. 3비가에서 자신을 야만인이라고 칭한 화자는 벌써 로마의 연인을 손에 넣게 되는데, 화자는 자신에게 너무 빨리 일어난 일을 "아모르의 화살"의 덕으로 돌린다. 이렇게 쉽게 이룬 자신의 사랑을 화자는 고대 신화에 비유하면서 영원한 사랑의 의미를 부여한다. 즉 아프로디테가 안키세스에게 반한 이야기와 헤라와 엔디미온과의 사랑 그리고 로마 탄생의 신화(레아 실비아 - 전쟁의 신 마르스)를 들려줌으로써 사랑이란 그렇게 쉽게 이루어질 수 있음을 신화를 통해 정당화시키고 있다. 신화에 등장하는 사랑의 장면과 로마 탄생 신화에 나타난 사랑의 장면 모두 그렇게 깊게 생각하고 나눈 사랑이 아니라 순간적으로 뜨거워진 사랑으로 이루어지는 것임을 강조한다. 뿐만 아니라 화자는 4비가에서 자신이 연인을 재빨리 붙잡는 것을 기회의 여신 포르투나(Fortuna)를 붙잡는 것으로 여긴다. 그래서 화자에게 나타난 "온순하고", "연약하고", "귀여운", "한 갈색의 소녀"를 화자는 자신이 찾던 바로 "기회의 여신"임을 알아차리고 재빨리 그녀를 붙잡았던 것이다.

이제 이방인인 화자는 5비가에서 고대 비가에 담긴 에로티시즘을 발견하고 심취되어 자신도 비가를 쓰게 된다. 화자는 "고전의 땅에서", "옛날의 세계"와 "현재의 세계"가 동시에 "더 크고 매력적"으로 자신에게 말하고 있음을 느낀다. 매일 고전을 부지런히 읽을 때마다 새로운 만족을 느끼는 시인에게 아모르 신은 "사랑스런 가슴 모양을 엿보고 손을 엉덩이로 가져가는 것"을 가르쳐 준 것이다. 화자는 비로소 고대의 대리석상을 "느끼는 눈으로 바라보고, 보는 듯한 손으로 느끼며" 그 가르침을 이해하게 되어 자신의 비가를 쓰게 된다.

　그녀가 잠에 취해 있으면, 나는 누워 많은 생각에 잠긴다.
나 또한 종종 그녀의 팔에 안겨 시를 썼었지
　그리고 헥사메터의 운율을, 조용히, 손가락을 움직이며
그녀의 등에 세다보면. 달콤한 잠에 취해 숨쉬는
　연인의 입김은 내 가슴 깊숙한 곳까지 달군다. (5비가, 14-18행)

아모르 신은 이 때 등불을 밝히고, "입김을 불어" 불꽃이 일게 하는데, 이방인은 고대 로마비가의 "세 대가(Triumvirn)"인 티불루스와 카툴루스 그리고 프로페르티우스의 비가를 떠올리며 자신의 비가를 쓴다. 여기서 이방인은 밤마다 '사랑'과 '예술'을 위해 일하는 아모르 신과 고대 비가의 대가들을 연결하여, 에로틱한 고대 비가와 고대 예술에 들어 있는 성적, 관능적 모습을 모범삼아 자신의 비가를 쓰고 있음을 말해주고 있다.

이렇게 고대 비가를 통해 사랑과 예술을 경험한 화자는 7비가에서 청춘과 젊음의 여신 헤베의 손에 이끌려 로마의 운명을 주관하는 최고의 신인 주피터의 신전으로 들어가, 주피터 신에게 그 신전에 머물 수 있게 해달라고 간청한다. 즉, 아테네의 올림포스 산은 아니지만 로마의 카피톨리니 산을 제2의 올림포스 산으로 생각하고 있는 화자는 그곳에서 눈을 감을 수 있게 해달라고 주피터 신에게 간청하는 것이다. 여기서 화자는 작가로서 일생을 마치겠다는 의지를 보여주고 있다. 그래서 이 7비가는 남국의 찬란한 자연을 북국의 어둡고 침울한 자연과 비교하면서 새로운 세계를 경험한 화자가 자신이 다시 작가로 태어남을 선언하는 노래이기도 하다. 자신이 올림포스 산의 주피터 신전으로 들어온 것이 자력에 의한 것도 아니고, 주피터 신의 분부에 따른 것도 아님을 인식하고 있지만, 이 기회에 자신이 그곳에서 다시 진정한 작가로 활동할 것을 결심하고 이에 축복을 받고 싶은 화자의 심정이 겸손하게 그려지고 있는 것이다. 이것은 괴테가 이탈리아 여행을 떠나게 된 근본 원인이었던 '작가'와 '정치가' 사이에서의 고민을 일단 극복했다는 의미로도 해석될 수 있다. 시민계급 출신의 정치가로서의 한계를 실감하고 바이마르 궁정을 뒤로 하고 이탈리아로 떠난 괴테는 그곳에서 고대와 고대 문학을 접함으로써 예술에 대한 매력을 다시 발견하고 자신은 예술가(작가)로 태어났음을 다시 한 번 인식하는 모습을 보여주고 있다.

그러나 화자에게 '고대'와 '현재'를 연결시켜 시를 쓰게 하는 핵심 역할을 하고 있는 것은 여전히 아모르 신이다. 그의 힘은 바로 "관능의 힘"이다. "장난꾸러기" 아모르 신은 13비가에서 방랑자에게 고대인처럼 순수하게 살아갈 것과, 사랑하는 마음만이 순수하게 살게 한다는 것을 가르친다. 그리고 아모르 신은 드디어 그에게 고대와 현재를 연결시키라고 명령한다. 아모신은 그에게 문학의 소재가 바로 사랑이며 "사랑만이 그대에게 한 차원 높은 표현법을 가르쳐 준다"(13비가 24행)고 말한다. 여기서 아모르 신은 시인이 잠자는 연인의 모습을 시적 운율로 표현해내는 것이 자신의 보호 하에서 이루어진다는 사실도 일깨워 준다. 이 13비가는 『로마비가』가 1795년 쉴러가 발행하던 잡지 <호렌(Horen)>에 실리 전에 유일하게 1791년 7월에 카를 필립 모리츠(Moritz)가 발행하던 <독일 월간지(Deutsche Monatsschrift)>에 「비가, 로마 1789」라는 제목으로 실렸다. 그래서 이 13비가는 '미학적 관능'과 '에로틱한 관능'을 조정하려는 시도 또는 예술에 대한 특히 '강령적인 성격'이 들어있어 『로마비가』의 핵심이 되는 시로 평가되고 있다.

이처럼 『로마비가』에서 아모르 신은 사랑의 신인 동시에 예술의 신으로 등장하는데, 이것은 예술을 영위하는 데 사랑 없이는 불가능함을 강조하기 위함이라고 볼 수 있다. 『로마비가』에 나타난 사랑이 기독교적 신앙이나 도덕관과는 물론 일치하지 않는다는 사실을 괴테도 잘 알고 있었지만, 이탈리아에서 돌아온 자신을 반갑게 맞이하지 않는 바이마르의 친구들에게 자신이 남국에서 얻은 새로운 예술관을 의도적으로 전하고 싶었을지도 모른다. 그래서 괴테는 자신의 『로마비가』를 의도적으로 "이교도적 성향"으로 썼다고 친구인 크네벨에게 밝혔던 것이다. "여기 자네에게 6각운 시와 5각운 시를 보내네. 사람들은 이 시들을 그렇게 앞 다투어 읽을 필요는 없네. 만약 이 작품이 아모르 신의 마음에 든다면, 다음에 자네를 만날 때 고대의 문체를 맛보는 재미로 자네를 즐겁게 해주겠네. 난 이 장르를 포기할 수 없네. 비록 당장 내 이교적 성향이 나를 이상한 상황으로 몰아넣어도 말일세." 그래서 화자는 19비가에서 아모르 신이 "위험한 유혹자"로 등장하여 소문의 여신인 파마와 다툼을 벌이는 장면을 소개한다. 파마 여신의 질투로 자신의 비밀이 새어나가고 있다고 걱정하는 화자는 주위의 사람들로부터 좋은 평판을 얻지 못하고 있고 생각한다. 『로마비가』에 나타나는 에로티시즘이 괴테가 로마에서 체험한 것의 '문학적 표현'임에도 불구하고, 주위의 사람들은 괴테가 실제로 로마에서 체험한 것으로만 이해하려했기 때문이었다. 그래서 허풍쟁이이자 원한을 품고 있는 파마 여신의 질투는 슈타인 부인으로 대표되는 이런 바이마르 궁정 사람들의 비웃음을 강하게 시사한다. 또한 시인 자신과 크리스티아네 불피우스와의 관계에 대한 바이마르 궁정 사람들의 비웃음을 파마 여신과 아모르 신의 대립을 이용하여 간접적으로 비판하고 있는지도 모른다.

6. 에로티시즘에서 포르노그래피까지

괴테가 쓴 총 스물 네 편의 '로마비가' 가운데 스무 편의 비가만이 1795년에 쉴러가 발행하던 잡지인 <호렌>에 실리고 네 편의 비가는 인쇄되지 않았다. 그 네 편의 비가 중에서 두 편의 비가는 괴테가 스스로 편집과정에서 빼버렸는데, 쉴러에게 보낸 편지에서 그 이유를 다음과 같이 밝히고 있다. "비가에 관해서는 두 번째 비가와 열여섯 번째 비가를 빼기만 하면 별로 손댈 일이 없을 것 같습니다. 만약 불쾌감을 자아낼 수 있는 부분 대신에 뭔가 꼭 들어맞는 것으로 보완하지 않는다면 내 비가의 가치가 훼손되는 것은 뻔할 것이기 때문입니다"(1795년 5월 12일-14일 괴테가 쉴러에게 보낸 편지). 나머지 두 편의 비가에는 남근을 상징하는 '생식의 신' 프리아푸스(Priapus)가 등장하기 때문에 고대 로마 시대부터 전해지는 80편이 넘는 "프리아푸스의 노래(Carmina Priapea)"로 분류되어 쉴러의 '검열'로 처음부터 제외되었다. 이 네 편의 비가는 1914년에 와서야 괴테의 <바이마르 전집>에 실리게 된다.

편집에서 빠진 첫 번째 비가는 괴테가 원래 두 번째 비가로 생각했던 것이다. 첫 두 행을 보면 내용적으로 1비가와 바로 연결되고 있음을 알 수 있는데, 로마를 찾아온 이방인에게 행운이 생각했던 것보다 훨씬 빨리 찾아와 여인과 즐기는 에로틱한 장면이 묘사되고 있기 때문이다. "예상했던 것보다 내게 훨씬 행운이 따랐다. / 아모어가 재치 있게 나를 모든 궁전으로 끌고 다녔다." 그러나 그를 유혹하는 것은 궁전이 아니라 황금으로 장식된 벽지 뒤에 감추어진 천국이었다. 그것은 바로 모든 사람들을 받아주는 "낮고 화려한 문"으로 시인에게 "매일 더욱 신선한 장미"를 뿌려준다. 이방인은 마음이 급해 옷도 제대로 벗지 못하고 침대 위로 뛰어 드는데, 화자는 주피터 신과 그의 부인 유노 여신도 인간이었다면, "정말 아무 것도 걸치지 않은 아모르의 기쁨과 / 흔들리는 침대의 사랑스런 삐걱거리는 소리"에 더 행복했을 것이라고 말한다. 따라서 이 비가는 두 연인이 사랑을 나누기 위한 과정을 너무 노골적으로 묘사한 것 때문에 편집에서 제외한 것으로 보인다.

편집에서 빠진 두 번째 비가는 원래 16번째 비가에 들어 있었는데 처음 계획했던 대로라면 연인을 기다리는 이방인의 초조한 마음을 노래하는 14비가와 암울한 북국과 번잡한 벼룩이가 득실대는 남국 중에서 남국을 선택한 이방인이 로마의 풍물을 볼 수 있는 낮보다 식당에서 만난 젊은 과부를 만나는 밤을 더욱 기다리는 15비가 사이에 들어있었다. 이 비가에서는 매독과 연인의 바람기에 대한 두려움을 담고 있는데, "아모어의 생기 있는 이슬을 독으로 변하게" 하는 괴물들은 바로 창녀들에게서 옮는 매독을 상징한다. 또한 이 비가에서는 고대 비가 작가인 프로페르티우스가 로마의 유곽이 있던 아벤티우스 언덕의 창녀인 친티아와 즐겼지만 매독에 걸리지 않았던 것을 "축복받은" 것이라며 부러워하고 있을 뿐만 아니라, 주피터 신도 매독에 걸려 주노 여신에게서 멸시를 당했던 신화를 소개하면서 지금도 신화에 나타난 이야기들이 그대로 이루어지고 있어 부부관계조차 위협을 받고 있다고 걱정한다. 그래서 로마에 온 "이방인"은 우미의 여신들에게 자신의 작고 귀여운 정원을 보호해달라고 부탁하고. 아모르에게는 근심걱정 없이 쾌락만을 즐길 수 있도록 부탁하는데, 이 비가에서 암시하는 매독, 창녀, 불륜, 쾌락 등이 자체 검열을 받아 편집에서 제외된 것으로 보인다.

쉴러에 의해 처음부터 <호렌>에 실리지 않은 비가 중에서 첫 번째 비가는 '사랑의 결실에 대한 기대'와 '자기 연인에 대한 믿음' 그리고 생식의 신 프리아푸스가 자신의 "정원"을 유혹하는 자에게 "붉게 솟은 막대기"로 벌을 준다는 노골적으로 관능적인 묘사가 담겨있다.

> 여기 내 정원이 가꾸어져 있고, 나는 사랑의 꽃을 기다린다,
>   뮤즈의 여신이 현명하게 꽃밭에 뿌린 대로.
> 과일을 맺는 가지, 생명의 황금빛 열매들을
>   나는 행복하게 심고는, 이제 기쁜 마음으로 기다린다.
> 그대는 여기 생식의 신 프리아푸스 편에 서있어라! 나는 도둑
>   걱정이 없으니. 원하는 사람이면 자유롭게 따서 즐길 수 있으리.

단지 위선자, 타락하고 파렴치한 범인들만 눈 여겨 봐두어라.
어느 누가 접근해서 화려한 공간으로 슬쩍 눈길을 주고
순수한 자연의 과일을 보고 구토를 하거든, 뒤에서 벌어주어라
그대의 허벅지에서 붉게 불뚝 솟아오르는 막대기로. (1행-10행)

괴테가 소유하고 있는 수집물 중에는 에로틱한 고대 예술품들이 많이 있었다. 특히 고대나 르네상스 시대에 만들어진 생식의 신 프리아푸스의 거대한 남근이 발기된 모습이 담긴 동판화나 스케치, 보석장식, 도자기 등이 발견되었다. — 1984년 독일의 저명 시사주간지 <슈피겔(Der Spiegel)> 18호(4월 30일판)에 그 주간지의 발행인인 루돌프 아우크슈타인(Rudolf Augstein)이 괴테의 삶과 문학을 심리학적 관점에서 연구한 아이슬러(K. R, Eissler)의 책에 관해 쓴 글에서 212쪽과 213쪽에 걸쳐 포르노그래피가 담긴 괴테의 수집품의 사진들이 실려 있다. 아우크슈타인은 이런 물건들에 대한 괴테의 관심이 관능적인 자극을 위한 것이라기보다 예술적 테마를 미학적으로 풀어나가는 데 있었다고 보았다. — 특히 괴테는 이탈리아여행 이후 <프리아푸스의 모음집에 대한 메모>와 <아우구스티누스의 '신국론'에 관한 메모>라는 두 편의 글을 썼는데 이 두 편 모두 에로틱한 자료들을 자유롭게 다루고 있다.

쉴러에 의해 <호렌>에 실리지 못한 그 다음 비가도 거대한 남근으로 상징되는 생식의 신 프리아푸스가 등장한다. 이 비가에는 주위의 사람들이 자신의 작품을 욕하지만, 예술가의 본심을 알아줄 것이라는 기대감도 나타난다. 즉 자신의 작품을 제대로 이해하지 못하는 그들 때문에 화자가 그 동안 마음 아픈 시간을 보낸 데 대한 원망과 그가 의도했던 것을 이해해 줄 것이라는 기대감도 노골적으로 표현하고 있다. "소녀들이여, 내게서 놀라지 말지어다. 그리고 늙은 귀부인들도. (…) 연인이 명령하면 반보쯤 되는 화려한 지팡이가 / 그대를 위해 가운데서 벌떡 일어날 것이외다. / 그 줄기가 팔라에니스가 개발한 열두 가지 자세를 / 모두 즐길 때까지 지치지 않으리라." 괴테도 읽었던 『프리아푸스의 노래』에는 고대 그리스의 여류작가이자 창녀인 필라에니스의 이름을 빌어 <성교의 자세들(Figurae Veneris)>이라는 제목 하에 12가지의 상이한 체위를 소개하고 있다.

7. 수용과 평가

이처럼 그 당시에 파격적이고 노골적인 성적 묘사가 담긴 비가 네 편을 제외하고 1795년 <호렌>에 괴테의 비가가 발표되었을 때 대부분의 사람들은 우려스런 반응을 보였다. 비교적 젊은 작가였던 뵈티거(Böttiger)는 1795년 7월 슐츠(Schulz)에게 보낸 편지에서 "정숙한 모든 부인들은 이 창녀촌과 같은 벌거벗음에 화가 치밀어 오르고 있다"면서 이 비가를 실은 <호렌(Horen 시간의 여신들)>의 이름에 o를 u로 바꿔서 <후렌 (Huren 창녀들)>으로 해야 한다고 비아냥거렸다. 슈타인 부인도 쉴러의 부인인 샤르로테에게 보낸 편지에서 "이런 류의 시에 대해서 아무런 의미가 없다고 생각하기 때문에 제 의견이 중요치 않을 것입니다. 유일하게 6번 비가가 뭔가 내적인 감정이 들어 있었습니다. 시들은 아름답게 생각되지만 별로 제 마음에 들지는 않네요. (…) 이 비가에 대해 이야기가 나왔을 때 헤르더 씨가 공작부인께 괴테 씨가 이탈리아에서 매우 관능적이 되어 왔다고 했어요"라고 말했다. 헤르더는 "괴테가 뻔뻔함에 황제의 옥새를 찍었다"고 비난하면서 분노했고, 이에 반해 훔볼트(Wilhelm von Humboldt)는 이례적으로 감명을 받았다고 말했다. 이런 상반된 반응은 『로마비가』에 묘사된 남녀 간의 사랑을 그 시대의 연애관으로 이해하려는 데서 발생했다. 즉 그 시대의 연애관은 정신적, 이성적, 도덕적인 사랑과 육체적, 동물적 사랑에 대한 이원론에 근거한 것이기 때문이었다. 『로마비가』에 대한 분노는 그 시대를 지배하던 통일적인 '사랑의 이념'을 설명하려는 의도 때문에 발생했다고 볼 수도 있다. 그래서 헤르더와 아우구스트 공작은 이 비가의 출판을 만류했었고, 쉴러는 『로마비가』의 '관능적인 묘사'가 "인습적인 우아함의 파괴"라고 했던 것이다.

괴테는 만년에 에커만과의 대화에서 자신은 "오직 로마에서 인간이 무엇인지를 느꼈다"고 술회한 적이 있다. 이런 의미에서 괴테의 『로마비가』는 사랑을 경험하며 로마를 방랑하는 사람의 모습 속에 각각의 행복을 예술이라는 옷을 입혀 그 순간을 문학적인 형태로 영원히 간직하려는 '시도'라고 해석해도 틀린 것은 아닐 것이다. 그래서 『로마비가』는 꿈같던 과거의 행복했던 삶을 묘사한 것이기도 하다. 괴테가 『로마비가』에서 처음부터 의도했던 것은 타부로 여겨지는 신체의 부분을 거론함으로써 쉴러가 말하는 "인습의 우아함"을 포르노그래피를 통해 파괴하려는 것이 아니라, '고대와 현대', '자연과 예술'뿐만 아니라 파우스티네를 통해 새롭게 발견한 '섹슈얼리티'도 보여주려는 '담론적 실습'이라고도 볼 수 있다.

화자는 이미 10비가에서 살아 있는 사람의 밤의 보금자리를 죽은 위대한 영웅들의 영광과 비교하면서, 자신이 경험했던 사랑이 그 어느 위대함과 견줄 수 없는 것임을 선언한다. 왜냐하면 사랑과 예술이 하나가 되어 위대한 힘을 지니게 되기 때문이다. 1비가에서 던져진 '로마-사랑'이라는 과제를 행복하게 수행해낸 시인이 이제 로마인들에게 비가를 통해 그 비밀을 알려주겠다고 노래함으로써 첫 비가와 마지막 비가가 연결되고 있다. 마지막 20비가에서 화자는 자신의 경험을 비밀로 하고 싶지만, 결국 비밀이 유지될 수 없음을 알고 주위의 사람들을 경계한다. 괴테가 『로마비가』에 프로페르티우스의 비가의 '형식'과 '내용'를 담아보려고 했던 것은 5각운과 6각운을 연결시키는 고대 로마 비가의 운율을 단순한 지식으로 받아들인 것이 아니라, 20비가가 보여주듯 그 운율에 자신이 몸소 체험하고 느낀 것을 담고자 했던 것이다. "6각운이여, 5각운이여, 그대들에겐 이제 익숙해졌으리다. / 그녀가 낮에는 나를 기쁘게 해주고, 밤에는 행복하게 해주는 일들이." 전통적인 비가는 자신의 '비밀스런 것'과 '은밀한 것'을 '믿을 수 있는 사람이나 친구에게' 털어놓는 '허구로서의 고백'이라는 형식을 취하고 있다. 괴테의 『로마비가』에서는 그 고백이 밝고 적극적이어서 비가적 색채인 '탄식'이나 '우울함', '슬픔' 따위는 보이지 않는다. 오히려 '잃어버린 것'을 원망하지 않고 '정복한 것'을 기쁘게 온전히 즐기면서 받아들이고 있다. 따라서 『로마비가』에 나타난 에로티시즘은 괴테가 고대의 전통을 수용했다는 차원에서 해석될 수 있을 뿐만 아니라, 에로틱한 묘사도 반드시 괴테가 로마에서 실제로 체험한 것으로 해석할 필요는 없어 보인다. 왜냐하면 마지막 비가에서 보여주듯 괴테가 고대 비가나 예술을 통해 감지되는 에로티시즘을 마치 자신이 경험한 것처럼 묘사할 수도 있기 때문이다. 그래서 『로마비가』에서는 시인이 고대 예술에서 경험한 에로티시즘과 시인 자신이 로마에서 체험한 행복이 일치함으로써 현재의 시인을 통해 고대의 예술과 로마가 새로운 생명을 부여받고 있는 것이다. 그래서 괴테는 1815년부터 고대 로마 시인 오비디우스의 『사랑의 기술(Ars amatoria)』 1장 33행에 있는 구절을 『로마비가』의 모토로 제일 앞에 집어넣었다. “안심할 수 있는 사랑의 즐거움과 허락된 약탈을 나는 노래하노라, / 내 시에 어디에도 범죄를 가르치지는 않노라(Nos venerem tutam concessaque furta canemus, / Inque meo nullum carmine crimen erit)”.

(임우영)

베네치아 에피그람
(Venetianische Epigramme)

고대 그리스·로마 시대까지 거슬러 올라가는 에피그람 형식은 괴테시대에 이르기까지 유럽 여러 나라에서 두루 애호되던 문학 장르였다. 이 형식의 창시자라고 여겨지는 시모니데스(Simonides von Keos, 기원전 556~468) 이후 많은 고대 그리스·로마 작가들로부터 꾸준한 사랑을 받았고, 르네상스와 바로크 시대를 거치면서 여러 차례의 전성기를 누렸다. 특히 1780년대부터 에피그람은 바이마르 궁정사회에서 경조사를 비롯하여 가까운 사람들끼리 주고받는 편지에 동봉되기도 하는 등, 유희적 기능과 의사소통적 기능을 동시에 수행하면서 또 한 번의 전성기를 맞이한다.

괴테는 일생동안 많은 에피그람을 집필했다. 『베네치아 에피그람(Venezianische Epigramme)』, 쉴러와 공동으로 집필한 『크세니엔(Xenien)』과 같이 대표적인 에피그람들 뿐 아니라 1782년 일메나우 시절부터 에피그람을 쓴 기록이 남아있으며, 1784년에는 이미 여러 편의 에피그람이 쓰여졌다. 또한 『서동시집(West-östlicher Divan)』, 『격언시(Sprüche)』를 비롯한 후기시나 희곡들에도 에피그람 풍의 시구를 자주 삽입하였다.

『베네치아 에피그람』은 흔히 비슷한 시기에 발표된 이탈리아를 배경으로 한 『로마비가(Romische Elegien)』와 비교되면서 『비가』가 쓰여질 때 생겨난 부수물 정도로 평가되곤 했다. 그러나 이른바 고전기의 괴테는 에피그람을 통해 초기의 자유분망한 노래 형식의 시를 벗어나 비가와 소네트 등과 더불어 전통적이고 엄격한 시 형식을 습득했으며, 그 속에 내재된 고대의 정신을 깊이 호흡하였다. 이렇게 그의 에피그람은 끊임없이 변화하고 다양한 그의 시 세계에서 빠뜨릴 수 없는 위치를 차지한다.

『베네치아 에피그람』은 괴테가 이탈리아에서 돌아오는 대공부인 안나 아말리아를 동행하기 위해 1790년 3월 13일 예나를 출발하여 5월 말 이탈리아를 떠날 때까지 그녀를 기다리는 동안 쓰여진 것들이 대부분이다. 그 외에도 괴테가 바이마르로 돌아온 후 슐레지엔으로 출정한 공작을 동행했던 시기동안 프로이센 진영에서 쓰여진 것들도 포함되어 있다. 많은 연구들은 대공 부인이 남부 이탈리아에서 돌아오는 것이 계획보다 늦어졌고, 베네치아에서 기다리고 있던 괴테의 상황은 전혀 유쾌하지 못했다고 전한다. 괴테 자신도 이 두 번째 이탈리아 여행이 몹시 실망스러웠으며, 이 나라에 대한 자신의 애착에 치명적인 타격을 주었다고 쓰고 있다. 그는 원치 않는 '여행자'로 이 어중간한 기간 동안 체계적이고 규모가 큰 작품들을 쓸 수 없었고, 그 대신 즉흥적이고 그때그때의 인상에 기인한 짧은 에피그람들을 남겼다.

에리히 트룬츠(Erich Trunz)는 『베네치아 에피그람』의 주제가 『로마비가』와 마찬가지로 통일성이 없다고 평가한다. 그러나 비록 개별 에피그람들의 주제가 지극히 다양하게 나타난다 하더라도 무엇보다 하나의 큰 주제, 다시 말해 베네치아를 둘러싸고 연작시(Zyklus)를 이룬다는 의미에서 느슨한 통일성을 유지하고 있다고 하겠다. 뿐만 아니라 방랑자 혹은 여행자, 이방인의 모습으로 그려지는 괴테 자신의 모습은 시적 자아처럼 이 연작시에서 두루 나타남으로써 일종의 연결고리로 작용한다. 다시 말해 이 연작시들은 각각 독립성을 유지하면서도, 다른 한편 베네치아라는 커다란 주제를 둘러싸고 서로 연결되는 것이다.

『베네치아 에피그람』은 에피그람 문학의 전범이 되는 마르티알리스(Martialis)를 염두에 두고 있다. 괴테는 프랑스 독자들을 위한 목차에서 자신의 작품들을 <마르티알리스의 감각에 따른 베네치아 에피그람(Epigrammes Venetiens d'apres le sens de Martial)>이라고 명명함으로써 이 같은 사실을 시사한다. 특히 2행으로 이루어진 짧은 에피그람들은 마르티알리스 식 구조를 보여준다. 그러나 다른 한 편, 괴테의 에피그람은 헤르더가 1785/86년에 번역한 『그리스 선집, 특히 그리스 에피그람에 관한 고찰(Anmerkungen über die Anthologie der Griechen, besonders über das griechische Epigramm)』(1791/96년 개작)의 전통을 잇고 있다. 『베네치아 에피그람』은 이 도시를 둘러싼 삶의 형태를 다양하고 생생하게 그려낸다는 의미에서도 헤르더 식의 에피그람 이해에 상당히 근접한다 하겠다. 이 작품집이 『그리스 선집』의 전통에 가깝다는 사실은 애초부터 논쟁을 목적으로 쓰여진 이행시인 『크세니엔』과 비교해 보면 어렵지 않게 확인할 수 있다. 나아가 자신의 처지에 대한 장황한 탄식이나 불평을 드러내는 긴 시행들은 간결함과 사고의 재빠른 전환, 혹은 유희적인 경쾌함을 특징으로 하는 에피그람 형식보다는 오히려 비가에 가까운 인상을 주기도 한다. 그렇게 본다면 괴테의 에피그람은 어느 한 쪽에 치우치기보다는 오히려 양쪽의 전통을 접목시키고 있다고 보아야 할 것이다. 다시 말해 에피그람을 둘러싼 당시의 논쟁, 특히 레싱과 헤르더의 논쟁을 익히 알고 있었던 괴테는 두 유형의 에피그람 전통을 받아들여 그것을 나름대로 완성시킨 것이다.

103편에 달하는 괴테의 『베네치아 에피그람』을 주제별로 분류하는 것은 쉽지 않다. 그러나 무엇보다 에피그람 형식, 혹은 자신의 시집 자체를 주제로 삼은 다수의 에피그람, 가장 큰 비중을 차지하는 베네치아와 이탈리아를 대상으로 하는 에피그람들로 구분할 수 있다. 나아가 장르의 전형성을 따르는 사랑과 에로스를 노래하는 에피그람들, 특히 베네치아 거리에서 만나는 여인들과의 언어를 통한 유희, 혹은 글을 씀으로써 자신의 처지를 잊고자 하는 시적 유희 형태의 에피그람 역시 다수를 차지한다. 마지막으로 1790년 경 독일의 상황과 주변국가들, 특히 프랑스의 현실을 단편적이지만 구체적으로 언급하는 시들도 적지 않다.

(안미현)

신과 무희 — 인도성담
(Der Gott und die Bajadere — Indische Legende)

괴테는 1797년 6월 6일에서 9일까지 예나에서 담시(Ballade) 「신과 무희 — 인도성담(Der Gott und die Bajadere — Indische Legende)」을 집필하였다. 불과 나흘 만에 완성하였지만, 사실상 이 담시에서 다루어지는 인도의 무희 이야기는 그가 오랫동안 생각해오던 모티프들 중의 하나였다. 이 담시는 같은 해에 먼저 완성한 「코린트의 신부(Die Braut von Korinth)」와 함께 『1798년도 시연감(Musen-Almanach für das Jahr 1798)』에 발표되었다. 「코린트의 신부」는 이교도적인 고대문화와 기독교적인 서양문화의 갈등을 개개인의 충동 및 행복에의 욕구와 사회문화적 제한 사이의 갈등으로 보여주는 작품이라면, 「신과 무희」는 인도 문화에서 소재를 취해와 자문화인 기독교 문화에 대한 성찰의 장을 제공해주는 작품이다. 이 두 작품 모두 이국적인 소재를 정교하게 언어화한 고전기 담시이다. 물론 「신과 무희」는 「코린트의 신부」보다는 괴테 노년기의 작품 「파리아(Paria)」(1823)와 관련성이 더 깊다. 인도의 불가촉천민을 소재로 한 「파리아」의 첫 부분에서도 무희 이야기가 나온다. 「파리아」는 「신과 무희」를 전제로 하고 있다.

「신과 무희」는 인도의 무희에 관한 이야기이다. '무희(Bajadere)'는 포르투갈어 'Balladeiras'에서 유래한 단어로 인도 힌두교 사원에 소속되어 신을 칭송하며 춤을 추는 신의 종 '데바다시'이다. 어느 날 힌두교의 3대 신 중 하나인 마하되가 인간의 기쁨과 고통을 인간의 관점에서 체험하고 두루 살펴보고자 인간의 모습을 하고 지상으로 내려온다. 그런데 신 마하되가 무희를 만나는 곳이 사원이 아니라, 사람들이 사는 도시, 그것도 도시의 변두리 "마지막 집들이 있는 곳"이다. "사랑의 집"으로 불리는 무희의 집에서 하루저녁을 머물게 된 마하되는 무희의 진정한 사랑을 인간적으로 경험하고 무희의 사랑을 좀 더 시험하기 위하여 이튿날 짐짓 죽은 체하고 인도사회에서 정실부인만 따를 수 있는 사티 제도 앞에 그녀의 사랑을 세워 그녀의 행동을 관찰한다. 결국 장례식을 집도하는 승려가 허용하지 않았음에도 불구하고 화장의 불길 속으로 뛰어들어 인도사회의 풍습과 제도라는 경계와 장벽을 넘어서서 자신의 순수한 사랑을 입증한다. 그녀는 자신의 몸을 불로써 정화하고 다시 새로운 몸으로 태어나, "남편"을 따라가고자 하는 그녀의 순수한 사랑이 확인되어 결국에는 마하되와 함께 승천하게 된다. 이러한 내용에 괴테는 낭독을 전제로 하는 담시의 장르적 특성을 갖춘 정교한 형식미를 부여하고 있다. 이 작품에서 특히 독특한 <연의 형식(Strophenform)>을 취하여 강약격의 짧은 8행에 후렴구처럼 긴 강약약격의 3행을 부가시키고 있다. 이는 춤추는 듯한 리듬과 율동감을 주어 무희의 이야기에 어울리는 춤곡, 그것도 교회 성가곡의 운율에서 변형되어 "자유로워진 춤곡(freigewordenes Tanzlied)"의 형식을 취하고 있다.

이 담시가 발표되던 당시 독일의 독자들, 특히 헤르더를 비롯한 기독교인들은 상당히 불쾌해하며 기독교 신성모독이라고 비판적인 반응을 보였다. 헤르더는 이 담시의 낭송을 듣고 병이 들었을 정도라고 전해진다. 헤겔도 "회개하는 막달레나에 관한 기독교적인 이야기가 인도적인 상상의 방법으로 표현되었다"고 보았다. 반면에 이후 인도인들은 이 담시가 "기독교적인 서양 정신에서 나온 작품"이지 결코 인도의 성담을 다룬 것이 아니라고 보았으며, 여기서 그려진 '무희'도 그들에게 상당히 낯설 뿐만 아니라, 힌두교의 신성과 종교문화를 모독했다는 불쾌한 반응을 보였다. 괴테의 이 담시는 결국 두 문화권 모두로부터 비판을 받았다. 두 문화를 중첩시키면서 결국 양쪽의 문화로부터 불편하고 낯선 이미지를 낳은 것이다. 괴테가 인도 전설을 인도의 문화적 맥락에서 독일의 문화적 맥락으로, 그리고 종교적인 맥락에서 시예술의 맥락으로 옮겨놓는 작업 과정에서 1783년 독일어로 번역된 피에르 소느라(Pierre Sonnerat)의 『동인도와 중국여행(Reise nach Ostindien und China)』을 읽고 참조한다.

인도의 '무희'를 신의 종 데바다시로 그리지 않고 창녀로 만들었으며, 괴테가 혼동해서였든, 의도였든 인도의 '파괴와 재생의 신'인 쉬바의 또 다른 이름인 "마하데바(Mahadeva)"를 "마하되(Mahahdöh)"로 변형하였다. 또한 땅에 내려온 신의 전설 모티브도 쉬바의 이야기와 비슈누의 이야기를 혼합하였다. 쉬바가 금욕적인 수행만 하자 우주의 재창조를 저해할 위험이 있다고 본 창조신 브라흐마가 그를 사티와 결혼시켰다. 쉬바는 세속을 떠난 수행과 세속의 즐거운 결혼생활이라는 모순된 특성을 보여주는 신이다. 그런데 인도 전설에서 여러 가지 아바타로 땅에 내려온 신은 쉬바가 아니라 비슈누이다. 비슈누의 일곱 번째 화신 라마는 비슈누의 아내이자 부와 풍요의 여신인 락슈미의 아바타인 시타와 결혼했는데, 적군에 잡혀갔던 시타가 정절을 의심받자 이를 입증하기 위해 화장의례의 장작더미 불길로 뛰어들어 갔으나 불의 신이 그녀의 정절을 입증하고 살려주었다는 이야기가 있다. 괴테의 이 담시에 등장하는 '마하되'는 이름 상으로는 쉬바를 지칭하는 것 같으나 이야기상으로는 비슈누 혹은 라마의 이야기와 유사하다.

이와 같이 인도의 전설 내에서도 혼합되었을 뿐만 아니라, 여기에 기독교적인 이미지까지 중첩되었다. 신이 인간의 모습으로 땅으로 내려왔다는 데서 예수의 이미지가 읽히고, "아름다운 탕아(Ein verlorenes schönes Kind)"로 보이는 무희가 신 마하되의 발을 씻겨주는 장면에서 마리아 막달레나의 이미지가 중첩되고 있으며, 마지막에 마하되의 죽음과 부활 그리고 무희와 마하되의 구원과 승천은 상당히 기독교적 모티프들이다. 그러나 헤르더를 비롯한 기독교인들을 분노케 했던 것은, "죄인(Sünder)"이자 "버림받은 자녀들(verlorene Kinder)"인 무희와 마하되의 구원이 그들의 속죄와 참회를 통해서가 아니라 "침상의 즐거운 잔치" 이후에 이루어졌기 때문에 거의 신성모독처럼 느끼는 것이다. 성적인 것을 종교적인 것과 연결시키고 감각적인 사랑을 미화하여 그것이 곧 신의 은총을 받을 수 있는 길이라도 되는 양 사랑의 밤을 보낸 후 함께 승천하는 식으로 묘사된 데서 헤르더를 비롯한 기독교인들의 분노를 샀을 수 있다.

남녀의 순수한 사랑이야기를 굳이 타문화의 성담이나 기독교 성경의 이야기를 빌어서 구성한 괴테의 의도는 성과 죄를 동일시하는 당시 유럽의 분위기에 맞대응하여 기독교 문화권의 성 윤리를 문제시하는 것이다. 사회의 규범이나 풍습, 제도보다 더 한 차원 높은 심급, 즉 종교적 차원에서 무희와 마하되의 경우와 같은 사랑의 무죄를 입증하기 위해 성의 악마성을 모르는 인도성담과 인도의 사티 제도 및 풍습을 도입하고 인도 신의 이미지에 손상을 가하더라도 기독교 윤리의식의 틀 속에서 보여줄 수밖에 없었을 것이다. 그러다 보니 인도인의 시각에서는 인도문화의 왜곡이요, 그들의 신성을 모독하는 결과가 되었고, 유럽의 기독교인 시각에서도 역시 그들의 신성을 모독하는 이야기를 구성해낸 셈이다. 이 담시와 비슷한 시기에 발표한 「코린트의 신부」 이야기와 함께 생각하면 괴테는 기독교의 육체 적대감 내지 성과 죄를 동일시하는 경향에 비판적인 거리를 취하고 있고, 그의 휴머니티는 인간의 감각성과 육체적 존재를 인정하고 포괄하고 있다. 괴테는 당시 이교도나 타문화에 대해 열린 자세를 취하면서 기독교 문화의 비인간적인 지점을 넘어섰던 선구적 휴머니스트였고 계몽주의자였다.

그러나 괴테도 당시 문화적 맥락에서 완전히 자유로울 수 없는 한 인간이고, 결국 가부장 문화의 경계까지는 뛰어넘지 못한 남자였다. 21세기의 여성독자는 괴테의 시각에서 남성중심적인 경향을 간과할 수 없기 때문이다. "인간을 인간적으로 바라보기 위해" 이 땅으로 내려온 마하되가 무희에게서 "깊은 타락을 꿰뚫고 인간의 마음을 본다." 인간의 마음을 본 마하되는 그녀의 "심정에 순종함이 있으니 / 사랑도 멀리 있지 않으리"라고 느끼고는 그녀를 "더욱 혹독하게" 시험한다. 여기서 그가 생각하는 "사랑"이란, "순종"을 전제로 하고 있고, 동시에 사랑을 시험하는 기준으로도 삼고 있다. 마지막 시험으로 '죽음'의 세계에까지도 순종하며 따라오는지를 테스트한다. 이때 괴테는 인도의 사티제도가 가지는 가부장적 문화코드를 의식했는지, 의식하지 못했는지는 알 수 없으나 21세기 젠더관점에서는 문제적으로 읽힌다.

18세기에 힌두교 사원의 무희가 '매춘부'로 유럽인의 시각에서 번역되었고, 그것을 기반으로 괴테가 번안을 한 이 발라드는 이후 세대의 독일 작가들에 의해서도 읽히고 재텍스트화되었다. 대표적인 경우가 브레히트(Bertolt Brecht)의 소네트 「괴테의 시 "신과 무희"에 관하여(Über Goethes Gedicht "Der Gott und die Bajadere")」(1938)와 이 소네트에 관한 브레히트 자신의 코멘트 「Das Sonett "Über Goethes Gedicht 'Der Gott und die Bajadere"」(1940), 혹은 아도르노의 『미니마 모랄리아(Minima Moralia)』(1980) 중 112번째 에세이를 꼽을 수 있다. 브레히트와 아도르노 모두 이 발라드에서 인도성담 자체에 대해서는 관심을 보이지 않는다. 그들은 인도의 무희를 사원의 종 데바다시인지 아닌지

물을 필요조차 없을 정도로 당연하게 괴테의 텍스트에 설정되어 있는 그대로 매춘부로 본다. 이들이 담시에서 주목하는 바는 시민계급의 남녀관계이다.

브레히트와 아도르노는 괴테의 이 담시에 대해 결코 우호적으로 평가하지 않는다. 브레히트는 신분의 고하나 재산의 유무와 상관없이 사랑으로 만나는 남녀의 결합을 아름답고 신성한 것으로 보기는 하지만, "사랑의 구매자"를 "신"으로 설정한 점에 대해서는 "분노"의 감정을 감추지 않는다. 마찬가지로 아도르노도 소위 자유주의자임을 자처하며 괴테의 이 발라드를 좋아하는 독일 속물들의 가부장적 비열함을 꼬집는다. 남성들이 자신을 이중적으로 과시하기 위해 남성과 여성의 차이를 극대화시켜놓고 자신의 시험에 합격하면 마지막에 최고선의 행위로서 스스로 만들어 놓은 차이를 철회하는 권력의 완전성을 꾀하고 있기 때문에 마지막에 베푼 은총은 신뢰할 만한 것이 못 된다는 것이다. 시민 남성들이 무희를 필요로 하는 까닭은 스스로를 신으로 느끼기 위해서라고 해석한다. 브레히트와 아도르노도 괴테의 담시에서 가부장 이데올로기를 읽어낸다.

(김연수)

서동시집
(West-östlicher Divan)

『서동시집(West-östlicher Divan)』은 괴테가 칠순을 맞이하던 1819년에 처음 출판되었고, 1827년에 몇 편의 시가 더 첨부된 개정판이 나왔다. 괴테는 『서동시집』의 초기 시들을 1814년에 처음 쓰기 시작했는데 이 시기는 그에게 뿐만 아니라 유럽의 정치적 상황에서도 특별한 의미를 지닌다. 왜냐하면 괴테는 그 해 6월에 『서동시집』을 쓰는 데 결정적 역할을 한 페르시아 시인 하피스(Hafis, 1317/25~1389/90)와의 운명적 만남을 경험하기 때문이다. 동방의 시인과의 조우는 오스트리아 궁정번역사인 요제프 함머(Joseph von Hammer)가 번역한 하피스의 시집을 코타출판사가 괴테에게 보내줌으로써 이루어졌다. 당시 그는 바이마르 근처의 휴양지 베르카에 머물면서 오랜만에 찾아온 유럽과 그리고 자신의 평화를 즐기고 있었다. 1806년에 시작되어 유럽 전역을 혼란의 도가니로 몰아넣었던 나폴레옹 전쟁이 1814년 3월에 나폴레옹이 엘바섬으로 유배가면서 끝나고, 이어 파리조약이 체결됨으로써 유럽에 평화가 찾아왔던 것이다. "북과 서와 남이 갈라지고 / 권자들이 깨어지고, 제국들이 전율한"(「헤지라」, 『서동시집』) 그 암울하고 불안한 전쟁기간 중에 괴테는 자기 자신 속으로 침잠하여, 문학적 자서전인 『시와 진실』 제 3부까지 완성하였고, 새로운 전집 발간을 위해 모든 시들을 새롭게 정리하는 예비 작업을 마무리한 상태였다. 그렇듯 힘든 작업을 끝낸 뒤에 괴테는 조용한 휴양지에서 바하와 모차르트의 음악을 들으며 내면적으로 생기를 되찾고 새로운 창작의욕을 키우고 있었다. 1805년에 쉴러가 죽고, 유럽이 전쟁의 와중에 휩싸이면서부터 괴테는 창조력의 소진을 느끼며 주로 산문에 집중해온 터였다. 그런 시기에 괴테는 하피스의 시를 접하게 된 것이다.

하피스의 시들은 괴테에게 가히 폭발적이라 할 수 있는 영향을 미쳤다. 괴테는 자신보다도 500년이나 앞서 살았던 아득한 동방의 시인 하피스에게서 바로 자기 자신을, 자신의 정신적 친구이자 운명의 동반자를 발견하였다. 괴테는 하피스가 살았던 시대와 그의 행적, 사상, 시의 주제 등 모든 것들이 자신의 시대나 자신의 생각과 매우 유사하다는 점에 우선 매력을 느꼈다. 하피스의 시에는 괴테가 경험한 것과 같은 궁정에서의 생활과 함께 붕괴하고 교체되는 나라들의 흥망성쇠가 있었고, 위대한 정복자 티무르와의 만남도 들어있었다. 또한 그러한 혼돈의 시대에 매몰되지 않고 꾀꼬리와 장미, 술과 사랑을 밝고 유쾌하게 노래하는 시들도 있었다. 가볍고 경쾌한 시구의 이면에는 깊은 신비가 들어있어서 사랑을 통해 신에 대한 믿음을, 술을 통해 정신을 노래하는 하피스의 시에 괴테는 매료되었다. 또한 현세의 삶을 기뻐하고, 깊은 종교적 열망을 지니며 물질적인 것을 신비적으로 극복하고, 현세적인 것과 영원한 것을 연결하는 하피스의 고양된 정신을 괴테는 특히 높이 평가하였다.

하피스와의 만남을 통해 괴테는 정신은 물론 육체적으로도 젊어짐을 느끼며 창조력이 새롭게 분출하는 것을 경험한다. 그리하여 그 스스로가 "돌아온 사춘기"라고 표현했듯이 "제 2의 청춘"이 도래하여 하피스의 시에 화답이라도 하듯 주제면에서 유사한 시들이 쏟아져 나오기 시작하였다. 괴테의 일기에 하피스의 시집이 처음으로 언급된 날이 1814년 6월 7일인데 벌써 6월 21일에는 『서동시집』의 가장 오래된 시 「창조되고 생기를 얻음(Erschaffen und beleben)」이 완성된다. 며칠 후 괴테는 라인강과 마인강 지역으로 여행을 떠나는데, 이 지역은 바로 괴테의 유년과 청년시절이 묻혀있는 고향이었다. 낙타와 천막, 가부장의 나라인 동방이 아니라 청춘의 고장으로 하피스의 시집을 지니고 떠난 여행이었다. 여행 첫날에 이미 두 편의 시가 생겨나고, 다음날에는 아홉 편이 덧붙여질 정도로 괴테의 창작열은 불타올라서 8월말에는 <하피스에게 바치는 시>가 이미 30여 편으로 불어나 있었다.

괴테가 여행 중에 쓴 시들 중에는 이미 『서동시집』의 핵심주제이자 독특한 특징이라 할 수 있는 개인적인 것과 우주보편적인 것의 결합, 감각적인 것과 정신적인 것의 긴밀한 연관 등이 잘 드러나고 있다. 특히, 「세상만물(Alleben)」, 「복된 동경(Selige Sehnsucht)」 등은 이 시집을 대표하는 시로도 자주 인용되고 있을 정도이다. 무엇보다도 「복된 동경」의 마지막 연 "죽어서 되어라! / 그대가 그렇게 되지 않는 한 / 그대는 어두운 이 지상의 / 흐릿한 손님일 따름이리라"라는 구절은 사랑과 종교적 승화, 어둠과 빛의 대립과 합일과정을 나비가 불꽃 속으로 뛰어들어 타죽음으로써 새로운 존재와 삶에 도달한다는 것에 빗대어 보여주고 있다. 이는 사랑과 종교적 모티브를 별개의 것이 아니라 하나의 영역으로 파악하고 노래한 하피스의 시세계와 일맥상통하는 점이기도 하다.

몸과 마음이 새로워진 65세의 괴테는 다시 한 번 감각적인 감정의 고양을 느끼는데 여행 첫날에 쓴 「현상(Phänomen)」은 마치 눈앞에 다가온 사랑의 경험을 예견하고 있는 듯하다. 형형색색의 무지개는 아니지만 안개 속에 떠오른 흰색 띠의 무지개를 보고 괴테는 노년에도 사랑할 수 있음을 느낀다. "그러니 그대, 활달한 노인이여 / 슬퍼하지 말지어다 / 머리는 비록 하얗다 할지라도 / 여전히 사랑할 수 있으리라." 실제로 여행길에 들른 자신의 고향에서 괴테는 자기 집안과 교분이 있었던 은행가 빌레머의 식사초대를 받은 자리에서 그와 결혼하게 될 곱슬머리의 여인 마리안네 융(Marianne Jung)을 만난다. 당시 서른 살인 마리안네는 오스트리아 무용수출신으로 오래전부터 빌레머집에 들어와 있었다. 1814년 여름의 두 사람의 만남은 아주 짧은 것이었지만 서로의 마음에 깊은 인상을 남긴다. 그해 10월에 이제는 빌레머부인이 된 마리안네와 라이프치히 승전기념 횃불축제를 함께 바라보던 추억을 두 사람은 두고두고 언급하며 그날을 "자신들의 날"로 추억할 정도로 친밀한 감정을 갖게 되었다. 바이마르로 돌아와 괴테는 본격적으로 독일어, 영어, 프랑스어로 된 동방에 관한 여행서와 전문서적을 탐독하며 지식을 넓히고 점점 동방의 세계에 빠져들어 <하피스에게 바치는 시>들을 써내려간다. 그리하여 그해 크리스마스에는 『서동시집』 첫머리에 수록된, 시집 전체의 성격을 대표하는 시 「헤지라」를 쓸 정도에 이른다. 시의 제목자체가 모하메드가 메카에서 메디나로 이주한 것을 일컫는 <헤지라>이듯이 "북과 서와 남이 갈라지"는 혼돈의 시대에 "순수한 동방"으로 시인이 침잠하는 것은 동방으로의 도피이자 새로운 연대의 시작이라는 의미를 지닌다. 여기서의 동방은 멀리는 페르시아와 아랍을, 가까이는 이스라엘과 팔레스타인 지역까지를 일컫는데, 그곳은 바로 구약성서의 무대이자 인류가 시작된 장소이다. 그곳에는 또한 여전히 가부장의 질서가 자리잡고 있으며, 현세적인 것 속에 신적인 것이 여전히 들어있고, 도취와 "영원한 삶을 간구하는" 시가 삶속에서 곧바로 솟아나오는 곳이다. 이러한 세계에 대한 동경과 성찰이 괴테로 하여금 『서동시집』의 집필에 매진하도록 하였다.

이렇듯 하피스와 동방에 관한 시들을 꾸준히 써내려가는 가운데 또 한 번 시가 폭발적으로 분출하며 『서동시집』의 핵심부분인 <쥴라이카 시편>이 만들어 지는 계기가 생긴다. 이번에도 역시 다음해인 1815년 여름에 시도한 라인강과 마인강 지역으로의 여행이 결정적 역할을 하였다. 이번의 여행은 무엇보다도 마리안네를 방문하는 것이 주목적이어서 1815년 8월에 빌레머의 초청으로 프랑크푸르트 근처 게르버뮐레에 있는 그의 별장을 방문하여 빌레머 부부와 몇 주간을 함께 보낸다. 이때 괴테는 하피스의 시집을 마리안네에게 가져다 주는데, 이후 두 사람의 사랑은 이승에서의 현실적 사랑이 아니라 동방의 아름다운 여인 <쥴라이카>와 노시인 <하템>이 주고받는 문학적 사랑으로 활짝 꽃을 피운다. 여행의 첫날에 마리안네를 염두에 두고 쓴 시에서 이미 "나는 그대를 영원히 쥴라이카라 부르리라"며 마리안네를 쥴라이카로 형상화하고 있다. 그 다음 시에서는 "그대가 사랑하는 연인을 찬양하고 싶다면 / 하템! 이것이 그의 이름이어야 한다오"라고 자신을 아랍의 노시인 하템으로 불러주기를 바란다. 그리하여 <쥴라이카 시편>은 하템과 쥴라이카가 대화를 주고받는 방식의 시들로 꾸며지는데 대부분의 시들은 마리안네와의 감정의 교류에 의해 촉발되어 그해 여름과 가을에 집중적으로 쓰여졌다.

그런데 <쥴라이카 시편>을 세계문학사에 유래 없는 독특한 존재로 만들어준 것은 바로 괴테가 보낸 사랑의 시에 마리안네가 화답하여 답시를 보낸 것을 괴테가 약간만 손질하여 아무런 언급 없이 서동시집에 수록하였다는 사실이다. "기회가 도둑을 만드는 게 아니고 / 기회 자신이 가장 큰 도둑이라오. / 내 가슴에 아직 남아있던 사랑을 / 기회가 훔쳐갔으니 말이오. // 내가 일생동안 얻은 모든 것을 / 기회가 그대에게 넘겨주었으니 / 내 삶은 이제 가련해져서 / 나 그대의 분부만 기다리려오.(…)"라고 괴테가 하템의 이름으로 마리안네에게 시를 적어보내자 나흘 뒤 마리안네는 쥴라이카의 말을 빌어 다음과 같은 시구로 응답하였다. "그대의 사랑 속에 너무 행복하여 / 나 기회를 나무라지 않겠어요. /(...)/ 그런데 무엇 때문에 도둑을 맞으세요? / 그대를 스스로 내게 주세요. /(...)/ 농담하지 마세요, 가련이라니요! / 사랑이 우리를 풍요롭게 하잖아요? /(...)".

이 시외에도 마리안네는 몇 편의 시를 더 써서 보냈는데, 흥미롭게도 이 사실은 오랫동안 알려져 있지 않다가 괴테가 죽은 뒤 마리안네가 독문학자인 헤르만 그림에게 1857년에 보낸 편지에서 처음 알려졌다. 그러나 사전에 약속한 대로 그녀가 죽은 뒤인 1869년에 발표한 그의 논문을 통해 세상에 비로소 알려지게 되었다. 그때까지 사람들은 <쥴라이카 시편>에 수록된 마리안네의 시에서 괴테가 쓴 시와 아무런 차이를 느끼지 못했던 것이다. 이것은 하피스의 시를 매개로 하여 사랑하는 이와의 정신적 교류를 통해 마리안네가 노시인이 일생동안 이룩해 놓은 높은 시의 경지에 한순간에 올라섰다는 사실을 말해준다. 문학사나 정신사에는 한 사람의 천재 주위에서 다른 이의 창조적 힘이 발휘되거나 공동작업 또는 모방작품이 이루어지고 있는 경우가 더러 있어왔다. 그러나 괴테와 마리안네의 예에서처럼 최고의 시적 높이를 지키며 같은 울림, 같은 말, 같은 리듬으로 시를 주고받은 경우는 찾아볼 수 없다.

괴테와 마리안네는 그해 가을에 하이델베르크에서 한 번 더 만난 후 다시는 재회하지 못한다. 그러나 같이 있었던 몇 주 동안 그리고 헤어진 이후에도 편지를 통해 서로의 마음을 주고받는데, 그것을 위해 두 사람은 하피스의 시집을 이용한 암호편지를 생각해 내었다. 즉, 자신의 심정을 노래한 구절을 하피스의 시집 여기저기에서 찾아내어 몇 권, 몇 쪽, 몇 행 식의 숫자를 병렬하는 방식으로 편지를 주고받았다. 이것은 두 사람을 연결해 주는 하피스의 존재와 역할을 잘 말해주고 있다.

<쥴라이카 시편>이 『서동시집』의 핵심부분을 차지하고 있지만 이 시집의 전체적 성격을 대변하지는 않는다. 오히려 모두 12개의 부분으로 이루어진 이 시집의 한 부분을 이루며 핵심주제인 사랑의 문제를 다루고 있을 따름이다. 1815년의 여행에서 돌아온 후 괴테는 더 이상 긴 여행을 떠나지 않고 바이마르에 머물며 동방과 관련된 시들의 작업에 몰두해서 마침내 1819년에 『서동시집』을 출판한다. 이 시집에는 모두 239편의 시가 <시인 시편>, <하피스 시편>, <사랑 시편>, <관찰 시편>, <불쾌함에 대한 시편>, <격언 시편>, <티무르 시편>, <쥴라이카 시편>, <술집 시편>, <우화 시편>, <배화교도 시편>, <천국

시편> 등 모두 12개의 시편에 나누어 수록되어 있다. 시편의 제목이 말해주듯 다양한 주제와 모티브를 지닌 이들 시편을 묶어주는 커다란 공통점이 있는바 바로 동방에 대한 관심과 경도이다. 『서동시집(West-östlicher Divan)』이라는 제목에 이미 페르시아어로 모음집, 무리라는 뜻인 'Divan'을 사용하였고, 서쪽과 동쪽이라는 수식어 역시 동방과 서방, 두 문화와 문학의 만남을 의미하는 데서 이 시집의 성격이 잘 드러난다. 이 제목에는 하피스의 언급이 없으나 원래 생각했던 시집의 제목이 <하피스에게 바치는 시>나 <페르시아 시인 모하메드 솀세딘 하피스의 시집과 연관된 독일 시 모음>이었던 것에서 자신의 <쌍둥이>라 여길 정도로 정신적인 친숙함을 느꼈던 하피스의 영향을 찾아볼 수 있다. 결국 『서동시집』은 하피스라는 동방의 시인에 대한 서방 시인 괴테의 고백이라는 점에서 동방의 세계와 페르시아 시문학과의 만남을 표명한 중요한 기록물이다. 그렇기에 이 시집은 독일문학사에서 동방에 대한 깊은 이해를 도모한 기념비적 작품으로 평가되고 있다.

괴테는 형식에 있어서는 하피스의 시의 특징인 동일한 단어로 운을 맞추며 의미를 변화시켜가는 가젤형식(Ghasel)을 그대로 따르지는 않았다. 대신 주제와 모티브면에서 하피스를 비롯한 페르시아와 아랍문학의 특징인 육체적 열정과 정신의 결합, 신비적인 것과 아이러니의 혼융, 경쾌한 어조와 활달한 운율, 세속적인 것과 종교적인 것의 넘나듦, 그리고 우화나 성찰을 통한 교훈적 요소 등을 받아들였다. 그러나 『서동시집』이 하피스 문학을 단순히 모방한 것이라고는 말할 수 없다. 동방적인 모티브에 끊임없이 서양적인 모티브가 섞여들고 있기 때문이다. 이것은 바로 서양적인 것에서 동양적인 것을, 동양적인 것에서 서양적인 것을 보려는 괴테의 기본 사상에서 기인한다. 다시 말해서 두 개의 다른 요소를 하나로 합일, 완성시키려는 괴테의 문학정신에서 나온 것이다. 실제로 『서동시집』에는 대립적인 것들이 끊임없이 교차하며 하나로 합쳐지는 과정이 중요한 역할을 한다. 노인과 젊은이, 개인적인 것과 공적인 것, 비밀스러운 것과 솔직한 고백, 자신을 추스리는 것과 자신을 잃어버리는 것, 분리와 재결합이 이 시집의 중요한 주제를 이루며 합일을 지향한다. 이처럼 다양한 주제를 다루고 있기에 『서동시집』은 일관되고 통일적인 모습을 보여주고 있지는 않다. 완결되고 통일된 형식과 주제를 지니고 있다기보다는 시집 전체가 오히려 여러 형상과 무늬들이 혼합되어 있는 풍부하고 다채로운 한 장의 양탄자라 할 수 있다. 이 시집은 따라서 이러한 형형색색의 다양함과 풍부함을 그 자체로 이해하고 받아들이는 방식으로 읽어야 한다.

서방과 동방의 만남과 결합이라는 이 시집의 기본 주제는 당시의 독일문학에서는 낯선 주제였다. 나폴레옹 전쟁으로 인한 민족주의와 낭만주의 운동으로 자기 민족의 과거 역사와 문화에 관심이 쏠렸기 때문이었다. 이러한 시기에 동방을 새롭게 발견하여 그것의 가치를 인식하고, 함빡 자극받아 새로운 형식과 내용의 문학을 만들어낸 괴테의 시집은 다른 문화를 창조적으로 수용한 훌륭한 예라고 할 수 있다. 다른 문화의 산물을 단순히 번역하거나 모방하는 것을 넘어서서, 그 문화를 자신의 문화 속에 비추어 보고, 그 문화의 전통과 새로운 양식을 받아들여 마침내 최고의 경지에서 두 문화가 하나가 되는 예를 괴테의 『서동시집』은 보여주고 있다.

괴테는 나아가서 『서동시집』을 통해 이슬람 종교에 대한 이해 또한 보여주고 있다. 격언시편에는 "어리석구나. 모두가 자기 일에 있어서는 / 자기 의견이 특별히 좋다고 내세우니. / 이슬람이 신에게 자신을 맡기는 것을 뜻한다면 / 우리 모두는 이슬람 속에서 살고 죽는 것이다"라는 시가 실려있는데 이는 자신의 종교만을 위대하다 내세우며 극심한 대립과 갈등으로 치닫는 오늘날의 상황에도 많은 시사점을 준다. 이슬람이라는 단어 자체가 복종, 귀의, 화해라는 뜻이기에 우리 모두는 이슬람 속에서 살고 있다는 말 속에는 종교의 다름보다는 보편성과 근원적 유사성에 주목해야 한다는 괴테의 생각이 잘 표현되어 있다. 동방과 서방 간의 차이를 이해와 소통을 통해 극복하고 내적 조화를 만들어냄으로써 이질적 문화와 종교 사이의 화해를 도모한 괴테의 작업은 다른 문화와 접촉할 기회가 더욱 많아진 오늘날에 좋은 귀감이 된다. 동양과 서양은 서로 다르면서 같다는 그래서 둘이면서 하나라는 입장은 『서동시집』에 실린 또 다른 유명한 시 「은행나무」에서 다음과 같이 표현되고 있다. "동방에서 와 내 정원에 / 맡겨진 이 나무의 잎은 / 비밀스러운 의미를 담고 있어서 / 그걸 아는 사람을 감동시킨다. // 두 쪽으로 갈라져 있는 / 이 잎은 본래 한 몸인가? / 사람들에게 하나로 보이는 / 이것은 본래 두 개인가? // 이런 물음을 궁리하다가 / 나 그 참 뜻을 깨달았다. / 그대는 내 노래에서 역시 / 내가 하나이며 또한 둘임을 느끼지 않는가?”

『서동시집』은 처음 출판되었을 때 당시 독자들로부터 별로 호응을 받지 못했다. 우선 동방의 세계라는 주제자체가 낯설었기에 그 세계에 대한 배경지식이나 이해가 없이는 이해하기 힘들었기 때문이기도 하였다. 그래서 괴테는 『서동시집』을 해설하는 해설서를 나중에 출판하기도 하였다. 20세기에 들어와서야 이 시집은 비로소 다양한 관점에서 해석되며 그 풍부한 의미와 다양한 주제, 그리고 무엇보다도 정신적 깊이로 인하여 여러 사람들의 주목을 끌게 되었다. 그리하여 『서동시집』은 『파우스트』 제2부, 『빌헬름 마이스터의 편력시대』와 함께 노년의 괴테문학을 특징짓는 대표작으로 우뚝 서게 되었다. (김용민)

승천의 동경
(Selige Sehnsucht)

죽음을 앞에 두고 취하는 태도는 시대에 따라 또 문화, 종교, 인생관 등에 따라 각양각색으로 크게 4종류로 분류된다. ① 육체적 생명의 존속을 희구(希求)한다. ② 사후의 생명의 영원한 존속을 믿는다. ③ 자기의 생명을 대신할 수 있는 한없는 생명에 맡긴다. ④ 현실생활에서 영원한 생명을 감득(感得)한다. 이 중에서 ②의 소멸하지 않고 무언가 다른 형태로(대부분은 영혼으로) 영속한다는 내세관이 널리 유포되어 있다. 내세가 현세의 그림자와 같은 존재라고 생각되는 경우(고대 그리스나 고대 이스라엘), 생전의 행위에 따라 사후가 정해진다는 응보관(고대 튜턴족이나 불교), 영혼의 윤회(고대 인도), 사후의 심판 사상(고대 이집트나 페르시아, 그리스도교) 등을 들 수 있다. 또 유대교·그리스도교·조로아스터교(Parsismus) 등에는 영혼의 부활이나 <육체의 소생> 사상도 있다.

조로아스터교가 주종교였던 페르시아의 시인 하피스(Hafis)는 이승과 저승을 동질적으로 보아 '육체의 소생'을 작품에 묘사했다. 괴테의 12개의 시편으로 구성된 『서동시집』에서 <조로아스터교의 서(Buch der Parsen)>란 시편에 조로아스터교가 정결하고 순수한 종교로 묘사되고 있다. 또한 괴테는 『서동시집』의 시편 <하피스의 서(Buch Hafis)>에서 "그대의 노래는 별의 궁륭처럼 빙빙 돌아 / 처음과 끝이 언재나 똑같다"는 시행으로 하피스의 윤회적 성격을 나타내고 있다. 이러한 하피스의 신비적인 감홍이 묘사된 괴테의 가장 유명한 시로 『서동시집』속의 시 「승천의 동경(Selige Sehnsucht)」을 들 수 있다.

승천의 동경	Selige Sehnsucht
현자 외에 누구에게도 말하지 말라,	Sagt es niemand, nur den Weisen,
어리석은 민중은 곧잘 조소할 것이니,	Weil die Menge gleich verhöhnet,
살아있으면서 불에 타서 죽기를	Das Lebend'ge will ich preisen,
원하는 자를 나는 예찬하리라.	Das nach Flammentod sich sehnet.
네가 창조되고 또한 네가 창조하는	In der Liebensnächte Kühlung,
서늘한 밤의 사랑의 행위에	Die dich zeugte, wo du zeugtest,
희미한 촛불이 빛을 내면	Überfallt dich fremde Fühlung,
이상한 생각이 너를 엄습한다.	Wenn die stille Kerze leuchtet.
너는 어둠의 그늘 속에	Nicht mehr bleibest du umfangen
더 이상 가만 있을 수 없으니,	In der Finsternis Beschattung,
욕망이 새로이 거세게 자극하여	Und dich reißet neu Verlangen
너를 더 고차적인 교접에 이르게 한다.	Auf zu höherer Begattung.
그 어떤 거리에도 방해 받지 않고	Keine Ferne macht dich schwierig,
마법에 걸린 듯이 날아가,	Kommst geflogen und gebannt,
마침내 불을 열망하여서	Und zuletzt, des Lichts begierig,
나비, 너는 불 속에 뛰어들어 타죽는다.	Bist du, Schmetterling, verbrannt.
죽어서 생성하라, 이 마음을	Und so lang du das nicht hast,
자신의 것으로 삼아야 하리라!	Dieses; Stirb und werde!
그렇지 않으면 이 어두운 지상에서	Bist du nur ein trüber Gast
서글픈 나그네에 지나지 않으리.	Auf der dunklen Erde.

「미농의 노래」등으로 지금까지 그리스 로마의 남방 문화권에 매료되어 있던 괴테가 이제 동방의 페르시아로 눈을 돌려 새로운 자아를 추구하면서 생성된

「승천의 동경」은 자기 파멸, 구원, 중생을 다루는 페르시아와 인도의 신비론을 수용하여 동방의 지혜와 오르페우스·플로티노스적인 사랑을 융합시키고 있다. 영원 회귀 사상인 <재생(再生 Wiedergeburt)>의 개념이 담겨진 이 시에서 괴테의 사랑의 모티프가 변형된다. 그의 이탈리아 여행(1786~1788) 이후 바이마르에서 나온 2행 시 『로마의 비가(Römische Elegien)』의 관능적 에로스의 사랑이 이제는 '개인의 희생(Selbstaufgabe)'이란 자신의 소멸을 통해 덧없는 이승에서 무한 속으로 귀의하려는 영원한 사랑이 되는 것이다.

이 시에서 영혼이 불나비가 되는 심미적 화형이 예찬되고 있다. 화형으로 영혼은 소멸되는 것이 아니라 새롭게 부활되어 덧없는 이승의 삶에서 벗어나 무한 속으로 귀의한다. 첫 시행에서는 "빛을 그리며", "촛불" 속으로 날아들어 타죽는 나비의 "불꽃 죽음(Flammentod)"(4행)이 예찬되어 사랑의 황홀이 죽음으로 전개 된다. 양초의 불이 밝혀지자 불을 열망한 나머지 촛불 속에 뛰어들어 타죽는 나비는 보잘 것 없는 자신의 존재에서 벗어나 고차적인 존재로 생성되는 천상적 구원인 것이다. 결국 지상에서 생명의 사별은 신의 은총으로 상실된 획득이 된다. 자신의 상실에 의해 무한 속으로 들어가는 삶과 죽음의 관계는 마지막 연에서 "죽어서 생성하라!(Stirb und werde!)"(18행)라는 잠언적 시구로 요약되고 있다. 이는 죽음을 통해 영원한 생성으로 향하려는 동경으로 '삶은 변화의 영속'이라는 괴테의 모토인 변형론(Metamorphose)을 반영한다. 신의 사랑과 은총에 의한 고차적인 존재가 되기 위해서는 낡은 자아는 파괴되고 새롭게 태어나야 하여 이를 위해서 불태워지는 자아 파괴는 새로운 생성을 위해 불가피하다. 신을 받아 드리는 데 무력한 이성은 신의 축복을 받기위해서는 지상적인 인연에서 벗어나 신에게 귀의해야 하는데 진정한 존재는 죽어서 생성될 때에만 가능하기 때문이다. 이슬람 신비교에서는 불꽃이 신의 불빛으로 상징되어 촛불의 모습에 이끌린 나비는 신을 동경한 나머지 자기 몸을 고행으로 내던져 타죽는다. 결국 이승과의 하직은 종말이 아니라 온갖 공포에서 해방이며 배신과 불안에서 벗어나는 구원으로 "그대가 태어났고, 그대가 생명을 잉태하는"(6행) 것이다. 여기서 "보다 높은 교접"(12행)은 예술적인 생산 과정을 의미하기도 한다.

또 시에서 "살아 있으면서 불에 타죽는"(4행)과 "죽어서 생성하라"(17행)와 같은 '당착어법(Oxymoron)'도 깊은 의미를 함축한다. 상반되는 의미가 결합하여 모순된 의미를 복합시키는 당착어법은 중세의 '장식적인' 문학에서 '사랑의 쓰디쓴 단맛' '사랑의 달콤한 쓴 맛' '살아 있는 죽음' '죽은 인생' '암흑의 태양' 같은 표현으로 사용되었다. 이러한 당착어법은 괴테 문체의 특성 중의 하나로, 하나의 현상을 '대립'으로 파악하여 대치시키는 것이 아니라 '양극성'을 통해 '승화' 시키는 창조 활동 내지는 생산 과정이 된다.

삶과 죽음이 동질시 되는 시구 "죽어서 생성하라"는 토마스 만의 문학에서 윤회적으로 재생된다. 괴테의 소설 『젊은 베르테르의 슬픔』의 인물들이 토마스 만의 소설 『바이마르의 로테(Lotte in Weimar)』의 인물로 (윤회적으로) 재탄생되는 것이다. 『바이마르의 로테』에서 자신의 존재에 불만을 품으면서 로슈토크(Rostock) 대학의 초빙도 포기하며 천재 괴테의 마력에 포로가 되어 오직 괴테를 위한 삶을 살아가는 비서 리머 박사. 또 괴테의 사생아로 태어난 아들로 번민을 달래기 위하여 폭음을 일삼으면서도 부친 괴테의 일을 헌신적으로 도우며, 나폴레옹 전쟁에서 부친의 의향에 따라 자기 세대와 상반되게 행동하여 완전히 고립되고, 부친 괴테가 선택해 준 여성에게 열정을 쏟는 아우구스트. 그리고 기괴하고 불행한 인상을 씻기 어려운 연애 관계에 있으면서 아우구스트와 결혼하게 될 오틸리에. 『바이마르의 로테』에서 이 사람들은 괴테의 시 「승천의 동경」에서 신의 사랑을 동경하여 위험한 불꽃 속으로 끌려들어가는 나비와도 같이 괴테의 위대성을 동경하여 희생된 사람들이라고 롯데가 언급하자, 괴테는 "모든 것은 변신한다(Wandlung ist alles)" 또한 "모든 삶은 회귀하며 재현된다"고 「승천의 동경」의 비유와 모티프를 인용하며 이를 다음과 같이 보충한다. "사물은 변화하고 교체되기 때문에 나는 불꽃이 계속 타오르도록 자신의 몸을 희생시키는 촛불이기도 하고, 또 불꽃 속으로 뛰어드는 도취된 나비이기도 합니다. (…) 나는 옛날 당신을 위하여 연소했지만, 앞으로도 언제나 당신을 위해 연소하여 정신이 되려고 합니다. 그렇습니다. 변신이야말로 당신의 친구가 가장 사랑하고, 마음속 깊이 간직하는 것으로 나의 가장 큰 희망이며 가장 심오한 욕구입니다. — 변화의 유희, 노인이 젊은이로, 소년이 젊은이로 변하는 얼굴의 변화, 이것은 전적으로 인간의 용모이며, 각 연령층에 따라서 얼굴이 변하고, 청춘이 노년에서, 노년이 청춘에서 마법처럼 나타나는 것입니다. 안심하십시오. 당신이 노년의 얼굴을 청춘의 모습으로 단장하여 이곳의 나를 찾아 준 것은 나로서는 흐뭇하고 매우 친근감이 넘쳐흐르는 일이었습니다."

(안진태)

06. 개념(Begriffe)

GOETHE
LEXIKON

감상주의
(Empfindsamkeit)

18세기에 영국과 프랑스에서 시작되어 독일에 들어온 계몽주의(Aufklärung)는 이성을 절대적인 것으로 여겨서 감정이나 신앙보다 우위로 평가했다. 이러한 이성만이 인간의 문제를 해명할 수 있다고 여겨서 이성적으로 증명될 수 없는 것을 인정하지 않는 계몽주의는 "합리주의"라고 불려지기도 했다. 그러나 과학의 산물인 이성은 사회를 지배할 수는 있었으나 개인의 영적인 경건성에는 영향을 미칠 수가 없었다. 종교에서부터 개인적인 감동에 이르기까지 영혼이 숭배되던 1670년과 1740년 사이에 슈페너(Philipp Jacob Spener, 1635~1705)가 독일의 경직된 교회를 타파하여 신교를 일으키자 이를 추종하는 <경건주의자>들이 신앙의 중심이 되었다. 이러한 경건주의자들의 신에 대한 경험을 바탕으로 영혼에 관심을 기울이게 되었는데 이러한 영적인 발전이 "감상주의(Empfindsamkeit)"다. 감상주의는 1740~1780년대의 문학적·미학적·도덕적으로 "감상적인(empfindsam)" 사조로 특히 윤리적인 정서를 나타냈다. 감상주의 문학은 영국 문학에서 영향을 많이 받았는데, 여행에서 느끼는 여수(旅愁)라든가 하찮은 대상에서도 애수(哀愁)어린 감회를 느끼는 "세상의 고통(Weltschmerz)"(Jean Paul이 만든 용어로 고통스런 현존재의 경험을 통해서 세상의 본질을 이해하려는 감상적이며 우울한 감정)이 이 문학의 특징이다. 선(善)에 대한 믿음이나 사랑과 자비 등의 원칙에 따라 동정과 연민을 불러일으킴으로써 통속적으로 정서(Affektivität)와 동일시 되는 감상주의의 영향에서 『빌헬름 마이스터의 수업시대』속의 <아름다운 영혼의 고백>의 내용 같이 영적인 감정이 담긴 괴테의 『젊은 베르테르의 슬픔』이나 클롭슈토크(Friedrich G. Klopstock)의 『구세주(Der Messia)』 같은 감상주의 작품들이 생겨났다.

이성(理性)이나 오성(悟性)이 중시되는 계몽주의가 무르익을 무렵에 태어난 괴테는 창작 활동의 초기에 감상주의 사조를 띠고 나서 문학의 혁명인 질풍노도의 주도적인 역할을 하였다. 그는 감상주의의 영향을 받고서 새로운 문학 혁명을 감행한 셈이다. 헤르더, 하만과 교유한 철학자 및 신학자이자 감상주의 저술가인 라바터(Kaspar Lavater: 1741~1801)의 영향을 받아 탄생된 『젊은 베르테르의 슬픔』에서는 여주인공 로테의 외적인 미보다 영혼상이 예찬되고 있기에 이 작품은 괴테의 감상주의의 대표적인 작품이 되고 있다. 어머니의 임종 자리에서 약혼한 후 신뢰와 우정을 바탕으로 애정을 쌓아가는 로테와 알베르트의 결혼 생활에 에로틱의 부재는 당대로서는 당연하여 정상적이었다. 당시의 여성들에게는 미모, 세련미, 사교성보다는 소박함, 진실성, 근면성 등이 중요시 되는 시대적 배경에서 로테의 외적인 아름다움보다는 부지런함과 소박한 삶 등이 묘사되는 것이다. 그녀의 외모에 관한 묘사로는 "검은 눈동자, 생기 있는 입술, 건강하고 쾌활한 뺨"이 전부가 될 정도로 내적인 미가 주로 묘사되어 감상주의의 전형이 되고 있다.

이러한 『젊은 베르테르의 슬픔』은 편지 형태로 감정의 직접적인 표현으로 전개된다. 18세기에 독립된 장르로 다뤄졌던 서간은 로마의 시인 호라티우스(Horatius)에 의하면 우화(Fabel)와 함께 교훈과 문학의 중요한 형태이다. 시인이 교육자나 윤리학자로 인식되던 시기에 호라티우스는 서간이 자신의 지론인 "유용성과 흥미(docere et delectare)"의 이론에 적합하여 이를 일반 대중의 교육 수단으로 이용하였다. 당시 유행했던 루소, 리차드슨(Samuel Richardson), 소피 폰 라로쉐(Sophie von La Roche) 등의 편지 소설의 영향을 받은 『젊은 베르테르의 슬픔』은 심오한 감정을 편지 형태로 표출하여 감상주의 문학의 대표로 꼽힌다.

당시에는 눈물을 자아내는 경향의 감상주의 작품들이 유행하여서 괴테의 『파우스트』속의 담시 「툴레의 왕」에서 "옛날에 툴레에 왕이 한 분 계셨는데 / 묘지에 묻힐 때까지 마음이 변치 않았다네. / 왕비가 세상을 떠나시며 / 황금잔 하나를 님에게 남기셨다네. / 왕은 그 잔을 제일 좋아하셔서 / 연회 때마다 그 잔으로 마셨다네. / 잔을 비우실 때면 눈물이 / 흘러 넘칠 때가 많았지"라는 내용처럼 툴레의 왕은 연회 때마다 죽은 왕비가 남긴 황금의 술잔에 술을 담아 마시면서 과거의 사랑을 되새기며 눈물을 흘린다. 눈물이 죽은 왕비에 대한 순수한 사랑을 지속시키게 하는 것이다. 괴테의 『판도라』에서는 "눈물의 산물이여, 그대는 격렬한 고통을 진정시키고, / 고통이 마음속에서 치유되어 녹아버릴 때, / 눈물은 행복하게 흘러내리네"라고 눈물이 마음의 고통을 치유하고 있다. 『빌헬름 마이스터의 수업시대』에서 "눈물에 젖은 빵을 맛보지 않고 / 괴롭기 한이 없는 여러 날 밤을 / 울면서 새우지 않은 사람은 / 하늘의 온갖 힘을 알지 못하리. / 그것들은 우리한테 생명을 주고 / 가엾은 인간에게 죄를 지우고 / 이윽고 우리에게 고뇌를 주나니 / 이 땅의 죄악은 업보를 면치 못하기 때문이니라"는 하프 타는 노인의 노래 등 눈물을 자극하는 감상주의는 감성을 배척하는 계몽주의에 대립되었다. 교육(erziehen)과 교화(bilden)에 의한 계몽(aufklären)이 인간을 성숙하게 이끌어야 한다는 계몽주의 사상에 감성을 중시하는 감상주의 소설 『젊은 베르테르의 슬픔』은 교육을 부정하여 서로 역행되고 있다. 따라서 베르테르는 교육을 부정하여 "인간은 교육이 필요하지 않으며, 신처럼 자신의 존재에서 창조되는 자신만으로도 충분하다"고 주장하며 "내가 지금 초등학생과 더불어 지구는 둥글다고 말한 듯 무슨 소용이 있겠는가! 그 위에서 즐기기 위해서라면 약간의 땅만 있으면 충분할 것이고, 그 밑에서 영원히 잠들기 위해서는 그보다 더 적은 양이면 족할 것이다"라고 지식까지도 부정한다. 교육의 이성(Verstand)과 감상주의의 감정(Gefühl)이 대립되는 것이다.

계몽주의가 중요시하는 정치의 거부도 감상주의의 경향으로 이러한 성향을 띤 베르테르는 괴테의 사상과도 일치한다. 예술을 국가 정책의 수단으로 사용하자는 작가에 대한 정치가의 요구를 괴테는 받아들이지 않아서 "만일 작가가 정치적으로 작품을 쓰려면 당(黨)에 헌신해야 한다. 그러나 그렇게 하는 순간 그는 작가로서는 끝장이다. 그는 그의 자유 정신과 편견 없는 견해에 작별을 고하고 옹고집과 맹목적인 증오의 모자를 귀 밑까지 푹 눌러 써야한다"라고 말하기까지 하였다.

감동이 격한 감상주의 성격의 베르테르는 영혼의 조화적인 균형을 잡지 못하여 결국 자살을 하게 된다. 그는 열정이나 비탄, 동정, 연민, 인간애, 우정 등 감상주의의 과도한 자기만족에 빠지게 되어 자살이란 극한 종말을 택하는 것이다.

(안진태)

경건주의
(Pietismus)

『시와 진실』에서 괴테는 어린 시절, 목사인 둘째 이모부의 서재에 빼곡히 꽂혀 있던 장서를 떠올리며, 특히 처음으로 호메로스의 트로이 전쟁이야기를 읽었을 때의 감격을 술회한다. 하지만 명민한 독서광이었던 그에게 산문으로 재가공된 트로이 이야기는 어딘지 모르게 뭔가 빠져 있는 듯 허전하다. 책 속의 삽화도 그의 상상력에 날개를 달아 주기는커녕 오히려 흠집만 낼 뿐, 마음에 들지 않기는 마찬가지다. 『시와 진실』의 이 대목을 읽다 보면, 이모부인 슈타르크(Johann Balthasar Starck) 목사가 다소 실망한 괴테의 등을 살포시 두드려 주며 베르길리우스를 읽어보라고 권하면서 어린 조카의 마음을 어르고 달래 주는 모습이 그려지기도 한다. 이렇게 문학작품의 깊이를 헤아릴 줄 알았던 똑똑한 조카에게 슈타르크 목사는 하느님과 교회에 대한 가르침을 전하고자 하는 마음이 강하게 들지는 않았을까?

유감스럽게도 이 작은 에피소드에서 괴테가 이모부로부터 기독교에 관해 어떤 영향을 받았는지 알 수 있는 내용은 찾아보기 어렵다. 그는 다만 당시 일반적으로 이루어졌던 종교수업이 그다지 좋은 인상을 주지 못했다는 고백으로 어린 시절의 회상을 이어간다. 왜냐하면 그 수업에서 다루던 프로테스탄트의 교리는 고작 메마른 도덕성을 운운하는 데 그쳤으며 사람의 마음과 영혼을 어루만지는 데에는 역부족이었을 뿐만 아니라, 수업 자체도 무미건조하고 재미가 없었기 때문이다. 괴테의 종교적 감수성은 오히려 교회가 경건주의자들, 분리주의자들, 헤른후트 그리고 "시골의 고요한 자들(Die Stillen im Lande)"과 같은 여러 종파들로 갈라지고 분리되는 현상에 주목한다. 그의 판단에 따르면, 각각의 종파는 어떤 진지함과 인내심, 그리고 진실성으로 자신들만의 생각과 견해를 드러내는데, 그것은 소위 정통주의적인 교회의 권위에 의존하지 않고 오로지 그리스도를 통해 하느님에게 더 가까이 나아가려는 의지와 믿음의 표현이라는 것이다. 예를 들어, 이들은 고해성사를 위한 사제를 필요로 하지 않는다. 왜냐하면, 자연의 위대한 신이자, 하늘과 땅을 창조하고 다스리는 하느님에게 직접 고해성사를 할 수 있다고 믿었기 때문이다. 이와 같이 괴테는 어릴 때부터 이미 경건주의의 중요한 특색인 내면의 부름, 곧 직접적으로 신을 대면하고자 하는 인간의 간절한 열망을 인식해 왔으며, 이러한 인식은, 인간 개개인의 내면적 감정적 활동을 장려하는 젊은 시절의 질풍노도적인 문학 작품을 탄생시키는 데에도 작지 않은 역할을 하였다.

기독교사적인 맥락에서 경건주의는 프로테스탄트에 기반을 둔 신앙 개혁운동 또는 신앙 회복운동이라고 할 수 있다. 마르틴 루터의 종교개혁 이후 교회는 가톨릭에서 분리된 프로테스탄트를 중심으로 새로운 신앙운동을 펼쳤다. 하지만 프로테스탄트 자체가 교의적으로 안정화되면서 특유의 생명력을 상실하고 형식과 교리에 치중하며, 신앙의 직접적인 체험보다는 지성과 논리를 앞세우는 방향으로 굳어지게 된다. 경건주의 운동은 이렇게 삶으로부터 멀어진 종교, 실천적 삶과 유리된 채 신학적 도그마에 함몰되어 있는 교회, 말하자면 신앙적 경건함의 결여를 날카롭게 비판하면서 17세기 이후 독일을 비롯한 유럽 곳곳에서 큰 반향을 일으키기 시작하였다.

그러므로 신앙의 무게중심을 교리에서 실제 삶으로 옮기는 일, 곧 교리로부터 삶을 해방시키는 일은 경건주의자들에게 최우선의 과제였고, 따라서 그들은 일상 속에서 신적 체험을 이끌어 내려는 노력을 통해 정통주의 교회의 도그마에 저항하였다. 이러한 노력의 일환으로 성서에 대한 개인적 접근과 탐독, 연구가 허용되었고 성서가 각 개인에게 미치는 영향과 그에 따른 내면적 변화 또는 감정적 고양을 긍정하였으며, 궁극적으로 이러한 과정을 통해 신과 직접적으로 교감할 수 있다는 믿음을 확고히 다졌다. 경건주의자들은 정통주의자들로부터 분리주의자, 혹은 위험한 경건을 추구한다는 비판을 무릅쓰면서 각 개인의 심리적 상태에 따라 다르게 나타날 수도 있는 종교적 체험과 감정을 중시하였지만, 여기에 그치지 않고 실질적이고 구체적인 삶의 변화를 강조하였다. 말하자면, 기독교 신앙은 하나의 실천이며 형식이나 교리의 옳고 그름에 묶여 있는 것이 아니라, 삶의 한가운데에 서서 교회의 경건함이 구체적으로 실현될 수 있도록 노력해야 한다는 것이다.

독일의 경건주의를 대표하는 슈페너(Philipp Jacob Spener)는 누구보다도 교회 갱신의 필요성을 역설한 루터교회의 목사이자 신학자이다. 1675년에 출간된 그의 저서 『경건한 소망들(Pia desideria)』에서 슈페너 목사는 교회가 형식주의와 제도화의 늪에서 헤어 나오지 못하고 있다고 신랄하게 비판하면서 신앙의 본질을 호도하는 교회 교리의 독점적 지위를 허물고 개인의 구원과 영적 각성을 위한 일대 갱신을 주장하였다. 하지만 교회의 가르침이 신자들의 실생활과 융화되기 어려운 당대의 상황을 어떻게 극복할 수 있을까? 슈페너는, 기존의 교회질서 일체를 인정하지 않는 급진적인 경건주의자들이 '교회 밖의 작은 교회(ecclesiola ex ecclesia)'를 부르짖었던 것과는 달리, 제도권 교회의 틀 내에서 개혁을 이루려는 '교회 안의 작은 교회(ecclesiola in ecclesia)'를 지향하였다. 이를 위한 구체적인 활동으로서 '경건한 자들의 모임(collegia pietatis)'을 조직하여 그 모임에 속한 신자들이 자유롭게 성서를 읽고 공부할 수 있도록 장려하였고 각자의 내면에서 무르익고 개화된 신앙 또는 영적 체험이 직접적인 삶과 연계된 행동으로 나타나도록 독려하였다. 말하자면 미완에 머무르고 있는 종교개혁의 완성은 일상에서의 '경건의 실천(exercitium pietatis)'을 통해 비로소 이룰 수 있다는 믿음이 있었던 것이다.

헤른후트(Herrnhut)는 경건주의를 대표하는 또 다른 형태의 신앙 공동체다. 이 공동체의 중심에는 친첸도르프(Nikolaus Ludwig von Zinzendorf) 백작이 있었다. 그는, 슈페너 목사와 교류하며 경건주의적인 신앙을 지켜온 할머니 슬하에서 자랐고, 경건주의의 분위기가 강한 할레와 종교개혁의 중심도시인 비텐베르크에서 수학하였다. 30년 전쟁의 여파로 보헤미안 기독교인들이 박해를 받자 그들은 친첸도르프의 영지로 피난을 오게 되었고, 신앙심이 깊은 친첸도르프 백작은 그들을 받아들여 그 곳에 정착할 수 있도록 하였다. 그렇게 해서 조성된 마을은 1724년부터 헤른후트, 곧 '주님의 보호'라는 뜻을 가진 이름으로 불렸으며, 그들의 경건주의적인 이상을 실현할 수 있는 곳으로 간주되었다. 1727년, 친첸도르프는 루터교회의 편입을 거부하고 신앙의 자유를 외치던 그들과 함께 헤른후터 형제단(Herrnhuter Brüdergemeinde)을 설립하였으며, 그 안에서 엄격한 규율과 생활윤리를 준수하며 성서를 연구하도록 독려하고, 유럽과 아프리카 곳곳에 선교사를 보내는 일에 매진하면서 자신의 전 재산과 일생을 바치는 삶을 살았다.

이와 같은 독일 경건주의의 흐름은, 1768년 라이프치히에서 대학을 다니던 중 발병하여, 고향으로 돌아와 침상에 누워 있을 수밖에 없었던 괴테에게까지 전해진다. 이는 그가 회복되어 슈트라스부르크로 떠날 때까지 병간호를 도맡았던 수잔네 폰 클레텐베르크(Susanne von Klettenberg) 덕분이다. 어머니의 먼 친척이자 친구였던 클레텐베르크는 경건주의적인 신앙관에 기반을 둔 독실한 신자였고, 타인에 대한 이해심과 배려심이 깊은 성품을 지녔을 뿐만 아니라, 다방면에 교양과 학식을 쌓은 여인으로서 젊은 천재 예술가에게 깊은 인상을 남겼다. 하지만 클레텐베르크 부인의 영향으로 촉발되었던 경건주의에 대한 관심은 어떤 종교적인 귀의 또는 신앙에 대한 자기고백으로 이어졌다기보다는, 인간의 내면에서 솟아오르는 정신적 활동의 무한한 가능성과 연관을 맺었다. 말하자면, 경건주의에서 증언하는 개인의 신적 체험이 자기 내부에서 이루어지듯이, 사고하고 관조하며 깨닫고 파악하는 힘 역시 자기의 내면으로부터 형성되고 결국, 한 개인의 내면세계는 고유한 하나의 전체를 이루며 그 전체 안에서 다시 세계이해를 위한 통찰의 힘이 생성되는 것이다. 이런 점에서 괴테는, 자기 안에 내재된 예술의 능력과 감성 그리고 통찰의 힘을 해명하려는 하나의 시도로서, 그의 청년시절을 대표하는 천재사상과 종교적 체험이 가져다 줄 수 있는 한 개인의 변화, 각성, 회심 그리고 통찰의 능력을 동일한 선에서 파악하려고 했던 것으로 보인다.

(서송석)

고전주의
(Klassik)

괴테는 생전에 이미 아폴로나 주피터와 같은 칭호를 부여받았으며, 대중들은 그의 드라마 『타우리스의 이피게니에』가 출간되고부터 그의 작품에 적극적으로 고전주의적 성격을 부여했다. 지금도 통용되고 있는 개념, 즉 괴테와 쉴러에 의해 정초된 '바이마르 고전주의'라는 개념은 게오르크 고트프리트 게르비누스에게로 거슬러 올라가는데, 그는 괴테 사후 10여년이 지났을 무렵부터 이 두 인물이 현실주의와 이상주의, 자연과 역사, 시와 드라마와 같은 상반되는 원칙들을 통합하고 균형을 부여하며 고전주의적인 정신을 구현한 것으로 묘사했다.

이 당시 고전주의는 고대 그리스의 예술을 모범으로 삼고 있는데, 괴테는 이는 단순히 고대 그리스의 유적을 바라보는 것에서 나오는 것이 아니라 고전적 토대의 내적인 현실에 도달하는 것을 의미한다고 보았다.

괴테 자신이 고전주의의 성격에 대해 직접 언급한 것으로는, 「프로필레엔」이란 잡지의 서문, 빙켈만에 관한 논문 등을 들 수 있다. 「프로필레엔」 서문에서 그는 "고대 그리스인의 경우에는 우리가 바라면서도 결코 도달할 수 없는 완벽성이 자연스러운 것"이었노라고 고백하며 "적어도 상상력 속에서나마 고대 그리스인 속에서 사는" 것이 목표임을 분명히 한다. 그가 말하는 고전적 완벽성이 무엇인가 하는 점은 빙켈만에 관한 논문에서 더 확연히 드러난다. 괴테는 고대인들에게는 "인간이 가지고 있는 모든 자질이 균등하게 결합"되어 있었으며, 그들은 "아무런 우회로를 거치지 않고 아름다운 세계의 사랑스러운 한계 내에서 바로 그들의 유일한 만족"을 느꼈다고 보고 있다. 반면 괴테 당시의 현대인은 "무엇에 대해 고찰하든 거의 언제나 무한 속으로 빠져 들어갔다가 - 운이 좋으면 - 결국 제한된 한 지점으로 다시 되돌아온다."

괴테의 작품에서 이러한 의미의 고전성이 실현된 예를 들자면, 『타우리스의 이피게니에』와 『토르콰토 타소』를 들 수 있을 것이다. 이 작품의 등장인물들은 우선은 고통당하며 주어진 세계를 초월하는 주체로 묘사되지만, 결국은 자신을 변증법적으로 사회의 객관성과 중재하는 것이다. 물론 경우에 따라 '고전주의적인 것의 위기'를 보여주는 듯한 징후가 여러 작품에서 발견된다. 그의 장편소설 『빌헬름 마이스터의 수업시대』에 등장하는 미뇽과 하프 타는 노인의 주관적인 예술이나, 그의 필생의 대작 『파우스트』 2부에 등장하는 '헬레나' 장면은, 고전주의적인 형상화 의도와 비고전주의적인 소재 사이에 존재하는 불화를 보여주는 예가 되기도 한다. 하지만 괴테는 주관적인 고통과 무한한 동경의 표현을 객관성과의 중재를 통해 극복하기 위한 노력을 멈추지 않는다. 이는 "고전적인 것은 건강하며, 낭만적인 것은 병적"이라는 그의 신념에 기인한다고 할 수 있다.

(정현규)

교양
(Bildung)

‘상(Bild)’, ‘모사(Abbild)’, ‘초상[Nebenbild(imago)]’, ‘형상[Gestalt(forma)]’, ‘형상화[Gestaltung(formatio)]’ 등등을 의미하는 ‘교양’이란, 종교이론 토의의 중요개념으로써 중세후기의 신비주의(Mystik)에서 유래하였으며 인간에 대한 신의 작용을 정화하는 데 기여했다. 즉 교양이란 원래 신비주의자들에 의해 씌어진 것으로서, 교양이란 인간 속에 신의 모습을 회복하려는 인간성의 전면적인 개혁을 의미한다. 그래서 젤프만은 “교양이란 원죄를 짊어진 인간의 재형성을 의미하는 ‘개량(Umbildung)’이며, 신의 모습을 인간 속에 형성해 넣는 것을 의미하는 ‘초형성(Überbildung)’이다”라고 강조하고 있다.

18세기 중엽 이래 ‘경건주의(Pietismus)’와 함께 당시까지 종교적, 신학적으로만 배타적으로 사용되었던 이 개념의 세속화가 시작되어서 이제 교양이라는 개념이 더 이상 인간에 대한 신의 작용만을 의미하지 않게 되었으며, 자연의 작용력으로 심지어는 인간들 간의 내적 작용력으로 이해되는 결과를 낳았다. 그리하여 인간의 정신적 영역으로 옮겨온 교양개념은 교육(Erziehung), 자아형성(Selbstbildung), 발전(Entwicklung) 등등을 의미하는 교육적 개념으로 사용된다.

계몽주의적 사고로 볼 때 교양은 인간의 이성적 능력을 계발하는 것을 뜻한다. 그리고 독일의 신인문주의를 선도한 인물의 한 사람인 헤르더(Johann Gottfried Herder)에 이르러서는 교양개념은 종교적 근원으로부터 완전히 분리되어 개체성, 발전과의 결합을 통하여 독립하게 된다. 즉 교양이란 단순히 교육이나 교리를 뜻하는 것이 아니라, 가르치는 데 있어서의 ‘활발한’ 활동을 뜻하며 더 나아가 개별적 인간의 자아형성에 국한되지 않고 민족과 전 인류의 자아형성을 뜻한다.

소위 말하는 인문주의 철학의 교양개념은 외적인 영향들에 의한 '수련'으로 이해되는 동시에 내적인 재능의 '계발'로 이해된다. 또한 그것은 개개인에 있어 내적 외적 힘의 작용 사이의 균형을 이끌어 내고자 한다. 즉 인문주의 철학의 교양이념에서 교양이란 각 개인의 단순한 재능을 계발시키는 데 그치는 것이 아니라, 이 재능을 외적인 영향을 통하여 수련시키고, 또 이 외부의 영향에 대해서 자기 자신을 개방함으로써 자기 재능, 자기 개성을 발달시킨다는 것이다.

이러한 교양의 의미가 종교적 의미를 벗어나게 된 이유로서 그 당시의 자연과학 특히 지질학, 생물학의 발달에 힘입은 바가 크다. 즉 18세기에 발달한 자연과학의 이론들이 교양개념에 기여하는데, 그 개념의 세속화의 결과로써 "식물학적·형태론적 성장이론(botanisch-morphologische Wachstumstheorien)"을 교양이념에 적용시키는 것이다. 그러므로 교양과정이란 신의 지배 내지 종교적인 목적론을 포기하는 것이며 그럼으로써 개인의 자율성을 인정하는 것이다. 소위 전성설(前成說)은 교양을 이미 존재하는 부분의 확대와 지속적인 발전으로 설명하고, 소위 후성설(後成說)은 개인의 재능과 주위환경의 영향으로부터 새롭게 형성됨으로써 발전하는 것을 교양이라고 간주한다.

18세기말까지의 독일 교양개념 형성에 직접 영향을 준 사상으로 야콥스는 다음의 세 가지 요소를 들고 있다. 첫째는 인간의 선천적인 본성으로서 파괴할 수 없는 개체적 자연성을 중시하는 사상이고, 둘째는 외적 주변환경과 체험이 인간 발전에 함께 작용한다는 사상이며, 셋째는 주관적인 윤리적 자유를 신장하기 위한 끊임없는 노력을 통해 인간의 인격 형성이 이루어진다는 사상이다.

이후 1800년경까지 교양개념은 프랑스 혁명으로 인한 정치적 변화와 의식의 변화로 인하여 그 의미의 다양성을 상실함과 동시에 도덕적 정치적 표상으로 확대된다. 19세기 초의 교양개념은 재산을 소유한 시민계급과 관련성을 확장하게 되고, 19세기 중엽부터 칼 마르크스에 의한 계급적 이데올로기의 용어로 변하게 된다. 또한 제 1차 세계대전으로 인하여 전통적인 교양 가치가 붕괴되었으며 바이마르 공화국 시대에는 더욱더 사회적 의미가 첨가된 교양개념이 여기에 접목하게 된다. 그래서 현대 독일에서는 매우 이중적인 교양개념이 등장하게 되는 것이다. 이상과 같은 교양개념의 변천에 대해 피어하우스는 그의 논문 「교양(Bildung)」의 결론 부분에서 다음과 같이 서술하고 있다. "국가를 통한 신인문주의 교양개념의 수용은 그 당시에는 진보적이었으며 오늘날까지도 영향을 미치고 있지만, 사회의 통념과 정치 권력의 제도화된 체제 속에서는 오랫동안 불모성을 면하지 못했다. (교양이 사회의 구조적 억압으로부터의 해방을 뜻한다는 - 인용자) '교양'의 해방적 성격은 교양을 '소유한' 사람들의 의식 속에서 사라져 버렸지만 그 반면 교양을 구체적 자유의 요소로 이해하는 사람들은 현존 상황의 비판자가 되었다. 그리하여 교양의 개혁에 대한 요구를 필수불가결하며 영구적인 것으로 만들었으며 그 요구는 오늘날 '교양에 대한 시민권'(랄프 다렌도르프)의 인정과 현실화에 대한 요구로서 표현되고 있다. 그 결과로 교양개념은 그것의 객관화, 공허화, 탈이념화에도 불구하고 최근에 다시 정치화되었다. 그것도 교양과 노동운동과의 친숙한 관계가 전통이 되어버린 동독에서나, 모든 사람들을 위한 교양의 요구가 '20세기의 사회적인 물음'으로 승인되고 있는 서독에서나 마찬가지로 정치화되었다. 또한 교양개념은 여전히 개별적으로 각인된 능력 즉 문화적 자산을 다루는데 있어서 발전된, 평가하는 판별능력과 정돈하는 통합능력을 의미하긴 하지만, 그럼에도 불구하고 교양개념은 실제적으로 목적에 부합되는 행위의 영역과 사회적 현실의 영역을 광범위하게 포괄하고 있다."

(윤순식)

교양소설
(Bildungsroman)

토마스 만은 1916년 「자서전적 소설」이라는 짧은 에세이에서 교양소설은 "독일적인, 전형적으로 독일적인" 것이라고 단호하게 규정하였지만 교양소설 개념규정도 교양개념 규정만큼이나 그렇게 분명하지가 않다. 독일 교양소설의 역사에 대하여서는 여태까지 상이한 관점 하에 수많은 연구서들이 출간되었지만 이 장르의 사회사적, 기능사적인 면이 개별적으로 연구되지는 않았다. 다시 말해 장르시학의 관점과 교양 이론적 역사철학적 관점과의 연관 관계는 제쳐두고 소설 밑바닥에 흐르고 있는 교양모델의 특징과 그 유래, 전개과정 등을 주로 다루고 있다. 그럼에도 불구하고 교양소설에 대한 정의를 내리자면, 한 인물의 내적 발전, 즉 인격형성의 과정을 교양의 과정으로 형상화하는 소설이라고 할 수 있다.

교양소설 개념규정에 관한 한 프리드리히 폰 블랑켄부르크(Friedlich von Blanckenburg)와 칼 모르겐슈테른(Karl Morgenstern)에 의한 기초 작업이 항상 모든 정의의 기준이 되어왔다.

주인공의 내면적 발전사를 강조함으로써 처음으로 교양소설론의 터전을 닦은 블랑켄부르크는 1774년에 발표한 논문 『소설 시론(試論)(Versuch über den Roman)』에서 소설의 본질적이고 고유한 특징으로, 외적행동의 진행을 서술하는 '외면적인 이야기(äußere Geschichte)'를 다루는 것보다는 '내면적인 이야기(innere Geschichte)'를 묘사하는 것이 더 적합하며 또 소설의 확고부동한 목표로서는 주인공의 성격형성, 성격계발을 서술하는 것이라고 간주한다. 또 드라마와 소설의 본질적인 차이는 그 주인공이 지니는 성격에 있다고 규정한다. 즉 드라마의 주인공은 이미 완결되고 이미 교양이 형성되어 버린 성격이지만, 소설의 주인공은 아직 확고하게 계발되지 않아서 완전히 조화로운 인격을 지니기 위해서는 교양을 쌓는 과정이 전제가 되는 그러한 성격이라는 것이다. 그리고 블랑켄부르크는 소설작가에게는 '인류학적·계몽주의적 기능'이 의무로 주어진다고 주장하면서 인간의 '내면'을 계몽시키고 그 스스로 깨닫게 하는 공로가 작가에게 결여되었다면, 그것은 결코 작가가 아니라고 단언한다. 계몽주의 이전까지만 해도 소설은 드라마나 서정시와는 달리 오로지 호기심과 오락만을 위한 하급 장르라는 인식이 팽배해 있었으며, 독일의 공식적인 문학론들은 오히려 저급한 장르로 간주하였던 상황이고 보면 블랑켄부르크의 『소설 시론』은 그때까지의 소설에 대한 생각을 다소나마 격상시키려는 최초의 시도였다고 할 수 있다.

독일 문학사에서 교양소설이라는 용어를 최초로 사용한 사람은 도르파트(Dorpat)대학의 고전어문학과 교수였던 모르겐슈테른이었으며, 이 사실은 프리츠 마르티니(Fritz Martini)에 의해 처음으로 밝혀졌다.

미학 강의를 담당했던 모르겐슈테른은 1803년에 이미 『교양소설론(Über Bildungsroman)』을 기획했으며 1810년 공개적으로 행해진 『정신과 일련의 철학적 소설과의 관계에 대하여(Über den Geist und Zusammenhang einer Reihe philosophischer Romane)』라는 강연에서 18세기의 전체 독일 소설작품을 '철학적 소설'로 제시하며 교양소설과 '철학적 소설'을 구분하지 않고 동일한 의미로 사용하면서, 『교양소설론』은 그 당시 그에게 단지 이름만 알려져 있던 블랑켄부르크의 『소설 시론』에 대한 짝이 될 수 있을 것이라고 말하고 있다. 1817년 <철학, 문학, 예술의 동료들을 위한 도르파트의 기고문(Dörptische Beyträge für Freunde der Philosophie, Literatur und Kunst)>에서 처음으로 교양소설이란 용어를 설명했고, 1819년에 행해진 <교양소설의 본질에 관하여(Über das Wesen des Bildungsromans)>라는 강연에서는 교양소설에 대한 보다 체계적인 개념정의를 다음과 같이 내리고 있다. "그것은 첫째로, 그리고 무엇보다도 소재 때문에 교양소설이라 불리워져도 좋다. 왜냐하면 그것은 주인공의 교양을 그 시작과 과정 속에서 어느 정도 완성의 단계로까지 묘사하기 때문이며, 둘째로는 이러한 묘사를 통해서 다른 어떤 종류의 소설보다도 독자의 교양을 훨씬 광범위하게 촉진시키기 때문이다." 여기서 주목되는 것은 그가 교양의 과정과 단계를 언급하면서 교양소설은 독자의 교양을 촉진시켜야 함을 강조한 점이다. 이것은 프랑스 혁명 이래의 시대정신의 순응적인 특징에 파묻혀버린 실용주의적 학문론에 대하여 고전주의적 보편 교양이념을 고수하려는 그의 교육자적 태도와 관련이 있다. 1820년 행해진 그의 세 번째 강연 <교양소설의 역사에 관하여(Zur Geschichte des Bildungsromans)>에서는 "모든 좋은 소설은 교양소설인가? 모든 좋은 소설은 교양소설일 것이며 또 그러해야만 하는가?"라며 독자에게 그 대답을 묻고 있다.

교양소설이란 용어는 모르겐슈테른에 의해서 처음 사용되었지만 그것을 문예학상의 연구로 끌어들인 사람은 빌헬름 딜타이(Wilhelm Dilthey)이다. 1870년에 발표한 그의 글 『슐라이어마허의 생애(Leben Schleiermachers)』에서는 주인공의 내면적인 교양이라는 과거의 교양소설이념과는 완전히 다른 단계론적 주인공의 교양과정을 중시하며 또한 화자의 존재도 다루고 있다. "나는 빌헬름 마이스터의 유파를 형성하는 소설들을 (왜냐하면 루소와 유사한 예술형식은 이것들에게는 계속적인 영향을 미치고 있지 않기 때문에) 교양소설이라고 부르고 싶다. 괴테의 작품은 상이한 여러 단계, 여러 인물, 여러 인생시기 속에서 인간의 계발을 보여주고 있다. 괴테의 작품은 이것을 편안하게 완수한다. 왜냐하면 기형적인 것과 생존을 위한 사악한 욕정의 투쟁을 포함한 그러한 세계를 묘사하고 있지 않기 때문이다. 즉 인생의 다루기 힘든 소재는 고려하지 않기 때문이다. 그리고 시각은 묘사되어진 인물들을 넘어서 묘사하는 사람으로까지 끌어올려진다. 왜냐하면 인생과 세계를 다룬 이러한 예술적 형식이 어떤 개개의 대상보다 훨씬 더 깊은 영향력을 행사하기 때문이다."

주인공의 내면의 이야기라든가 주인공의 교양목표에 주안점을 두기보다 오히려 구조적인 특징만을 가지고 교양소설론을 규정하려는 딜타이의 이러한 시도는 1906년에 발표한 독일 고전문학에 대한 자신의 고백록 형식인 『체험과 문학(Das Erlebnis und die Dichtung)』에서는 비역사적, 범주론적 규정과 더불어 사회와의 관계와 무관한 개인주의로까지의 규정으로 확대되고 있다. 그 중 '횔더린의 휘페리온(Hyperion)' 편에서의 다음과 같은 글은 현대에 이르기까지 교양소설론의 전범이 되어 왔다. "『빌헬름 마이스터』와 『헤스페루스』로부터 시작된 그것들(교양소설들)은 모두 그 시절의 한 젊은이가 어떻게 행복한 여명기에 인생에 첫 발을 내딛고 자기와 비슷한 영혼을 가진 사람들을 찾아 나서며 또 우정과 사랑을 체험하게 되는지를 서술한다. 그러면서도 그 젊은이가 어떻게 세상의 버거운 현실과의 싸움에 빠지게 되어 그 속에서 다양한 삶을 체험하는 가운데 성숙해가고 자아를 발견하며 이 세상에서의 자신의 사명을 확신하게 되는가를 서술하고 있다. (…) 그래서 이러한 교양소설은 사생활의 이해영역으로 제한되어 있는 어느 한 문화의 개인주의를 표현하고 있다. 독일의 중소국가들에 있어서 관료주의와 군사제도 속에서의 국가의 권력행사는 젊은 세대의 작가들에게 하나의 낯선 폭력으로 버티고 있었다. 그리하여 사람들은 개인과 그 개인의 자아형성의 세계에서 작가를 발견한 것에 대해 황홀해 하고 도취되었다."

이와 같은 딜타이의 주장은 교양소설에는 주인공 개체의 발전과 성숙이 있을 뿐, 사회적 현실묘사나 사회비판은 배제되어진다는 사실이다. 다시 말해 독일 교양소설은 국가 권력이란 낯선 권력 앞에서 내면적 자아를 추구하며 개인 생활의 관심 영역으로 제한된 독일 문화에서 오는 개인주의를 독일적 영혼으로 찾고 있었다. 뿐만 아니라 개체형성의 발전 과정이 독일적 이상주의 속에서 소생했기 때문에 교양소설이야말로 독일적 특징을 나타내고 있는 소설 장르라 하지 않을 수 없다. 이런 관점에서 갈마이스터는 교양소설의 발생과 전개를 독일의 역사적 현실에서 찾고 있다. "개개인이 전통적인 사회구조로부터 떨어져 나오고 전래된 사회적, 종교적 속박에서 해방됨으로써 개인에 대해 관심이 집중되고 각 개인의 발전목표에 대한 물음이 제기되었다. 그러나 시민들에겐 발전 가능성이 제한되어 있었다. 왜냐하면 사회적 신분상승과 정치적 활동이 여전히 그들에게는 대개 허용되지 않았기 때문이다. 그들은 - 직업적인 활동 외에는 - 사적 생활과 문화의 영역에 제한되어 있다고 생각했다"고 당시의 시대상황을 설명하면서 시민들의 정치적 무력감이 오히려 교양소설의 발전을 촉진시킨 것이라고 주장한다. 교양소설이 자아실현의 개인주의를 독일적 이상주의에서 찾고 있었기 때문에 크뤼거의 말대로 교양소설은 본래 "시인과 사상가의 소설(Roman der Dichter und Denker)"이며 독일에서만 성립될 수 있는 특수한 소설로 인정된다. 또한 크뤼거는 교양소설은 독일 민족만이 보여줄 수 있는 독특하고 개인적인, "완전히 국민적인 특성(ein ganz nationales Gepräge)"을 지닌 소설 장르이며 나아가 독일의 국가적 통일에도 기여했다고 주장한다.

지금까지 교양소설이란 개념의 틀을 개괄적으로 살펴보았지만, 여기서 간과할 수 없는 것은 딜타이의 교양소설에 관한 정의이다. 왜냐하면 비록 그가 교양이념을 낳게 한 시대사적 배경을 망각하고 그것을 단지 일개인의 성숙의 과정으로 축소시켰다 하더라도 1958년에 출간된『독일 문학사 용어사전(Reallexikon der deutschen Literaturgeschichte)』제2판에 나와 있는 한스 하인리히 보르헤르트(Hans Heinrich Borcherdt)가 집필한 교양소설의 개념규정에서 그 정의를 주로 딜타이의 것을 원용하고 있기 때문이다. 보르헤르트는 여기서 교양소설의 표준구조는 첫째로 무의식의 세계로부터 의식의 세계로 발전하는 청소년시절(Jugendjahre), 둘째로 사랑과 우정, 갖가지 위기와 과오들로 점철되는 편력시절(Wanderjahre), 셋째로 현세적 낙원 단계로의 편입과 정화(Läuterung)의 세 단계로 이루어진다고 말한다.

이에 앞서 1925년~1926년에 출간된『독일 문학사 용어사전』제1판에서는 크리스티네 뚜아이용(Christine Touaillon)이 교양소설에 대해 집필하였는데, 여기서 그녀는 "교양소설이란, 처음부터 시작하여 특정한 인생의 성숙기에 도달하기까지의 한 인간의 영혼의 발전을 묘사한다. 합리주의를 추구하는 시기에는 교양소설의 경계는 흔히 하나하나의 교육적인 문제를 다루는 교육소설의 경계와 융합되었다. (…) 교양소설의 주인공은 어떤 한정된 목표를 위해 일면적으로 교육되어서는 안 되고 전인적으로 형성되어야 하며 (…) 자연과학이 삶에 침투하는 것이 보편화되면 될수록 발전의 개념은 더욱 확고한 위치를 차지한다. 주인공에게 의식적으로 영향을 끼치는 것 대신 자연에 부합되는 사건이 등장하며, 그리고 교양소설은 발전소설이 되는 것이다"라고 기술하면서 교양소설 개념규정과 더불어 문예학상 언제나 구분이 모호했던 교육소설, 발전소설과의 개념 구분을 시도하고 있다.

이상에서 살펴본 바와 같이 독일 계몽주의와 고전주의 시대를 거쳐 오면서 형성된 교양소설 이념은 한마디로, 현실의 궁핍함과 모순을 어떤 미적 총체성 속에서 극복하고자 했던 독일 시민계급의 정치의식의 반영이다. 그것의 발생은 외형적인 구조가 문제되는 것이 아니라 사회와의 관계가 중요한 계기를 갖는다. 즉 교양소설은 개인상(Einzelbild)에서 커다란 세계상(Weltbild)으로의 관심을 다시 찾는다.

(윤순식)

낭만주의
(Romantik)

독일 고전주의가 괴테와 쉴러에 의해서 절정에 이르렀던 시기는 대체로 18세기 말에서 19세기 초로 이 시기에 독일 낭만주의도 번창하였다. 주로 17, 18세기의 정신계를 지배하던 합리적이며 형식 위주의 계몽주의의 인습에 반기를 들어 일찍이 젊은 괴테와 쉴러가 냉정한 이성을 배척하고, 자유분방한 감정과 공상, 전통의 타파 및 주관의 해방 등을 부르짖은 질풍노도 운동과 마찬가지로 낭만주의도 비합리적인 경향을 보이며 독일문학의 황금기라 할 수 있는 고전주의에 반기를 들었다. 고전주의가 개인주의적이며 비형이상학적인 데 비해서 낭만주의는 초(超)개인주의적이며 형이상학적이고, 고전주의가 이념에서 출발해서 완성을 꾀하는 데 비해서 낭만주의는 이념을 향해서 무한히 진전한다. 미학적인 견지에서 볼 때 고전주의가 명쾌한 직관적 형식을 존중하는데 비해서 낭만주의는 분방한 감정의 표현을 희구하며, 고전주의가 조형적이고 객관적인 데 비해서 낭만주의는 음악적이며 주관적이다. 엄격한 형식과 질서를 존중하여 정적인 고전주의에 비해서 낭만주의는 자유스러운 감정을 표현하여 동적이다. 따라서 고전주의 작가들은 현실을 그대로 재현하는 데 비해서 낭만주의 시인들은 환상력으로 가상적으로 가능한 미적 세계를 표현한다.

이러한 낭만주의는 독일에서 비롯돼 서구 전역으로 퍼져 나가서 당시대의 낭만주의 이론가인 슐레겔(Friedrich Schlegel)은 문학을 "감정의 자유스러운 분출"이라고 규정하였고, 거칠고 젊은 질풍노도에서 출발한 괴테도 『파우스트』에서 "감정이 위로, 그리고 앞으로의 돌진은 모든 사람들에게 타고난 것이다"(1092~1093행)라고 강조하여 꿈, 환상, 무한, 불가해 등 이성을 넘어선 낭만주의 예술을 내세워 파우스트는 다음과 같이 외친다.

그것으로 그대 심장을 가득 채워요.
그것이 아무리 크다 해도.
그래서 그대의 감정이 지극히 행복할 때
그대가 원하는 대로 이름을 붙이지요.
행복, 진정, 사랑 또는 신 등으로!
그것을 뭐라고 불렀으면 좋을지 모르겠소.
감정만이 전부요.
명성이란 울림이나, 연기에 불과한 것. (3451~3458행)

즉물성에서 벗어나 정신세계를 직관해야 한다고 주장한 낭만주의 작가 노발리스는 낭만주의 본질을 동화(Märchen)로 보아서 그의 대표적인 소설 『하인리히 폰 오프터딩겐』은 꿈, 시인, 사랑의 모티프를 동화적으로 전개시키고, 티크(Ludwig Tieck)나 브렌타노(Clemens Brentano)의 작품들도 이러한 낭만적인 공상의 세계를 묘사하고 있다. 괴테도 낭만주의의 본질로 상상력의 소산인 동화를 꼽아서 『서동시집』의 주해에 "동화를 경쾌한 상상력의 유희"라고 설명하고 있다. 이렇게 동화에 관심을 가진 괴테는 <동화(Märchen)>(1795)와 <새로운 파리스(Der neue Paris)>(1811) 및 <새로운 멜루지네(Die neue Melusine)>(1819)라는 세 편의 동화를 발표하기도 하였다. 무능하고 연약한 인간계를 벗어나 낭만주의에 귀의하여 우주 일체의 가장 깊은 진리의 본질을 규명하고자 '마법적인' 동화를 동경하려는 의도가 『파우스트』에서 언급되고 있다.

무엇 올바른 것을 알고 있다는 자부심도 없으며,
인간들을 개선시키고 개종시키기 위해
무엇인가를 가르칠 수 있다는 생각도 들지 않는다.
내게는 또한 재산도 돈도 없으며
이 세상의 명예나 영화도 없으니,
이런 꼴로 더 이상 살아간다는 것은 개라도 싫다고 할 것이다.
그래서 나는 영의 힘과 말을 빌어,
여러 가지 비밀이 제시되지나 않을까 해서

이 몸을 마법에 내맡겨 보았다. (371~379행)

파우스트는 "세계를 붙잡고 그 세계의 운명을 이끌어 가는 가장 내밀한 힘"을 알고 싶어 마적인 동화에 몸을 맡겨 낭만주의 성격의 인간이 되는 것이다. 특히 낭만주의 동화에서는 독자와 작품 주인공의 동일화가 가능하다. 이렇게 낭만주의의 본질이 되는 동화적인 성격의 내용이 『파우스트』에서 자주 전개시킨다.

우리 엄마 창녀라서
나를 죽여 버렸단다!
우리 아빠 악당이라,
나를 먹어 버렸단다!
우리 작은 여동생이
나의 뼈를 찾아다가,
시원한 데 묻었단다.
그때 나는 귀여운 숲새 되어,
저 멀리 날아가네, 날아가네! (4412~4420행)

룽게(Philipp Otto Runge)가 기록하여 1808년 아르님(Achim von Arnim)의 『이주자의 신문(Zeitung für Einsiedler)』에 실린 저지 독일어 지역의 이 동화적인 노래처럼 낭만주의자들은 머나먼 타국 같은 동화 속의 나라를 동경했다.

독일 기질의 가장 보편적인 표시는 이탈리아 동경이다. 그 이유는 짐멜(Georg Simmel)의 견해에 따르면, 그 토지의 아름다움과 그것이 제공하는 풍물에 대한 동경뿐만 아니라, 독일의 생활과 극단적으로 상이한 이탈리아 생활에 대한 동경이다. 많은 독일인은 이탈리아의 생활이 판이함에도 불구하고, 또는 오히려 판이한 까닭에 자기들에 어울리는 생활이라고 느꼈다. 미지의 것을 대립을 통하여 갈구하려는 괴테는 1786년 9월에 떠난 이탈리아의 여행에서 고대 예술에 대한 이해를 넓히는 동시에 예술의 목적이 형식과 내용을 아름답게 조화시키는 데 있다고 깨닫게 된다. 따라서 이탈리아에서 돌아온 괴테는 질풍노도의 사상이나 낭만주의에서 벗어나 남방적인 조화와 질서의 아름다움에 눈을 돌려 형식과 내용의 조화를 이룬 고전적인 작품들을 집필하게 된다. 이러한 배경에서 괴테는 "『니벨룽겐의 노래』와 『일리아드』는 고전적인데, 이는 두 작품이 모두 활기 있고 건강하기 때문이다. 현대 작품은 낭만적인데, 이들이 새롭기 때문이 아니라, 약하고 병적이기 때문이다. 고대 작품은 고전적인데, 오래 되어서가 아니라, 강하고 신선하고, 환희에 차있고, 건강하기 때문이다"라고 "고전주의는 건정하고 낭만주의는 병적이다"고 낭만적인 작품을 혐오하게 되었다. 결국 질풍노도의 일원으로 출발하여 많은 낭만주의 작품을 탄생시킨 괴테는 후에 낭만주의를 초월하게 되어서 젊은 반항의 자세를 거부하고 자기를 낭만주의의 창시자라고 찬양하던 낭만파 시인들의 극단을 외면하였다. 특히 바이마르에서 슈타인(Charlotte von Stein) 부인을 알게 되면서부터 급속하게 낭만주의에서 벗어나게 되는데 여기에 이탈리아 여행이 큰 역할을 한 것이다.

괴테가 낭만주의에 부정적인 개념을 갖게 된 동기는 이해될 수 있다. 괴테는 극단에 흐르는 독일 낭만파가 프랑스 낭만주의자들의 질풍노도 운동이 과거에 빠졌던 극단을 증오한 것이다. 따라서 그는 프랑스혁명이 지나고 1830년에 에커만에게 다음과 같이 말하였다. "극단은 어떤 혁명에서나 결코 피할 수 없어요. 정치적인 혁명에 있어서 맨 처음에는 모두 부정부패의 일소만 바라지만 자기도 모르는 사이에 유혈과 공포에 깊이 빠져들게 되지요. 프랑스인들은 현재의 문학 혁명에서 처음에는 좀 더 자유로운 형식 외에 원하는 것이 없었으나, 거기에서 멈추지 않고 형식과 더불어 전통적인 내용도 배격하였지요. 그들은 고상한 정서와 행위의 묘사를 지루하다고 하고 가증스러운 것들을 취급하기 시작했습니다. 따라서 그리스 신화의 아름다운 주제 대신에 악마와 마녀와 흡혈귀를 다루고, 고대의 고상한 영웅들은 요술쟁이와 노예선의 노예들에게 자리를 양보하지 않을 수 없었지요. 업적을 쌓아 인정을 받은 젊은 재사, 자기 자신의 길을 개척할 수 있을 만치 훌륭한 젊은 재사는 시대의 취미에 영합해야만 했습니다. 아니, 소름끼치고 무시무시한 것을 묘사하는데 있어서 그의 선배를 능가해야만 했지요."

이러한 괴테도 자신이 좋아하지 않는 낭만주의도 역시 미래의 문학을 형성한다고 보아서 다음과 같이 언급하였다. "내가 묘사한 극단과 변태적 현상은 점차 사라지고 위대한 장점이 결국 남을 것이다. 좀 더 자유로운 형식 이외에 좀 더 풍부하고 좀 더 다양한 주제가 확보되게 될 것이고, 가장 광대한 우주 그리고 가장 다양한 생의 어떠한 사물도 비시적(非詩的)이라고 제외되는 일은 없을 것이다." 결국 괴테의 생각대로 후세의 다양한 문학의 길을 열어준 것은 바로 낭만주의 운동이었다. 따라서 괴테는 낭만적인 작품을 혐오했지만 그의 만년의 작풍은 낭만주의 경향을 다분히 지니고 있다. 마찬가지로 괴테와 함께 질풍노도에 집착하던 쉴러도 후기의 희곡 『오를레앙의 처녀』에 "낭만적 비극(Eine romantische Tragödie)"이라는 부제를 붙였지만 노발리스를 비롯한 전기 낭만파의 시인들과 사이는 매우 가까워서 괴테와 쉴러의 고전주의 시대에도 낭만주의는 사라지지 않고 고전주의와 병행하였다. 독일낭만파의 작가들은 1797년경부터 기관지 『아테네움』을 중심으로 그룹을 형성하고, 쉴러가 사망한 후로는 독일 문단에서 지도적인 지위를 점하여 1830년경까지 전성기를 누리다가 1848년에 이르러 쇠퇴하였다.

(안진태)

담시
(Balladen)

독일의 시문학을 언급할 때 빠뜨릴 수 없는 장르인 담시(譚詩 Ballade)는, 어원인 이탈리아어의 ballata와 프로방스어의 ballada가 말해 주듯이, 무도곡에서 유래했으며, <이야기 형태의 노래(Erzähllied)>의 시로서 대화가 돋보이며, 오늘날에도 서사가(敍事歌)라는 개념 외에 속요·유행가의 음악 용어로 사용되고 있다. 이들 담시는 북구와 게르만 민족의 사상과 역사에서 비롯되었고, 여기에 등장하는 인물과 사건은 교훈을 전달하고 있다. 이러한 담시는 흔히 민속적이며 신화적으로 구비전승(口碑傳承)의 성격을 지닌다. 따라서 일월성신이나 춘하추동과 같은 자연의 추이 변천에서 소재를 얻는 서정시와 달리, 담시는 민담이나 특기할 만한 사건들을 다루어 시대적 상황을 반영한다. 이러한 담시의 소재로는 ① 신화를 언급하는 <신들의 담시(Götterballade)> ② 북구와 게르만 민족의 영웅 전설을 담은 <영웅 담시(Heldenballade)> ③ 자연의 마력과 유령을 다룬 <자연마적인 유령 담시(naturmagische Geisterballade)> ④ 종교적인 전설 등을 다룬 <전설적 담시(Legendeballade)> ⑤ <기사 담시(Ritterballade)> ⑥ <역사 담시(historische Ballade)>의 6가지로 구분된다. 이러한 담시는 민간 전설에서처럼 성, 산성, 탑, 물레방아, 계곡 등 확고한 지명과 시대를 제시한다. 인물은 유형적으로 묘사되어 기사, 아가씨가 주로 등장한다. 이들은 특히 현실의 암울함과 답답함을 반영하여 인간의 한계를 초월하는 초인적인 성격으로 질투, 사랑, 욕망, 원한 등의 현실을 비현실적으로 다뤄 판타지를 제공한다. 서술방식은 도약적이며, 삽입가(Zwischenlieder)가 있고, 대화가 주를 이루고, 반복적인 후렴과 반복운이 주로 쓰인다.

헤르더에 의해 괴테에 소개된 담시는 18세기 낭만주의 문학에서 민요가 관심을 끌면서 괴테와 쉴러의 협동으로 크게 번창하였다. 이렇게 18세기에 번창된 담시는 19세기의 사실주의 작가들로부터 20세기의 표현주의 작가들에 이르기까지 끊임없이 발전하였다. 극적인 성격이 강한 괴테와 쉴러의 담시에서 시작되어, 서정적인 정취의 낭만주의 담시를 거쳐, 서사성이 두드러진 브레히트의 서술시까지 다양하게 변모했다. 다양한 담시의 양식을 실험한 하이네는 사건과 해설을 분리해 후자를 강화하여 주체의식이 강한 '사회 담시(soziale Ballade)'의 영역을 개척하기도 하였다.

I. 헤르더의 영향

헤르더는 진정한 문학이란 이성과 숙고의 문제가 아니라 감정의 결과라고 보아서 기교 문학(Kunstdichtung) 보다는 민중 문학(Volksdichtung)을 중요시하였다. 민중 문학이란 민족성과 기후풍토 및 자연 환경에서 자라난다. 인간 본연의 감정, 구상력과 아름다운 가락이 담긴 민담 같이 기교가 없이 미개하고 거친 문학에서 <자연의 정신>을 배워야 한다고 헤르더는 주장했다. 그는 또한 고유한 민중 문학의 발전을 위해서 외국 문학을 모방해서는 안 된다고 했다. 이러한 헤르더는 민중 문학에서 파생하는 민요를 중요시하였다. 모든 국가, 모든 민족에게 제각기 다르게 발전하는 민요는 민중 속에서 자연적으로 발생하여 민중의 생활 감정을 전하기 때문이다.

1770년 슈트라스부르크에서 헤르더와 접촉한 괴테는 그로부터 민중 문학과 민요에 대해 많은 영향을 받았다. 이후 괴테는 홀로 엘사스 지역을 순회하면서 민중의 다양한 가요들을 수집하여 이를 담시로 발전시켰다. 이러한 담시에서 괴테는 인간들이 맞서 싸워야 하는 거대한 운명, 사랑, 죄, 후회, 죽음, 도덕 등을 주된 소재로 삼았다. 따라서 괴테의 담시에는 민속적인 어휘와 문장, 계급을 초월한 사랑, 운명적인 만남과 헤어짐, 신적인 도덕성, 초자연적이며 불가사의한 소재 등이 전개된다. 민중 담시에서는 서로 연관성이 없이 묘사되는 소재나 동기들이 괴테가 창작한 담시에서는 필수적인 소재가 되고 있다. 괴테는 민중 담시를 답습하거나 모방만 한 것이 아니라, 민중 담시의 '민속적인 요소들과 방법'을 시창작의 새로운 소재로 사용한 것이다. 이러한 사실은 고전주의가 대중성을 배타하지 않는다는 증거가 된다. 괴테의 담시는 고전성을 지니면서 대중성을 추구한 것이다.

II. 쉴러와의 교류

괴테의 담시의 발전에서 쉴러와의 우정을 빼놓을 수 없다. 1797년에서 그 이듬해에 이르기까지 괴테는 쉴러와 매우 빈번하게 담시에 관해 교신과 대화를 나누었다. 쉴러에게 보낸 1797년 6월 22일자의 편지에서 괴테는 <담시 연구(Balladenstudium)>라는 용어를 언급하고, 같은 해 9월 22일 괴테에게 보낸 쉴러의 편지는 그 해를 <담시의 해(Balladenjahr)>로 규정하고 있다. 따라서 1797년은 괴테와 쉴러에게 <담시의 해>가 되고 있다. 질풍노도의 시대인 1773년에 담시가 태동되면서 1797년은 담시의 해가 된 것이다. 이러한 담시의 해인 1797년과 그 이듬해에 나온 괴테의 담시는 쉴러와 합작하여 발전시킨 예술관이다. 괴테는 1797년에 「보물찾는 사람(Der Schatzgräber)」, 「결혼가(Hochzeitlied)」, 「코린트의 신부(Die Braut von Korinth)」, 「신과 무희(Der Gott und die Bajadere)」와 두카스(Paul Dukas)의 해학곡(Scherzo)으로 유명한 「마술견습생(Zauberlehrling)」 등을 발표했다. 젊었을 때 「오월의 노래(Mailied)」에서 사랑과 경건의 감정을 읊었고, 찬가 「프로메테우스」에서 거인적인 반항 기질을 보였던 괴테는 쉴러와 교류하면서 내적 체험이나 처세의 지혜가 담긴 민담이나 전설을 소재로 담시를 창작하여 사상(思想) 시인의 면모를 보여주고 있다.

괴테와 쉴러는 서로 간의 상이한 기질에도 불구하고 그들의 담시를 합작하여 『시가연감(詩歌年鑑 Musenalmanach)』에 게재하였다. 1796년에 첫 호가 나온 『시가연감』에 괴테와 쉴러는 자신들의 이름을 밝히지 않은 채 서로 협력한 60여 편에 달하는 담시를 발표하여 18세기말의 담시 문학의 금자탑을 세웠다. 앞선 언급처럼 이들 둘의 기질은 상이하기도 했는데, 이는 괴테는 어두운 마력을 전달하는 <자연마적인 담시>를 선호하는 반면에, 쉴러는 북구와 게르만의 영웅들을 다룬 <영웅 담시>를 내세웠다. 이들의 차이를 바트케(Walter

Bathge)는 <카오스의 담시(Ballade des Chaos)>와 <코스모스의 담시(Ballade des Kosmos)>로 구분하는데, 주로 악마적 체험인 신비로움에 근거하는 괴테는 전자에 속한다. 따라서 악마적인 힘이 인간 세계에 침입하여 무서운 사건들을 일으키는 자연마적인 담시의 대표로 괴테의 「마왕(Erlkönig)」을 들 수 있다.

마왕

누가 바람 부는 밤 늦게 달려가는가?
그는 아이를 데리고 가는 아버지네;
팔에 소년을 보듬어 안고,
꼭 안아서 소년은 따뜻해진다. —

아들아, 왜 그렇게 불안하게 얼굴을 감추느냐?
아버지, 마왕이 보이지 안나요?
왕관을 쓴 긴 옷자락의 마왕을 못 보십니까?
아들아, 그것은 띠 모양의 안개란다.

<사랑하는 아이야, 오너라. 나와 함께 가자!
아주 멋진 놀이를 너와 함께 놀아주마.
수많은 색깔의 꽃들이 해변에 피어 있고,
우리 어머니는 많은 금빛 옷을 가지고 있단다.>

아버지, 아버지, 그런데 마왕이
나지막이 약속하는 저 소리가 들리지 않나요?
진정 하거라, 조용히 있거라, 내 아들아!
그것은 마른 잎새의 바람소리란다. —

<고운 애야, 나와 함께 가지 않으련?
내 딸들이 아름다운 모습으로 기다리고 있단다.

내 딸들이 밤의 윤무로 너를 안내해
요람과 춤과 노래로 잠재워 주지.>

아버지, 아버지, 저기 음습한
구석에 마왕의 딸이 보이지 않나요?
아들아, 아들아, 잘 보고 있지.
오래된 버드나무가 그렇게 음울하게 보인단다. —

<나는 너를 사랑한다, 네 아름다운 모습이
날 사로잡네; 네가 싫다면, 난 폭력을 쓰겠다> —
아버지, 아버지, 지금 그가 날 붙들어요!
마왕이 나를 해쳐요!

아버지는 소름이 끼쳐, 빨리 말을 달리며,
팔안에 신음하는 아들을 안고서,
간신히 궁정에 이르렀으나;
팔안의 아이는 죽어 있었다.

소문인 유령담의 진기한 사건을 소재로 한 「마왕」은 슈베르트의 가곡으로 더 유명하며 <자연마적인 담시>의 대표격이다. 인간을 유혹하여 굴복시키는 자연의 마성에 인간의 의지나 이성은 작용하지 못하고 예속되게 된다. 자연이 갖고 있는 마적인 힘은 일그러지지 않은 순진한 마음의 소년에게는 작용하지만, 만사를 이성으로만 재는 계몽주의적 인간인 아버지에게는 느껴지지 못하는 것이다. 강한 유혹을 자아내는 자연의 마법 앞에 희생되는 대상이 어린 아이라는 내용은 애틋한 감정을 일으키기도 한다.

「마왕」 같은 카오스의 담시에 반해서 신적인 체험에 근거하는 코스모스의 담시는 쉴러의 전형이다. 낯설고 전율적인 존재와 마주치는 인간에게 자비와 지혜가 담긴 신적인 힘이 작용하는 것이다. 이러한 코스모스의 담시의 전형으로 쉴러의 「이뷔쿠스의 두루미(Die Kraniche des Ibykus)」, 「인질(Bürgschaft)」,

「바다에 뛰어든 젊은이(Der Taucher)」 등이 손꼽힌다. 아울러 괴테도 코스모스의 담시로 「마술견습생(Zauberlehrling)」과 「담시(Ballade)」등을 창출하기도 했다.

(안진태)

동화

(Märchen)

18세기 후반에 계몽주의가 추구했던 신화의 해체, 자연과학에 의한 탈주술화, 기독교의 유일신에 의거한 다른 신들의 배타 등에 반발하여 원초성에 대한 동경이 일어났다. 따라서 낭만주의자들은 산업의 발달, 합리주의 등이 팽배한 현실에서 벗어나 머나먼 타국과 전설의 동화의 나라를 동경하여 티크(Ludwig Tieck)의 『금발의 에크베르트(Der blonde Eckbert)』와 노발리스(Novalis)의 『푸른 꽃(Blaue Blume)』같은 동화적인 작품들이 생성되었다.

괴테도 동화에 관심을 가져서 세 편의 동화를 발표했다. 첫 번째 동화는 괴테의 단편 『노벨레(Novelle)』처럼 장르를 나타내는 제목인 <동화(Märchen)>로 『독일 이주민들의 야야기(Unterhaltungen deutscher Ausgewanderten)』(1795)에 수록되었고, 두 번째 동화 <새로운 파리스(Der neue Paris)>(1811)는 『시와 진실』에 실려 있으며, 마지막 작품 <새로운 멜루지네(Die neue Melusine)>(1819)는 『빌헬름 마이스터의 방랑시대』에 들어 있어 모두 다른 작품에 수록되어 있는 점이 특이하다. 괴테는 동화를 독립적인 장르보다는 삽입 문학으로 관심을 가진 것이다. 『파우스트』에서도 "그 이름(악마)은 이미 오래 전에 동화책에 씌어 있었지"(2507행)라는 말처럼 <발푸르기스밤(Walpurgisnacht)>이 열리는 브로켄(Brocken)산이나 블록스베르크산(Blocksberg)에서 마녀들의 모임 같이 초자연적인 존재나 사건들이 동화적으로 전개되고 있다. 우주 일체의 가장 깊은 진리와 창조의 원리를 파악하고자 하는 파우스트는 무능하고 연약한 인간계를 벗어나 마적인 동화의 세계에 의지하려는 것이다.

무엇 올바른 것을 알고 있다는 자부심도 없으며,

인간들을 개선시키고 개종시키기 위해
무엇인가를 가르칠 수 있다는 생각도 들지 않는다.
내게는 또한 재산도 돈도 없으며
이 세상의 명예나 영화도 없으니,
이런 꼴로 더 이상 살아간다는 것은 개라도 싫다고 할 것이다.
그래서 나는 영의 힘과 말을 빌어,
여러 가지 비밀이 제시되지나 않을까 해서
이 몸을 마법에 내맡겨 보았다. (371~379행)

괴테의 단편 『노벨레』에서도 상인 가족에 의해 길들어져 가축 같이 온순한 사자는 사실은 길들어져서가 아니라 소년의 지휘에 따라 움직인다. 그가 재치 있게 부는 피리는 인간의 솜씨가 아니고 신이 부여한 영감 같이 여겨져 이 아이는 신의 매개자처럼 여겨진다. 이렇게 피리를 불어 사자를 달래는 소년은 독일의 대표적인 동화작가 그림 형제의 동화 『하멜른의 피리 부는 사나이』에서 사나이가 마법 피리를 불자 도시 곳곳에 숨어있던 쥐들이 모두 그의 뒤를 따르는 장면을 연상시킨다. 마찬가지로 괴테의 서간집 『첫 서간(Die erste Epistel)』에 들어 있는 음유시인(Rhapsode)의 이상향(Utopien)도 동화 형태로 전개된다.

"폭풍으로 음유시인이 유토피아 섬에 표류하였다. 그는 돈이 없었지만 사람들은 그를 따뜻하게 영접한다. 어느 여관에서 그는 진수성찬의 식사와 술대접 외에도 충분한 수면과 휴식을 취할 수 있도록 좋은 잠자리까지 제공받았다. 한 달 후에 자기가 돈이 없다는 사실을 깨닫고 주인에게 음식을 덜 가져 오도록 부탁하자 오히려 이 주인은 계속하여 더 많은 음식을 가져 왔다. 불안하고 걱정이 된 음유시인이 계산을 가능한 싸게 해달라고 부탁하자 여관 주인이 그를 죽을 지경에 이르도록 매질하자 그 시인은 재판관을 찾아갔다. 여관 주인은 음유시인이 이 섬의 성스런 접대 권리를 침해했다고 재판정에서 진술했다. 그를 친절히 접대한 사람에게 계산서의 요구는 모욕적이며 신을 배반한 행위라는 게 그의 설명이었다. 이러한 무례한 행동을 주인으로서 참을 수가 없고, 이 섬의 접대 권리를 이렇게 침해한 사람은 이러한 벌을 받아야 한다고 주인은 덧붙였다. 재판관은 여관 주인의 말이 옳다며 음유시인은 당연한 매를 맞았다고 하며 그 사실을 잊으라고 판결하였다. 음유시인이 이웃으로 이 섬에 머물려면 우선 시민들에게 자신의 유용성과 가치를 증명해야만 했다. 그러자 음유시인은 재판관에게 고백하기를 자신은 일하고 싶은 의욕이 없을뿐더러 생활비를 벌 수 있는 재능도 없어서 자기 고향에서 조롱만 받고 쫓겨났다고 말하자 이곳에서는 그런 사람이 오히려 환영을 받는다고 재판관은 말했다. 마을 의회에서 그에게 시청에서의 돈벌이 직장을 마련해 주고 나서 재판관이 그를 초대했다. 그 시인은 단지 치욕스런 재산 귀속을 위해 일의 유혹을 받아서는 안 되며, 그럴 경우 그는 영원히 몰락되어 끼니도 할 수 없을 정도의 불명예가 된다고 알려주었다. 이제부터 그가 해야 할 일은 팔을 배에 감싸고 시장터에 앉아서 노상 가수들의 노래를 듣거나, 소년 소녀들의 춤이나 놀이를 구경하는 일이었다."

이 섬의 <이상향> 이란 이름에서 동화의 나라가 암시되는데 이러한 나라는 실제로 존재할 수 없는 허구적이기 때문이다. 이러한 동화적인 지역에서는 동물과 식물, 심지어는 무생물까지도 말하고 활동하며, 인간도 임의로 변신한다. 이러한 변신은 영원한 생성으로 향하려는 동경으로 "삶은 변신의 영속"이라는 괴테의 <변신론(Metamorphose)>을 반영한다. 신의 사랑과 은총에 의한 고차적인 존재가 되기 위해서는 낡은 자아는 파괴되고 새롭게 태어나야 하는 것이다. 이렇게 동화에서 전개되는 변신에서 새로의 변신이 흔하다. 인간이 새로 변신하는 이야기는 오래전에 오비디우스의 『변신(Metamorphosen)』에서부터 유래한다. 다울리스의 테레우스 왕은 자기 부인 포르크네의 자매인 필로멜라를 능욕하고서 그녀가 이 사실을 발설하지 못하도록 그녀의 혀를 잘라 버렸다. 그러나 필로멜라는 자신이 짠 직물의 그림으로 프로크네에게 이 사실을 알려서 둘은 공동으로 복수를 하게 된다. 프로크네는 자신의 아들 이티스를 죽여 요리를 하여 그의 아버지 테레우스의 식사에 올리면서 그 혼자만이 이것을 먹어야 한다고 다짐을 한다. 테레우스는 이 식인적 식사 중에 계속해서 자기 아들에 관해 묻는데, 나중에 모든 내막을 알게 되자 칼을 빼들고 잔인한 두 자매를 뒤쫓는다. 그때 테레우스는 한 마리의 화난 오디새로 변하고, 포르크네는 항상 슬피 우는 밤꾀꼬리가 되며, 필로멜라는 혀가 없어 더듬더듬 지저귀는 제비가 되었다. 다른 신화에 의하면 이티스는 꿩으로 변했다고 한다. 로마의 신화에서는 이 순서가 바뀌어 필로멜라가 슬피 우는 밤꾀꼬리가 되고, 프로크네는 혀가 없어서 더듬더듬 지저귀는 제비로 변한다. 이와 유사한 모티프가 『파우스트』에서 동화적으로 전개되고 있다.

우리 엄마 창녀라서,
나를 죽여 버렸단다!
우리 아빠 악당이라,
나를 먹어 버렸단다!
우리 작은 여동생이
나의 뼈를 찾아다가,
시원한 데 묻었단다.
그 때 나는 귀여운 숲새 되어,
저 멀리 날아가네, 날아가네! (4412~4420행)

이 노래는 룽게(Philipp Otto Runge)가 기록하여 1808년 아르님(Achim von Arnim)의 『이주자의 신문(Zeitung für Einsiedler)』에 실려 저지(低地) 독일어 지역의 동화에 남아 있다. 괴테가 젊은 시절부터 알고 있던 이 동화는 그림형제의 『어린이와 가정용 동화(Kinder- und Hausmärchen)』의 <노간주 나무(Von dem Machandelbaum)>편에 재수록 되어 낭만주의 동화의 정수로 꼽히고 있다.

우리 엄마는 나를 죽였고,
우리 아빠는 나를 먹었네,
누이동생 마를레니헨이 내 뼈를 빠짐없이 추슬러서
곱디고운 비단으로 정성껏 싸서
노간주 나무 밑에 두었네.
짹짹 짹짹! 나같이 예쁜 새가 또 어디 있을까.

이 노래의 배경은 오비디우스의 『변신』과 유사하다. 한 사악한 계모가 의붓아이를 죽여 요리를 하여 이 아이의 아버지인 남편의 식사에 올렸다. 그리고 나서 의붓자매 마를레니헨이 먹고 남은 뼈들을 노간주 나무 밑에 묻어 주자, 그 뼈에서 한 아름다운 새가 날아오르면서 이 노래를 부른다. 살해된 후 뼈가 변하여 새가 된 어린 아이의 한(恨)과 마적인 동화의 성격이 진기하게 뒤섞여 있다.

괴테의 『서동시집』에 등장하는 사랑의 사자(使者)의 새 후드후드(Hudhud)는 토란새의 아라비아 이름으로 <잘로모(Salomo)>와 사바(Saba)의 아름다운 여왕 발키스(Balkis)인 <밤색 머리의 아가씨(Die Braune)> 사이를 왕래한다. 『코란』에서 참된 신앙을 위해 더 넓은 나라를 획득하라는 사명이 주어진 이 새는 동화 속의 사랑의 사자가 되어 부리에 숨겨진 보물을 알 수 있는 마법의 약초를 물고 있다. 그 새의 깃털을 머리에 올려놓으면 두통이 낫는다고 하며, 그 심장은 마음의 고통을 치료할 수 있다는 민간 신앙도 있다.

1. <새로운 멜루지네>

<물자체(Ding an sich)>의 즉물성에서 벗어나 정신세계를 직관해야 한다고 주장한 낭만주의 작가 노발리스는 『빌헬름 마이스터의 수업시대』는 너무 현실적인 내용이라고 비난하고 따라서 낭만주의적인 사조를 지녀야 한다고 주장하였다. 따라서 그의 대표적인 소설 『하인리히 폰 오프터딩겐』에서 천부적인 시인인 주인공의 외부적인 사건의 서술은 최대한으로 축소되면서 꿈, 시인, 사랑의 모티프가 동화적으로 전개되고 있다. 『빌헬름 마이스터의 수업시대』가 너무 현실적이라는 노발리스의 비평을 괴테가 수용했는지 이 작품의 후속편으로 발간된 『빌헬름 마이스터의 방랑시대』에 동화적인 작품 <새로운 멜루지네>가 수록되어 있다.

일반적으로 벌을 받아야 할 행위가 동화에서는 허용되고 거인과 소인, 마녀, 천사, 땅 또는 불 속에 존재하는 선과 악의 요정 등이 등장하는데, 이에 관해서 노발리스는 "많은 동화에 나타나는 중요한 특징, 즉 불가능한 것이 가능하게 되고, 인간이 자신을 극복하고 자연도 극복하여 자신에 상반되게 발생한 불편함이 편리하게 되는 순간 자신을 역행하던 사건이 편안하게 되는 기적이

일어난다"고 묘사하고 있다. 『빌헬름 마이스터의 방랑시대』에서도 "관찰이나 행동에 있어서 도달될 수 있는 것은 도달될 수 없는 것으로부터 구분되어야 한다"는 언급에서 도달될 수 없는 것은 동화에 의해서 도달될 수 있다고 암시되고 있다. 이러한 배경에서 <새로운 멜루지네>에서 소인의 요정이 역할을 한다.

한 이발사가 방랑 중에 소인국의 왕녀와 만나게 되어 동화적인 사건이 전개된다. 요정이 남성을 더 이상 속이거나 거부하고 싶지 않게 될 때 아름다운 신부나 공주가 되고, 이러한 요정을 신부로 데려가는 남성은 대개 왕자나 기사 등 멋진 남성이나, <새로운 멜루지네>에서 요정 멜루지네를 신부로 맞는 주인공은 지위가 낮은 이발사다. 괴테 당시에 무제우스(Johann K. A. Musäus)가 쓴 『독일동화집(Volksmärchen der Deutschen)』에서 옛 성을 방랑하는 유령 이발사가 괴테의 『빌헬름 마이스터의 방랑시대』에서도 언급되고 있다. "이 말이 없는 사나이는 장난꾸러기처럼 미소 지으면서 소리 없이 문밖으로 나가버렸다. 빌헬름은 그의 등에다 대고 소리쳤다. '정말이지 당신은 저 빨간 외투로군요. 꼭 그 사람이 아니더라도 적어도 그 자손의 한 사람임에 틀림없어요'." 여기에서 "빨간 외투(Rotmantel)"는 무제우스의 『독일동화집』에서 옛 성을 방랑하는 유령 이발사를 암시한다. 이렇게 동화적으로 방랑하는 유령 이발사에서 영향을 받아서 <새로운 멜루지네>의 주인공의 직업이 이발사인 것 같다.

동화에서 구원에는 흔히 두 가지 모티프가 전통적인데, 여성은 번뇌와 봉사에 의해 구원되고, 남성은 해방되어 구원된다. 남성이 구원자가 되는 경우에는 흔히 애욕이 동기가 되며, 이때 키스와 동침이 일반적이다. 그런데 <새로운 멜루지네>에서 애욕은 개방적이지 않고 감추어져 나타나고 있다. 애욕이 육체적으로 들어나지 않고 영적으로 느껴지는 것이다. 이발사는 멜루지네가 사랑하고자 하는 기사나 남성상이 아니어서 그의 체격은 "매우 좋았다(sehr gut gebaut)"고만 소개되며, 그녀도 외적인 모습만 소개되지 애욕적인 요소는 언급되지 않고 있다. 멜루지네에게는 개인적인 사랑이나 소유보다는 절멸의 위기에 처한 자신의 종족의 구원이 중요하여 육체적인 애욕보다도 미덕이 우세하는 것이다.

2. 소인과 소인국

18세기에 독일에서는 영국의 풍자작가인 스위프트(Jonathan Swift)의 『걸리버 여행기(Gulliver's Travels)』(1726) 같은 소인과 소인국을 다룬 동화적인 소설이 유행하였다. 따라서 소인과 소인국이 전개되는 <새로운 멜루지네>도 『걸리버 여행기』의 영향을 받았는데 이는 헤르더가 괴테에게 스위프트의 문학을 자극한 공로가 컸다. 따라서 괴테는 "헤르더는 소수의 빛나는 별들만 조국의 하늘에 남겨두고 나머지는 모두 흘러가는 유성들로 취급했다. (…) 헤르더는 동시에 자신이 뚫고나가려 한 찬란하고 넓은 길로 나를 이끌면서 스위프트와 하만을 필두로 자신이 좋아하는 작가들에 관심이 쏠리도록 나를 자극하였다"고 자서전 『시와 진실』에 적고 있다.

<새로운 멜루지네>에서처럼 주인공이 작은 상자의 틈 사이를 몰래 들여다보아 자기 연인이 소인이라는 모습을 발견하는 종류의 이야기가 동화에서 흔하다. 소인들은 자기들의 작은 모습이 주시되는 것을 싫어하여 자신들을 훔쳐 본 사람에게 극도의 노여움을 보이는 경우가 많다. 그림 형제의 『독일 전설(Deutsche Sagen)』에 들어 있는 <소인들의 결혼 잔치(Des kleinen Volks Hochzeitfest)>에서 소인들은 자기들의 결혼 잔치를 엿본 백작의 식구가 일곱 명을 넘지 못하는 저주를 내린다. <호이아 백작(Der Graf von Hoia)>의 소인들은 백작 집의 하인들이 자기들을 엿보지 못하게 당부하고 자신들의 이야기를 말하지 않는 대가로 칼과 반지를 선물로 주며 백작 가문을 번영을 약속한다. <소인들의 발(Die Füße der Zwerge)>에서는 소인들이 밤에 긴 외투로 발을 가리고 조용히 걸어와 과일을 따 광주리에 담아주는 등 사람들이 낮에 할 일을 대신 해주고 돌아가곤 한다. 목동이 호기심에서 과일 나무 근처에 재를 뿌려 놓고서 동이 튼 후 잿더미 위에 거위 발자국을 발견하고 이를 떠버리고 다니자, 소인들은 깊은 산으로 돌아가 버리고 더 이상 도움도 없게 된다. 멜루지네는 프랑스에서 건너와 독일에 널리 퍼진 동화의 여주인공으로 물의 요정이지만 인간의 모습으로 사랑에 빠져 인간의 아내가 된다. 어느 날 목욕을 하던 중 물의 요정 형태로 되돌아가는 모습이 남편에게 들키자 인간 세계에서 영원히 떠나게 된다. 그러나 <새로운 멜루지네>에서 멜루지네는 물의 요정이 아니라 소

인국의 왕녀다. 어느 날 밤 호기심에서 이발사가 작은 상자의 틈새를 통해 소인국의 궁전과 소인들을 보자 자신의 염원에 어긋나게 소인의 정체가 탄로된 멜루지네와 관계가 위태롭게 된다. 하지만 소인이기 때문에 그녀에 대한 사랑이 감소되지 않는다는 그의 설득으로 이를 모면한다. 이렇게 동화에서 소인들은 자신의 모습이 발각되면 영원히 떠나버리는 경향이 있으나 <새로운 멜루지네>에서는 소인의 모습이 발각되어도 계속 인연을 맺는다.

일반적으로 소인은 신적인 존재로 모든 면에서 인간을 능가한다. 따라서 <새로운 멜루지네>에서도 소인은 키가 작아 보기 흉하지만 선하고 신경이 예민한 민족으로 인간의 문명을 능가하는 고유의 역사를 유지하고 있다. 술을 많이 마신 어느 날 저녁에 이발사는 "인간이 아닌 소인이 무엇을 할 수 있는가?"라고 인간우월적인 질문을 내뱉는다. 마찬가지로 『파우스트』에서도 "너 따위 가련한 악마가 무엇을 주겠단 말이냐? 끊임없이 드높은 노력을 하고 있는 인간의 정신을 너 따위들이 언제 이해한 적이 있단 말이냐?"(1675~1677행)라고 파우스트가 인간우월적으로 악마 메피스토펠레스를 대한다. 그러나 인간인 이발사나 파우스트는 본질적으로 소인에 열등하다. 따라서 "나로다, 나 파우스트다, 그대(신)와 동등한 존재다"(500행)고 외치듯이 '신과 자신의 동일'을 내세우는 파우스트는 "아아! 나는 그대를 감당하지 못하겠다!"(485행)라고 자신이 불러낸 동화적 존재인 지령을 감당하지 못하여 좌절한다. "신의 모양인 나"(516행)나 "나, 신의 모양"(614행), 또는 "지상에서 나의 삶의 흔적은 영원히 사라지지 않을 것이다"(11583~11584행)라고 자신이 신적이라고 자부하던 파우스트는 지령의 모습에 "아! 그 모습은 너무나 거대하여, 나 자신을 진정 소인처럼 느껴야 했다"(612~613행)고 자신을 <소인>으로 여기거나, "나는 결코 신들과 같지 않다! 그것을 뼈저리게 느낀다. 나는 먼지 속을 이리저리 파헤치는 벌레와 같은 존재일 뿐이다"(652~653행)라고 소인보다도 못한 존재로 여기고 있다.

(안진태)

문명
(Zivilisation)

I. 문명의 문학적 수용

주어진 또는 쟁취된 어떤 것으로도 충족될 수 없는 욕구는 인간의 삶을 끝없는 추구와 행동으로 유혹한다. 이러한 욕구가 절제되거나 포기되지 않는 한 인간은 이 욕구를 충족시키려고 노력하고 행동하기 마련이다. 이처럼 삶은 항상 욕구에 따라 행동하기에 '멈춤'이나 '안주' 등은 인간의 원칙에 역행되어 끊임없는 문명의 발전이 거듭되면서 문학에도 영향력을 미쳤다. 이렇게 문학에서 '멈춤'과 '안주'를 거부하는 인물은 괴테의 『파우스트』의 주인공 파우스트가 대표적이다. 한계 돌파의 대가인 파우스트에게 '멈춤'이나 '안주'는 생각될 수 없고 '앞으로 돌진'만 있을 뿐이다. "감정이 위로, 그리고 앞으로의 돌진은 모든 사람들에게 타고난 것이다"(1092~1093행)라고 주장하는 파우스트는 "운명적으로 항상 거침없이 앞으로 돌진하는 정신"(1856~1857행)의 대명사다. 이렇게 만족을 모르는 앞으로의 돌진은 질풍노도의 전반적인 분위기로, 이의 대표적인 인물인 파우스트에 대해서 "그의 영원한 배고픔과 탐욕의 입술 앞에 진수성찬과 술이 어른거리게 하리라"(1863~1864행)고 피력되고 있다. 이렇게 발전을 앞세우는 파우스트는 미지의 바다로 항해하여 새로운 땅을 개척하거나 개간하여 『파우스트』 2부는 19세기 유럽의 자본주의 산업사회에 대한 분석과 묘사로 해석되기도 한다. 간척 사업 등을 하는 파우스트가 당대의 자본주의적 사업가로 조망되는 것이다.

그러나 파우스트가 "이 세상 속에 과감히 뛰어들어, 지상의 고통과 행복을 받아들이며, 폭풍우와도 맞서고, 배가 부서지는 소리에도 겁내지 않을 용기"(464~467행)로 시행하는 문명 사업은 상당히 부정적인 결과를 야기시켜 많은 교훈을 주고 있다. 결국 "역사가 진행되면서 서양의 문명은 더욱 발달 되었다"는 엘리아스(Norbert Elias)의 말처럼, 인간 역사의 발달이 문명의 확산으로 이어진다는 가치관은 옳지 않다고 괴테는 일깨워주고 있다. 시대가 가면서 문명이 발달되는 것처럼 보이지만, 실제로는 자연과 인간성이 황폐되어 이를 진정한 문명의 발달로 보기 어렵다는 것이다. 이런 배경에서 문명을 본격적으로 비평하는 시발점은 괴테에 있다고 볼 수 있다. 16세기와 17세기의 지리적 발견 후에 벌어진 18세기의 노예 산업으로 인한 세계 시장이 확산되면서 문명의 부정적인 면이 본격적으로 부각되기 시작했는데, 이러한 내용이 『파우스트』와 『젊은 베르테르의 슬픔』 등 괴테의 여러 작품에서 부각되고 있다.

II. 문명에서 벗어나 자연에 귀의

젊은 질풍노도 작가들은 시민적 정서에서 벗어나 초인의 경지를 열망하여 구름과 뇌우까지도 지배하려 했으며, 태양을 가지고 공놀이까지 하려 해서 『파우스트』에서는 "이 세계, 이것은 내가 창조해내기 전에는 존재하지도 않았다. 태양은 내가 바다로부터 끌어올렸고, 달의 차고 기움도 나로부터 시작되었다. (…) 무수한 별들도 그 첫날밤에 내 손짓 하나로 찬란함을 펼친 것이다"(6794~6799행)라고까지 언급되고 있다. 그들은 존재하는 모든 것을 타파하려 했고, 본능적·격정적인 힘에 압도되어 스스로를 천재로 여겼는데, 이러한 감정은 "모두가 자유도 생명도 날마다 싸워서 얻어야 한다"(11576행)는 파우스트의 주장에 요약되어 있다.

겨울의 폭풍으로 인한 해일로 1826년에 발생하여 많은 황폐를 가져온 홍수에 자극받아 집필된 괴테의 『기상학의 시도(Versuch einer Witterungslehre)』에서 "자연의 원소들은 우리가 영원히 싸워야 하는 거대한 적으로 간주되어야 한다. 이 적들은 개개의 경우 정신의 지고한 힘, 용기와 책략을 통해서 제압될 수 있다"고 괴테는 자연을 통치하거나 극복할 수 있다고 생각하며, 폭력적인 자연과의 투쟁은 필연적이라고 적고 있다. 따라서 기후에 대한 인간의 대응은 불가능하지만, 괴테의 작품에서는 기후에 도전하는 인간이 등장한다. 그의 『서동시집』속의 시 「겨울과 티무르」에서는 세계적인 정복자인 티무르가 영토 정복에서 승승장구한 나머지 이제는 계절 중에서 가장 극심한 겨울까지 정복하려 한다. 이러한 티무르에 겨울은 혹한으로 맞서는 등 서로 극한적으로 대치한다. 그러면 누가 승자가 될까? 승자를 규명하기 위해서는 이 시의 제목 <겨울과 티무르>에서 겨울이 인간인 티무르 앞에 위치하는 사실에 주목할 필요가 있다. 일반적으로 사람과 사물이 접속사로 연결되는 경우에 사물보다 사람이 앞에 위치하는 것이 상례다. 그러나 이 시 「겨울과 티무르」에서는 겨울이 인간 앞에 위치하여, 아무리 세계적인 강력한 정복자라도 평범한 자연의 순환인 겨울을 이겨낼 수 없다는 사실이 제목에서부터 명시되고 있다. 이러한 티무르처럼 자연까지 이겨내려는 의욕이 『파우스트』에서 더욱 적나라하게 전개된다. 파우스트는 거대한 횡포의 대상인 바다의 파도도 제압되어야 한다고 보아서 바다라는 "얽매이지 않은 원소의 목적 없는 힘"(10219행)을 제어하여 간척하려고 한다.

이러한 질풍노도적인 성격이 잘 나타난 괴테의 찬가 「프로메테우스」에서 프로메테우스가 문화, 예술, 국가, 사회 등 기존의 문명을 타파하여 초인적인 독립성을 추구하는 반면에, 역시 괴테의 찬가 「가뉘메트(Ganymed)」에서 가뉘메트는 신에 자신을 내맡기는 헌신적인 존재가 되고 있다. 질풍노도적인 기질로 (자연에서 벗어나) 상승하려는 프로메테우스가 문명의 성격을 지닌다면, 자아를 벗어나 신의 품에 안기려는 가뉘메트는 (문명에서 벗어나) 자연에 귀의하려는 의지를 반영한다. 이렇게 문명에서 벗어나 자연에 귀의하려는 가뉘메트의 의지는 『젊은 베르테르의 슬픔』의 첫 장면에서 구체화된다. 독립적이며 스스로 만족하고 스스로 완성하는 무한한 삶을 제공하는 자연에서 베르테르는 이성과 계산, 차가운 평가의 문명 세계를 잊고자 한다. "그곳(문명 사회)을 떠나오기를 얼마나 잘 했는지! (…) 현재를 있는 그대로 즐기겠어. 과거는 단지 과거일 뿐. (…) 어쨌든 이곳으로 온 후 나는 아주 건강하지. 마치 천국과 같은 이 고장에 있으면 고독은 오히려 내 마음을 진정시켜 주지. 청춘의 이 계절 또한 넘칠 정도로 넉넉하여 자칫 얼어붙을 것 같은 내 마음을 따뜻하게 해준다네. 나무나 생울타리마다 꽃도 만발하고, 향기로운 바다를 떠다니며 모든 영양을 찾아낼 수 있다면, 나는 한 마리 풍댕이라도 되고 싶을 정도일세." 이 인용에서 "과거는 단지 과거일 뿐"이라고 과거(의 문명)를 잊고 싶어 하는 베르테르에게 문명이 없는 아름다운 자연은 천국과도 같다. 이렇게 자연에 귀의하려는 베르테르의 의지는 괴테 자신의 의지로 그의 시 「호수에서(Auf dem See)」의 첫 구절에도 표현되어 있다.

> 그리고 신선한 영양분, 새로운 피를
> 자유로운 세계로부터 나는 흡수하네.
> 나를 가슴에 품어주는 자연은
> 얼마나 인자하고 선한가! (…)

이렇게 문명보다 자연이 우위라는 내용은 『빌헬름 마이스터의 수업시대』에서 미뇽과 하프 연주자가 부녀지간이라는 사실에서 '심리적으로도' 전개된다. 미뇽은 하프 연주자로 알려진 아우구스틴과 그의 여동생 스페라타의 딸인데, 문제는 이들 둘은 미뇽을 잉태할 때까지도 자신들이 오누이라는 사실을 전혀 모르고 있다는 것이다. 그런데 아우구스틴의 형제들은 이러한 관계를 용납할 수 없는 사건으로 여긴다. 둘이 오누이라는 것을 몰랐다고 해도 이들의 관계는 결과적으로 근친상간이라는 것이다. 여기에서 아우구스틴이 대응하는 것은 '자연'으로 그는 스페라타와의 사랑이야말로 죽도록 절망에 빠져 있는 자신을 위해 자애로운 '자연'이 내려준 선물이라고 주장한다. 인간의 윤리나 도덕 등 문명의 법칙보다 자연이 우위에 있고, 이러한 자연의 원리에 인간의 순수한 마음이 부합한다는 것이다. 이런 배경에서 "당신들의 변덕스런 규칙이나 곰팡이 쓴 양피지에 묻지 마시고 자연에 물어보세요. 당신들의 가슴에 물어보란 말입니다. 그러면 자연은 당신들이 정작 두려워해야 할 것이 무엇인지를 가르쳐줄 것입니다"라고 아우구스틴은 '문명에 대한 자연의 우위'를 주장한다.

III. 자연과 문명의 대립

황제에게 "그 땅은 아직 존재하지도 않고 널따랗게 바다 속에 잠겨 있어요"(11039행)라고 말하면서, 질풍노도적인 인물 파우스트는 바다 속에 잠겨 있어 아직 존재하지도 않는 땅을 새롭게 도전하여 간척하려고 한다. 그가 메피스토펠레스에게 "나는 지배권을 얻으려 한다, 재산도! 행동이 모든 것이다"(10187~10188행)라고 선언하면서 시행하는 이 간척 사업은 권력(지배권)과 부(재산)를 목적으로 하고 있다. 세계와 우주와 자연의 근원적인 진리를 인식하고자 했던 파우스트가 "여러 가지 계획"(10227행)을 세워 자연을 개조하여 이득을 얻으려는 것이다. 그러나 스스로 주인이 된 파우스트가 자신이 개발하고자 하는 낡은 세계보다 더 좋은 세계를 건설할 수 있을까? 「천상의 서곡」에서 "비록 그가 지금은 혼란 속에서 나를 섬기고 있으나, 나는 그를 곧 밝음으로 인도하리라"(308~309행)라는 주님의 언급을 보면 파우스트의 간척 등 문명의 사업은 성공할 것 같이 보인다. 신은 자신이 창조한 인간인 파우스트의 "어두운 충동에서도 결코 길을 잃지 않는"(328~329행) 선한 본성을 믿기 때문이다. 이렇게 신의 파우스트에 대한 믿음은 작품의 마지막 장면에서 실현되는 것 같이 보인다. 파우스트가 죽기 직전에 전개되는 미래의 이상적인 사회의 환영(幻影)에서 "지고한 순간"(11586행)을 향유하고, 그의 영혼은 천사들에게 구원되어 승천의 길로 들어서기 때문이다.

이러한 해피엔드 같은 전개에도 불구하고 작품 『파우스트』는 "한 편의 비극(Eine Tragödie)"이라는 부제를 지니고 있다. 작품의 도입부에 주인공의 구원이 약속되는 「천상의 서곡」에서부터 이 구원이 이루어지는 마지막 장면인 「심산유곡(Bergschluchten)」까지 모두가 "비극"이라는 것이다. 이러한 와중에서 전개되는 파우스트의 문명의 개발도 비극이 될 수밖에 없다. "가능한 수단을 다 강구하여, 일꾼들을 모을 수 있는 대로 모으고, 쾌락도 주고 엄벌도 주어 기운을 북돋아 주며, 돈도 뿌리고 달래기도 하고 억누르기도 해라!"(11551~11554행)는 파우스트의 말대로, 무리한 영토 개간과 여기에 따른 노동자들에 대한 가혹한 탄압과 수탈에 이어 필레몬(Philemon)과 바우치스(Baucis) 부부의 살해는, 개인의 이익을 위해 자연을 개발하는 문명의 행위가 어떠한 결과를 가져오는가를 보여준다.

파우스트가 공사를 수행하면서 노동자들에 가한 가혹한 수탈이나 사업 확장에 대한 욕구 그리고 사업에 장애가 되는 것에 대한 탄압 등은 19세기 유럽 초기의 자본주의 현상을 연상시킨다. 이렇게 대중을 수탈하는 파우스트의 행위는 결국 수치스런 결과를 야기시키게 되어 "어쩐지 이 일은 하나부터 열까지 합당하게 진행된 것 같지가 않아요"(11113~11114행)라는 불길한 결과를 예감시킨다. 자연에 승리하는 문명에 도취되어 거만하게 된 파우스트는 우주의 창조자인 신의 경지까지 오르려한다. 그러나 그의 작업들은 악마 메피스토펠레스가 영향을 미쳐 자행된 결과가 되어 파우스트도 "어떻게든지 내가 가는 길에서 마법을 제거하고, 주문(呪文) 따위는 완전히 잊어버릴 수가 있다면 좋으련만"(11404~11405행)이라고 악마의 영향에 대한 우려를 보이기도 한다.

황제에게 봉사한 공로로 바닷가 근처에 하사받은 토지로 이주하여 댐을 건설하고 운하를 파며 바다를 육지로 만들려는 파우스트의 욕구는 결국 자연을 파괴하는 결과를 야기한다. 이를 하도록 파우스트를 부추긴 원흉은 악마 메피스토펠레스가 되어 "그런데 이젠 저런 요기(妖氣)들이 공중에 충만하고 있으니, 어찌하면 그것들을 피할 수 있을지 알 길이 없구나"(11410~11411행)라고 파우스트도 불안한 심기를 내보인다. 파우스트가 만든 댐이나 제방 등은 인간에게 득이 되지만, 어느 시기에는 화가 되는데, 이러한 내용은 『젊은 베르테르의 슬픔』에서 구체적으로 전개된다. 베르테르의 1772년 12월 12일자 편지에서 해동기의 날씨로 인한 계곡의 홍수로 자연이 붕괴되는 것이다. "갑자기 눈이 녹을 듯한 날씨가 되더니 강물이 범람하고 개울이란 개울은 모두 넘쳐흘러 내가 좋아하던 발하임의 아래쪽 골짜기가 물에 잠겼다는 얘기를 들었던 것일세. (…) 바위에서 쏟아지는 격류가 달빛을 받으면서 소용돌이치며 흐르는 모습은 무섭기까지 했어. 밭도 목장도 생울타리도 모두 물에 잠겨 넓은 골짜기는 위에서 아래까지 거세게 몰아치는 바람 속에서 온통 폭풍의 바다였네."

IV. 시각(視覺)의 영향

파우스트가 현실의 제약에서 벗어나기 위해서는 외부의 문명이란 어둠 대신에 “내면의 빛”이 필요하다. 이탈리아 여행에서 그곳 예술에 감탄하여 감정의 인간에서 눈의 인간이 된 괴테의 시각과 반대로 파우스트의 시각은 문명에 현혹되어 간다. 현실을 “보는” 능력을 상실한 파우스트가 꿈꾸는 미래의 공동체는, “환상이 어느 때는 대담하게 날개를 펴고 희망에 가득 차 영원을 향해 자신을 확대해간다”(640~641행)는 말처럼 현실에서 유리된 환상의 세계다. “내면의 빛”과 “외부의 빛”의 조화를 상실한 것이다. 객관적 현실을 보지 못하고 주관적인 것만을 보는 파우스트에게 주관적 상상력과 현실 및 객관적 관찰 사이의 조화와 균형이 상실된다.

이러한 파우스트가 운명의 대전환을 맞게 된다. 노부부 필레몬과 바우치스를 살해한 후 그를 찾아온 “근심(Sorge)”의 저주로 파우스트는 눈이 멀게 되는 것이다. 이렇게 눈이 멀게 된 파우스트는 “지혜의 마지막 결론”(11574행)인 이상의 공동체를 환영(幻影)으로 대하며 “마음속에 밝은 빛이 빛나고 있다”(11500행)고 말하듯이 육신의 시각에서 영혼의 시각으로 변하게 된다. 여기에서 “마음속의 빛”은 인간의 이성이 아니라, 천상의 빛으로 신적인 이상이다. 고대의 예언자처럼 육신의 눈이 먼 대신에 진리를 보는 내면의 눈이 작용한 것이다. 눈이 멀게 되고서야 비로소 “채색된 영상의 삶”(4727행)에서 벗어나 본래의 모습을 찾게 된 파우스트는 “모든 무상한 것은 한낱 비유일 따름이다”(12104~12105행)고 깨닫게 된다. 그의 시선은 현실적·물질적 세계로부터 해방되어 “지혜의 마지막 결론”(11574행)인 내면의 세계로 향한다. 눈앞도 못 보는 장님이 되어서야 이상의 세계에 도달한 것이다. 파우스트가 육신의 눈으로 바라본, 즉 그가 꿈꾸었던 이상향은 유토피아처럼 현실 세계 어디에도 존재하지 않았다. 그런데도 문명은 안락을 제공한다는 구실로 개발을 끊임없이 유혹한다.

결론적으로 제방을 쌓고 둑을 막는 작업은 악마 메피스토펠레스가 원하는 문명 행위로, 자연을 풍부하게 한다는 허울 속에서 당장 인간에게 득이 될지 몰라도 결국은 자연을 파손하는 경우가 허다하다. “사대원(四大元)의 세계가 우리와 결탁하고 있으니 결국은 파멸의 길을 걷게 되리라”(11549~11550행)고 호언하는 악마 메피스토펠레스가 파우스트를 유도한 것도 문명이었다. 이러한 파우스트는 육신의 눈이 멀고 영혼의 눈이 띄게 되어서야 비로소 "자연이여, 내가 그대 앞에 한 사나이로서 마주 설 수 있다면, 인간으로서 존재하려고 노력하는 보람이 있으리라"(11406~11407행)고 문명에서 벗어나 자연의 가치를 깨닫게 된다.

(안진태)

변형

(Metamorphose)

그리스어 Metamorphose는 형태의 변화를 의미한다. 이 개념은 고대신화에서 사람이 동물이나 식물, 또는 우물과 같이 다른 사물로 바뀌는 것을 칭했다. 괴테는 그의 형태학 (Morphologie)의 주요 개념 중 하나로 이 말을 사용했다. 괴테가 볼테르나 칼 폰 린네를 통해서 이 개념을 알게 되긴 했지만 그의 변형론은 독자적으로 발전시킨 이론이었다. 현대생물학에서 변형이란 다양한 동물군에서 유충에서 성충으로 동물의 형태가 변하는 것을 나타내는 용어인데, 괴테는 이 개념을 유기체 일반의 변형으로 더 넓게 사용했다.

괴테는 형태학의 관점에서 점진적 변형과 동시적 변형을 구분했다. 점진적 변형이란, 곤충들이 유충에서 번데기로, 그리고 다시 성충으로 변화하듯이 생명체가 연속적으로 여러 가지 형태로 변하는 것을 의미하며, 동시적 변형은 척추의 척추골들에서 볼 수 있듯이 연속적으로 배열된 비슷한 구조들 사이의 차이를 의미한다. 이러한 변형이론을 본격적으로 다룬 대표적인 텍스트가 괴테의 「식물의 변형(Die Metamorphose der Pflanzen)」이다.

괴테는 식물이나 동물의 변형을 다룬 산문텍스트들의 내용을 요약하여 시로 나타내기로 했는데 비가 「식물의 변형」(1798)과 헥사메터(6운각)로 만든 시 「동물의 변형(Metamorphose der Tiere)」(1798-99)이 그러한 시이다. 특히, 두 번째 시는 미완성작이긴 하지만 해부학에 관한 괴테의 사유를 잘 보여주고 있다. 그는 척추동물유형을 대상으로 삼아 그 조화와 규칙성, 한편으로는 조건의 제약을 받지만 다른 한편으로는 유연하고 자유롭게 변화하는 특성을 표현하였다. 이러한 특성을 "형성본능상태(Etat des Bildungstriebes)", 또는 "유동적 질서(bewegliche Ordnung)"라고 비유적으로 칭하며, 이것이 유기체의 변형을 생물학적으로 설명할 수 있는 하나의 결정적인 원칙이라고 설명했다.

식물과 동물의 변형을 다룬 그의 시들의 마지막 부분에서 괴테는 인간의 변형에 대해서도 언급한다. "아는 사이라는 싹에서 / (…) / 우정이 힘차게 우리들의 내면에서 그 모습을 드러내는 것처럼, / 그리고 사랑이 마지막으로 꽃을 피우고 열매를 맺는 것처럼"(「식물의 변형」). 시「동물의 변형」에서는 유동적인 질서 개념이야말로 사상가와 정치인, 예술가의 최고 덕목임을 강조하고 있다.

또한 괴테가 쓴 스탠자(각운이 있는 8행의 시연) 형식의 시 「원형의 말. 오르페우스적인(Urworte. Orphisch)」도 인간 삶의 결정적인 단계들과 이에 영향을 미치는 요인들을 다룸으로써 인간의 변형을 논한다.

괴테가 인간의 변형을 자기 자신의 성장과정에서 보았던 것이 분명하다. 그의 자서전인 『시와 진실(Dichtung und Wahrheit)』의 제3부에 넣을 계획이었던 서문의 초안에서 그는 "식물의 변형"을 교훈삼아 자신의 자서전을 집필하고자 했다고 밝힌 바 있다. 즉, 『시와 진실』 제3부의 첫 권에서는 사방으로 부드러운 뿌리를 뻗지만 아직 싹을 틔우지 못하는 어린 시절을 그렸고, 두 번째 책에서는 활발하게 녹색의 잎을 내고 단계적으로 다양한 가지들을 만들어내는 소년 시절을, 그리고 세 번째 책에서는 개화를 서두르는 희망찬 청년기를 그리고자 했다고 표현함으로써 인간의 성장을 식물의 발달에 비유하였다.

1808년 5월 17일자의 일기에서 괴테는, 변형은 "세계정신이라는 심장의 수축과 이완" 같은 것이라고 썼다. 노년기에도 그는 "형성, 변형, / 영원한 의미의 영원한 대화"(『파우스트 2부』), "지상적 존재의 영원한 변형, 생성과 성장, 파괴와 재형성이라는 변형은 그러므로 결코 멈추지 않는 어머니들의 일이다"(『에커만과의 대화』, 1830년 1월 10일자)라고 했다.

괴테의 변형 개념은 이와 같이 식물학이나 동물학이라는 자연과학의 좁은 영역을 훨씬 넘어서서 인간과 우주 전체를 인식하고자 한 그의 사유의 핵심개념 중 하나이다.

(신혜양)

상징과 알레고리
(Symbol und Allegorie)

괴테에 따르면 알레고리와 상징 사이에는 "큰 차이점(ein großer Unterschied)"이 있다. 알레고리는 "시인이 보편적인 것을 위해 특수한 것을 찾는[der Dichter (sucht) zum Allgemeinen das Besondere]" 방식인 반면, 상징은 시인이 "특수한 것에서 보편적인 것을 관찰하는(im Besonderen das Allgemeine schaut)" 방식이다. 다시 말하면 알레고리에서는 "특수한 것이 보편적인 것의 예로서[das Besondere (…) als Exempel des Allgemeinen]" 기능하는 반면, 상징에서는 "특수한 것이 말해지지만, 보편적인 것에 관하여 미리 생각하거나 보편적인 것에 대하여 미리 암시함 없이(sie spricht ein Besonderes aus, ohne ans Allgemeine zu denken, oder darauf hinzuweisen)" 말해진다는 것이다. 이러한 괴테의 견해를 다시 정리해 보면, 알레고리나 상징이나 모두 특수한 것을 통해서 보편적인 것과 관계를 맺는 방식이라는 점에서는 유사하다고 할 수 있다. 하지만 이 두 방식에는 근본적인 차이가 존재하는데, 알레고리는 미리 보편적인 것을 염두에 두고 그에 적합한 예를 특수한 것에서 찾는 방식인 반면, 상징은 특수한 것을 형상화한 결과로 (미리 염두에 둔 바 없음에도 불구하고) 보편적인 것을 인지하게 되는 방식인 것이다. 그런데 (괴테에 따르면) 보편적인 것의 예를 특수한 것을 통해 그려내려는 주관적 의도성이 본질적 중요성을 지니는 "알레고리는 현상을 개념으로, 그리고 개념을 다시 형상으로 변형시키는데, 그 결과 이 개념은 항상 여전히 제한되어 있고 이미 완결된 상태로 유지되며 (…) 이 개념은 이 형상에서 (항상 여전히 제한되어 있고 이미 완결된 상태로) 표현된다." 반면에 "상징은 현상을 이념으로, 그리고 이념을 형상으로 변형시키는데, 이 이념은 이 형상 안에서 항상 무한히 작용하고 도달하는 것이 불가능한 채로 남아있게 되며, 모든 언어로 진술된다할지라도 진술불가능한 채로 남아있게 될 것이다."

상징은 특수한 것을 통해 보편적인 것을 그려내는데, 이는 특수한 것을 통해 보편적인 것을 묘사하겠다는 주체의 의도에 의해서 이루어지는 것이 아니다. 특수한 것을 통해 보편적인 것을 그려내려는 주체의 의도는 오히려 상징을 불가능하게 만든다. 왜냐하면 이러한 의도에 의해 작동되는 것은 상징이 아닌 알레고리이기 때문이다. 상징이 궁극적으로 지향하는 것은 특수한 것에서 보편적인 것을 관찰하는 것이지만, 특수한 것에서 보편적인 것을 그려내는 것은 오히려 보편적인 것을 그려내려는 의도를 가지지 않은 경우에만 가능하다는 것이다. 괴테의 상징 개념이 지닌 이러한 역설적 특성은 상징과 이념의 관계에 대한 설명을 통해 보다 더 분명해진다. 상징이 형상화의 대상으로 삼고 있는 이념은 주체가 그 이념을 형상 속에서 그려내려는 의도를 지니고 있다고 해서 그려낼 수 있는 것은 아니다. 왜냐하면 보편적인 것의 형상화는 특수한 것 안에서만 가능하지만, 보편적인 것은 이러한 형상화에도 불구하고 보편적인 것의 본질 전체에 완전히 도달하는 것이 항상 불가능한 채로 남아있기 때문이다. 특수한 것을 통해서 이 보편적인 것이 진술된다할지라도 이 보편적인 것 그 자체는 여전히 진술불가능한 채로 남아있다는 것이다. 이처럼 '보편적인 것에 대한 진술불가능성'을 인정할 경우에만 '보편적인 것에 대한 상징적 진술'이 가능해진다. "진정한 상징에서는 특수한 것이 보다 더 보편적인 것을 재현하는데, 꿈과 그림자로서 재현하는 것이 아니라 탐구할 수 없는 것을 생동감 있게 순간적으로 계시하는 방식으로 재현한다."는 괴테의 주장도 동일한 맥락에서 이해할 수 있다.

이처럼 상징이라는 진술이 하나의 진술원리로 기능하기 위해서는 상징의 진술 대상이 항상 진술하는 것이 불가능한 어떤 것으로 남아 있어야 한다면, 과연 상징이 기호를 통해 의미동일성을 재현하는 것이 가능할까? 상징적 진술의 대상이 항상 진술하는 것이 불가능한 것이라는 사실은 상징과 그 상징을 통해 표현된 것이 결코 동일한 것일 수 없음을 암시한다. 왜냐하면 상징을 통해 '특수한 것 속에서 진술된 보편적인 것'이 보편적인 것임에는 분명하지만, '보편적인 것의 본질 전체'를 온전히 진술해 주고 있지는 못하기 때문이다. 상징을 통해 '진술된 보편적인 것'과 '보편적인 것 자체' 사이에 차이가 존재하게 된다는 말이다. 그렇다면 상징이 특수한 것 속에서 '진술한 내용'을 통해 그 '진술 대상 자체'인 보편적인 것의 의미를 있는 그대로 동일하게 재현하고 있다고 보기는 어렵다. 루만(Niklas Luhmann)의 표현을 빌리면, "상징적인 것은 (…) 도달할 수 없는 이념에 대한 차이와 (…) 관계되는데, 이 이념은 감각적 현상 속에서 차이로서 표현되며, 이 차이에 대한 괴로움으로 표현된다." 다시 말하면 상징은 "기호가 표시할 수 없는 것에 대해서 지니는 관계를 묘사해야 하는 임무"를 지니고 있으며, "상징은 자신이 될 수 없는 것이(되)고자 시도함"으로써, "여전히 차이로서의 역할을 담당해야 하는" 표현형식인 것이다.

상징과 알레고리에 대한 괴테의 이러한 이해방식을 보면, 완결성 및 폐쇄적 특성을 지니고 있는 것은 오히려 알레고리이고, 상징은 미결정성 및 개방적 특성을 지니고 있다. 알레고리에 의해 형상화된 개념은 항상 '이미 완결된' 형태로만 표현되며, 이러한 표현은 '제한되어'있고 폐쇄적 특성을 지닌다. 그러나 이와는 반대로 상징에 의해 형상화된 이념은 상징 속에서 결코 완전하게 표현될 수 없으며, 항상 아직 완결되지 않은 미결정의 형태로 제시될 수 있을 뿐이다. 그리고 상징에 의해 표현된 이념은 무한히 작용하는 개방적 특성을 지니게 된다는 것이다. 끊임없이 작용하는 시간적 속성을 지닌 괴테의 상징개념은 상징 일반에 대한 드 만(de Mann)의 비판과는 달리 완결된 폐쇄적 형식이 아니라, 열린 형식인 것이다.

(주일선)

세계문학론
(Weltliteratur)

(1) 1820년대에 접어들어 괴테는 협소한 민족문학의 틀을 넘어서 '세계문학'을 추구해야 한다는 견해를 제시했다. 괴테가 제창한 세계문학론은 단지 독일문학이 세계적 고전의 수준으로 발전해야 한다는 논리와는 다른 복합적 의미를 갖는다. 괴테는 문학이 '인류 공동의 자산'임을 전제하면서 다양한 민족(국민)문학들이 긴밀한 상호교류를 통해 일국적 한계를 넘어서 인류 공동의 문학적 자산을 일구는 데 힘써야 한다고 강조한다. 그런 의미에서 괴테는 "이제 민족문학이라는 것은 그다지 큰 의미가 없고 세계문학의 시대가 임박했으니 누구나 이 시대를 앞당기도록 힘써야 할 것"이라고 말한다.

실제로 괴테 자신의 문학이 그런 의미에서 '세계문학'의 형성에 기여했다. 고대 그리스 문학과 셰익스피어 수용은 괴테 문학에 생산적인 자극이 되었고, 고대 영국과 북구의 민요는 괴테가 쉴러와 함께 1797년에 집중적으로 창작한 발라드(담시)의 중요한 밑거름이 되었다. 『타우리스의 이피게니에』(1787)는 고대 그리스의 에우리피데스가 썼던 동명의 희곡을 새롭게 개작한 것이며, 서사시 『헤르만과 도로테아』(1797)는 고대 그리스의 서사시 형식을 프랑스 대혁명의 시대적 상황에 맞게 시민적 서사시로 새롭게 창조한 것이다. 괴테가 만년에 간행한 종합예술 비평지 <예술과 고대문화>(1816~1832)는 독일 뿐 아니라 유럽 전역의 문학·예술·건축 등에 대한 비평을 통해 유럽을 하나의 문화권으로 조망한 시도라 할 수 있다.

(2) 만년의 괴테는 유럽의 주변부 문학에도 깊은 관심을 기울였다. 「세르비아의 민요」(1826)에서 괴테는 세르비아 민요를 서구의 '문명화된' 관점에서 '이

국적으로' 보지 말고 "세르비아인들을 거친 토양과 대지 위에서 이해하고, 마치 우리가 직접 현장을 찾아간 듯이 그들이 처한 상황을 통해 우리의 상상력을 풍요롭게 하여 보다 더 자유로운 판단을 할 수 있도록 해야 한다."(FA 22, 686)라고 말한다. 세르비아 민요를 세르비아인들이 경험한 구체적 역사 속에서 그들의 관점에서 이해해야 한다는 것이다. 주로 구전(口傳)으로 전승되어 세르비아 내에서도 거의 활자화되지 않았던 세르비아 민요가 독일어로 번역되어 읽히기까지의 경위에 관한 괴테의 상세한 언급은 그런 점에서 매우 흥미롭다. 괴테의 설명에 따르면 세르비아 민요집 번역자는 비인에서 세르비아 출신의 하층민들이 부르는 세르비아 민요를 듣고 채록했다. 그런데 정작 세르비아인들 자신은 자국의 '교양 있는 독자들'이 경멸하는 민요가 독일어로 번역되면 그들의 '자연스럽고 소박한' 노래가 독일의 '세련된' 시와 대비되어 폄하될 거라고 우려했다는 것이다. 자국에서는 저속한 하층문화로 평가받는 세르비아 민요가 뜻있는 독일인의 '진지한' 관심대상이 되어 훌륭한 독일어로 번역됨으로써 '민중시(Volkspoesie)'의 진가를 인정받게 된 것이다. 이러한 문화적 소통 과정에 대하여 괴테는 이렇게 말한다. "외국인들이 우리나라에서 우리 토착의 것이 아닌 외래적인 것을 발견하게 된다면 그것 또한 적지 않은 의미를 지니는 것이다. 우리가 지금까지 그래왔듯이 허세와 과장을 부리지 않고 이와 같은 접근을 여러 방면으로 달성해간다면 머지않아 외국인들이 우리나라 시장으로 와서 그들이 직접 받아들이기 어렵던 상품들을 우리의 중개를 통해 구하지 않으면 안 될 것이다."

문화적 차이와 언어적 장벽으로 인해 외국인의 입장에서는 접근할 수 없던 낯선 이방의 문학을 제3국 번역을 통해 접근하는 이러한 문화적 매개 역시 보편적 세계문학 형성의 중요한 일환이 된다는 것이다. 실제로 괴테는 세르비아 민요 중 동시대 유럽 중심부의 문학에 견주어 손색이 없는 탁월한 문학성을 구현한 사례를 발견한다. 예컨대 당대 프랑스 시인 베랑제(Béranger)의 시와 세르비아 민요 사이에서 놀라운 공통점을 발견하는 괴테는 그런 측면에서 지역적 특수성을 넘어선 보편적인 '세계시(Weltpoesie)'의 가능성을 보기도 한다. "여기서 특기할 만한 것은 반쯤은 미개한 민족과 가장 세련된 민족이 경쾌하기 이를 데 없는 시의 경지에서는 합류하고 있다는 사실이다. 그런즉 우리는 세계시(Weltpoesie)라는 것이 존재하며 상황 여하에 따라 발현된다는 것을 다시금 확신하게 된다. 따라서 내용과 형식이 굳이 전승될 필요도 없으니, 태양이 비치는 곳이면 어디서나 확실히 그러한 세계시가 발전할 것이다." 의례적인 문학사의 기준으로 보면 고도로 세련된 서구 중심부와 낙후한 주변부의 문학으로 서열화하기 십상인 변방의 문학이 동일한 수준의 문학성을 갖추었다고 평가하는 것이다. 이러한 서구 중심의 편견을 넘어선 이러한 개방적인 시야가 문화적 쌍방향 소통의 전제조건이라 할 수 있다.

(3) 만년의 괴테는 유럽 바깥의 문학에도 관심을 쏟았다. 고대 페르시아의 시인 하피스(Hafis)의 시에서 영감을 얻은 괴테의 『서동(西東)시집(West-östlicher Divan)』(1819)은 페르시아 문학과 역사에 대한 탐구의 결실이다. 특히 『서동시집』의 부록으로 수록된 방대한 분량의 '메모와 논고'는 고대 페르시아 문학의 기원과 역사적 전개를 매 시대의 역사적 상황 속에서 명료하게 서술한 것으로, 그 자체가 한 권의 페르시아 문학사로 손색이 없다. 고대 페르시아 문학이 유럽어로 번역되면서 유럽의 독자들이 유럽적 기준에서 오리엔트 문학을 평가하는 관행에 대하여 괴테는 가령 밀턴(Milton)과 포프(Pope)가 '동방의 의상'을 걸친다면 얼마나 황당할 것인지 반문하면서 설익은 오리엔탈리즘을 경계한다.

그런 의미에서 "어떤 시인이든 그 시인의 언어와 시인이 살던 시대와 풍습의 독특한 환경 속에서 시인의 진면목을 찾고 깨닫고 존중해야 한다."(『서동시집』, 396)고 보는 괴테는 문학에서 '보편적인 것'이 과연 무엇인지 되묻는다. 괴테는 고대 페르시아 시의 중요한 특징으로 지극히 비천한 것과 한없이 숭고한 것을 결합시키는 독특한 상상력에 주목한다. 서구의 문학적 취향에 길들여진 독자의 관점에서 보면 그처럼 이질적인 것의 결합은 낙후한 몰취미의 징표로 보일 것이다. 그렇지만 괴테는 고대 페르시아 시문학이 오히려 그처럼 양립 불가능해 보이는 상이성까지도 결합시킬 줄 아는 대범한 상상력에 힘입어 서구 기독교와 오리엔트 이슬람교의 문화적 차이와 적대까지도 거뜬히 넘어서고 있다고 높이 평가한다.

(4) 괴테가 '세계문학'을 제창한 또 다른 배경은 괴테와 쉴러의 문학이 프랑스와 영국에서 활발히 수용된 데 힘입은 것이다. 칼라일이 『쉴러의 생애』라는 책을 내자 괴테는 이렇게 평한다. "이제 프랑스인, 영국인과 독일인들 사이에 긴밀한 교류가 이루어져서 서로를 바로잡을 수 있는 계기가 마련된 것은 정말 다행한 일이다. 이것은 하나의 세계문학에서 생겨나는 커다란 이득이다. 칼라일은 쉴러의 생애에 관해 저술하였는데, 모든 문제에서 독일인도 쉽게 해내지 못할 정도로 탁월하게 평가하고 있다. 반면 우리는 셰익스피어와 바이런에 관해서는 명확하게 파악하고 있고, 영국인들 자신보다 더 잘 평가할 줄 안다." 영국인이 저술한 쉴러 평전이 독일인의 안목보다 더 탁월하다는 것을 겸허하게 인정하는 한편, 셰익스피어와 바이런에 관해서는 독일인이 영국인보다 오히려 더 잘 평가하고 있을 거라는 자부심을 피력함으로써 괴테는 그러한 상호소통을 통해 '프랑스인과 영국인과 독일인들이 서로를 바로잡을 수 있는 계기'가 마련된 것이 곧 '하나의 세계문학에서 생겨나는 커다란 이득'임을 역설하고 있다. 따라서 괴테가 '하나의 세계문학'이라고 일컫는 것은 단지 선언적인 요청이 아니라, 문화적 소통을 통해 일국적 한계를 지양해가고 보편적 공감대를 형성해가는 현재진행형의 과정 자체를 가리킨다. 괴테는 프랑스와 영국에서 자신의 희곡이 번역된 것에 대하여 이렇게 말한다. "외국에서도 나로서는 바람직한 일이 일어나고 있습니다. 프랑스인들이 나의 희곡 작품들을 번역했는데, 편견에서 벗어난 높은 식견에 감탄하지 않을 수 없습니다. (…) 프랑스인은 전래의 언어를 사용하면서도 마치 여러 개의 평면거울로 합성한 오목거울을 들이대듯이 대범하게 하나의 초점을 맞출 줄 알고 있습니다. 영국에서는 소안(Soane)씨가 나의 『파우스트』를 훌륭하게 이해하여 이 작품의 고유한 특성을 자국어의 고유한 특성 및 자국민의 요청과 조화시킬 줄 알고 있지요. (…) 전반적으로 볼 때 나는 여러 민족들이 이전보다 서로를 잘 이해하는 법을 배우고 있다고 생각됩니다."

"프랑스인은 전래의 언어를 사용하면서도 마치 여러 개의 평면거울로 합성한 오목거울을 들이대듯이 대범하게 하나의 초점을 맞출 줄 안다"고 하는 것은 자국의 언어 및 문화적 전통을 숙지한 바탕 위에서 타국의 문학을 통합적 관점에서 해석해내는 창조적 수용태도를 높이 평가한 것이라 할 수 있다. 마찬가지로 영국에서의 『파우스트』 번역 또한 작품 자체의 고유한 특성을 영어의 고유한 특성 및 영국인의 요청과 조화시킨 바람직한 수용의 본보기로 거론되는 것이다.

(5) 앞의 인용문에서 "여러 민족들이 이전보다 서로를 잘 이해하는 법을 배우고 있다"는 문화적 상호 이해는 좁은 의미의 문화적 차원을 넘어 국가들 사이의 갈등과 대결을 극복하는데 기여한다. "얼마 전부터 보편적 세계문학이 거론되고 있고, 이것은 틀린 얘기가 아니다. 끔찍한 전쟁들로 인해 만신창이가 된 모든 민족들이 전쟁을 겪고 나서 다시 자신의 처지를 되돌아보면 외국에 관해 여러 가지를 알고 받아들이게 되었으며, 지금까지 알지 못하던 정신적 욕구를 도처에서 느끼게 되었음을 깨닫지 않을 수 없을 것이다. 이런 사정에서 서로가 가까운 이웃의 관계에 있다는 감정이 생겨나며, 지금까지 그랬듯이 마음의 문을 닫아놓는 대신 다소간 자유로운 정신적 교류를 점차 받아들여야 할 정신적 요구에 직면하게 되는 것이다."

끔찍한 전쟁의 참상과 상처를 교훈삼아 여러 민족들이 서로 '마음의 문'을 열고 '가까운 이웃의 관계'로 맺어져야 한다는 것이다. 그런 의미에서 괴테의 세계문학론은 궁극적으로 국가 간의 평화적 공존과 상호유대를 지향한다. 괴테는 '민족적 증오심'이 '낮은 단계의 문화'에서 가장 강하며, 문화가 더 높은 단계로 발전할수록 민족의 경계를 넘어서 갈등을 극복할 수 있다고 본다. 지금까지 살펴본 다양한 민족들 사이의 문화적 소통과 교류가 더 높은 단계의 문화로 진입하는 징표인 셈이다. 이처럼 일국적 한계를 넘어 제 민족이 더욱 긴밀하게 교류하는 발전과정을 오늘의 관점에서 보면 바야흐로 '세계화'의 시대로 이행하는 세계사적 과정이라 할 수 있을 것이다. 괴테는 그러한 세계사적 추이를 민감하게 포착한다. "전 세계의 모든 지역으로부터 온갖 종류의 급보(急報)들이 속속 쏟아져 들어오는 이 시대에 노력하는 사람이라면 누구나 자기 민족과 여타 민족들에 대해 어떤 태도를 취할 것인가를 배우는 것이 절실히 요구된다. 그런 생각이 있는 문인이라면 일체의 구멍가게 근성을 버리고 그런 교역이 진행되는 원대한 세계로 눈을 돌려야 마땅할 것이다." 전 세계의 모든 지역으로부터 온갖 급보들이 쏟아져 들어오는 시대적 추세를 '교역'이라 일컫는 데서도 알 수 있듯이 괴테는 자본주의 세계시장의 형성에 따른 '세계화'의 흐름을 읽어내고 있는 것이다. 일국적 경계를 넘어서는 국제적 문화소통을 지향하는 괴테의 세계문학론은 세계화 시대를 내다보며 인류의 평화적 공존에 이바지하는 인류 공동의 문학자산을 일구어야 한다는 시대적 요청에 부응하는 것이라 할 수 있다.

(임홍배)

아름다운 영혼
(Schöne Seele)

18세기 소설 작가들은 독자를 새로운 미지의 세계로 끌어들이고자 사실적인 사건을 초현실적인 가상(假想)으로 만들어 현실을 허구(Fiktion)화 시키기도 했다. 또한 교양을 추구하여 교육의 성과를 높이려는 도덕적인 성격이 소설에서 요구되기도 하였다. 따라서 허구적인 내용이 모범적인 행동이 되는 등으로 인물들은 도덕적·시민적인 삶의 모범을 보여주었다. 이렇게 독자가 지향하는 도덕을 충족시켜 주는 소설은 "문학은 많은 사람들의 정의감을 통하여 국가의 재판권을 밑받침해 주는 도덕적인 무대이다"라는 쉴러의 주장과 일치한다. 이러한 소설은 계몽주의의 산물이고 이러한 계몽주의에 대립되는 사조가 감상주의(Empfindsamkeit)이다. 감상주의의 본질은 외적인 형상이 아니라 내적인 영혼이어서 "아름다운 영혼(Schöne Seele)" 같은 감성을 다뤘다. 이성(理性)이나 오성(悟性)이 아니라 영혼에 의해 배양되는 아름다운 영혼은 플라톤의 철학에서 연원되어 플로티노스(Plotinos)의 신플라톤주의를 거쳐 중세의 그리스도교 문학에 흘러들어왔으며, 다시 중세 말기 독일의 신비주의와 16~17세기 스페인의 종교 문학에 이어졌다.

프랑스에서 루소의 『신 엘로이즈』도 "아름다운 영혼(belle ânne)"을 이상으로 하는 교육 소설이다. 괴테는 헨리에테 폰 오버키르히에게 보낸 편지 속에서 루소의 이 프랑스어를 그대로 사용하고 있다. 슈타인 부인에게 보낸 편지에는 "위대한 아름다운 영혼", "당신의 아름다운 영혼 속에", "하나의 아름다운 영혼"이라는 표현이 나온다. 『타우리스의 이피게니에』에서 아르카스는 이피게니에에게 "아름다운 영혼은 고귀한 분께서 보내시는 호의에도 마음이 움직이지 않는다는 말씀입니까?"(1493~1494행)라고 묻는다. 또한 클롭슈토크의 극작 『아담의 죽음(Der Tod Adams)』과 레싱(Gotthold E. Lessing)의 『자유 정신(Freigeist)』에서도 아름다운 영혼이 언급되며 괴테의 젊은 시절에 감화를 준 빌란트의 작품들에도 (반어적으로 사용 되는 경우도 포함해서) 자주 나오고 있다.

빌란트의 소설 『아가톤 이야기(Die Geschichte des Agathon)』의 주인공 아가톤(Agathon)의 모델은 기원전 5세기 후반의 아테네의 비극 시인 아가톤이다. 델피의 엄격한 신관들 밑에서 성장하면서 관능의 세계를 전혀 모르던 아가톤은 성장하여 소피스트인 히파이스 옆에서 생활하면서 유녀(遊女) 다나의 팔에 안겨 관능의 기쁨에 빠져들었으나 후에 엄청난 노력으로 이 세계에서 빠져나온다. 이러한 아가톤은 괴테의 『빌헬름 마이스터의 수업시대』의 제6장 <아름다운 영혼의 고백>의 화자와 유사하다. 따라서 교양소설의 역사에서 볼 때 『아가톤 이야기』가 <아름다운 영혼의 고백>의 선구적인 작품으로 볼 수 있다. <아름다운 영혼의 고백>에서는 8세에 객혈(喀血)하고 병상에 누운 어느 귀족의 딸이 공상에 빠져 인간적 세속에서 벗어나 신과 함께 경건하게 생활하며 영혼의 청순함과 평화 속에서 죽어가는 이야기다. 이 내용에서 아름다운 영혼은 신과 인간 영혼의 "신비적 합일(unio mystica)"로 전개된다. <아름다운 영혼의 고백>에서 다음의 언급은 자연의 이성뿐 아니라 감성도 지닌 신과 합일되어 보다 아름다운 영혼을 찾으려는 노력의 구체적인 언급이다. "만일 이 세상을 창조한 창조자 스스로가 그의 피조물의 모습으로 변신하여 한동안 이 세상에 살았다고 생각한다면 피조물은 창조자와 내면적으로 일치되기 때문에 우리들 피조물은 창조자와 같이 완전무결하다. 따라서 인간이란 신과 모순되지 않는다. 혹시 우리가 신과 거리감이 생기거나 불일치가 된다면 이는 우리의 죄이기 때문에, 설령 신과 일치하지 않더라도 악마의 변호사처럼 우리의 본성과 약점을 찾으려 하지 말고 완전함을 희구하여 더욱 더 신과 닮으려는 소원을 확고하게 하는 것이 우리의 의무이다." 이러한 <아름다운 영혼의 고백>은 괴테 자신이 프랑크푸르트 시대(1769~1775)에 경건주의와 헤른후트파의 정신적 영향을 받은 클레텐베르크 여사에서 연유한다. 괴테의 숙모뻘로 어머니의 친구였으며 신앙심이 깊어 평생을 독신으로 청순하게 보낸 클레텐베르크 부인은 젊은 괴테가 육체적·정신적으로 쇠약할 때 경건주의와 헤른후트파(Herrnhuter: "주님의 수호"라는 뜻) 및 신비주의(Mystik)로 많은 위로와 감화를 주었다. 이러한 <아름

다운 영혼의 고백>은 아름다운 영혼의 최고봉으로 여겨져 당시 괴테와 갈등 관계에 있으며 『빌헬름 마이스터의 수업시대』를 혹평하던 헤르더와 슈톨베르크도 이 작품을 불태워버리면서도 아름다운 영혼을 다룬 6장만은 인정하여 제본시켜 간직할 정도였다.

아름다운 영혼이 당시 괴테의 절친한 동료였던 쉴러에서는 우미(Anmut)와 존엄(Würde)이라는 명제로 이념적으로 발전하기도 하였다. 우미란 자연 그대로의 아름다움으로 욕망이나 충동, 감정이 이성의 개입 없이 아름다운 영혼의 상태에 이르는 것이다. 존엄이란 "숭고한 의지의 표현"으로 영혼과 육체의 갈등이라는 현실적인 한계의 극복을 뜻한다. 여기에는 강한 도덕적 결단이 매개된다. 이렇게 도덕적 세계에서 미적 세계로 승화되는 쉴러의 아름다운 영혼의 이념은 노발리스와 슐레겔 형제에게 독일낭만주의의 위대한 정신을 낳게 했으며 헤겔의 철학에도 영향을 미쳤다. 쉴러의 이념적인 아름다운 영혼은 칸트의 "숭고한 심정(Erhabene Gesinnung)"과 일치한다.

쉐러(Wilhelm Scherer)는 문학 발전의 전성기는 여성의 주도적인 시대와 일치한다고 하면서 문학의 시대를 "여성적 시기"와 "남성적 시기"로 특징지었다. 그에 따르면 "남성적 시기"란 몰락의 시대로 이때는 문화 발전에 여성의 영향력이 극도로 축소된다. 따라서 게르만의 독일 남성도 고대로부터 여성을 통하여 정화되고 향상되는 전통이 있다. 이러한 배경에서 여성의 영향을 많이 받은 괴테는 작품은 '여성'의 아름다운 영혼으로 야성적이고 야만적인 '남성'을 정화시키는 경우가 많다. 쉴러의 시 「여성의 존엄(Würde der Frauen)」에서도 난폭하고 파괴적인 남성을 정화시키는데 여성의 아름다운 영혼이 필요하다고 역설되고 있다.

> 여성을 존중하라! 그들이 하늘의
> 장미를 지상의 삶 속에 짜넣고,
> 사랑의 행복한 리본을 짜며
> 우미로 길들여진 장막 속에서
> 성스런 손길로 아름다운 영혼의
> 영원한 불을 사르며 지킨다.

(…)
어머니의 소박한 오두막 속에서
그들은 순결한 예절을 지닌
경건한 자연의 진정한 딸들이다.

남성의 노력이란 분쇄 파괴적으로
적대적이며
난폭자로 쉬거나 멈추지 않고
인생을 종횡한다.
히드라 뱀의 머리가
영원히 떨어졌다 다시 생겨나듯,
자신의 창조를 다시 파괴하고
욕망의 싸움을 멈추지 않는다.

그러나 여성은 조용한 타이름으로
도덕의 황홀을 유지하고,
광란으로 타오르는 불화를 꺼주며
서로 적대 증오하는 세력을 지도하여
사랑의 형태로 서로 감싸도록 하고
영원히 서로간의 도피를 합쳐준다.

이렇게 난폭하여 파괴적인 남성을 여성의 아름다운 영혼으로 정화시키는 내용이 『타우리스의 이피게니에』에서 "사내들에게 최고의 명성을 가져다주는 폭력과 간계도 / 이처럼 고결한 영혼의 진실 앞에서는 부끄러워할 것이고, / 전하 같이 고귀한 분께 바친 순수하고 / 순진한 믿음은 반드시 보답을 받을 것입니다."(2142~2145행)라는 이피게니에의 아름다운 영혼에 대한 오레스트의 찬양으로 묘사되고 있다. 이피게니에는 자신의 모든 운명을 여신에게 맡기고, 여신의 의사에 따른 숭고한 봉사로 야만인을 인도적으로 교훈시켜 인신 제물의 악습을 폐지시킨다. 이렇게 선량하고 고상한 이피게니에의 아름다운 영혼에 의해 그녀의 남동생인 오레스트의 고뇌는 해소되고 집안의 저주까지도 제거된다. 괴테의 희곡 『프로메테우스』에서도 여성 판도라가 야성적인 프로메테우스를 설득하여 그의 사상을 보류시키는 아름다운 영혼상을 보여준다. 이렇게 지배욕을 포함하여 야만적인 욕망에 가득찬 남성들을 정화시키는 이피게니에나 판도라의 아름다운 영혼은 『파우스트』의 마지막 구절인 "영원한 여성적인 것(das Ewig-Weibliche)"(12110행)의 구현이다. "세상을 다스리는 지고한 여왕이시여! / 넓게 펼쳐진 푸른 / 하늘의 천막 속에서, / 당신의 신비를 보게 해 주소서. / 이 사나이의 가슴을 진지하게 / 또 부드럽게 요동시키며, / 거룩한 사랑의 기쁨을 지니고 / 당신께 바치도록 허락하여 주소서."(11997~12004행)의 기도처럼 <그레트헨 - 헬레나 - 영광의 성모(Mater Gloriosa) - 영원한 여성적인 것>으로 구체적인 여성상에서 점차로 추상적이며 고차적으로 상승되는 여성상에 의해 남성 파우스트는 점차적으로 정화되는 것이다.

이 세상은 '물질'과 '영혼'으로 구별되는데 영혼은 '어머니'와 연관되어서 아름다운 영혼이 『파우스트』등에서 여성의 근원인 어머니의 소재로 전개되기도 한다. "당신께서 숭고한 명을 내리신다면 / 우리의 용기는 억제할 수 없을 것이며, / 당신이 우리를 만족케 해주시면 / 불타는 마음도 당장에 진정될 것이옵니다. / 가장 아름다운 의미에서 순결하신 동정녀, / 온갖 존경을 받아야 할 어머니, / 우리를 위하여 선택되신 여왕, / 모든 신들과 동등한 분이시여."(12005~12012행) 당시 3세기 동안 종교 분파와 학문의 엄청난 발전 등의 시대적 배경에서 프로메테우스처럼 신의 경지에 도전하고자 할 정도로 교만해진 파우스트 같은 인물이 "아름다운 영혼"의 근원적인 여성상인 어머니상에 의해 정화되는 것이다. 따라서 파우스트의 여성적 영혼상인 그레트헨의 모습에 어머니상이 내재되어 있다. 명랑하고 일 잘하며 소박한 그레트헨은 어머니를 대신하여 갓난 누이동생을 양육하기 위해서 어떤 노고도 마다하지 않는 모성애로 아름다운 영혼을 구현하는 것이다. "제가 혼자 우유나 물로 애기를 길렀고, / 그래서 그 애는 제 아이가 되어 버렸던 거예요. / 제 팔과 품에 안기고 / 애기는 좋아하고 바둥거리며 무럭무럭 자랐어요."(3132~3135행) (…) "우유를 먹이고, 제 곁에 눕히기도 하고, / 그래도 울음을 그치지 않을 때면 자리에서 일어나 / 애기를 얼러 주며 방 안을 서성거리곤 했어요. / 그래도 날이 새면 일찍부터 빨래를 해야 하고, / 다음에는 시장에 갔다가 부엌 일도 했는데, / 오늘이나 내일이나 줄곧 이렇게 지냈어요."(3141~3146행) 마찬가지로 『젊은 베르테르의 슬픔』에서 동생들에게 정답게 저녁 빵을 나눠주는 로테의 모습도 어머니 같은 아름다운 영혼상이다. "그런데 집 앞에 있는 계단을 올라가 현관문에 발을 들여놓자, 여태까지 보지 못한 매혹적인 정경이 눈에 들어왔네. 그 현관에 달린 방에 열한 살에서 열두 살까지의 어린이들이 한 처녀를 둘러싸고 우글거리고 있었지. 몸매가 아름다운 중간 정도의 키의 처녀로서 팔과 가슴에 담홍색의 리본이 달린 청초한 흰 옷을 걸치고 있었네. 그 여자는 검은 빵을 손에 들고 삥 둘러 서 있는 아이들에게 나이와 식욕에 따라 한 조각씩 잘라서는 정겨운 모습으로 한 사람씩 나누어주곤 했지. 그러면 어떤 아이든지 조금도 꾸밈새 없이 '고맙습니다!' 하고 소리를 치는 것이었어. 모두 아직 빵을 자르기도 전에 조그마한 두 손을 치켜들고 기다리고 있다가 이윽고 저녁 식사인 그 빵을 받아들고는 흐뭇해서 어떤 아이는 뛰어나가고, 어떤 아이는 침착한 성격인 듯 조용히 그 자리를 떠서 누님인 로테가 타고 갈 마차와 손님들을 보려고 문 쪽으로 걸어가기도 했네." 이러한 어머니상은 아름다운 영혼의 여성적 원초가 되는 것이다.

(안진태)

양극성
(Polarität)

독일은 서구 문화권 내에서 뒤늦게 형식에 도달했는데 이에 대해 짐멜(Georg Simmel)은 저서 『독일 정신의 변증법(Die Dialektik des deutschen Geistes)』에서 형식이 불가능해서가 아니라 여하한 형식에도 그 배후에는 그와 반대되는 형식이 들어 있기 때문이라고 정의했다. 반대 형식의 가치를 인정하고 그것을 보완으로 삼는 것이 관념적인 요구였던 것이다. 짐멜의 견해와 같이 한 형식이 반대 형식을 보완하는 소재가 된다면 이는 대립을 통해 자기 완성에 도달하는 양극적인 방법이다. 따라서 하나의 개념은 상반된 개념을 찾으며, 하나의 유형은 자기와 다른 형식과 마주치게 되어 선과 악, 남성적인 것과 여성적인 것, 북방적인 것과 남방적인 것, 생과 사 등 무수한 대립의 조가 존재하게 된다. 이는 대상과 상반될 수 있는 가능성을 다루고 싶은 동경인 것이다. 이러한 배경에서 "반항의 정신과 역설을 즐기는 성향이 우리 모두에게 숨겨져 있다"고 『시와 진실』에서 말하듯이 괴테는 양극성을 작품에 전개시킨다. 시대적 갈등과 이중성뿐만 아니라 지성적인 부친과 활달하고 쾌활한 모친의 출생의 이중성 등이 괴테에게 변증적으로 작용하여 창조의 원동력이 된 것이다. 이러한 배경에서 그의 작품에는 두 가지 상반된 힘의 상호작용으로 완성되는 현상이 자주 감지된다. 이에 대해 괴테는 "나에게는 평온하고 원활한 기분이 생기게 되었는데 이는 두 개의 서로 대립하는 의견 사이에서 이 쪽 저 쪽으로 흔들려 어느 쪽의 입장을 고집하지 않는 쾌적한 감정으로 인격을 이중으로 다룬다"고 설명하고 있다. 따라서 양극적인 방법으로 휴머니즘으로 향하는 의지가 괴테 문학의 본질이어서 한 면만을 강조하고 정당화 시켜 다른 면을 간과한다면 괴테의 전체적인 이해는 불가능할 것이다.

라이프니츠(Gottfried W. Leibniz)의 철학에 의하면 모든 악은 멀리할 것이 아니라 오히려 반겨야 한다고 했다. 악마적인 것은 신적인 것에 대립되지만 필요불가결한 요소로 정열에 대해서 냉담, 천재성에 대해서 세속성, 진실에 대해서 조롱이 궁극적인 인간성이기 때문이다. 마찬가지로 괴테도 악을 선의 세계에 연관시켜 『파우스트』에서 악은 "영원히 살아서 움직이는 생성의 힘"(346행)으로 정의된다. "영원히 악을 원하면서도 선을 행하는 저 힘의 일부"(1335~1336행)라는 말처럼 악마 메피스토펠레스는 악마의 본질인 파괴뿐만 아니라 하느님의 업적인 창조에도 가담하는 것이다. 결국 악에 대한 상대적인 원리로 도입된 메피스토펠레스는 몰락과 발전에 내재하는 이원적인 본질이다. 이러한 메피스토펠레스는 파우스트의 다른 면으로 파우스트가 인격의 화신이라면 메피스토펠레스는 이 원리에 대한 부정으로 파우스트에 필요한 존재다. 이렇게 양극적인 내용이 『파우스트』에서 다양하게 전개된다.

<천상의 서곡>에서 등장하는 "하느님(Herr)"과 메피스토펠레스는 이원적 대립의 원형이다. 하느님이 창조의 근원적 절대자라면, 메피스토펠레스는 하늘의 수석 천사가 칭송하는 창조를 부인한다.(294행) 또 인간의 자아 실현을 부정하고 노력으로 더 나아질 수 있다는 가능성도 부정하며(312행) 생성하여 존속하는 것의 가치를 부정한다. "인간이란 노력하는 한 방황한다."(325행)고 전제하여 "착한 인간은 어두운 충동에도 바른 길을 찾아간다."(336행)고 믿는 하느님에 대해 메피스토펠레스는 착한 인간도 악마의 길로 끌어들일 수 있다고 자신한다. 이렇게 인물의 성격뿐만 아니라 장면들에서도 양극성이 작용하여 <서재>의 네 벽에 둘러싸인 좁은 장소는 다음 장면인 <성문 밖에서>의 광활한 대자연에 대조를 이룬다. 홀로 좁은 서재에서 독백하던 파우스트는 넓은 대자연 속에서 음무(飮舞)하는 군중을 접하는 것이다. 마지막의 두 장면인 <밤, 광활한 들판>과 <감옥>에서는 어두운 밤하늘 밑에 펼쳐진 광활한 들판에서 말을 타고 질주하는 속도와 행동의 자유가 전개되어 그레트헨이 결박되어 있는 비좁은 감옥과 대조를 이룬다. 이러한 다양한 대립성이 형식적이며 문체적으로 드라마 전체를 지배하고 있다.

양극성의 또 다른 예로 괴테의 찬가 「프로메테우스」와 「가뉘메트」의 관계를 들 수 있다. 「프로메테우스」가 제우스 신에 반항하여 스스로 창조하고자 하

는 능동적인 의지를 나타낸다면, 「가뉘메트」는 제우스 신을 동경하여 그에 헌신하려는 수동적인 성격으로 전자는 '자기 중심'이며 후자는 '자기 헌신'의 화신이 되고 있다. 이러한 '자기 중심'과 '자기 헌신'의 양극성이 괴테의 『색채론』에서는 심장의 응축(Systole)과 확장(Diastole) 또는 숨을 "들이쉬기(einatmen)"와 "내쉬기(ausatmen)"의 신체의 작용으로도 묘사된다. "합해진 것을 둘로 나누기, 둘이 된 것을 하나로 만들기, 이것은 자연의 생명이다. 이는 응축과 확장으로 영원한 결합(Synkrisis)과 분리(Diakrisis), 호흡의 들이쉬기와 내쉬기이고 그 가운데서 우리가 살고, 활동하고, 존재한다." 괴테의 『서동시집』속의 시 「부적(Talismane)」의 마지막 구절도 "숨쉬기에는 두 가지 축복이 있다. / 공기를 빨아들이고, 다시 내품는 것. / 전자는 옥죄이게 하고, 후자는 신선하게 한다. / 그렇게 놀랍게도 삶은 뒤섞여 있다. / 신이 너를 짓누르거든, 그분에게 감사하라, / 또 그분이 너를 다시 놓아주거든 감사하라"고 숨을 "들이쉬기"와 "내쉬기"로 전개된다. 합일된 것을 양분하고, 양분된 것을 다시 합일시키는 양극적인 현상이 호흡으로 묘사 되는 것이다.

『파우스트』와 『친화력』에서 유아 살해 등으로 마녀 같이 전개되는 그레트헨과 오틸리에도 양극적인 작용으로 역설적으로 더욱 아름답게 전개된다. 가령 그들이 유아 살해 같은 격정적인 사건을 저지르지 않았다면 사랑은 비극적으로 끝나지 않았겠지만 오틸리에의 천사 같은 성스런 모습이나 파우스트를 구제하는 그렌트헨의 "영원한 여성상"(12110행)은 부족했을 것이다. 청순한 여성상과 유아 살해 등이 서로 양극적으로 작용하여 그들의 미는 더욱더 상승되는 것이다. 오틸리에와 그렌트헨이 처음에 부정적으로 작용한 것은 "신은 선하지 않는데, 그래야 신은 더 선할 수 있기 때문이다"라는 독일의 중세 신비주의자 에크하르트(Meister Eckhart)의 지혜의 산물이다. 따라서 전통적인 미만 추구하는 것은 어리석어서 『파우스트』에서도 "우리들이 이 세상의 선에 도달하고 나면, / 보다 더 선한 것은 허위와 환상이라고 말하는도다."(636~637행)라고 묘사되어 있다. 이 말처럼 아름다움(Ein Schönes)이 존재하면 더 큰 아름다움(Ein Schöneres)이 존재한다. 어려운 배경에서 오틸리에와 그렌트헨 등의 미가 존재하기 위해서 아름다움 대신 마적인 부정적 요소가 자리 잡는다. 『파우스트』에서 "악마처럼 창조되지 않으면 안 된다."(343행)는 하느님의 말처럼 예술의 창조에는 풍자, 사실의 폭로, 상스러운 말이나 환상 등 강렬한 극약이 필요한 것이다. 괴테의 담시 「배신한 소년」에서 배신과 「툴레의 왕」의 신의도 상반적으로 양극의 관계를 이룬다. 이러한 양극성은 『파우스트』에서 "내 가슴속에는 아아! 두 개의 영혼이 깃들어 있으니, / 그 하나는 다른 하나와 떨어지기를 원하고 있다. / 하나는 음탕한 사랑의 쾌락 속에서, / 달라붙는 관능으로 현세에 매달리려 하고, / 다른 하나는 용감하게 이 속세의 먼지를 떠나, / 숭고한 선조들의 영의 세계로 오르려 하는 것이다"(1112~1117행)라고 숭고와 세속의 "두 개의 영혼"(1112행)으로 요약되고 있다. 아울러 영국의 시인이자 비평가인 포프(Alexander Pope, 1688~1744)도 인간의 영혼에는 갈등하는 두 가지 세력이 있다. 하나는 추진력이 있는 자기애, 또 하나는 억제력을 가진 이성으로 인간이 완전한 인격체가 되려면 자기애의 근본인 '감성'과 억제력의 근본인 '이성'을 균형있게 조화시켜야 한다고 피력하였다. 이러한 양극성이 민족간의, 즉 유럽과 아시아의 매개와 화해로도 작용한다.

1805년 쉴러의 죽음, 1807년 안나 아말리아 대공모와 1808년에 어머니의 작고, 1813년에 젊은 시절에 감화를 준 빌란트의 죽음 등 고뇌적인 사건들을 겪고 또한 젊은 세대들에게서 소외를 당하여 마음의 안정과 평온이 필요했던 괴테에게 그동안 전형으로 숭상했던 그리스의 예술과 고전적인 인격은 마비된 것 같았다. 또한 괴테가 있었던 시절 당시에 계속되는 혁명과 전쟁이 유럽 문화를 위협하자 괴테의 일·연구·창작은 불안과 걱정으로 저해당했다. 1814년에 나폴레옹의 몰락과 더불어 자유를 향한 유럽의 해방전이 끝나자 유럽에 더 이상 자유로운 공기는 없다고 판단한 괴테는 먼 곳, 넓은 곳, 낯선 곳이 필요하게 되어 동양으로 눈을 돌려 동서양을 아우르는 시집 『서동시집(West-östlicher Divan)』을 발간하게 되었다. 괴테 당시에 서로 대립되어 융합되지 못하던 동양과 서양은 필요한 물자를 강탈하거나 식민지 확보를 위한 다리를 개설하는 등 이기적인 필요성에서만 교류하였다. 이러한 상황에서 괴테의 『서동시집』은 "동방은 신의 것! / 서방은 신의 것! / 북의 땅도 남의 땅도 / 신의 손 안에서 편히 쉰다"는 내용처럼 동서양의 양극에 중재를 이끌어 적과 동지의 간격을 좁히고 있다.

(안진태)

역사
(Geschichte)

괴테는 당대의 유명한 역사학자에게 보내는 1812년 11월 23일자 편지에서 역사 기술방식과 관련하여 역사가는 역사적으로 "주어져 있는 것(das Gegebene)"을 "시인으로서(als Poeten)", "가공하며(verarbeiten)", 이러한 작업방식은 "상상력(die Einbildungskraft)"과 "감정(das Gefühl)"을 휘어잡음으로써 "커다란 영향(große Wirkung)"을 미칠 수 있다고 쓰고 있다. 여기에서 괴테는 역사가의 작업 방식을 시인의 작업방식과 거의 동일시하고 있다. 이런 이유에서 카시러(Cassirer)는 괴테의 역사이해 방식의 특징으로 다음과 같은 사실을 강조한다. 괴테의 역사이해 방식에서 중요한 것은, "역사(Historie)와 시문학(Poesie)이 서로 분리될 수 없다"는 사실이며, 그의 역사관에서 역사화 시문학은 서로에게 "이질적인" 것이 아니라, 오히려 "역사적 관찰과 문학적 관찰이 서로에게 직접적으로 스며들어 (···) 근원적 단일성"을 이루고 있다는 것이다.

그런데 역사서술과 문학적 능력 사이의 밀접한 관계에 관한 괴테의 이러한 견해를 당시에 하나의 독립적인 학문으로 자리 잡아가고 있던 역사학적 방법론과 비교해 보면, 둘 사이에는 본질적인 차이가 있음을 확인할 수 있다. 18세기 이후 하나의 학문으로 정립된 역사학은 주어져 있는 사료(史料)들을 비판적으로 분석함으로써 누구라도 믿을 수 있는 객관적 역사를 기술하려고 했다. 이와는 달리 괴테는 역사서술 방식을 상상력, 감정 등을 중요시하는 시인의 주관적 작업방식과 유사한 것으로 간주하고 있는 것이다. 역사서술 방식에 관한 괴테의 견해와 당대의 역사학적 방법론 사이에서 확인되는 이러한 차이에 근거하여, 괴테의 역사관이 현대적 역사학 성립 이전의 역사관을 따르고 있다고 보는 입장도 있는 것이 사실이다(Rüdiger Bubner 참조). 하지만 괴테가 역사서술과 문학의 유사성을 주장하고 있다는 사실에 근거하여 그의 역사관을 전통적 역사이해에 근거한 전근대적인 것으로만 간주하려는 견해는 매우 일면적인 것으로 여겨진다.

괴테는 1806년 8월 19일 당시 예나 대학 역사학과의 젊은 교수였던 루덴(Heinrich Luden)과의 대화에서 다음과 같이 말한다. "역사를 가르치는 것이 왜 당신에게 성공적으로 이루어지지 않으리라는 것입니까? 당신은 분명하며 훌륭한 목소리와 좋은 매너를 지니고 있습니다. 당신은 잘 이야기해 줄 수 있을 것입니다. (…) 그러면 그 이야기에 즐겨 귀 기울이지 않는 사람이 누가 있겠습니까?" 이 말에서 괴테는 역사서술을 '이야기하기(erzählen/Erzählen)'와 동일시하고 있다. 이에 대해 역사학자 루덴은, "일어난 일에 대해서 단순히 이야기하는 것이 역사를 가르침에 있어서 중심이 되는 일이 아니고, 오히려 이야기해 주는 것을 통해서 일어난 일의 뜻과 의미가 인식 가능해져야 할 것입니다."라고 반박한다. 역사서술이 객관적 분석에 근거한 학문적 논의가 아니라 마치 하나의 허구적 '이야기'를 전달하는 것과 유사한 것으로 괴테가 설명하자 역사학자 루덴은 역사서술의 '학문적' 특성을 강조하면서 괴테의 견해에 반박하고 있는 것이다. 여기에서 우리가 주의해야 할 것은 어떤 맥락에서 괴테가 역사서술과 문학의 유사성을 언급하고 있는가 하는 점이다.

루덴은 역사학 교수임에도 불구하고 수학에 대한 관심이 지대했을 뿐만 아니라, 수학에 관한 책을 집필할 정도로 수학에 대한 이해의 정도가 매우 깊었다. 이러한 그가 괴테에게 자신은 역사학이 수학적 진리보다도 더 큰 만족을 줄 수 있다고 확신하기 때문에 수학 분야를 떠나 역사학 분야로 옮겼다고 말한다. 그러자 괴테는 루덴에게 다음과 같이 대답한다. "당신이 역사학 분야에 전념하기 위해 모든 학문 중에 으뜸가는 학문(인 수학)을 떠났다는 사실이 나를 더욱 더 놀라게 합니다. 수학에서는 모든 것이 확실한 것이고 진리이지만, 역사학은 매 걸음을 내디딜 때마다 이리저리 흔들거립니다. (…) 확실히 관건이 되는 것은 진리를 드러내는 것입니다. 만약 사람들이 역사적 진리를 수학적 진리처럼 입증할 수 있다면 (역사학과 수학 사이의) 모든 차이는 사라져 버릴 것입니다. 하지만 사람들이 그렇게 입증할 수 없는 한, 아마도 차이는 남아 있을 것입니다. (이 차이는) 무엇이 실제로 진실한가의 차이가 아니라, 여기에서는 진실한 것으로 입증되는 것이 저기에서는 진실한 것으로 가정된다는 점에서 드러나는 차이입니다." 괴테에 따르면, "수학적 진리는 모든 사람에게 동일한 진리(die mathematische Wahrheit aber ist für alle dieselbe)"이고, 그렇기 때문에 수학에서는 "논쟁의 여지가 없는 객관적 진리(unbestreitbare, objektive Wahrheit)"가 인식될 수 있다. 그러나 역사서술에서는 수학에서와 같이 의심의 여지가 전혀 없는 확신에 도달하는 경우는 결코 생길 수 없다고 하면서 그 이유를 다음과 같이 설명한다. "우리들에게 역사로서 제공되는 모든 것이 실제로 일어났던 것은 아니며, 실제로 일어난 일이 우리에게 (역사로서) 제공되는 것처럼 일어났던 것도 아닙니다. (역사로서 우리에게 제공된 것처럼) 그렇게 일어난 일은 실제로 일어난 일 전체의 지극히 적은 부분일 뿐입니다."

루덴은 역사학도 수학과 마찬가지로 객관적 진리를 입증할 수 있고 또 그렇게 해야 한다고 생각한 반면, 괴테는 역사학에서는 수학적 정확성에 도달하는 것이 불가능하다고 생각한다. 괴테가 역사서술과 문학의 유사성을 주장한 것이 바로 이러한 상황에서다. 서술대상 전체 중에서 항상 지극히 적은 부분만을 기술할 수 있는 역사학, 따라서 역사학에서는 서술대상과 그 대상에 대한 서술 내용이 일치하는 경우는 결코 일어날 수 없다. 이러한 역사이해를 가진 괴테는, 역사서술을 통해서 수학적 진리처럼 모든 사람이 공유할 수 있는 객관적 진리를 제공할 것을 의도하는 루덴의 견해에 동의할 수 없었을 것이고, 이야기하기와 역사서술의 유사성을 부각시킴으로써 루덴의 견해에 대한 자신의 비판적 입장을 표명하고 있는 것이다.

하지만 괴테가 말하는 문학적 방법과 역사서술의 유사성이 절대적인 것은 아니다. 역사서술과 문학 사이의 유사성을 부각시켰던 괴테가 이어지는 대화에서 이제는 반대로 역사서술과 문학을 분리시켜 완전히 별개의 영역임을 강조한다. "시인은 자신의 세계를 자유롭게 창조합니다. (그는 자신의 세계를) 자기 자신의 이념에 따라 창조하는 것입니다. 그렇기 때문에 그는 자신의 세계를 완전하게 완성된 상태로 세워 놓을 수 있는 것이지요. (하지만) 역사가는 속박되어 있습니다. 왜냐하면 그는 역사가 우리에게 전해주는 모든 파편들에 자신의 세계가 들어맞도록 자신의 세계를 구축해야만하기 때문입니다. 그렇기 때문에 그가 결코 하나의 완전한 작품을 만들어낼 수는 없을 것이고, 파편들을 찾고 모으고 기워 연결하고 접합하는 노력이 항상 드러난 채로 남아있게 될 것입니다." 괴테에 따르면 문학적 세계는 완전하다. 여기에서 '완전하다'는 말이 의미하는 바에 주목할 필요가 있다. 문학적 세계가 완전할 수 있는 이유는 시인이 현실을 자기 '자신'의 이념에 따라 묘사하기 때문이다. 시인의 세계가 완전한지를 판단할 수 있는 근거는 그 시인 자신의 이념이며, 따라서 시인에 의해 창조된 세계가 시인 자신의 이념에 충실하다면 그 세계는 완전한 것이라 볼 수 있다는 것이다. 시인의 세계가 완전할 수 있는 것은 문학적 세계가 지닌 이러한 주관적 특성 때문이다. 문학에서와는 달리 역사서술에서 결정적인 것은 역사가의 이념 등과 같은 주관적 요소가 아니다. 역사가에게는 발견된 역사적 자료들의 '모든 파편들'이 잘 들어맞도록 작업하는 것이 중요하다. 역사가의 세계가 지닌 불완전성에 대한 괴테의 견해와 관련하여 두 가지 사실을 언급할 필요가 있다. 괴테가 중요시 하고 있는 것 중 하나는 '모든 파편들'이라는 점이고, 다른 하나는 '모든 파편들'이라는 점이다. 시인에게 결정적인 것이 그의 이념이라는 주관적 측면이라면, 역사가에게 중요한 것은 자신의 외부에 존재하는 역사적 사태들(파편들)이라는 객관적 요소라는 점이다. 더구나 역사가는 자신의 작업 대상인 역사적 자료라는 수많은 객관적 파편들 중 자신의 주관적 판단에 따라 어떤 특정한 것만 선택해서 다루어서는 안 되며, 객관적 사태라는 파편들 전체를 다루어야 한다. 하지만 역사가가 자신의 외부에 놓여 있는 현실 세계에서 발생한 모든 사태를 빠짐없이 파악하는 것은 불가능하며, 이러한 한계를 부정하지 않는 한 역사가의 작품은 결코 완전함에 도달할 수 없다. 역사 전체를 그려내려는 시도는 파편의 상태로 인식되는 개별 사태들을 끊임없이 연결하고 접합하려는 노력이다. 따라서 역사서술이 역사 전체를 지향하는 한, 그 역사서술에는 이런 연결과 접합의 흔적이 남아 있을 수밖에 없다. 그렇기 때문에 역사가가 그려낸 역사 전체의 모습은 항상 빈틈을 드러내게 된다. 역사서술이 지니는 이러한 불완전성은 '현실세계에서 발생하는 모든 파편적 사태'라는 객관적 측면에 대한 총체적 인식/서술 불가능성에서 기인함을 알 수 있다. 하지만 괴테에 따르면 총체적 인식 불가능성에도 불구하고 '모든' 역사적 파편들을 포함하는 서술이 지속적으로 시도여야 한다. 역사가는 (자신의 내적 이념에 따라 창조하는 시인과 달리) 자신의 외부에 존재하는 전체, 즉 조망하는 것이 결코 가능하지 않은 수많은 파편적 대상들 전체를 작업의 대상으로 삼고 있다는 것이다. 하지만 수많은 역사적 파편들이 역사가로 하여금 완결된 총체적 인식에 도달하는 것을 불가능하게 만든다면, 역사가는 모든 파편에 대한 기술을 해야만 한다면, 결국 역사가의 작품은 항상 불완전한 상태일 것이며, 지속적으로 다시 서술되어야만 한다. 바로 이러한 이유에서 괴테는 역사가의 작업을 "끝이 없는 작업"(eine unendliche Arbeit)이라고 표현한다.

괴테는 역사가의 주관적 한계를 말하기 위해서 역사서술과 문학의 유사성을 강조한다. 역사학에서는 수학적 정확성과 객관성에 도달하는 것이 불가능함을 주장하기 위해 역사서술과 문학적 방법의 유사성을 이야기하는 것이다. 역사서술 자체는 항상 온전한 의미의 객관성을 구현할 수 없고, 그 객관성은 역사가라는 주체를 통해 구현되는 것 외부에 존재할 뿐이다. 하지만 이러한 주장이 곧 괴테의 역사관이 주관적임을 의미하지는 않는다. 왜냐하면 서술된 역사는 항상 불완전한 상태로만 객관적 사태인 역사적 파편들을 정돈해 주고 있기 때문이다. 역사가는 항상 객관적 사태로서의 '모든 파편들'에 들어맞도록 자신의 세계를 구축해야하며, 이는 괴테의 역사관이 객관적 보편성을 지향하고 있음을 말해 준다. 그러나 '모든 파편들'을 다루는 '끝이 없는 작업'으로서의 역사서술은 궁극적으로는 객관적 보편성을 지향하고 있지만, 역사의 객관적 보편성의 완전한 서술은 계속해서 유예될 뿐이다.

(주일선)

음악
(Musik)

1. 괴테의 음악적 취향의 형성과정, 음악과의 접근

음악은 괴테가 문학, 자연과학, 색채론 등의 분야와 함께 평생 동안 지속적인 관심을 기울인 장르이다. 괴테는 음악을 추상적인 예술로 간주해 문학, 자연과학, 색채 이론에 비해 이론적인 면에서는 많지 않은 업적을 남겼지만 평생 음악을 가까이 하면서 음악에 대해서 숙고하는 자세를 잃지 않았다. 괴테는 음악을 사랑하지 않는 사람은 사람이라고 말할 자격도 없다. 음악을 사랑하는 사람은 그때서야 비로소 반쪽 인간이 된다. 그러나 음악 활동을 하는 사람은 온전한 인간이라고 말할 정도로 음악의 중요성을 강조하였다. 괴테가 자연스럽게 음악을 접할 수 있었던 것은 괴테시대에 음악은 궁정 및 귀족사회, 그리고 교육받은 시민계급을 구성하는 제도의 한 부분이었다. 즉 당시의 모든 예술이 그러했듯이 음악도 일종의 사회적 장식물이었다고 할 수 있다.

이러한 사회적 환경과 더불어 괴테의 삶에서 음악이 이렇게 커다란 비중을 차지하게 된 데에는 그의 가정적 환경, 즉 괴테 부모님의 음악적 성향이 큰 역할을 한다. 괴테의 어머니인 카타리나 엘리자베스(Catharina Elisabeth)는 결혼 초기에 피아노와 성악을 공부하였으며, 괴테의 아버지 요한 카스퍼(Johann Caspar)는 류트를 연주했다. 괴테의 부모 집에서는 이탈리아와 비인에서 온 전문연주자들이 초대되어 하우스콘서트가 열리곤 했다.

괴테는 이러한 음악적인 가정에서 성장했지만 실제로 악기를 접하게 된 것은 다른 학문분야보다 늦은 14살 때였다. 비스만(J. A. Bismann)에게서 1763년~1766년에 걸쳐 피아노 수업을 받았고, 1770년~1771년 슈트라스부르크 대학

시절에는 첼로연주가인 바쉬(Basch)에게서 첼로를 배웠다. 또한 라이프치히 대학시절에도 꾸준히 음악을 가까이 하였지만 악기를 직접 연주하기 보다는 관전하는 입장을 취했다.

괴테와 음악의 관계를 논할 때 무엇보다도 중요한 만남은 슈트라스부르크에서의 대학시절에 헤르더와의 만남이라고 할 수 있다. 헤르더에게 자극을 받아 문학과 음악의 본질에 관심을 가지게 된 괴테는 문학과 음악을 연결시키는 일에도 몰두하게 되고 종교음악에도 관심을 갖는 계기가 된다. 무엇보다 헤르더는 괴테에게 민속음악의 중요성을 일깨우는데 중요한 역할을 한다. 헤르더는 여러 나라의 민요를 수집하였는데, 이러한 영향으로 괴테와 직접 민요의 채집에 집중하게 되고 헤르더와 괴테는 엘자스 지방의 민요를 수집하여 민요집을 발간하기도 한다.

괴테의 음악을 논할 때 오페라에 대한 관심은 간과할 수 없다. 괴테의 이탈리아 여행(1786.9-1788.4), 특히 로마에서 카이저(Ph. Chr. Kayser)와의 만남은 괴테의 음악극 이해에 있어서 중요한 역할을 한다. 로마에서 괴테는 오페라 뿐만 아니라 중세음악과 팔레스트리나와 같은 르네상스 음악가들의 교회음악에도 몰두하였다. 괴테와 카이저는 뜻을 실현하지는 못했지만 이탈리아의 부파 오페라를 토대로 독일의 국민 오페라를 도입하고자 하는 포부를 세우기도 한다. 괴테가 바이마르 극장의 감독으로 있으면서 총 82번의 공연으로 가장 많이 무대에 올린 작품이 모차르트의 부파 오페라인 「마술피리」라는 것은 우연한 일이 아니다. 모차르트 오페라의 극적 효과는 음악가로서 뿐만 아니라 음악드라마 전문가로서의 모차르트의 능력을 괴테에서 인식시켰다. 괴테가 바이마르 극장의 감독으로 오페라와 깊은 관계를 맺게 되면서, 오페라 텍스트에서 중요한 것은 내용이나 사상이 아니라 시각에 포착되는 감정적인 요소와 극적이고 음악적인 효과라고 강조한다. 괴테는 오페라에 있어서 텍스트는 음악을 위한 토대에 불과하다고 표명할 정도로 모차르트의 오페라에 대한 감동은 평생동안 그의 음악관을 지배했다. 그러나 자신의 작품에 대하여 특히 예술가곡에 있어서 음악이 시에 종속되어야 한다는 규정을 엄격히 요구했다.

괴테는 나이가 들면서 직접 악기를 연주하는 것 보다는 음악에 대해서 숙고를 하면서 음악을 과학적인 견지에서 연구하게 된다. 괴테는 음악을 과학적 시각으로 고찰하면서 음이론(Tonlehre)을 집필하는데, 음이론의 목표는 음악이론을 물리학적인 것에 귀속시키려는 것이 아니라 들린다는 것에 내재하는 법칙의 이치를 밝히는 데에 있다. 음예술은 괴테에게 물리적인 음향학의 귀결을 의미하는 것이 아니라 인간과의 상호작용에 의해 설명되어지는 것으로 음향학만의 문제가 아니다. 즉 괴테는 음이론에서 "귀"를 통한 감각적 인지와 주관적 경험 간의 관계와 조화를 설명하면서 인본중심적 고찰법을 표명하고 있다.

괴테는 자신이 음악을 좋아 했고, 당시의 음악가들과 친분을 유지하면서 음악을 적극적으로 향유했다. 그의 수많은 문학 작품들이 오페라, 가곡 등 음악과 연결됨으로써 음악의 발전에 지대한 공헌을 했다. 특히 괴테의 서정시는 18세기말에서 19세기에 이르기까지 수많은 작곡가들에 의해 곡이 붙여졌으며, 독일음악 발전에 영향을 미쳤다. 괴테의 가장 위대한 업적은 그의 시가 독일예술가곡의 탄생을 이끌었다는 점이다. 그는 문학 세계의 거장으로서 음악 세계에 대한 이해를 시도했으며, 그는 예술 중에서 음악을 최고의 예술로 평가했다.

2. 괴테의 음악관

괴테는 음악이 삶의 기쁨과 도덕적 신뢰, 충만한 열정을 가져다주어야 하며, 무엇보다도 이성에 자극을 주어야 한다고 주장한다. 또한 음악은 깨끗한 생각과 명료한 사상, 영원에 대한 감사, 사소하고 무가치한 것에 대한 경멸을 불러일으켜야만 한다는 것이다.

괴테는 예술의 가치가 언어에서 가장 두드러지게 나타난다고 표명하지만, 음악의 가치를 언어보다 더 높이 평가한다. 왜냐하면 음악은 이리저리 따질 어떠한 재료도 지니고 있지 않고 형식과 내용만으로 존재하는 예술이기 때문에 이것들로 표현되는 모든 것이 고상하고 신비하다는 것이다. 음악이 지닌 이러한 신비한 영역은 이성보다 더 깊이 들어갈 수 있는 특권을 가지고 있고, 언어와 분석적 지성이 할 수 없는 폐쇄 영역을 관통하는 힘이 있다는 것이다.

괴테는 음악이 아주 고차원적인 것이어서 오성으로는 접근할 수 없는 대상이며, 모든 것을 지배하며 그 누구도 해명할 수 없는 힘이 생기게 하는 특성이 있다고 표명한다. 그렇기 때문에 종교적인 예배에서도 음악은 사람들에게 신비로운 영향을 주기 위한 수단으로 사용되었다는 것이다.

괴테에 의하면 음의 세계는 목소리로부터 귀로의 과정에서 감각적-윤리적 감동을 불러일으키게 하는 효력이 있다. 이런 의미에서 괴테는 노래를 그 자체로서 음악의 이념을 표출하는 가장 근원적인 것이라고 표명한다. 괴테는 음악의 현상들에 대하여 피력하면서 괴테와 동시대의 작곡가인 슈베르트나 베를리오즈, 그리고 낭만주의 시대의 음악에 대해서는 친숙하지 못함을 표명하고 있다. 괴테는 새로운 음악 현상들에 대해 고도로 발전된 기술과 기계가 최근의 작곡가들을 어디로 이끌어 가는가는 가히 놀랄 만하다고 피력한다. 그들의 작곡에는 더 이상 음악이 남아있지 않고, 그들의 곡들은 인간의 감정 수준을 넘어가서 사람들은 더 이상 정신과 감정적으로 그런 곡들에 빠져들 수 없다는 것이다. 단지 귓바퀴에서 맴도는 것에 불과하다는 것이다. 괴테에 의하면 진정한 의미에서 들을 수 있는 음악은 음악 본연의 이념이 퇴색되지 않은 덜 새롭고, 오래된 것일수록 익숙한 것일수록 더욱더 인간에게 많은 영향을 미친다는 것이다.

괴테의 이러한 음악관은 음악의 윤리적 작용과 연관되어서 인간이 접근하기 쉬운 음예술, 즉 노래와 예술가곡의 교육적 과제에 대한 생각으로 이어진다. 괴테의 음악 교육관은 괴테의 소설 『빌헬름 마이스터(Wilhelm Meister)』에도 잘 나타난다. 여기서 괴테는 성장하는 인간의 조화로운 성격 형성을 위한 음악의 교육적 역할을 강조하면서 노래를 교육의 첫 번째 단계로 간주한다. 다른 모든 것들이 노래에 이어지고 노래를 통해 전달되며, 가장 간단한 오락이나 가르침도 노래를 통해 고무되고 각인된다고 표명한다. 이러한 기능으로 인하여 신앙심과 도덕심의 함양까지도 노래를 통해 가능하다고 주장한다.

괴테는 노래에서 예술가곡으로 변형되는 과정을 통해서 음악예술이 발전되는 과정을 설명하고 있다. 처음에 노래라는 형태로 사적인 영역에서 일어나던 감정의 분출이 예술가곡의 형식으로 발전되면서 사회적 차원의 공감이 형성되는 영역 즉 "더 높은 문화"로 나가게 된다. 여기에서 예술가곡이라는 장르의 예술적 양식을 갖추게 된다. 괴테는 음악이 가진 윤리적, 종교적, 사회적 의

무를 표명하면서 성스러운 교회음악과 밝은 민속음악을 진정한 음악으로 여겼다. 예술가곡은 이러한 기능에 가장 적합한 장르로서 인간이 가진 근원적인 자연스러움을 잘 표현하는 민요와 깊은 연관성이 있다고 여겼다. 또한 민요와 예술가곡을 통한 대중의 교화는 이전에 교회음악이 가졌던 기능과 필적하는 것이라고 표명한다.

3. 괴테의 시와 예술가곡

독일 문학사, 그리고 세계 문학사에서 괴테만큼 음악사에 그토록 강하고 심오하며 광범위한 영향을 미친 작가는 없을 것이다. 괴테가 남긴 방대한 문학작품들은 고전주의와 낭만주의 작곡가들에게 끊임없는 창조의 원천이 되어 많은 영감을 제공해 주었으며, 그러한 괴테의 문학 정신은 음악의 모든 장르에 폭넓게 스며들어 있다. 괴테의 시는 그 자체에 음악이 흐르고 있으며 시의 소재나 내용면에서 다양성을 추구한다. 그의 시는 인간생활의 거의 모든 면들을 다루고 있으며, 풍부한 상상력이나 자유로운 흐름이 다양성과 변화를 추구하는 낭만주의 정신과 일치한다. 결과적으로 그의 시는 많은 작곡가들에게 영감을 줌으로써 18세기말부터 19세기까지 독일예술가곡이 찬란히 피어나는 계기를 제공했다.

괴테의 시 가운데 186편이 음악이 붙여졌는데, 곡의 수는 무려 2,660곡에 달한다. 그 내용을 살펴보면 라이하르트(Johann Friedrich Reichardt, 1752~1814) 116곡, 첼터(Karl Friedrich Zelter, 1758~1832) 75곡, 베토벤(Ludwig van Beethoven, 1770~1827) 11곡, 슈베르트(Franz Peter Schubert, 1797~1828) 66곡, 슈만(Robert Alexander Schumann, 1810~1856) 21곡, 브람스(Jonannes Brahms,1833~1897) 5곡, 볼프(Hugo Philipp Jacob Wolf, 1860~1903) 53곡, 슈트라우스(Richard Strauss, 1864~1949) 13곡 등이며, 그 외에도 리스트(Franz Liszt, 1811~1886)와 차이코프스키(Pyotr Il'yich Tchaikovsky, 1840~1893)가 그의 시에 음악을 붙였다. 괴테의 시를 노랫말로 만든 작곡가로는 슈베르트가 66곡으로 가장 대표적이다. 슈베르트는 괴테 이외에도 뮐러, 실러, 하이네 등 독일 서정

시인들의 시에 음악에 붙였고, 1828년 숨을 거두기 전까지 18년 동안 600곡이 넘는 예술가곡을 탄생시켰다. 그의 가곡은 오늘날까지도 즐겨 애창되고 있고 그를 '가곡의 왕'이라 일컫는다. 독일 예술가곡은 바로 이 슈베르트로 인하여 그 가치를 국제적으로 인정받아서 "리트(Lied)"란 용어가 독일의 예술가곡을 지칭하는 말로 국제화되었다.

괴테는 시를 읽지만 말고 항상 노래를 따라 부르라고 권고하고 있다. 시는 작곡을 통해 완성된다는 예술관을 가진 괴테는 시를 쓸 때 리트로의 변형을 염두에 두고 있었고, 시와 음악, 언어와 음의 관계에 대해 열중했다. 괴테의 작품들은 자연관에 의거하고 있고 그의 작품 속 인물들의 삶에서는 자연으로 회귀된 자연과 일치하는 법칙들이 반영되어 있다. 이러한 성격을 지닌 인물이 "빌헬름 마이스터"에 나오는 소녀 "미뇽(Mignon)"이다. 미뇽의 리트인 "당신은 그 나라를 아십니까?(Kennst du das Land)"가 여러 작곡가들에 의하여 통절가곡으로 변형된 것에 대해 불만을 토로하기도 했다. 특히 베토벤과 슈포어에 대하여 리트를 잘못 파악했다고 비판하면서 괴테 자신이 각 연의 같은 곳에 나타나는 동일한 구별 표시를 한 것은 작곡가들에게 하나의 리트를 바란다는 암시였는데, 작곡가들이 아리아 형식으로 작곡했다고 비난하고 있다.

괴테는 아리아와 통절가곡 형식을 구별하는데, 아리아는 순간적 감정을 표현하는 것이다. 음악 속에 완전히 빠져들어 깊은 심연으로부터 부르는 것으로 아리아에서 음악은 제약받지 않고 지배적이다. 여기서 가사는 단지 감정의 전달자 구실을 할 뿐이라고 주장한다. 아리아를 부르는 가수는 어떤 특정한 감정의 전달자로서 자신의 음악적 능력과 기교를 드러내는 것이지 자연적 인간을 나타내는 것이 아니라는 것이다. 반대로 리트에서는 음악적인 것이 앞서는 것이 아닌 인간적인 것이 중요시 되어서 자연적인 인간의 모습을 표출한다는 것이다. 리트에서는 민요나 동요에서 볼 수 있는 원초적 인간정신이 반영되어야 하며, 리트의 가장 주된 특징은 단순함과 순박함을 바탕으로 한 자연적인 것이라고 표명한다.

괴테는 통절형식의 리트에 대해 반대 의견을 표명하는데, 통절형식의 리트는 음악의 통일적인 서정적 성격보다는 부분 부분에 대한 흥미를 유발시키는데 집중을 한다고 주장한다. 이와 반대로 유절형식의 노래는 통일성이라는 더 높은 형식 원리를 추구하고, 인간의 본질적인 것이 내재되어 있으며 다양성 속에서의 통일성이라는 자연적 법칙을 반영한다고 말한다. 유절형식의 리트에는 반복되는 선율을 통하여 동일한 연들을 회귀하면서 전체를 표현하게 되고, 그 전체는 각 연의 개개의 부분에서 다시 살아난다는 것이다. 또한 유절형식의 리트 속에 내재되어 있는 형이상학적 상징들은 청각적 인지를 매개로 하여 감각적인 것을 윤리적이고 정신적인 것으로 승화시킨다는 것이다. 괴테가 리트 작곡가들에게 바라는 것은 리트 작곡 시 듣는 청자가 시의 정서에 침잠할 수 있다. 시에 내재된 통일성을 표현하여 쉽게 노래 부를 수 있어 대중적으로 전파된다. 결국 인간들 사이의 유대감을 강화시키는 사회적 기능을 내포해야 한다는 것이다.

괴테는 작곡자들에게 시를 음악으로 만들 때 유의해야 할 점, 특히 가사의 명확성을 해치지 않도록 주의해야 한다고 강조한다. 특히 음율적으로 정확히 낭음(Deklamieren)하기 위해서 문법적인 강조나 음절(Sylben)의 장, 단에 주의할 것과 이치에 맞게 낭음하기 위해 말의 부분적 구분에 주의할 것, 의도하는 감정에 맞게 낭음하도록 웅변적 강조에 주의할 것, 낭음자로 그치지 않고 동시에 음악가가 될 수 있도록 자기 예술의 고유성에 주의해야 한다고 표명한다. 그러므로 음악은 시의 형식과 내용을 단순한 형태에서 상징적으로 소리화, 음악화 해야 한다. 또한 시구와 시행에 마치 잘 맞는 옷처럼 일치하는 음악적 형식, 이것이 바로 괴테가 생각한 음악적 리트 작법이다.

괴테는 언어와 음의 통합에서 중요한 것은 음악과 시의 두 예술이 자기 자신 자체로서 존재하지만 서로 대립하고 협력하며 전개되어 진다는 것을 인식해야 한다고 주장한다. 두 예술의 결합에서 언어에 대한 음악의 지배성이 곧 드러난다는 것을 주시한 괴테는 시가 음악화 될 때 시와 음악은 "리듬"이라는 동일한 토대를 가지고 만들어져야 한다고 표명한다.

여기서 괴테가 말하는 리듬은 이성적으로 측정되는 것이 아닌 맥박에 기인한 생리적인 리듬이다. 이러한 리듬은 엄격한 박자의 맞춤이나 수학적 계산에서 나오는 것이 아니라 마치 맥박의 수축과 팽창이 반복되면서 나오는 것과 흡사한 삶의 영원한 형태라고 표명한다. 즉 괴테에게 있어서 리듬은 이성적 도식 속에 진행되는 기계적인 박자의 맞춤이 아니라 육체와 정신의 운동성으로부터 생성되는 균형적인 맥박과도 같은 것이다. 이것은 또한 자연적으로 주어진 근원적인 것으로 노래나 연주, 무용, 시적 언어 등을 통해 표출한다. 괴테는 리트가 인간 속에 내재된 정신적이고 육체적인 하모니를 생성하고 자연스럽게 리듬을 표출하며, 그렇기 때문에 인간적이고 윤리적 효력이 있다고 주장한다.

4. 음악과 언어와의 관계

괴테의 고전주의적 예술관에서 문학은 그 자체로 완벽한 예술이기 때문에 음악을 통해서 자신의 작품을 보충하거나 수정하는 것이 불필요하다는 생각이 지배적이었다. 괴테는 이러한 예술관을 대변하면서 낭만주의적 음악관과는 거리를 두고 있다. 괴테에 의하면 음악은 단어의 의미를 그려내는 데 충실하여야 하며 청감각 외에는 다른 곳에 의존하지 말 것을 요구한다. 작곡가들은 시의 형식과 리듬을 엄격히 지켜야 하며 청각을 위한 음악적 상징을 통해 그 내용을 암시해야 한다고 표명한다. 즉 음악의 과제는 시의 형식과 내용을 단순한 형태에서 음을 통하여 상징화하는데에 국한되어 있음을 말하고 있다.

괴테는 통절가곡이나 아리아 형식은 지양해야 한다고 주장한다. 왜냐하면 통절가곡에서는 음악이 그 한계를 넘어 음으로서 독자적으로 이어가면서 시의 영역을 능가한다고 보기 때문이다. 뿐만 아니라 가곡의 보조수단에서 점차 예술적 차원으로 독자적 위치를 확보해 가는 피아노 반주의 역할도 괴테의 예술적 이상과는 상반된다. 즉 예술가곡의 선율에서 표현되는 것은 개인의 내면적 세계가 아니라 이상적 표상인 것이다. 괴테는 인간의 근원적 자연성을 상징적으로 표현하고 이를 가곡으로 승화하여 교육적 차원에서 널리 전파하는 데 예술가곡의 목적을 두고 있다. 괴테는 이러한 인간정신의 근원적 현상은 단순하고 소박한 민요적 성격에 잘 나타나 있다고 보았기에 음악은 인간의 세계와의 조화와 화합을 통하여 실현되어야 한다고 주장한다.

이와 관련해서 괴테는 청자에서 고통을 유발시키는 슈베르트의 "마왕"과 같은 가곡과 베토벤으로부터 낭만주의 작곡가로 이어지는 음악에서 나타나는 강한 자아의 표출에도 반대했다. 괴테는 자신의 시를 다루었던 작곡가들 중에서 베토벤이나 슈베르트의 가곡보다 첼터나 라이하르트의 가곡과 같은 단순하고 평범한 형태를 선호했다. 괴테는 음악에 너무 많은 관심을 빼앗기지 않고 시에 집중할 수 있는 형태를 선호했으며 가능한 한 자신의 시가 단순하고 소박하게 작곡되기를 원했는데, 그 이유는 음악이 시의 정취를 깨뜨릴 수도 있다는 우려 때문이었다.

그토록 많은 예술가곡 작곡가들이 괴테의 시에 많은 노래를 붙였던 것은 우연이 아니다. 이것은 음악가들이 괴테 작품에 내재되어 있는 음악적 이념에 공감했으며, 시 속에 괴테 자신의 체험과 정신이 언어로 표출되어 있어서 읽는 이에게 감동을 주었기 때문이다. 그러나 무엇보다 가장 큰 이유는 괴테의 시에 담겨있는 운율적 요소와 형식적인 면에서 규칙적이고 반복적인 율격을 이루고 있기에 가곡화하기에 적합하였기 때문이다. 1769년 괴테의 라이프치히 대학시절의 친구였던 브라이트코프(Bernhard Theodor Breitkopf)가 처음으로 괴테의 시에 음악을 붙인 이후 무려 2,000여 명의 작곡가들이 그의 시를 토대로 곡을 만들었다.

괴테의 예술가곡은 베를린 음악학교(Singakademie)의 창시자였고 베를린 예술가곡 악파의 대표자였던 괴테의 친구 첼터의 영향을 많이 받았다. 베를린 예술가곡 악파의 작곡가들의 예술가곡은 대부분 유절형식이며, 언어와 음악과의 관계에서 언어에 우월성을 두고 있다. 베를린 학파와 괴테가 예술가곡에서 추구하고자 했던 것은 인간과 신과의 관계를 음악적 양식으로 나타내고자 함이었고 이는 단순함에 있다고 믿었다. 괴테에 의하면 고전주의 미적 이상으로서의 단순성은 인간의 자연적 본성과 상통하는 진실성과 명료함이 조화로운 형식을 통하여 드러나야 한다는 것이다. 즉 예술은 인간을 진실성의 세계로 이끄는데 윤리적 매개자 역할을 한다. 예술가곡에서 이상화된 단순성은 노래를 통하여 인간의 자연적 본성을 순화시키는데 기여한다는 것이다.

5. 괴테와 모차르트, 기악곡에 관한 견해

괴테의 예술관에 따르면, 모든 예술의 가장 중요한 의무는 가상을 통해서 더 높은 세계로 환상을 주는 것이다. 괴테는 고전적인 것은 건강한 것이고, 낭만적인 것은 병폐적인 것으로 간주한다. 괴테는 낭만주의 특성인 폐쇄된 자신의 감정으로부터의 자기만족을 거부하면서 예술은 현실 속에서 드러나는 본질적인 것, 의미심장한 것을 표현해야 한다고 주장한다. 괴테의 예술관에 의하면 진정한 예술가는 개인의 내면적 세계의 표현이 아닌 보편적이고 객관적인 인간성의 표현에 힘써야 한다는 것이다.

괴테는 이러한 고전적 예술가의 상을 모차르트를 통해 표명한다. 괴테가 14세의 소년으로 7살 신동인 모차르트의 연주를 경험한 이래로 모차르트의 음악은 괴테에서 전 생애에 걸쳐 영향을 미쳤다. 괴테는 바이마르 극장의 예술감독 임기 중에 모차르트의 오페라를 280여 차례나 공연 했을 정도로 모차르트 작품은 괴테가 지향했던 독일 오페라의 구심점이었다. 모차르트 오페라의 극적 효과는 괴테에서 음악과 문학을 결합하는데 있어 딜레마를 해소시켰고, 단순하고 제한된 것에 틀어박히려는 모든 노력과 카이저와 공동으로 독일 국민 오페라를 도입하려는 계획을 포기하게 된다. 괴테는 모차르트의 오페라가 보여주는 대비를 통한 극적 효과의 증대, 단순한 민요조의 노래들에서부터 오페라 부파의 희극적 요소를 거쳐 오페라 세리아로 이끌어 가는 모차르트의 음악적 능력을 높이 평가했다. 모차르트의 오페라는 보다 잘 훈련된 전문적인 가수를 필요로 했기 때문에 바이마르 극장에서 오페라와 연극을 분리하는 동인으로 작용하게 된다. 그때까지는 전문적인 훈련을 받은 성악가가 오페라 공연을 위해 투입된 것이 아니라 연극배우가 오페라에서도 역할을 담당하는 것이 대부분이었다.

괴테의 고전주의적 예술관에서는 그 당시의 많은 동시대인들처럼 기악음악에 부정적인 입장을 표명한다. 가사나 뜻이 없는 선율의 흐름은 나비나 여러가지 색의 새들과 비슷해 보이며, 그저 우리 눈앞에서 공기 속을 맴돌 뿐이다. 즉 기악곡은 질서를 가지지 않는 다양성을 표출한다는 것이다. 이와는 반대로 질서 속에서 산출될 수 있는 최대의 다양성은 좋은 느낌을 주는 가장 아름다운 것으로 인식되었다. 괴테는 다양성 속 통일성의 표현이라는 견지에서 기악 음악 중에서 현악 4중주에 관심을 보였다. 음악 감상에서 분명히 이해되어질 수 있는 어떤 것을 원했던 괴테에게 현악 4중주는 네 명의 이성적인 사람들이 서로 서로 토론하는 것처럼 들리고 이 논의에서 무엇인가를 얻을 수 있다고 생각했기 때문이다.

괴테는 음은 색보다 더 많은 다양성의 능력을 가지고 있다고 주장한다. "신경과 감각에 미치는 작용"이라는 제목 하에 음이 가지는 가능성을 표로 만들어 보여주며 감정에 미치는 음악의 커다란 힘을 증명하기도 했다. 괴테는 인간에게 열정을 불러일으키,고 잠재우기도 하는 음악의 극적 효과에 상반된 입장을 표명하는데, 한 편으로는 음악이 가져올 수 있는 흥분과 자극에 우려를 나타냈고, 또 다른 한 편으로 정신을 고양시키는 음악의 윤리적 힘에 대한 절대성을 표명했다. 괴테는 이러한 의미에서 음악이 가지고 있는 긍정적인 효과에 치중할 수 있도록 작곡가들에게 가사와 결부된 음악을 요청한다. 괴테는 가사가 동반된 음악은 감상자들의 감정에 그 방향을 제시해 줄 수 있다고 주장한다.

6. 괴테의 음이론, 작품과 음악

괴테는 자연과학적 지식을 토대로 색채론과 유사한 음이론을 구상한다. 괴테의 음이론 목표는 음악이론을 물리학적인 것에 귀속시키려는 것이 아니라 인간의 감각기관인 청각을 통해 드러나는 감동의 효과에서 나타나는 법칙을 설명하고자 한다. 괴테에게 있어서 색은 빛의 분할을 통해 생성되는 것이 아니라 인간의 감각기관을 통해 드러나는 것이다. 괴테에게 음악예술은 물리학적 음향학을 의미하는 것이 아니라 인본주의적으로 고찰되는 것이다. 즉 음의 세계는 목소리로부터 청각을 거쳐서 윤리적 감동을 불러일으키는 것이다. 이러한 윤리적 힘을 음악이 가진 신비로운 힘, 다시 말해 음악에서는 이성보다 더 깊이 들어가는 언어와 분석적 지성에 대해 폐쇄되어 있는 영역을 열게 하는 힘이 있다는 것을 피력한다.

괴테와 음악과의 관계를 논할 때 우리는 그의 시에 붙인 예술가곡을 생각하게 된다. 괴테는 음악 애호가로서 여러 저술과 작품, 편지 등에서 음악에 대한 자신의 생각을 표명했고 평생을 음악과 더불어 살았으며, 바이마르 국립극장의 예술감독으로 오페라 예술을 지원했다. 괴테의 음악적 소양이나 재능이 전문가의 판단기준에서 볼 때 충분치는 않다 하더라도 괴테의 작품이 음악사에 미친 영향이 크다는 사실은 간과할 수가 없다. 괴테와 음악과의 관계를 연구한 로맹 롤랑의 말처럼 괴테는 베토벤, 슈베르트와 같은 작곡자들의 새로운 음악세계에 잘 반응할 수 없었다고 할지라도 그들의 음악을 시로 장식하고 채색했던 시적 세계의 창조자였다. 시에 담긴 음악적 요소로 볼 때 괴테는 그들의 음악보다 더욱 위대한 음악을 창조했다고 평가한다. 괴테는 고전주의적 예술관의 수호자였지만, 괴테가 죽음 직전에 완성한 파우스트에서 괴테의 음악은 악기의 편성 면에서 낭만주의 시대의 아름다운 동화를 연상시키며 바그너 풍이면서도 바그너의 악상을 능가하고 있다.

괴테의 음악에 대한 견해가 고전주의에 머물러 있어서 낭만주의의 음악적 경향이나 변화에 대하여 감지하고 베토벤이나 슈베르트와 같은 대작곡가들의 음악세계를 종합적으로 평가할 수는 없었다 할지라도 괴테가 독일 가곡사에 끼친 영향은 압도적이다. 독일 고전과 낭만주의 예술가곡에 가장 많은 가사를 제공한 시인이 괴테이며, 그의 시의 상징성과 리듬은 음악가들에게 많은 영감을 주었으며 독일 가곡사에서 예술가곡이 장르로서 자리를 잡는데 선구자적인 역할을 했다.

(최미세)

자연
(Natur)

괴테에게 '자연'은 '신'의 다른 이름이다. 그는 "신이 자연 안에" 있고, 반대로 "자연은 신의 안에" 있다고 생각했다. 모든 자연현상들의 다채로움 속에는 신이 존재하고, 또한 신은 그 모든 다채로움을 포함하고 있는 존재이다. 범신론이라고 지칭되는 이러한 자연관에 결정적인 영향을 준 것은 스피노자의 철학으로 1785년에 쓴 원고인 <스피노자에 따른 연구>에서 괴테는 다음과 같이 말하고 있다. "모든 제한된 존재들은 무한한 것 속에 있다. 그것들은 무한성에 참여한다." '제한된 존재'일 수밖에 없는 다양한 자연현상들은 바로 '무한한 것', 즉 신의 안에 존재하며 신과 관계하는 것이다. 이러한 자연은 또한 인간에 의해 대상화될 수 있는 존재도 아니다. 1780년대 초반에 쓰인 원고 <자연>에는 다음과 같은 구절이 등장한다. "사람들은 모두 자연 안에 있고, 자연은 모든 사람들 안에 있다." 인간은 자연 밖에 존재하는 것이 아니라 자연의 안에 존재하며, 그 스스로 자연의 일부이다.

이러한 자연은 "체계가 없는 것"이고 "알 수 없는 중심에서 나오는 생명"이며, 그렇기에 비밀스러운 것이다. 하지만 이러한 '비밀'을 불가지론적으로 해석할 수는 없다. "자연은 자신이 숨긴 것을 드러내며, 또 방금 드러낸 것을 다시 숨기"기 때문이다. 자연은 다양한 모습으로 현상하고 끊임없이 변화한다. 그러나 항상 다른 모습으로 드러나는 자연현상들 안에는 항상 "신-자연"이 내재해 있다. 그렇기 때문에 자연의 비밀은 오히려 "드러난 비밀"이다. 인식론적 차원에서 이러한 역설은 신플라톤주의에 그 뿌리를 두고 있는 '무지의 지 (docta ignorantia)'의 구조를 갖는다. 『서동시집』에 등장하는 시편 하나에서 우리는 이러한 모순을 잘 살펴볼 수 있다. "당신은 천 개의 형상에 숨을 수 있지만 / 가장 사랑스러운 이여, 난 당신을 금세 알아보지요. / 마법의 베일로 당신은 얼굴을 가릴 수 있지만 / 어디에나 존재하는 이여, 난 당신을 금세 알아보지요."

자연을 '직관'하고 그러한 관찰의 결과를 서술하는 괴테의 이러한 자연과학적 방법은 기계적-양적 측정을 기반으로 하는 현대의 정밀과학적 방법과는 전혀 다른 것이다. 그는 인간을 배제하는 추상적 자연과학을 혐오하였으며, 그러한 자연과학의 위험성을 끊임없이 지적하였다. 그는 골상학, 식물학, 광학, 기상학, 지질학 등의 다양한 분야에서 방대한 자연과학적 저술들을 남겼고, 심지어 자신의 대표작으로 『파우스트』가 아닌 『색채론』을 꼽을 정도로 자신의 자연과학에 자부심을 가졌다. 하지만 그가 남긴 방대한 자연과학적 저술들을 괴테 당대에 전혀 인정받지 못했다. 오히려 20세기에 들어 자연과학의 대가들이 괴테의 문헌을 인용하는 가운데, 그의 자연과학은 재조명되었다.

슈트룸 운트 드랑 시기에 출판되어 괴테를 베스트셀러 작가로 만든 초기작 『젊은 베르테르의 고뇌』에서도 이미 '자연'은 중요한 개념이었다. 그것은 인간의 이성만을 강조하는 계몽주의에 대항하는 개념으로서 시대비판적인 역할을 하였다. 하지만 아직은 감성적 차원에 머물러 있던 '자연' 개념은 1776년 그가 바이마르에서 공직생활을 시작하며 새롭게 발전하기 시작했다. 그가 일메나우 광산 등의 자원개발에 참여해야 했기 때문이다. 이러한 사업들은 그가 실제로 자연현상들을 연구하는 동인이 되었으며, 1780년대에 스피노자를 다시 공부하며 괴테는 자신의 자연관을 한 차원 발전시키게 되었다.

이렇게 발전한 '자연' 개념은 물리적인 자연 영역만을 포괄하는 것이 아니었다. 괴테는 자연을 관찰하며 얻은 결론을 정치 등의 사회적 영역에도 적용하려 하였다. 이를테면 지구의 지각형성에 관한 당시의 이론들을 통해 그는 프랑스 혁명의 정당성에 대해 고찰해 보고자 했다. 화성론과 수성론, 즉 화산의 파괴적 폭발에 의해 지각이 형성되었다는 학설과 오랜 시간에 걸친 퇴적에 의해 지각이 형성되었다는 학설을 기반으로 '혁명이냐 개혁이냐'라는 문제를 살펴보고자 했던 것이다.

(한철)

종교
(Religion)

괴테의 유명한 드라마 『파우스트』 1부를 읽다 보면, 젊어진 파우스트가 자신을 보고 첫 눈에 반해버린 소녀 그레트헨과 데이트하는 달콤한 현장을 목격할 수 있다. 고해성사를 할 필요가 없을 만큼 순결하고 맑은 영혼을 지닌 그레트헨이지만, 격렬한 사랑의 감정을 억누를 수는 없었던 것일까? 그 청순한 소녀는 파우스트가 내민 손을 뿌리치지 않으며 그의 입맞춤에 고개를 돌리지도 않을 뿐만 아니라. 오히려 사랑하는 사람을 위해서라면 무슨 일이든 마다하지 않겠다는 고백까지 한다. 하지만 이 귀족적 풍모의 박식한 애인이 언젠가는 떠날 수도 있다는 불길한 예감 때문인지, 사랑의 기쁨이 선사하는 환희는 지속되지 못하고 어떤 알 수 없는 불안감으로 뒤바뀌게 된다. 더욱이 파우스트 주변을 둘러싸고 있는 정체 모를 기묘한 분위기는 깊은 신앙심만이 허락할 수 있는 마음의 평안을 그녀에게서 빼앗아 간다. 불길한 기운에 사로잡힌 크레트헨은 결국 다음과 같은 물음을 던진다. "말씀해 주세요! 당신은 그 종교에 대해 어떻게 생각하고 계시죠? 당신은 정말 좋으신 분이에요. 하지만 그 종교를 좋게 보시지 않는 것 같아요." 아리따운 소녀의 물음에 파우스트는 그녀를 위해서라면 자신의 모든 것을 다 바칠 수 있다고 달래면서도, 그녀가 듣고 싶어 하는 대답은 애써 피한다. "그 누구도 사람들의 종교에 대한 감정과 그들의 교회를 빼앗을 수는 없답니다." 점점 더 불안해진 그레트헨이 하느님을 믿지 않느냐고 단도직입적으로 묻자, 그는 침착함을 잃지 않고 대답한다. "나의 사랑이여, 누가 감히 말할 수 있을까요? 나는 하나님을 믿는다라고. 누가 감히 하느님의 이름을 부르며, 누가 그 분에게 믿음을 고백할 수 있으며, 또 누가 감히 나는 하나님을 믿지 않아요라고 말할 수 있단 말인가요?"

파우스트라는 인물과 그 인물을 창조해 낸 괴테를 동일시할 수 없을 뿐더러, 이 장면에서 유추해 낼 수 있는 파우스트의 종교관과 괴테의 그것이 일치한다고 단정할 수도 없다. 그럼에도 불구하고, 자신의 영혼을 담보로 악마와 거래한 주인공의 애매모호하면서도 아이러니한 대답은 이 위대한 작가가 종교 — 특히 서구의 기독교 — 에 대해 어떤 입장을 가지고 있는지 추리해볼 수 있는 단서를 마련해 준다. 예단이 허락된다면, 종교적인 시각에서 바라본 괴테의 생애는 순수한 종교성과 전통교회의 어긋남에 대한 실망을 극복하려는 노력의 과정으로 볼 수 있지 않을까?

괴테는 어릴 때부터 루터 교회의 분위기가 지배적인 가정에서 자랐다. 정기적인 가정 예배와 종교 수업, 그리고 성서에 대한 가르침은 집안 곳곳에 기독교적인 향취를 드리우는 요소들이었다. 종교수업은 지루하기 짝이 없었지만, 성서의 이야기, 특히 구약성서에 들어 있는 천지창조와 인류 최초의 인간, 인간의 타락, 아브라함과 그의 자손들, 이집트로부터의 탈출, 기나긴 광야 생활과 가나안 지역의 정복, 이스라엘 왕국의 건설과 패망, 포로시대 등의 이야기들은 어린 괴테의 마음을 사로잡았다. 성서를 제대로 이해하고 싶다는 괴테의 열망은 아버지에게 훌륭한 히브리어 선생님을 모셔서 개인교습을 받게 해달라고 간청할 정도로 강렬하였다. 그는 성서의 많은 구절과 에피소드들을 외우고 암송하면서 머릿속에 넣어 두고 다녔으며, 자신의 평생에 걸친 역작들의 장면 장면마다 그 내용들을 예술적으로 변용시켜 담아내었다. 하지만 괴테는, 다른 평범한 기독교인들처럼 성서를 기독교라는 계시종교를 확인시켜 주는 하나의 예언서로서 간주한 것은 아니었다. 다른 한편으로, 괴테가 기독교적 신앙을 가진 사람이라고 확언하기 어려운 측면이 발견되었거나 또는 그 자신이 기독교에 대한 비판적인 시각을 견지하고 있다하더라도, 그러한 부정적 판단의 기원이 성서에서 비롯되었거나 성서에 초점이 맞추어진 것도 아니었다. 괴테에게 있어 성서는 상상력으로 무르익은 이야기의 저장고이자, 인류의 역사를 오롯이 담아낸 최초의 증거자료이다. 그렇기 때문에 성서는 그 자체로 하나의 예술작품일 뿐만 아니라, 다른 예술작품의 태동을 꿈꾸게 하는 자극제이자 촉매제인 것이다. 이러한 이유로, 성서는 일정한 방향이 선취된 해석을 허락해서도 안 되며, 괴테가 전통교회를 두고 비판한 바와 같이, 특정한 목적, 특정한 교리의 정당화를 위해 유용되어서도 안 된다. 왜냐하면, 성서가 특정한 의도를 내포하고 있는 해석에 함몰되면, 그 해석은 절대화의 유혹에서 벗어나기 힘들며, 그럼으로써 성서에서 찾을 수 있는 다양성과 풍성함이 외면될 위험에 처할 수 있기 때문이다.

괴테는 성서 이야기에 빠져 지내기 이전부터 이미 종교적인 것에 대한 명확한 체험, 곧 신을 만날 수 있었으면 하는 소망을 품고 있었다. 하지만 신은 어디에 있을까? 어떻게 그 분을 만날 수 있을까? 그 분이 있는 곳으로 갈 수는 있을까? 아니면 내가 머무는 공간으로 그 분을 불러들일 수 있을까? 어린 괴테는 초목이 우거진 들판에서, 아름답게 가꾸어진 정원에서 신을 만난다. 코끝을 부드럽게 스치는 바람과 꽃내음, 새들의 노랫소리, 다람쥐들의 뜀걸음에서, 밤하늘의 반짝이는 별, 별을 품고 미동도 하지 않는 하늘에서 신을 만난다. 자연 안에서 그 분의 임재가 확인된다. 하지만 어린 볼프강은 이에 만족하지 않는다. 자연 속의 신은 살아 있는 자연을 통해 자신의 존재를 증명하기는 하지만, 자신의 형체를 보여주지는 않기 때문이다. 신과의 직접적인 대면을 갈망했던 괴테는 신을 불러들이기 위해 구약성서에 묘사되어 있는 것처럼, 제단을 만들어 제물을 쌓기 시작한다. 그는 아버지가 아끼던 악보대를 눈여겨본다. 번쩍이는 금박으로 장식이 되어 있는 사각의 악보대는 훌륭한 제단으로 손색이 없으며, 그가 모아둔 각종 돌멩이와 광석들은 제물이 된다. 아이의 손은 하나하나 정성을 들여 제물을 쌓아 올린다. 제물을 태우기 위한 향초를 준비해 놓고 이제는 해가 뜨기를 기다린다. 신이 임재하기에 가장 좋은 시간인 새벽, 동이 트자마자 어린 제사장은 볼록렌즈를 들어 태양의 온 기운을 담는다. 은은한 향을 내뿜는 향초의 연약한 불빛은 구약성서시대 산 제물을 태우던 강렬한 불꽃을 대신한다. 향초의 향은 곧 제물의 향기가 된다. 하지만 이렇게 모든 주의력을 한 곳에 모아 엄숙히 거행되고 있는 제의는 향초의 불꽃이 다른 곳에 옮겨 붙어 위험천만한 화재 사건으로 변질 될 찰나에 중단되고 만다. 『시와 진실』에서 괴테는 그토록 신을 만나고자 했던 어린 시절의 갈망과 불이 붙어 검게 그을린 악보대와 광물들의 모습을 교차시키면서, 그와 같이 제단을 쌓는 방식으로 신에게 다가가려는 시도가 얼마나 위험한 일인지를, 그리고 악보대에 옮겨 붙은 불이 자신의 형체를 드러내지 않으려는 신의 의도이자 경고일 수 있음을 깨달았다고 다소 유머 섞인 목소리로 회상한다.

신을 만나고자 했던 간절함만큼이나 괴테는 신의 성품에 대한 불신과 혼란스러움이 가중되는 것을 체험하였다. 1755년 11월 1일 리스본에서 일어난 지진은 순식간에 6만 여명의 희생자를 낸 엄청난 재앙이자 공포 그 자체였다. 어린 괴테는 묻는다. 암흑으로부터 세상을 창조하여 아름다운 질서와 조화를 부여한 하느님은, 왜 다시 혼돈의 무질서가 세상을 지배하도록 했을까? 인간과 자연을 사랑하는 하느님이라면, 어찌하여 선량한 사람들의 목숨을 그와 같이 허무하게 내던져 버리도록 놔두었을까? 공의로운 심판의 하느님이라면, 어찌하여 선한 사람과 악한 사람을 구분하지 않고 모두 동일한 심판대에 올려놓아 처참하게 생명을 거두는 무서운 벌을 받게 하였을까? 이와 같은 이해할 수 없는 신의 섭리에 대해 교회는 어떤 만족스러운 해명을 해줄 수 있을까?

이러한 의문들이 솟구쳐 머리에서 맴돌고 가슴에 깊이 각인될수록 괴테는 점점 더 교회를 멀리하였다. 왜냐하면, 신교의 고리타분한 설교, 진정성이 결여된 예배, 그리고 풍요로웠던 상징과 의미를 갈수록 상실해 형식만 남아버린 성례식으로는 만족할만한 해답을 찾을 수 없다는 사실이 더욱 명백해졌기 때문이다. 때문에 10대 후반 시절의 라이프치히 체류는 교회를 등질 수 있는 절호의 기회였다. 처음 괴테는 비록 라이프치히로 향하는 것을 탐탁지 않게 여겼지만, 어떻게 보면 프랑크푸르트를 떠난다는 사실은 아버지의 그늘에서 벗어날 수 있다는 점, 동시에 보수적이고 관습에 매여 있는 교회의 구속을 받지 않아도 된다는 점에서 하나의 기분 좋은 전환점이기도 했던 셈이다. 하지만 당시 독일문학의 거목이자 기독교적인 도덕을 고수하였던 스승 겔러르트(Christian Fürchtegott Gellert)가 교회는 열심히 다니는지, 고해성사는 잘 하는지, 성만찬에 규칙적으로 참여하는지 물을 때마다 라이프치히 대학 초년생이었던 괴테는 불편함을 감출 수 없었다. 교회에 나가지 않기로 굳게 결심한 자신을 교화의 대상으로 삼은 연로한 스승님에게 어떤 대답을 건네면서 그 상황을 모면했을지 독자들은 『시와 진실』에 기록된 장면을 떠올리며 상상의 날개를 펼쳐 볼 수 있을 것이다.

괴테를 교화의 대상으로 삼은 사람은 겔러르트 뿐만이 아니었다. 병에서 회복된 이후 다시 유학길에 나선 괴테는 슈트라스부르크에서 라바터(Johann

Caspar Lavater)를 알게 된다. 괴테의 눈에 라바터는, 한편으로는 박식하며 따뜻한 마음을 지닌, 자기확신과 소신으로 가득 찬 신앙인으로서, 다른 한편으로는 지나치게 독단적이고 배타적인 고집불통의 기독교인으로 비쳐졌다. 라바터는 기독교인이 아니면서 이 땅에서 숨을 쉬고 살아가는 사람들, 기독교라는 체계에서 삶의 안정을 찾지 않는 사람들을 이해하려 하지 않았다. 그에게는 단 두 종류의 사람, 곧 기독교인과 무신론자만이 이 세계에 존재하며, 여타 다른 종류의 신앙을 가진 사람들을 인정하려 들지 않았다. 후에 목사로 활동을 했던 라바터는 친구인 괴테를 아끼는 만큼 더욱 적극적으로, 심지어는 강압적으로 종교적 영향력을 행사하려 했고, 그만큼 괴테는 친구관계에 손상을 입히지 않는 범위 내에서 그의 개종의 압력에 저항했다. 왜냐하면, 괴테에게 있어 신앙이라는 것은 자유로운 세계정신과 연결되어 있으며, 어떤 특정한 대상을 믿느냐의 문제가 아닌, 정신과 감정의 영역에서 믿는다는 태도 그 자체, 즉 어떤 끊임없이 작용하는, 살아 있는 근원적인 힘에 대한 신뢰와 그 신뢰를 통해 얻어진 안정감이 보다 중요했기 때문이다.

괴테는 프랑크푸르트를 방문한 라바터와 클레텐베르크 부인의 만남을 지켜보면서 기독교 신앙에 대한 자신의 입장을 더욱 구체화할 수 있었다. 신앙에 있어서 철두철미했던 두 기독교인 사이의 대화는 특히 괴테의 주목을 끌었는데 그 이유는, 동일한 신에 대한 동일한 믿음을 소유하고 있는 이들의 주장이 처음부터 일치하거나 아니면 서로를 보완하며 어떤 합일에 이르는 것이 아니라, 오히려 뚜렷한 차이와 대립을 낳았기 때문이다. 일례로, 구세주인 그리스도에 대한 무조건적인 헌신과 복종 그리고 인생의 모든 것을 오로지 그리스도에게 위탁해야 한다고 설파했던 클레텐베르크 부인과는 달리, 라바터는 구세주의 공로를 인정하고 드높이며 그를 따르되, 자신의 친구처럼 대하며 그를 닮아가려는 노력, 심지어 그와 완전히 똑같아지려는 노력을 기울여야 한다고 역설하였다. 괴테는 남자와 여자가 이해하고 있는 구세주의 상이 이토록 다르니, 아마도 서로 다른 그리스도를 원하고 있는 것은 아닌지 의심이 든다며 두 사람의 양보 없는 격론을 냉소적으로 평가한다. 이렇게 상호이해와 관용이 결여되어 있으며, 자신의 방식만이 옳다는 독단적인 태도는, 그렇지 않아도 교회에 대한 불신이 적지 않은 괴테에게 실망감을 더하게 된다.

괴테는 그리스도에 대해서도 이들과는 완전히 다른 입장을 앞세운다. 구세주로서의 그리스도는 인간의 타락이 빚어낸 원죄와 그 원죄를 해결할 수 없는 인간의 무능력함을 전제로 둔다. 교리에 따르면, 인간은 자신에게서 비롯된 죄의 문제를 스스로 치유할 능력이 없기 때문에 신의 은총을 기다려야 하며, 이를 통찰하고 있던 신은 고통 속에서 신음하고 있는 인간을 구원하기 위해 구세주를 지상 세계에 보냈고 그 임무를 맡은 이가 바로 예수 그리스도라는 것이다. 이러한 전통교회의 흔들림 없는 도그마에 반하여, 괴테는 우선적으로 원죄라는 개념을 수용하지 않는다. 인간이 죄라고 말하는 것, 소위 악이라는 것은 인간이 선하다고 말하는 것의 다른 측면이다. 곧 악은 선이 존재하기 위한 필연적인 구성물이며, 선과 악의 공존으로 비로소 전체가 성립한다. 그렇기 때문에, 예수의 탄생과 죽음을 죄악으로 물든 세상에서 인류를 구원하고 세상을 치유한다는 책무와 결부시킨 교회의 가르침은 납득될 수 없다. 달리 말하면, 그의 죽음과 부활이 강조되지 않아도 인간은 신을 떠올릴 수 있고, 가장 높은 자, 가장 위대한 존재, 유일자, 또는 최고 존엄한 질서에 대한 이야기들을 할 수 있는 것이다. 그러므로 예수 그리스도의 위대함은 그의 죽음과 부활의 능력에 있는 것이 아니라 경외감을 불러일으키는 삶 자체, 그 삶에 나타나는 본보기적인 특성에 있다. 이런 점에서 괴테가 예수의 고난과 그의 비참한 죽음을 상징하는 십자가를 혐오스럽게 바라보았다는 점을 이해할 수 있는데, 이는 십자가를 인간의 속죄를 위한 불가피한 선택이요, 필연적인 과정으로 보았던 교회의 입장과는 달리, 괴테는 구세주를 통한 인류의 구원이라는 문제 자체에 별다른 의미를 두지 않았기 때문이라고 추측해 볼 수 있다. 인간은 "메멘토 모리(Memento mori 죽음을 기억하라)"보다는 현재적인 삶에 더욱 더 관심을 가지며 그에 충실해야 하기 때문이다.

『파우스트』 1부로 되돌아가 보자. 산책을 하고 돌아와 서재에 앉아 있던 파우스트는 마음에서 솟구치는 온갖 충동과 욕망을 잠재우고, 새로운 희망과 삶의 근원을 생각하며 이성의 밝은 힘이 다시 자신의 내부에서 활동할 수 있기를 갈망한다. 하지만 그의 마음은 그가 원하는 대로 움직이지 않고 오히려 공허감만 더해간다. 파우스트는 이러한 삶의 목마름을 해갈할 수 있는 샘물을 성서에서 찾을 수 있다고 믿고, 성서의 원문을 독일어로 옮기면서 선한 의지를 되살리려고 한다. 그러나 "태초에 말씀(Wort)이 계시니라"라는 첫 구절부터 그는 뭔가 벽에 부딪친 듯 불편한 기운을 감지한다. 이 구절에서는 그 어떤 경이로움도 느낄 수 없었기 때문이다. "태초에 뜻(Sinn)이 계시니라"로 바꾸어 보았지만, 뜻이라는 것이 과연 세상에 존재하는 모든 것을 창조하고 거기에 영향을 줄 수 있는지 확신이 서지 않는다. "태초에 힘(Kraft)이 계시니라"도 못미덥기는 마찬가지다. 네 번째 번역어인 "태초에 행위(Tat)가 계시니라"에서 비로소 파우스트는 하늘의 계시를 제대로 이해한 것처럼 기뻐하고 만족해한다.

괴테가 '행위'라는 표현을 앞세운 이유는 아마도 그의 종교관에서 인간 또는 인간의 삶이 그 무엇보다도 우선의 자리에 있다는 점과 관련된 듯하다. 인간은 이 세상에서 유한한 존재로, 그것도 단 한 번 머물다 사라진다. 그렇기 때문에 그는 자신의 삶에 최선을 다해야 하며, 스스로의 삶을 결정하고 빚어내며 그러한 과업을 마땅히 기쁜 일로 여겨야 한다. 그렇게 하지 않는 것이야말로 죄를 짓는 일이며 인간의 미성숙함을 드러내는 일이다. 그러한 점에서 인간은 그 자신을 현세의 기쁜 소식, 곧 복음으로 여겨야 하며, 죽음을 기억하는 인생을 살기보다는 "메멘토 비베레(Memento vivere 삶을 기억하라)"에 충실해야 한다. 바로 이 지점에서 인간의 행위가 중요시되며, 멈춤이 없는 행위, 최선을 다하는 행위, 현재에 충실한 행위들이 곧 구원을 이루는 요소가 되는 것이다.

괴테는 종교 자체를 거부하는 사람은 아니었다. 오히려 종교의 필연성을 인정하고 종교적인 것을 추구하며, 순수한 종교성을 체험하고자 하는 열망을 지니고 있었다. 그가 전통교회와 교리에 대해 비판적인 시각을 거두지 않은 이유는, 자신이 추구하는 종교심을 교회가 충족시킬 수 없다고 믿었기 때문이다. 이 때문에 괴테를 기독교인이라고 칭할 수 있는지에 대한 의견이 분분하기는 하지만, 적어도 예술가로서의 괴테는 성서에 대한 신뢰와 존경을 감추지 않았으며, 그 안에 들어 있는 진지한 의미들과 풍요로운 상징, 그리고 상상력에 날개를 달아줄만한 경이로운 사건들을 높이 평가하면서, 자기만의 예술 형성을 위해 아낌없이 수용했다는 점은 부인할 수 없을 것이다.

(서송석)

진리
(Wahrheit)

진리 개념은 서양의 형이상학적 전통 속에서 절대적 권위를 누려왔다. 특히 사유하는 주체의 보편적 능력에 근거한 상호주관성에 대한 믿음이 보편적 진리의 인식가능성 또는 인식의 필연성을 강변해왔다. 하지만 진리 개념은 늦어도 니체 이후 가장 강력한 의심의 대상이 된다. 더욱이 아리스토텔레스에 의해 제기된 진리에 대한 그 유명한 존재론적 정의('존재하는 것에 대해서 존재한다고 말하고 존재하지 않는 것에 대해서 존재하지 않는다고 말하는 것이 진리이다')가 하이데거에 의해 전통 형이상학의 현전적 존재이해와 관련하여 비판적으로 정식화된 후, 데리다의 해체구성론에 이르면 진리에 관한 생산적 논의는 불가능해진 것처럼 보인다. 이러한 상황과 관련하여 진리에 대한 괴테의 다음과 같은 발언은 흥미롭다. "내가 나 자신에 대한, 그리고 외부세계에 대한 나의 관계를 안다면 나는 이를 진리라고 부른다. 그리고 이렇게 누구나 자기 자신의 진리를 가질 수 있고, 그렇지만 그것은 항상 동일한 것이다." 진리에 관한 괴테의 이 주장에서 우선 주목해야 할 것은, 그가 인식의 대상을 '관계'로 규정하고 있다는 사실이다. 아리스토텔레스의 존재론적 진리 정의에서 확인할 수 있듯이, 전통적인 진리이해에서는 어떤 인식과 그 인식이 대상으로 삼고 있는 실재 사이에 존재하는 상응관계가 중요한 의미를 지녔다. 진리는 존재하는 것에 대한 앎인 것이다. 이와는 달리 괴테에게 있어서 진리는 '존재하는 것' 자체에 대한 앎이 아니라, 존재하는 것에 대해서 내가 지니는 '관계'에 대한 앎으로 이해된다. 또한 위 인용문에서 괴테는 진리의 성립 조건으로서 외부세계에 대한 나의 관계를 아는 것만이 아니라, 나 자신에 대한 관계에 관한 앎을 동시에 제시하고 있다. 괴테가 말하는 인식은 '자기'에 대한 인식도 아니고 '대상'에 대한 인식도 아닌,

자기와 대상에 대한 '관계'의 인식이기 때문에, 일반적으로 사용되는 진리 개념과는 동일시될 수 없는 것임을 알 수 있다.

그러면 괴테는 왜 외부세계에 대한 인식과 자기 자신에 대한 인식을 진리의 요소로 간주하지 않고, 외부세계에 대해 지니는 관계에 관한 앎과 자기 자신에 대해 지니는 관계에 대한 앎을 진리의 요소로 제시하고 있는 것일까? 이는 우선 자신에 관한 직접적인 인식과 외부 대상에 관한 직접적인 인식이 어렵다는 괴테의 생각과 연관된다. 자기인식과 관련하여 괴테는 다음과 같이 말한다. "쉽게 완전히 무당파적으로 다시 묘사되는 것은 아무것도 없다. 거울은 이러한 사실의 예외라고 사람들은 말할 것이다. 그러나 우리는 우리들의 얼굴을 거울에서 결코 완전히 올바르게 보지 못한다. 정말이지 거울은 우리의 모습을 뒤바꿔 놓는다. 그리고 우리의 왼손을 오른손으로 만든다. 이러한 사실은 우리들 자신에 대한 모든 관찰(의 본질)을 잘 보여주는 범례일 것이다." 괴테는 있는 그대로의 자기를 인식하는 것이 거의 불가능하다고 보았고, 그래서 그는 자기인식을 "아무도 충족시킬 수 없었고, 원래 아무도 충족시킬 수 없을 기이한 요구사항"으로 간주한다. 같은 이유에서 괴테는 1824년 3월 8일에 있었던 "자기인식(Selbsterkenntnis)"에 관한 한 대화에서, "인간은 스스로를 결코 알 수 없으며, 스스로를 결코 순수하게 대상으로서 관찰할 수 없다"고 말한 후, 다음과 같이 주장한다. "나는 단지 외부세계에 대한 나의 관계들만 알 수 있다. (…) 사람들은 (자기인식에 관하여 논함에 있어서) 이러한 사실에 스스로를 한정시켜야 한다." 나는 나 자신을 있는 글대로의 순수한 모습으로 관찰할 수 없고, 나는 나를 단지 간접적으로만, 즉 외부세계에 대해서 내가 지니는 관계를 통해서만 알 수 있다는 것이다.

괴테에 따르면 인식의 어려움은 자기인식에만 해당되는 것이 아니라, 외부세계에 대한 인식에도 동일하게 적용된다. <객체와 주체의 중개자로서의 실험(Der Versuch als Vermittler von Objekt und Subjekt)>이라는 글의 첫 부분에서 그는 다음과 같이 말한다. "인간은 자신의 주변에 있는 대상들을 지각하자마자, 이 대상들을 자신과의 관련 속에서 관찰한다." 외부세계에 대한 인식이 그 외부세계를 지각하는 각각의 개별자와 관련하여 이루어진 관찰의 결과라면, 각각의 개인에 의해 인식된 외부세계가 있는 그대로의 외부세계인지를 판단하는 것은 쉽지 않다. 괴테는 바로 이어서 이러한 사실을 보다 분명히 한다. “자연의 대상물을 있는 그 자체로 (…) 관찰하는 것”은 매우 어려운데, 왜냐하면 사람들은 “사물을 자기 자신과의 관계 속에서 관찰하기” 때문이라는 것이다. 자기인식과 외부세계의 인식에 관한 괴테의 이러한 견해를 고려할 때, 그가 진리를 외부세계에 대해서 알고 동시에 나 자신에 대해서 아는 것이라고 규정하지 않고, 외부세계에 대한 나의 ‘관계’를 알고 동시에 나 자신에 대한 ‘관계’를 아는 것이라고 말한 것은 결코 우연이 아님을 알 수 있다.

괴테에 따르면, “멈춰있는 것은 없다(Nichts ist stillstehend)”. “그냥 존재하는 것은 없다. 이미 완성되어 있는 것도 없다. 모든 것은 항상 되어감 속에서 존재한다. 변화의 영원한 물결 속에는 그 어떤 정지도 없다.” 진리로 규정된 두 가지 관계에 대한 앎은 세계에 대한 괴테의 이러한 이해방식과 관련된다. 인간을 포함한 모든 것이 끊임없이 변화하고 있다면, 앎의 대상을 단번에 전체적으로 파악하는 것은 불가능하다. 지속적으로 변화하고, 끊임없이 스스로를 형성해 가는 하나의 대상에 대한 전체적인 앎은 단지 ‘나 자신에 대한 나의 관계’와 ‘외부세계에 대한 나의 관계’에 관한 앎을 통해 그 대상에로 끊임없는 접근해 감을 의미한다.

진리에 대한 괴테의 정의에서 두 번째로 주목해야 할 사실은, 관계에 대한 인식과 그 인식을 통해서 구성되는 진리 개념이 개인적 특성을 지니게 된다는 괴테의 주장이다. 진리인식이 외부세계와 자신에 대한 ‘나의 관계’를 알아가는 사건이라면, 인식된 진리가 객관적으로 입증될 수 있는 보편적인 것이라기보다는 각자가 자기 자신의 진리로 파악할 수 있는 개인적인 것이어야 한다. 그렇기 때문에 괴테는 인용된 진리 개념정의의 두 번째 문장에서 ‘누구나 자기 자신의 진리를 가질 수 있다’고 주장하고 있는 것이다. 이러한 진리 이해는 올바른 인식능력을 지닌 사람이라면 누구나 동일하게 도달할 수 있어야 하는 절대적 가치로서의 보편적 진리와 구분된다. 왜냐하면 인식이나 진리의 속성으로서의 개별성은 다양한 인식과 진리 사이의 차이를 전제로 한 것일 수밖에 없기 때문이다. 진리의 개별성에 관한 괴테의 구상은 그의 다음과 같은 생각과도 연관된다. “인간은 누구나 자신의 방식에 따라 사유해야만 한다. 왜냐하면 인간은 누구나 항상 자기 자신의 길에서 진실한 것 또는 일종의 진실한 것을 발견한다. 그리고 이 진실한 것이 그의 삶을 통해서 그에게 도움이 된다." 괴테의 이러한 견해에 따르면, 인간이 사유하는 방식이나 진실한 것을 발견하는 방식은 항상 개인적인 것이며, 따라서 누구든지 자기 자신만의 개인적인 진리를 가지게 되는 것이다. 이러한 개인적 진리는 여러 개인들 간에 상호관계가 존재하기 이전에 이미 각각의 개인에 의해 인식된 것임을 부인할 수 없다. 이러한 사실은 1829년 12월 31일 첼터(Carl Friedrich Zelter)에게 보낸 괴테의 편지에서도 분명히 드러난다. "나에게 유익하며, 나의 여타 사유와 연결되며, 동시에 나의 발전을 촉진시키는 바로 그러한 생각을, 나는 진실한 것으로 간주한다는 사실을 깨달았다. 그러한 생각이 다른 사람의 견해에 동조하지도 않고, 그의 발전을 촉진시키지도 않으며, 심지어 그를 방해할 수도 있다는 사실은, 이제 가능할 뿐만 아니라 자연스럽다. 그는 이러한 생각을 그릇된 것으로 간주할 것이다." 하나의 동일한 생각이 사람에 따라 진실한 것으로 간주될 수도 있고, 그렇지 않을 수도 있다는 것이다. 그렇다면 괴테의 진리 개념은 보편적이라기보다는 개인적인 특성을 지닌 것으로 볼 수밖에 없다.

모든 인식은 개인적인 것이며, 그 인식에 근거하여 확립된 진리 역시도 개인적이라는 괴테의 주장은 그 자체의 논리에 따를 경우 큰 무리 없이 이해될 수 있다. 그런데 마지막으로 진리를 정의하고 있는 앞의 인용문의 세 번째 문장에 이르면 상황은 달라진다. 왜냐하면 각각의 자기 자신의 및 외부세계와 관계를 맺는 방식에 의해 인식된 개인적 진리들은, 이제 단지 개별적인 것으로만 머물러 있는 것이 아니라, '항상 동일한 진리'로 파악되기 때문이다. 서로 다른 '개인적 진리들의 개별성'과 상호주관성을 전제로 하는 '동일한 진리의 보편성' 사이의 모순적 관계가 해명되어야 하는 것이다.

여기에서 문제가 되는 것은 다양한 개인적 진리들 사이의 관계이다. 수많은 개인적 진리가 동일한 (또는 보편적) 진리에 도달하는 것이 어떻게 가능할까? 바로 앞에서 보았듯이 괴테의 견해에 따르면 인간은 모두 각자 자기 자신의 고유한 방식에 따라 사유해야만 한다. 단지 그렇게 할 경우에만 진리를 인식할 수 있다. 그러면 각자 자기 나름의 방식대로 사유하고 외부세계를 관찰하는 개인으로서의 나에게 다른 개인들의 진리는 어떻게 보여 질까? 그들의 진리들은 그들 나름의 사유방식과 관찰방식에 의해 구성된 것이기 때문에, 나에게는 필연적으로 낯선 것일 수밖에 없다. 어떤 것이 나에게 낯선 것이 아닐 수 있는 경우는 그것을 나의 방식으로 사유하고 관찰하였을 때뿐이다. 그런데 괴테에 따르면 "모든 새로운 대상 우리들 내면에 새로운 기관이 생겨나게 한다." 그리고 우리는 이렇게 형성된 새로운 기관을 통해서 이 새로운 대상, 즉 낯선 (새로운 것은 낯선 것일 수밖에 없다) 대상을 지각하게 된다. 이러한 견해는 서로에게 낯선 개인적 진리들 사이의 이러한 관계에도 적용될 수 있음은 자명한 일이다. '새로운 대상'으로서의 낯선 진리가 각자의 '내면에 새로운 기관'이 형성되도록 하게 되고, 각각의 개인들은 이 새로운 기관을 통해 다른 사람들의 낯선 진리를 지각하게 되는 것이다. 그러면 이렇게 지각된 낯선 것들은 각자가 가지고 있는 기존의 지각 구조 속에서 어떻게 다루어질까? 이 문제와 관련하여 괴테는 '정돈하기'와 '결합하기'라는 두 가지 방식을 비교하면서 다음과 같이 설명한다. "올바르게 정돈하기를 지향하는 사람은 자기 자신의 설비에 맞지 않는 어떤 낯선 것이 나타나자마자, 이 (낯선 것) 하나를 빠뜨리거나 고의로 잘못 배치하기보다는 전체적인 분류를 변경한다. 결합을 지향하는 사람은 자신이 만들어 놓은 연결을 기꺼이 해체하지는 않을 것이다. 그는 오히려 새로운 것을 부정하거나 인위적으로 낡은 것과 연결할 것이다."

내가 낯선 것을 받아들일 수 있는 것은 나와 이 낯선 것 사이에 어떤 상호적인 관계가 이미 확립되어 있기 때문이 아니다. 나는 나의 내적 구조를 변경함으로써 낯선 것을 위한 자리를 확보해야 한다. '정돈하기'에 관한 괴테의 구상을 그의 진리개념에 적용할 수 있다. 서로에게 낯선 많은 개인적 진리가 존재한다. 이때 나에게 전달되어 온 다른 사람의 진리는 나에게 새롭고 낯선 것이다. 이 새롭고 낯선 진리는 나의 내면에 새로운 기관이 형성되도록 자극하며, 이를 통해 나의 내적 구조를 변경하게 된다. 이러한 과정은 서로 다른 개인적 진리들이 어떻게 '동일한 진리'에 도달하게 되는지 보여준다. 새롭고 낯선 진리들에 대해서 각 개인이 자신의 내적 구조를 변화시켜감으로써 나름의 방식으로 반응을 하게 되고, 이러한 반응의 연속이 새롭고 낯선 것을 자신의 방식으로 지각하는 것을 가능하게 한다. 각각의 개인들이 서로에게 낯설었던 것을 나에게 익숙한 것으로 인식하게 되는 순간 비로소 개인들 사이에 상호주관성이 성립되고, 바로 이러한 상호주관성이 괴테의 '동일한 진리'에 상응하는 것이라고 볼 수 있을 것이다. 괴테가 '동일한 진리'를 자신의 설명의 맨 마지막 문장에서 언급한 것은 결코 우연이 아닐 것이다. 그의 진리 이해는, 사유하는 주체가 보편적으로 공유할 수 있는 것으로서의 진리로부터 출발하지 않는다. 그의 진리 개념은 개인적 진리의 개별성, 즉 개인적 진리들 사이에 존재하는 차이에서 출발하며, 진리의 보편적 공유는 서로의 차이를 확인한 개인적 진리들 사이의 '정돈하기'라는 의사소통과정을 통해 도달하게 되는 최종적 결과이다.

(주일선)

징슈필(가극)
(Singspiel)

모차르트의 오페라 <마술피리>를 즐겨듣는 음악 애호가들이 <마술피리>의 장르가 오페라보다는 징슈필(歌劇 가극)에 가깝다는 글을 어디선가 읽는다면 고개를 갸우뚱할 수도 있을 것이다. 징슈필이 도대체 뭐지? 모차르트뿐만 아니라 슈베르트, 베토벤, 카를 마리오 폰 베버 그리고 멘델스존과 같은 독일의 위대한 작곡가들이 세상에 징슈필을 남겼고, 그 영향이 바그너와 리하르트 슈트라우스에게까지 이어진다는 내용을 계속 읽어 내려간다면, 징슈필에 대한 이러한 궁금증은 더욱 커지게 된다. 징슈필은 독일식 오페라인가? 그렇다면 우리에게 일반적으로 알려진 오페라와는 어떻게 다를까?

징슈필(Singspiel)은 독일어로 "노래(Sing)"와 "놀이 또는 연극(Spiel)"의 합성어로서 글자 그대로는 "노래가 있는 연극"을 뜻한다. 성악과 기악이 공존하는 무대극이라는 점에서 징슈필은 오페라와 닮은 듯하지만, 오페라가 음률이 있는 대사인 레치타티보로 극을 이어가면서 음악의 연속성을 꾀한다면, 징슈필은 대화가 전개될 때 음악이 중단된다는 점에서 우선적인 차이가 있다. 하지만 연극에서처럼 음악이 없이 대사 전달을 한다는 것만으로는 징슈필, 특히 독일적인 징슈필의 특징을 다 드러낸다고 할 수는 없다. 17세기 이후로 징슈필은, 비장하고도 엄숙한 음악과 그에 걸맞는 비극적 스토리를 전개해 주로 궁정무대에 올랐던 오페라와는 대조적으로, 밝고 경쾌하며 코믹스러운 상황을 연출함으로써 시민계급들이 즐기는 무대극으로 자리를 잡게 되었다. 흥미롭게도 독일적인 특색을 갖춘 징슈필이 독자적인 발전을 이룰 수 있었던 계기는 프랑스의 오페라 코미크(Opéra comique)와 영국의 발라드 오페라(Ballad opera)의 영향 덕분이다.

1728년 런던에서 초연된 초기 발라드 오페라 계열의 <거지 오페라(The Beggar's opera)>는 서민들과 사회적 약자들의 삶이 녹아 있는 런던의 후미진 골목세계를 그려내어 선풍적인 인기를 거두었다. <거지 오페라>의 성공은 어떻게 보면, 무겁고 심각한 주제, 현실과는 거리가 먼 내용들, 기교로 가득 찬 레치타티보 그리고 무엇보다도 알아들을 수 없는 이탈리아어로 공연을 하는 오페라에 대한 반감의 표현이자, 이탈리아 오페라를 즐기는 상류계층에 대한 하위계층의 예술적 도전이었다. 이러한 경향은, 1731년에 역시 런던에서 초연된 이후 18세기 최고의 성공작이라고 평가받는 <천벌(The devil to pay)>을 통해 독일로까지 확산되기에 이른다. <천벌>은 1740년대부터 독일어로 번안되어 함부르크와 라이프치히의 무대에서 상연되었고, 막대한 흥행을 거두어 영국의 발라드 오페라와 프랑스의 오페라 코미크가 계속해서 무대에 오를 수 있는 촉매제 역할을 하였다.

20여년 후인 1766년, 독일 징슈필의 개척자이자 선구자로 평가받고 있는 작곡가 힐러(Johann Adam Hiller)와 초기 공연시절부터 번역과 대본 구성작업을 하던 작가 바이쎄(Christian Felix Weisse)의 노력에 힘입어 <천벌>은 <악마가 풀려났다(Der Teufel ist los)>라는 독일어 제목으로 재탄생되었다. 당시 독일 시민들 사이에서 유행하는 민속노래들이 삽입되면서 영국적 정서를 최소화하고 독일인의 정서를 부각시키는 작품으로 개작이 된 것이다. 괴테가 라이프치히 대학시절 징슈필을 마음껏 보러 다닐 수 있었던 것도, 또 이렇게 음악과 언어가 한데 어우러진, 하지만 오페라와는 어딘지 다른 징슈필의 매력을 일찌감치 파악하고 직접 대본을 쓸 열의를 가질 수 있었던 것도 힐러와 바이쎄의 공이 아니었다면 상상하기 힘든 일이었을지도 모른다.

괴테는 20대 후반부터 바이마르에 정착하기 시작한 30대 중반까지 『에르빈과 엘미레(Erwin und Elmire)』, 『릴라(Lila)』, 『클라우디네 폰 빌라 벨라(Claudine von Villa Bella)』, 『제리와 베틀리(Jery und Bätely)』, 『농담, 간계와 복수(Scherz, List und Rache)』와 같은 여러 이야기들을 세상에 내놓았다. 하지만 아쉽게도 오늘날 그의 징슈필이 드라마에 비해 상대적으로 덜 알려져 있는 것이 사실이다. 음악극의 특성상, 사람들이 극작가보다는 음악가를 먼저 떠올리기 때문일까? 아니면, 그의 작품들이 청중들의 뇌리에 오래도록 남을 만큼 솜씨 있는 작곡가를 만나지 못했기 때문이었을까? 사실, 라이하르트(Johann Friedrich Reichardt)의 뒤를 이어 『클라우디네 폰 빌라 벨라』를 작곡한 슈베르트를 제외하면, 괴테의 징슈필에 음악의 옷을 입힌 작곡가들은 오늘날 음악사에서 그 이름을 찾아보기가 쉽지 않다. 작곡가를 탓한다면 단순한 변명처럼 들릴지도 모르겠지만 어쨌든 괴테가 음악 또는 극의 음악적 효과를 위해 신경을 많이 쓴 건 사실인 듯하다. 애초에 괴테는 징슈필을 쓰면서 고향친구인 카이저(Philipp Christoph Kayser)에게 큰 기대를 걸었다. 하지만 그가 작곡한 『제리와 베틀리』는 무대에 올릴 수 없을 만큼 수준이 낮아 라이하르트가 다시 손을 볼 때까지 상연을 보류해야만 했고, 『농담, 간계와 복수』의 경우, 카이저는 작품의 완성도를 위해서 긴밀한 협력을 원했던 괴테의 의도에 부응하기는커녕, 차일피일 곡작업을 미루며 친구의 애간장을 태우기도 했다. 그 사이 이탈리아의 코미디 오페라 형식인 <오페라 부파(opera buffa)>의 흥행물결이 일어나면서, 괴테는 『에르빈과 엘미레』와 『클라우디네 폰 빌라 벨라』를 비롯한 대부분의 작품들을, 아리아와 레치타티보 형식을 늘려 음악의 비중을 높이는 방향으로 여러 차례 개작하였다. 하지만 결과적으로는 그의 작품들이 바이마르를 벗어난 곳에서 연주되는 경우는 드물었다.

그래서였을까? 괴테는 노년에 이르러서도 모차르트를 기억하며 이 천재 음악가가 더 오래 살아 자신의 『파우스트』에 음악을 입혔으면 하는 소망을 거두지 않은 것이다. 공교롭게도 모차르트가 작곡한 징슈필 <후궁으로부터의 유괴>가 대성공을 거두면서 징슈필에 대한 괴테의 관심은 서서히 시들해지기 시작한다.

(서송석)

천재

(Genie)

에드워드 영

천재(Genie)란 말은 수호신을 뜻하는 'genius'에서 파생된 것으로 보인다. 이는 출생 시에 각각의 사람에게 정해져서 그를 보호하고 인도하는 신이다. 칸트는 그의 『판단력 비판(Kritik der Urteilskraft)』에서 천재에 대해 다음과 같이 이중적인 정의를 내린 바 있다. "천재는 타고난 기질(ingenium)로서 이를 통해 자연이 예술에 규칙을 부여한다." "그러므로 아마도 천재란 말은 인간이 태어날 때부터 그를 보호하고 인도하는 고유한 정신인 수호신에서 유래한 것으로 보인다. 인간의 독창적인 생각들은 이 신이 주는 영감에 기인한다." 수호신과 기질이라는 천재의 이중적인 어원에 근거한 칸트의 정의는 이 개념의 오랜 역사와 천재시대(Geniezeit)의 천재 개념과 연관되어 있다.

18세기 초반 영국의 요셉 애디슨(Joseph Addison)과 에드워드 영(Edward Young, 1683~1765)으로 대표되는 감각주의와 경험주의는 심리적 요소들을 높이 평가하면서 예술가의 정체성을 새롭게 규정하는 토대를 마련하였다. 그들은 예술가를 천재로 정의하면서 이전까지의 계몽주의적, 교육적 도구화를 폐기하고, 천재의 독창성을 유기체론에 입각하여 식물의 자연적 성장과정과 유사하게 이해하였다. 그럼으로써 아리스토텔레스의 모방 개념을 전혀 다르게 해석하였다. 즉, 자연을 더 이상 대상으로서 모방하는 것이 아니라 과정으로 파악해야 한다는 것이었다. 예술가가 모방해야 하는 것은 자연의 창조과정 및 자아번식과정이라고 보는 이러한 관점에서 예술가는 '제2의 창조자'이다[앤소니 애슐리 쿠퍼 섀프츠베리(Anthony Ashley Cooper Shaftesbury, 1671~1713)]. 독일의 헤르더와 괴테는 이와 같은 예술가상을 받아들였다.

독일의 요한 크리스토프 고트셰트(Johann Christoph Gottsched)는 상상력과 기지에 대한 그의 도덕적, 교육적, 학자적 관념을 중심으로 영의 천재개념을 비판하였다. 스위스의 요한 야콥 보드머(Johann Jakob Bodmer)와 요한 야콥 브라이팅어(Johann Jakob Breitinger)는 상상력에 대한 해석에서 자유로운 판타지라는 방향으로 전회하였다. 천재란 내용적으로는 격정적이거나 숭고한 것보다는 경이로운 것을 표현하고, 다른 한편으로 문체에서는 정서적 작용을 목표로 하는 "마음을 움직이는 글쓰기방식"을 의미한다(브라이팅어)고 그들은 보았다.

프리드리히 고트리프 클롭슈토크(Friedrich Gottlieb Klopstock)은 자신의 종교관에 따라 예술가를 인간 영혼의 진리인 신의 진리를 자기법칙에 의거해서 언어로 창조하는 예언자라고 정의하였는데 이러한 예술가개념 역시 영의 천재개념과 동일선상에 놓여있음을 알 수 있다.

예술가를 신과 동등한 창조자로 보는 것이나 셰익스피어를 최고의 작가로 보는 평가를 독일에 수용한 헤르더 역시 영의 개념을 모범으로 하여 자신의 천재 개념을 발전시켰다. 더 나아가 그는 천재의 개념에 내포된 종교성을 심리학적으로 파악하여서 무의식의 표출 자체가 천재적인 것이며, 개인의 개성적 능력이 천재성의 전제라고 보았다. 그래서 자연이 시인에게 준 도구는 모국어이고, 모국어로 나타나는 한 민족의 개성이 바로 천재성이라는 이론을 발전시켰다. 헤르더에게서 가장 독창적인 천재는 민족작가였다. 헤르더의 이러한 천재개념은 괴테에게 영향을 미쳤다.

슈트라스부르크 대학 시절에 헤르더를 만난 괴테는 문학에서 감성적 영향을 높이 평가하는 헤르더의 견해에 쉽게 동화되었고, 민중정신의 천재성으로 창조된 민요들을 발굴하는 일에 그도 동참하였다. 슈트라스부르크 대성당의 건축가를 찬양한 그의 논문 <독일의 건축술에 관하여(Von Deutscher Baukunst)>에서도 헤르더의 천재개념을 볼 수 있다. 괴테는 천재의 본질을 창조행위의 자율성이라고 봄으로써 외적 규칙성을 중시하는 계몽주의의 예술관을 거부하였다. 예술은 오로지 자신의 규칙만을 다를 뿐이라고 보는 것이다.

괴테가 프랑크푸르트 시절에 썼던 찬양시들은 <독일의 건축술에 관하여> 보다 더 분명하게 그의 천재개념을 대변한다. 「방랑자의 격정적 노래(Wandrers Sturmlied)」에서 괴테는 동시대의 즉흥시나 전원문학을 강력하게 거부하고 고대 그리스의 시인 핀다로스풍의 서정시 전통을 이어서 인간 마음의 열정과 주체성을 직접적으로 그렸다. 여기서 천재란 힘으로 충만한 자율적인 존재로 나타난다. 천재의 신과 동등한 창조성은 특히 시 「프로메테우스(Prometheus)」에서 강조되고 있다. 전통적인 프로메테우스상이 정치적, 종교적 권위를 표상한다면, 괴테의 프로메테우스는 하나의 주체로서 자아를 강력하게 시사한다. "여기에 내가 앉아서, 인간들을 창조한다 / 나의 형상대로"(「프로메테우스」). 성경의 창세기를 인용한 이 구절은 자신의 힘으로, 자신의 법칙에 따라서 창조를 수행하면서 모든 다른 권위의 개입을 막고자 하는 자율적 주체로서의 예술가를 보여준다. 이러한 창조자로서의 천재상은 시 「가뉘메트(Ganymed)」에서 절정에 이르면서 작가의 존재가 영원히 창조하는 자연과 동일시된다.

괴테가 젊은 시절에 썼던 시들에서 볼 수 있는 이러한 천재상은 소설이나 희곡의 주인공들에서도 상이한 특징들과 함께 관찰된다. 괴츠는 스스로에게 법칙을 부여하는 자족적인, 강력한 자연으로, 베르터는 자연의 황홀경에 빠져 감탄하는 사람으로 그려진다. 그러나 이 두 주인공이 결국은 좌절하고 마는 결말은 천재의 한계를 분명하게 보여주기도 한다.

1770년대 초 무렵의 격정적인 천재상에 대해 괴테는 이후 그의 자서전인 『시와 진실』에서 당시를 회고하면서 그 개념을 과도한 열정과 무목적성에 결부시킨 것에 대해 비판적 거리를 취하였다. "누군가가 왜 그리고 어디로 가는지도 모른 채 세계 속으로 달려 나간다면, 그것을 천재의 여행이라고 불렀고, 목적이나 유용성에 대한 생각도 없이 뭔가 잘못된 짓을 저지른다면, 천재다운 행동이라고 불렀다"(『시와 진실』). 이러한 비판은 그러나 천재의 개념 자체에 해당된다기보다는 당시 일반적인 언어사용에서 천재란 말이 원래의 의미를 왜곡하며 회자되는 것에 대한 지적으로 이해해야 할 것이다. 괴테는 그의 이탈리아 여행(1786-1788) 이전 시기까지도 천재개념을 예술가의 능력이나 창작작업이라는 맥락에서 더 정확하게 규정하려는 시도들을 계속했다. 천재개념에서 과도

한 열정보다는 타고난 예술가의 재능이라는 의미를 강화하고 예술가의 창조행위인 그의 손작업과 연결된 개념으로 해석하고자 한 것이었다.

천재란 당시의 미학적 신조였으며 미학적 논의의 중심점이었다. 고전 예술품들에서 천재적인 예술창작의 과정을 더 정확하게 파악하려고 시도하였다. 괴테의 천재개념에는 이와 더불어 이성으로는 포착불가능한 직관적인 창조 및 감성적인 수용, 독자적인 자율성이 더 부가되어 있다.

이후에도 괴테가 그의 천재개념을 미학적 범주의 정상에서 아래로 내린 것은 아니었다. 오히려 그는 바이마르공국 시절의 초기나 칼 필립 모리츠(Karl Philipp Moritz), 프리드리히 쉴러(Friedrich Schiller)와의 공동작업에서도 천재개념을 거듭 재해석하려고 시도하였다. 후기에는 이 개념의 비합리적 부분을 방법론적으로 파악하려는 시도와 함께, 천재적 창조과정을 더 구체적으로 다루고, 천재의 예외성이나 예술적 자율성을 본질적인 요소로 규정하고자 하였다. 타고난 재능, 자연의 규칙에 대한 의식, 자연에 대한 무의식, 직관적인 예술행위, 예술의 수작업성 등 천재개념에 속하는 모든 좌표들은, 괴테가 사망하기 며칠 전인 1832년 3월 17일에 빌헬름 폰 훔볼트(Wilhelm von Humboldt)에게 보낸 그의 마지막 편지에서 볼 수 있듯이, 그의 노년까지도 인간의 본질에 관한 사유의 중심에 놓여 있었다.

(신혜양)

체념
(Entsagung)

괴테는 체념(Entsagung)이라는 단어를 경우에 따라 중요한 개념으로 사용했다. 이 개념은 보통 포기를 의미하는 맥락으로 사용된다. 나아가 희생을 의미하기도 한다. 포기를 의미할 때는 자신이 간절히 바라는 혹은 꼭 필요한 인간관계로부터 물러나는 것을 뜻한다. 이 말은 우리 말의 의미와 섬세한 차이를 보인다. 우리말에서 포기가 단순히 자신의 의도를 멈추거나 철회하는 평면적, 일상적 의미를 가진다면, 괴테의 체념에 내포된 의미 차원의 포기는 굳이 물러나야 할 필요가 없는 상황에서도 내면적으로 물러나는 것을 의미할 수 있다. 또한 다양하고 섬세한 인간관계에서 사회적 필요성과 윤리에 따라 그전까지 가꿔온 인간관계를 청산하거나 그것에서 물러나는 것을 의미할 수도 있다. 이것은 개인적 차원에서 보면 개인적 관계의 단절과 상대로부터의 비난을 감수해야 할지도 모른다. 체념이 희생과 죄의식의 의미 차원을 담고 있는 것도 이런 맥락 때문이다. 괴테의 사적 편지와 일기 그리고 주변의 증언과 다양한 문헌자료들은 물론 괴테의 작품들을 이런 관점에서 살펴보면 이런 체념의 개념이 그에게서는 삶의 철학의 일부가 되었음을 짐작할 수 있다. 그의 주요 작품들에서 괴테의 체념과의 연관성을 정리해보면 다음과 같다.

『시와 진실(Dichtung und Wahrheit)』의 제16권에서는 괴테가 생각하는 체념의 의미 맥락이 서술되고 있다. 스피노자 철학과의 관련이 그것이다. 스피노자의 사상은 괴테의 후기 작품 세계에 중요한 부분인데, 괴테가 스피노자를 통해 배운 것은 삶의 유한성과 제한성에 대한 인식이다. 그렇기에 인간은 체념해야 한다. 스피노자가 그렇게 했던 것처럼 자신의 내면에 있는 본질을 외부로 드러내지 않는 것이 그것이다. 경우에 따라 외부에서 요구하는 의무도 개인은 자신의 삶의 주체로서 거부할 수 있어야 한다. 이로써 체념은 개인의 자유 의지와 밀접한 연관을 가진다. 이런 체념은 인생에 대한 확고한 개인적 신념에서 나오는 것이며, 한 인격체가 자신의 정체성을 지키며 사회적 활동 가능성을 찾는 행위라 할 수 있다. 그렇다면 사회적 관계에서 생길 수 있는 불행한 사태에 연루되지 않게 방지해주는 역할도 한다.

『타소(Tasso)』에서는 타소의 내면적인 체념이 형상화된다. 궁정시인으로 그는 사회관계의 중심에 있는 궁정에서 활동하고 있다. 하지만 궁정세계의 외면적인 권력과 공허한 에티켓이나 사교의 영역은 그의 본성에 맞지 않는다. 궁정에서 그가 맡은 예술은 궁정과 권력을 빛내기 위한 수단으로 존재할 뿐이다. 타소는 예술가이자 궁정시인으로서의 사회적 역할 사이의 갈등을 겪으면서 결국 내면적 체념의 행로를 선택하게 된다. 그것은 내면적이자 주체적인 결정이라 할 수 있다. 더 이상 외면적 권력에 이용당하는 수단이 아니라 자신의 정체성을 유지하고자 하는 결단이다.

『친화력(Wahlverwandtschaften)』에서는 체념이 죄의식과 희생으로 나타난다. 주인공 오틸리에는 젊은 처녀로서 친척인 샤를로테의 남편인 에두아르트와 사랑하는 사이가 된다. 에두아르트는 부인인 샤를로테와 이혼하고 오틸리에와 결혼하겠다고 요구하고 오틸리에는 망설인다. 이 와중에 에두아르트는 전쟁에 나가고 살아 돌아와서는 오틸리에와의 결혼은 운명이라고까지 주장하며 샤를로테와 오틸리에를 압박한다. 오틸리에는 어느 날 에두아르트와 샤를로테의 아이를 돌보다 실수로 아이를 물에 빠트리는 사건일 발생하고, 결국 아이는 익사하고 만다. 이후 오틸리에는 자신의 실수에 대한 죄의식에서 식음을 전폐해서 죽는다. 그녀는 에두아르트와의 결혼 시도가 아이를 죽게 한 결과로 나왔다는 죄의식으로 결혼을 포기하고 스스로를 희생시키는 것이다. 오틸리에의 행위는 행복을 추구하는 인간에게는 어쩌면 당연한 권리이며 불법적 행동이 아니라 할지라도, 그것이 도덕적 혹은 관습적 아니면 사회적으로 비난을 받는 경우에는 포기할 수밖에 없다는 것을 암시한다. 이것이 괴테가 보여주는 체념의 한 형태라고 할 수 있다.

『빌헬름 마이스터의 수업시대(Wilhelm Meisters Lehrjahre)』에서 사랑과 개인적 행복 추구에 대한 체념이 나오고 있지만 『친화력』에서만큼 강력하게 포기와 희생으로 나타나지는 않고 절제되어 나타난다. 주인공 빌헬름이 절제할 수 있었던 것은 일단 '탑사회(Turmgesellschaft)'라는 비밀결사의 인도를 통해서 가능하게 된다. 탑사회가 빌헬름의 개인적 인성 교육과 직업상의 진로를 후원하고 때로 통제하고 있었다는 것은 체념의 수단으로 외부 기관이 역할을 할 수 있음을 보여준다. 야르노가 '우리들이 소유하고 있는 것에 대해 경우에 따라 어쩔 수 없이 체념해야 한다'는 경제적 체념, 즉 절제에 대해서 언급하기도 한다.

이를 발전시켜 『빌헬름 마이스터의 편력시대 혹은 체념하는 사람들(Wilhelm Meisters Wanderjahre oder die Entsagenden)』에서는 체념이 소설의 중심적 자리에 등장한다. 여기서 체념은 일차적으로 개인적인 인간관계와 그에 따른 감정에서 벗어나는 것을 의미한다. 빌헬름이 자신의 부인 나탈리에와 헤어져 그녀에게서 일정 거리를 벗어나서 편력을 해야 한다는 조건을 감수한다. 그의 아들 펠릭스도 어머니와 헤어져서 아버지를 따라 편력에 동참하며 '교육주(Pädagogische Provinz)'에 보내져 가족과 격리되어 교육을 받는다. 두 사람은 모두 가장 기본적인 인간관계인 가족과의 교류와 연대를 일시적으로 포기해야 하는 편력의 의무를 진다. 이 의무는 곧 사회적 의무를 의미한다. 즉 여기서는 개인적 인간관계보다 사회적 연대를 통한 관계 형성을 의무로 제시하고 있는데, 이것이 체념으로 표현된다. 체념을 통한 사회적 연대의 예는 대표적으로 레나르도의 신대륙 '이주자동맹'을 들 수 있다. 그 무리의 지도자인 레나르도 역시 그가 찾는 '갈색 피부의 아가씨(nußbraunes Mädchen)'에 대한 개인적 연정을 포기하고 사회적 조직을 형성해서 신대륙으로 이주해서 그곳에서 새로운 사회를 건설하고자 한다. 그런 사회적 조직에서 대부분의 조직원들은 개인적 가족적 연대를 포기하고 새로운 조직에서 형성된 사회적 관계 안으로 들어간다. 이와 비슷하게 소설의 주요 줄거리와 단편적 노벨레에 등장하는 대부분의 인물들은 개인적 차원에서 체념을 해야 하고 많은 경우 새로운 사회관계를 맺는 것으로 체념의 형태를 완성한다.

이처럼 전체적으로 보면 괴테에서 체념은 소수의 뛰어난 사람들이 보여주는 영웅적인 행동이나 그 결과로 보지 않았다. 오히려 누구나 개인적으로 실행할 수 있는 실용적인 행위나 태도로 평가할 수 있다.

(조우호)

프리메이슨 / 프라이마우러
(Freimaurer)

프리메이슨은 중세 영국의 건축 장인들의 조직에서 유래하여 유럽과 독일어권 국가들에 들어오게 되었다. 프리메이슨 조직을 두고 괴테 당대 독일인들은 독일어식 표현인 프라이마우러(Freimaurer)라고 지칭했다. 이 프라이마우러는 18세기 독일에서 비밀사회(Geheimgesellschaft)의 대중적인 한 형태라고 할 수 있다. 괴테 역시 일정 기간 그 구성원으로 있었다. 괴테는 바이마르로 이주한 이후 두 개의 비밀사회에 있었는데, 그 하나가 '슈트릭테 오버제반츠(Strikte Observanz)'의 체계를 따르는 프라이마우러이고, 다른 하나는 일루미나트 조직(Illuminatenorden)이다. 괴테는 1780년부터 1782년까지 프라이마우러에 속해 있었고, 이어 1783년부터 1785년까지는 일루미나트에 있었다. 또한 괴테는 1808년에는 명맥이 끊겼던 바이마르 프라이마우러 지부인 안나 아말리아 지부를 부활시켜 1832년 죽을 때까지 활동했다. 바이마르 프라이마우러 지부는 비밀조직이라기보다는 바이마르 궁정의 후원을 받는 공식적 조직의 성격이 강했다.

독일어권에서 18세기의 비밀조직은 계몽주의 운동의 한 형태라고 볼 수 있다. 시민계급을 중심으로 한 계몽주의 운동은 대부분 개방성을 목표로 하는 것이 보통이다. 하지만 주로 정치적 목적으로 귀족과 귀족 중심의 국가와 사회 질서를 타파하려는 시민계급의 집단은 그들만의 조직을 만들기를 주저하지 않았다. 이들에 동조하는 일부 귀족이나 혹은 이런 비밀 조직의 활동을 두려워한 일부 봉건 귀족들 혹은 군주들 역시 그런 계몽주의적 비밀 조직에 대응하기 위한 보수적 비밀 조직을 만들기도 했다. 경우에 따라서는 귀족들과 군주들은 이들 비밀조직의 동향을 파악하고 경우에 따라서는 그 조직을 자신들의 비밀 외곽 조직으로 만들기 위해 비밀조직에 직접 가담하기도 했다.

바이마르의 프라이마우러는 '슈트릭테 오브제반츠'의 시스템을 수용했는데, 이것의 가장 큰 특징은 조직이 엄격한('슈트릭트') 내부적 위계질서를 가지고 있는 점이다. 조직은 더 비밀스런 소수의 지도 그룹이 있고 그들은 조직 전체의 진로와 조직이 지향하는 목표를 설정하고, 이 중 한 명의 조직의 지도자가 된다. 슈트릭트 오버제반츠의 시스템은 대부분 정치적 목적을 위해 존재했던 것으로 알려졌다. 보통 그 시스템은 승급 단계로 중세 길드에서 사용하던 위계인 레를링(도제), 게젤레(직인), 마이스터(장인) 등의 단계를 가졌다. 1780년 6월 23일 괴테 역시 당시 1764년부터 존재해왔던 바이마르 프라이마우러 조직인 안나 아말리아 지부에 가입했는데, 당시 지부의 지도자인 바이마르 궁정 주변 인사인 보데(Johann Joachim Christoph Bode)를 통해서였다. 칼 아우구스트 바이마르 공작에 뒤이은 가입이었다. 둘은 함께 1782년 3월 2일 마이스터 단계로 승격된다, 마이스터 단계로 승격한 괴테와 공작은 프라이마우러 조직의 내부 상황을 알 수 있는 권한을 달라고 요구했고 그 요구는 비밀 준수의 의무와 함께 받아들여졌다.

괴테가 프라이마우러와 비밀사회에 가입한 이유는 뭘까. 그는 바이마르 공작의 충실한 신하이자 핵심 추밀고문관이라는 정치인으로서 바이마르 공국 시민계급들과 일부 귀족들이 가입한 비밀사회의 동향을 살피는 것이 중요했다. 그의 군주 칼 아우구스트 공작도 같은 견해였을 것이다. 두 사람이 모두 프라이마우러에 가입한 것은 이런 연유에서였다. 괴테와 공작이 비밀사회의 동향을 살피는 것은 일단 그들이 비밀조직에 대한 부정적 견해를 가지고 있었기 때문이다. 괴테와 아우구스트 공작이 부정적 견해를 가지게 된 것에는 베일에 싸인 의문의 인물 카글리오스트로(Cagliostro)의 사기 사건에도 영향을 받았다. 프랑스 궁정이 희대의 정치 사기꾼 카글리오스트로에 속아 막대한 금전적 손해를 보고 국민들로부터 부패하고 무능한 왕과 궁정이라는 배척을 당하는 경우를 봤기 때문이다. 괴테는 공국 내 비밀 조직의 인사들의 행동을 예의 주시해야 하며, 그들을 통제하고 있어야 바이마르 궁정과 공국이 위험에 처하지 않는다고 생각했다.

1782년 여름 독일 전역에 있는 비밀사회들이 빌헬름스바트(Wilhelmsbad)에서 총회를 가졌고, 이 행사를 통해 '슈트릭트 오버제반츠' 계통의 프라이마우러는 내부 갈등이 표면화되어 결국 분열되는 단계를 밟게 된다. 이에 따라 프라이마우러의 전통적 내용과 관행에 불만을 품어 왔던 인사들은 프라이마우러 조직을 버리고 많은 경우 더 진보적인 일루미나트 조직에 가입하게 된다. 바이마르 프라이마우러 지부의 지도자 보데는 그 1782년 여름에 이미 일루미나트에 가입했고, 칼 아우구스트 공작은 1783년 2월 10일, 괴테는 그 다음날인 2월 11일에 가입한다. 이로써 괴테가 수행한 정치적 성격의 프라이마우러 활동은 일단 역기서 끝이 났다고 할 수 있다.

1808년 바이마르 프라이마우러인 안나 아말리아 지부가 다시 설립되는 것은 아우구스트 공작의 전향적 제안에 따라 괴테도 동의해서 가능했다. 괴테는 이전에 예나의 프라이마우러 설립 요구에는 줄곧 반대해왔던 터였다. 공작과 괴테가 바이마르에 프라이마우러 지부를 부활시키기로 합의한 것은 이전처럼 프라이마우러 활동을 하기 위해서가 아니라 프라이마우러 조직을 공식적으로 국가의 감독 하에 두기 위해서였다고 괴테는 언급했다. 이후 바이마르 프라이마우러는 정치적 성격의 비밀조직이라기 보다는 바이마르 궁정의 감독을 받으며 사교와 예술, 학술 교류를 하는 친목 단체의 성격이 강했다. 괴테 역시 이후 죽을 때까지 특별한 경우 외에는 방문하지 않았다.

프라이마우러와 관련된 괴테의 작품은 시와 산문에서 다양하게 존재하지만 대개 간단한 모티브만 찾을 수 있을 정도다. 하지만 장편소설 『빌헬름 마이스터의 수업시대(Wilhelm Meisters Lehrjahre)』는 모티브와 줄거리, 소재와 인간의 교양과 발전이라는 주제 등 많은 부분에서 프라이마우러 비밀사회와의 관련을 찾을 수 있다. '탑사회(Turmgesellschaft)'는 그 대표적 예라 할 수 있다.

(조우호)

혁명
(Revolution)

괴테는 혁명을 전반적으로 부정적으로 평가하였다. 일반적으로 혁명은 예기치 못한 상태들을 야기 시키는 정치적 사건들에 해당하는데, 이에 대한 괴테의 부정적인 해석은, 혁명에는 그 진행과정에서 형성력이 아니라 파괴력이 압도적으로 우세하다는 견해에서 기인한다. 괴테는 국가 및 사회의 변화가 불가피함을 인정하긴 하지만, 그 변화를 혁명을 통해서가 아니라, 인간이 선을 향해 나아가는 발전의 결과로 달성되길 희망하였다.

괴테에게 혁명 개념은 세 영역에서 거론될 수 있다. 첫째 영역은 자연과 자연과학이고, 둘째 영역이 정치·사회계이며, 셋째 영역이 예술과 문학이다.

'자연'에 대한 괴테의 관점은 17, 18세기 유럽의 철학을 통해 규정되는데, 이 시기의 철학은 여태껏 지배해왔던 정적인 세계상의 와해로 나아갔고, 자연법적인 연관성을 형이상학적 특성과 무관하게 고찰하였다. 신과 인간 그리고 세계가 목적을 지향하는 하나의 커다란 연관 속에서 볼 수 있다는 견해는 무너졌다. 그 대신 모든 것을 포괄하는 '능산(能産)적 자연(natura naturans)'이 세속화된 자연이해의 대상으로 등장하였다. 괴테는 이 콘셉트의 토대를 경험론을 통해 식물학, 광학(색채론), 동물학, 지질학, 화학 등의 영역에서 구축하려 하였다. 그는 자연의 역동적 운동과 끊임없이 이루어지는 변화를 자연의 기본적 특성으로서 간주하였고, 이를 생명체와 무생물체의 세계에서 지각했던 것이다. 괴테는 단계적으로 실현되는 변화의 순환적 법칙을 추적할 수 있을 것으로 생각하였다. 이는 '변형(Metamorphose)'에 관한 이론 속에서 가장 잘 나타난다. 괴테는 자연을 갑작스럽게 투입되는 과정의 사슬이 아니라, 지속적으로 상승하는 발전으로 생각하였다. 물론 그 발전은 때때로 예견할 수 없고 강력하며, 말하자면 무의미한 사건들을 통해 중단되곤 한다. 예컨대 리스본에서 일어난 지진이 괴테에게는 자연의 이러한 측면을 가장 명백하게 보여준 증거로 간주되었다.

괴테는 역사 및 자연과학의 연구방법론을 『색채론(Zur Farbenlehre)』에서 상술하였는데, 이는 자연에 대한 진화론적 사고에 부합한다. 그는 자연현상의 유추에서도 연속성 테제를 고집하였고, 이런 연속성이 수직적으로 진행하지 않는다고 생각하였다. 플라톤과 아리스토텔레스의 방법론적 단초들을 토대로 "자연과학은 비약적으로 확장되었지만, 결코 연속된 진행이나 단계적 방식이 아니라 수직적으로나 혹은 나선형 모양으로 상승과 하강, 전진과 후퇴 속에서 이루어진다"는 것이다. 괴테는 패러다임의 근본적 변화가 몰고 올 혁명적 효과를 다름 아닌 서서히 진행되는 학문발전의 과정 속에서 부각시켰다.

자연연구에 대한 이러한 생각은 1820년대에 수성(水成)론자들(Neptunisten)과 화성(火成)론자들(Vulkanisten) 간에 있었던 토론에 반영된다. 괴테는 수성론자의 입장을 옹호하였다. 지표면 형성에 대한 논쟁에서 괴테는 "내부법칙의 조용한 집행"을 보려했던 것이지, 죠르주 쿠비에(Georges de Cuvier)로 대변되는 지구의 혁명론에 동조하지 않았다. 이 화성론에 따르면 지구상에는 규칙적으로 재난 등이 일어나는데, 모든 생명체는 사멸하여 나중에는 새로운 생명이 형성된다는 것이다. 이와 달리 괴테는 자연현상을 설명하는 열쇠를 "모든 자연의 두 가지 커다란 추동력"인 '양극성'과 '상승'의 콘셉트에서 찾았다.

사회·정치적 현상으로서의 혁명에 대한 괴테의 생각도 자연의 해석에서와 유사하게 인류는 끝없는 변천 속에 있다는 전제 속에 근거 지워졌다. 이런 변화들이 연속적으로 상승하는 발전 속에서 생겨난다는 점은 그의 사고에서 결정적으로 중요한 지점이다. 괴테에 따르면 혁명에는 파괴적 힘들이 내재하며, 이 힘들이 그 어떤 긍정적 작용들을 초래하지 않는다는 것이다. 괴테는 혁명에서 관찰되는 파괴적 힘을 민중, 폭도와 폭군들에 의해서 야기되는, 말하자면 제멋대로의 전횡으로 간주한다. 혁명은 그에게 진보의 수단으로 간주되지 않는다. 진보는 오히려 정신적 엘리트에 의해 야기된 역사진행에서 기인한다고 여긴다. 하지만 괴테는 또한 시대변화의 필연성을 통찰하였다. 그는 18세기의 봉건절대국가를 최상의 통치형식으로 간주하지 않았기 때문이다. 급진적 변화에 대한 그의 부정적 생각은 어디까지나 사회·정치적 영역으로 제한되는데, 이는 1789년에 발발한 프랑스 혁명과의 논쟁에서 더욱 분명해진다. 괴테는 한 마디로 프랑스에서 보여준 혁명과정의 잔혹함과 민중의 야만화로 인해 혁명을 완강히 반대했지만, 혁명의 원인은 부정한 구체제에 있다고 보았고, 이에 대해 매우 비판적이었다.

괴테는 역사철학적 사고를 기반으로 하는 헤르더의 인본주의 콘셉트를 수용하여 기존하는 국가형태의 해체는 파괴적인 전복을 통해서가 아니라, 의식적인 행동의 산물 속에서 이루어져야 한다는 생각을 견지하였다. 18세기 말경, 시민이 국정에 참여한다는 원칙은 일반적으로 인정됐는데, 괴테도 이에 전적으로 동조하였다. 따라서 활동하는 인간이 역사의 주체가 되고 예컨대 봉건국가의 해체와 같은 그런 세계형성이 혁명 없이도 가능하다고 생각했던 것이다. 이런 가능성이 실현될 경우는, 인간들이 인격체로서 도덕적으로 특히, 사회적 관련 속에서 완성됐을 때를 말한다. 이런 생각은 『빌헬름 마이스터』의 두 연작소설과 『파우스트 2부』에 투영되었다.

혁명에 대한 괴테의 관점은 줄곧 프랑스 혁명에 의해 드리워져 있다. 하지만 괴테가 파리에서의 대사건으로 인해 사회의 필연적 변화마저 철회하진 않았다. 괴테는 작품과 동시대인들과의 대화 속에서 변화하는 사회현상에 대한 성찰을 항상 새로이 표명하였다. 이미 『에그몬트(Egmont)』(1788)에서 그는 혁명, 즉 완전한 방임(放任)의 행위는 단지 부정적인 결과만을 초래할 수 있음을 보여주었다. 후일에도 혁명은 개개인과 사회의 실존을 위협할 것이라는 생각을 견

1789년 7월 14일 바스티유 감옥의 습격으로 야기된 프랑스혁명

지하였다. 혁명은 오랜 역사의 흐름 속에 생겨나서 유지된 모든 것을 돌이킬 수 없을 만큼 파괴하고 모든 안정과 질서를 빼앗는 상태를 야기 시킨다는 것이다. 1789년 이후 생겨난 작품들에서 프랑스 혁명은 시민적이고 인간적인 일반질서의 몰락으로서 환기된다. 예컨대 『빌헬름 마이스터의 연극적 사명(Wilhelm Meisters Theatralische Sendung)』에 이주계획의 근거나 『서출의 딸(Die natürliche Tochter)』에서 "제국의 급작스런 전복"을 암시하는 대목이 그것이다. 1817년 8월, 슐츠(Ch. L. F. Schultz)와의 대화에서 괴테는 "어디서든 가장 깊은 핵심에서 생겨나는 단 하나의 고요한 발전을 도출시키길 원했고, 형태의 완전한 변화가 아니라 지속적인 변화만을 알기를 원했다"고 말한 바 있다.

괴테는 문학과 예술의 영역에 대해서도 혁명개념을 사용하였다. 괴테는 『시와 진실(Dichtung und Wahrheit)』의 11권에서 "율동적이고 기교적이며 엄격한 옛 비극에 위협이 되는 혁명"에 대해 말하고 있다. 그는 프랑스 혁명에서 표출된 혁명적 경향들이 독일문학에, 즉 시적인 근대에 끼친 영향을 부각시켰다. 달리 말하면, 괴테는 프랑스의 사회·정치 영역에서 목도했던 혁명현상을 독일의 문학과 예술영역으로 수용했던 것이다. 이렇게 해서 급진적인 새로운 시학적 전제들이 괴테를 포함한 '질풍노도 (Sturm-Und-Drang)' 세대의 젊은 시인들에 의해 표명됐고 문학적으로 실천되었는데, 이는 독일문학에서 중요한 전환점으로 거명된다. 후일 괴테는 이를 "문학혁명"으로 명명하였다. 괴테는 기존의 규칙에 사로잡힌 장르시학(예컨대 『괴츠』)을 거부하였으며, 독일 계몽주의 문학에 많이 알려지지 않은 반란의 유형들 예컨대 프로메테우스(Prometheus)와 예외적 인물들을 형상화하였고, 개인적 관심을 뛰어넘는 문제들을 주제화하였다. 즉, 『빌헬름 마이스터의 연극적 사명(Wilhelm Meisters Theatralische Sendung)』 속의 민족과 세계 형성에 끼치는 연극의 영향이 그것이다. 괴테는 후일 이 시기를 새로운 문학의 시대로 바라보았으며, 당시 생겨난 작품들의 시학과 당시의 사회·정치적 관심사에 거리를 두었다. 괴테는 이태리 여행 후, 자연과학 분야의 변형론 연구와 더불어 시문학의 내적 법칙, 즉 '심미적 자율성'을 인식하는 데에 주력하였다. 괴테는 이 심미적 자율성을 일반적으로 인정되는 문학의 규범으로 표명하기에 이르렀다.

(정원석)

07. 미학논문(Ästhetische Schriften)

GOETHE LEXIKON

독일 건축술에 관하여
(Von deutscher Baukust, 1772)

1770년 4월 4일 괴테는 법학 공부를 하기 위해 슈트라스부르크에 도착하였다. "온전하고 거대한 인상"으로 청년 괴테의 영혼을 압도한 슈트라스부르크 대성당과의 첫 대면을 그는 『시와 진실』에서 "하나의 새로운 계시"라고 표현하고 있다. 질풍노도 시기의 중요한 미학적 강령서인 <독일 건축술에 관하여>의 집필은 1770년 5월에서부터 1772년 여름에 걸쳐서 천천히 진행이 되어 1772년 11월에 익명으로 출판되었다가 헤르더가 1773년 편찬한 『독일적 특성과 예술에 관하여(Von deutscher Art und Kunst)』에 실렸다.

괴테는 이 저작을 슈트라스부르크 대성당 건축가인 에르빈(Erwin von Steinbach, 1244~1318)에 헌정하였다. 에르빈의 무덤가에서의 일화(逸話)로 시작되는 이 저작에서 괴테는 에르빈을 위해 기념비를 하나 세우겠다고 약속하면서 영웅의 명성을 후세에 지속시키는 송덕(頌德)의 관리자로서의 시인의 역할을 자처하지만 이미 에르빈은 존재의 영속성을 보장해주는 기념비를 스스로 세웠음을 상기한다. 요컨대 슈트라스부르크 대성당은 예술적 천재의 창조 정신의 시각적 현현(顯現)인 것이다. 거의 종교적 감정의 언어로 표현되는 이러한 청년 괴테의 예술체험은 당시의 지배적인 규범미학과는 궤를 달리하면서 미학적 경험이란 존재의 근본적인 문제와 관련되어 있으며 예술작품은 개인의 전 존재에게 말을 건네고 있다는 점을 분명히 보여준다.

괴테는 또한 이 저작에서 당대의 건축이론적 담론을 비판적으로 고찰하는데, 무엇보다도 고딕건축에 대해서는 비판적인 태도를 견지하면서 고대 건축물을 맹목적으로 모방한 이탈리아인과 프랑스인들의 현학적 추상성과 현실과 유리된 사변(思辨)을 신랄하게 비판하다. 괴테가 보기에 "천재에게 본보기보다

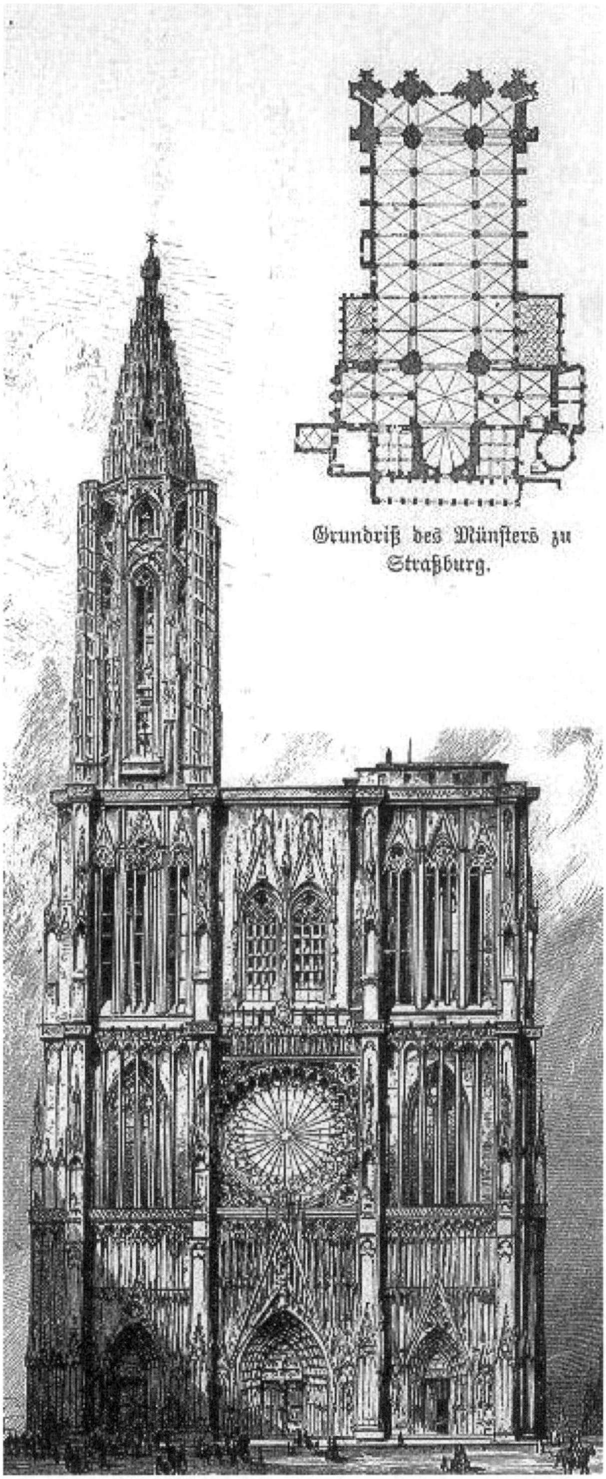

Grundriß des Münsters zu Straßburg.

더 해로운 것은 원칙"이기 때문이다. 이러한 비판은 '원시오두막(Urhütte)' 모델을 둘러싼 논쟁으로까지 확대된다. 고대 로마 건축가 비트루비우스(Vitruvius)에 따르면 건축물의 최초의 본질적인 구성요소는 그리스 신전에서 볼 수 있는 바와 같은 기둥이다. 그렇다면 기둥 사이의 공간을 벽으로 둘러싼 근대 건축은 어떻게 설명될 수 있을까? 이에 대해 괴테는 '고딕식' 원시오두막 모델을 제시한다. 즉 "우리의 집들은 네 귀퉁이에 있는 네 기둥에서 생겨나는 것이 아니라 네 면에 있는 네 벽에서 생겨난다"는 것이다. 그리고 이에 대한 가장 확실한 증거물이 바로 "엄청난 벽을 수없이 만들고 높이 쌓아 (...) 창조자인 신의 영광을 주위에 알리는" 슈트라스부르크 대성당인 것이다.

에르빈의 창조적 정신과의 허구적인 대화의 상황을 연출함으로써 괴테는 전체의 아름다움은 부분들간의 긴장감 넘치고 생생한 관계에서 생겨난다는 예술적 인식의 체험과정을 생생하게 보여준다. "흩어진 요소들을 모아 처음으로 살아 있는 전체를 만든 대가"의 작품 앞에서 괴테는 이 건축물을 '고딕식 건축양식'이라는 표현 대신 "독일 건축술, 우리 건축술"이라고 선언한다. 여기에는 에르빈 같은 예술적 천재에게 내재된 "조형적 본능"에 관한 괴테의 질풍노도적 예술관이 반영되어 있다. 진정한 예술에는 예술가의 '개성'이 드러나야 하는데, 바로 이 개성이 예술작품을 "특성 있는 예술(charakteristische Kunst)"로 만든다는 것이다. 따라서 슈트라스부르크 대성당을 "독일 건축술"이라고 천명한 것은 민족주의적 파토스의 발로(發露)라기 보다는, 청년 괴테에게 예술작품은 양식(樣式)의 문제라기보다는 예술적 천재의 정신의 본질을 탐구하기 위한 대상을 의미하며, 더 나아가 예술작품을 이해하는 새로운 가능성과 규준을 담지하고 있는 "특성 있는 예술"에 대한 요청에 다름 아니다.

슈트라스부르크에서 법학 학위를 취득한 후 프랑크푸르트로 돌아오는 길에 괴테는 만하임의 고대미술관을 방문하여 고대 건축물과 맞대면하는 기회를 갖는다. 이후 괴테의 관심은 남방(南方)의 건축술로 향했으며 이탈리아 여행의 기록들은 이에 대한 증거물이다. 말년에 이르러서야 괴테는 건축양식 일반에 관한 건축사적 통찰과 숙고를 거쳐 1823년 동일한 제목의 「독일 건축술에 관하여」을 새롭게 집필한다.

(이영기)

라오콘에 대하여
(Über Laokoon, 1798)

1. 라오콘 군상의 유래와 신화적 소재

괴테의 <라오콘에 대하여(Über Laokoon)>(1798)는 괴테 자신이 발행한 예술비평 잡지 <프로필레엔(Propyläen)」(1798~1800)에 발표한 것으로, 고대 그리스 예술을 미의 이상으로 추구했던 괴테의 예술관을 집약해서 보여주는 글이다. 원래 기원전 200년경에 제작된 것으로 추정되는 라오콘 군상(群像)의 원본은 존재하지 않으며, 라오콘 군상의 모사품 가운데 바티칸 박물관에 소장되어 있는 조각상이 가장 유명하다. 바티칸 소장품은 기원전 1세기 혹은 기원후 1세기 무렵에 지중해에 있는 로도스 섬의 조각가 하게산드로스, 폴리도로스, 아타나도로스가 제작한 것으로 알려져 있으며, 1506년에 고대 로마의 유적지에서 발견되었다.

라오콘 군상이 묘사하고 있는 신화적 인물 라오콘은 고대 트로이에서 아폴로 신전의 사제였다고 전해진다. 고대 그리스의 문헌들에 따르면 라오콘은 신성한 아폴로 신전에서 부인과 사랑을 나누었기 때문에 아폴로 신의 노여움을 사서 거대한 뱀이 그의 어린 두 아들을 물어 죽였다고 한다. 그 반면에 라오콘에 관한 이야기를 비교적 상세히 서술하고 있는 고대 로마의 베르길리우스의 서사시 『아이네이스』는 라오콘을 트로이 전쟁의 '트로이 목마'와 연결시킨다. 알다시피 그리스 연합군은 트로이를 함락시키기 위해 신들에게 바치는 선물이라고 속여서 거대한 목마 속에 그리스 병사들을 숨겨서 트로이 성문 앞에 가져간다. 트로이 사람들 중에 유일하게 라오콘이 계략을 꿰뚫어보고 창으로 목마를 찌르지만 창이 튕겨 나온다. 그리고서 그리스인들이 보낸 거대한 뱀 두

마리가 라오콘과 그의 두 아들을 물어 죽인다. 그러자 트로이 사람들은 라오콘이 신성한 선물을 모욕해서 신들의 벌을 받은 것이라고 여겨서 목마를 성 안으로 끌고 가고, 이로써 트로이의 패망을 자초한다.

2. 빙켈만과 레싱의 라오콘 해석

괴테가 라오콘 군상에 관한 글을 쓰기 전에 빙켈만(1717~1768)과 레싱

(1729~1781)은 동일한 조각상에 대하여 매우 중요한 글을 남겼다. 라오콘 군상을 처음으로 고대 그리스 예술의 전범으로 해석한 빙켈만은 『회화와 조각에서 고대 그리스 작품의 모방에 관한 성찰』(1755)에서 라오콘 군상이 엄청난 고통을 형상화하고 있지만, 조각상의 전체적인 균형과 조화는 그 고통을 이겨내는 인간 영혼의 '고요한 위대함'을 보여준다고 강조했다. "그리스 걸작들의 보편적이고 탁월한 특징은 결국 자세와 표현에서의 고귀한 단순함과 고요한 위대함이다. 바다 표면이 사납게 날뛰어도 그 심해는 항상 평온한 것처럼 고대 그리스의 조각상들은 휘몰아치는 격정 속에서도 침착함을 잃지 않는 위대한 영혼을 나타낸다. 이러한 영혼은 격렬한 고통 속에 있는 <라오콘 군상>의 얼굴에 잘 묘사되어 있다." 고대 그리스 예술의 아름다움은 인간의 감각적·육체적 한계를 극복한 정신적 숭고함에 그 핵심이 있다고 보는 것이다. 빙켈만의 라오콘 해석이 나온 이후 라오콘에 관한 새로운 해석을 시도한 것은 레싱이다. 레싱은 『라오콘: 미술과 문학의 경계에 관하여』(1766)에서 이 책의 부제가 말하는 '미술과 문학의 경계'에 초점을 맞추어 라오콘 군상을 새롭게 해석하였다. 레싱에 따르면 미술과 조형예술은 공간예술로서 공간의 제약을 받는 반면에 문학은 시간예술로서 조형예술이 표현할 수 없는 정신적 깊이를 통해 인간 내면의 상상력을 고양시킨다. 이를 통해 레싱은 문학이 미술보다 더 우월하다는 일종의 장르 우위론을 개진한다. 구체적으로 라오콘 조각상에 관한 레싱의 해석은 다음 몇 가지 논점으로 집약된다.

첫째, 라오콘 군상은 '특정한 공간 속에 놓여 있는 인간 육체'을 묘사하고 있다는 것이다.

둘째, 따라서 라오콘 군상은 시간예술인 문학이 표현하는 사건의 시간적 전개를 묘사할 수 없다. 레싱은 이를 일반화하여 조형예술은 표현대상의 시간적 층위를 묘사해서는 안 된다고 주장한다.

셋째, 조형예술은 문학이 표현하는 '최고조의 격정'을 묘사해서는 안 된다는 것이다. 레싱은 영향미학의 관점에서 그 논거를 제시한다. 만약 조형예술이 '최고조의 격정'을 묘사하면 해당 작품의 감상자에게 시각적으로 묘사된 것보다 더 강렬한 반응, 즉 상상력의 고양을 유발할 수 없기 때문에 조형예술은 그런 정점을 묘사해서는 안 된다는 것이다. 만약 라오콘이 단말마의 비명을 지르는 모습으로 묘사되었다면 감상자가 상상할 수 있는 것은 바로 다음 순간의 '죽음'이기 때문에 감상자의 정신을 고양시키는 데는 절대적 한계가 주어진다는 것이다. 이러한 논변 역시 철저히 영향미학적 관점에서 나온 것임을 알 수 있다.

넷째, 빙켈만의 해석과 달리, 극한의 육체적·정신적 고통을 견디는 '영혼의 위대함'을 표현하기 위해 라오콘 군상에서 '절규'의 묘사를 피한 것이 아니라 '최고의 아름다움'을 표현하기 위해 격정적 고통을 완화시켜서 묘사했다는 것이다. 만약 고통을 참지 못해 크게 벌린 입을 묘사했다면 그런 형상은 시각적으로 "세상에서 가장 보기 흉한 구멍"으로 보여서 추하고 역겨운 느낌을 불러일으킬 거라고 레싱은 말한다.

3. 괴테의 라오콘 해석

괴테는 <라오콘에 대하여>에서 명시적으로 빙켈만과 레싱을 언급하지는 않지만, 양자의 관점과는 완전히 대비되는 새로운 관점에서 라오콘을 해석한다. 괴테의 라오콘 해석의 대전제는 예술작품을 그 자립적 완결성 안에서 파악해야 한다는 것이다. 예술작품은 "자립적인 것, 자기 완결적인 것"이며 "자기 자신을 통해, 자기 자신 속에서 완결되어 있다." 이것은 빙켈만이나 레싱과는 엄연히 구별되는 새로운 관점을 제시한다. 괴테 이전의 모든 해석은 라오콘 조각상 바깥에 선행하는 트로이 목마의 신화와 그것을 다룬 문학작품에 의존하고 있다. 다시 말해 이전의 해석들은 신화적 서사의 플롯 안에서 어느 순간이 라오콘 조각상으로 구현되었는가 하는 문제에 초점을 맞추고 있다. 그래서 빙켈만은 라오콘을 베르길리우스의 서사시와 비교했고, 레싱은 고통의 최고 절정(즉 '비극'의 절정)을 피해야 한다고 했던 것이다. 이와 달리 괴테는 이전의 해석자들이 라오콘 조각상에 투사한 신화적 서사와 드라마의 흔적을 모두 제거한다. "이 군상에서도 라오콘은 단지 이름일 뿐이다. 예술가들은 그에게서 그의 사제직, 그의 트로이 민족사와 관련된 부가물, 모든 시적이고 신화적인 부가물을 떼어냈다. 라오콘은 여기서 신화 속의 라오콘이 아니다. 우리 눈앞에 있는 것은 두 마리의 위험한 동물에 희생될 위기에 처한 두 아들과 아버지다. 뱀들도 신이 보낸 뱀이 아니라 자연 속에서 볼 수 있는 뱀이다." 라오콘에게서 모든 부가물을 떼어내고 순전히 그 '이름'으로만 보겠다는 것은 '우리 눈앞에' 보이는 '시각적 기호' 자체로 보겠다는 뜻이다. 그런 관점에서 괴테는 신화로 전승된 모든 사전지식을 배제하고 아버지가 두 아들 곁에서 '잠을 자다가' 뱀에게 물리는 '자연 상태'의 상황을 가정한다.

괴테가 예술작품의 '자립적 완결성'을 강조하는 또 다른 맥락은 이전의 해석들이 라오콘 군상이 관찰자에게 유발하는 '효과'를 작품 자체의 미적 특성인 양 과잉해석을 하는 경향을 비판한 것이다. "예술작품이 우리에게 미치는 효과를 너무 직접적으로 작품 자체에 전가하면 안 된다."는 것이다. 그런 이유에서 라오콘 군상에서 빙켈만처럼 '영혼의 위대함'을 보려는 것은 관찰자의 주관을 작품에 투사한 자의적 해석이라는 것이다.

작품 바깥의 사전지식이나 주관적 느낌을 작품 자체에 전가하는 이전의 해석들과 달리 괴테는 라오콘 군상의 시각적 이미지 자체를 철저히 작품 내재적으로 해석한다. 괴테에 따르면 라오콘 군상이 탁월한 예술작품이 되는 비결은 라오콘의 분투와 고통이 '하나로 결합되는 순간'을 포착한 데 있다. "이 조각을 탁월한 작품으로 만드는 것은 바로 순간의 묘사이다. 조형예술 작품이 정말로 눈앞에 움직이는 것처럼 보이게 하려면 일시적인 순간을 선택해야만 한다. 그 직전에는 전체의 단 한 부분도 이 상태에 있어서는 안 된다. 그 직후에는 모든 부분이 이 상태를 벗어나야 한다. 이를 통해 이 작품은 수많은 관람자에게 언제나 새롭게 살아난다. (…) 라오콘 조각의 의도를 올바르게 파악하려면 그 앞에 적당한 거리를 두고 눈을 감은 채 서보아야 한다. 그리고 눈을 떴다가 금방 다시 감으면 대리석 전체가 움직이는 것을 보게 될 것이다. 사람들은 눈을 다시 떴을 때 군상 전체가 변한 것을 보게 될까봐 두려울 것이다. 그 군상이 서 있는 모습은 응고된 번개, 해변을 때리는 순간에 돌로 변한 파도 같은 것이다."(인용자 강조)

라오콘 군상을 역동적인 운동성의 순간적 정지 상태로 파악한 이러한 해석은 일찍이 레싱이 조형예술이 묘사해서는 안 되는 금기사항으로 부정했던 '시간성'의 시각적 구현으로 파악했다는 점에서 사실상 레싱의 테제를 전복시키는 것이다. "이 조각상에 대한 아무런 해석도 알려져 있지 않은 상태에서 이 군상을 설명한다면 나는 그것을 비극적 목가라 부를 것"이라면서, 괴테는 이 조각상의 역동성을 '비극적 목가'의 '시각적 드라마'로 새롭게 해석한다. 이 조각상이 포착한 순간은 그 전후의 다른 어떤 순간에 의해서도 대체될 수 없는 절묘한 순간이다. 아버지는 아직 저항할 힘은 있지만 이미 상처를 입었고, 왼쪽의 작은아들은 뱀에 휘감겨서 꼼짝 못하는 상태에 처해 있고, 오른쪽의 큰아들은 아직 도망갈 가능성이 남아 있다. 아버지의 고통은 극도의 '경악'을 불러일으키고, 작은아들의 상태는 '동정'을 불러일으키며, 큰아들의 모습에는 어쩌면 구제받을 수도 있다는 일말의 '희망'과 뱀의 공격을 받을지도 모르는 '두려움'이 교차한다. 이로써 라오콘 조각상은 세 명이 처해 있는 상황을 황금비율로 배분하여 다양하게 묘사함으로써 "인간이 경험할 수 있는 모든 감정의 원환을 완성"하여 자기 완결적인 예술작품이 된다. 여기서 '경악'과 '동정' 그리고 '희망'과 '두려움'은 이 '비극적 목가'가 시각적으로 연출하는 드라마의 산물인 것이다.

조각상이 묘사하는 세 인물과 뱀의 움직임에 대한 괴테의 묘사 역시 시각적 이미지 자체에 초점을 맞추고 있다. 라오콘이 이미 뱀에 물려서 치명적인 상태에 빠져 있다고 보았던 빙켈만의 해석과 달리 괴테는 라오콘이 뱀에 막 물리는 순간을 묘사한 것이라고 말한다. 괴테는 라오콘 조각상에서 라오콘을 무는 뱀의 머리 부분이 원래 훼손되었던 상태를 복원하는 과정에서 원작과 다르게 '변조'되었다고 보며, 그 증거로 온전한 상태로 남아 있는 뱀의 이빨 두 개를 언급한다. 그처럼 뱀이 막 물 때의 "고통스럽고 예기치 못한 순간적인 자극"이 군상 전체의 움직임을 자연스럽게 규정하고 있다고 본다. "뱀은 이 불행한 사람에게 하필이면 어떤 자극에도 민감한 부분, 심지어는 조금 간질이기만 해도 격렬한 육체적 반응을 일으키는 바로 그 부분에 상처를 가한다. 육체는 반대방향으로 피한다. 몸통이 움츠러든다. 어깨는 아래로 수그러들고 가슴이 앞으로 튀어나온다. 머리를 뱀에 물린 쪽으로 숙여진다. 싸우고 있는 팔과 포박되어 있는 발에 이전 상황 또는 행동의 잔재가 아직 나타나므로 다른 어떤 조건에서도 불가능할 싸움과 도망, 능동과 수동, 긴장과 이완의 상호작용이 생긴다. 물린 곳을 다른 부위로 옮기려고 해보면 이 조각을 만든 예술가들의 진실성에 감탄해 마지않을 수 없게 된다. 왜냐하면 그랬을 경우에는 몸짓 전체가 변할 것이기 때문이다." 괴테는 '다른 어떤 조건에서도 불가능할' 양극적 힘들의 긴장과 상호작용으로 이 작품에 조화로운 통일성이 생겨난다는 점을 강조하고 있는 것이다. "모든 훌륭한 예술작품은 인간의 자연 상태를 표현한다."는 말의 의미가 여기서 분명히 드러난다. 해석자의 주관적 느낌이나 의도로 작품을 설명하는 것이 아니라, 조각상 자체에 구현된 움직임의 시각적 이미지 자체가 외부의 자극에 대한 인간 육체의 가장 자연스러운 반응과 일치한다는 점을 보여주는 것이다.

괴테는 라오콘 군상이 포착한 대체 불가능한 순간을 일반화하여 조형예술이 묘사할 수 있는 최고의 격정적 표현은 하나의 상태에서 다른 상태로 급격한 전이가 일어날 때 가능하다고 말한다. 비근한 예로 괴테는 어린아이가 생의 에너지로 충만해서 들뜬 마음으로 빨리 달리다가 갑자기 다른 친구나 물체에 세게 부딪칠 때 마치 '전기 쇼크'처럼 사지에 전해지는 충격을 언급한다. 이처럼 라오콘에 관한 신화적 서사의 '내용'과는 아무런 관계도 없는 어린아이의 경우를 예로 드는 데서도 괴테가 라오콘 군상의 시각적 구조 자체에 논의를 집중하고 있음을 알 수 있다.

괴테는 하나의 탁월한 예술작품은 예술작품 전체를 내포하며 라오콘 군상이 바로 그런 경우라고 강조한다. 라오콘 군상은 보편적인 예술적 이상을 구현하고 있다는 것이다. 라오콘 군상은 "묘사해야 할 최고의 순간을 포착하여 대상을 제한된 현실로부터 끌어올려 이상적인 세계에서 그 대상에 척도와 경계, 현실성과 품위를 부여해야 한다."는 요청을 충족시키고 있다고 본다. 여기서 괴테가 말하는 '이상'은 가령 빙켈만이 '영혼의 위대함'과 결부시켰던 그런 도덕적 이상과는 구별되는 예술성 자체의 이상이다. 예술작품의 아름다움이 고유한 '척도'를 갖고, 제한된 경험적 현실과는 구분되는 '경계'를 구획하며, 그럼으로써 관찰자가 작품에 전가하거나 투사한 의미가 아니라 작품 자체의 '현실성'과 '품위'로 구현되는 것, 요컨대 "미의 법칙"에 따라 스스로를 개진하는 것이 곧 괴테가 발견한 라오콘 군상의 고전적 아름다움인 것이다.

(임홍배)

자연의 단순모방, 작풍, 스타일
(Einfache Nachahmung der Natur, Manier, Stil)

괴테는 이탈리아 여행에서 돌아오자마자, 그곳에서 보았던 예술작품들에 대한 자신의 의견을 정리하기 시작했고, 그 결과 중 하나가 1789년에 출판된 이 작은 논문이다. 이 논문에서 그는 예술가의 발전을 자연의 단순모방, 작풍, 스타일의 3단계로 나누어 설명한다.

단순모방의 단계는 아직은 능력이 제한된 예술가가 이를테면 정물화를 그리는 단계이다. 이때 예술가는 주체의 개입 없이 객체를 꼼꼼하게 그대로 묘사한다. 하지만 이러한 작업이 "고도의 완전성"을 품을 가능성도 존재한다고 괴테는 주장한다.

이러한 모방이 충분치 않다고 판단되는 경우, 작풍의 단계로 넘어가는데, 이때 예술가는 스스로의 "언어"를 창조하여 객체에 일정한 형식을 부여하게 된다. 각각의 예술가들이 세계를 다르게 보고, 다르게 묘사하게 되는 것이다. 풍경화와 같이 풍부한 다양성을 지니고 있는 하나의 전체를 그린다면, 예술가들은 구체적인 다양성을 그대로 묘사하는 것이 아니라 나름의 방식으로 객체에 개입할 것이고, 그때에만 전체를 포착할 수 있다는 것이다.

"보편적인 언어"를 발전시키고 사물의 속성을 아주 정확하게 파악할 수 있을 때에 예술가들은 "최고"의 단계인 스타일에 도달한다. 괴테에 따르면 스타일은 "인식의 가장 깊은 근저"에 기초하며 또한 "사물의 본질"에 기초한다. 즉 주체와 객체의 통일 속에서 스타일은 형성된다.

괴테가 이러한 발전단계를 기계적으로 설정한 것은 아니다. 그는 이 단계들이 서로 연결되어 있으며, 유동적일 수 있다는 점을 밝힌다. 또한 그는 이러한 세 가지 개념들이 추상적으로 이해되는 것 역시 바라지 않았다. 무엇보다도 자연과 예술작품들을 대하면서, 이 개념들에 대해 고민해야 한다고 그는 주장한다.

(한철)

08. 자연과학논문
(Naturwissenschaftliche Schriften)

GOETHE
LEXIKON

색채론
(Zur Fabenlehre)

I. 뉴턴의 색채 이론과 괴테의 색채 이론의 차이

대략 1790년과 1810년 사이에 걸친 연구에 의해 이루어진 괴테의 『색채론』은 1810년 5월 18일에 최종적으로 완성되었다. 라이프치히 대학생 시절부터 빛과 그림자, 색채 현상 등에 관심을 보이던 괴테가 색채 현상에 대해 체계적으로 연구하겠다고 결심한 것은 첫 번째 이탈리아 여행 동안이었다. 이탈리아의 예술작품들과 예술가들을 접한 괴테는 실용적인 차원에서 회화의 채색에 있어서 규칙과 법칙의 필요성을 절감했던 것이다.

색채 연구에 본격적으로 착수한 괴테는 1790년 1월 궁정 고문관 뷔트너에게서 빌린 프리즘을 들여다보는 순간 색채생성의 원리에 대한 확신을 가지게 된다. 즉, 당시의 지배적인 색채이론이었던 뉴턴의 광학을 반박할 수 있는 결정적인 근거를 직관했다고 생각했던 것이다. 프리즘을 통해서 들여다 본 괴테는 검은색과 흰색이 서로 만나는 경계선 상에서, 화가들에게는 이미 오래 전에 알려져 있던 양극적 현상, 다시 말해 차가운 색과 따뜻한 색이 대립적으로 생겨나는 것을 보았다. 요컨대 밝은 면이 어두운 면 쪽으로 다가가면 청색 띠(Saum)와 청자색의 테두리(Rand)가 생겨나고, 반대로 어두운 면이 밝은 면 쪽으로 다가가면 주홍색 테두리와 황색의 띠가 생겨나는 것을 관찰하였다. 괴테가 여기서 내린 결론은 색채 현상이란 밝음과 어둠의 만남, 그리고 그 경계선(Grenze) 상에서 주로 일어난다는 것이었다. 그러나 이러한 현상은 뉴턴의 광학 이론에 의해서도 설명 가능한 것이었다. 즉, 프리즘을 통하여 흰색의 넓은 평면을 관찰할 때, 평면의 모든 지점에 색채 스펙트럼이 생겨나는데, 이 각각의 색채 스펙트럼은 평면의 가운데 부분에서는 서로 겹치기 때문에, 섞여서 흰색이 된다. 다만 겹침이 불완전한 가장자리의 한쪽 면에서는 청색과 청자색이 그리고 그 반대쪽 면에서는 황색과 주홍색이 나타나는 것으로 설명이 가능하다. 이처럼 뉴턴 광학에 따르면 색채의 생성은 단색(單色) 광선들의 결합 유무와 그 정도에 따라서 결정된다. 그러므로 뉴턴에게 있어서 색채란 그 관찰자와는 아무런 관계가 없는 객관적 실체이다.

반면에 괴테는 색채 현상을 밝음과 어둠의 양극적 대립 현상으로 보면서, 인간의 감각과는 무관하게 존재하는 색채 자체의 실체를 인정하기를 거부한다. 그러나 괴테 당대는 물론 그 이후에도, 수학적인 체계를 갖추지 못한 괴테의 색채 이론은 거의 아무런 주목을 받지 못한다. 괴테는 자신의 문학 작품들은 다른 사람들도 쓸 수 있는 것이었지만, 그의 색채론 만큼은 독창적인 것으로서 자신의 불멸의 업적이며, 자기야말로 이 위대한 자연의 대상에 관하여 수백만 중에 올바른 것을 알고 있는 유일한 사람이라며 호언장담하기까지 한다. 그리고 뉴턴의 이론은 순수한 학문의 발전을 위해서는 쳐부수어야 할 '바스티유의 요새'라며 적대적인 감정마저 숨기지 않는다. 하지만 그의 색채 이론은 색채의 심미적인 효과에 대한 자세한 설명과 병리색(病理色)에 대한 독창적인 설명에 의하여 일부 화가와 생리학자들의 주목을 받았을 뿐, 물리학의 주류로부터는 완전히 배제되어 있었다.

그러나 20세기 중반에 들어와 산업사회의 모순이 심화되고, 도구적 사고방식과 무한성장에 의한 문명의 자기 파괴적인 결과가 초래되면서 괴테의 색채론이 하나의 대안으로서 일부 물리학자들을 비롯한 연구자들에 의해 새롭게 조명되었다. (하이젠베르크가 괴테의 색채론을 재조명한 유명한 논문 <현대 물리학의 관점에서 본 괴테와 뉴턴의 색채 이론>을 발표한 것은 2차 대전이 한창 진행 중이던 1941년이었다.) 괴테가 『색채론』의 명백하게 드러난 여러 오류에도 불구하고, 자신의 이론에 집착했던 이유가 어느 정도 설득력을 얻게 되었던 것이다. 말하자면 괴테는 그의 색채론을 통하여, 데카르트와 갈릴레이 그리고 뉴턴에서 출발한 자연과학의 기계론적, 환원주의적 사고방식이 초래할 위험성을 예고하고 있었다는 것이다. 괴테는 자신의 색채이론이 인정받지 못했던 것을 원통해 했지만, 바로 그 점 때문에, 즉 근대 자연과학의 주류와 대척 관계에 있었다는 점 때문에 현대에 다시 재조명을 받게 된 것이다.

II. 괴테 『색채론』에서의 색의 분류: 생리색 — 물리색 — 화학색

그의 색채론은 수 없는 실험과 자연관찰, 그리고 수집과 정리에 의해서 이루어지고 있다. 물론 관찰에 주로 의존한다고 해서 이론을 완전히 배제하는 것은 아니다. 그의 말에 따르면 '세계를 주의 깊게 응시하면서 이론화한다'는 식이다. 이러한 태도는 관찰의 주체와 그 대상의 유기적 연관성을 놓치지 않고, 이론과 경험의 간격을 가능한 한 좁히려는 의도에서 나온 것으로서, 그의 자연과학 연구 방법 전반에 걸쳐 일관되게 견지되는 태도이다.

직접적인 관찰과 경험에 바탕을 두므로 괴테가 색채 현상의 연구에 있어서 빛과 눈 사이의 연관을 우선시 하는 것은 당연한 일이다. "눈의 존재는 빛으로 해서 생겨난 것이다. 눈은 빛과 만나면서 빛을 위한 기관으로 형성되며, 이로써 내부의 빛과 외부의 빛은 서로 감응하게 된다."(『색채론』의 <서론>) 물론 빛과 눈 사이에 친근성이 존재하기는 하지만, 그 둘이 완전히 동일한 것은 아니다. 말하자면 눈 속에 일종의 빛이 들어 있어서, 내부 혹은 외부로부터 미세한 자극이 주어지면 색채가 촉발된다는 것이다. 괴테의 이러한 설명에 가장 부합하는 것이 생리색이다.

생리색은 색채를 눈에 속하는 것으로, 그리고 눈의 작용과 반작용에 의해 생겨나는 것으로 보는 경우의 색을 말하는데, 이에 대한 연구가 괴테의 색채론의 가장 독창적인 부분을 이룬다. 이를테면 선명한 유색의 종이를 적당한 밝기의 흰색 판지 앞으로 갖다 댄다. 그리고 그 조그마한 유색의 표면을 어느 정도 응시한 후에 눈을 움직이지 말고 그 조각을 치우면, 바로 그 자리에 다양한 색의 스펙트럼이 생겨난다. 즉, 그 자리에 있던 색이 황색(Gelb)이었다면 청자색(Violett)이 나타나고, 주황색(Orange)이었다면 청색(Blau)이, 자색(Purpur)이었다면 녹색(Grün)이 나타난다(§49). 그리고 그 역(逆)도 마찬가지로 성립한다. 이때 앞의 색들을 유도색(誘導色), 뒤의 색들을 피유도색(被誘導色)이라고 한다. 또 다른 예를 들어보자. 괴테는 겨울에 하르츠 산지를 여행하던 중 저녁 무렵에 브로켄 산을 내려오면서 보았던 장면을 묘사하고 있다. 낮 동안 눈이 황색의 색조를 띠고 있을 때, 그 그림자 부분은 희미한 청자색이었다. 그러다가 일몰이 다가오자 눈이 아름다운 자색으로 물들었을 때, 그림자 부분은 녹색으로 바뀌었다(§75). 괴테가 "유색 음영(farbiger Schatten)"이라고 이름 붙인 이러한 현상은 색채란 빛과 눈 사이의 상호작용에서 생겨나는 것이란 그의 색채이론을 뒷받침하는 대표적인 사례이다.

이러한 생리색과 인접해 있으면서, 미미한 정도로 보다 더 객관적인 성격을 가지는 것이 물리색이다. 물리색이란 그것이 생겨나는 데 특정한 매질이 필요한 색을 말하며, 그 대표적인 것이 굴절색이다. 이것은 빛이 투명하거나 반투명한 흐릿한 매질을 통과하는 경우에 생겨난다. 이를테면 태양 그 자체는 무색이지만, 흐린 매질을 통과하면서 황색으로 나타난다. 또 암흑은 흐린 매질을 통과하면 청색으로 보인다. 일출과 일몰시에 하늘이 불그스레하게 보인다든지, 멀리 있는 풍경이 푸르스름한 색으로 보이는 것 등이 그 대표적인 경우이다.

그 다음으로 가장 객관적이며 지속적인 성격을 가지는 것이 화학색이다. 화학색이란 특정한 물체들에서 유발되고, 다소간 고정되고, 상승되고, 다시 그 물체들에서 떼 내어 다른 물체들에 전이시킬 수 있는 그 어떤 내재적인 속성을 가진 색이다(§486). 이를테면, 강철은 불에 달구면 황색에서 적색을 거쳐 청색에 이르기까지 지속적인 색의 스펙트럼을 보여주는데, 이것을 색채환(色彩環)이라고 한다. 화학색은 주로 산과 알칼리의 대립에 의해서 생겨난다. 즉 황색은 산의 속성을, 청색은 알칼리의 속성을 가진다. 이상을 간단히 정리하자면, 생리색에서 물리색을 거쳐 화학색으로 가는 방향, 더 세분화하자면 생리색 — 반사색 — 테두리색 — 굴절색 — 표면색 — 화학색으로 가면서 색의 속성은 점차로 객관화된다. 그리고 이러한 색의 분류에 있어서 눈에 속하는, 주관적인 색이라고 할 수 있는 생리색을 제일 앞에 둔 것에서 괴테 색채론의 중점이 어디에 있는가 하는 점을 알 수 있다.

III. 『색채론』의 구성원리: 양극성, 상승, 총체성

이상에서 간단히 소개한 색채 현상들을 지배하는 원리는 괴테에 의하면 양극성의 원리, 상승의 원리, 총체성의 원리이다. 양극성과 상승의 원리는 노년의 괴테에게 있어서는 색채 현상 뿐 아니라, 모든 자연 현상과 인간의 삶에 보편적으로 작용하는 원리라는 점은 주지의 사실이다. 그리고 총체성이라는 것도 앞의 두 원리가 구체적인 현상 속에서 조화를 이루며 나타나는 것을 말한다.

양극성은 가장 쉽게 관찰할 수 있는 자연의 원리이다. 빛과 암흑이 함께 작용하면, 어느 쪽의 활동이 우세한가에 따라 색채는 두 방향으로 나타난다. 그리고 그 대립은 플러스(+)와 마이너스(-)라는 기호로 간단하게 표기할 수 있다(§ 696). 즉 플러스에 속하는 것은 황색, 작용, 빛, 밝음, 강함, 따뜻함, 가까움, 밀침, 산(酸)과 같은 것이며, 마이너스에 속하는 것은 청색, 탈취, 암흑, 어두움, 약함, 차가움, 멈, 끌어당김, 알칼리와 같은 것이다. 이러한 여러 대립의 쌍들은 다음에 보게 되겠지만, 괴테의 색채론을 비롯한 자연과학 이론의 기본개념을 이루는 원현상(原現像)의 다양한 사례들이다.

상승의 원리는 다음의 예를 들어 간단히 설명할 수 있다. 프리즘을 천천히 움직이면서 들여다 보면, 황색은 주황색을 거쳐 적색으로 상승하고(짙어지는 대신에 어두워진다), 청색은 청자색으로 상승한다. 상승된 대립색들인 적색과 청자색이 결합하면 자색이 된다. 그리고 기본색인 황색과 청색이 결합하면 녹색이 된다. 이로써 다양한 색채들 간의 대립쌍을 전체적으로 보여주는 색채환(色彩環 Farbenkreis)이 완성된다. 그리고 이러한 상승 현상은 한 가지 방법으로만 고정되어 나타나는 것은 아니다. 예컨대, 자색의 경우는 다양한 방식의 상승에 의해서 생겨날 수 있다. 물리색의 경우, 즉 프리즘 실험에 있어서는 청자색 띠와 주홍색 테두리를 겹치는 경우

괴테의 색채환

에 생겨나며, 화학색에 있어서는 상승이 계속되어 정점에 도달하는 경우에 생겨나고, 생리색의 실험에 있어서는 그것의 대립색에 의해서 유도된다.

총체성의 원리는 앞의 두 원리에 의해 생겨난 색들이 그 대립과 조화된 모습을 색채환의 원주 상에서 일목요연하게 보이며 나타나는 것을 말한다. 이러한 총체성의 원리는 생리색의 경우에 가장 선명하게 드러난다. 우리의 눈이 어떤 특정한 색을 지각하는 순간, 우리의 눈은 그와 대립되는 상보적인 대립색, 즉 색채환 상에 있어서 정반대 편에 있는 색을 생성시킨다. 이처럼 각각의 유도색은 반드시 거기에 대응하는 피유도색을 생성시키며, 그러한 대립색들로써 색채환 전체가 가득 메워지게 된다(§60). 이처럼 눈은 자기 고유의 총체성을 요구하며, 자체 안에 색채환을 갖추고 있다. 예컨대, 황색에 의해 유도된 청자색 속에는 적색과 청색이 들어있으며, 청색에 상응하는 주황색 속에는 황색과 적색이 들어있고, 녹색은 청색과 황색의 결합이며 적색을 유도한다. 그리고 이처럼 결합된 구성요소들이 총체성 속에서 그 조화로운 모습을 드러내는 것이다. 그런데 색채 현상의 이러한 총체성은, 시각(視覺)을 통해서 자신의 모습을 드러내려는 자연의 본질이 그러하기 때문이다. 그리고 바로 이 자리에 인간의 감각과 자연의 본질을 매개하는 원현상의 개념이 위치하고 있다.

IV. 괴테 『색채론』의 기본개념으로서의 원현상(原現像 Urphänomen)

괴테에게 있어서 색의 생성은 앞서 보았듯이, 우선 빛과 암흑의 대립관계에서 생겨난다. 빛으로부터 황색이 생겨나며, 암흑으로부터 청색이 생겨난다. 그리고 이 두 색은 순도가 높아지면서 각각 적색이 된다. 이것이 기본색(Grundfarbe)이다. 구체적인 예를 들자면, 흐릿한 물 컵은 빛을 배경으로 하면 황색으로, 어둠을 배경으로 하면 청색으로 보인다. 괴테는 이처럼 자연에 대한 관찰과 경험을 통해서 지각하게 된 현상들을 수집하고 정돈해 나가면서, 그러한 현상들이 생겨나게 된 불가결한 조건들을 세세하게 밝히는 방식을 택한다. 그리고 그러한 조건들로부터 색채 현상의 규칙들과 법칙을 발견한다. 그러나 이러한 규칙과 법칙은 논리적 추론이나 가정을 통해서 오성에 포착되는 것이 아니라, 바로 현상들을 통해서 직관에 그 모습을 드러낸다(§175). 이를테면, 한편으로는 빛과 밝음과 같은 원현상이 있고, 다른 한편으로는 암흑과 어둠 같은 원현상이 있으며, 그리고 그 둘 사이에 흐림이라는 원현상이 있다. 그리고 이러한 대립들로부터, 마찬가지로 서로 간에 대립을 보이는 색채들이 생겨난다는 것이다.

괴테는 직관에 비친 현상으로부터 발견한 이러한 원현상의 배후로 더 파고 들어갈 경우 필연적으로 인간의 감각과는 동떨어진 '추상화'의 위험이 시작된다고 본다(§177). 현대의 물리학자들이 괴테의 색채 이론의 현재적 의미를 보는 것은 바로 이 점에 있다. 괴테에 의하면, 인간의 감각은 건강한 한에 있어서 대상들 사이의 관계, 특히 인간과 여타 존재 사이의 관계를 참 모습 그대로 통찰할 수 있다는 것이다(§182). 그러므로 괴테는 원현상이 발견되었음에도 불구하고, 그것을 인정하지 않고, 그 배후에서 그리고 그 위에서 더 고차적인 것을 발견해 내려는 자연과학자들의 태도를 병통이라고 비판하면서, "자연의 탐구자는 원현상들을 그것들의 영원한 안식과 장려함 속에"(§177) 그대로 내버려 두어야 한다고 말한다. 괴테는 이러한 원현상에 대해 인간이 가질 수 있는 감정을 경탄이라고 말하면서, 다음과 같은 비유를 들어 설명한다(에커만 『괴테와의 대화』 1829년 2월 18일). "인간이 도달할 수 있는 최상의 것은 경탄이라네. 우리가 원현상을 보고 경탄한다면, 그것으로 만족해야 하네. 더 높은 것은 허락되지도 않고, 더 이상의 것도 그 뒤에서 찾을 수 없으니 말이지. 이것이 한계라네. 하지만 원현상을 목도한 인간들은 보통 거기에 만족하지 않고, 더 앞으로 나아갈 수 있다고 생각하네. 마치 거울 속을 들여다보고 난 후 즉시에 뒤집어서 그 뒷면에 무엇이 있는지를 보려는 어린아이들과 같이 말일세."

요컨대 괴테는 원현상을 인간에게 적합한 인식과 직관의 형식으로 간주하였다. 즉, 원현상들 속에서 인간은 자연의 힘을 상(像)으로 포착할 수 있다는 것이다. 자연의 힘은 괴테가 말하는바 자연언어(Natursprache)를 통하여 모습을 나타내는데, 그 구체적으로 나타나는 현상들은 다양하고 복잡해 보이지만 그 근본요소들은 언제나 동일하다. "살며시 작용하는 추(錘)와 평형추에 의해 자연은 이리 기울고 저리 기울며, 그에 따라 여기와 저기, 위와 아래, 이전과 이후가 생겨나며, 이것들을 통해서 공간과 시간 속에 나타나는 모든 현상들이 제약된다."(<머리말>) 그리고 이러한 보편적인 운동과 제한으로부터 다(多)와 소(小), 작용과 반작용, 행위와 고통, 밀쳐 들어감과 머뭇거림, 격렬함과 누그러뜨림, 남성적인 것과 여성적인 것이 발견되며, 그 각각에 적합한 이름이 붙여진다. 괴테는 이러한 보편적인 표기, 즉 자연언어를 통해 모순 양립적인 자연의 현상을 포착하려 했고, 그러한 원현상을 색채론에 적용하려고 했다.

자연의 힘은 이처럼 언제나 모순 양립적인 형상으로 파악되는데, 괴테는 그것을 다음과 같이 간결하게 정리한다(§739). "하나의 현상으로 나타나는 모든 것은 결합 가능한 근원적 분리를 암시하고 있거나, 아니면 분리 가능한 근원적 통일을 암시하고 있으며, 그러한 방식으로 자신을 드러낸다. 결합된 것을 분리시키고 분리된 것을 결합시키는 것이 자연의 생명이다. 이것은 영원한 수축과 팽창, 영원한 결합과 분리이며, 우리가 그 속에서 살고 활동하며 존재하는 세계의 들숨과 날숨이다." 요컨대 괴테가 말하는 바 원현상은 인간의 직관을 매개로 하여 드러나는 모순 양립적인 자연의 형상이며, 이러한 원현상의 개념이 자연 관찰에 있어서 인간의 감각과의 유기적인 연관성을 강조하는 괴테의 사고방식의 토대를 이룬다.

여하간 괴테는 감각을 매개로 하여 인간의 내부와 자연은 서로 분리 불가능하게 연결되어 있다는 확신에 차 있었다. 그러므로 대상을 인간의 감각과 완전히 별개의 것으로 파악하는 뉴턴적인 사고방식에 괴테가 격렬한 저항감을 느낀 것은 당연했다. 색채 현상에 있어서의 단순한 견해 차이 정도가 아니라, 세계를 파악하는 사유 방식에 있어서의 근원적인 차이였던 것이다.

V. 도구적 합리주의와 생태론적 직관주의

괴테의 『색채론』은 엄밀한 실험과 수학을 토대로 하는 근대 자연과학의 연구 방식과는 그 방법에 있어서 근본적으로 달랐다. 괴테에게 있어서 자연에 대한 이해는 무엇보다도 직접적인 감각 인상과 더불어 시작되며, 원현상에 대한 발견을 그 목표로 한다. 그러나 갈릴레이와 뉴턴 이래의 자연과학은 수학적인 기술에 의해서 자연의 영역을 통일적으로 파악하려고 한다. 이를테면, <힘=질

량×가속도>와 같은 식이다. 이러한 공식에서는 어떠한 인간적인 감성이나 관찰자의 개입은 불가능한 것으로 보인다. 물론 괴테 자신도 근대 자연과학의 이러한 기계론적 사고방식과 추상화가 가져올 위험에 대한 인식을 분명하게 보여주지는 않고 있다. 기껏해야 『편력시대』에서 "점증하는 기계의 존재가 나를 고통스럽게 하고 두렵게 한다. 그것은 마치 뇌우와 같이 천천히, 천천히 구르며 다가온다. 그러나 그것은 자신의 방향을 잡고 있다. 그것은 다가오고야 말 것이며, 우리를 덮칠 것이다."라는 정도이다. 기술과 과학의 결합에 의한 세계의 지속적인 변형이 멈추지 않을 것이라는 예감을 말하고 있는 것이다. 그러나 괴테 사후 150년 이상이 지난 지금, 뉴턴의 자연과학에 의해서 예정되어 있었고, 괴테가 피하고 싶었던 그러한 세계가 이제 눈앞의 현실이 되었다. '도구적 합리주의'와 '생태론적 직관주의'라고 잠정적으로 지칭할 수 있는 두 가지 사고방식의 차이가 이제 명백하게 드러났으며, 괴테가 뉴턴의 『광학』에 그처럼 거부감을 가졌던 이유도 어느 정도 이해할 수 있게 되었다. 무엇보다도 『색채론』이 다시 논쟁의 대상이 된 것은 괴테가 근대 과학의 토대인 합리주의와 도구주의의 방법론에 대한 강력한 대적자로 여겨졌기 때문이었는데, 그것은 역설적이게도 하이젠베르크, 막스 플랑크, 바이츠제커와 같은 물리학자들에 의해서였다.

1941년 부다페스트의 한 강연회에서 발표한 논문 『현대 물리학의 관점에서 본 괴테와 뉴턴의 색채론』에서 하이젠베르크는 괴테의 색채론이 예술과 생리학 그리고 미학 분야에서는 어느 정도 성과를 거두었지만, 이후의 물리학의 발전에 있어서 승리를 거둔 것은 뉴턴의 색채 이론이었다는 점을 인정한다. 하지만 점점 더 심화되어 가는 자연과학의 추상화는 뉴턴에 대한 괴테의 그 유명한 투쟁을 다시 떠올리게 한다면서 괴테 색채론의 현대적 의미를 되새긴다. 그 내용을 요약해보자. 근대 자연과학의 커다란 오류 중의 하나는 현실을 객관 세계와 주관 세계로 완전히 나누어버린 데에 있다. 그렇게 함으로써 주관이 개입되지 않은 객관의 세계를 수학적인 방법에 의해 통일적으로 설명하려는 자연과학의 이상을 달성할 수 있다고 믿었고, 인공적인 관찰 수단을 통해서 감각의 기능을 고도화함으로써 객관 세계의 궁극까지 밀쳐 들어갈 수 있으리라고 생각했다. 하지만 이러한 생각은 현대 물리학의 관점에서 볼 때 기만적인 희망이었음이 드러났다. 왜냐하면 원자 물리학에 있어서 관찰이 관찰 대상에 미치는 변형은 피할 수 없는 것으로 밝혀졌기 때문이다. 요컨대 물질의 최소 단위인 원자들은 모든 감각적인 특성을 상실해버렸고, 오랫동안 가장 확실한 것으로 여겨졌던 공간 채움(Raumerfüllung), 특정한 장소, 특정한 운동이라는 기하학적 특성마저 상실하게 된 것이다. 그리하여 고도로 정밀한 관찰 기구들을 통해서 들여다 본 상(像)은 생동하는 자연과는 거리가 먼 것이 되었고, 자연과학은 실험을 통해서만 드러나는 이 세계의 어두운 배후만을 다루게 되었다. 자연과학 지식의 엄청난 확장과 풍부한 기술적 가능성에 의해 세계는 완전히 변형되어버렸기 때문에, 인간의 사고와 삶은 생존이 더 이상 불가능한 공간으로 들어가 버렸다. 그러므로 물리학자가 자신의 기구를 가지고 관찰하는 대상은 더 이상 자연이 아니라고 한 괴테의 말은 옳았다.

하이젠베르크는 <괴테의 자연상(自然像)과 기술—자연과학의 세계>라는 글에서 이처럼 자연적인 삶에서 벗어나 추상적인 인식의 세계로 들어가는 것을 파우스트가 악마에게 몸을 파는 것에 비유하면서, 근대 이후의 자연과학의 발전에 따르고 있는 과학자들이 악마를 피하는 것은 쉽지 않은 일이라고 말하고 있다. 그러나 현대 물리학이 입증하고 있듯이, 자연의 기본구조 자체가 '가능성'으로 존재하는 것이므로, 직관에 의해서든 그리고 이성적 추리에 의해서든 자연에 대한 접근의 가능성은 열어놓아야 한다고 말하면서 하이젠베르크는 두 사고방식 사이의 궁극적인 공존 가능성을 조심스럽게 모색하고 있다. 괴테로부터 우리가 배울 점은 우리가 하나의 기관, 즉 합리적 분석에 의존함으로써 다른 모든 기관을 위축시킬 필요는 없다는 것이다.

바이츠제커(C. F. v. Weizsäcker)도 <괴테의 자연과학의 몇몇 개념들>에서 괴테는 "오류를 범한 것이 아니라 오류를 원했다고"까지 말하면서, 괴테의 색채이론이 가지는 의미의 현대성을 애써 부각시키려고 한다. 그는 괴테의 사고방식과 뉴턴의 사고방식의 차이를 '형상 직관'과 '법칙 인식'의 차이로 보면서 그 둘이 서로를 배제하는 것이 아니라 보완관계에 있다고 본다. 괴테의 색채론은 물론 자체 내에 많은 모순을 안고 있긴 하지만, 그 기본 방향에 있어서는 현대 물리학이 초래하는 난점들을 극복할 수 있는 하나의 가능성을 가지고 있다는 것이다.

여러 모순점들에도 불구하고, 괴테의 색채론이 재평가를 받는 이유는 명백하다. 자연을 조작과 지배의 대상으로 보면서, 결국은 자기 파괴라는 위기를 초래한 현대의 기술문명과 자연과학에 대한 대안의 하나로서 괴테가 주목을 받았던 것이다. 산업문화의 비극성은 자연과 인간의 유기적 총체성에 대한 직관으로부터 오는 신비한 경험이나 시적인 감수성을 인정하지 않으려 하고, 무엇이든 직접 측량하고 조작하고 분해하려는 욕망에 지배되어 있는 인간들을 양산하는 데 있다. 그런 점을 고려할 때 오늘날 점차 그 영향력을 넓혀가고 있는 생태론적 사고방식도 괴테의 색채론이 지향하고 있는 관점과 그렇게 멀지는 않은 것 같다. 예컨대 원현상에 대한 경탄의 장면이 가장 극적으로 드러나 있는 것은 『파우스트』 I부에서 파우스트가 지령(Erdgeist)과 맞닥뜨리는 부분일 것이다. 여기에서 지령의 등장이 의미하는 바는 생동하는 자연의 생명력이 그 전체적인 모습으로 시인의 직관에 떠오르는 것을 말한다. 파우스트가 잠에서 깨어나 바라보는 일출 장면이라든지, 무지개를 바라볼 때의 장면 같은 것도 마찬가지이다. 이러한 것들이 우리가 그 앞에서 다만 경탄의 감정으로 바라볼 수밖에 없는 원현상이며, 그것들을 넘어서서 사유하고 분석한다는 것은 인간에게 주어진 한계를 넘어서는 월권이라는 것이 괴테의 생각이다. 시적 사유의 본질이라고 할 수 있는 이러한 경외심의 바탕에는 어떠한 인공적인 조작물로도 대체할 수 없는 세계의 근원적인 아름다움과 풍요로움에 대한 본능적인 인식이 자리잡고 있는 것 같다. 물론 이러한 인식은 자연과학 연구에만 국한된 것이 아니라, 시인 괴테의 문학 작품과 삶 자체를 지배하는 원리였다.

요컨대 생태론적 직관주의라고 규정할 수 있는 괴테의 이러한 자세는, 세계를 물질과 에너지의 우발적인 작용에 따라 움직이는 거대한 기계로 보는 도구적 합리주의에 대한 비판으로, 그리고 그의 『색채론』은 외적 성장으로 치달으면서 안과 밖의 균형 감각을 상실하고 있는 현대 산업문명에 대한 비판서로 읽을 수 있을 것이다. 그리고 바로 이 점에 『색채론』의 현재적 의의가 있다고 하겠다.

(장희창)

화강암에 대하여
(Über den Granit)

괴테가 그린 화강암 바위 1784년 9월 2일

괴테의 지질학, 광물학에 대한 관심은 그가 카를 아우구스트 공의 초청으로 바이마르로 간 후 그곳에서 일메나우 광산 감독 업무를 맡게 되면서 시작되었지만 곧 이와 같은 실용적 목적을 넘어 발전하게 된다. 그 후 평생 동안 지속되는 괴테의 광물에 대한 관심 가운데 화강암은 핵심적인 위치를 차지한다. 왜냐하면 괴테와 그의 동시대인들은 화강암을 가장 오래된 암석으로 여겼기 때문이다.

괴테는 화강암에 대하여 여러 가지 글을 남겼다. 그 중 단편으로 남은 <화강암에 대하여 Über den Granit>(1784)는 가장 잘 알려진 글이다. 괴테에게 화강암은 지질학적으로 "가장 높고 가장 깊은 것", "그 위로 모든 다른 다양한 산맥들이 형성되는 우리 대지의 근원암석(Urgestein)이다. 대지의 가장 깊은 내부에서 그것은 요지부동으로 쉬고 있고, 그 꼭대기에는 모든 것을 둘러싸고 있는 물도 도달할 수 없다." 화강암은 "존재의 토대(Wesensgrund)"이자 우리 대지의 "근본기반(die Grundfeste)"으로 여겨진다. 괴테는 화강암이 원해(原海 Urmeer)의 퇴적물인 근원유동체(Urbrei)가 냉각될 때 결정화 과정을 통해 생겨난 것으로 바라보았는데, 이 관점은 그의 수성론적인 기본 입장으로부터 나온다.

이 짧은 텍스트에는 여러 가지 문체가 뒤섞여 있다. 괴테는 이 글을 학술적인 연구로 시작하지만 객관적이고 학술적인 문체는 개인적인 자연체험을 표현하는 주관적 문체로, '내'가 자기 자신과 나누는 대화로 바뀐다. 학문적인 명제들이 상상력을 통해 매개된 다채로운 이미지들의 생생한 체험으로 묘사된다. 그리고 '나'는 독자들을 자기 자신과의 이 대화에 초대하고, "위대하며, 조용하게 말하는 자연"에 직접적으로 말을 걸며 그 곁에서 "숭고한 고요함"을 느낀다. 이 텍스트에서도 시 <겨울의 하르츠 여행(Harzreise im Winter)>(1777)에서처럼 종교적인 단어와 이미지들이 나타난다. "창조의 깊이 위에 직접 지어진 여기 이 가장 오래된, 영원한 제단 위에, 나는 모든 본질의 본질에게 희생물을 바친다." 이 텍스트에 나타난 자연관과 특정한 표현에서 스피노자의 영향이 나타나며, 자연사적인 묘사에는 뷔퐁의 자연사가 바탕에 깔려있다. 이 텍스트는 괴테의 지질학, 광물학 연구의 산물이지만, 동시에 특정 장르로 분류하기 어려운 언어 예술작품이기도 하다.

바이마르에서 새롭게 시작된 지질학, 광물학에 대한 괴테의 관심과 열광적인 몰두는 가까운 친구들에게 있어서조차 몰이해에 부딪치기도 했다. 그는 이 텍스트에서 자신의 관심과 연구를 정당화하고 그 근거를 든다. "나는 인간의

게오르크 멜히오르(Gerog Melchior)가 그린
브로켄산의 화강암 바위 (1784년 9월 4일)

마음의 고찰과 묘사라는, 창조의 가장 젊고, 다양하고, 움직이고, 가변적이고, 뒤흔들리는 부분에서 가장 오래되고, 확고하고, 깊고, 뒤흔들리지 않는 자연의 아들로 옮겨갔다는 비난을 두려워하지 않는다." 왜냐하면 그에게 있어 "자연의 모든 사물들은 정확한 연관관계 속에 있기" 때문이다.

이미 1810년경에 화강암이 가장 오래된 암석이라는 명제의 일반적인 유효성에 점점 금이 가게 되었으며, 이 명제를 결정적으로 반박하는 증거들이 발견되었다. 그러나 괴테는 이 명제와 또 그 바탕이 되는 수성론을 쉽게 포기하지 않았다. 왜냐하면 이들은 단지 그의 자연연구에서 나온 이론일 뿐만 아니라 그의 세계관의 바탕이 되는 이념적 성격을 지녔기 때문이다. 경험적 자연관찰과 동시에 선험적, 철학적, 이념적인 세계관이, 또 자연과학적 성격과 미학적, 철학적, 정치적 성격이 동시에 뒤섞여 있다는 점이 괴테의 자연연구에서 나온 텍스트들의 특성을 복합적으로 만든다.

(조향)

09. 잠언과 성찰
(Maximen und Reflexionen)

GOETHE
LEXIKON

잠언과 성찰
(Maximen und Reflexionenen)

괴테의 『잠언과 성찰』은 『파우스트』와 『빌헬름 마이스터』에 필적할만한 그의 필생의 작품이며, 『서동시집』, 『빌헬름 마이스터의 편력시대』와 『파우스트 2부』처럼 원숙한 노년의 작품이다. 오스트리아의 인상주의 시인 호프만스탈(Hugo von Hofmannsthal)은 <친구들의 책>이라는 글에서 괴테의 잠언과 성찰을 가리켜 "독일 전체 대학의 교육의 힘보다 더 많은 힘이 괴테의 『잠언과 성찰』로부터 나온다."고 말했다.

1. 생성사와 판본들: 가변적 텍스트로서의 『잠언과 성찰』

그러나 20세기에 이르기까지 『잠언과 성찰』은 학자들이나 독자들에 의해서 괴테의 중요한 작품으로서 인정받지 못했으며, 독일문학의 가장 위대한 작가의 가장 적게 연구된 작품의 하나로 기록되기도 했다. 『잠언과 성찰』의 생성의 역사가 그렇게 된 이유의 상당 부분을 설명해 준다. 괴테는 사실 『잠언과 성찰』 또는 유사한 표제의 작품을 쓴 적이 없거니와 그러한 종류의 작품을 구상하거나 계획한 적이 없는 것이다. 오늘날 우리가 보는 『잠언과 성찰』(판본에 따라 『산문으로 된 잠언집(Sprüche in Prosa)』으로 표제 되기도 함)은 괴테의 여러 작품과 이론적 저술 안에 필요에 따라 삽입된 일련의 잠언들과 괴테가 생전에 정리하지 못한 유고들, 계산서의 뒷면, 편지봉투, 명함, 극장입장권, 이면지 등에 서둘러 기록해 둔 메모 등에서 잠언이라고 판단되는 글들을 모아 편집자가 정리한 결과물들이다. 통일된 선정기준이나 정리의 기준도 없었기 때문에 편집자들에 따라 그 분량, 분류방식, 게재순서가 모두 다른 판본이 생겨난 것이다. 그 생성사를 요약해 보면 아래와 같다.

괴테가 작품의 한 요소로 삽입한 잠언들은 소설 『친화력』의 <오틸리에의 일기에서>, 『색채론의 역사에 대한 자료』의 <궐문(闕文 Lücke)>편, 괴테가 발간했던 잡지 <예술과 고대문화>에 게재된 간결한 개별적 언급들, 『형태론에 대한 노트』와 『자연과학 일반에 대한 노트』에 등장하는 잠언들, 그리고 무엇보다도 『빌헬름 마이스터의 편력시대』의 <방랑자의 마음의 성찰>과 <마카리에 문고에서>이다. 우선 여기에 삽입되어 있는 약 800개의 잠언 자료들이 편집자에 따라서 선별 채택되었다.

『괴테와의 대화』로 잘 알려진 에커만(Eckermann)이 동료 리머(Riemer)와 함께 60권으로 된 『괴테전집, 저자확인 완결판(Goethe's Werke. Vollständige Ausgabe letzter Hand)』의 제49권 째에 <개별언급, 잠언과 성찰>이라는 표제 아래 600개의 잠언을 편집 수록한 것(1833년)이 독립된 작품으로서의 괴테 잠언집의 효시가 되었다. 나아가 에커만은 1840년 『괴테 작품선집(Goethe, Sämmtliche Werke in 40 Bdn.)』의 제3권에 앞의 전집에서는 여러 권에 분산 수록되었던 예술에 대한 잠언, 자연과학에 대한 잠언, 유고에서 발견된 잠언등도 한데 모아 <산문으로 된 잠언>이라는 표제아래 집대성했다. 이 판본의 가장 중요한 의미는 앞의 1833년판 <개별언급, 잠언과 성찰>의 잠언들을 3개의 주제로 구분하여 편집 수록하고 있다는 점이다. 괴테 생존시 발행된 일련의 잠언그룹이 해체되어 특정한 주제아래 재편성된 것이다. 이 판본 이래 여러 편집자들이 잠언들을 자신들이 설정한 주제로 분류하여 편찬하는 것을 당연한 일처럼 여기게 되었다.

텍스트로서 괴테의 잠언집의 편집에 결정적인 변화는 헥커(Max Hecker)가 편집하여 1907년 독일 괴테협회(Goethe Gesellschaft)가 출판한 『잠언과 성찰(Maximen und Reflexionen)』로 인해서 일어났다. 이 잠언집은 괴테의 육필원고를 기본 자료로 했으며, 괴테 자신이 소설과 과학적 저술에 포함해서 인쇄에 회부했던 잠언록들은 발표된 연대순으로, 철저한 검증을 통해서 유고에서 발굴한 잠언들은 에커만이 제시한 주제에 맞추어 정리했다. 1413개의 잠언에 일련번호를 부여하고 상세한 주석을 달았으며 정서법과 구두법을 현대화했다.

이 판본은 후대에 이어진 괴테 잠언집 편집에 표준이 되었다.

뮐러(Günther Müller)가 편집하여 발행한 『잠언과 성찰』(Stuttgart 1944)은 헤커의 판본에 실린 잠언에 『색채론의 역사에 대한 자료』중 <궐문(闕文 Lücke)>편을 추가하고 주제를 7개로 세분하여 1438개의 잠언들을 재배치하고 있다.

『함부르크판 괴테전집(Goethes Werke, Hamburger Ausgabe)』의 제12권에 수록되어 발간된(1953) 『잠언과 성찰』은 뮐러의 편집방향을 따르면서 "괴테의 잠언 전체를 실제적인 분야에 따라서 조망할 수 있도록 그룹을 나누어 제시"하여 "생생한 소통을 위한 책"으로의 편집을 표방하고 있다. 이에 따라 모두 1390편의 잠언들을 8개의 주제아래 분류하고, 문헌학적 정보보다는 해석적인 주석을 달아 독본(讀本)성격의 판본으로 발행되었다.

『뮌헨판 괴테전집(Goethe, Sämtliche Werke nach Epochen seines Schaffens)』의 제17권(München 1991)에 수록된 『잠언과 성찰』은 헤커의 판본을 따르면서 『색채론의 역사에 대한 자료』중 <궐문>편과 『빌헬름 마이스터의 수업시대』 제7권에 등장하는 <수업증서(Lehrbrief)> 및 잡지 <예술과 고대문화>에 실려 있는 '개별적 언급'을 잠언집에 편입시키고 있다. 따라서 헤커가 부여한 일련번호도 변동되었다.

가장 최근에 발행된 판본은 소위 『프랑크푸르트판 괴테전집(Johann Wolfgang Goethe. Sämtliche Werke, Briefe, Tagebücher und Gespräche in 40Bdn.)』의 제1부(작품들)의 제 13권으로 출판된 『산문으로 된 잠언, 전체 잠언과 성찰』(Frankfurt am Main 1993)이다. 이 판본은 괴테의 잠언집 편집에 근본적으로 새로운 방향을 제시하고 있는데, 편집자 프리케(Harald Fricke)는 전체의 잠언 텍스트를 자신이 세운 형식기준에 근거하여 텍스트 종(種)에 따라 정리하고 있다. 예컨대 <번역을 통한 잠언>, <등장인물의 역할에 따른 진술을 통한 산문>, 인용을 의미하는 <자기화한 잠언>, <수필에 나타난 잠언>등의 분류가 그것이다. 자세한 주석은 문헌학적 측면이 강조되어 있다. 이 판본의 두 가지 문제점은 괴테의 잠언이 형식에 구애되지 않고 모든 형식적 가능성을 동시에 활용했다는 사실을 간과하고 있다는 점과 괴테의 잠언 중 다른 사람의 사상과 언술의 수용을 괴테 자신의 언술로부터 지나치게 엄격하게 구분하고 있다는 점이다. 주제별로의 구분은 편집에 고려되지 않았고, 다만 부록으로 31개의 주제아래 분류한 목록을 달고 있다.

위에서 간단히 살펴 본 몇몇 대표적인 괴테 잠언집의 발행의 역사를 통해 볼 때, 비록 괴테에 의해서 최종 확인된 원형이 존재하지 않는다는 문헌학적인 문제가 있다 할지라도 괴테의 육필원고를 기본으로 편집된 잠언집을 괴테의 작품으로 보는 것에 이의 없다는 점을 알 수 있다. 그러나 편집자에 따라서 앞으로도 얼마든지 분량이나 배열은 달라 질 수 있는 만큼, 미완성의 열려져 있는 작품이라고 해도 지나친 말이 아니다. 개별 잠언들의 다의성을 가려버리고 말 위험성은 있지만, 독자들이 내용의 연관성을 처음으로 생각해 내야 할 수고를 고려하여 편집자들은 전적으로나 부분적으로 어느 정도 구분이 가능한 범위 내에서 주제별 분류를 시도했다는 사실도 보았다. 이 역시 고정되어 있지 않으며 분류의 범주들도 잠언들에 대한 해석에 따라서 얼마든지 변화할 것이다. 다만 에피그람이나 괴테가 말년의 시집에 운문으로 포함시킨 각운(脚韻)의 잠언과 형식상 구분하고자 택한 『산문으로 된 잠언』이라는 표제보다는 『잠언과 성찰』이라는 내용 중심의 표제를 선호하고 있고 앞으로도 그럴 것이라고 본다. (소위 『프랑크푸르트판 괴테전집』도 『산문으로 된 잠언』을 부활시키고 있으나 "전체 잠언과 성찰"을 부제로 택하고 있다.)

아래 해설은 여러 판본 중 독본으로 의도된 『함부르크판 괴테전집』의 제 12권에 실린 슈림프(Hans Joachim Schrimpf) 편집의 『잠언과 성찰(Maximen und Reflexionen)』을 바탕으로 삼았다. (괄호안의 번호는 이 판본이 사용하고 있는 일련번호이다. 이 판본의 한국어 번역본에는 『잠언과 성찰』, 요한 볼프강 괴테 지음, 장영태 옮김, 2014 유로서적이 있다.)

2. 장르로서의 잠언에 대한 괴테의 태도

괴테의 잠언들은 대부분 1800년 이후에 기록되었다. 가장 이르게 쓴 것이라 하더라도 1780년 이전으로 거슬러 올라가지는 않는다. 처음 일단의 잠언그룹이 작품에 나타난 것은 『빌헬름 마이스터의 수업시대』의 <수업증서>인데, 이 작품이 완성된 것은 1796년이었다. 본격적으로 괴테가 잠언형식의 글을 남기기 시작한 것은 그러니까 장년을 넘어 노년에 들어서이며, 따라서 『잠언과 성찰』은 괴테의 노년의 작품이라 할 것이다. 앞서 괴테 잠언집의 편집자중 한 사람인 헤커는 괴테가 명상으로의 경향, 개별적인 현상에의 몰입, 즉 잠언과 성찰록 같은 짧은 문구를 즐겨 쓰게 된 것은 노년에 접어든 괴테의 "가라앉고 있는 형상화의 능력" 때문이라고 말한 적이 있다. 그러나 괴테는 자신의 사유와 경험의 결과를 격언조의 간결하면서도 깊은 의미를 내포하는 형식을 통해서 표현하고자하는 명백한 의도를 가지고 있었다. 괴테는 1828년 한 편지에서 "나의 생애 중에 거둔 결과들을 점점 더 좁은 터로 끌어 드리지 않으면 안 된다고 하면, 나는 차라리 많은 것의 관찰과 가치인정을 포기하고 싶다."고 피력하고 있다. 구체적인 형상화에 대한 거부감의 표현이다. 벌써 이른 시절부터 괴테는 성숙하고 경험이 많은 사람이 비로소 적절하게 언급된 삶의 지혜와 인식을 귀하게 여길 줄 아는 법이라고 말한 적이 있다. "우리가 삶의 오랜 여정을 거치기 전에는 우리를 속된 것으로부터 끌어 올리는 진정한 잠언들이 그렇게 큰 가치를 가지는지를 알지 못한다."(1801년 3월 29일 로흐리쯔에게 보낸 편지)

잠언(Aphorismus)은 그리스 어원(apic-horizein)으로 볼 때, "날카롭게 경계 지워 진, 짧고 정곡을 찌르는 진술"을 의미한다. 소크라테스 이전의 철학자들의 토막글인 단편(斷片 Fragment)이 이 장르의 시초이다. 괴테는 이러한 잠언의 전통을 잘 의식하고 있었던 것이며, 히포크라테스로부터 18세기에 이르기까지 이어온 학술적인 잠언들과 프랑스의 도덕주의를 이끌었던 라 로슈푸코(La Rochefoucould)의 첨예한 윤리적인 잠언에도 반향하고 있다. 체계화하는 대신에 의미를 농축하고 있는 진술로 진리를 표명하는 이 표현방식을 괴테는 즐겨 활용한 것이다.

『잠언과 성찰』안에서 우리는 괴테가 개념적인 구성의 추상성에 대한 회의적 태도와 사고의 경직된 체계화에 대한 불신을 보이고 있는 잠언들을 읽을 수 있다. 괴테는 구체적인 경험이 개념적 정리의 실마리로 떨어져는 안 된다고 생각한다. "이론들이란 현상으로부터 떨어져 나오기를 좋아하고 그 자리에 이미지들, 개념들 그리고 자주 말을 끼워 넣는 조급한 오성의 경솔한 작업인 경우가 보통이다."(548) 체계화시키는 해설과 가설들은 시야를 좁히고, "의문시되는 현상들에 대한 모든 측면에서의 관찰을 방해하기 때문에"(556) 올바른 인식에 대해 장애가 되기 쉽다. 잠언은 다른 관점에서의 관찰과 사유의 여지를 허락하고 개념의 고착화와 한 방향 만으로의 조망을 막아 줌으로써 사유의 개방성과 유동성을 확보해 준다.

추상적인 그리고 체계적인 사유에 대한 회의적 태도에서 괴테의 잠언에는 은유, 직유 그리고 유추와 같은 서술방식이 자주 등장한다. 이러한 서술방식은 사고의 개념적인 고착화를 허락하지 않으며 사유의 복합적이고 유기적인 질서를 의미하는 데 기여한다. 괴테는 이러한 표현을 "유용하고도 유쾌하다"고 하고, "언제나 활기를 띄게 하는 훌륭한 사교모임과 같다"(25)고 말하고 있다.

잠언이 사유의 개방성을 목표로 삼는다는 것은 인식을 위한 노력이 삶의 체험과 분리되어서는 안 된다는 것을 의미하기도 한다. "대상의 드러남"과 "세계 안에서의 현존재인 인간"사이의 부단한 교류가 잠언을 통해서 가능해져야 한다. 독자는 어떤 관점의 강제도 없는 잠언을 통해서 종결되지 않는 사유의 세계를 체험한다.

3. 기존 잠언의 수용, 괴테의 온고이지신(溫故而知新)

괴테의 『잠언과 성찰』에는 앞선 선지자들 또는 무명의 인사들의 진술로 부터의 인용이나 전래되고 있는 사상에서 취한 내용의 잠언이 많이 포함되어 있다. 성경, 코란과 같은 경전, 민속적인 속담, 히포크라테스, 플로틴, 세네카, 플루타르코스 등 고대의 저술가들의 일화와 격언집 그리고 과학적 저술 등이 인용의 출처이고, 하만과 쉴러, 스턴과 바이런과 같은 동시대인의 사상과 언급들도 인용의 대상이다. 『잠언과 성찰』의 독창성에 대해서 의문을 제기하는 사람들이 있을 법도 하다. 그러나 괴테는 모두를 놀라게 하는 독창성이나 새로움보다는 옛 진리의 반추, 그것에 새로운 의미를 부여하고 새 생명을 불어넣기, 그리하여 계속적인 전승에 더 많은 관심을 두었다. 인용은 괴테의 이 기본 사상의 한 단면인 것이다.

참된 것은 오래된 것이다. 물론 그 반대가 성립되는 것은 아니다. 괴테는 전통의 날조와 은폐의 가능성을 충분히 의식하고 있었다. 그렇기 때문에 오래된 진리를 새롭게 진술하고 또 새롭게 수용하려고 했다. "우리는 옛 초석을 존중하지만, 어디에선가는 다시 한 번 처음부터 초석을 놓을 수 있는 권리를 포기해서는 안 된다"(375)라고 말하고 있는가하면 "권위, 그것이 없으면 인간은 존재할 수 없다. 그러나 권위는 진리와 맞먹을 만큼의 오류를 수반한다. (…) 그렇기 때문에 권위는 인류가 진척을 보지 못하게 되는 주요 원인이기도 하다."(382)고 말하고 있는 것이다.

그러나 괴테는 옛 진리를 존중하고 그것의 반추의 필요성을 강조한다. 『빌헬름 마이스터의 편력시대』의 「방랑자의 마음의 성찰」 첫 번째 잠언은 이렇게 진술하고 있다. "모든 분별은 이미 생각된 것이다. 우리는 그것을 다시 한 번 생각해 보아야 할 뿐이다."(373) 전래된 것의 수용은 언제나 창조적인 발전과 새로운 인식으로 이어받기 위한 것이지 결코 앞서 생각된 것의 수동적 순응을 의미하는 것이 아니다. 이러한 온고이지신(溫故而知新)의 인문정신은 괴테의 창조적 힘의 원천이기도 하다. 따라서 괴테는 독창성을 새롭게 정의한다. 독창성이 전통을 무시하고 모든 것을 제자신이 스스로 만들어 내는 것을 의미할 수는 없다. 독창성은 오히려 전래된 것의 생산적인 수용과 그것의 발전적인 변형의 능력을 의미하는 것이어야 한다. "그렇기 때문에 전수된 사상을 알차게 발전시켜서 그 안에 얼마만큼 전수된 사상이 숨겨있는지를 아무도 모를 정도가 되면 그것이 독창성의 징표라 하겠다."(809) 이 점에 있어서 괴테는 공자의 "옛것을 익혀 새것을 알면 스승이 될 수 있다."(溫故而知新, 可以爲師矣)[논어(論語), 위정(爲政) 11]와 똑같이 사고하고 있다. 공자는 "알지 못하고 창작할 수 있느냐. 나는 그러지 못한다. 많이 들어서 그 가운데 옳음을 선택하여 따르며, 많이 보아 기억함이 아는 것의 버금이니라." [논어, 술이(述而) 27]라고도 말하고 있다. 괴테는 어떤 대가를 치르더라도 독창적이며 사상적으로 독창적이고자 하는 명예욕을 통찰력이 부족한 허영으로 본다. "젊고 유능한 인재들이 다른 사람에 의해서 이미 인정된 진리를 인정하면 자신들이 독창성을 잃어버린다고 생각한다면, 그것은 오류가운데서도 가장 어리석은 오류이다."(371) 1829년 첼터에게 보낸 한 편지에 "바보들은 모든 것을 처음부터 시작하려고 하고, 독립적으로, 자율적으로, 독창적으로, 스스로의 힘으로 (…) 성취 불가능한 것을 끝없이 추구하려한다."고 쓴 것도 같은 맥락에서이다. 현대인의 주관주의와 오만한 독창성 추구를 비판하고 있는 것이다. “참된 것은 이미 오래전에 발견되었다. 고귀한 정령과 결합하여 옛 진리를 붙잡아라!”라고 괴테는 말하려는듯하다.

괴테의 많은 인용과 옛 진리의 수용의 자세는 우리가 괴테의 잠언과 성찰을 읽는 자세의 한 범례이다.

4.『잠언과 성찰』의 주제들

괴테의 잠언들은 모든 영역을 포괄하고 있기 때문에 주제를 따라서 분류하고 정리하는 일이 편집자들의 가장 힘든 문제로 보인다. 에커만에 의하면 괴테가 자신의 잠언들을 “자연”, “예술”, “윤리적 문제”라는 크게 나눈 주제로 정리할 수 있으리라고 했다는 것이다. 그러나 괴테의 이러한 발언의 진의는 모든 잠언에 관한 것이 아니라『빌헬름 마이스터의 편력시대』에 삽입되어 있는 잠언들을 별도로 취급할 경우 언급된 맥락에서 너무 동떨어지지 않기를 바라는 발언이었음이 나중에 밝혀지기도 했다. 에커만이 유고에서의 잠언을 이 세 개의 주제로 분류해서 잠언집을 발행한 이후 편집자들은 이보다는 더 세분된 주제를 제시하고 잠언들을 분류 편찬했다. 이 해설의 독본으로 삼고 있는『함부르크 판 괴테전집』은 “신과 자연”, “사회와 역사”, “예술과 예술가”, “경험과 인생”등 여덟 개의 주제를 따라서 잠언들을 정리하고 있다. 가장 최근에 발행된『프랑크푸르트 판 괴테전집』은 텍스트 종을 기준으로 한 분류로서 전혀 다른 편집방식에 의해 잠언들을 배열하면서 그 부록으로 31개의 주제아래 재분류한 목록을 붙이고 있다. “개인과 시대”, “노년과 청춘”, “모순과 역설”, “색채학과 뉴턴 논쟁”, “수학”, “오류와 진리”, “원인과 결과”등이 목록에 제시된 주제이다. 괴테가 이렇게 이분법적으로 사고하고 더욱이 그런 주제들을 염두에 두었던 것이라고 생각되지는 않는다. 더욱이나 괴테가 잠언이라는 형식을 선택하고 있는 본의는 자신의 사유와 관찰이 어떤 개념의 틀 안으로 고정되지 않기를 원한 것이었다면, 세분은 물론 주제별 분류 자체가 괴테의 잠언적 사고에 거슬리는 행위라 할 것이다. 그러나 괴테 잠언의 편집자들이 독자를 염두에 두면서 고심한 것이 이해된다. 잠언의 분량으로 보나 그 연관성의 다양함을 생각할 때 앞서 언급한대로 독자가 이 잠언들을 대하고 처음으로 주제를 분류하고 인식하도록 버려두는 것도 사실은 바람직하지 않기 때문이다.

이런 의미에서 괴테의 잠언들의 특징이 "모든 영역을 포괄하고 있는 내용", "잠언들에게 혼을 불어 넣고 있는 그 정신"(Gustav von Loeper)이라는 주장을 생각하면서 괴테 잠언집을 꿰뚫고 있는 괴테의 사유의 특성을 몇몇 측면에서 살펴보고자 한다. 괴테의 잠언이 미치고 있는 영역은 자연(과학), 문학과 미술 및 예술일반에 관련한 미학, 종교, 역사, 윤리와 삶의 지혜 등으로 요약해 볼 수 있다. 이중에 자연, 예술, 역사와 삶의 지혜는 괴테 잠언에서 서로 연관하는 기본 주제로 생각된다.

자연: 괴테의 자연관은 현대적인, 정밀하다고 할 수 있는 자연과학과는 반대의 입장에 서 있다. 수학적인 공식을 통한 정밀한 자연과학은 감각적인 직관으로 파악 가능한 현상들의 복합성을 파괴하기 때문이다. "어떤 현상을 계산이나 말을 통해서 처리하거나 정리해 버릴 수 있다고 한다면 그것은 잘못된 생각"(657)이라는 것이다. 괴테는 구체적인 관찰과 증명의 경험을 인식의 기반으로 삼고자 한다. 그렇기 때문에 광학에 관련하여 뉴턴의 시도들을 탐구된 현상들의 인위적인 가공과 왜곡으로 보고 거부한다(683). 괴테는 인간의 감각을 가장 신뢰할 수 있는 인식의 토대로 보고 있다. "인간은 자신의 건강한 감각을 사용하는 한 인간 자체가 존재할 수 있는 기관 중 가장 위대하고 가장 정밀한 물리학적 기관이다."(664) 이러한 사상은 현상의 파악은 인지하는 주체와 분리해서 생각할 수 없다는 주장과 맞닿아 있다. "현상은 관찰자로부터 떨어져 나가지 않는다. 오히려 관찰자의 개성 안으로 짜 맞추어지고 얽히고설키는 것이다." 관찰자의 대상에 대한 관심의 깊이가 관찰과 인식의 전제인 것은 분명하다.

이러한 상황은 객관적 인식에 대한 장애가 아니라, 오히려 그것의 조건이기도 하다. 왜냐면 인간과 세계 사이, 내면과 외면 사이에는 자연에서 유효한 법칙성을 경험적인 확인과 명백한 표출에 이르기 전에 예감을 통해서 파악 가능하게 하는 밀접한 친화관계가 들어 있기 때문이다. "나의 모든 내면적인 활동은 일종의 활발한 발견술이라는 사실이 증명된다."(237) 이러한 직관적인 인식

방법은 『편력시대』에 기록된 한 잠언에 더 자세히 언급된다. “우리가 고차원적인 의미에서 발명 또는 발견이라고 부르는 모든 것은 근원적인 진리감정의 의미 있는 행사이자 실현이다. 이 진리감정은 조용한 가운데 오랫동안 형성되었다가 뜻하지 않게 번개처럼 재빠르게 어떤 결실 있는 인식에 이르는 것이다. 그것은 내면으로부터 나와 외부에 전개되는 계시로서 인간들로 하여금 자신과 신과의 닮음을 예감케 해 준다. 그것은 세계와 정신의 종합으로서 현존재의 영원한 조화에 대한 행복한 보증을 부여해 주는 것이다.”(364) 괴테는 이러한 즉각적인 인식을 “참된 착상(Aperçu)”이라고 부르고 있다.(365 및 476)

이러한 인식노력은 주체와 세계 사이의 친화성뿐만 아니라, 사물들 안에서 작용하고 있는 통일성 있는 질서에도 의지하고 있다. “모든 개별존재는 존재 전체의 유사체이다.”(23) 비교해부학은 이러한 유추를 통한 인식획득의 한 예이다. “내가 흩어져 있는 뼈들을 발견한다면 나는 그것을 주워 모아 짜 맞출 수 있다. 왜냐면 여기에서 영원한 이성이 어떤 유사물을 통해서 나에게 말해 주기 때문이다.”(605)

괴테는 자신에게 중심적 의미를 가지고 있는 자연의 법칙성들을 반복해서 요약하여 전하고 있다. 그 가운데 개별 존재의 원리로서 “휴식과 안식을 모르는 모나드의 자전운동”(227)을 지적하며 “언제나 활동하고 있는”것으로서 이 엔텔레키아의 본질적인 특성을 보고 있다. 주변으로부터 움직임의 자극을 받아드리지 않는 생명체, 이 동인(動因)에 대해서 반응하지 않는 생명체는 생각할 수 없다. 외부세계와의 끊임없는 교류가운데 한편으로는 적응을, 다른 한편으로는 자주성을 향해 생명체는 살아 움직이는 것이다. “살아 움직이는 모든 것은 다양하기 이를 데 없는 외부적 영향의 조건에 순응하면서도 확실하게 얻어낸 결정적인 자주성을 포기하지 않는 천성을 가지고 있다.”(29) 한편 생명체와 그 주변 사이의 약동하는 교환관계를 괴테는 수축과 확장이라는 개념의 쌍으로 설명한다. 그리고 이 개념의 쌍을 자연현상 외에도 많은 다른 영역에서도 보편적인 법칙으로 적용하고 있는 것이다.

괴테는 분명하게 합리적이며 탈마법적인 현대 과학에 대립된 사유의 전제들과 신념에 기초한 자연관과 자연에 대한 인식을 보여주고 있다. 그것은 자연에 대한 괴테의 경건심을 증언한다. “공경하며 경건하게 모든 역량을 다해 애정이 담긴 자연 안으로, 자연의 성스러운 생명 안으로 파고들어 가는 것"(644)을 물리학의 과제라고 말하고 있을 때 우리는 이러한 사실을 확인하게 된다.

예술: 괴테는 자연에 대한 탐구와 그 인식을 예술가의 창조적인 활동과 떼어놓지 않는다. 왜냐면 이 두 영역에는 동일한 법칙성의 파악이 중심을 이루고 있기 때문이다. 예술은 자연의 "가장 잘 어울리는 해석자"(720)이며, 미(美)는 "비밀스러운 자연법칙의 발견"(719)외 다른 것이 아니다.

예술은 이런 과정에서 현실에서 만나는 대상들과 연관들의 정밀한 재생산을 통해서 그 과제를 이루어 낸다. 괴테의 잠언은 반복해서 기초적 체험을 정련하고 승화시켜 보다 높은 질서연관을 인식할 수 있어야만 한다는 점을 언급하고 있다. "예술가들이여, 자연을 탐구하라!고 사람들은 말한다. 그러나 비속한 것으로부터 고상한 것을, 기형적인 것으로부터 아름다움을 펼쳐내는 일은 결코 쉬운 일이 아니다."(886)

예술작품을 통해서 보편적이고 자연스러운 법칙성이 직관 가능하기 때문에 예술작품은 자연의 발현으로 관찰되는 것을 허락한다. "훌륭한 예술이건 열등한 예술이건 그것은 탄생하자마자 자연에 속한다."(734)

잠언들은 예술과 문학의 보편적인 문제에 대해서만이 아니라 관련된 개념들에 대해서도 해명하려고 한다. 소박성과 비속함에 대해서(781, 1042), 변덕스러움과 유머에 대해서(1275,1279), 나아가 소설과 동화의 개념에 대해서(935, 936) 언급한 것이 이 경우에 해당한다. 특히 알레고리와 상징 개념에 대한 괴테의 잠언은 특수성과 보편성의 관계가 중심을 이루는 것으로서 괴테의 문학사상의 이해에 매우 큰 중요성을 가지고 있다. "참된 상징적 표현이란 특수한 것이 한층 보편적인 것을 나타내되, 꿈과 환상으로서가 아니라 탐구해 낼 수 없는 것의 생생하고 순간적인 계시로서 나타내는 것을 말한다."(752) 이와는 달리 알레고리에서는 특수한 것이 보편적인 것에 대한 한낱 하나의 예, 그것의 본보기로서 가치를 가질 뿐이라고(751) 말한다. 괴테와 쉴러의 문학적 표현의 다름이 상징과 알레고리의 편향으로 가려지는 것을 이 잠언들이 증언한다. 예술가의 독창성에 대해서도 몇 차례 언급하고 있는 것은 앞에서 잠깐 살펴 본 것과 같다.

역사: 괴테의 잠언은 역사의 진행을 직선적인 발전의 도식에 따라 생각하

지 않는다. 순환적 진행과정으로 역사를 보고 있다. 양극으로 대립된 입장들 사이의 영원한 교차, 양쪽을 오가는 순환으로 역사는 진행된다는 것이다. "옛 것, 현존하고 있는 것, 머물러 있는 것의 발전과 확장 그리고 변동에 대한 싸움은 언제나 같은 형세이다. 모든 질서로부터 결국 융통성 없는 태도가 발생한다. 이 소인배 근성을 벗어나려고 사람들은 질서를 깨뜨린다. 그리고 다시 질서를 만들지 않으면 안 된다는 사실을 알기까지 시간이 흘러간다. (…) 이러한 것들은 언제나 똑같은 갈등이며, 결국 다시금 새로운 갈등을 만들어 낸다. 통치의 가장 위대한 오성은 따라서 이러한 투쟁을 완화시켜 한 쪽의 파멸 없이 균형을 취하도록 하는 일일 것이다."(138) 인간사회의 역사적발전도 자연의 전개과정과 같은 것으로 파악하고 있는 것이다.

과거 역사에 대한 인간의 감정 이입적 이해에는 한계가 있다. 왜냐면 개별자는 자신의 태생적인 기질에 의해서만이 아니라 역사적, 사회적 환경으로 부터도 판단에 영향을 받기 때문이다. "인간은 생득적인 것만 아니라, 후천적으로 습득된 것이기도 하다."(1219) 인간은 의식적이 아니라할지라도 "제자신의 세기의 기관"(95)이 된다는 것이다. 그러나 모순되게도 "어느 시대의 내부에는 그 시대를 관찰할 수 있는 관점이 존재하지 않는다."(977) 이 문구는 체험된 역사적 순간의 일회성에 대한 시각과 함께, 현상들을 시대를 넘어 포괄하는 움직임의 요소로 이해하고, 이 현상들을 일반적인 유형의 범주 안에서 파악하려는 노력도 존재한다는 것을 의미한다. 그렇기 때문에 역사적 판단은 거리두기를 필요로 한다. 괴테는 역사적 과정의 목표지향적인 전진을 거의 믿지 않으며, 인류 역사가 그를 어두운 비관론으로 떨어지게 만들지도 않는다. 세계의 역사 진행에 대한 환상을 깨뜨리는 주석이 없지는 않지만, 괴테는 인간의 더 나은 미래의 가능성들이 실현되리라는 생각을 간직하고 있었다.(210) 그러나 역사에서 우리는 많은 비이성적인 일과 불행을 만나게 된다. 필연성과 우연성의 공동작업이 "세계사의 계산 불가능성, 비교불가능성"(215)을 만들어 낸다. 그것에 오래 동안 시각을 맞추는 것은 소득 없는 일이다. 왜냐면 "우리가 역사로부터 얻게 되는 최선의 것은 그 역사가 불러일으키는 감동"(216)이기 때문이다.

괴테는 자신의 시대에 대해서는 강한 불신감을 감추지 않고 있다. 독일의 정신적 생활에서 나타나는 점증하는 혼란에 대한 탄식(169)이 그 한 예이다. 괴테는 "아무것도 열매를 맺도록 용납하지 않는"(180) 현대사회의 조급성을 우려한다. 이 가속적인 시대는 그 소용돌이치는 동요와 파괴적인 연대감의 상실로 젊은이들이 제자신과 안정된 인간관계를 향하는 것을 방해한다는 것이다. "이제는 증기기관을 약화시킬 수 없듯이 윤리적인 면에서도 가능하지 않게 된 일이 있다. 상업의 활기, 화폐유통, 빚을 갚기 위한 빚의 증대, 이 모든 것이 현재 젊은이가 올라 앉아 있는 엄청난 생활의 요소이다. 젊은이가 세상에 대고 적절하지 않은 요구를 하지 않을 만큼, 그리고 세상으로부터 자신이 규정되는 것을 용납하지 않을 만큼 적당하고도 침착한 감각을 지니고 있다면, 그 정도야 어떻든 그런 젊은이는 복되도다!"(181) 청년들의 미래를 우려하는 괴테의 탄식이 오늘날에도 실감나게 들린다.

괴테의 잠언은 당대의 정치적 흐름에 대해서도 회의적으로 반응하고 있다. 프랑스 대혁명의 구호들은 날카로운 비판의 대상이 된다. "평등과 자유를 동시에 약속하는 입법자 또는 혁명가는 공상가가 아니면 사기꾼이다."(121) 해방을 향한 노력에 수반되는 방향상실의 위험에 대해서도 지적한다. "우리에게 자제력을 부여하지 않은 채 우리의 정신을 해방시키는 것은 해롭다."(1119) 괴테가 폭력적인 정치 변혁을 환상적인 시도라고 생각한 것은 프랑스 7월 혁명에 대한 한 잠언이 보여 준다. "이 철저히 제한된 세계에서 무제약적인 것을 향하는 직접적인 시도를 바라다보는 일보다 더 슬픈 일은 없다. 그 어느 때보다 지금 1830년 이것은 더 부당해 보인다."(252)

윤리: 괴테의 잠언들은 프랑스의 라 로슈푸코 이래 자리 잡은 잠언문학의 전통적인 영역인 삶의 양식과 세상사에 대한 심리적, 도덕적 성찰을 빠뜨리지 않고 있다. 이러한 주제 영역은 괴테에게도 중요하다. 자신의 잠언들이 괴테는 자연, 예술과 더불어 문학적인 것과 윤리적인 것에 관련되어 있음을 에커만과의 한 대화에서 언급한 바 있기도 하다.

잠언에는 예컨대 증오와 질투에 대한 날카로운 관찰, 자책적인 경향에 대한 냉정한 확인도 들어 있다. "증오는 능동적인 불만이고, 질투는 수동적인 불만이다. 그렇기 때문에 질투가 그렇게 빨리 증오로 변하는 것을 놀라워해서는 안 된다."(1273) "연인의 결점을 미덕으로 생각하지 않는 사람은 사랑하고 있는 사람이 아니다."(1260)

많은 잠언들은 폭넓은 경험에서 얻어진 인간 공동체적 삶에 대한 인식과 삶의 지혜도 담고 있다. 사회적 관습의 역할에 대해서(1175-1178), 오류와 방황의 생산적인 기능에 대해서(1070-1071) 언급하고 있다. 격언에 가까운 언급, 세상사에 대해 각성을 불러일으키는 언급도 드물지 않다. 배은망덕에 대한 경고(262), 비난과 멸시에 대해서도 언급한다. 인간 현존재에 대한 기본적인 물음들은 간결하고도 효과적인 진술을 통해서 다루어진다. "죽어서 되라"라는 철학적 사상에 대해서 괴테는 역설적으로 유희하듯이 말한다. "우리가 가지고 있는 온갖 재주는 우리가 존재하기 위해서 우리 존재를 포기한다는 데에 있다."(126) 일련의 잠언은 "네 자신을 알라"라는 오래된 명령을 오해로부터 지키려는 의도를 진술하고 있다. "인간이 자신의 육체적인 것 또는 정신적인 것을 깊이 생각하면 의례히 병들게 된다."(1063) 제 자신의 영혼에 대한 자학적인 경청은 유익하지 않다. 오로지 삶의 실천가운데서의 검증만이 영혼의 상태를 알아내는 길이다. "어떻게 하면 자기 자신을 알 수 있을까? 심사숙고를 통해서는 결코 불가능하다. 그러나 행동을 통해서는 충분히 가능하다. 그대의 의무를 다하려고 해 보아라, 그러면 그대가 어떤 인간인지 곧바로 알게 될 것이다."(1087)

여기에 추상적인, 그리고 자기만족적인 관념에 대한 실천의 높은 평가가 나타난다. 물론 모든 성찰을 배척하는 것은 아니다. 사유와 행동 사이의 생생한 교차를 요구한다. "활동적인 자연으로부터 생성되지 않고, 활동적인 생활에 이익이 되도록 영향을 미치지 않으며, 그때마다의 삶의 상황에 맞추어 다양하게 변화하면서 끊임없이 생겼다가 사라져 버리는 사상으로부터는 세상이 도움을 거의 받지 못한다."(232) 개인적인 삶에서의 사유의 넘침이 자신의 발전에 이롭지 못함처럼 이념의 과잉이 사회와 공동체에 도움이 되지 못함을 이 잠언은 설파하고 있다.

괴테의 『잠언과 성찰』을 가리켜 "지혜의 책"이라고 말한다. 그러나 인생의 길잡이 또는 처세술이라는 의미에서의 지혜는 아니다. 다른 잠언집으로부터 일반적으로 기대되는 재기발랄한 금언들을 괴테의 잠언집에서는 찾기 어렵다. 여기에는 그의 고전주의 작품들이 우리들에게 보여 주고 있듯이, 그리고 위에서 살펴보았듯이 개인과 사회, 자연과 역사, 옛 것과 새로운 것의 부단한 교류와 이를 통한 조화와 균형의 이상이 여러 현상들에 대한 관찰과 사유의 결과로 응축되어 있다. 괴테는 시인이자 극작가였고, 화가가 되려고 한 적이 있는가 하면 광물학, 식물학, 광학과 색채학, 식물학, 해부학에도 일가견을 이루고 관련한 저술을 남겼다. 그는 바이마르 공국의 국무에 종사하면서 공국의 각가지 정무를 훌륭하게 수행했다. 당대의 풍운아 나폴레옹을 세 차례나 직접 만났다. 이처럼 『잠언과 성찰』에는 독일, 아니 서구의 문화 자체라고 할 괴테의 경험과 지혜와 사상이 농축되어 있다. 잠언과 성찰들은 마치 웅크린 고슴도치의 바늘가시처럼 모든 방향을 향하고 있다. 찔림을 통해서 우리는 괴테와 직접적으로 만나고 인식의 지평을 넓힐 수 있을 것이다.

(장영태)

10. 색인(Index)

GOETHE LEXIKON

색 인

W

Z

ㄱ

ㄴ

ㄷ

ㄹ

ㅁ

ㅂ

ㅅ

ㅇ

ㅈ

ㅌ

ㅍ

ㅎ

괴테사전

초판 인쇄 2016년 11월 18일
초판 발행 2016년 11월 25일

지은이 한국괴테학회
발행인 김인철
총괄 · 기획 가정준 Director, University Knowledge Press
편집장 신선호 Executive Knowledge Contents Creator
도서편집 김민정 Contents Creator
진수연 Contents Creator
전자책편집 최인우 Chief e-Contents Creator
마케팅 곽용창 Chief Marketing Creator
재무관리 김은혜 Managing Creator
발행처 한국외국어대학교 지식출판원
02450 서울특별시 동대문구 이문로 107
전화 02)2173-2493~7
팩스 02)2173-3363
홈페이지 http://press.hufs.ac.kr
전자우편 press@hufs.ac.kr
출판등록 제6-6호(1969. 4. 30)
디자인 · 편집 (주)이환디앤비 02)2254-4301
인쇄 · 제본 네오프린텍(주) 02)718-3111

ISBN 979-11-5901-147-4 91850 정가 26,000원

*잘못된 책은 교환하여 드립니다.

불법복사는 지적재산을 훔치는 범죄행위입니다.
저작권법 제136조(권리의 침해죄)에 따라 위반자는 5년 이하의 징역 또는 5천만 원 이하의 벌금에 처하거나 이를 병과할 수 있습니다.

HUEBOOKs는 한국외국어대학교출판부의 인문학도서 Sub Brand이다. 한국외대의 영문명인 HUFS, 사람을 위하는 Humanism, 교육의 Education, 색조의 Hue의 다의적인 뜻으로 해석할 수 있으며, 인문학도서 출판에 대한 의지가 담겨있다.

괴테 사전

GOETHE LEXIKON